W0067867

QUADRILLEN REITEN

Erich Oese

IDEE · GESTALTUNG · PRÄSENTATION

MIT MUSIKTEIL VON GABRIELA GRILLO

Beratung und Mitwirkung: Dr. Fritz Lackmann, Deutsches Kuratorium Quadrillen-Reiten. Das Buch wird vom Kuratorium als Standardwerk für das Quadrillenreiten, auch für Aus- und Weiterbildungszwecke, empfohlen.

QUADRILLEN REITEN

Erich Oese

IDEE · GESTALTUNG · PRÄSENTATION

MIT MUSIKTEIL VON GABRIELA GRILLO

FN-Verlag
Warendorf

Danksagung

An dieser Stelle danken die Autoren sehr herzlich den Freunden und Bekannten sowie all denen, die durch ihre Mitarbeit und ihren Ideen in vielen Gesprächen zum Inhalt dieses Buches beigetragen haben.

Bildnachweis

Ahrens, Heide
Seite 385
Biener, Hans
Seite 410
Erdmann, Foto-Atelier
Seite 364
Kornhaas, Margot
Seite 23, 421, 422 oben und unten
Ludenia, Susanne
Seite 29, 30 oben, Mitte und unten
Menzendorf, Hannelore
Seite 16, 17 oben und unten, 22, 25 oben und unten, 28 oben und unten, 37, 40 oben, 418, 426, 431, 432
Menzendorf, Werner
Seite 18 oben, Mitte und unten, 20 oben und unten, 40 unten
Schmidt, Jürgen
Seite 15, 24, 419 oben und unten
Schmidtke, Robert (Privatarchiv)
Seite 26 unten
Titelfoto: Werner Ernst

Gestaltung: Rudolf Strecker, Warendorf
Druck und Verarbeitung:
pdc Paderborner Druck Centrum

ISBN 3-88542-249-2

Inhaltsverzeichnis

Vorwort

Reiterei und Musik haben vieles gemeinsam: Beide setzen das Gefühl für Takt und Harmonie voraus und stellen im Streben nach Gleichklang und Ästhetik eine ständige Herausforderung dar. Im Quadrillenreiten haben die Reiterei und die Musik als wesentliche Bestandteile menschlichen Kulturschaffens eine Synthese gefunden, in der sich ihre vornehmsten Eigenschaften verbinden und ergänzen. Durch die Verschmelzung der optischen und akustischen Komponenten erhalten sowohl die Reiterei als auch die Musik eine neue Dimension.

Das Quadrillenreiten ist eine abwechslungsvolle Bereicherung des Pferdesports, wobei das Gefühl des Reiters für das Pferd nach dem Takt der Musik auf eingehende und doch spielerische Art geschult wird. Doch nicht nur der einzelne Reiter profitiert von der Verbindung von Reitkunst und Musik. Eine erfolgreiche Quadrille ist immer die Leistung der gesamten Gruppe. Die gemeinsame Vorbereitung und das Perfektionieren der Figuren gibt ständig neue Impulse und stärkt das Zusammengehörigkeitsgefühl der Vereinsmitglieder. Mit der – meistens angestrebten – öffentlichen Aufführung der Quadrille wird außerdem ein wertvoller Beitrag für das Ansehen des Pferdesportes in der Öffentlichkeit geleistet: Die publikumswirksamen und abwechslungsreichen Schaubilder nach passender Musik begeistern vielerorts die Zuschauer.

Das gemeinsame Reiten nach Musik als Abwechslung vom üblichen Reitunterricht bis hin zur Präsentation einer ausgefeilten Quadrille auf Veranstaltungen aller Art ist seit jeher selbstverständlicher Bestandteil der Aktivitäten unserer Vereine. Darüberhinaus hat das Reiten zur Musik auch im Wettkampf sowohl bei der Einzel- oder Mannschaftskür als auch in der Quadrille in den letzten Jahren einen Aufschwung erlebt, der auch Fachleute erstaunt hat.

Das nun vorliegende Buch "Quadrillenreiten" faßt die historische Entwicklung des Quadrillenreitens aufschlußreich zusammen, beschreibt ausführlich die Figuren sowie den Aufbau einer Quadrille, gibt Ratschläge für die Auswahl der passenden Musik und stellt somit einen unentbehrlichen Leitfaden und wertvollen Ratgeber für alle Fragen rund um das Quadrillenreiten dar. Ich bin sicher, daß das Formationsreiten zur Musik mit Hilfe dieses Werkes noch viele neue Freunde finden wird – diejenigen, die das Quadrillenreiten schon jetzt für sich entdeckt haben, werden durch das Buch zahlreiche nützliche Anregungen für ihren Sport erhalten.

Dieter Graf Landsberg-Velen
Präsident der Deutschen Reiterlichen Vereinigung

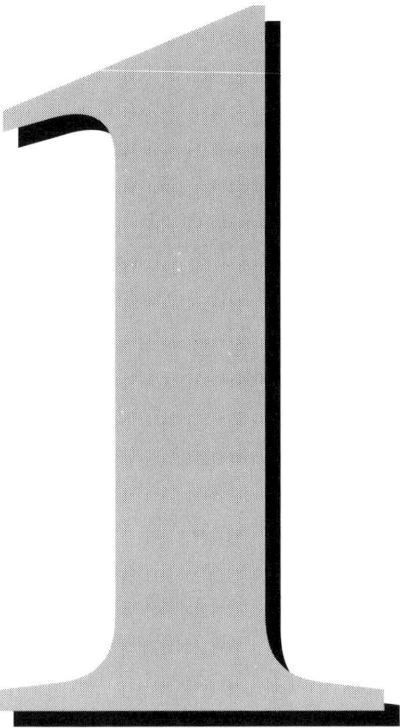

Quadrillenreiten

1

1.1

Was ist Quadrillenreiten?

Quadrillenreiten ist eine gemeinsame und gemeinschaftliche reiterliche Betätigung, bei der die Mitglieder einer Gruppe, die immer aus einer durch vier dividierbaren Anzahl von Reitern besteht, in zumeist synchronem Ablauf nach einer in Takt und Rhythmus passenden Musik auf einem Reitviereck oder in einer Reithalle Formationen bilden und in diesen Figuren reiten, deren Nacheinander in einem speziellen Programm, eben der Quadrille, festgelegt ist.

1.2

Geschichte des Quadrillenreitens

Der Ursprung des Quadrillenreitens läßt sich auf zwei Quellen zurückverfolgen: die militärischen Reiterspiele und den Tanz. Erstere stehen im Zusammenhang mit der Entwicklung der Reitkunst und der Kavallerietaktik. Sie bilden das Element, bei dem die Viererzahl eine bedeutsame Rolle spielt.

Dem Tanz ist die Vielfalt der Figuren in ihrem Mit- und Gegeneinander der Tänzer in einer Reigenform entnommen. Auch hier ist die Zahl Vier bestimmend für viele Figuren. Als bestimmender Bestandteil für den Rhythmus des Tanzes tritt die Musik hinzu.

1.2.1

Ursprünge des Figurenreitens

Auf allen Entwicklungsstufen haben die Menschen untereinander den Vergleich erworbener, oft lebensnotwendiger Fertigkeiten erstrebt, deren Verbesserung sie durch Übung zu erreichen trachteten.
In der Geschichte der Reiterei entwickelten sich auf diese Weise Übungen und Spiele, die in enger Verbindung zu den damals vorwiegend militärischen Forderungen standen. In diesen, durch die Kavallerietaktik geprägten Übungen, können wir die Vorgänger von Figuren und Touren entdecken, die auch heute noch zu den Grundbestandteilen des synchronen Formationsreitens gehören.
Die unter dem Oberbegriff "militärische Reiterspiele" zu fassenden Übungen wurden eingeteilt in:

a) Figurenreiten und Evolutionsspiele bzw. Manöver
b) Waffenübungen und Waffenspiele
c) Kampfspiele
d) Voltigieren
e) Schulen (auf und über der Erde).

Während das *Schulreiten* sich zum *Dressurreiten* entwickelt hat und in dieser Hinsicht auch weiter wichtige Grundlage für das Quadrillenreiten ist, verläuft ein anderer Entwicklungszweig zur *"Hohen Schule"*, wie sie nur noch an wenigen Orten (Wien, Saumur, Jerez de la Frontera) als klassische Hohe Schule in ihrer Tradition erhalten wird. *Voltigieren* hat sich zur selbständigen Wettkampfdisziplin mit schon internationalem Gewicht in unseren Tagen gemausert, während *Waffenübungen* und *Kampfspiele* sich als Ursprung nur weniger, heute üblicher Reiterspiele noch erkennen lassen. Das Reiten in *Formationen* und das Reiten von *Figuren* hingegen sind zu Grundelementen des Quadrillenreitens geworden. Die vielfältigen Bewegungen, die Reitereinheiten

zu ihrer Entwicklung aus dem Marsch in das Gefecht und in diesem selbst ausführen mußten (Evolution und Manöver), fanden in jenen ihre Fortsetzung, die beim heutigen synchronen Formationsreiten häufig noch zu finden sind.
Figuren- und Formationsreiten lassen sich auf drei Wurzeln zurückführen:

a) das *Kreisreiten*, aus dem die Touren auf dem Mittelzirkel abgeleitet sind,
b) das *Evolutionen- und Manöverreiten*, aus dem sich viele Formationsänderungen herleiten, und
c) das *Gegeneinanderreiten*, das zu einem Grundprinzip des Quadrillenreitens geworden ist.

Eine Erklärung für das Entstehen des *Kreisreitens*, das in seiner einfachsten Form im Umreiten einer Begräbnisstätte bestand, kann in der Gleichheit der Freien vor der Einführung der Königsherrschaft bestanden haben, denn auf dem Kreis gibt es keinen Ersten und keinen Letzten.
Da das Reiten auf dem Kreis gleiche Gangart und gleiches Tempo aller Reitenden erfordert, mußten die Pferde dazu ausgebildet werden. Schließlich war auch damals schon jeder auf sein Image bedacht. Sowohl Homer als auch Herodot und andere Quellen geben uns Kunde von diesem Ritual. Danach muß diese Zeremonie sowohl den Griechen als auch den Skythen und ebenso nordischen Völkern bekannt gewesen sein. Auch aus mittelalterlichen Zeugnissen erfahren wir von der Existenz des Kreisreitens, bei dem schon viele Figuren geritten wurden, die wir heute noch auf dem Mittelzirkel ausführen. Beschrieben wird es als ein Spiel ohne Waffen, das den Eindruck einer Drehscheibe vermittelt.
Daß dabei auch "Schwenkungen in Linie" eine besondere Bedeutung gehabt haben, läßt sich aus einer Äußerung *Xenophons* (430 - 354 v. Chr.) erkennen, der schrieb: "Wenn bei den Musterungen der Oberst an der Spitze des jeweiligen äußersten Flügelzuges die Schwenkung mitreitet, so wird auf diese Weise nicht nur er schnell reiten, sondern auch die mit ihm auf dem Flügel Befindlichen werden ihrerseits gleichfalls schnell reiten, so daß der Rat allemal die Schnellreitenden zu sehen bekommen wird, während die Pferde, weil sie beim Wechsel der Schwenkungen teilweise ausruhen, nicht abgetrieben werden."
Als Ursprung des *Evolutionen- und Manöverreitens* wird häufig das *"Troja-Spiel"* angesehen, das in der römischen Kaiserzeit ein Reitspiel der männlichen Jugend ohne Waffen war, an welchem in der Regel 36 Jungen mit drei Stallmeistern und einem Kommandeur (Epytide) teilnahmen.
Einen Eindruck von diesem Spiel, das aus Griechenland nach Rom kam, vermittelt *Vergilius* (70 v. Chr. - 19 n. Chr.): "Drei Reitergeschwader mit drei mutigen Führern reiten hervor; je 12 Knaben, die ihnen geordnet folgen, gehen in gesondertem Zug mit gleichen Erziehern. Nachdem sie vor den Zuschauern vorbeigaloppiert, kommandiert der Epytide von ferne. Jene gehen gleichmäßig auseinander und bilden je drei Scharen in besonderen Abteilungen und wiederum befehligt, schwenken sie ihren Lauf. – Hierauf beginnen sie andere Bewegungen und andere Kehrtwendungen. Den Intervallen gegenübergestellt, drehen sie wechselnde Kreise mit Kreisen herum und zeigen das Bild der gewaffneten Feldschlacht. Bald geben sie durch Flucht den Rücken bloß, bald wenden sie sich feindlich gegeneinander, bald reiten sie vereinigt."
Diese zeitgemäße Schilderung läßt ganz deutlich erkennen, aus welchen Anfängen ein Teil unserer heutigen Quadrillenfiguren entstanden ist. Das Viererprinzip tritt auch hier in Erscheinung.
Der Verbreitungsgrad des Troja-Spiels im alten Rom muß recht erheblich gewesen sein. Das läßt sich nicht zuletzt aus dem Vorhandensein von wenigstens neun Namen schließen, die das Spiel von unterschiedlichen Schriftstellern jener Zeit erhalten hat.
Das *Gegeneinanderreiten*, wie wir es heute in seiner bekanntesten Form in der *Montmo-*

renci-Tour (siehe S. 281 ff.) noch finden, ist die dritte Wurzel des Figurenreitens. Sicherlich liegen seine Anfänge aber viel weiter in der Vergangenheit und wurden durch die Entwicklung der Taktik der Reiterheere bestimmt. Lassen wir als Zeitzeugen auch hier noch einmal *Xenophon* zu Wort kommen: "Bei den Schauritten im Hippodrom macht es sich gut, wenn die Aufstellung zuerst so genommen wird, daß die Reiter in der Front die Bahn ganz einnehmen. Es sieht auch schön aus, wenn beim Gegeneinanderreiten, während die Schwadronen gegenseitig rasch fliehen und nachsetzen, die Obersten sich an die Spitze ihrer Schwadronen setzen und diese nun beiderseits zwischeneinander durchreiten. Denn bei diesem Schauspiel ist es schauerlich, wenn sie – Front gegen Front – aufeinander losreiten, aber ebenso großartig, wenn sie einander wieder gegenüberstehen, nachdem sie das andere Ende des Platzes erreicht haben. Auch das macht sich schön, wenn sie auf ein Trompetensignal zum zweiten Mal noch schneller aufeinander zureiten. Nach dem anschließenden Halt (am Ausgangsort, d. Verf.) reiten sie auf ein weiteres Trompetensignal im raschesten Tempo aufeinander los und zwischeneinander durch, um zum Schluß nunmehr insgesamt in Linie aufgerückt, wie gewöhnlich zum Rate hinzureiten."

In dieser Schilderung sind sowohl die für die Reitertaktik des gesamten Mittelalters maßgebenden Ideen Xenophons enthalten, wie auch die Wurzeln heutiger Quadrillenfiguren deutlich erkennbar.

Neben den für die reiterliche Ausbildung erforderlichen Übungen waren die Übungen in der *Waffenführung* von großer Bedeutung, die jedoch generell zu Pferde ausgeführt wurden. Wie man zu dieser Zeit dabei mit "materiellen Stimuli" arbeitete, zeigt ein Bericht des römischen Schriftstellers *Vegetius* (um 450 n. Chr.), in dem es heißt:

"Hiernach müssen die neuen Reiter von den Waffenmeistern die Übungen lernen, welche man Fechtkunst nennt... Die Alten waren so überzeugt von der Nützlichkeit dieser Übungen, daß sie den Fechtmeistern doppelte Ration gaben. Die Soldaten aber, welche nicht genügend von diesem Unterricht profitierten, erhielten ihre Ration in Kleie, und sie bekamen sie nicht eher in Getreide, bis sie Proben ihrer Fertigkeit in Gegenwart der Tribunen und der anderen Offiziere abgelegt haben."

Verbreitet war das *Palus-Spiel*, bei dem der anreitende Soldat mit seiner Lanze einen

Die "Quintana" war ein Lanzenspiel zur Zeit Karl des Großen (nach einer "Miniature des Chroniques de Charlemagne" um 1100 n. Chr.)

Pfahl treffen mußte. Daraus entwickelte sich das *Quintana-Spiel*, ein noch heute (als Belustigung) geübtes Reiterspiel, bei dem eine auf einen Zapfen drehbar aufgesetzte Figur von dem Anreitenden getroffen werden muß. Trifft er die Figur nicht genau in der Mitte, dreht sie sich und ihr ausgestreckter Arm versetzt ihm einen Schlag auf den Rücken.

Auch andere dieser alten Reiterspiele, wie zum Beispiel das Ringstechen, haben sich in verschiedenen Gegenden bis heute erhalten.

Voltigieren war schon zu Xenophons Zeiten, aber auch im römischen Reich, bevorzugte Übung für die Kavalleristen. Xenophon wollte "den jüngeren Reitern zureden, das Voltigieren zu erlernen" und forderte: "Die Reiter müssen eingeübt werden, daß sie auf die Pferde springen können." Er verspricht sogar dem "verdientes Lob", der "einen Lehrmeister dazu anstellt."

Das wesentliche Ziel des Voltigierens zu jener Zeit bestand darin, möglichst rasch auf die Pferde zu kommen. Dazu mußten die Reiter das Aufspringen von beiden Seiten erlernen, sowohl im Halten als auch im Gange, sowohl mit als auch ohne Waffen. Dem kam allerdings die Widerristhöhe der damaligen Pferde mit ca. 130 cm sehr entgegen. Damit man im Winter diese Übungen nicht ausfallen lassen mußte, wurden Reithäuser gebaut und hölzerne Pferde hergestellt, an denen ähnliche Übungen ausgeführt wurden, wie die Voltigierer sie heute noch kennen. Auch viel später wurde auf das Voltigieren großer Wert gelegt. Im 17. und 18. Jahrhundert gab es neben dem Stallmeister auch immer einen "maitre de voltige", und der General der Kavallerie, Friedrich Wilhelm von Seydlitz (1721 – 1773), der bedeutendste Reiterführer Friedrichs des Großen, führte das Voltigieren in der preußischen Armee ein.

Infolge der Erfindung des Schießpulvers und der Einführung der Feuerwaffen ergaben sich seit dem 14. Jahrhundert ganz wesentliche Veränderungen sowohl bei der Ausbildung der Pferde als auch der Reiter. Die schweren Ritterpferde wichen leichteren Typen, als Stück um Stück der eisernen Panzerung der Reiter überflüssig wurde. Die neue Kampfart verlangte auch viel größere Wendigkeit und ein höheres Dressurniveau. Besondere Anforderungen wurden an den Gehorsam gestellt. In dieser Zeit entstanden die Lektionen, die wir heute als den Gipfel der Hohen Schule bewundern: Pirouette, Courbette, Kapriole und andere. Sie besaßen damals höchst praktischen Wert. So dienten Pesade, Levade und Courbette zur Deckung des Reiters vor dem Schuß des Gegners, in der Kapriole sollten die ausstreichenden Hinterbeine des Pferdes einen Verfolger abwehren, die Pirouette schließlich diente dem raschen Wechsel von der Flucht zum Angriff. Der Mensch nutzte dabei allerdings nur im Herdenleben entstandene und geübte Bewegungsmöglichkeiten des Pferdes für seine Zwecke aus.

Diesen Veränderungen paßten sich auch die reiterlichen Feste an: die mittelalterlichen Ritterturniere traten von der Bühne der Geschichte ab. Ihnen erstanden Nachfolger in Form der "Karussells", bei denen Geschicklichkeit und Eleganz an die Stelle hoher Kraftentfaltung traten. Die Karussells sollten ein fein geregeltes Gefecht mit Einzel- und Massenkämpfen und den dabei erforderlichen Evolutionen in idealisierter Form darstellen.

Zum Karussell gehörten anfangs die Teile:

a) *Auf- und Umzug der Teilnehmer*
b) das *Ringelreiten* zur Darstellung der Evolutionen und Manöver eines Reitergefechts, d.h. also ein Reiten mit Wendungen und Schwenkungen, somit unser heutiges Figuren- und Formationsreiten.
c) die *Rennen und Treffen* zur Übung der Waffenfertigkeit, darunter:
   - das Rennen gegen die Quintana
   - den Kampf der Reiter gegeneinander
   - das Kopfrennen
   - das Ringrennen.

Das Quintana-Spiel haben wir bereits erwähnt, ebenso den Kampf der Renner gegeneinander, die heutige Montmorenci-Tour, deren Entstehen und Ausführung später noch erläutert wird (siehe S. 281 ff.). Die Kopfrennen waren Waffenspiele, bei denen mit Lanze, Wurfspieß, Degen und Pistole auf "Türkenköpfe" (aus Karton) gezielt wurde, die in unterschiedlicher Höhe angebracht waren.

d) das *Ringstechen*, das einen Übergang von den Waffenübungen zu höfischem Spiel darstellt. Es entstand, als die ursprünglich kriegerischen Preise, z.B. ein Harnisch, durch Ringe ersetzt wurden, die mit Degen- oder Lanzenspitze aus ihrer Aufhängung heruntergeholt werden mußten. Die anwesenden Damen als Schiedsrichter übergaben sie dem Sieger."

e) *Fola* oder *Roßballett* wird eine Darstellung genannt, bei der zumeist elf Reiter, je vier an den langen Seiten, drei an der Mittellinie, ihre Pferde in höheren Lektionen und Schulsprüngen vorstellen.

Als Kennzeichen ihrer Verwandtschaft mit der Quadrille ist auch anzusehen, daß diese Vorstellungen durch Zeichen und Kommandos des Karussellführers geleitet wurden.

Im Laufe der Zeit traten die Waffenübungen immer mehr in den Hintergrund, da sie ihre praktische Bedeutung zu verlieren begannen. Ähnliches läßt sich von der Reitkunst der Reiter und der Ausbildung der Pferde, besonders in der Hohen Schule, sagen. Das Reiten im Gelände und die Pferderennen erlangten größere Attraktivität.

Das wirkte sich auch auf die festlichen Karussells aus, die immer weniger Anforderungen an reiterliches Können, immer mehr aber an den Prunk der Aufzüge stellten. Besonders an italienischen Fürstenhöfen wie Rom oder Neapel gab es seit dem Ende des 16. Jahrhunderts Roßballetts bei vielen höfischen Festlichkeiten. Am Hof der Medici gab es eine besondere Truppe, die Festaiuoli (Festkünstler), welche die Festgäste mit reiterlichen Darbietungen erfreuten. Sie überlebten nicht, weil der dabei entfaltete Prunk letztendlich zu teuer wurde. Einen großartigen Eindruck vom Roßballett vermittelt in neuester Zeit ein unter der Leitung von Gabriela Grillo gebildetes Ensemble, das sich als *Cavaleria Arolsiana* der Erhaltung dieser reiterlichen Tradition verschrieben hat.

1.2.2

Tanz und Musik als Komponenten

Je weiter bei den Karussells die Waffenübungen in den Hintergrund traten, umso deutlicher trat der Einfluß des *Tanzes* hervor. Und dieser brachte auch die Musik ins Spiel. Schon im 15. und 16. Jahrhundert hatten sich die ersten Ballettcorps an Fürstenhöfen etabliert. Im 17. Jahrhundert eroberten die Balletts die Opernhäuser, nachdem bekannte Komponisten Musiken komponiert hatten, die speziell dafür geschrieben waren, oder sich choreographisch gestalten ließen.

Nachdem, wie *Storl* schreibt, "das Ballett die Exklusivität der Herrscherhäuser verlassen hatte", traten neue Elemente aus Volkstänzen hinzu, vorwiegend nach der Französischen Revolution. Diese Tänze wiesen eine relativ große Figurenvielfalt auf. Ein besonderes Merkmal bestand darin, daß die in der Bewegung befindlichen Tänzergruppen zumeist aus vier Personen bestanden, die sowohl innerhalb der Gruppe als auch von Gruppe zu Gruppe ihre Positionen veränderten, so daß ein ständiges, wohlgeordnetes Mit- und Gegeneinander, Zueinander und Auseinander von einzelnen und mehreren Tänzern entstand.

Diese Tanzformen sind frühzeitig zu Vorbildern der Reiterquadrillen geworden.

Tanz und Musik wurden so zu Quellen des Quadrillenreitens, ja, machten diese Form

der reiterlichen Betätigung in ihrem heutigen Gewande überhaupt erst möglich. Zu den berühmtesten Karussells, auch Carousel geschrieben, gehörten das am 24. Januar 1667 anläßlich der Vermählung des Kaisers Leopold I. mit der spanischen Infantin Margarethe Theresia in Wien veranstaltete, für das sogar eine spezielle Musik komponiert wurde.

Wien, wo solche reiterlichen Festveranstaltungen schon seit der Mitte des 17. Jahrhunderts stattfanden, erlebte am 2. Januar 1743 wohl das berühmteste Karussell, das von der österreichischen Kaiserin Maria Theresia anläßlich der Wiedereroberung von Prag als "Damenkarussell" veranstaltet wurde. Glücklicherweise ist uns ein Eindruck von dieser festlichen Reiterveranstaltung in einem Gemälde erhalten geblieben. Nach dem Bau der Spanischen Hofreitschule, deren berühmter Reitsaal als barockes Kunstwerk dem Architekten Johann Bernhard Fischer von Erlach zu verdanken ist, und im Jahre 1735 fertiggestellt wurde, fanden bis 1894 viele festliche Karussells statt. Am letzten sollen 125 Reiter, 14 Kutschen und vier Geschütze teilgenommen haben.

Karussell am 2. Januar 1743 in Wien (nach einem Gemälde)

Daß dabei die Lippizzaner Schimmel "nach der Musik tanzten", bildete einen reiterlichen Höhepunkt des Festes. Entwickelt hatte sich über einen längeren Zeitraum die Übereinstimmung von Musik und Bewegungsablauf der Pferde, die auch heute noch ein Hauptkriterium bei der Beurteilung der Qualität einer Quadrille ist.

Seines besonderen Charakters und seiner Ausstrahlung in die Zukunft wegen soll an dieser Stelle noch ein Karussell hervorgehoben werden, das der Reichsgraf von Hohberg, der bereits seit dem Jahre 1800 derartige Reiterfeste organisieren ließ, am 20. Mai 1808 auf der Forstenburg im Sudetengebirge veranstaltete. Im Bericht über diese Veranstaltung, bei der die für das Karussell üblichen Turnierübungen gezeigt wurden, gibt es zwei bemerkenswerte Punkte:

– nach dem Bericht nahmen an einem Karussell drei bis vier Gruppen von je vier Reitern teil, die nacheinander die vorgeschriebenen Übungen ausführen mußten. Eine solche Vierergruppe wurde als

Schulquadrille der Wiener Spanischen Hofreitschule bei einer Tournee

Quadrille bezeichnet. Die Gesamtzahl der Teilnehmer betrug daher 12 oder 16.
– Die Übungen wurden unter den Augen von Preisrichtern ausgeführt.

Diese beiden Charakteristika gelten auch für den modernen Quadrillenwettkampf. Wir können daher diese Veranstaltung als den Beginn der *Geschichte des Quadrillenwettkampfes* ansehen, wobei der Bericht über diesen Wettkampf noch keinen Hinweis auf synchrones Formationsreiten enthält, das heute Hauptmerkmal des Quadrillenreitens ist.

Leider ist die Geschichte der Quadrillenwettkämpfe noch nicht ausreichend erforscht, so daß sich nur aus neuerer Zeit Angaben machen lassen.

1.2.3

Bekannte Quadrillen aus neuerer Zeit

Die Aufführung von Quadrillen hat bei großen reiterlichen Veranstaltungen immer einen Ehrenplatz behalten, ist oft Höhepunkt solcher Reiterfeste gewesen. In dieser Weise hat die Quadrillenreiterei in den letzten beiden Jahrhunderten einen beachtenswerten Beitrag zur Bewahrung wichtiger Elemente der Reitkunst und Reitkultur geleistet.

An die Spitze dieser Übersicht gehört ohne Zweifel die *Große Schulquadrille* der *Spanischen Hofreitschule* zu Wien, deren festliche Vorführung bis zum Ende des ersten Weltkrieges nur den Gästen des Kaisers vorbehalten war. Neben dem Besuch von Staatsgästen, für die eine solche Gala häufig zum Protokoll gehörte, wird sie heute auch in öffentlichen Veranstaltungen gezeigt, sowohl in Wien als auch bei zahlreichen Auslandstourneen der *Lippizzaner* Schulhengste. Ihre Auftritte begeisterten Tausende in Euro-

Ausschnitt aus einer Dressurquadrille des Cadre Noir von Saumur (oben)

Pesade in einer Quadrille der Sauteurs (Springer) des Cadre Noir von Saumur (unten)

Garde Républicaine de Paris (oben); Gendamerie Nationale Belge Brüssel (Mitte); Das "Carosello" der berittenen Carabinieri aus Rom (unten)

pa und Übersee. Überwältigende Schönheit aber entfalten die Reiter und Pferde in ihrer heimatlichen Umgebung. In ihrer ganzen Grazie und feierlichen Eleganz unter den Klängen festlicher Musik sie dort zu erleben bleibt den ergriffen zuschauenden Besuchern auf den hohen Rängen ein unvergeßliches Bild der Harmonie von Bewegung und Musik, von Schönheit und Anmut; eben die Kunst der Hohen Schule. Von den weißen Hengsten unter ihren Bereitern in den braunen Röcken, den Dreispitz auf dem Kopf, werden alle Lektionen der Schulen auf und über der Erde in bewundernswürdiger Vollkommenheit gezeigt.

Die Anfänge dieses ältesten reiterlichen Ausbildungs-und Kunstinstitutes reichen in das 16. Jahrhundert zurück.

Am Ende eben dieses Jahrhunderts entstand im französischen Saumur eine protestantische Reitakademie, die nach den Grundsätzen des berühmten Antoine de Pluvinel, Reitlehrer des Königs Louis XIII., arbeitete. Ihre Nachfolgerin nach der Französischen Revolution wurde 1797 eine Kavallerieschule, in der es eine "Akademische Reitschule" gab, an welcher Zivilisten arbeiteten.

Erst seit 1814 besteht die *französische Kavallerieschule* in Saumur als Ausbildungsstätte für die Offiziere der französischen Armee. Hier entstand das *"Cadre Noir"*, die mittlerweile weltberühmte, im In- und Ausland bekannte Schulquadrille, unter der Leitung des Chef d'écuyer, der goldene Sporen trägt, geritten von jungen Offizieren in einer kleidsamen, goldbetreßten schwarzen Uniform. Die Vorführung ist ein Spiegelbild der französischen Reitauffassung mit ihrer flüssigen Eleganz und Leichtigkeit voll romanischen Temperaments. Das erste Karussell der Schule wurde am 20. Juni 1828 veranstaltet.

Vor gut 20 Jahren ist aus der französischen Kavallerieschule in Saumur eine Nationale Reitschule entstanden, die dem Ministerium für Jugend und Sport untersteht.

In Deutschland war am 1. Oktober 1817 eine Militär-Reit-Anstalt in Berlin gegründet worden, die in den Jahren 1849-1866 als Militärreitschule in Schwedt/Oder weitergeführt worden war und schließlich seit 1867 als Königlich-Preußisches-Militär-Reitinstitut in Hannover eine Heimat fand, in der sie ab 1919 als Offiziers-Reitschule und wenig später als Kavallerieschule Hannover Weltgeltung in allen Disziplinen des Reitsports errang. Nur eine Schulquadrille entstand hier nicht. Die deutsche Reiterei sollte darauf noch zwanzig Jahre warten müssen.

Jenseits der deutschen Grenzen wurden Schulquadrillen von hohem internationalen Niveau geschaffen.

In Italien begeisterte das *"Carosello dei Carabinieri"*. Die Reiter in ihren dunkelblauen Uniformen, auf ihren Schimmeln und mit ihnen einen eindrucksvollen Farbkontrast bildend, zeigen in einem Scheingefecht mit blankem Säbel eine meisterhafte Beherrschung ihrer Pferde, mit diesem Eindruck deutlich an die Karussells an den Fürstenhöfen des 16. Jahrhunderts erinnernd.

Seit dem Jahre 1904 hat die *Royal Canadian Mounted Police* eine Quadrille aufgebaut und in vielen Ländern in jährlich ca. 100 Auftritten vorgestellt. Die 32 Rappen mit ihren Reitern in der historischen Kleidung dieser weltweit renommierten Grenztruppe: schwarzer Reithose, rotem Rock und hellgrauem Stetson, ausgerüstet mit wimpelbewehrten Lanzen, nach einer Choreographie, die in großangelegten Figuren Freud und Leid ihres schweren Dienstes deutlich werden läßt.

Die Quadrille der *Royal Household Cavalry* bei der Horse Show in Windsor ist ein weiteres Beispiel für die noch längst nicht vollständig aufgelisteten Quadrillenaktivitäten außerhalb Deutschlands.

Vergessen sollen auch die *Fahrer* nicht werden, von denen hier die sechsspännig vom Sattel gefahrene Quadrille der bespannten Artillerie des Schweizer Bundesheeres und die von Tempo und Rasanz geprägte, eben-

Royal Canadian Mounted Police (oben) Garde Barcelona (unten)

falls sechsspännig vom Sattel und mit Geschützen gefahrene Quadrille der *Royal Household Artillery* der englischen Krone, die im vollen Galopp gefahren wird und während der die Geschütze vor den Tribünen in Stellung gebracht werden und eine Blindsalve feuern.

1.2.4

Deutsche Reiterfeste und Quadrillen

Im 18. und 19. Jahrhundert wurden in Deutschland noch einige erwähnenswerte Karussells veranstaltet. Wir wollen hier nur das große *Karussell* im Jahre 1709 in Dresden erwähnen, das in Anwesenheit der Könige von Dänemark und Polen stattfand, sowie das Carousel-Comique, ein lustiges Ritterspiel im Jahre 1722 in derselben Stadt, an dem sich August der Starke selbst beteiligte. Im gleichen Jahr gab es ein großes Karussell in *München*. Friedrich der Große veranstaltete 1750 ein Karussell in

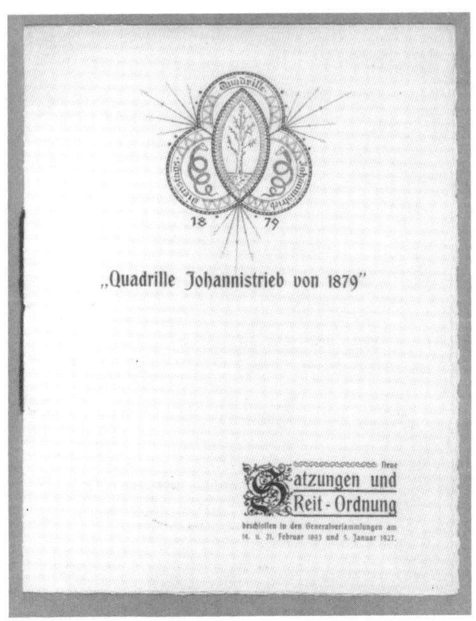

Berlin, bei dem die Prinzen die einzelnen Quadrillen anführten.

1814 fand in *Wien* anläßlich des Wiener Kongresses ein Karussell mit 24 Reitern statt und 1830 wurden in *Potsdam* beim "Fest der weißen Rose" Ritterspiele durchgeführt.

In den Karussells des 19. Jahrhunderts traten die Quadrillen mehr in den Vordergrund, ohne daß man auf deren andere Bestandteile ganz verzichtet hätte.

Einige der herausragenden Veranstaltungen dieser Zeit:

Am 29. März 1856 fand in der Reitbahn des Königlichen Marstalls in *Berlin* ein Reiterfest statt, an dem zwölf königliche Stallmeister teilnahmen. Nach den Waffenübungen und einem Pas de quatre wurde eine vom Chronisten ausführlich beschriebene Quadrille mit 12 Reitern aufgeführt. Das "Veilchenfest", das im März 1857 in *Potsdam* veranstaltet wurde, leitete eine Quadrille von sechs Damen und sechs Herren ein. Erst danach folgten die Waffenübungen, Voltigieren, Schleifenraub und am Schluß noch Exerzierübungen der Garde du Corps (16 Reiter).

Bedeutsam, weil bis in die Gegenwart reichend, ist die Gründung der ältesten deutschen Quadrille durch Hamburger Kaufleute im Jahre 1879. Sie steht fest in der deutschen Quadrillentradition: nach altem Ritual, mit der gleichen Musik, mit unveränderter Bekleidung und mit den althergebrachten Figuren reitet die Quadrille "Johannistrieb von 1879" seit ihrer Gründung. Anläßlich ihres 100-jährigen Bestehens nannte Brigadier Kurt Albrecht, der damalige Leiter der Spanischen Hofreitschule in Wien, internationaler Dressurrichter und Hippologe, diese Quadrille "eine Institution, die durch ein Jahrhundert hinweg über alle Fährnisse und Nöte, echten Reitergeist in wertvoller Form bewahrt und von Generation zu Generation weitergegeben hat".

Satzung der QUADRILLE "Johannistrieb von 1879"

Ausschnitt aus der Quadrille der gerittenen Tandems des Nordrhein-Westfälischen Landgestüts Warendorf in Dortmund 1967

Wen kann es da noch wundern, daß die weitere Entwicklung des Quadrillenreitens und der Quadrillenwettkämpfe, auf die wir im nächsten Kapitel zu sprechen kommen, aus der Hamburger Region ihre wichtigsten Impulse bekommen hat.

Im Frühjahr 1884 fand ein Reiterfest in *Hannover* statt. In vier Quadrillen wurden die Wandlungen in der Reiterei dargestellt: Römer, Kreuzritter, 18. und 19. Jahrhundert. Daneben zeigte man Ritterspiele, Schleifenraub, Ringstechen und als besonderen Clou einen Schlittenkorso mit Schneegestöber. Die beabsichtigte Schulquadrille kam aber nicht zustande, weil man nicht genügend Pferde fand, die den im voraus festgelegten Anforderungen entsprachen.

In München fand am 18. November 1903 ein "Reiter- und Zirkusfest" statt, von dem die Vorführungen einer National-Chevaulegers- und Kürassierquadrille sowie einer Militärquadrille mit Lanzen für unsere Thematik relevant sind.

Ein halbes Jahr später, am 24. März 1904, sah *Frankfurt/Main* ein glanzvolles Reiterfest, an dem eine "Schwedische Quadrille" mit 12 Damen und Herren und ein "Reigen zu Pferde" dargeboten wurden. Im Programm dieser mehr als vierstündigen Schauvorführung waren außerdem eine Damen-Springquadrille und eine Artilleriequadrille mit vier Geschützen im Trab und Galopp enthalten.

Und schließlich soll noch das Reiterfest am 25. Januar 1914 in *Dresden* erwähnt werden, das im ein Jahr zuvor eingeweihten Kuppelbau des Zirkus Sarrasani stattfand, der leider am 13. Februar 1945 beim Bombenangriff auf Dresden in Schutt und Asche sank. Eine Quadrille von acht Offizieren des 12. Artillerieregimentes zu Anfang und eine zweite der schwarzen Husaren, die von vier Paaren geritten wurde, kurz vor dem Ende der Veranstaltung, bildeten den Rahmen für Hohe Schule, Fahrschule, Freiheitsdressuren, Voltigieren und Schleifenraub, bevor als Finale eine Jagdszene folgte.

Wenn man die zeitgemäßen Schilderungen und Presseberichte über diese Veranstaltungen liest, die natürlich gesellschaftliche Höhepunkte darstellten, erhält man sehr ausführliche Informationen über die beteiligten Personen und ihre glänzende Ausstattung, kaum aber lernt man Einzelheiten der reiterlichen Leistung bzw. des Inhaltes der Quadrillen kennen. Das ist sicherlich auch dem Zeitinteresse geschuldet, für das offensichtlich der äußere Prunk bei derartigen Veranstaltungen eine größere Attrakti-

vität besaß als die Reiter und Pferde, die in jener Zeit, anders als heute, das Straßenbild der Städte bestimmten und für die Menschen täglicher Anblick waren. (Neben der Nutzung von Pferd und Wagen als Verkehrsmittel gab es um 1910 in Deutschland 120 Reiterregimenter mit je 1000 Pferden und ebenso viele Artillerieregimenter.)
Nach dem 1. Weltkrieg wurde die Tradition dieser Reiterfeste, nur unterbrochen durch die Kriegsjahre von 1939 - 1945, von den Landgestüten fortgesetzt. In deren jährlichen *Hengstparaden* spielen Dressur-, Fahr- und Springquadrillen eine besondere Rolle. Hier sollen nur die große Schulquadrille der Celler und Warendorfer Hengstparaden, die Barockquadrille der Moritzburger Hengstleistungsschauen und die Quadrille der Schill'schen Husaren bei der Hengstparade in Redefin, dem ersten "Leistungszentrum Quadrillen-Reiten" des Deutschen Kuratoriums Quadrillen-Reiten in den östlichen Bundesländern, und die bei allen Hengstparaden sehr vielseitig ausgestalteten Fahrquadrillen vom Einspänner bis zum Sechsspänner hervorgehoben werden, weil an ihnen die Verbindung zur Geschichte ihrer Austragungsorte deutlich wird.
Nach dem Kriegsende 1918 blieben die sich verändernden wirtschaftlichen Verhältnisse für die Pferdezucht nicht ohne Einfluß auf das Quadrillenreiten. Mit dem Entstehen der ländlichen Reiterei und einer großen Anzahl von Pferdeschauen und Pferde-

Fanfarenzug des Sächsischen Landgestüts Moritzburg

Quadrille des Landgestüts Redefin (Mecklenburg-Vorpommern) in den Uniformen der Schill'schen Husaren

leistungsschauen änderte sich auch der Charakter der Schauveranstaltungen allmählich. Bei vielen ländlichen Reiterfesten wurden kleinere, leichte Quadrillen von den Vereinsmitgliedern eingeübt und vorgeführt. Die Quadrille, oft recht anspruchslos, aber immer Höhepunkt gemeinsamen Bemühens, wurde zum Bestandteil der Reiterfeste, die vor allen Dingen in den Regionen mit Pferdezucht eine Heimstatt hatten. Aber sie bewährte sich auch als zugkräftiges Schaubild bei Pferdeleistungsschauen. Je mehr das Pferd aus dem Auge der Menschen entschwand, umso mehr Attraktivität gewannen Auftritte einer Vielzahl von Reitern und Pferden!

In der Mitte der zwanziger Jahre erhielt das Quadrillenreiten wichtige Impulse von einem in Berlin lebenden ehemaligen Schweizer Offizier, Oscar Fritz (1865 - 1934), der sich den Beinamen eines "Quadrillenkönigs" erwarb. Seine Brüder Wilhelm und Ernst waren Leiter des Tübinger Universitäts-Reit-Instituts, Letzterer mit dem Titel eines "Universitäts-Stallmeisters".

Seinem Kopf und seiner Feder entstammten eine größere Zahl sehr vielseitiger Quadrillen. Er bot auch Interessenten seine Kenntnisse beim Entwerfen von Quadrillen an und stellte sich zur Verfügung, um sie einzustudieren. Einen weit größeren Einfluß auf die Entwicklung des Quadrillenreitens nahm er jedoch durch sein 1926 erschienenes Buch "Reiterspiele und Quadrillen", in dem er nicht nur die Ergebnisse seiner Studien zur geschichtlichen Entwicklung des Quadrillenreitens – eine Hauptquelle auch für dieses Buch – darlegte, sondern ebenso viele Beispiele für Qua-

"Quadrillenchef" Oscar Fritz

Die Teilnehmer der "Großen Schulquadrille der Reiterführer Friedrichs des Großen", die von Oscar Fritz einstudiert wurde

Oscar Fritz

der Verfasser des Buches „Reiterspiele und Quadrillen"

übernimmt es,

Quadrillen zusammenzustellen und auf Wunsch auch **einzustudieren.** In- und außerhalb Berlins.

Unterricht (auch in englischer und französischer Sprache) in allen Fächern der Reitkunst: **Anfangsunterricht,** Kampagneschule, Hohe Schule. **Dressur.**

Tel. Stephan 6813 Berlin W. 10, Von der Heydtstr. 8.

Der "Quadrillenkönig" O. Fritz erbot sich, bei der Gestaltung von Quadrillen zu helfen

drillen, eigene und die anderer Autoren, veröffentlichte. Von besonderem Wert für das Quadrillenreiten heute ist jedoch seine systematische Darstellung der Grundlagen der Figuren und Touren einer Quadrille. Oscar Fritz' Standardwerk ist die Basis der späteren Bemühungen um das Quadrillenreiten und zugleich ein fundiertes Lehrbuch für die Gestaltung von Quadrillen.

Wir machen nun einen Sprung in das Jahr 1939. In diesem Jahr trat beim Deutschland-Hallenturnier in Berlin das "Cadre Noir" aus Saumur unter der Leitung von Commandant Lesage auf. Dieser glänzende Auftritt führte dann endlich dazu, daß auch die deutsche militärische Führung ihre Zurückhaltung gegenüber dem Quadrillenreiten aufgab. Der unauslöschliche Eindruck, den die 12 französischen Offiziere hinterließen, die in ihren historischen schwarzen Uniformen die Große Schulquadrille ritten, an der Spitze Cdt. Lesage, der Olympiasieger von Los Angeles 1932, und die Beifallsstürme, die den 16 Sauteurs (Springern), welche ihre Schulsprünge aus den verschiedensten Figuren heraus entwickelten, entgegenbrausten, führten dazu, daß einer der besten deutschen Reiter jener Zeit, Felix Bürkner, den Auftrag zur Bildung einer Schulquadrille erhielt. Die Kavallerieschule wurde im Oktober 1939 von Hannover nach Krampnitz bei Potsdam verlegt und Felix Bürkner wurde ihr Kommandeur. Die Schaffung der *Deutschen Schulquadrille* machte sich Bürkner zur wichtigsten Lebensaufgabe. Zusammen mit Otto Lörke, der seit 1905 Königlicher Sattelmeister im Marstall des Kaisers gewesen war und als Nachfolger von Plinzner dessen Reitpferde ausbildete, in den zwanziger Jahren dann in Berlin als Dressurreiter und Ausbilder gearbeitet hatte, und dem Wiener Kapellmeister Friedrich Witeschnek begann die Arbeit an einem Werk, das kein Plagiat der Quadrille des Cadre Noir sein sollte, sondern etwas ganz Eigenständiges, Neues, Anderes.

Bürkners große Schulquadrille von Krampnitz

Felix Bürkner beschrieb die Zielstellung für seine Deutsche Schulquadrille selbst so: "Eine Zwölferquadrille mit einwandfrei sitzenden Reitern auf edlen, im Typ sich gleichenden Pferden mit ausdrucksvollen und besonders schwungvollen Gängen, die in allen Lektionen der Campagne- und Hohen Schule sowie allen Übergängen und wechselnden Tempi dem Beschauer das Wesen deutscher Reitkunst in vollendeter Durchlässigkeit und stetem Wechsel zwischen feierlicher Versammlung und energischem Vorwärts freier Gänge als formvollendeten Tanz zu schönster rhythmischer Musikbegleitung zum Ausdruck bringen sollte."
Von Interesse für die Methodik bei der Erarbeitung von Quadrillen dürfte auch heute noch die Schilderung von Felix Bürkner sein:
"Mit Herder ritt ich ihm immer wieder Ausschnitte aus der Quadrille vor. Wir begaben uns anschließend an das Klavier in der Kantine und probten die Sätze aus klassischen Opern und Musikstücken alter Meister, deren Rhythmus uns für die Begleitung der Trab- und Galoppbewegungen passend erschien. Immer und immer wieder, bis wir das Richtige gefunden zu haben glaubten... Ich begann nun mit der Zusammenstellung der Quadrille und dem Einstudieren ihrer Lektionen – stets in Gegenwart unseres Kapellmeisters ... So probierten wir, verwarfen und suchten Schöneres. Wer weiß, wie viele Stunden Witeschnek in der Musikhochschule verbrachte, nur um Partituren mit den Themen herauszusuchen, die ihm vorschwebten oder die ich im Ohr hatte und glaubte, daß sie passend wären."

1940 wurde die Quadrille erstmals aufgeführt und bestand bis 1943. Wegen der Kriegsjahre kam dieses in der Welt einmalige Denkmal deutscher Reitkunst aber nicht über die Krampnitzer Anlagen hinaus in die Öffentlichkeit. Nur die offiziellen ausländischen Besucher, Offiziere, Diplomaten und Wirtschaftsgrößen wurden zumeist an den Mittwochvormittagen nach Krampnitz hinausgefahren, um dieses beeindruckende Schauspiel in einer Galavorstellung zu erleben. Unter den Reitern dieser Quadrille fanden sich Namen, die später Weltgeltung errangen: Willi Schultheis, Fritz Thiedemann, Walter Günther u.a. Ganz ohne Querelen ging es aber auch für Felix Bürkner nicht ab. Die Heeres-Musik-Kammer fand Einwände gegen die Musik und verbot deren Verwendung mit lächerlicher Begründung. Aber Bürkner ließ nicht locker. Er führte die Quadrille dem unbestritten größten deutschen Dirigenten dieser Zeit, Generalmusikdirektor Dr. Wilhelm Furtwängler, vor und bat ihn um sein Urteil. Das kam zwei Tage später:
"..., daß die Musik zur Großen Deutschen Schulquadrille das Beste sei, was geschaffen werden könnte, und daß seiner heiligen Überzeugung nach auch nicht ein Ton, geschweige denn ein Satz geändert werden dürfte."
Das brachte die Herren über Pauken und Trompeten zum Schweigen.
Das Ende des II. Weltkrieges bedeutete auch das Ende der Deutschen Schulquadrille. Allerdings sollte sie 30 Jahre später noch einmal auferstehen. Willi Schultheis, der beste Schüler Otto Lörkes, erinnerte sich der Quadrille im Jahre 1971, um sie als ein grandioses Schaubild für die Olympischen Spiele 1972 in München vorzubereiten, wo sie zwischen der letzten Siegerehrung im Preis der Nationen und der Abschlußfeier am Abend des 10. September vor 70.000 Zuschauern im Olympiastadion von 12 der besten deutschen Dressurreiterinnen und Dressurreiter wiederaufgeführt wurde. General a.D. Albert Stecken studierte sie nach dem historischen Vorbild ein.
Es ritten:
Die Damen Ilsebill Becher, Gabriela Grillo, Liselotte Linsenhoff, Eva-Maria Pracht, Karin Schlüter, Inge Theodorescu und die Herren Harry Boldt, Wolfgang Haugk, Walter Günther, Dr. Reiner Klimke, Dr. Josef Neckermann und Willi Schultheis.

Die Teilnehmer der wiederentdeckten Deutschen Schulquadrille, die anläßlich der Abschlußfeier der Olympischen Spiele 1972 in München von den besten deutschen Dressurreitern aufgeführt wurde (oben). Aus dem Karussell der Blauen Reiter (unten).

Nach der Aufführung in München wurde diese großartige Quadrille noch bei einigen wenigen großen internationalen Turnieren geritten: in Aachen, Amsterdam, Boekelo, Dortmund, Münster, Wiesbaden und, anläßlich des 76. Geburtstages von Dr. Josef Neckermann, in Kronberg.

In der nun ihrem Ende zustrebenden zweiten Hälfte unseres Jahrhunderts belebte sich die Quadrillentätigkeit in beiden Teilen des damals geteilten Deutschlands. Ein norddeutscher ländlicher Reiterverein, der Huder Reitclub, unterhält eine Quadrille mit 24 Pferden, deren Reiter in königsblauen Fräcken mit silbernen Knöpfen und schwarzen, mit Silberlitze eingefaßten Stehkragen, Revers und Manschetten ihr die Bezeichnung "Karussell der Blauen Reiter" eingebracht haben. Sie haben in der Deutschlandhalle, der Bremer Stadthalle und an anderen Orten Tausende Menschen mit ihrer Reitkunst begeistert. Unter der Leitung ihres Quadrillenchefs Wilhelm Vietor hat diese Quadrille in neuester Zeit im Reiterverein Wohlde, Landkreis Oldenburg, einen neuen Träger gefunden. Die Mitglieder dieser Quadrille kommen aus 15 verschiedenen Reitervereinen aus dem Raum Weser-Ems-Bremen.
Auch in den östlichen Gebieten ist die Quadrillentradition außerhalb der Hengstparaden fortgeführt worden. Hier wollen wir nur die Dressurquadrille erwähnen, die unter Leitung des Olympiateilnehmers von Mexico und München, Wolfgang Müller, ein Jahrzehnt lang beim internationalen Reitturnier in Löbnitz (Kreis Delitzsch) aufgeführt worden ist. In ihr wurden, auch durch den Einfluß von Willi Schultheis, viele Elemente und Figuren der Deutschen Schulquadrille bewahrt. Geritten wurde sie jeweils von den 12 besten Dressurreiterinnen und -reitern, die in den S-Prüfungen dieses Turniers am Start waren, darunter auch aus ländische Reiter. Nach der Deutschen Wiedervereinigung ritten im Jahre 1991 erstmalig Reiter aus den alten und neuen Bundesländern in dieser Quadrille.
Als eine Quadrille mit historischem Hintergrund ist die des Reitvereins in Rathenow erwähnenswert, die in historischen Unifor-

Schulterherein nach beiden Seiten auf der Mittellinie (siehe auch Seite 30/31)

1

men geritten wird und der Befreiung Rathenows von der schwedischen Besatzung gewidmet ist. Erwähnt werden soll auch eine vom Verfasser dieses Buches entworfene und einstudierte Fahrquadrille der acht besten Vierspänner der damaligen DDR, die im Sommer 1987 in Berlin-Karlshorst aufgeführt wurde.
Natürlich gibt es außer der Aufführung von Quadrillen noch eine unendliche Menge von Möglichkeiten, bei Turnieren Schaubilder für das Publikum anzubieten. Der Phantasie sind dabei im Hinblick auf Kostüme und Ausstattung nur durch den guten Geschmack Grenzen gesetzt, gegebenenfalls natürlich historische Treue eingeschlossen. Selbstverständlich sind auch bei Schaubildern die Forderungen des Tierschutzes zu beachten. Sehr häufig gezeigte Schaunummern wie die "Ungarische Post" und die "Römerwagen" sollte man unter diesem Gesichtspunkt kritisch überprüfen.
In den Bereich unseres Themas fällt aber mehr die Notwendigkeit, auch solche Schauvorführungen abwechslungsreich zu gestalten, und dazu sind einfache, über den ganzen Turnierplatz angelegte Figuren stets sehr willkommen. Allerdings bedarf es auch dazu einer zumeist einfachen Choreographie, welche die Verteilung der Reiter bzw. Gespanne auf dem Platz so regelt, daß alle Zuschauer sie hin und wieder aus der Nähe sehen können.
Keinesfalls aber dürfen diese Schaubilder zum "Klamauk" verkommen, denn dann wirken sie für Zuschauer wie Beteiligte eher peinlich als attraktiv.

Aus der ersten gemeinsamen Quadrille von Reitern und Reiterinnen aus den alten und neuen Bundesländern nach der Wiedervereinigung am 23. Juni 1991 in Löbnitz (Sachsen):

- **Aus der Kolonne zu zweien von der Mittellinie Traversale nach beiden Seiten**
- **Mit dreien durch die ganze Bahn wechseln (Durchreiten)**
- **Wechseln durch die ganze Bahn (Durchreiten)**

1.2.5

Die Entwicklung zum Quadrillenwettkampf

Aufbauend auf den bisher beschriebenen Quadrillentraditionen und zur Erzielung eines Gegengewichtes zu der sich ständig verstärkenden Individualisierung des Reitsportes entstanden beim *Reitverein Wohldorf* in Hamburg Gedanke und Konzeption zur Schaffung von Quadrillenwettkämpfen als eigenständige Turnierdisziplin. *Dr. Fritz Lackmann*, der 1. Vorsitzende des Vereins, verfolgte diesen Gedanken mit Elan und Tatkraft sowohl für den Verein als auch über dessen Rahmen hinaus. Wenige Tage nach der Vereinsgründung am Ende des Jahres 1977 entstand diese Wettkampfidee fast beiläufig in einem Gespräch. Hans Jückstock, Hamburger Reitstallbesitzer sowie Gründungs- und Vorstandsmitglied des Vereins, war wesentlicher Ideengeber und förderte die Entwicklung mit den Möglichkeiten seines Reitinstitutes.
Schon am 6. Mai 1978 fand der erste Quadrillenwettkampf dieses Vereins statt. Neun Quadrillen nahmen daran teil. Seither wurde die Wintersaison der Quadrillenreiter 10 Jahre hintereinander mit dieser Veranstaltung jeweils am ersten Mai-Sonnabend auf dem Turnierplatz des Reitervereins Wohldorf in Hamburg-Ohlstedt abgeschlossen. Sieger des ersten Quadrillenwettkampfes wurde der RV Wohldorf.
Schon zwei Jahre später hatte der Quadrillenwettkampf soviel Zuspruch gefunden, daß er als *Championat* ausgeschrieben werden konnte. In den Vereinen der Landesverbände der Reit- und Fahrvereine in Hamburg und Schleswig-Holstein fanden sich Interessenten und Fürsprecher für diese wiederbelebte Disziplin des Turnierreitens, nicht zuletzt wohl auch aus der Erkenntnis ihrer Bedeutung für die Entwicklung des Breitensports und für die Schaffung einer Möglichkeit wettkampf-

mäßigen Reitens in der Gemeinschaft. Die guten Anfangsergebnisse veranlaßten den Reiterverein Wohldorf im Jahre 1980, unter Mitwirkung des Landesverbandes Hamburg eine "Kommission Quadrillenwettkampf" zu bilden, die erste Wettkampfregeln erarbeiten sollte, denn normative Bewertungsgrundlagen waren für die weitere Entwicklung von Bedeutung geworden.
Die Bemühungen der Kommission, an deren Arbeit sich auch Experten aus anderen Regionen beteiligten, gipfelten in der Ausarbeitung eines Bewertungsbogens, der in der Folgezeit weiterentwickelt wurde. Auf dem Bewertungsbogen sind, ähnlich wie beim Kürreiten, zwei Blöcke von Kriterien festgelegt, die getrennt bewertet werden:

A Die Kriterien des Dressurreitens, ausgedrückt durch Noten (0 - 10) für *Mittelschritt* (mindestens 40 m), *Trab, Galopp, Reinheit der Gänge* (Ungebundenheit, Regelmäßigkeit), *Schwung* (Elastizität, Engagement der Hinterhand), *Gehorsam der Pferde* (Losgelassenheit, Durchlässigkeit, Anlehnung) sowie *Sitz und Einwirkung der Reiter* (korrekte Hilfengebung). Die Summe der sieben Noten geht in die Bewertung ein.

B Die Kriterien des Quadrillenreitens, ausgedrückt durch die Noten (0 - 10) für die künstlerische Gestaltung, im einzelnen für: das *Herausbringen der Quadrille* (Anzug, Sattelung, Zäumung, Zusammenpassen der Pferde, Verhalten des Quadrillenchefs), den *inhaltlichen Ideenreichtum* (Choreographie), den *Schwierigkeitsgrad* (der Figuren, Touren und ihre Aufeinanderfolge), die *Abstimmung mit der Musik* (Übereinstimmung und Gleichmaß), *die Frische* (der Vorstellung), *die Harmonie* (im Ablauf der Quadrille), *die Korrektheit der Figuren* (Einhalten des Hufschlages und der Abstände, die Disziplin der Reiter, die Korrektheit der Anfangs- und Schlußaufstellung). Die Summe der Noten wird mit zwei multipliziert, sofern die Ausschreibung nichts anderes vorschreibt.

C Von der Summe der Noten aus den Blöcken A und B werden Abzüge vorgenommen für

– die Verwendung von Hilfszügeln (Ausbindezügel, Stoßzügel) je Pferd (trifft nur zu für Klasse E. In der Klasse A und L sind Hilfszügel nicht erlaubt).	2 Punkte
– für jeden Ungehorsam eines Pferdes	3 Punkte
– für jedes Verreiten jedes Reiters	6 Punkte
– für das Verlassen der Bahn je Pferd	14 Punkte
– für eine notwendig werdende Neuformierung	14 Punkte
– für jeden Sturz eines Reiters und/oder Pferdes	14 Punkte
– für das Weglassen einer geforderten Lektion durch einen Reiter je	10 Punkte
– für sonstige störende Vorkommnisse	nach Ermessen der Richter

Die in den vorangegangenen Abschnitten wiedergegebenen Einzelheiten sind im Handbuch für Reit- und Fahrvereine, Ausgabe 1989, und in der LPO, Ausgabe 1990, niedergelegt. Änderungen können der jeweils gültigen Fassung entnommen werden.

Diese Bewertung der Quadrillen hat sich nicht zuletzt deshalb bewährt, weil sie den Vereinen die Möglichkeit gibt, durch Korrektheit der Vorbereitung und Ausführung der Quadrille ihr Ergebnis auch dann positiv zu gestalten, wenn es beim Niveau der Ausbildung einzelner Reiter und Pferde noch Ungleichheiten gibt.
Zur Unterstützung der künftigen Entwicklung der Quadrillenwettkämpfe und des Reitens von Schauquadrillen wurde 1980 außerdem die Archivierung und Publizierung von Materialien zur Geschichte und Entwicklung des Quadrillenreitens in Angriff genommen.
Die vom Reiterverein Wohldorf veranstalteten Quadrillenwettkämpfe, die schon in

den Anfangsjahren für die Vereine der Landesverbände Hamburg und Schleswig-Holstein offen waren, wurden ab 1982 als Quadrillenchampionat ausgeschrieben. Sieger des ersten Quadrillenchampionats 1982 wurde der Initiator der Veranstaltung, der Reiterverein Wohldorf (Quadrillenchef Hans Jückstock). In den folgenden Jahren gingen Siege an den Reiterverein Bredenbeker Teich (Quadrillenchefs: Palle Steen Jensen und Werner Storl), den Hamburger Reiterverein (Quadrillenchef: Katja von Rönne) und den Reit- und Fahrverein Kirchwerder (Quadrillenchef: Herbert Putfarcken).

Die Verbreitung des Quadrillenreitens fand auch große Unterstützung durch die Medien. Der Norddeutsche Rundfunk sendete – das sei hier besonders hervorgehoben – zahlreiche Beiträge mit besonderer Breitenwirkung durch Ausstrahlung von Fachsendungen unter dem Titel "Ballett auf Hufen" in den Jahren 1983, 1987 und 1989, die besonders dem Sportredakteur Axel Storz zu verdanken sind, dessen Engagement den Innovationsaufgaben seines Senders voll entspricht. So widmete sich das TV-Team im Jahre 1991 einer neuen Schwerpunktaufgabe: Quadrillenreiten im Sport für Behinderte einzusetzen.

Schon im Jahre 1984 hat das Quadrillenchampionat bereits jenseits der Grenzen von Hamburg und Schleswig-Holstein Interesse gefunden. Insgesamt fanden sich 20 Quadrillen zum Wettkampf ein.

Als eine zweite wichtige Neuerung, die den Quadrillensport auf eine noch breitere Basis stellte, muß die Einführung von Quadrillenwettkämpfen für Ponys gelten.

1985 verbreiterte sich der Kreis der Mitstreiter bei der Entwicklung der Quadrillenwettkämpfe, indem der Landesverband Hamburg als Mitveranstalter einbezogen wurde. Am 4. Mai des Jahres fand die erste Norddeutsche Quadrillenmeisterschaft statt. Zugelassen dazu waren Quadrillen aus den Landesverbänden Berlin, Hamburg, Hannover-Bremen, Schleswig-Holstein und Weser-Ems.

Das folgende Jahr 1986 brachte eine ganz entscheidende organisatorische Entwicklung: Am 11. August 1986 gründeten in Hamburg mehrere profilierte Quadrillenexperten auf Initiative von Dr. Fritz Lackmann das *Deutsche Kuratorium Quadrillen-Reiten* mit dem Ziel, im Zusammenwirken mit nationalen und internationalen Gremien den Quadrillenwettkampf weiter zu popularisieren und durchzusetzen.

Die Gründung des Kuratoriums war als Ergebnis der positiven Entwicklung seit dem Beginn der Quadrillenwettkämpfe erfolgt, zu der auch die Erfahrungen gehörten, die mit der zweiten Norddeutschen Quadrillenmeisterschaft und den zeitgleich mit ihr durchgeführten ersten bundesoffenen Quadrillenwettkämpfen gemacht worden waren. Letztere stellten einen wichtigen Meilenstein auf dem Weg zu einem Bundeschampionat dar.

"Von der Hansestadt gehen starke Impulse für diese Disziplin aus, die eine ideale Mischung von Freizeit- und Wettkampfsport darstellt und von einer Vielzahl sonst nicht turnierambitionierter Reiter mit Begeisterung aufgenommen wird", erklärte der Vorsitzende des Landesverbandes der Reit-und Fahrvereine Hamburgs, Eberhard Fellmer, Gast bei der Gründungsveranstaltung des Kuratoriums und empfahl, die Aktivitäten vom norddeutschen Raum aus in alle Bun-

desländer und ins Ausland auszudehnen. Auch die Deutsche Reiterliche Vereinigung hat die im Hamburger Raum entstandenen Bemühungen um das wettkampfmäßige Quadrillenreiten stets unterstützt.
Die Einführung eines Deutschen Quadrillenchampionates wurde Ende 1986 vom Vorstand der Abt. Sport befürwortet und 1987 von der Delegiertenversammlung der Abt. Sport beschlossen. Das Deutsche Quadrillenchampionat wird seitdem auch finanziell unterstützt, u.a. in dem die placierten Vereine einen Zuschuß für ihre weitere Arbeit auf diesem Gebiet erhalten.
In der Delegiertenversammlung der Abt. Sport des Jahres 1987 wurde nach eingehenden Gesprächen und Beschlußfassung in den zuständigen Gremien außerdem die Einsetzung eines Fachbeirates Quadrillen-Reiten bestätigt. Dieser Fachbeirat dient der Abstimmung gemeinsamer Anliegen und der Koordination innerhalb der Gesamtorganisation.
Im gleichen Jahr 1987 wurde der Sprecher des Fachbeirates Quadrillen-Reiten als Gast in den FN-Ausschuß "Allgemeiner Reit- und Fahrsport" (Freizeit- und Breitensport) aufgenommen. Im April 1990 erfolgte die Berufung eines Vertreters des Deutschen Kuratorium Quadrillen-Reiten/Fachbeirat Quadrillen-Reiten als ordentliches Mitglied in den Ausschuß "Allgemeiner Reit-und Fahrsport", ebenfalls durch Beschlußfassung in der Delegiertenversammlung der Abt. Sport.
Die Deutsche Reiterliche Vereinigung stellte außerdem die Quadrillenwettkämpfe in die Reihe der breitensportlichen Wettbewerbe und nahm sie in die LPO (§§ 100 und 160), in die APO (§ 401, Ziff. 1) ab 1990, sowie auch in das "Handbuch für Reit- und Fahrvereine" (Teil III, Abschnitt C, Ziffer 6) ab 1989 auf. Damit war das Quadrillenreiten erstmalig als offiziell anerkannte Wettkampfdisziplin etabliert. Ein historisch kurzer, aber von viel Engagement geprägter Weg hatte in nur einem Jahrzehnt an das Ziel geführt, von dem aus sich dem Quadrillenreiten neue Horizonte eröffnen.
Auf diese Weise entwickelten sich die Quadrillenwettkämpfe in den letzten Jahren kontinuierlich weiter:
Im Jahre 1988 stand die Vorbereitung der Aufnahme in die LPO und APO sowie die Fertigstellung des dritten Teiles des Filmes "Ballett auf Hufen" im Vordergrund der Arbeit. Außerdem wurde angekündigt, daß dem Deutschen Quadrillenchampionat künftig auch regionale Quadrillenchampionate vorgeschaltet werden sollten. Im Jahre 1989 konnte berichtet werden, wie die Aktivitäten der Quadrillenreiter auch unterhalb der regionalen Quadrillenchampionate zugenommen haben.
Der Gedanke, Quadrillenwettkämpfe als Vereinswettbewerbe zu organisieren, ist auch in der Schweiz aufgegriffen worden. Das Deutsche Kuratorium Quadrillen-Reiten hat diese Entwicklung mit ideeller Unterstützung begleitet. Die internationale Arbeit des Deutschen Kuratoriums Quadrillen-Reiten hat sich wesentlich ausgedehnt. Gegenwärtig bestehen Verbindungen mit Athen, Marbella, New York und San Salvador. Besonders enge Beziehungen sind zur Schweiz entstanden. Die Schweizer Quadrillenreiter führten Lehrgänge und Richterseminare durch, wie sie auch in Deutschland veranstaltet werden. Außerdem wurde der in Deutschland gültige Bewertungsbogen übernommen.
Es entstand in diesem Jahr Lehrmaterial für die Quadrillenausbildung und die Unterrichtung von Turnierrichtern, aus dem besonders eine von Werner Storl entwickelte Lehrkassette hervorgehoben werden muß. Dankbare Anerkennung fand die Aufnahme von Hinweisen zum "Formationsreiten und Formationsfahren" in das 1989 herausgegebene "Handbuch für Reit-und Fahrvereine".
Im Jahre 1991 wurden erstmals Quadrillenturniere in den Landesverbänden Baden-Württemberg und Berlin-Brandenburg geplant, womit ein wesentlicher Schritt zur Abflachung des Nord-Süd-Gefälles getan wird. Zusätzlich zu dem seit dem 19. Januar

1990 bestehenden "Leistungszentrum Quadrillenreiten" in Hamburg, wurde noch vor der deutschen Wiedervereinigung, bereits am 21. September 1990 in Redefin (Mecklenburg/Vorpommern) ein weiteres Leistungszentrum ins Leben gerufen, von dem Impulse für die neuen Bundesländer verstärkt ausgehen sollen. Beim Deutschen Meister im Quadrillenreiten, dem Reiterverein Berlin-Pichelsberg, wurde am 6. Juni 1991 das Leistungszentrum Berlin gegründet, das unter der Leitung von Ernst Zeiger und Alfred Rasch steht.
Erwähnt werden muß auch, daß sich seit dem Jahre 1986 die im Paul-Parey-Verlag erscheinende Fachzeitschrift "reiten und fahren" als Offizielles Mitteilungsorgan des Kuratoriums in die publizistische Unterstützung des Quadrillenreitens eingeschaltet hat. Sie bringt neben Grundsatzartikeln und aktueller Berichterstattung unter der ständigen Rubrik "Termine" Informationen über nationale und internationale Quadrillenereignisse. Natürlich haben andere Fachblätter das Thema ebenfalls hin und wieder aufgegriffen.

1.2.6

Die Bedeutung des Quadrillenreitens und der Quadrillenwettkämpfe in der Gegenwart

"Der Sport ist im Verein am schönsten" rückt als Werbeslogan des Deutschen Sportbundes die Bedeutung des Sports als eine Möglichkeit für die Menschen, gemeinschaftlich miteinander zu leben, in den Mittelpunkt. Das ist eine unterstützungswürdige Absicht in einer Zeit, in der Indiviualismus vielfach vorherrscht und sich in stärkerem Maße als früher Merkmale wie Aggression, Dominanzverhalten, Egoismus und Eigenwilligkeit zeigen.
Die "Gemeinsamkeit" ist mehr und mehr aus dem Denken zu vieler Menschen geschwunden, weil egoistisches Streben das Interesse an den sozialen Beziehungen zu den anderen in der Gruppe einschränkt. Diese allgemeine Erscheinung hat auch vor dem Sport nicht halt gemacht, und so kann man den zitierten DSB-Werbeslogan eher als einen Ruf zur Rückbesinnung auf die sozial integrierende Funktion des Sportes werten, denn als Aufruf zu Neuem: "Die Gemeinschaft wird wieder stärker gefordert."

Sichtbar wird die Verarmung der Gemeinschaftsaspekte nicht nur im Bereich des Leistungssports, sie greift auch auf den Breitensport, besonders auf manchen Turnieren, über. So findet man hier oft schwindendes Interesse an der Leistung des Konkurrenten, wenn sie besser ist als die eigene. Und der auch heute noch uneingeschränkt gültige Lehrsatz, nach dem der Reiter ein Gutteil durch Zuschauen lernt, scheint in Vergessenheit geraten. Als Folge davon reisen viele weniger erfolgreiche Reiter unmittelbar nach der Prüfung ab und lassen sich dadurch die Möglichkeit entgehen, aus den Leistungen der Mitbewerber und in fachlichem Gespräch mit den Reiterkameraden neue Erkenntnisse und Erfahrungen zu finden, die für den eigenen Fortschritt nützlich sind, ganz zu schweigen von ihrem Wert für die Reitergemeinschaft.

Unter anderem aus wirtschaftlichen Gründen und aus Mangel an Transportkapazität hatte sich gerade der Gemeinschaftsaspekt auf den Turnieren in der früheren DDR als Charakteristikum erhalten, das bei den ersten Besuchen von Reitern aus den alten Bundesländern häufig zu der Anmerkung führte, das seien noch Turniere alten Schlages, "Turniere mit Herz". Feierliche Eröffnungs- und Abschlußaufmärsche aller Teilnehmer, ein-

drucksvolle Siegerehrungen mit festlichem Ritual, mehr aber noch die Abendveranstaltungen und Reiterbälle bewirkten die Stärkung des Gemeinschaftsgefühls, ließen neue Bekanntschaften, gar Freundschaften entstehen und erhöhten die Freude am gemeinsamen Sporttreiben. Vieles davon sollte erhalten bleiben und dort, wo es in Vergessenheit geraten ist, wiedererstehen. Davon ausgehend, kann das synchrone Formationsreiten, ob es nun als methodisches Verfahren im Reitunterricht, als Vorbereitung auf einen Quadrillenwettkampf oder ausschließlich mit dem Ziel gemeinsamen Reitens geübt wird, ein wirksames Mittel gegen die Vereinzelung der Reiter sein.
Die positiven Aspekte des Formationsreitens in menschlicher und reiterlicher Hinsicht sind eindrucksvoll:

1. Reiten ist kompliziert, und nur wenige bringen es dabei zu Höchstleistungen. Aber Reiten ist auch ein sehr attraktiver Sport für viele. Und die wollen und sollen ihre Freude daran haben, die am ehesten gefunden werden kann, wenn man die Anfangsgründe beherrscht. Dazu ist jedoch eine sorgfältige Ausbildung erforderlich. Gerade sie bedarf der Gemeinsamkeit.

2. Für die Ausbildung des Reiters wie des Pferdes gibt es bewährte Grundsätze und Ziele, die in der Skala der Ausbildung festgeschrieben sind und die den Weg zu dem erstrebten reiterlichen Erlebnis bestimmen. Sie sind als Voraussetzung dazu unverzichtbar. Nur zu häufig führt aber, was fälschlicherweise als "Festhalten an diesen unverrückbaren Grundsätzen in der Ausbildung" gehalten wird, zur Monotonie der Übungen, in denen mit stupider Einfallslosigkeit barsche Kritik und nicht selten noch gar nicht verständliche Korrekturhinweise die Reiter frustieren. Die Verwirklichung von mehr Abwechslung beim Abteilungsreiten, das als Ausbildungsform für Reitanfänger nach wie vor die Methode der Wahl ist, hat seine Grenzen besonders dort, wo auch zeitweilig die selbständige Führung des Pferdes durch den Reiter vordergründig geübt werden soll. In diesem Fall kann mit dem Reiten von Figuren, die das jeweilige Ausbildungsziel unterstützen, mehr Abwechslung erreicht werden. Zudem kann der Schwierigkeitsgrad bereits erarbeiteter Lektionen auf diese Weise erhöht werden. Da der Zweck mit ganz unterschiedlichen Figuren erreicht werden kann, ist Abwechslung leichter zu schaffen als mit dem beschränkten Repertoire der Hufschlagfiguren, die beim Abteilungsreiten in der Regel verwendet werden. Nur sollte unablässig darauf hingewirkt werden, die vielfältigen Figuren immer "korrekt", d.h. den Grundsätzen entsprechend zu reiten (z.B. in richtiger Stellung und Biegung).

3. Für junge Reiter ist das Gefühl für die Bewegungen des Pferdes von ausschlaggebender Bedeutung für die Entwicklung ihrer reiterlichen Fertigkeiten. Das Gefühl für das richtige Tempo, z.B. des Arbeitstrabes, läßt sich nur schwer auf matt "dahinschleichenden" Schulpferden erwerben. Ein gut vorwärts reitender Anfangsreiter kann da für die Abteilung schon einiges tun. Wo aber das selbständige Treiben beurteilt werden soll, können Figuren mit ihrem wechselvollen Mit-, Neben- und auch Gegeneinander dem Reiter wie dem Ausbilder eingehende Erkenntnisse vermitteln.

4. Zwingt schon das Abteilungsreiten die Reiter zu ständiger Einwirkung auf das Pferd, um Abstand und Tempo gleichmäßig zu halten, so erfordert das Reiten von Figuren dies umso mehr, als dabei auch noch die Ausrichtung auf den Vordermann oder den Gegenüberreiten-

Figurenreiten – Spaß- und Herausforderung auch für die Jüngsten

den verlangt wird. Dieses synchrone Reiten bewirkt eine Steigerung der Schwierigkeit der Übungen und auch der Fertigkeit in der Anwendung der Hilfen.

5. Das Reiten von Figuren, wie sie im Teil 2 dieses Buches beschrieben werden, sollte schon sehr zeitig in die Ausbildung aufgenommen werden. Selbstverständlich dürfen nur Figuren ausgewählt werden, die dem erreichten Ausbildungsstand entsprechen. Dann leisten sie mit Sicherheit einen wesentlichen Beitrag zur Festigung der Ausbildungsergebnisse.

6. Figurenreiten hält aus den genannten Gründen auch die Konzentration der Reiter wach, besonders dann, wenn die einzelnen Figuren sehr abwechslungsreich sind und richtig kommandiert werden. Die Reiter werden auf diese Weise veranlaßt, ständig ihre Hilfengebung mit der Bewegung des Pferdes auf den geforderten Linien abzustimmen, d.h. ihr Pferd genau dorthin zu reiten, wohin es gehen soll. Der Reiter, der das kann, "beherrscht" sein Pferd.

7. Die Figuren unterliegen trotz einer großen Vielfalt doch alle dem Gebot der Reitbarkeit entsprechend den "Anforderungen an das Reiten in Dressurprüfungen" (s. Aufgabenheft gem. LPO). Figuren, die davon abweichen, sind für die Ausbildung nutzlos und dürfen auch in der Quadrille nicht verwendet werden. In einem Quadrillenwettkampf müssen sie negativ beurteilt werden.

8. Das Reiten von Figuren ist eine die Entwicklung der reiterlichen Fertigkeiten ergänzende und fördernde Komponente. Dies kann sich sowohl im Ausbildungsziel einer Übungsstunde als auch in der Zielsetzung für einen ganzen Ausbildungsabschnitt ausdrücken. Im letzteren Fall heißt das, im Ausbildungsverlauf auf eine Quadrille hinzuarbeiten, deren Aufführung am Ende des Abschnitts gesichert ist. Dazu könnte im Idealfall der Ablauf der Figuren bereits am Anfang der Ausbildung im Groben geplant worden sein.
Eine solche Zielsetzung wird die Reiter auch motivieren können und sie bei der Überwindung von Schwierigkeiten unterstützen.
Die Notwendigkeit, zur Vorbereitung einer Quadrille je nach Anzahl der Teil-

nehmer bis zu 18 Pferden und bis zu 25 Reiter in die Vorbereitung einzubeziehen, um schon beim Üben Schwierigkeiten zu umgehen, die durch lahme Pferde ebenso wie durch dringende Verhinderung einzelner Reiter nie auszuschließen sind, erweitert die Möglichkeit, einem größeren Kreis von Mitgliedern die Mitwirkung am Aufbau der Quadrille zu ermöglichen.

9. Am Quadrillenreiten können sich viel mehr Reiter eines Vereins beteiligen, als für den Besuch von Turnieren mit Pferdeleistungsprüfungen geeignet sind. Neben schon weiter fortgeschrittenen Reitern können auch schwächere, denen Turnierprüfungen nur Mißerfolge und Frust bescheren würden, zu Erfolgserlebnissen in der Gemeinschaft kommen, weil eine Quadrille von der Leistung aller lebt.
"Jede Gruppe ist so gut, wie die schwächsten Reiter im Vergleich zu anderen Gruppen "besser" sind" (Meyners). Die Motivation wird sich dann als besonders wirkungsvoll erweisen, wenn alle Teilnehmer beim Aufbau der Quadrille mitreden dürfen. Sie sollen ihre Ideen einbringen, Verbesserungen vorschlagen können, die in der Gruppe beraten werden können. Obwohl der Quadrillenchef am Ende die begründete Entscheidung treffen muß, hat er auch selbst in den Gesprächen Impulse zur Überprüfung seiner eigenen Vorstellungen erhalten – und, was noch viel wichtiger ist, die Identifizierung der Teilnehmer mit der Aufgabe erreicht. Auf diese Weise ist die Quadrille eine echte Gemeinschaftsleistung geworden.

10. Beim synchronen Formationsreiten können Reiter und Pferd zwar nicht auf die Teilnahme an Dressurprüfungen vorbereitet werden, in denen die Leistung des einzelnen Reiter/Pferd-Paares beurteilt wird. Jedoch bringt ihnen die gelegentliche Teilnahme daran sicher keinen Schaden. Im Gegenteil, die gegenüber dem Dressurtraining zumeist verminderte Intensität gibt dem Reiter Erholungsmöglichkeit, und für das Pferd bedeutet das Zusammensein mit Artgenossen ohne Zweifel eine psychische Erleichterung. Formationsreiten bildet in diesem Falle eine sinnvolle Ergänzung zum Einzelsport. Außerdem festigt sie die sozialen Beziehungen des Turnierreiters zur Gruppe.
Aus den angeführten Gründen kann das synchrone Formationsreiten als eine die reiterliche Ausbildung fördernde Methode angesehen und beurteilt werden.

11. Die sich verstärkende Individualisierung der Menschen, die anfangs dieses Abschnittes beklagt wurde und der mehr noch als in manchen anderen Sportarten die Reiter unterliegen, findet im synchronen Formations- und Quadrillenreiten einen Gegenpol, der im Interesse der Reiterkameradschaft, der Toleranz und auch der Disziplin willkommen ist. Einen Beitrag in dieser Richtung leisten natürlich auch die bisher auf vielen Turnieren durchgeführten Mannschaftswettkämpfe im Dressur- und Springreiten, in der Vielseitigkeit u.a.

12. Der Einzelreiter begreift in der Gemeinschaft, daß er sich dem Gesamtanliegen ein- und unterordnen muß, weil in vielen Fällen sein Fehler, seine Unachtsamkeit zum Nachteil der Gruppe (und mit dieser auch zu seinem eigenen) wirksam wird. Das daraus entstehende Verantwortungsgefühl führt dazu, die Willens- und Leistungsreserven jedes einzelnen für die Gruppe auszuschöpfen. Der Reiter ist damit auf den Weg vom "Ich" zum "Wir" gegangen, der ihm seine Mitwirkung und Akzeptanz in der Reitergemeinschaft ermöglicht und erleichtert. Das ist von ganz

besonderer Bedeutung im Kinder- und Jugendsport, weil die Reiter in diesem Alter die Gemeinschaft und das Erleben in der Gruppe dringend zu ihrer natürlichen Entwicklung und ihrem psychischen Wohlbefinden brauchen. Die gegenwärtig festzustellende Hinwendung der Kinder und Jugendlichen zu den sogenannten "echten" Mannschaftssportarten ist auch eine Folge des bestehenden Mangels an Gemeinschaftserlebnissen im Pferdesport, der ja – sieht man einmal von den Voltigiergruppen ab – auf die Einzelleistung (und das schon in den Reiterprüfungen) abzielt.
Das synchrone Formationsreiten gibt den Kindern und Jugendlichen die Möglichkeit, sich in eine Gemeinschaft zu integrieren, in der sie sich wohlfühlen und die ihnen in ausreichendem Maße die Gelegenheit zum Sich-erproben und zum Sich-vergleichen bietet.

13. In neuerer Zeit erschließt sich dem Reitsport ein weiteres Betätigungsfeld, in dem Behinderten die für sie besonders positiven Seiten der Beschäftigung mit dem Pferd und der gemeinsamen Bewegung mit ihm erschlossen werden. Erste Versuche mit dem synchronen Formationsreiten haben sich auch hier als nützlich und fruchtbar erwiesen.

14. Förderung einer den Prinzipien bewährten entsprechenden Ausbildung von Reiter und Pferd, Schaffung von Impulsen für die soziale Integration der Reiter in die Gemeinschaft (damit auch Befruchtung des Vereinslebens) und die Vermittlung von Freude an der reiterlichen Betätigung trotz und gerade wegen der damit verbundenen körperlichen und geistigen Anstrengung sind – zusammengefaßt – als die Ziele des synchronen Formationsreitens anzusehen. Sie passen sich harmonisch ein in die Zukunftsaussichten des Sports mit Pferden, wie sie im FN-Konzept "Reitsport 2000" gesehen werden. In den Ausbildungsgang sinnvoll eingefügtes Figurenreiten und synchrones Formationsreiten sollte aus den genannten Gründen einen weit höheren Stellenwert erhalten als bisher.

Blick in die Zukunft:
Reitanlage im Jahre 2000, nach einer Zeichnung von Helga Schulze.

Auch jenseits des Ozeans gibt es hervorragende Quadrillen. Die Abbildung zeigt einen Ausschnitt aus einer argentinischen Quadrille (oben). Eine Fahrschule (Tandemreiten) des Nordrhein-Westfälischen Landgestüts Warendorf, geritten mit 24 Hengsten (unten)

Formationsreiten

2.1

Die Reitplätze zum Formations- und Quadrillenreiten

Als Reitplatz für das Formations- und Quadrillenreiten wird ein Reitrechteck mit dem Seitenverhältnis 1:2 verwendet. Die übliche Platzgröße ist 20 m x 40 m. Auf einem Platz mit diesen Maßen kann eine Abteilung mit maximal 12 Reitern noch viele Figuren korrekt reiten. Besser ist es aber, nicht mehr als acht Reiter in die Abteilung zu nehmen. Für größere Abteilungen sowie für Abteilungen mit jungen Reitern und jungen Pferden ist eine Abmessung des Platzes von 30 m x 60 m vorzuziehen. Da Reitplätze mit diesen Abmessungen kaum noch vorhanden sind und aus räumlichen Gründen wohl auch sehr selten angelegt werden können, überdies die Reitfläche in Reithallen diese Größe niemals erreicht, wird man sich von vornherein auf das kleinere Viereck einstellen müssen. Das bleibt allerdings nicht ohne Auswirkung auf die Anzahl der möglichen Figuren, da selbstverständlich nur diejenigen ausgewählt werden dürfen, die mit der beteiligten Anzahl von Reitern auf der kleineren Fläche korrekt ausgeführt werden können. Da es beim Formationsreiten sehr auf Genauigkeit und Richtung ankommt, worin die Anforderung der Übungen für den Reiter liegt, muß der Reitplatz in ausreichendem Maße mit Markierungen versehen sein, die dem Reiter als Orientierungszeichen dienen.
(Bei einer gründlich einstudierten Quadrille kann man allenfalls bei der öffentlichen Vorführung darauf verzichten.)

• **Abb. 1**

Der Einfachheit halber und um Umlernen zu vermeiden, werden für die Markierung der Reitplätze die gleichen Buchstaben wie beim Dressurviereck verwendet. Zum genauen Beschreiben von Verlauf und Ausführung der Figuren benutzen wir außerdem noch Zahlen mit kleinen Buchstaben, mit deren Hilfe jeder Punkt des Vierecks genau bezeichnet wird.

• **Abb. 2**

Die Markierungen müssen für die Reiter deutlich sichtbar sein. In einer Reitbahn befinden sie sich am besten in Augenhöhe der Reiter oder darüber, d.h. über der Bande. Hier sollten sich auch über den Mittelpunkten der drei Zirkel Markierungen des Zirkelmittelpunktes befinden, wozu dort angebrachte Lampen oder an Fäden von der Decke hängende Bälle dienen können.
Zur Markierung eines Reitplatzes im Freien können die von den Dressurplätzen bekannten Buchstabenkegel verwendet werden. Beim Formationsreiten und beim Einüben von Quadrillen wird durch die Vollständigkeit der Markierungen die Aufgabe der Reiter und die Kontrolle der richtigen Ausführung durch den Ausbilder erheblich erleichtert. Das Reitviereck ist in 32 gleich große Quadrate von je 5 m bzw. 7,5 m Seitenlänge eingeteilt. Jedes Quadrat ist so groß, daß darin eine Volte geritten werden kann. Bei ausgebildeten Pferden, mit denen Volten von 6 Schritt = 5 m Durchmesser geritten werden können, hat das Reitviereck die Abmessungen 20 x 40 m.

• **Abb. 3**

Bei jüngeren Pferden, von denen die maximal mögliche Längsbiegung noch nicht gefordert werden kann, und bei jüngeren Reitern, die noch nicht über genügend treibende Einwirkung verfügen, um in der 5-m-Volte Takt, Längsbiegung und Schwung zu erhalten, läßt man Volten von 9 Schritt = 7,5 m Durchmesser reiten. Die Abmessung des Vierecks muß dann 30 m x 60 m betragen. Selbstverständlich kann man auch auf dem Viereck von 20 m x 40 m Volten von 8 m oder 10 m Durchmesser reiten, aber dann

• **Abb. 3 a - x**

• Abb. 1

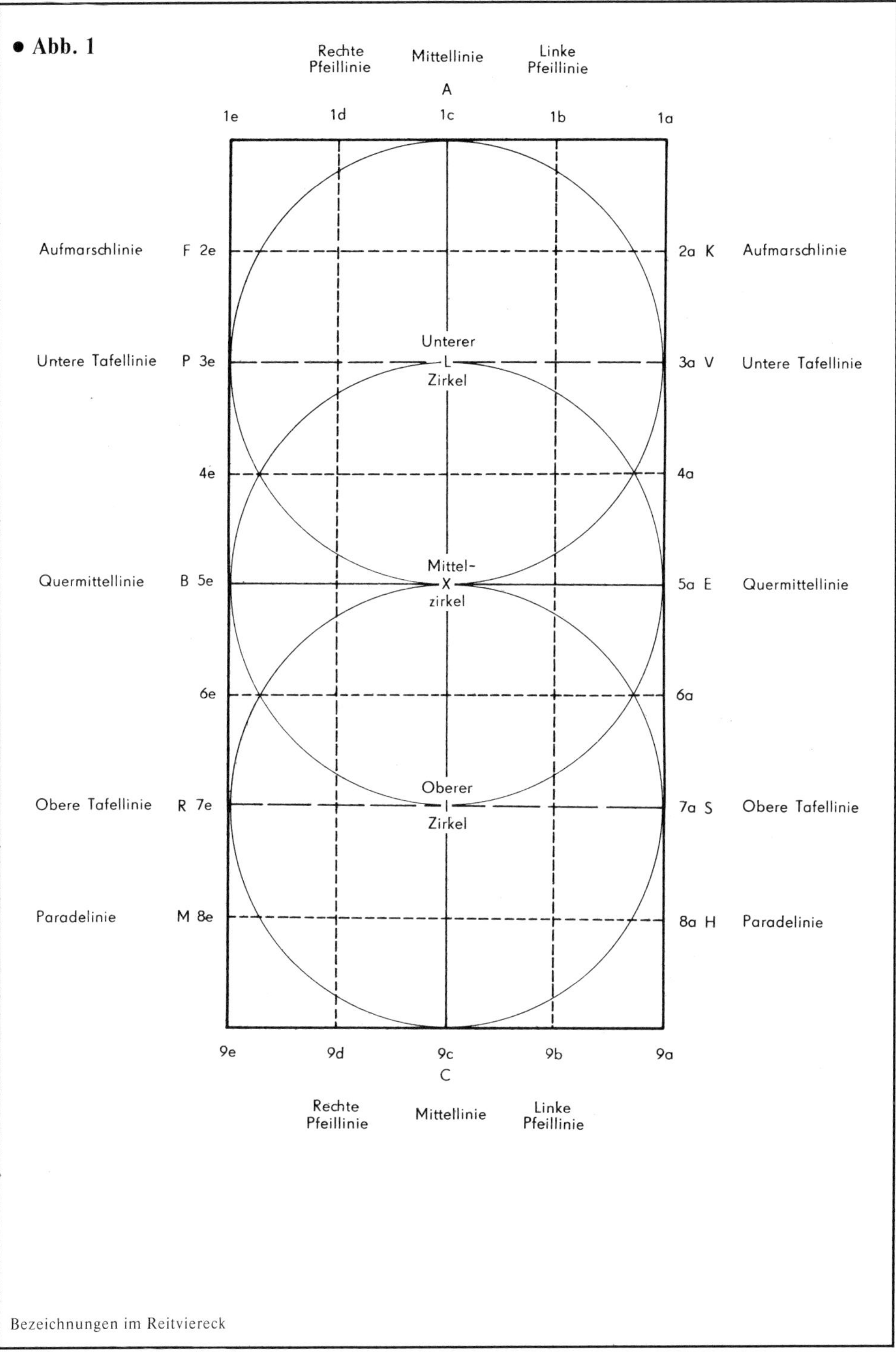

Bezeichnungen im Reitviereck

• Abb. 2

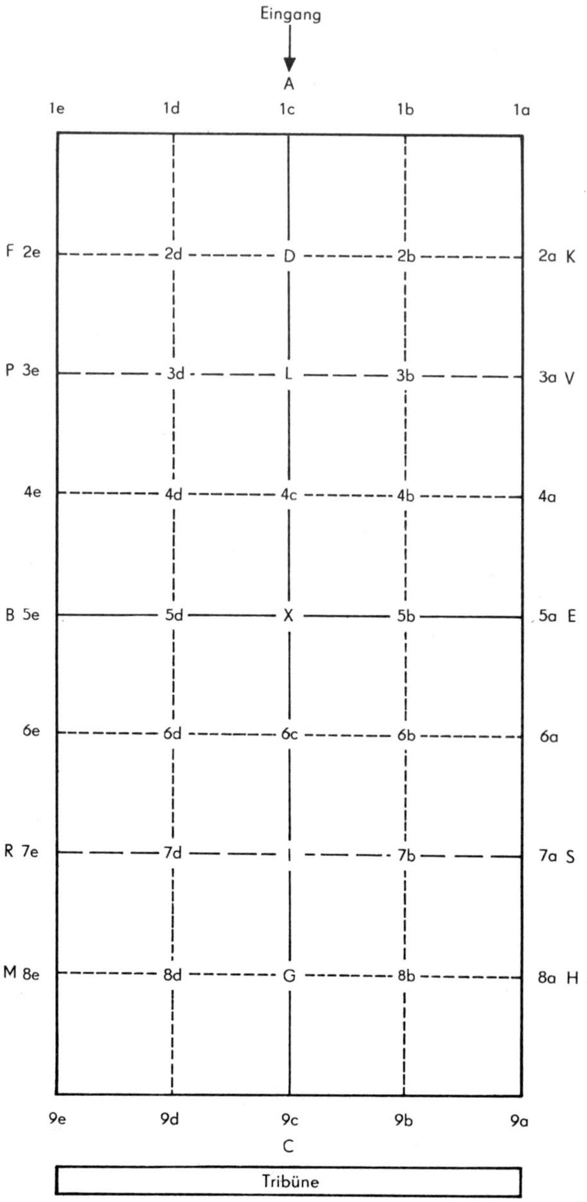

Eingang

A

1e 1d 1c 1b 1a

F 2e 2d D 2b 2a K

P 3e 3d L 3b 3a V

4e 4d 4c 4b 4a

B 5e 5d X 5b 5a E

6e 6d 6c 6b 6a

R 7e 7d I 7b 7a S

M 8e 8d G 8b 8a H

9e 9d 9c 9b 9a

C

Tribüne

Das Reitviereck und seine Markierung

• **Abb. 3**

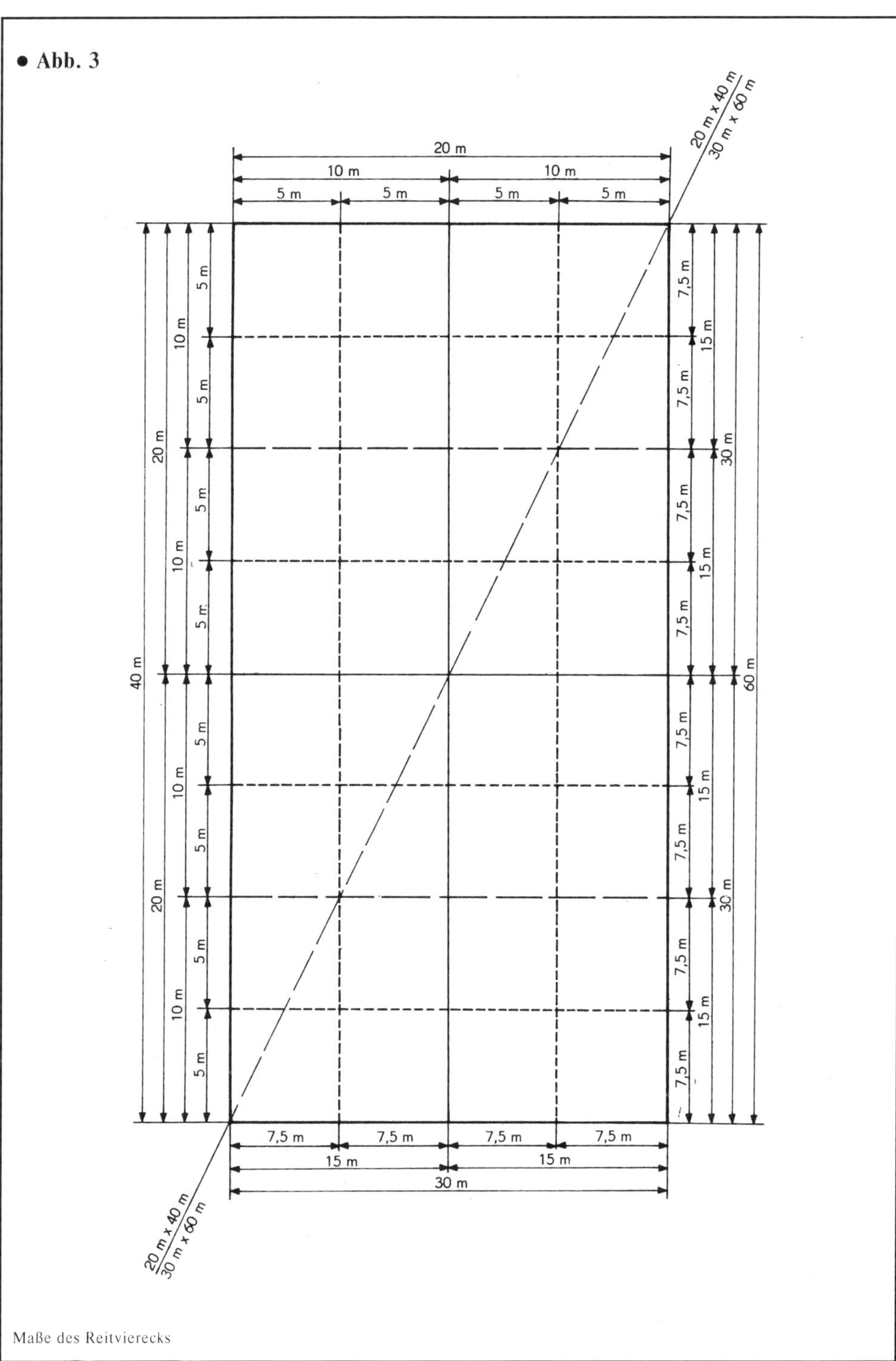

Maße des Reitvierecks

• Abb. 3 a

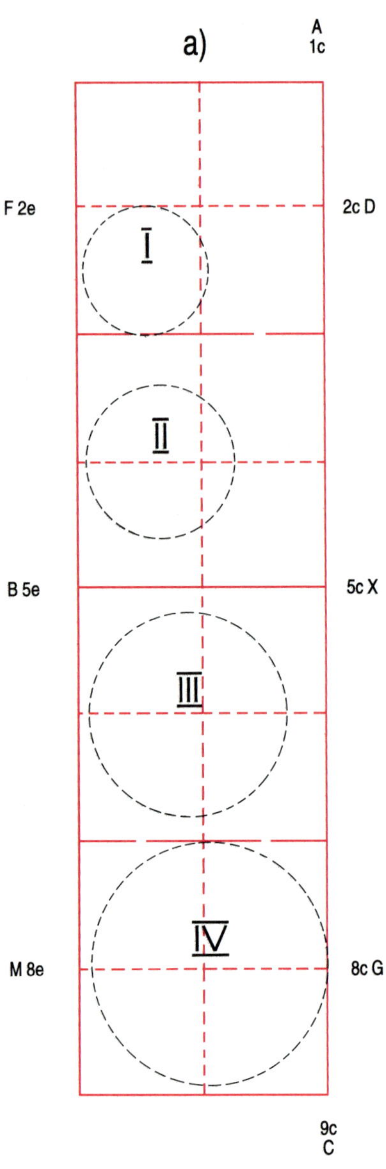

a) Volten verschiedener Durchmesser:
– I Ø 5 m
– II Ø 6 m
– III Ø 8 m
– IV Ø 10 m = Großvolte

● **Abb. 3 b, c**

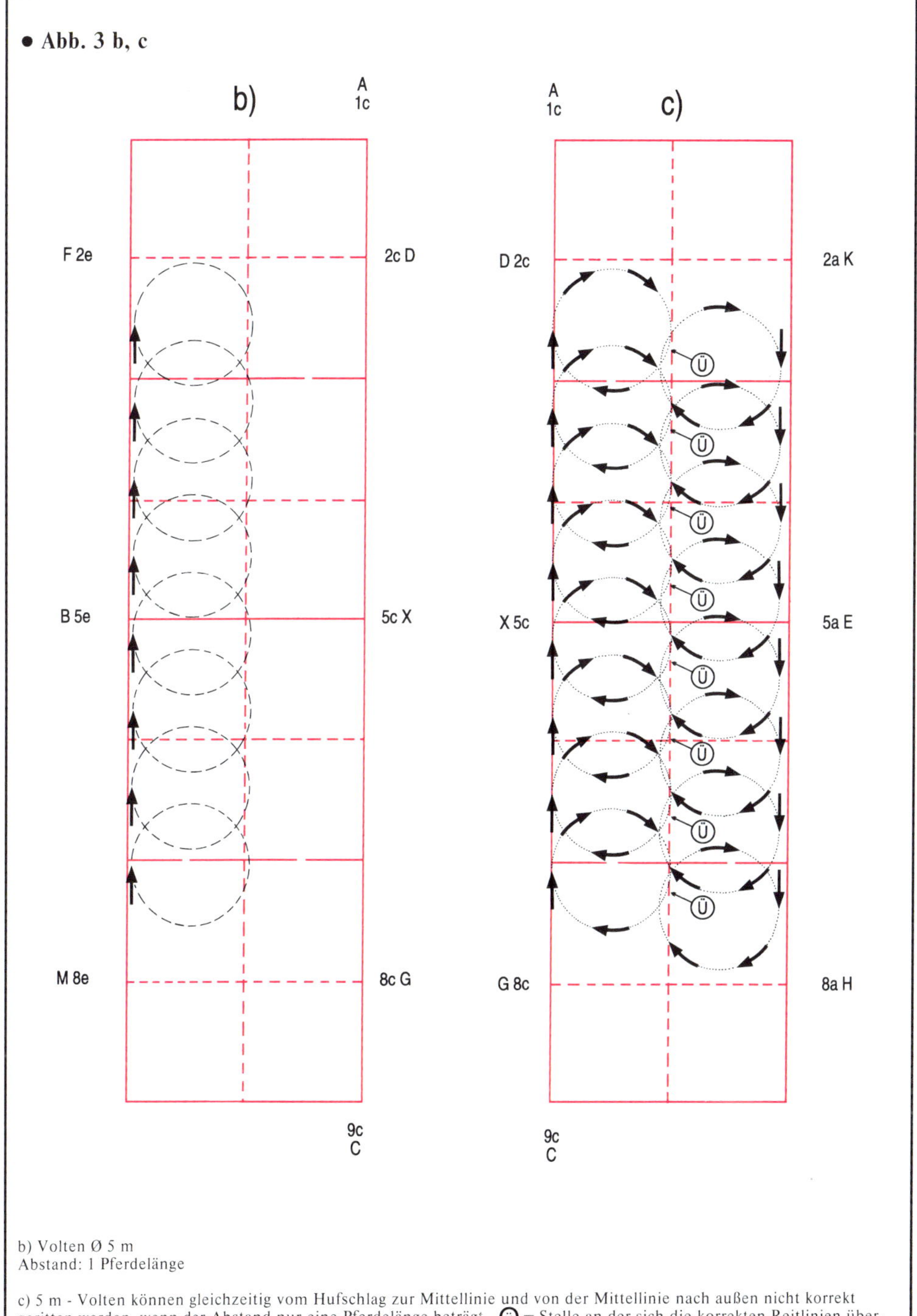

b) Volten Ø 5 m
Abstand: 1 Pferdelänge

c) 5 m - Volten können gleichzeitig vom Hufschlag zur Mittellinie und von der Mittellinie nach außen nicht korrekt geritten werden, wenn der Abstand nur eine Pferdelänge beträgt. ⓤ = Stelle an der sich die korrekten Reitlinien überschneiden.

• Abb. 3 d, e

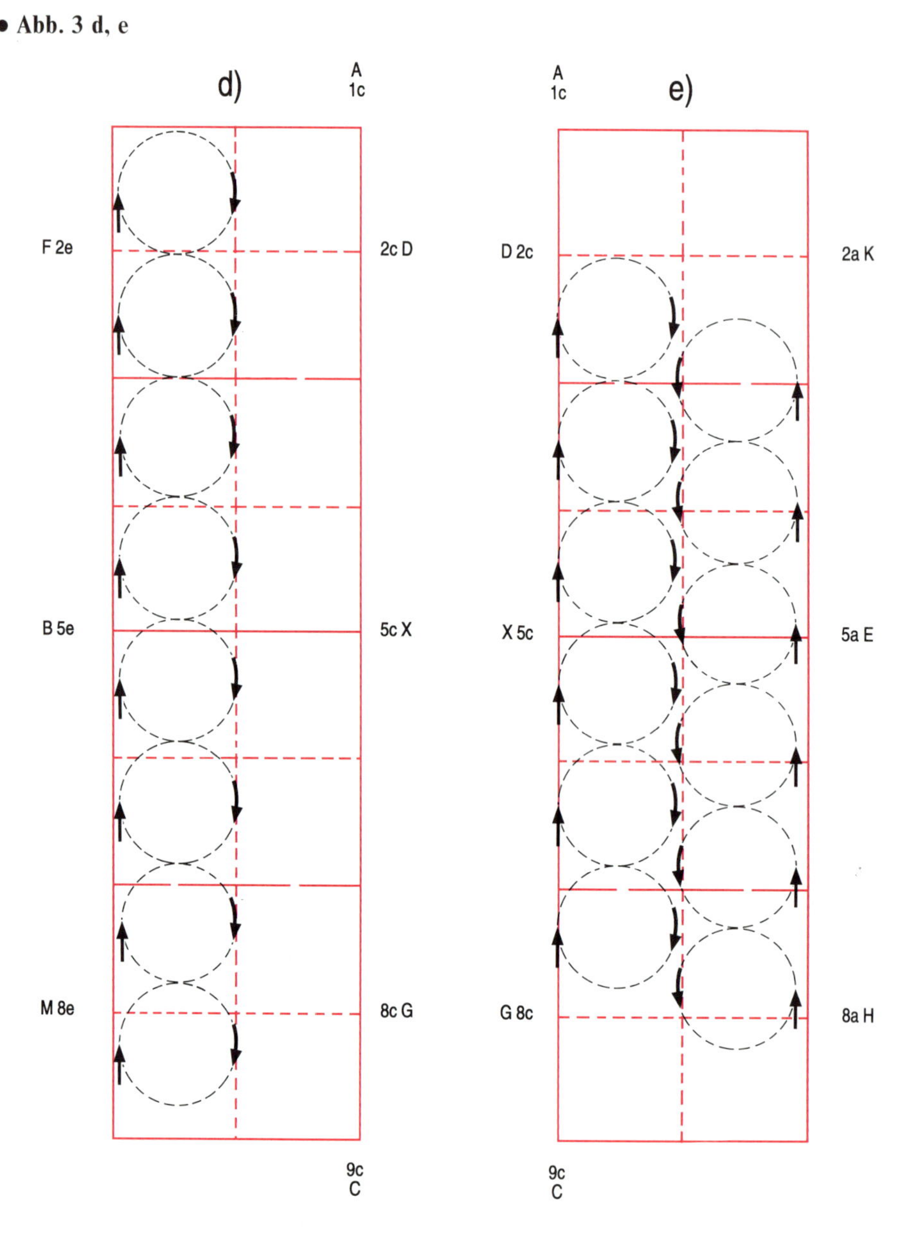

d) 5 m - Volten
Abstand: 2 Pferdelängen.
Die Volten liegen nebeneinander.

e) 5 m - Volten können gleichzeitig vom Hufschlag zur Mittellinie und von der Mittellinie nach außen geritten werden, wenn der Abstand zwei Pferdelängen beträgt und die gegenüberreitenden Abteilungen um eine halbe Pferdelänge gegeneinander verschoben sind.

• Abb. 3 f, g

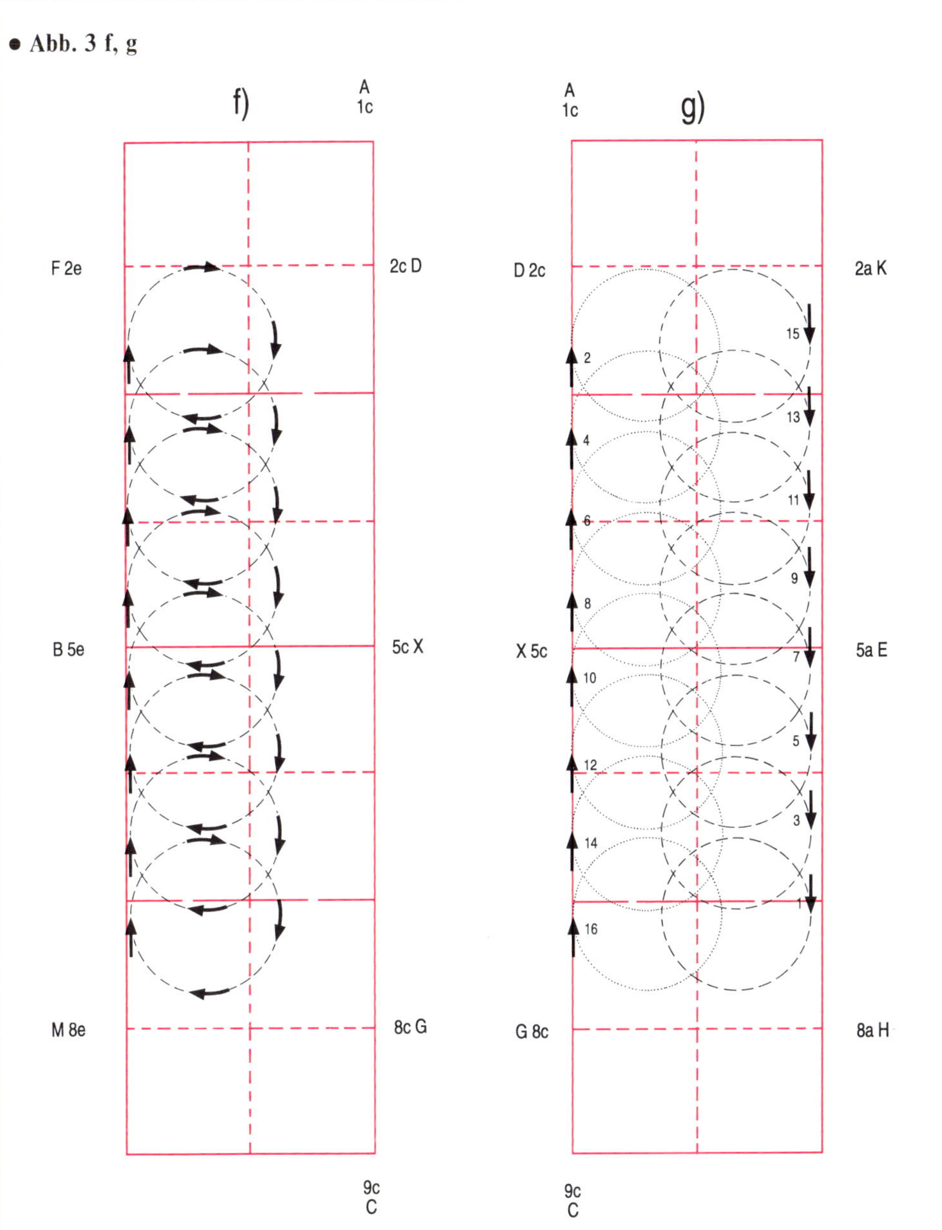

f) 6 m - Volten
Abstand: 1 Pferdelänge.
Die Volten überschneiden sich. Die Reiter reiten umeinander herum. Auf einer langen Seite haben 8 Reiter Platz

g) 6 m - Volten
Abstand: 1 Pferdelänge
Die Volten überschneiden sich mehrfach. Die Reiter müssen sowohl um den Vordermann als auch um den gegenüber Reitenden herumreiten.

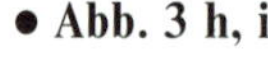

• Abb. 3 h, i

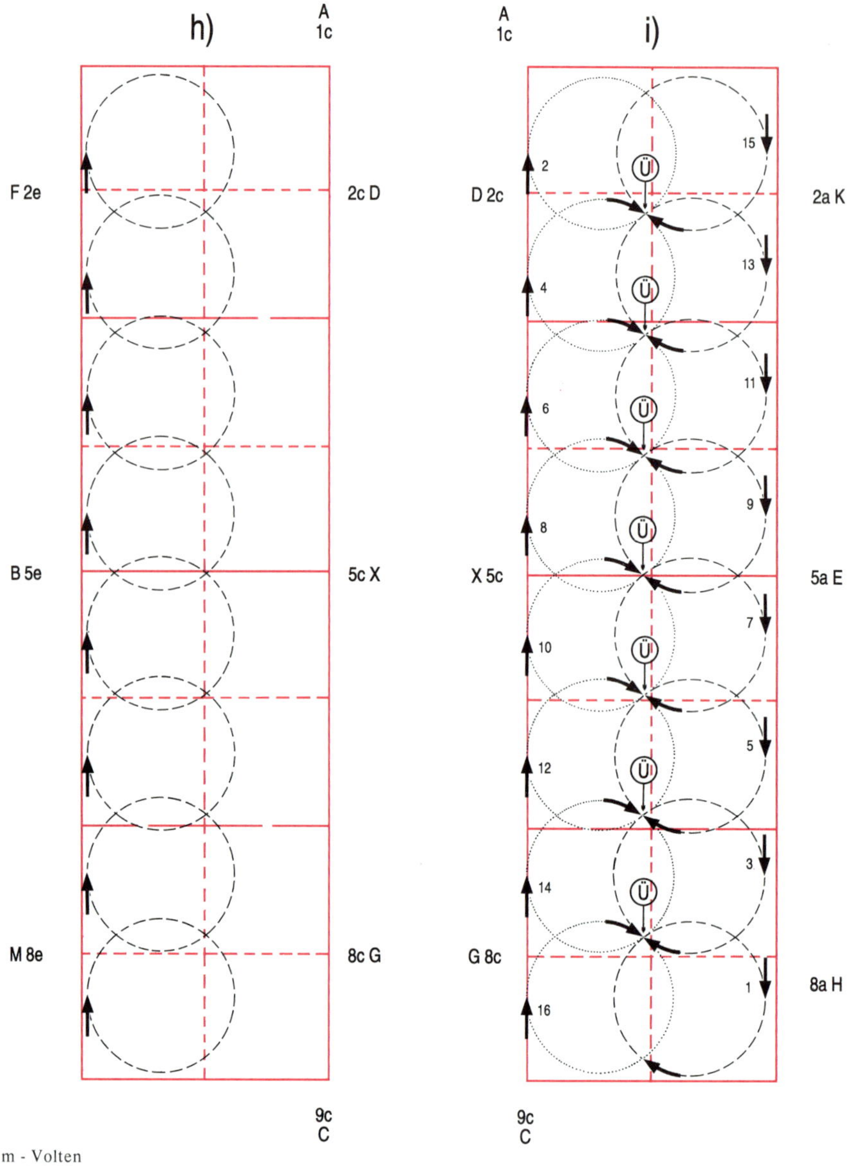

h)
A 1c
F 2e 2c D
B 5e 5c X
M 8e 8c G
9c C

i)
A 1c
D 2c 2a K
X 5c 5a E
G 8c 8a H
9c C
Ü
1 2 3 4 5 6 7 8 9 10 11 12 13 14 15 16

h) 6 m - Volten
Abstand: 2 Pferdelängen
Die Volten überschneiden sich. Die Reiter reiten umeinander herum, kommen sich aber beim Umeinanderreiten näher als bei 1 Pferdelänge Abstand. Auf einer langen Seite haben 8 Reiter Platz.

i) 6 m - Volten
Abstand: 2 Pferdelängen
Die Volten überschneiden sich. Sie können von der Mittellinie nach außen und vom Hufschlag nach innen nicht korrekt geritten werden, wenn sich die gegenüber befindlichen Abteilungen auf gleicher Höhe befinden, weil dann 4/15, 6/13 usw. kollidieren würden. Ⓤ= Punkte, an denen korrekte Reitlinien zur Kollision führen würden.

• **Abb. 3 k, l**

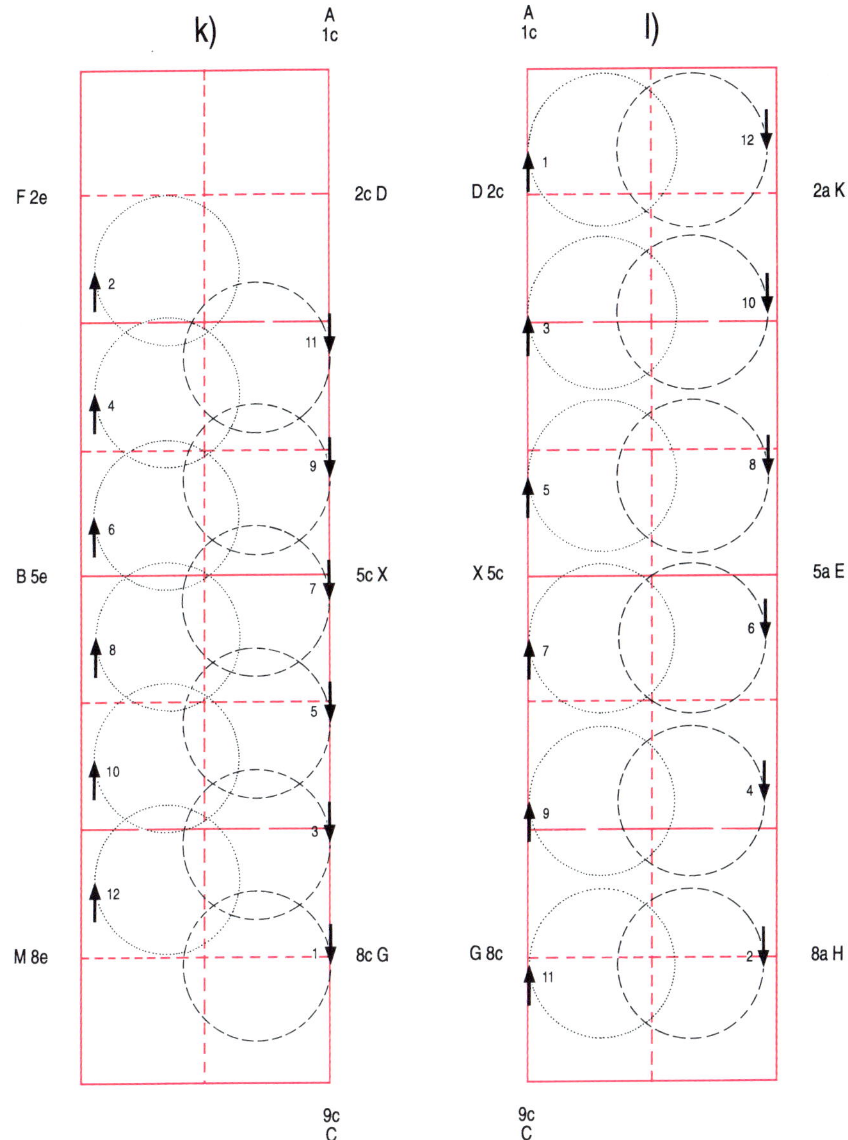

k) 6 m - Volten
Abstand: 2 Pferdelängen
Hier befinden sich die gegenüber reitenden Abteilungen nicht auf gleicher Höhe, sondern sind um eine Pferdelänge versetzt. So lassen sich korrekte Volten reiten.

l) 6 m - Volten
Abstand: 3 Pferdelängen
Die Volten jeder Seite liegen nebeneinander. Die gegenüber Reitenden reiten umeinander herum (max. Zwischenraum = 6 Schritt).
Auf einer langen Seite haben 6 Reiter Platz.

• Abb. 3 m, n

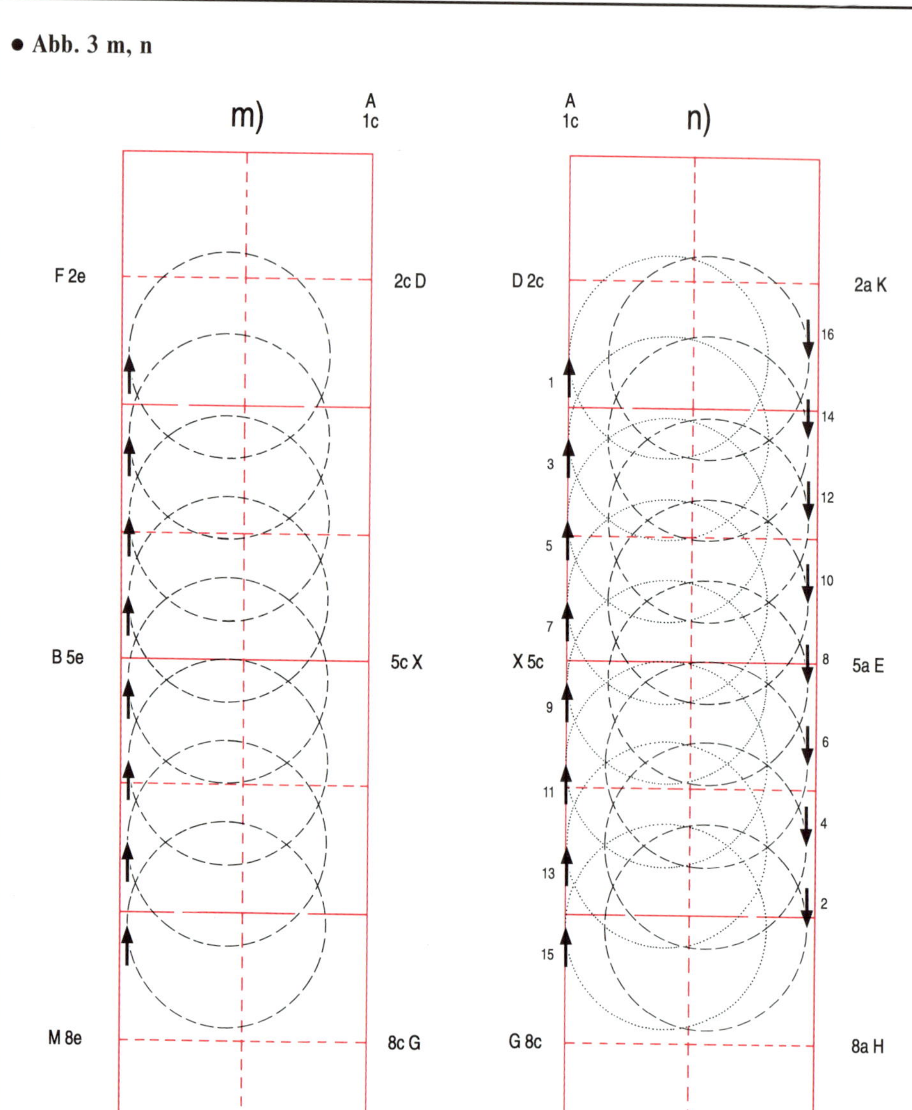

m) 8 m - Volten
Abstand: 1 Pferdelänge
Die Volten liegen nebeneinander. Nur die Kreislinien überschneiden sich. Die Reiter treffen sich nicht.

n) 8 m - Volten
Abstand: 1 Pferdelänge
Obwohl die Linienführung dieser Volten von innen nach außen und umgekehrt sehr verworren wirkt, reiten die Reiter nur zweimal umeinander, einmal mit einem Zwischenraum von 6 m, das zweite Mal Bügel an Bügel.

• Abb. 3 o, p

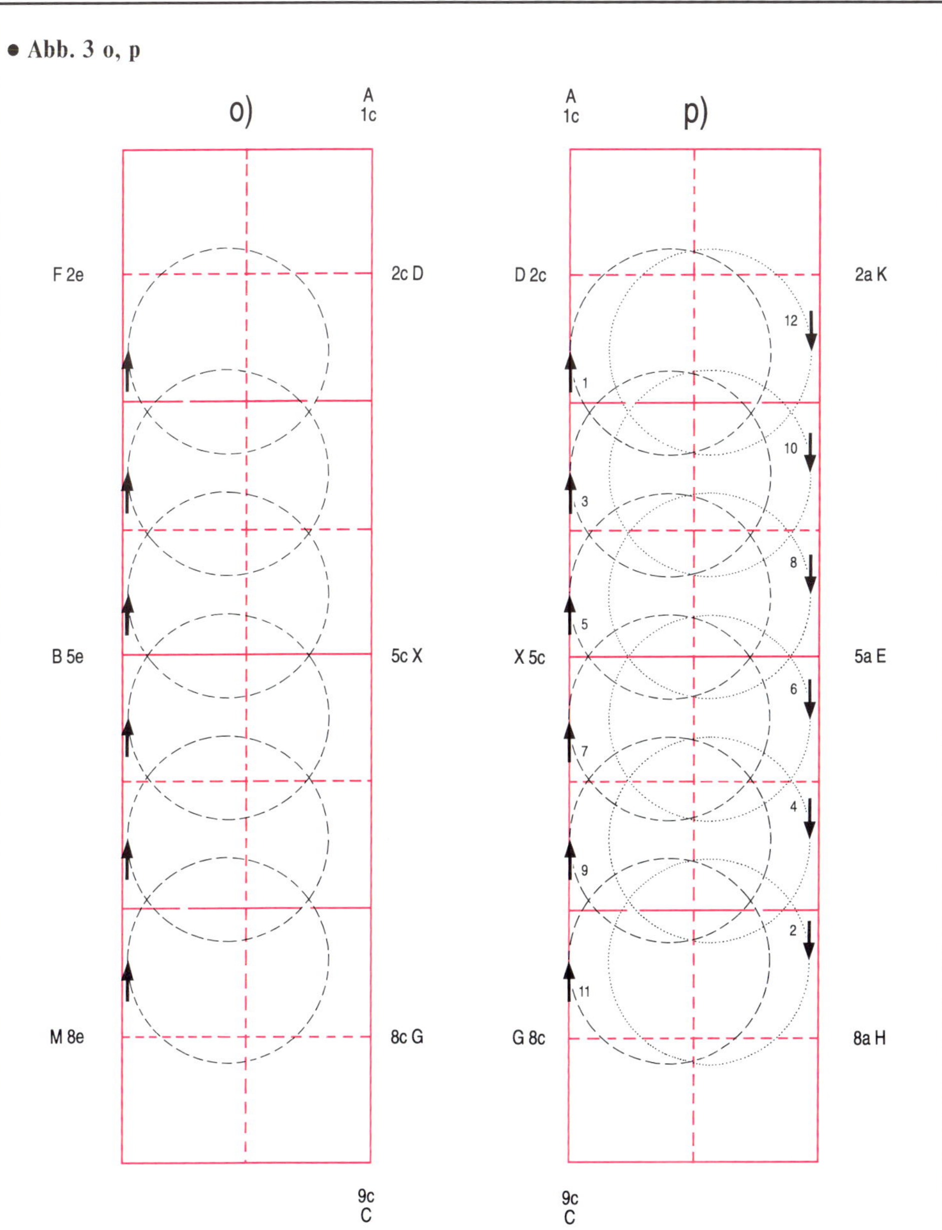

o) 8 m - Volten
Abstand: 2 Pferdelängen
Die Volten liegen nebeneinander. Nur die Kreislinien überschneiden sich. Die Reiter treffen sich nicht. Auf einer langen Seite haben 6 Reiter Platz.

p) 8 m - Volten
Abstand: 2 Pferdelängen
Bei gleichzeitigen Volten von der Mittellinie nach außen und vom Hufschlag nach innen reiten Nr. 3/12, 5/10 usw. einmal mit 3 m Zwischenraum umeinander herum.

• Abb. 3 q, r

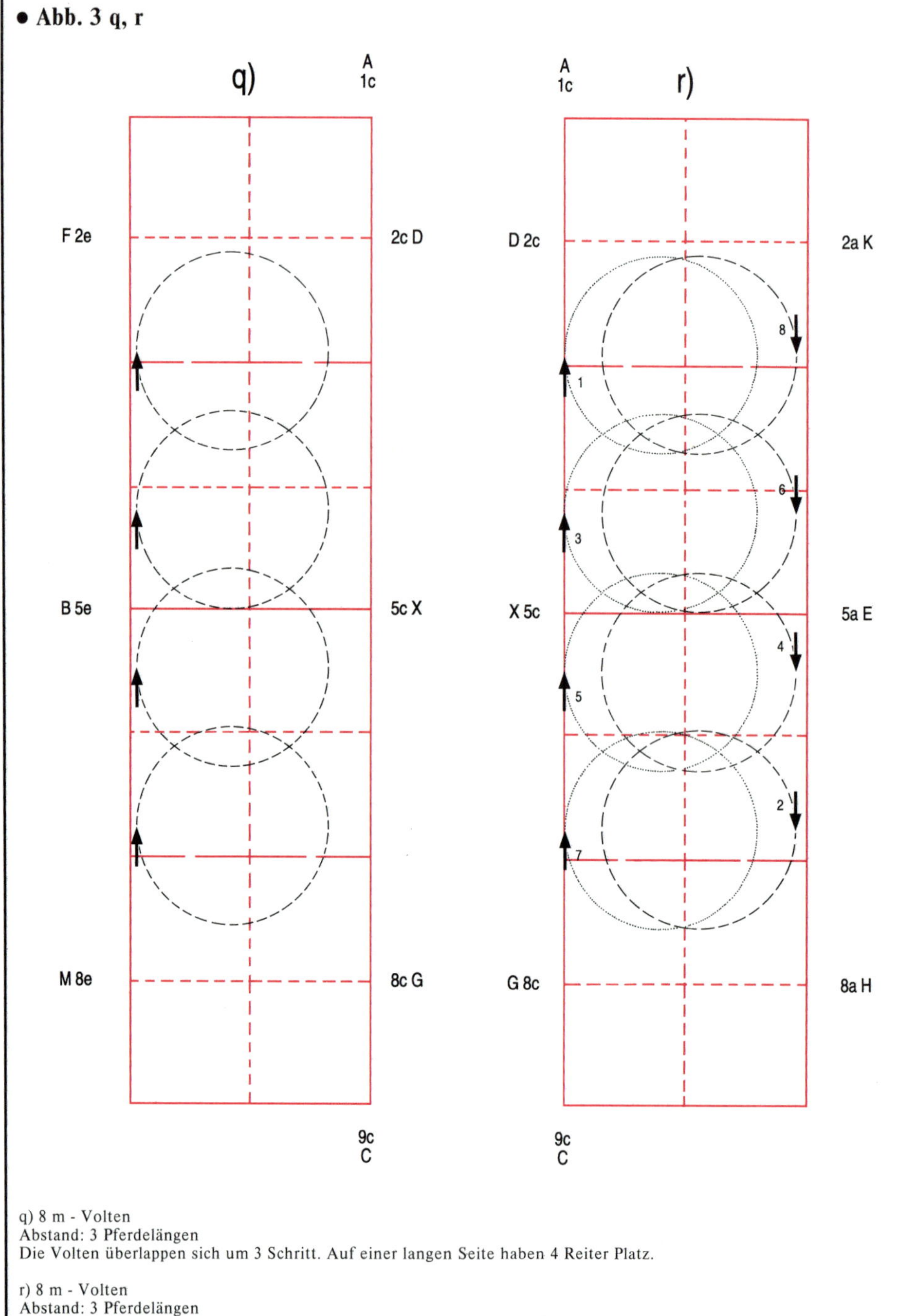

q) 8 m - Volten
Abstand: 3 Pferdelängen
Die Volten überlappen sich um 3 Schritt. Auf einer langen Seite haben 4 Reiter Platz.

r) 8 m - Volten
Abstand: 3 Pferdelängen
Bei gleichzeitigen Volten von der Mittellinie nach außen und vom Hufschlag nach innen reiten Nr. 3/8, 5/6, 7/4 einmal mit 3 Schritt Zwischenraum umeinander herum.

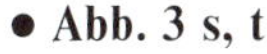

• Abb. 3 s, t

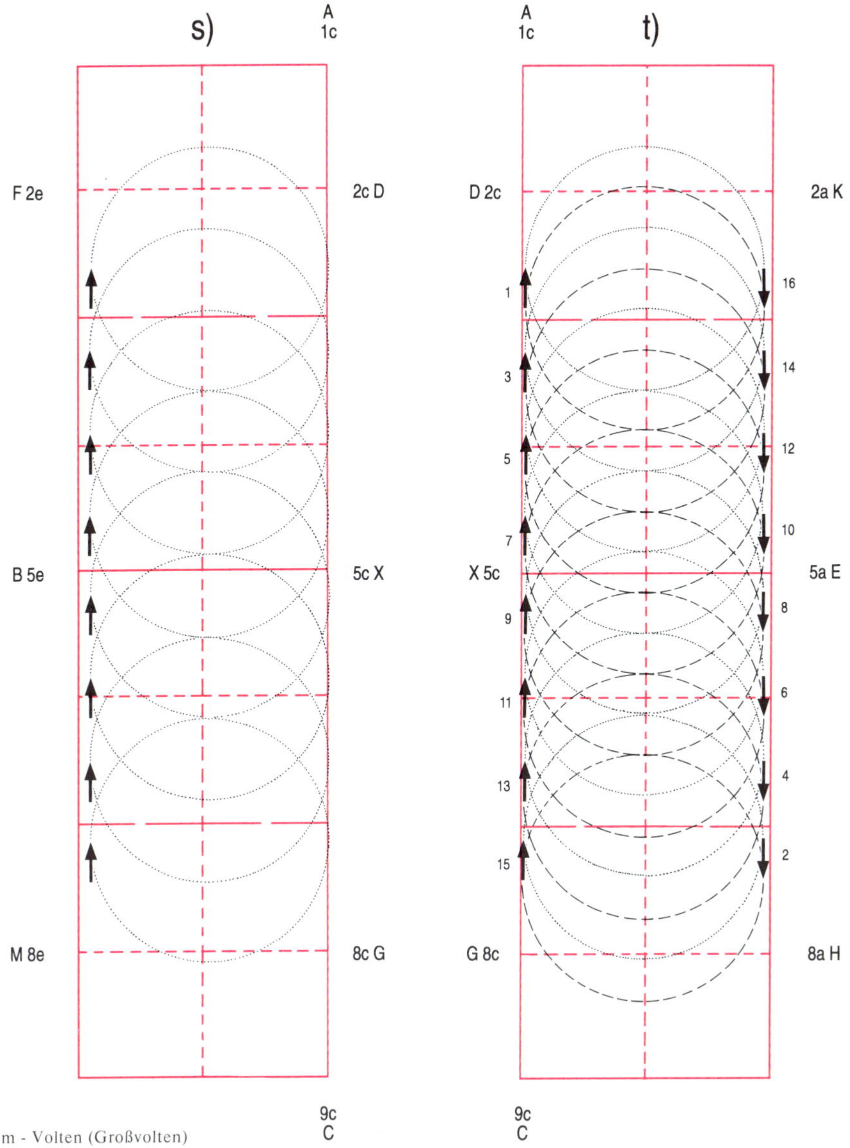

s) 10 m - Volten (Großvolten)
Abstand: 1 Pferdelänge
Die Kreislinien von jeweils 3 Volten überlappen sich. Die Reiter stört das nicht, wenn sie genaue Seitenrichtung hatten. Auf einer langen Seite haben 8 Reiter Platz.

t) 10 m - Volte (Großvolte)
Abstand: 1 Pferdelänge
Die Volten von der Mittellinie zum Hufschlag und umgekehrt können ganz exakt geritten werden. Die Zwischenräume an der Pfeillinie sind gleichgroß (3 Schritt). Auf deren Einhaltung muß besonders geachtet werden. Die Figur kann auch geritten werden, wenn die gegenüberliegenden Großvolten völlig deckungsgleich sind, d.h. begonnen werden, wenn sich die Pferdeköpfe auf gleicher Höhe befinden.

• **Abb. 3 u, v**

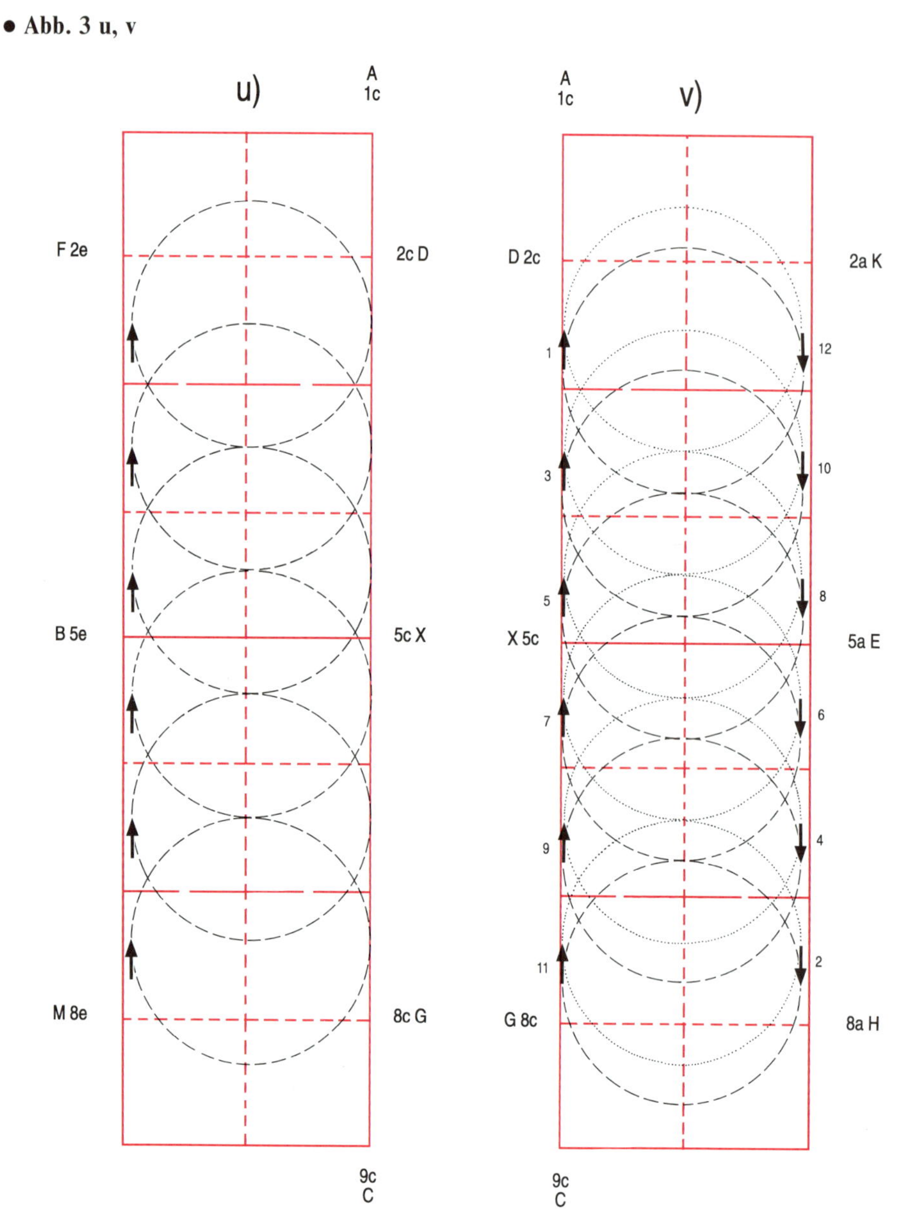

u) 10 m - Volten (Großvolten)
Abstand: 2 Pferdelängen
Die Kreislinien von jeweils 2 Volten überlappen sich. Auf einer langen Seite haben 6 Reiter Platz.

v) 10 m - Volten (Großvolten)
Abstand: 2 Pferdelängen
Die Volten von der Mittellinie zum Hufschlag und umgekehrt. An den Stellen, an denen Reiter umeinander herumreiten, beträgt der Zwischenraum 3 Schritt. Das betrifft die Nr. 5/12, 7/10, 9/8 und 6/11.

• Abb. 3 w, x

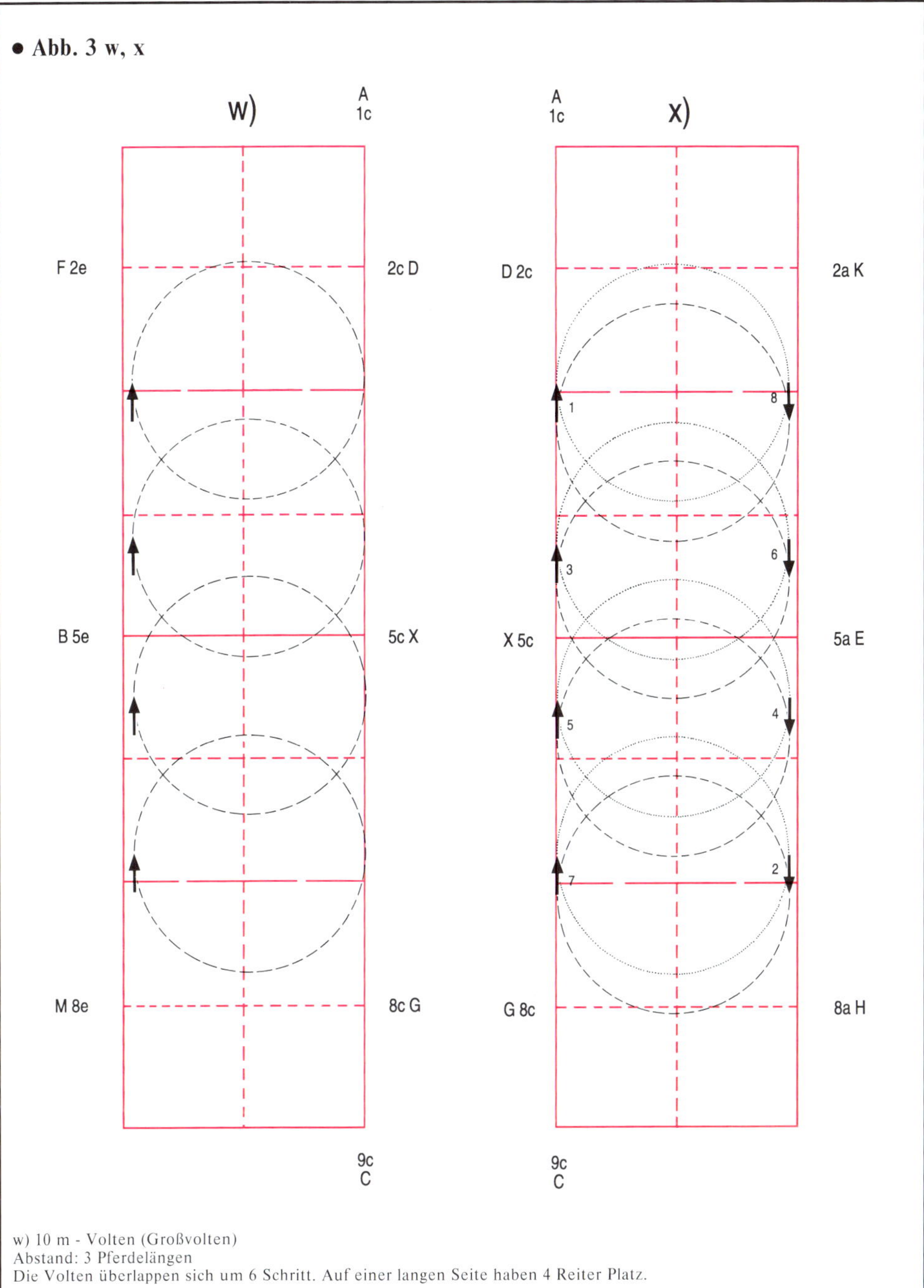

w) 10 m - Volten (Großvolten)
Abstand: 3 Pferdelängen
Die Volten überlappen sich um 6 Schritt. Auf einer langen Seite haben 4 Reiter Platz.

x) 10 m - Volten (Großvolten)
Abstand: 3 Pferdelängen
Die gleichzeitigen Großvolten von der Mittellinie zum Hufschlag und umgekehrt reiten Nr. 3/8, 5/6 und 7/4 einmal mit einem Zwischenraum von 8 Schritt umeinander herum.

überschneiden sich die Volten der einzelnen Reiter. In den Klassen E, A und L, in denen Quadrillenwettkämpfe stattfinden, werden Volten von 8 m und 10 m Durchmesser gefordert. Da diese Forderung allgemeine Gültigkeit besitzt, muß man die Quadrillenfigur so anlegen, daß die Volten den vorgeschriebenen Voltengrößen entsprechen.

2.2 Die Figuren

2.2.1 Einteilung der Figuren

Die Einteilung der Figuren kann nach verschiedenen Gesichtspunkten erfolgen. In den folgenden Abschnitten ist der Schwierigkeitsgrad der Figuren berücksichtigt, um dem Ausbilder die Wahl der Figuren für die Verwendung im Reitunterricht zu erleichtern.
Gleichzeitig wurde darauf geachtet, daß sich die Figuren in der Reihenfolge ihrer Beschreibung leicht aneinanderreihen lassen.
Unterschieden werden:
- Abteilungsfiguren und
- Einzelfiguren.

Unter *Abteilungsfiguren* versteht man solche, bei denen alle Reiter dem Anfangsreiter auf dessen Hufschlaglinie folgen. Früher nannte man solche Figuren auch "Têtenfiguren" (von dem französischen Wort "la tête" – der Kopf, der Anfang). Dazu gehören z.B. die Handwechsel der Abteilung, wie wir sie aus der Kommandotabelle für den Reitunterricht kennen, Reiten auf dem Zirkel, Schlangenlinien, aus der Ecke kehrt u.a.
Einzelfiguren sind dadurch gekennzeichnet, daß auf das entsprechende Kommando jeder Reiter der Abteilung die Figur an der Stelle beginnt, an der er sich gerade befindet, Beispiele dafür sind: Rechts- und Linkswendungen, Volten, Kehrtvolten, Vorhand- und Hinterhandwendungen. Bei der Besprechung einer Figur wird jeweils angegeben, ob es sich um eine Abteilungsfigur oder eine Einzelfigur handelt. Die Abteilungsfiguren fallen Anfängern und weniger fortgeschrittenen Reitern leichter, da – außer an den Anfangsreiter – geringere Anforderungen an die selbständige Führung des Pferdes auf der vorgesehenen Hufschlaglinie gestellt werden.
Die Figuren lassen sich außerdem in folgende Elemente einteilen:
- Grundfiguren
- Stellungen
- Formationen
- Auf- und Abmärsche
- Marsch und Schwenkungen in Linie
- Spezielle Quadrillenfiguren.

Zu beachten ist, daß innerhalb der in den einzelnen Abschnitten beschriebenen Figuren der Schwierigkeitsgrad anwächst.
Daraus ergibt sich für den Ausbilder die Aufgabe, entsprechend dem Können seiner Reiter zu entscheiden, welche Figuren er aus den vorstehenden Abschnitten jeweils auswählt, um seinen Unterricht zu beleben und Reiter wie Pferde zu fördern.
Bei der Steigerung des Schwierigkeitsgrades sollte der Ausbilder folgende Grundsätze für das methodische Vorgehen beachten, soweit sie für die verschiedenen Figuren anwendbar sind.
Haben die Reiter eine Figur kennengelernt, wird folgendermaßen geübt:
- erst im Schritt, dann im Trab, später im Galopp;
- erst auf der linken Hand, dann auf der rechten Hand;
- erst auf der langen Seite, dann auf der kurzen Seite;
- erst auf dem oberen oder unteren Zirkel, dann auf dem Mittelzirkel;
- erst von den langen Seiten nach der Mit-

tellinie (von außen nach innen), dann von der Mittellinie nach den langen Seiten (von innen nach außen);
- erst auf dem weiteren Bogen (Großvolte), dann auf dem engeren Bogen (Volte);
- erst in der Gesamtabteilung, dann mit gegenüber reitenden Abteilungen auf gleicher Hand, danach erst mit gegenüber reitenden Abteilungen auf verschiedenen Händen.

Anmerkung 1:
Bei der Besprechung der einzelnen Figuren ist als Richtschnur für die Ausbilder jeweils angegeben:
I Ankündigungskommando
II Ausführungskommando
III Beschreibung der Ausführung der Figur.
Die Stellen des Vierecks, an denen Anführungs- und Ausführungskommandos gegeben werden müssen, sind auch in den Zeichnungen angeführt Ⓚ

Anmerkung 2:
Im Text wird bei der Erläuterung der Figuren und an anderen Stellen das Wort "Kommando" verwendet. Es steht hier stets im Sinne einer Information an den Reiter, mit der Gleichmäßigkeit und Gleichzeitigkeit der Ausführung von Figuren oder Touren erreicht werden sollen, nicht im Sinne eines militärischen Befehls. Als Informationsträger sind Kommandos unverzichtbar. Das in neuerer Zeit oft verwendete Wort "Anweisung" trifft nicht den Kern und läßt die aus praktischen Gründen beim synchronen Formationsreiten erforderliche Kürze der Formulierung oft nicht zu.

2.2.2

Die Grundfiguren

Als *Grundfiguren* werden die einfachen Hufschlagfiguren bezeichnet, die vom Abteilungsreiten aus dem Reitunterricht her bekannt sind. Sie wurden durch einige für das Formationsreiten spezifische Ergänzungen erweitert.
Aus der Tatsache, daß das Figurenreiten und die Hufschlagfiguren des Reitunterrichts einen gemeinsamen Ursprung haben, letztere gleichsam als ein Extrakt aus ersterem, wird noch einmal deutlich, daß beide auch dem gleichen Anliegen dienen: gut sitzende und korrekt einwirkende Reiter auf gehorsamen und rittigen Pferden. Gute Kenntnis der Hufschlagfiguren erleichtert das Erlernen der Figuren für das Formations- und Quadrillenreiten erheblich. In den folgenden Abschnitten werden die Grundfiguren einzeln aufgeführt.

2.2.2.1

Handwechsel auf gerader Linie

Handwechsel durch die ganze Bahn (Abteilungsfigur)
I Durch die ganze Bahn –
II wechseln!
III Das Kommando wird dem Anfangsreiter der auf dem Hufschlag der ganzen Bahn reitenden Abteilung gegeben, wenn er sich **vor der zweiten Ecke der kurzen Seite** befindet. Vom ersten Wechselpunkt der nächsten langen Seite K(2a)/M(8e) auf der rechten Hand bzw. F(2e)/H(8a) auf der linken Hand reitet er durch die Diagonale der Bahn und erreicht am zweiten Wechselpunkt der gegenüberliegenden langen Seite M(8e)/K(2a) beim Wechsel von der rechten zur linken Hand bzw. H(8a)/F(2e) beim Wechsel von der linken zur rechten Hand den Hufschlag. Die übrigen Reiter der Abteilung folgen dem Anfangsreiter.

• **Abb. 4**

Handwechsel durch die halbe Bahn (Abteilungsfigur)
I Durch die halbe Bahn –

• Abb. 4

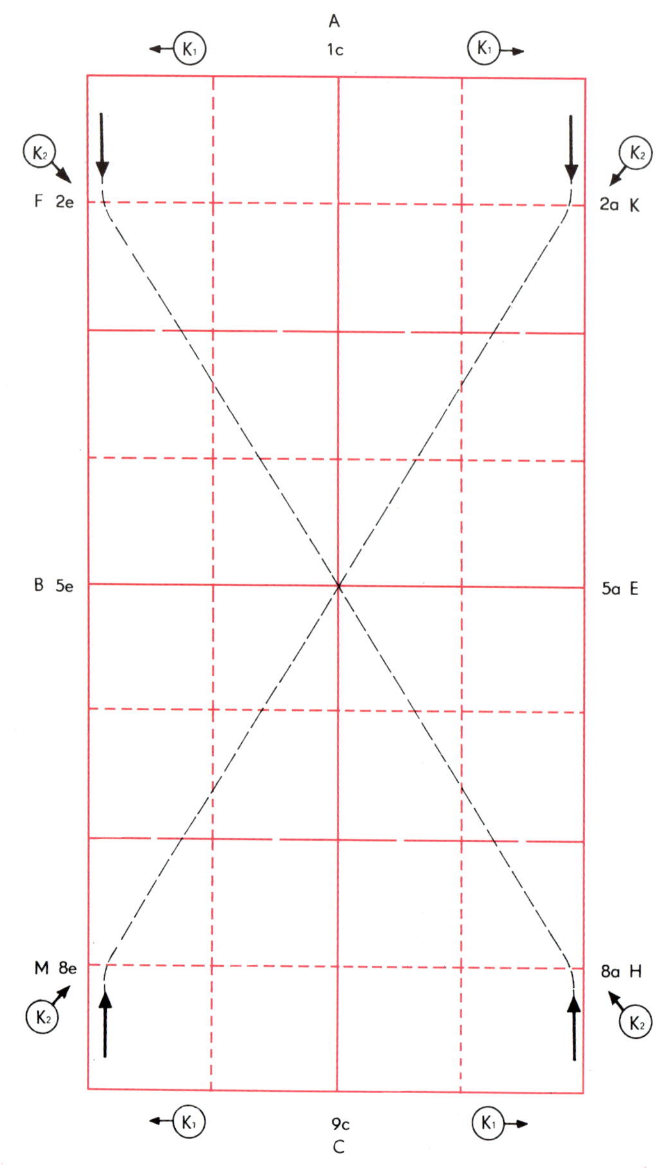

Durch die ganze Bahn wechseln (Abteilungsfigur)
Kommando: 1 Durch die ganze Bahn –
2 wechseln!

Ⓚ= Stelle, an der ein Kommando gegeben wird. Der Pfeil zeigt die Reitrichtung an.

II wechseln!
III Das Kommando wird dem Anfangsreiter der auf dem Hufschlag der ganzen Bahn reitenden Abteilung gegeben, wenn er sich **vor der zweiten Ecke der langen Seite** befindet. Vom ersten Wechselpunkt der nächsten langen Seite K(2a)/M(8e) auf der rechten Hand bzw. F(2e)/H(8a) auf der linken Hand reitet der Anfangsreiter zur Mitte der gegenüberliegenden langen Seite, die er bei E(5a) bzw. B(5e) erreicht. Danach reitet er auf dem Hufschlag der langen Seite weiter. Die übrigen Reiter der Abteilung folgen dem Anfangsreiter.

• **Abb. 5**

Handwechsel durch die Länge der Bahn (Abteilungsfigur)
I Durch die Länge der Bahn –
II wechseln!
III Das Kommando wird dem Anfangsreiter der auf dem Hufschlag der ganzen Bahn reitenden Abteilung gegeben, wenn er sich vor der zweiten Ecke der langen Seite befindet. Drei Schritt vor Erreichen der Mitte der nächsten kurzen Seite A(1c)/C(9c) wendet der Anfangsreiter mit einer Viertelvolte auf die Mittellinie ab und reitet auf ihr entlang bis drei Schritt vor die Mitte der gegenüberliegenden kurzen Seite. Von dort reitet er eine Viertelvolte nach der anderen Seite und nach Erreichen des Hufschlags auf der anderen Hand weiter. Die übrigen Reiter der Abteilung folgen dem Anfangsreiter.

• **Abb. 6**

Handwechsel durch die Breite der Bahn (Abteilungsfigur)
I Durch die Breite der Bahn –
II wechseln!
III Das Kommando wird dem Anfangsreiter der auf dem Hufschlag der ganzen Bahn reitenden Abteilung gegeben, wenn er sich am ersten Zirkelpunkt der langen Seite befindet.
Linke Hand: S(7a)/P(3e); *Rechte Hand:* R (7e)/V(3a). Drei Schritt vor Erreichen der Mitte dieser langen Seite B(5e) bzw. E(5a) wendet er auf einer Viertelvolte auf die Quermittellinie B(5e)–E(5a) ab und reitet auf dieser senkrecht auf die gegenüberliegende lange Seite zu. Drei Schritt vor Erreichen des Hufschlags wendet er wiederum auf einer Viertelvolte zur anderen Seite und reitet danach auf der anderen Hand auf dem Hufschlag der langen Seite weiter. Die übrigen Reiter folgen dem Anfangsreiter (s. Abb. 6).

Halbrechts/Halblinks (Einzelfigur)
I Abteilung! Halbrechts (Halblinks) -
II marsch!
III Das Ausführungskommando wird für alle Reiter der Abteilung gegeben, wenn der letzte Reiter der Abteilung die lange Seite erreicht hat und der Anfangsreiter sich in der Mitte der langen Seite befindet. (Wenn das Ausführungskommando wegen der Länge der Abteilung erst gegeben werden kann, wenn der Anfangsreiter die Mitte der langen Seite passiert hat, wird der Platz für diese Figur zu knapp. Dieser Fall tritt ein, wenn auf dem Viereck von 30 m x 60 m mehr als acht Reiter in der Abteilung sind.)
Auf "marsch!" wenden alle Reiter der Abteilung gleichzeitig ihre Pferde nach links (rechts) und reiten in einem Winkel von ca. 45° auf die gegenüberliegende Seite zu.

• **Abb. 7**

Die Reiter müssen sich dabei genau nach dem Anfangsreiter ausrichten und sorgfältig auf das Einhalten des seitlichen Abstandes achten, damit alle gleichzeitig am neuen Hufschlag ankommen, auf dem sie dann auf der anderen Hand weiterreiten. Der Abstand von Reiter zu Reiter muß nach dem Erreichen des neuen Hufschlages wieder genau der gleiche sein wie vor dem Abwenden. Das gelingt nur, wenn die Seitenabstände genau eingehalten werden. Diese Grundfigur dient besonders der Übung im Einhalten von Tempo, Seitenrichtung und Seitenabstand.

• Abb. 5

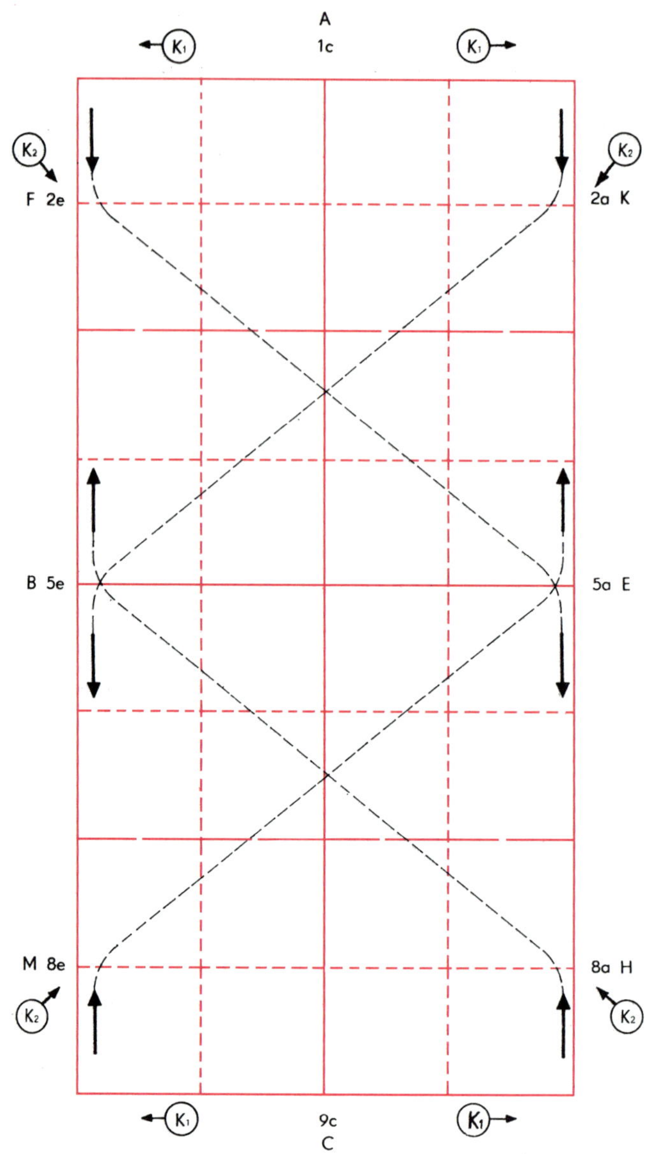

Durch die halbe Bahn wechseln (Abteilungsfigur)
Kommando: 1 Durch die halbe Bahn –
2 wechseln!

● Abb. 6

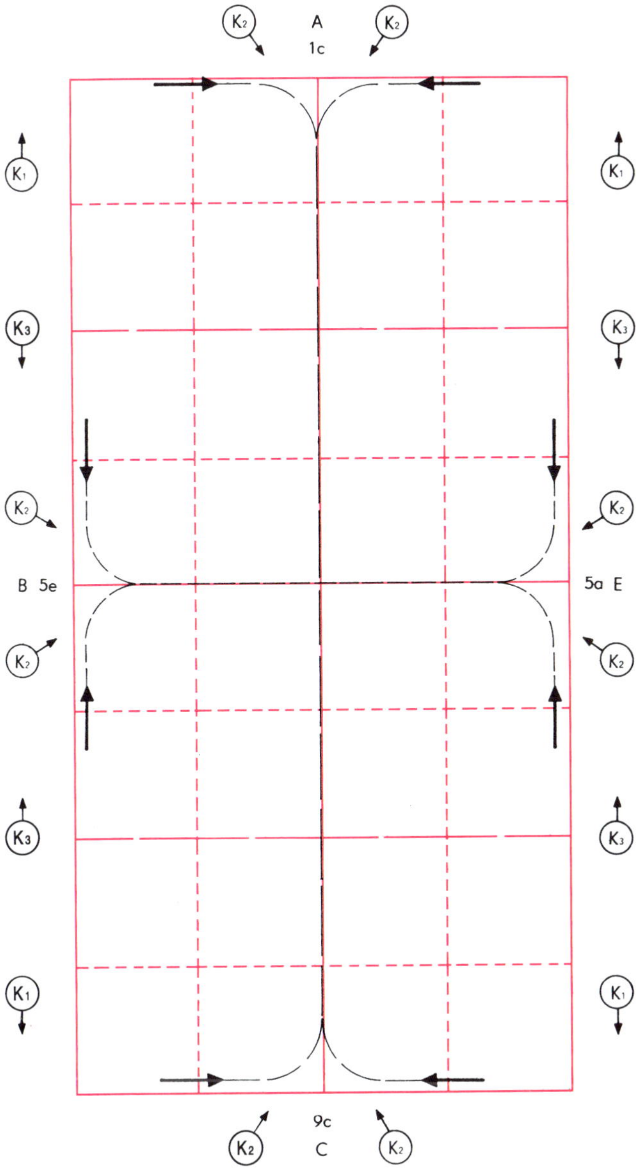

Durch die Länge der Bahn wechseln/
Durch die Breite der Bahn wechseln (Abteilungsfiguren)
Kommando: 1 Durch die Länge der Bahn –
2 wechseln!
3 Durch die Breite der Bahn –

• Abb. 7

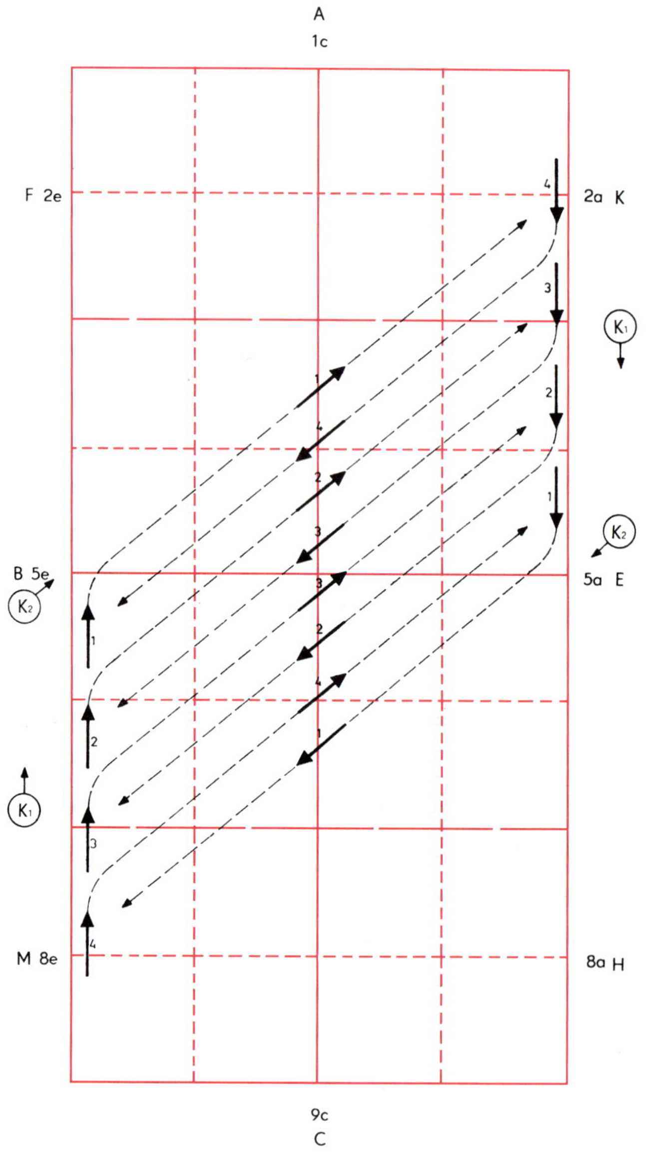

A
1c

F 2e — 2a K

K1

K2

B 5e — 5a E

K2

K1

M 8e — 8a H

9c
C

Halbrechts (Einzelfigur)
Kommando: 1 Abteilung! Halbrechts –
2 marsch!

Linksum/Rechtsum (Einzelfigur)
I Abteilung! Linksum (Rechtsum) –
II marsch!
III Das Ausführungskommando wird gegeben:
– wenn sich die Abteilung auf der langen Seite befindet oder
– wenn der letzte Reiter der Abteilung gerade in die erste Ecke der kurzen Seite hineingeritten ist und alle übrigen Reiter sich noch auf der kurzen Seite befinden.

Auf das Ausführungskommando "marsch!" reitet jeder Reiter eine Viertelvolte nach dem Bahninnern und anschließend genau senkrecht auf die gegenüberliegende Seite zu. Dabei ist streng auf Seitenrichtung nach dem Anfangsreiter und auf gleichbleibende Seitenabstände zu achten. Jeder Reiter sucht sich, nachdem er seine Viertelvolte vollendet hat, den Punkt an der gegenüberliegenden langen Seite, der auf seinem Weg durch die Breite der Bahn liegt, und reitet genau auf ihn zu.

• **Abb. 8**

Wenn die Reiter die Mittellinie bzw. die Quermittellinie erreicht haben, erfolgt *ein neues Kommando:*
I Abteilung! Rechtsum (Linksum) –
II marsch!
III Das Ausführungskommando "marsch!" wird drei Schritte vor dem Erreichen der gegenüberliegenden Seite gegeben. Die Reiter reiten daraufhin eine Viertelvolte nach der anderen Seite, die sie auf der anderen Hand auf den Hufschlag der ganzen Bahn bringt (vgl. Abb. 8).

Wenn die Figur korrekt geritten worden ist, so stimmen auch nach Beendigung der beiden Wendungen die Abstände in der Abteilung. Erfolgt vor Erreichen der gegenüberliegenden Seite *kein neues Komanndo,* so reiten alle Reiter drei Schritt vor der gegenüberliegenden Seite eine Viertelvolte nach der im *ersten Kommando* angegebenen Richtung.

• **Abb. 9**

Damit wird aber die Reihenfolge der Reiter in der Abteilung umgekehrt: Der bisherige Schlußreiter ist Anfangsreiter geworden. Soll die vorherige Ordnung in der Abteilung wiederhergestellt werden, muß man entweder die ganze Figur wiederholen oder eine andere Figur reiten lassen, durch die ebenfalls die Reihenfolge der Reiter in der Abteilung umgekehrt wird (z.B. eine Kehrtvolte).

Während sich bei der Ausführung der Figur von einer langen Seite zur anderen keine besonderen Schwierigkeiten ergeben, müssen die Reiter, wenn sie von einer kurzen Seite zur anderen reiten, besser aufpassen. Soll die Abteilung auf der gleichen Hand bleiben (ohne weiteres Kommando), wird so geritten wie in

• **Abb. 10**

Ist jedoch ein Handwechsel verlangt, müssen sich die Reiter nach dem Ankündigungskommando von der Quermittellinie an etwas nach links bzw. rechts schieben, damit der Anfangsreiter am Punkt 9d (9b) bzw. 1b (1d) ankommt und in der Ecke ebenso eine korrekte halbe Volte ausführen kann, wie sie der Schlußreiter am Beginn der Figur zu reiten hatte.

• **Abb. 11**

Wird diese Figur vor der langen oder der kurzen Seite im Galopp geritten, so wird der einfache (oder fliegende) Galoppwechsel bei Erreichen des neuen Hufschlages ausgeführt, falls er nicht durch ein besonderes Kommando beim Überschreiten der Mittellinie/Quermittellinie gefordert wird.

2.2.2.2

Zirkel

Auf dem Reitviereck können drei sich überdeckende Zirkel angelegt werden, deren Lage aus Abb. 1 ersichtlich ist. Der Durchmesser jedes Zirkels entspricht der Bahnbreite (Durchmesser 20 m bei Viereck

• **Abb. 8**

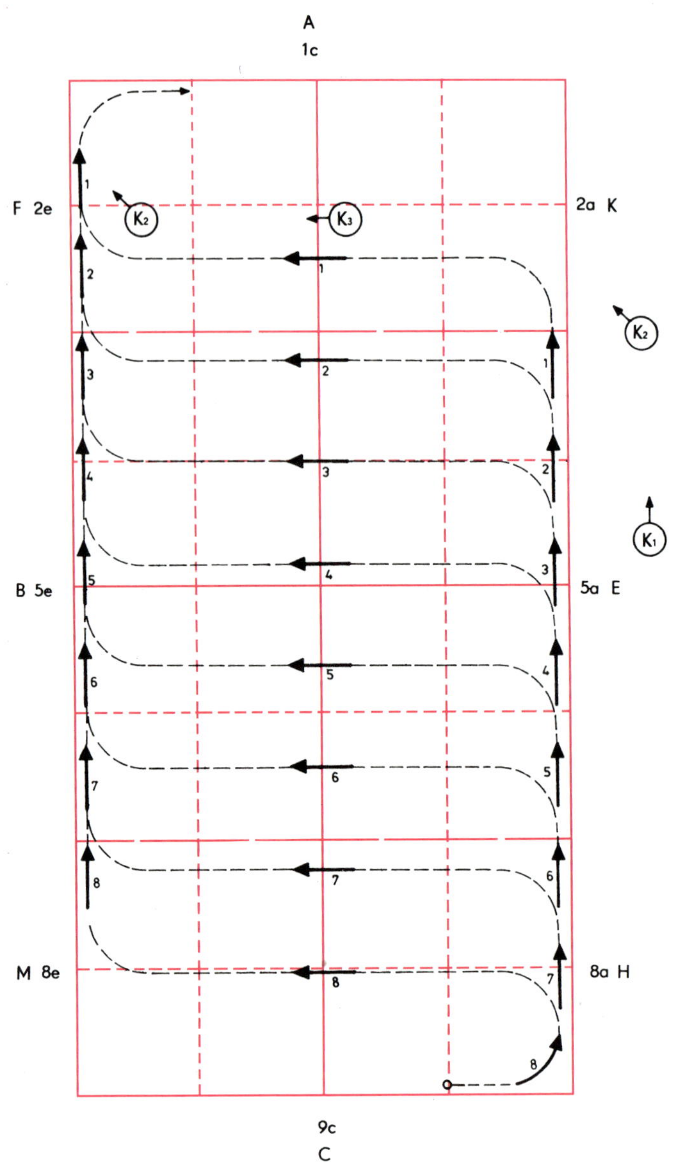

Linksum von der langen Seite mit anschließendem Handwechsel (Einzelfigur)
Kommando: 1 Abteilung! Linksum –
2 marsch!
3 Abteilung! Rechtsum –

• Abb. 9

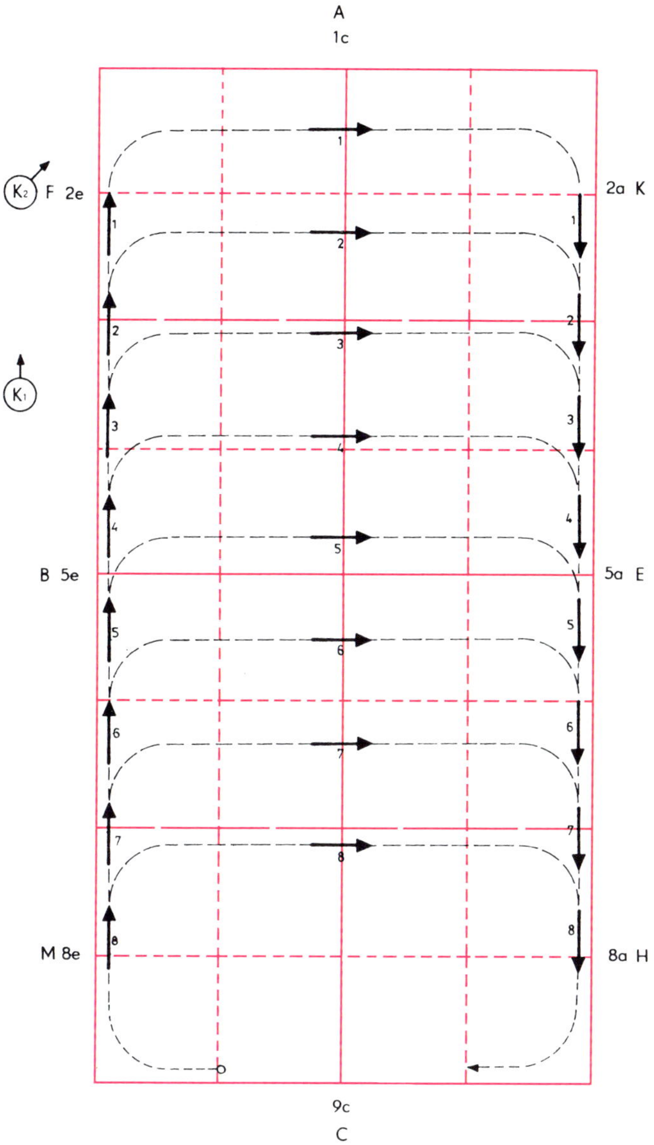

Rechtsum von der langen Seite ohne Handwechsel (Einzelfigur)
Kommando: 1 Abteilung! Rechtsum –
2 marsch!
(Wird kein neues Kommando gegeben, wenden alle Reiter bei Erreichen der gegenüberliegenden langen Seite wieder selbständig nach rechts!)

• **Abb. 10**

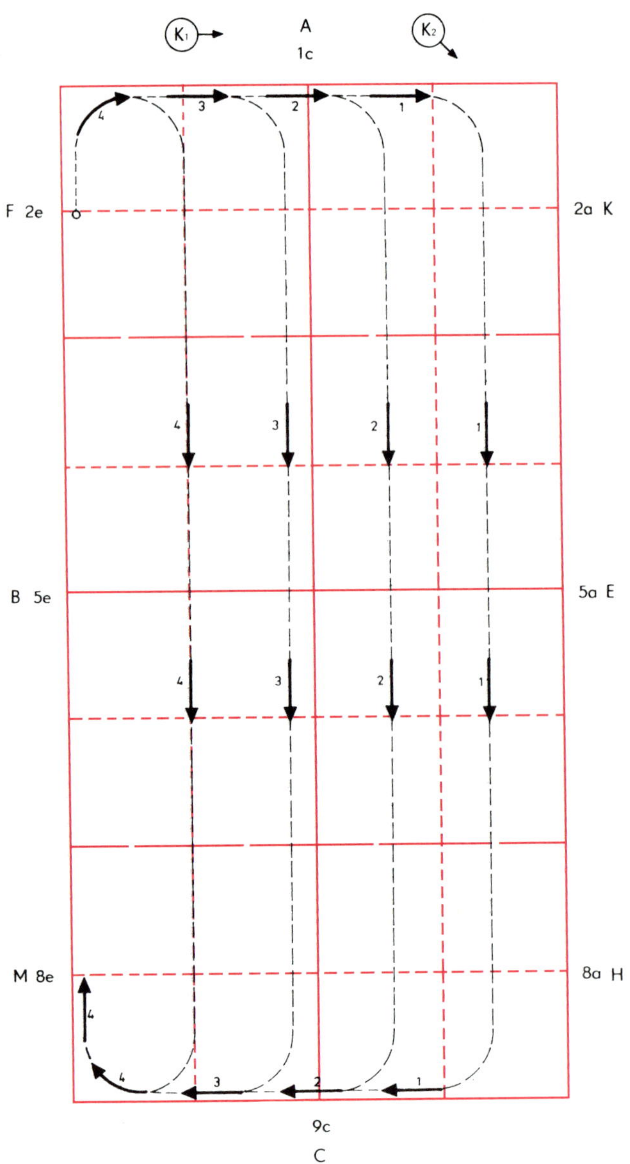

Rechtsum von der kurzen Seite ohne Handwechsel (Einzelfigur)
Kommando: 1 Abteilung! Rechtsum –
2 marsch!
(Bei Erreichen der gegenüberliegenden Seite wird selbständig nach rechts gewendet!)

• Abb. 11

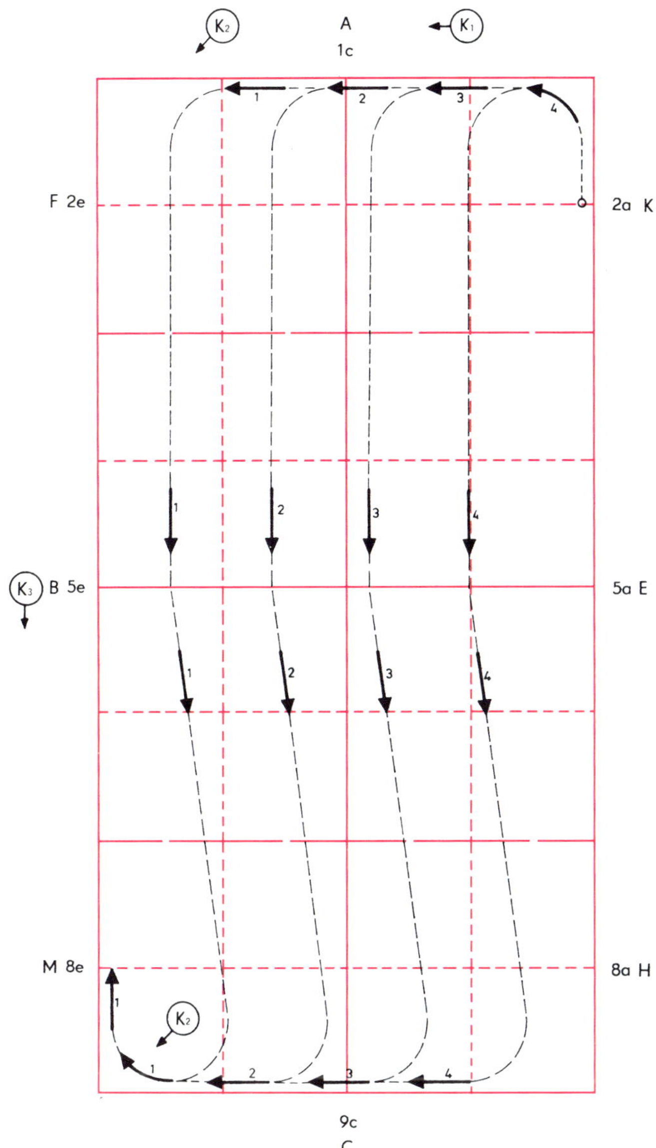

Linksum von der kurzen Seite mit anschließendem Handwechsel (Einzelfigur)
Kommando: 1 Abteilung Linksum –
2 marsch!
3 Abteilung! Rechtsum –

20 m x 40 m; Durchmesser 30 m bei Viereck 30 m x 60 m). Daraus ergibt sich die Länge einer Zirkeltour (einmal herum):
- beim Zirkel mit 20 m Durchmesser = 63 m;
- beim Zirkel mit 30 m Durchmesser = 94 m

Auf einem Zirkel haben Platz:

bei 20 m Durchmesser
12 Reiter mit 1 Pferdelänge Abstand
8 Reiter mit 2 Pferdelängen Abstand
6 Reiter mit 3 Pferdelängen Abstand

bei 30 m Durchmesser
16 Reiter mit 1 Pferdelänge Abstand
12 Reiter mit 2 Pferdelängen Abstand
8 Reiter mit 4 Pferdelängen Abstand

Reiten auf einem Zirkel (Abteilungsfigur)
I Auf dem Zirkel –
II geritten!
III Das Ausführungskommando wird dem Anfangsreiter gegeben, wenn er sich kurz vor dem *zweiten* Zirkelpunkt der langen Seite befindet. **Ein Zirkel beginnt immer am zweiten Zirkelpunkt der langen Seite!**

• Abb. 12

Auf "geritten" wendet der Anfangsreiter auf die Zirkellinie, darf also die Ecken nicht mehr ausreiten, und berührt den Hufschlag der ganzen Bahn nur noch an den drei Zirkelpunkten. Der Anfangsreiter hat darauf zu achten, daß der Zirkel "rund" wird. Dazu muß er – als vierten Zirkelpunkt – den Mittelpunkt der Bahn X (5c) berühren.
Die übrigen Reiter der Abteilung folgen dem Anfangsreiter auf dem Zirkel. Die Abstände zwischen den Reitern bleiben die gleichen wie beim Geradeausreiten. Die Abteilung bleibt solange auf der Zirkellinie, bis sie durch das Kommando "Ganze Bahn!" wieder auf den Hufschlag der ganzen Bahn geführt wird.

• Abb. 13 a, b und 14 a, b

I Ganze –
II Bahn!
III Das Kommando wird dem Anfangsreiter der Abteilung gegeben. Er geht daraufhin vom ersten Zirkelpunkt der nächsten langen Seite auf den Hufschlag der ganzen Bahn über, d.h. die Zirkellinie wird erst nach Durchreiten der geschlossenen Seite verlassen.

• Abb. 15

Um den Reitern Augenmaß und Gefühl für einen Kreis zu vermitteln sowie auch als Kontrollmethode, kann man die Zirkellinie mit Hilfe eines "Gärtner-Zirkels" markieren. Dazu wird genau im Zirkelmittelpunkt ein Pflock in den Boden getrieben. Darüber wird die Schlaufe eines 10 m bzw. 15 m langen Seiles gelegt, an dessen freiem Ende eine Harke befestigt wird. Mit dieser wird die Zirkellinie gekennzeichnet.
Das Reiten auf dem Zirkel hat in der Ausbildung der Pferde wie der Reiter einen außerordentlich hohen Stellenwert. Die Bedeutung des Zirkelreitens für das Pferd, besonders für junge, noch in der Grundausbildung befindliche Pferde, liegt in seiner gymnastizierenden Wirkung. Auf der Kreislinie muß sich das Pferd – ähnlich wie ein Radfahrer in der Kurve – nach innen neigen, um der Zentrifugalkraft entgegenzuwirken, die es nach außen treibt. Daraus resultiert, daß die inneren Beine des Pferdes in ihren Gelenken stärker gebeugt werden müssen. Insbesondere die Beugefähigkeit des inneren Hinterbeines wird durch das Reiten auf dem Zirkel verbessert. Im Interesse einer gleichmäßigen Entwicklung beider Körperseiten des Pferdes muß daher öfter die Hand gewechselt werden (vgl. Abb. 37).
Auf der Zirkellinie wird seine äußere Körperseite gestreckt, während die innere ein wenig zusammengeschoben wird. In dieser Längsbiegung des Körpers muß das Pferd lernen, sich unter dem Reitergewicht aus-

• Abb. 12

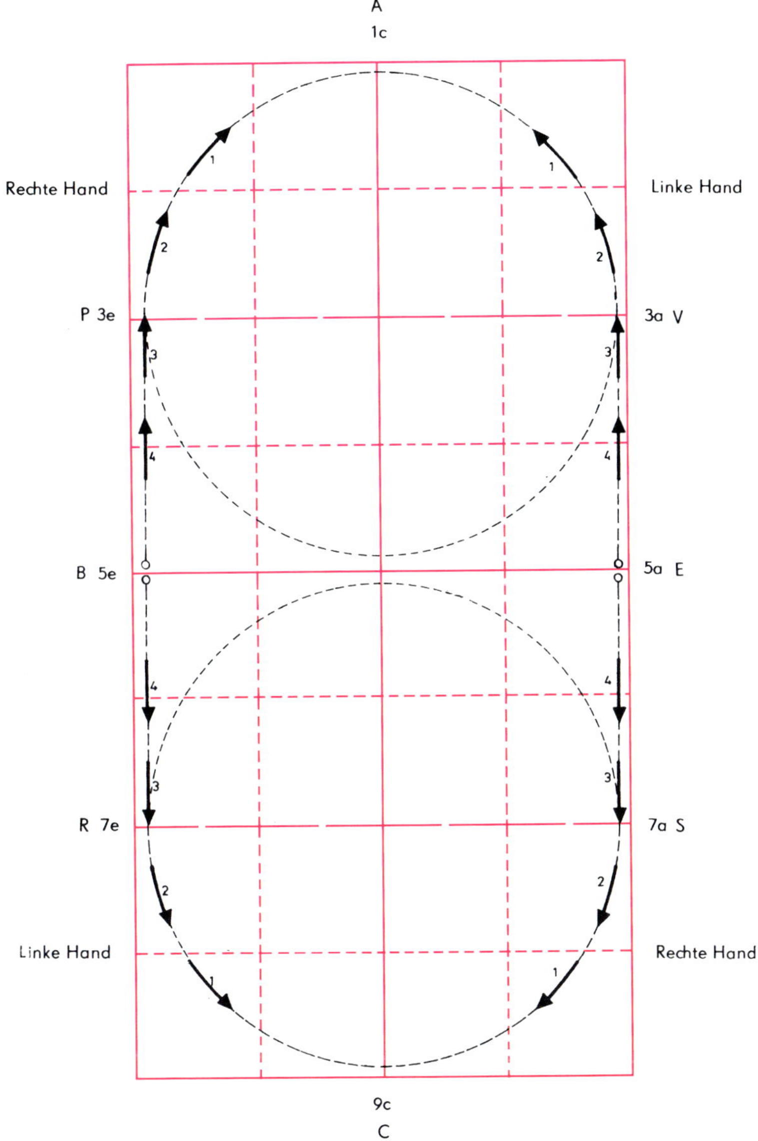

Punkte, an denen der Zirkel begonnen wird.
Der Zirkel wird immer am zweiten Zirkelpunkt einer langen Seite begonnen!
Rechte Hand: 3e oder 7a (P oder S)
Linke Hand: 3a oder 7e (V oder R)

• **Abb. 13 a**

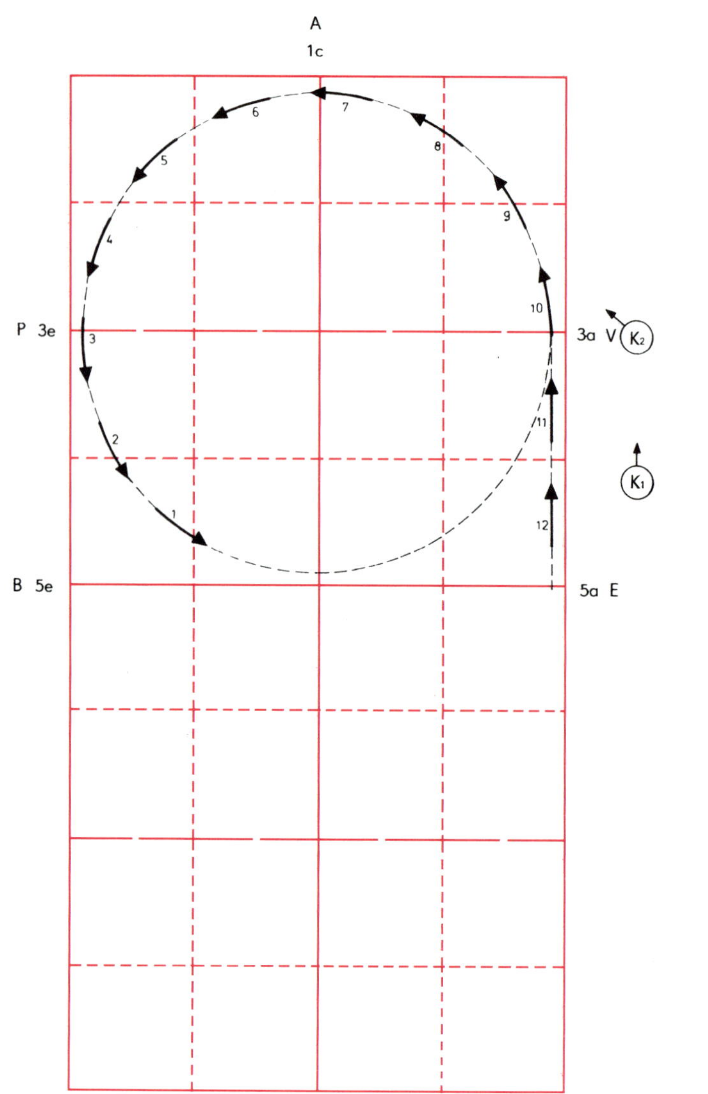

Zirkelreiten (Linke Hand)
Kommando: 1 Auf dem Zirkel –
2 geritten!
3 Ganze Bahn –
a) Linke Hand: Übergang vom Hufschlag der ganzen Bahn auf den Zirkel

• Abb. 13 b

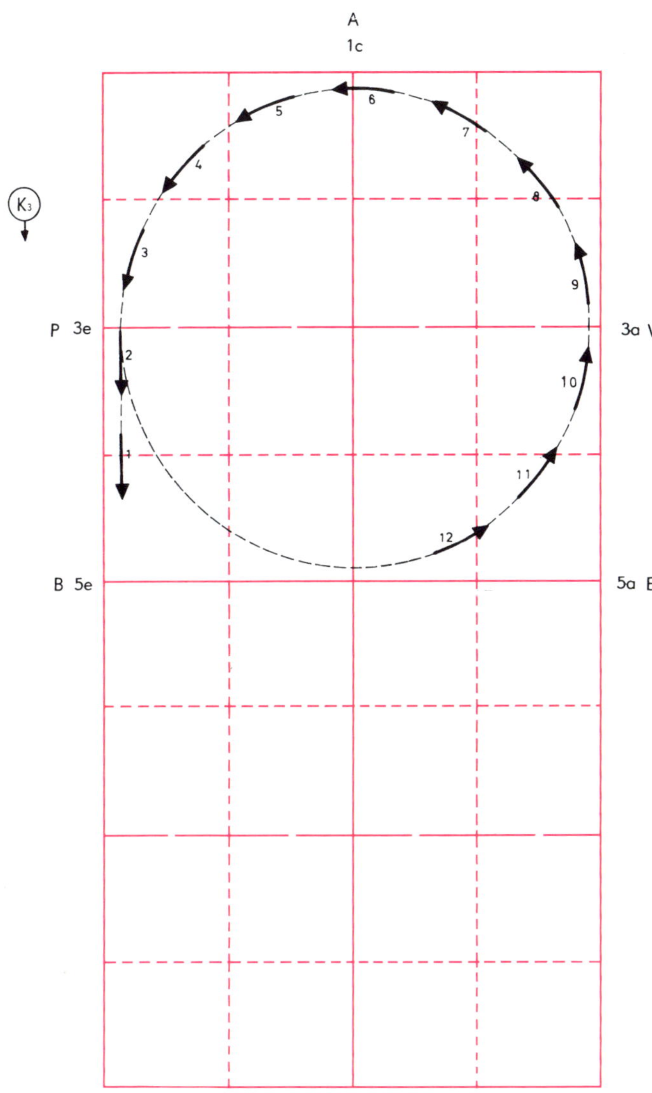

b) Linke Hand: Übergang vom Zirkel auf den Hufschlag der ganzen Bahn

• **Abb. 14 a**

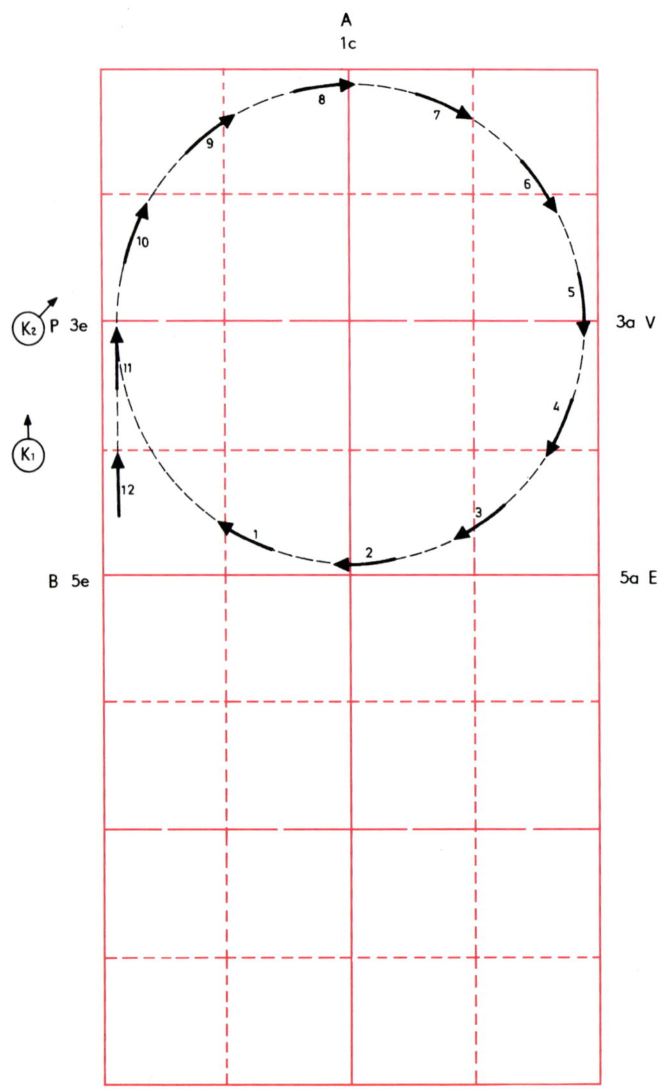

Zirkelreiten
Kommando: 1 Auf dem Zirkel –
2 geritten!
3 Ganze Bahn –
Abstand: 3 Schritt = 1 Pferdelänge (12 Reiter), 6 Schritt = 2 Pferdelängen (8 Reiter)
a) Rechte Hand: Übergang vom Hufschlag der ganzen Bahn auf den Zirkel, der bei einem Durchmesser von 20 m 12 Reitern mit einer Pferdelänge Abstand Platz bietet.

• Abb. 14 b

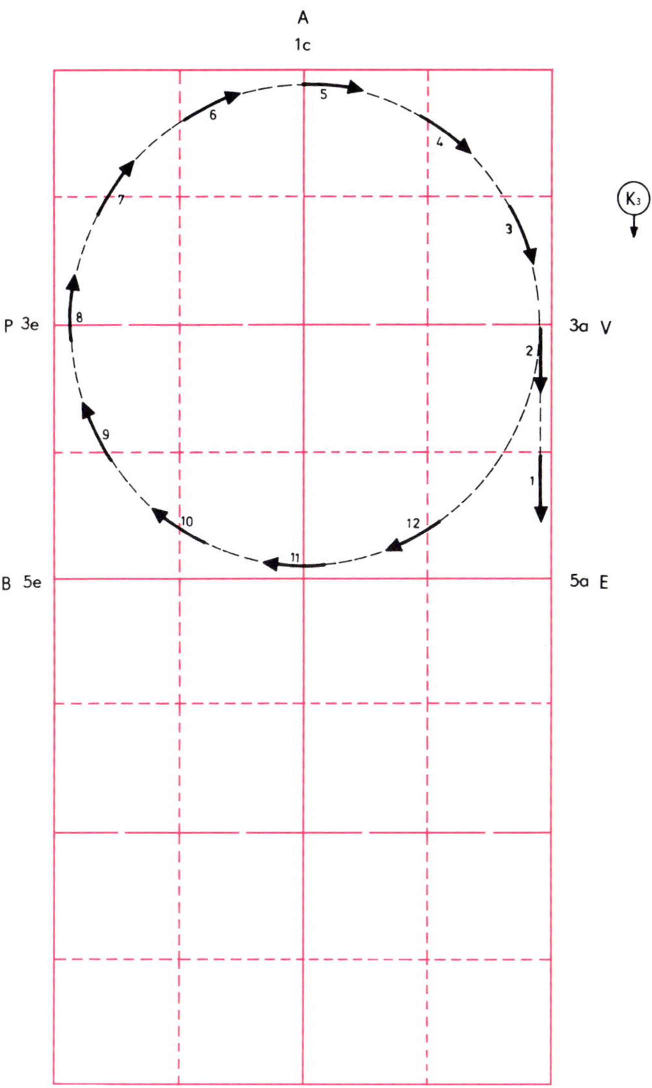

b) Rechte Hand: Übergang vom Zirkel zum Hufschlag der ganzen Bahn. Alle Reiter verlassen erst bei 3 a bzw. 7 e die Zirkellinie.

• **Abb. 15**

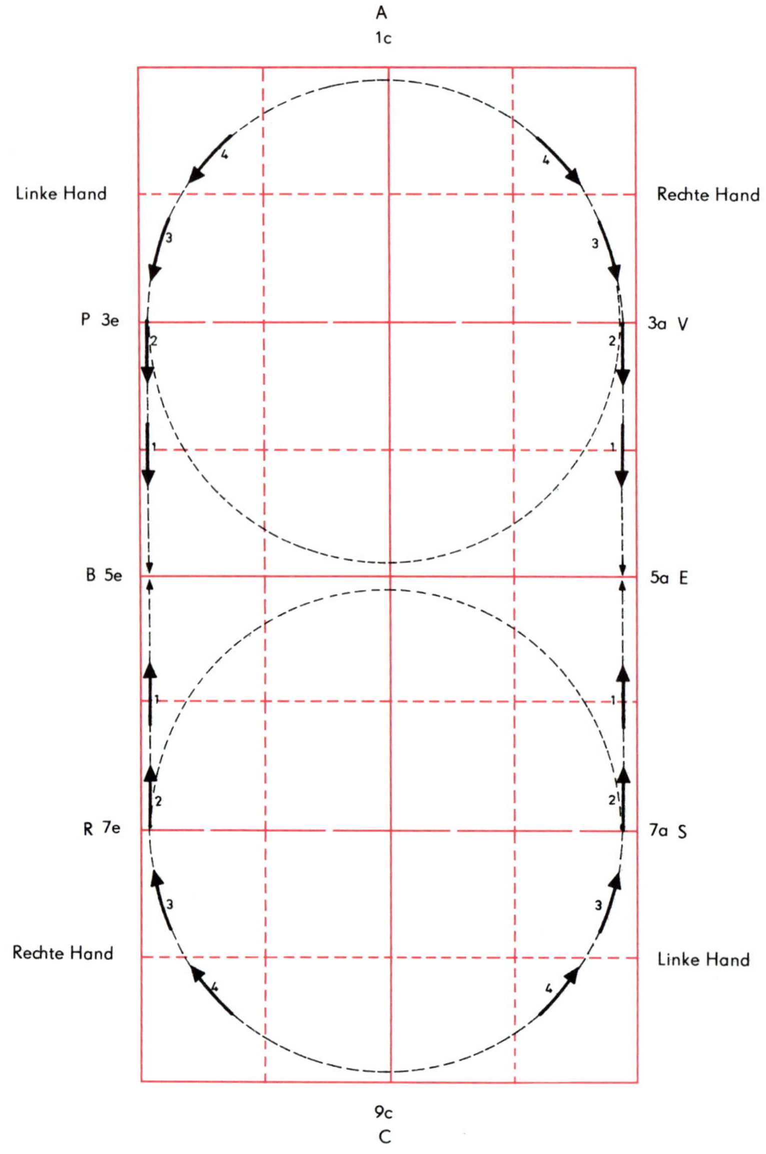

Punkte, an denen der Zirkel beendet wird.
Der Zirkel wird immer am ersten Zirkelpunkt einer langen Seite beendet.
Rechte Hand: 3a oder 7e (V oder R)
Linke Hand: 3e oder 7a (R oder S)

zubalancieren. Das ist Voraussetzung für die Erhaltung von Takt und Schwung in allen engeren Wendungen und bei den Seitengängen.
Der Reiter lernt beim Zirkelreiten, seinen Sitz der Längsbiegung des Pferdekörpers anzupassen. Das bedeutet, daß die Hüften des Reiters den Hüften des Pferdes parallel sind, ebenso die Schultern des Reiters den Schultern des Pferdes. Daraus resultiert wiederum die vorgeschobene innere Reiterhüfte und die Lage des inneren Schenkels am Gurt sowie die verwahrende Position des äußeren Reiterschenkels hinter dem Gurt und die vorgenommene äußere Schulter des Reiters. *Die Hände bleiben jedoch auf gleicher Höhe nebeneinander.* Das für das Strecken der äußeren Halsseite erforderliche Nachgeben mit dem äußeren Zügel wird nur durch das Vornehmen der Schulter, nicht aber durch Vorgehen der Hand bewirkt.
In diesem Sitz, in dem der Oberkörper des Reiters in seiner Längsachse leicht nach der Wendungsseite verdreht ist, erfolgt die diagonale Hilfengebung, wie sie für alle Wendungen, den Galopp und die Seitengänge erforderlich ist. Auch deshalb ist Zirkelreiten sehr wichtig.
Der Zirkel ist auch Ausgangsfigur für eine Anzahl von anderen Figuren.

Reiten auf zwei Zirkeln (Abteilungsfigur)
Will man die Abteilung gleichzeitig auf zwei Zirkeln reiten lassen, muß man sie zunächst teilen und den Anfangsreiter des zweiten Zirkels bestimmen.
I Name des Reiters (oder Name des Pferdes)
II Anfang vom zweiten Zirkel!
III Dieser Hinweis muß dem Kommando zum Reiten auf zwei Zirkeln vorausgehen. Der zum Anfangsreiter des zweiten Zirkels bestimmte Reiter antwortet laut mit:
"Anfang vom zweiten Zirkel hier!"
Damit macht er den übrigen Reitern seinen Platz bekannt.
I Auf zwei Zirkeln -
II geritten!
III Das Kommando wird dem Anfangsreiter der Abteilung gegeben, wenn er sich dem *zweiten* Zirkelpunkt der langen Seite nähert. Dieser geht von dort auf die Zirkellinie, gefolgt von den Reitern des ersten Zirkels.

• **Abb. 16 a**

Der Anfangsreiter des zweiten Zirkels reitet weiter geradeaus, d.h. er reitet die beiden Ecken der kurzen Seite aus, da sein Zirkel erst am zweiten Zirkelpunkt der nächsten langen Seite beginnt.

• **Abb. 16 b**

Würden beide Abteilungen das gleiche Tempo beibehalten, kämen sie etwa an gegenüberliegenden Zirkelpunkten (A und X oder C und X) an. Um sich beim Reiten auf zwei Zirkeln jeweils genau im Bahnmittelpunkt zu treffen, müssen sich die Anfangsreiter aufeinander einrichten.

• **Abb. 16 c**

Dazu müssen sie aber fast einen halben Zirkel ausgleichen (bei einem Viereck von 20 m x 40 m ca. 20 m). Deshalb muß der Anfangsreiter des zweiten Zirkels das Tempo erhöhen und darf seine erste Zirkeltour auf einem etwas kleineren Kreis (8 - 9 m Durchmesser) reiten, während der Anfangsreiter vom ersten Zirkel die Kreislinie seines Zirkels voll ausreitet und dabei das Tempo etwas verlangsamt. Der Anfangsreiter des zweiten Zirkels beginnt zuzulegen, sobald alle Reiter des ersten Zirkels den Hufschlag der ganzen Bahn verlassen haben. (s. Abb. 16 a). Befinden sich alle Reiter des ersten Zirkels auf der Zirkellinie, verlangsamt dessen Anfangsreiter das Tempo. Hat dieser seinen Zirkel einmal vollendet und der Anfangsreiter des zweiten Zirkels die erste Hälfte seines Zirkels umritten, sollen sich beide aufeinander ausgerichtet haben (s. Abb. 16 c). Falls das am Anfang nicht klappt, reiten sie einfach noch einmal herum.

• **Abb. 16 d**

• Abb. 16 a

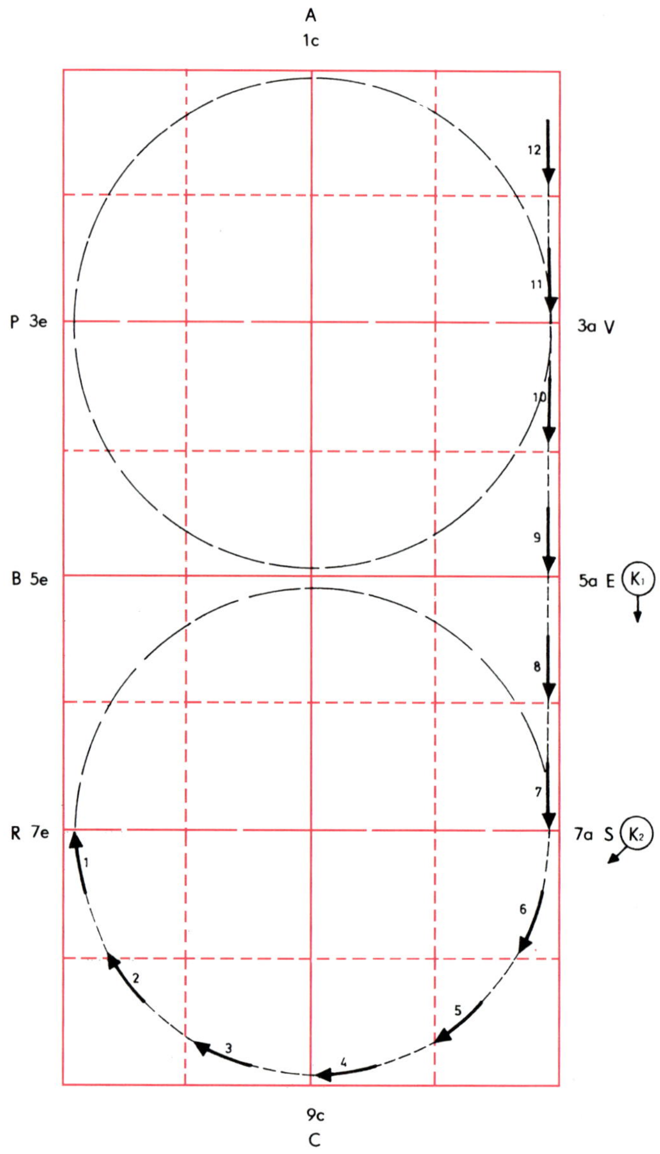

Reiten auf zwei Zirkeln (Abteilungsfigur)
Kommando: 1 Auf zwei Zirkeln –
2 geritten!
Abstand: 1 Pferdelänge

a) Bei 12 Reitern geht Reiter Nr. 1 bei Punkt 7a auf den oberen Zirkel. Nr. 2-6 folgen ihm. Nr. 7-12 bleiben auf dem Hufschlag der ganzen Bahn. Nr. 7 muß im Punkt 7a beginnen, das Tempo etwas zu erhöhen.

Bei 8 Reitern geht Reiter Nr. 1 bei Punkt 7a auf den oberen Zirkel, Nr. 2-4 folgen ihm. Nr. 5-8 bleiben auf dem Hufschlag der ganzen Bahn. Nr. 5 muß am Punkt 7a beginnen, das Tempo etwas zu erhöhen.

• **Abb. 16 b**

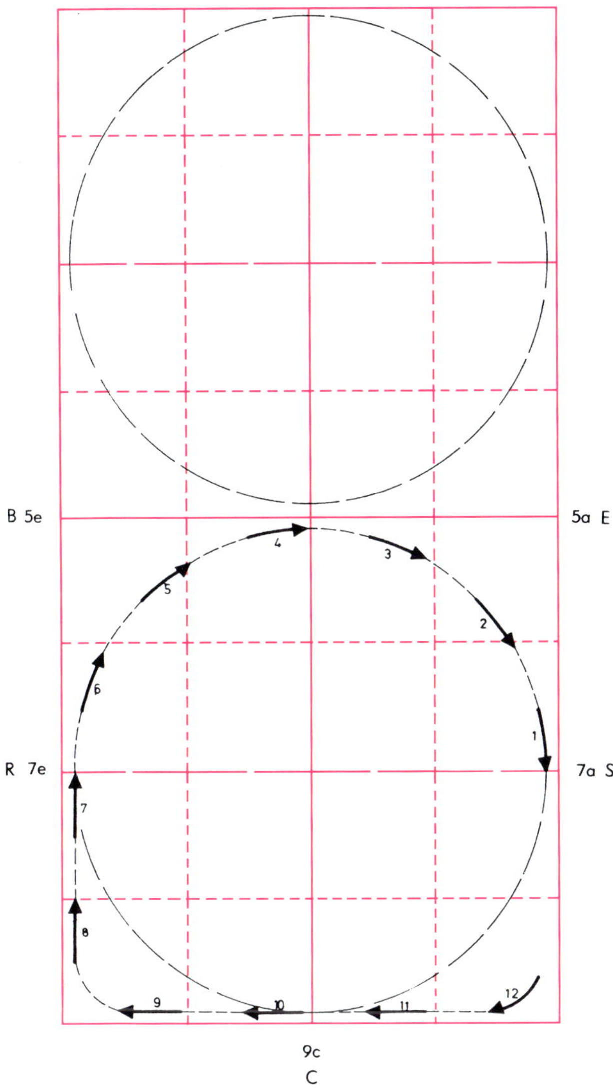

Reiten auf zwei Zirkeln (Abteilungsfigur)
b) Während Nr. 1-6 den oberen Zirkel das erste Mal umreiten, sind Nr. 7-12 auf dem Hufschlag der ganzen Bahn vor sie gelangt. Dabei haben Nr. 1-6 das Tempo etwas verringert, Nr. 7-12 hingegen etwas an Tempo zugelegt (längerer Weg). Nr. 1 und 7 sind an den Punkten 7a und 7e auf gleicher Höhe.
Bei 8 Reitern gelten die vorstehenden Hinweise jeweils für die Reiter 1-4 und 5-8.

• **Abb. 16 c**

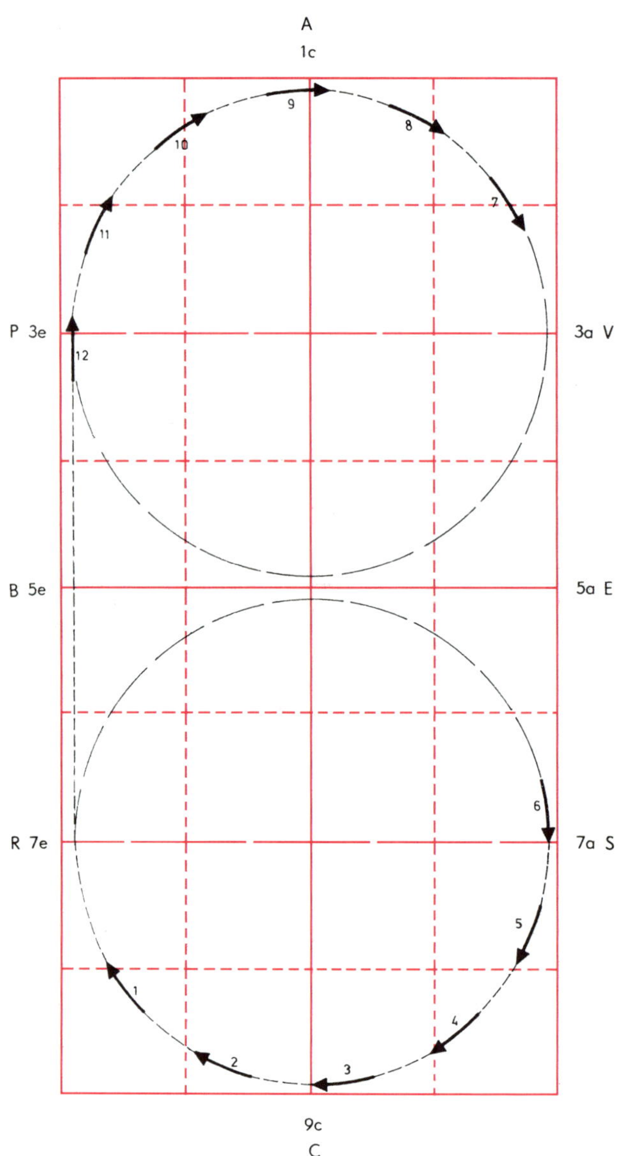

Reiten auf zwei Zirkeln (Abteilungsfigur)
c) Während Nr. 1-6 die zweite Hälfte ihrer ersten Zirkeltour reiten, haben Nr. 7-12 den Anfangspunkt des unteren Zirkels erreicht (3e) und wenden dort auf die Zirkellinie ab. Hat. Nr. 7 seinen Zirkel zur Hälfte umritten, befindet er sich Nr. 1 genau diagonal gegenüber, nachdem dieser den Zirkel einmal umritten hat.
Bei 8 Reitern gelten die vorstehenden Hinweise jeweils für die Reiter 1-4 und 5-8.

• Abb. 16 d

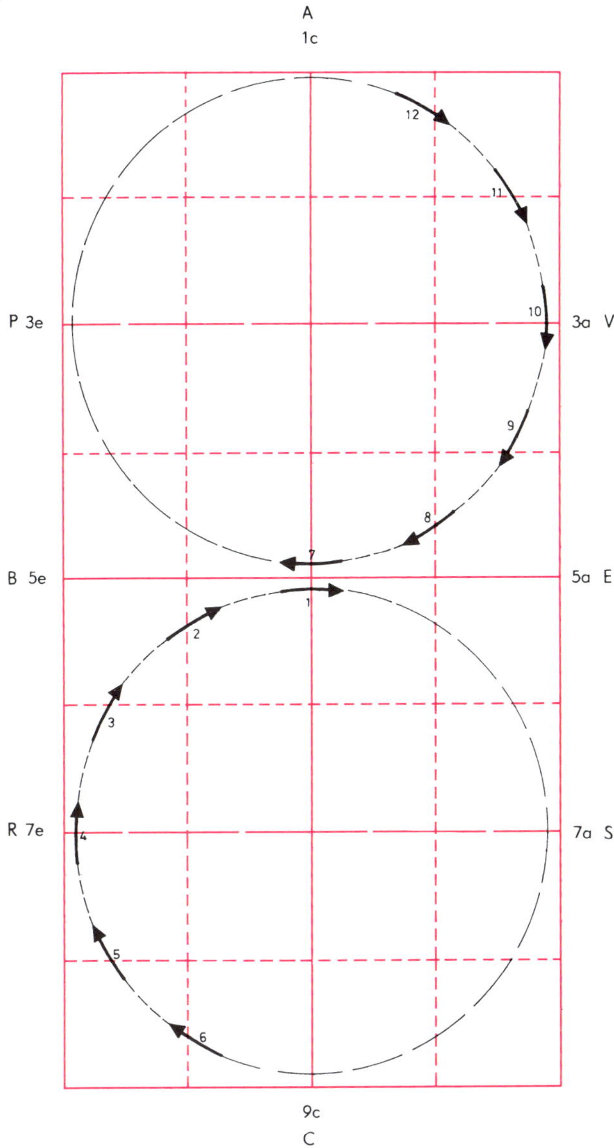

Reiten auf zwei Zirkeln (Abteilungsfigur)
d) Von jetzt an bis zum Ende des Zirkelreitens treffen sich die Reiter stets in Höhe des Bahnmittelpunktes, und zwar jeder sein "Gegenüber": 1/7, 2/8, 3/9, 4/10, 5/11, 6/12, bzw. 1/5, 2/6, 3/7, 4/8.

Auch auf zwei Zirkeln bleiben die Reiter so lange auf der Kreislinie, bis sie durch das Kommando "Ganze Bahn" wieder zum Geradeausreiten aufgefordert werden.
I Ganze –
II Bahn!
III Das Kommando wird den Anfangsreitern beider Zirkel gegeben, wenn sie sich vor dem Zirkelpunkt der kurzen Seite befinden. Beide Anfangsreiter verlassen daraufhin am ersten Zirkelpunkt der nächsten langen Seite die Kreislinie.
Während der Anfangsreiter des ersten Zirkels auf dem Hufschlag der *ganzen* Bahn weiterreitet, geht der Anfangsreiter des zweiten Zirkels auf den Hufschlag der *halben* Bahn und schließt wieder zu den Reitern des ersten Zirkels auf. Waren auf beiden Zirkeln weniger als sechs Reiter, muß der Anfangsreiter des zweiten Zirkels gegebenenfalls etwas zulegen.

• **Abb. 17**

Reiten auf dem Mittelzirkel (Abteilungsfigur)
Der Mittelzirkel ist eine Hufschlagfigur, von der aus eine Anzahl weiterer Figuren geritten werden kann. Deshalb wird beim Figurenreiten der Mittelzirkel häufiger benutzt, als beim Abteilungsreiten.
I Anfang! Auf dem Mittelzirkel -
II geritten!
III Das Ankündigungskommando wird dem Anfangsreiter gegeben, wenn dieser sich am Anfang der langen Seite befindet.
Auf "geritten", kommandiert an der Mitte der langen Seite, wendet der Anfangsreiter vom Mittelpunkt der langen Seite E (5a)/B (5e) auf eine Kreislinie ab, die den Hufschlag der ganzen Bahn jeweils nur in der Mitte der langen Seiten berührt und trotzdem rund sein muß. Die anderen Reiter folgen dem Anfangsreiter.

• **Abb. 18**

Wird während des *Abteilungsreitens* im *Reitunterricht* auf dem Mittelzirkel geritten, so bleiben die Abstände der Reiter in der Abteilung unverändert.
Wird der Mittelzirkel als *Ausgangsfigur* für weitere Figuren benutzt, so müssen die Abstände von Reiter zu Reiter so verändert werden, daß alle Reiter gleichmäßig auf der ganzen Kreislinie verteilt sind.
Die Reiter werden dazu veranlaßt, indem an das Ausführungskommando "geritten!" *unmittelbar* angefügt wird:
II Zum Figurenreiten!
III Auf dieses Kommando vergrößern die Reiter die Abstände nach vorn. Der Anfangsreiter muß also das Tempo erhöhen. Dabei richten sich die Reiter so aus, daß sie jeweils beim Passieren eines Zirkelpunktes auf gleicher Höhe mit dem Gegenüber sind.

• **Abb. 19 a, b**

Das Ausrichten geschieht aber nicht nach dem Gegenüber, sondern nach vorn, und zwar so:
Nr. 1 – behält das Tempo!
Befindet sich Nr. 1 bei B, muß Nr. 4 bei I, Nr. 7 bei E, Nr. 10 bei L sein.
Befindet sich Nr. 2 bei B, muß Nr. 5 bei I, Nr. 8 bei E, Nr. 11 bei L sein.
Befindet sich Nr. 3 bei B, muß Nr. 6 bei I, Nr. 9 bei E, Nr. 12 bei L sein.
Jeder Reiter muß sich also bemühen, genau zu dem Zeitpunkt am Zirkelpunkt zu sein, an dem sein 3. (bei 12) bzw. 2. (bei 8 Reitern) Vordermann den vorhergehenden Zirkelpunkt passiert.
Auf dem Mittelzirkel wird so lange weitergeritten, bis das entsprechende Kommando die Abteilung wieder auf den Hufschlag der ganzen Bahn führt.

2.2.2.3

Volten

G*roßvolte* (Einzelfigur)
Das Wort "Großvolte" bezeichnet einen Kreis von der doppelten Größe einer normalen Volte. Ihr Durchmesser ent-

• **Abb. 17**

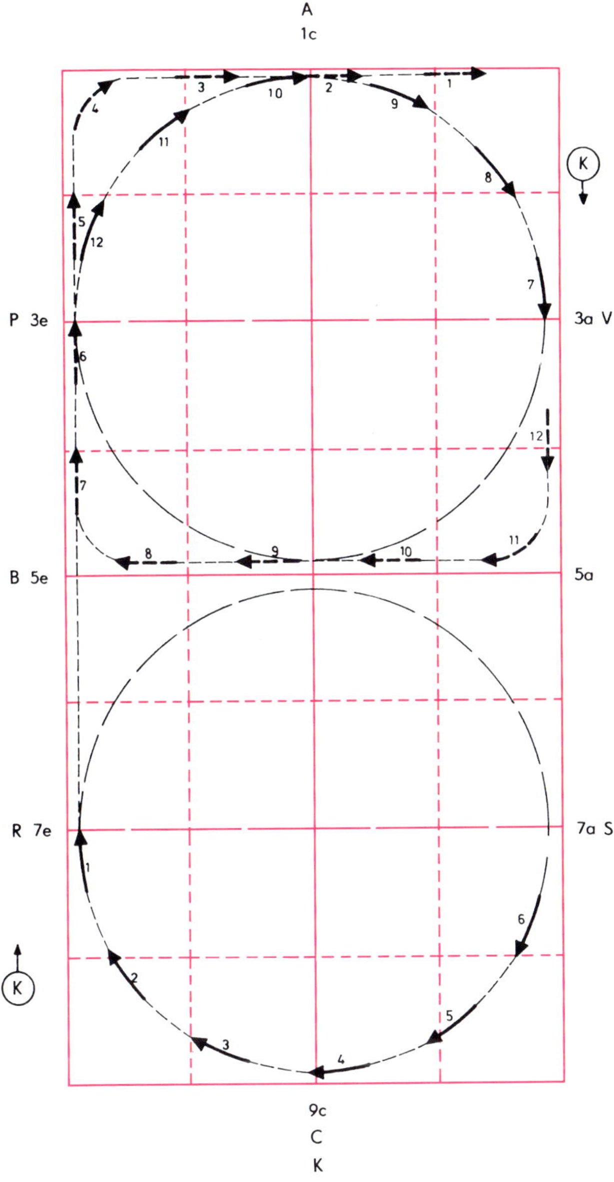

Von zwei Zirkeln auf die ganze Bahn (Abteilungsfigur)
Kommando: 1 Ganze –
2 Bahn!
Abstand: 1 Pferdelänge
Nr. 1 muß im Punkt 7e beginnen, das Tempo zu erhöhen.
Nr. 7 bzw. 5 beginnt im Punkt 3a, das Tempo zu verlangsamen.

• Abb. 18

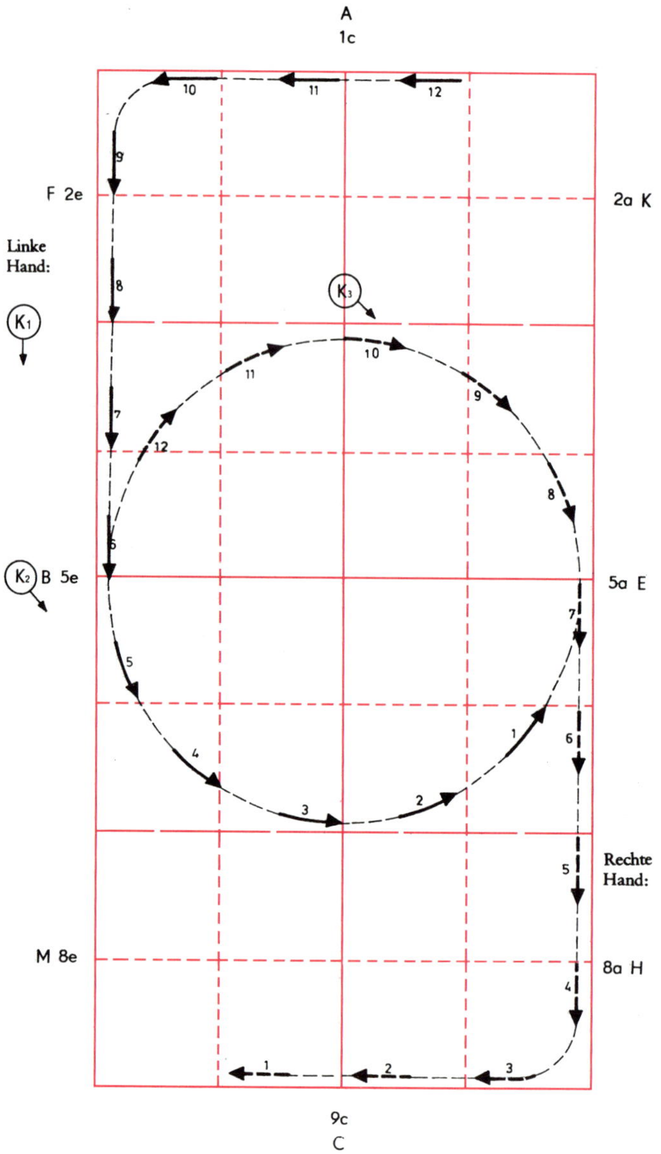

Die Abteilung auf dem Mittelzirkel
Kommando: 1 Anfang! Auf dem Mittelzirkel –
2 geritten!
3 Ganze Bahn –
Abstand: 1 Pferdelänge (12 Reiter)
2 Pferdelängen (8 Reiter)

• Abb. 19 a

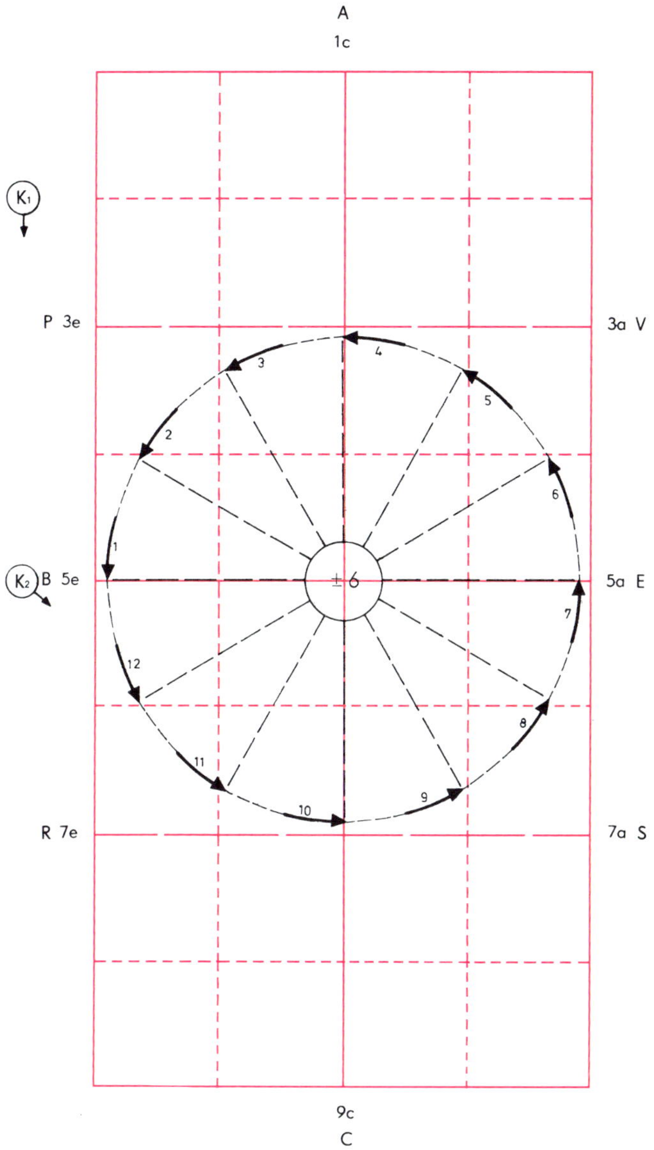

Die Abteilung zum Figurenreiten auf dem Mittelzirkel (Abteilungsfigur) 12 Reiter
Kommando: 1 Anfang! Auf dem Mittelzirkel –
2 geritten! Zum Figurenreiten!
Abstand: 1 Pferdelänge
Bei 12 Reitern in der Abteilung differieren die Nummern der gegenüber befindlichen Reiter stets um 6.

Nr.	1	2	3	4	5	6	7	8	9	10	11	12
befinden sich gegenüber Nr.	7	8	9	10	11	12	1	2	3	4	5	6

• Abb. 19 b

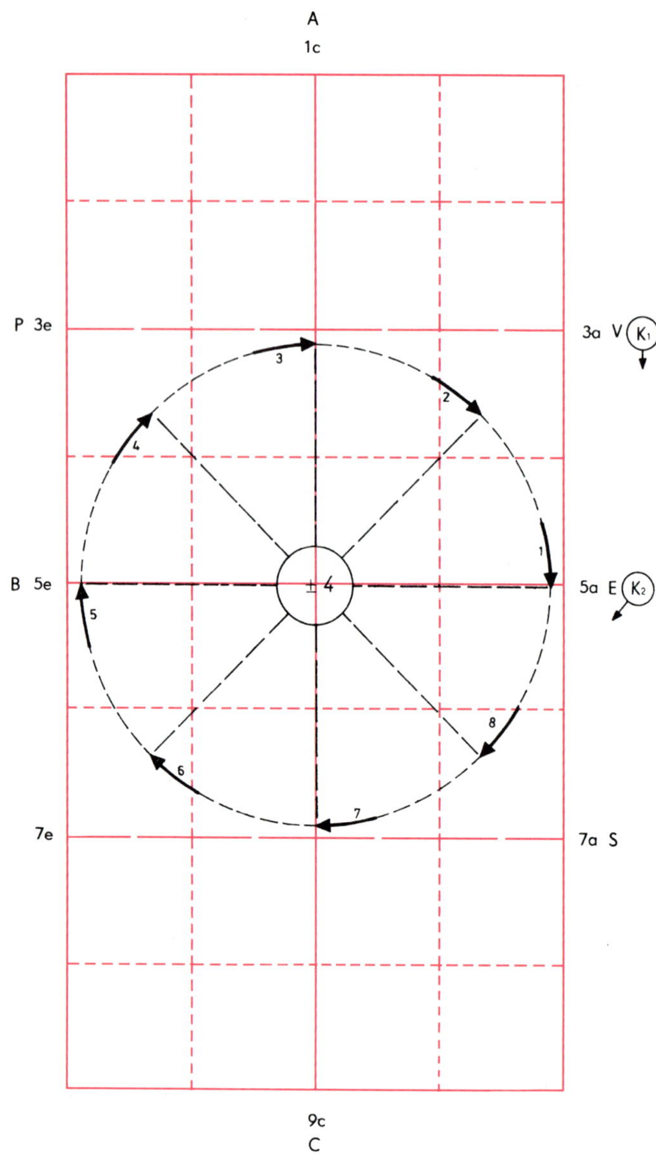

Die Abteilung zum Figurenreiten auf dem Mittelzirkel (Abteilungsfigur) 8 Reiter
Kommando: 1 Anfang! Auf dem Mittelzirkel –
2 geritten! Zum Figurenreiten!
Abstand: 2 Pferdelängen
Bei 8 Reitern in der Abteilung differieren die Nummern der gegenüber befindlichen Reiter um 4.

Nr.	1	2	3	4	5	6	7	8
befinden sich gegenüber Nr.	5	6	7	8	1	2	3	4

spricht der halben Bahnbreite (Durchmesser 10 m bei Viereck 20 m x 40 m, Durchmesser 15 m bei Viereck 30 m x 60 m).
Anmerkung: Die Aufgaben im Aufgabenheft fordern in Klasse E keine Volten, in Klasse A solche mit 10 m Durchmesser, die der angeführten Figur "Großvolte" entsprechen, in den Klassen L und M Voltendurchmesser von 8 m. Das muß bei der Vorbereitung von Quadrillenwettkämpfen berücksichtigt werden (s. Abb. 24).

• **Abb. 20**

I Abteilung! Großvolte –
II marsch!
III Auf "marsch" wenden alle Reiter der Abteilung gleichzeitig vom Hufschlag ab und reiten einen Kreis des entsprechenden Durchmessers, der bis zur Mittellinie geht. Während der ersten Hälfte der Großvolte richten sich die Reiter nach dem Anfangsreiter aus, damit alle Reiter stets auf gleicher Höhe sind. Während der zweiten Hälfte der Großvolte erfolgt das Ausrichten nach dem Schlußreiter.

• **Abb. 21 a, b**

Nach Vollendung des Kreises kehrt jeder Reiter genau an seinen Abwendepunkt zurück und reitet von dort auf dem Hufschlag der ganzen Bahn weiter. Die Volte wird also nur einmal geritten.
Zum Üben der Großvolte kann man die Reiter zunächst ein Quadrat von 10 m bzw. 15 m Seitenlänge reiten lassen, dessen Ecken allmählich soweit abgerundet werden, bis der Hufschlag die vier Seiten des Quadrates nur noch in ihrem Mittelpunkt berührt.
Soll die Großvolte von der Mittellinie aus nach der langen Seite geritten werden, so muß im Kommando angegeben werden, nach welcher Seite die Großvolte geritten werden soll.
I Abteilung! Großvolte links (rechts) –
II marsch!
Höhere Anforderungen kann man stellen, wenn die Reiter von der Mittellinie aus die Großvolten abwechselnd nach links und nach rechts reiten (z.B. 1. Reiter nach links, 2. Reiter nach rechts, 3. Reiter nach links usw.).
I Abteilung! Großvolte links *und* rechts –
II marsch!
III Die Ausführung erfolgt entsprechend dem Kommando. Wird kommandiert nach "*links* und rechts", beginnt der erste Reiter mit einer *Links*volte. Heißt es im Kommando "*rechts* und links", hat der erste Reiter eine *Rechts*volte zu reiten.

• **Abb. 22**

Nach Beendigung der Großvolten auf der Mittellinie muß angegeben werden, auf welche Hand die Abteilung gehen soll. Das ist normalerweise die Hand, auf der der 1. Reiter seine Großvolte geritten hat, weil ihm wenig Raum bis zur Einleitung der Viertelvolte bleibt, die ihn auf den Hufschlag der kurzen Seite führt (s. Abb. 22).
II Linke (rechte) Hand!
III Das Kommando wird dem Anfangsreiter gegeben, wenn er die Großvolte beendet. Drei Schritte vor Erreichen der kurzen Seite wendet er auf den angegebenen Hufschlag ab. Eine aus halben Großvolten bestehende Figur entsteht, wenn man diese abwechselnd beiderseits der Mittellinie reitet. Diese vor allem das Umstellen der Pferde und entsprechende Umsitzen der Reiter fördernde Übung wird im Abschnitt über "die halbe Acht" (s. Seite 102 ff.) beschrieben.
Die Großvolten sind sehr gut für den Reitunterricht geeignet. Sie stellen geringe Anforderungen an die Biegung des Pferdes und das Treibenkönnen des Reiters, veranlassen ihn aber zum Tempohalten und fördern das genaue Reiten. Die relativ große Anzahl von Variationsmöglichkeiten hilft dem Reitlehrer, in gleiche Anforderungen mehr Abwechslung zu bringen.

Eckenvolte (Abteilungsfigur)
Eine besondere Form der Großvolte ist die Eckenvolte, die in den Ecken der Bahn mit einem Durchmesser von 10 m bzw. 15 m ge-

• Abb. 20

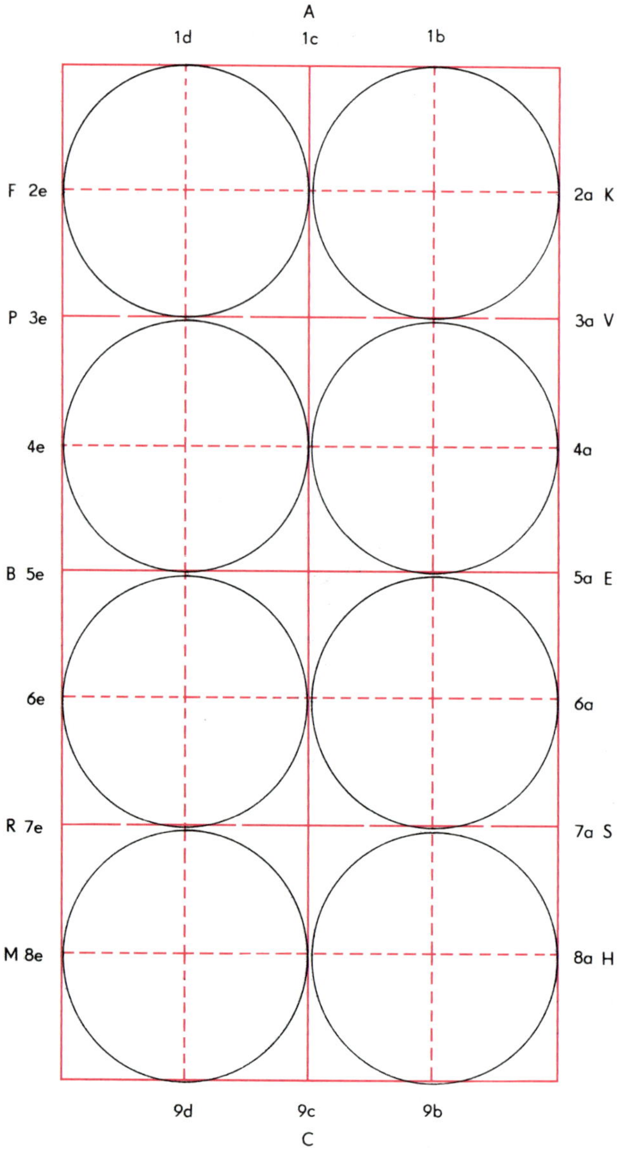

Großvolten
Durchmesser: 10 m auf dem Viereck 20 m x 40 m
15 m auf dem Viereck 30 m x 60 m

• **Abb. 21 a, b**

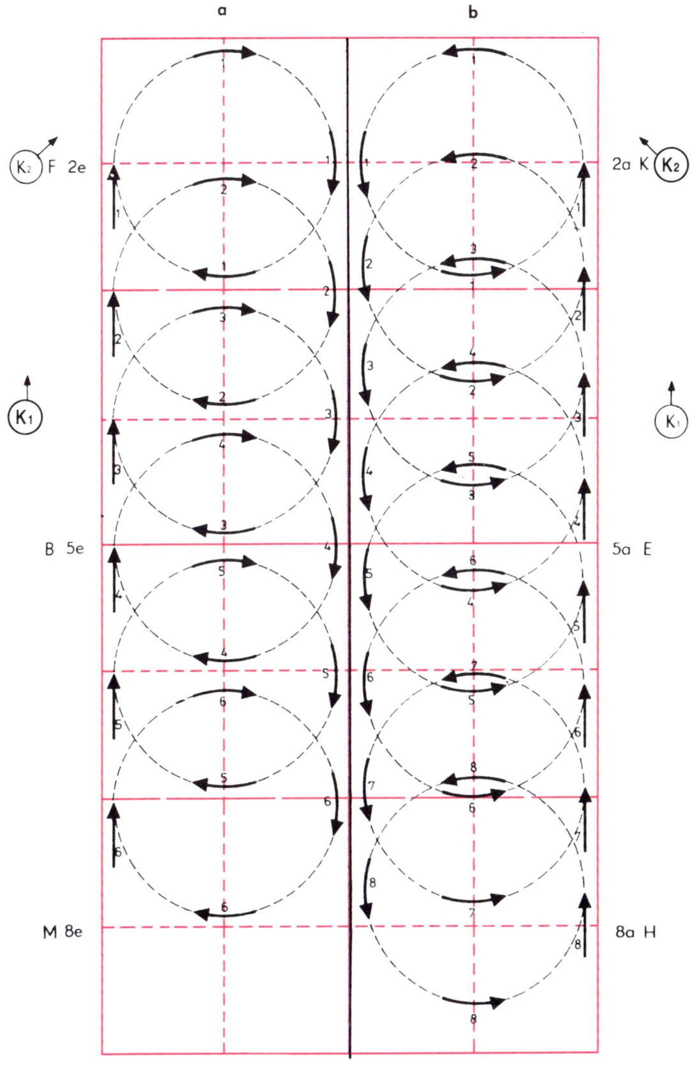

Großvolten von der langen Seite (Einzelfigur)
Kommando: 1 Abteilung! Großvolte –
2 marsch!
a) Großvolte rechts: 6 Reiter, Abstand 3 Schritt
b) Großvolte links: 8 Reiter, Abstand 2 Schritt

• **Abb. 22**

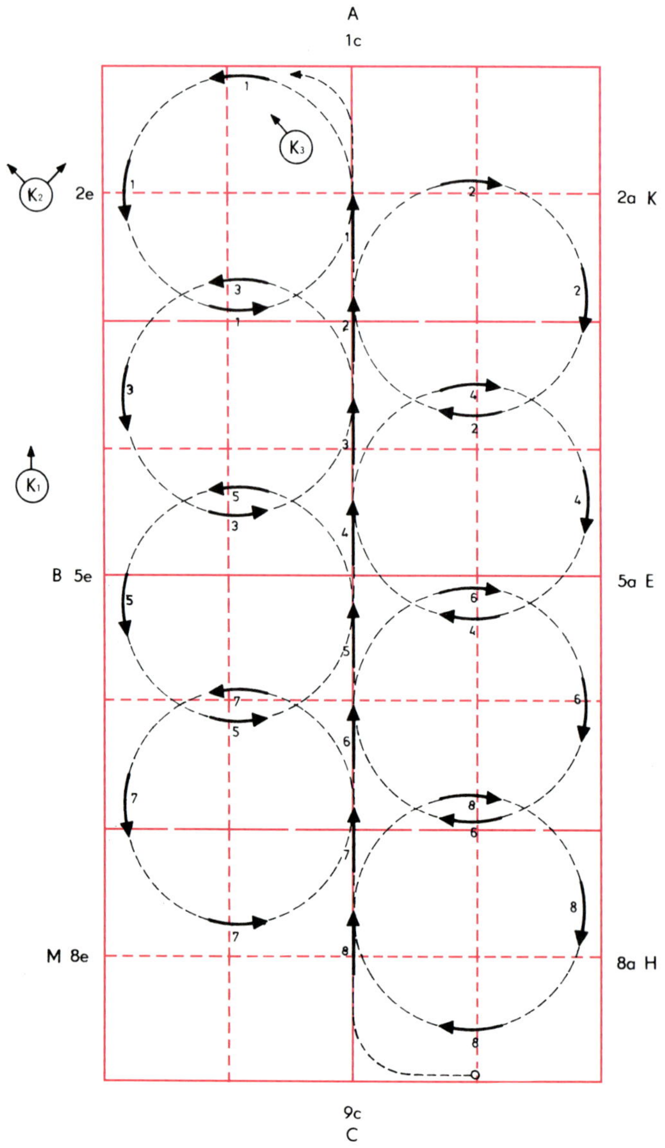

Großvolten beiderseits der Mittellinie (Einzelfigur)
Kommando: 1 Abteilung! Großvolte links und rechts –
2 marsch!
3 Linke Hand –
Abstand: 1 Pferdelänge

ritten wird. Es gibt zwei Ausführungsarten der Eckenvolte:
– Die Abteilung reitet in einer Ecke der Bahn eine Großvolte;
– die Abteilung reitet nacheinander in jeder der vier Ecken eine Großvolte

Eine Eckenvolte
I Anfang! In der nächsten Ecke –
II Großvolte!
III Der Anfangsreiter wendet in Höhe der Tafellinie V (3a)-P (3e), bzw. S (7a)-R (7e) vom Hufschlag ab und reitet einen Kreis von 10 m bzw. 15 m Durchmesser in der Ecke der Bahn.

• **Abb. 23 a, b**

Die übrigen Reiter folgen ihm auf seinem Hufschlag. (Auf einer Eckenvolte haben sechs Reiter mit einem Abstand von einer Pferdelänge Platz. In der Eckenvolte des Vierecks 30 m x 60 m können sechs Reiter einen Abstand von 2 Pferdelängen halten, für 8 Reiter bleibt ein Abstand von ca 1 1/2 Pferdelängen.)

• **Abb. 24**

Will man mit 8 Reitern eine Eckenvolte von 10 m Durchmesser reiten, so bleibt für den Abstand der Pferde nicht mehr als 1,5 m (2 Schritt). In solchen Fällen müssen vorher die Abstände verringert werden, indem man die Abteilung auf einen Schritt Abstand aufrücken läßt.
Jeder Reiter muß sich bemühen, Tempo und Abstand zu halten. Besonders der Anfangsreiter hat durch gegebenenfalls erforderliche Tempoverminderung dafür zu sorgen, daß alle Reiter der Abteilung auf die Eckenvolte abgewendet haben, bevor er selbst den Endpunkt der Großvolte erreicht. Nach Erreichen des Anfangspunktes der Volte reitet der Anfangsreiter, gefolgt von der Abteilung, auf der Kreislinie der Großvolte weiter, bis sie an der kurzen Seite an der Pfeillinie (Punkte 1b, 9b, 1d, 9d) auf den Hufschlag der ganzen Bahn trifft, dem er weiter folgt.

Eckenvolten in vier Bahnecken
I Anfang! In den nächsten vier Ecken –
II Großvolte!
III Der Anfangsreiter reitet, gefolgt von der Abteilung, eine Großvolte in der zweiten Ecke einer langen Seite. Nach Beendigung der ersten Eckenvolte reitet er auf der kurzen Seite bis zur nächsten Pfeillinie (r.H. - 1b; l.H. 1d) und wendet dort wiederum zur Eckenvolte ab. Diese reitet er 1 1/4 mal herum und beendet sie in Höhe der Aufmarschlinie (2a-2e). Nun reitet die Abteilung auf der langen Seite bis zur Paradelinie (8a-8e), von wo aus sich der ganze Vorgang wiederholt.

• **Abb. 25**

Nach Beendigung der vierten Eckvolte wird ohne weiteres Kommando auf den Hufschlag der ganzen Bahn geritten.
Etwas erschweren kann man diese Figur, indem man unmittelbar vom Endpunkt der vierten Volte durch die ganze Bahn wechseln läßt, um nach Erreichen des neuen Hufschlages am Wechselpunkt die gesamte Figur auf der anderen Hand zu wiederholen.
Das Kommando für die zweiten vier Eckenvolten muß gegeben werden, wenn sich die Abteilung auf der Wechsellinie befindet.
Die mehrfache Wiederholung der Eckenvolten bringt einen relativ hohen Übungseffekt.

• **Abb. 26**

Volte (Einzelfigur)
Die Volte ist eine bekannte Hufschlagfigur, die deshalb erst an dieser Stelle behandelt wird, weil ihr Durchmesser von einem Viertel der Bahnbreite (5 m bei Viereck 20 m x 40 m, 7,5 m bei Viereck 30 m x 60 m) an die Ausbildung von Pferd und Reiter meist zu hohe Ansprüche stellt. Die in einer korrekten Volte von 5 m Durchmesser verlangte Biegung ist das Maximum, das einem voll ausgebildeten Pferd in dieser Hinsicht abgefordert werden kann. Das Pferd in dieser Biegung und gleichzeitig in Schwung zu

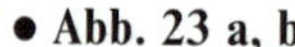

• Abb. 23 a, b

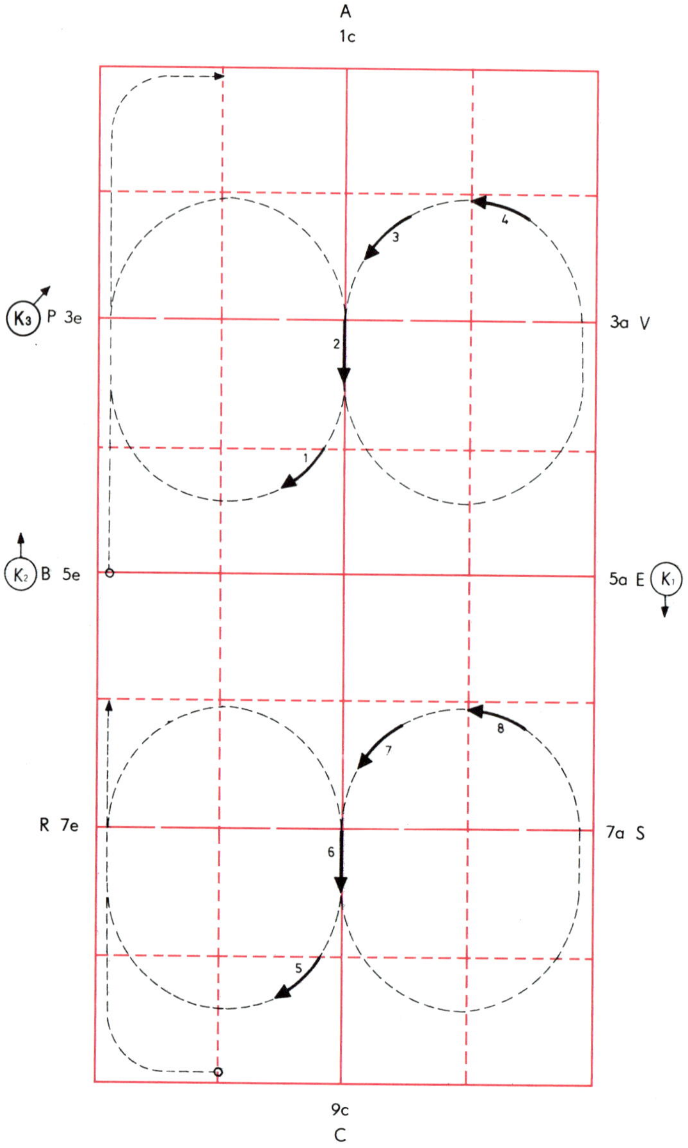

Eckenvolte (Abteilungsfigur)
Viereck: 20 m x 40 m
Kommando: 1 Anfang! In der nächsten Ecke –
2 Großvolte!
a) 6 Reiter, Abstand 1 Pferdelänge
b) 4 Reiter, Abstand 2 Pferdelängen

• **Abb. 24**

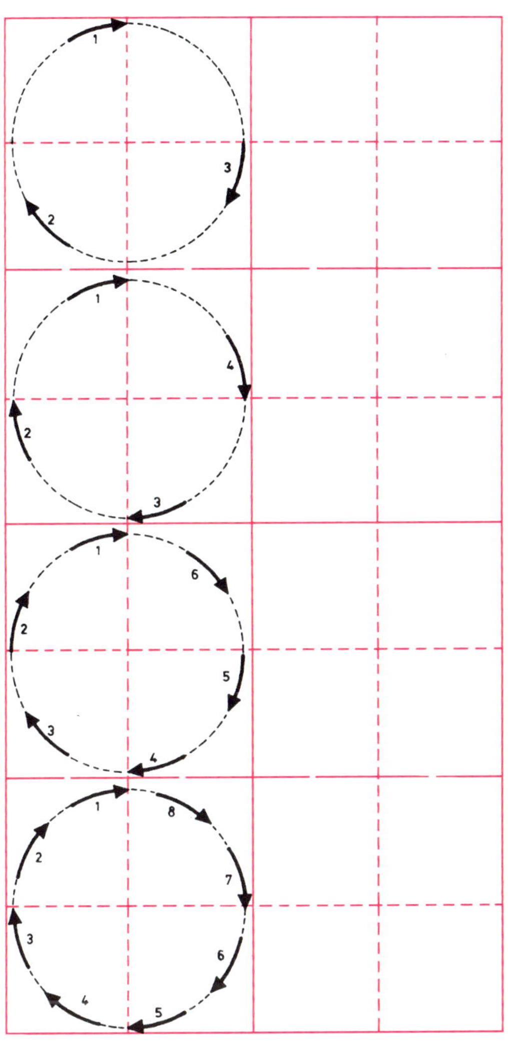

Maximalabstände auf der Großvolte
Viereck: 20 m x 40 m
Bei 3 Reitern beträgt der Abstand 8 m = 3 Pferdelängen
Bei 4 Reitern beträgt der Abstand 5 m = 2 Pferdelängen
Bei 6 Reitern beträgt der Abstand 2,5 m = 1 Pferdelänge
Bei 8 Reitern beträgt der Abstand 1,25 m = 1/2 Pferdelänge
Auf dem Viereck 30 m x 60 m betragen die Abstände bei gleichmäßig auf der Großvolte verteilten Reitern:

3 Reiter = 13 m = 4 1/2 Pferdelängen
4 Reiter = 9 m = 3 1/2 Pferdelängen
5 Reiter = 7 m = 2 1/2 Pferdelängen
6 Reiter = 5 m = 2 Pferdelängen
8 Reiter = 3,5 m = 1 1/2 Pferdelängen
12 Reiter = 1,5 m = 2 Schritt

• **Abb. 25**

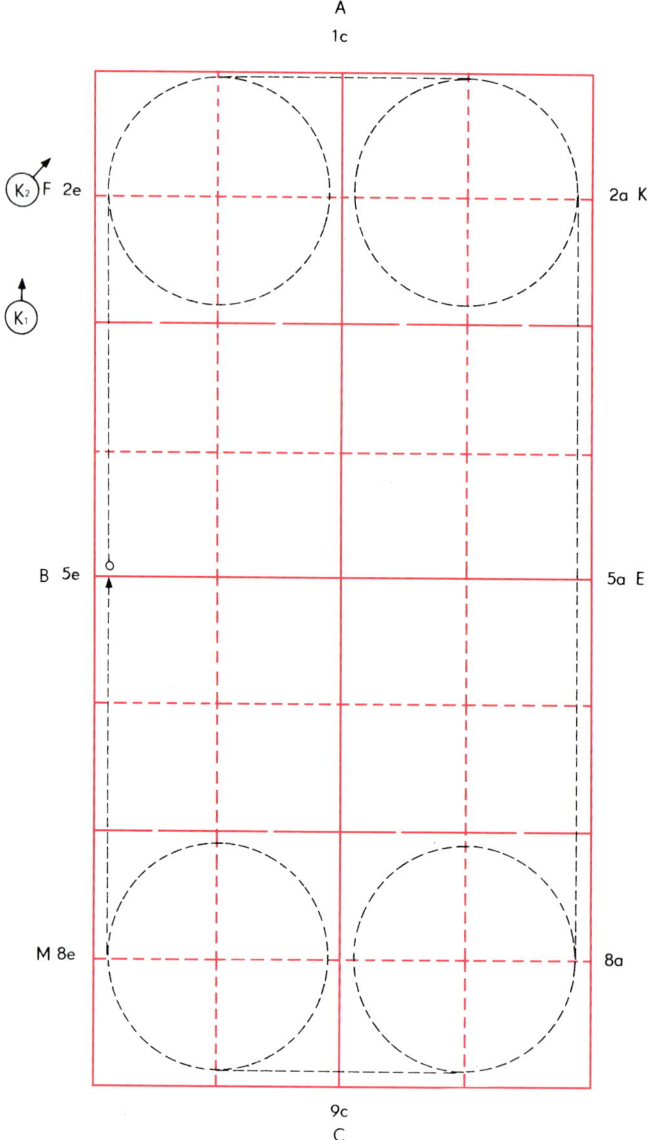

Eckenvolten in vier Bahnecken (Abteilungsfigur)
Kommando: 1 Anfang! In den nächsten vier Ecken –
2 Großvolte!

• **Abb. 26**

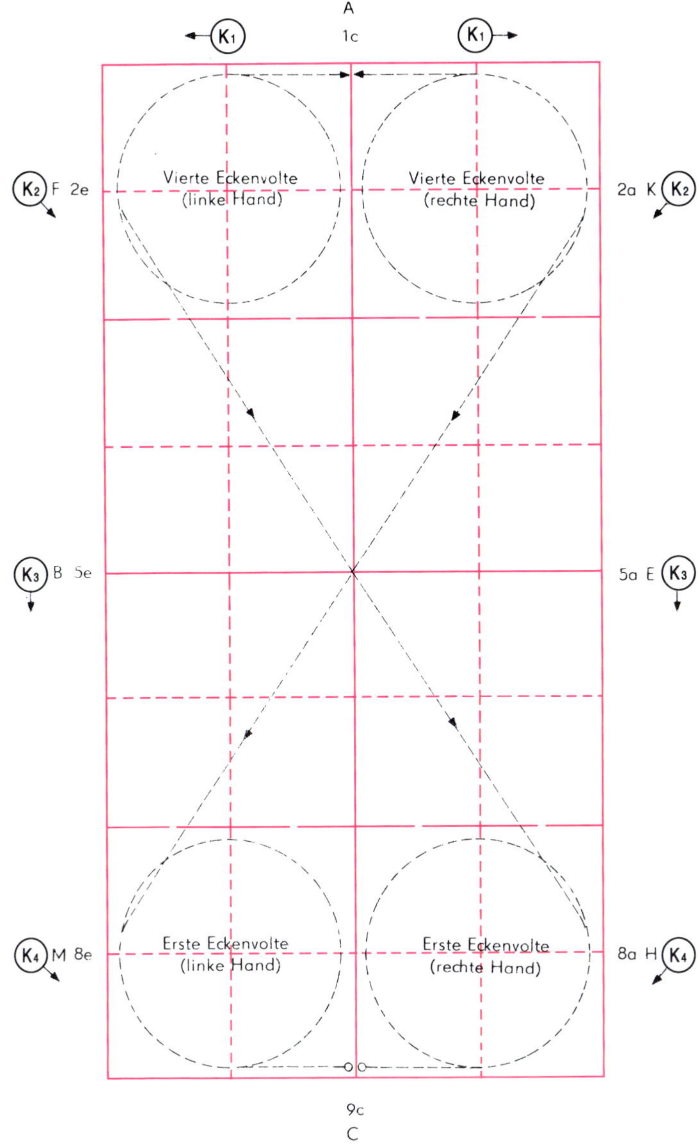

Handwechsel von Eckenvolten zu Eckenvolten (Abteilungsfigur)
Kommando: 1 Durch die ganze Bahn –
2 wechseln!
3 Anfang! In den nächsten vier Ecken –
4 Großvolte!

halten, verlangt einen fortgeschrittenen Reiter. In Dressuraufgaben werden Volten dieses Durchmessers nicht einmal in Klasse S gefordert (Klasse A=10 m, Klassen L und M=8 m, Klasse S=6 m Durchmesser).
Reitet man auf dem Viereck von 30 m x 60 m, so hat hier die Volte einen Durchmesser von 7,5 m. Volten dieses Durchmessers werden in den Klassen L und M verlangt. Diese Volte kann deshalb von am Anfang der Ausbildung stehenden Reitern und Pferden noch nicht verlangt werden. Die für die verschiedenen Klassen geforderte Voltengröße kann beim Figurenreiten und bei Schauquadrillen nur ein Anhaltspunkt sein. Dafür wird der Voltendurchmesser in erster Linie durch den Ausbildungsstand von Reitern und Pferden bestimmt. Er darf jedoch nur soweit verringert werden, daß alle Teilnehmer die verlangten Volten noch korrekt reiten können. (Die geringeren Anforderungen an die Biegung des Pferdes bei Volten und Teilen von Volten sind ein Grund dafür, daß für die Anfängerausbildung von Reitern und Pferden das Viereck mit den Abmessungen 30 m x 60 m empfohlen wird. Ein zweiter Grund sind die längeren geraden Linien, die der Entwicklung des Schwunges nützen.) Volten müssen - ebenso wie Großvolten und Zirkel - einen Kreis bilden. Deshalb empfiehlt es sich auch hier, die Hufschlaglinie mit dem Gärtner-Zirkel zu markieren und die Volten zunächst einzeln zu üben, bevor mit dem Voltenreiten in der Abteilung begonnen wird. (s.a.S. 70).
I Abteilung! Volte –
II marsch!
III Das Kommando "marsch!" wird gegeben, wenn sich alle Reiter an der Stelle befinden, an der sie die Volte beginnen sollen.
Auf Kommando reiten alle Reiter gleichzeitig einen Kreis von 6 m bzw. 7,5 m, 8 m oder 10 m Durchmesser zum Bahninneren. Andere Durchmesser können in Abhängigkeit vom aktuellen Ausbildungsstand und der vorgesehenen Figur vereinbart werden. Bei Wettkampfquadrillen allerdings muß die Voltengröße den Vorgaben der LPO entsprechen.

• **Abb. 27 a, b**

In der ersten Hälfte der Volte richten sich die Reiter nach dem Anfangsreiter, in der zweiten Hälfte nach dem Schlußreiter aus. Nach Erreichen des Hufschlages an der Abwendestelle reiten sie auf dem Hufschlag der ganzen Bahn weiter.
Die Volte kann auch von der Mittellinie aus geritten werden, sofern ihr Durchmesser dies erlaubt. In diesem Fall ist analog zur Großvolte von der Mittellinie zu verfahren und zu kommandieren. (s. Abb. 22 und S. 87).
Man kann auch alle Reiter von der Mittellinie aus zuerst eine Volte nach links und sofort anschließend eine Volte nach rechts reiten lassen.

• **Abb. 28**

I Abteilung! Volte links –
II marsch!
I Abteilung! Volte rechts –
II marsch!
Eine Sonderform der Volte entsteht, wenn man (je nach Durchmesser) 4, 6 oder 8 halbe Volten links und rechts der Mittellinie aneinanderreiht, so daß gleichsam eine Schlangenlinie längs der Mittellinie entsteht.

I Anfang! Von der Mitte der kurzen Seite mit halben Volten beiderseits der Mittellinie durch die Länge der Bahn –
II wechseln!
III Der Anfangsreiter wendet von der Mitte der kurzen Seite ab und reitet nach dem Bahninneren eine halbe Volte auf der gleichen Hand. Dieser schließt sich eine halbe Volte nach der anderen Seite an. Und so weiter im Wechsel bis die gegenüberliegende kurze Seite erreicht ist und der Anfangsreiter nach der letzten halben Volte auf die andere Hand geht. Beim Passieren der Mittellinie sind die Pferde geradeausgestellt. Genaue Raumeinteilung ist bei dieser recht schwierigen Figur sehr wichtig und richtet

sich selbstverständlich nach dem verlangten Durchmesser der Volten.

• **Abb. 29**

Auf dem Viereck 20 m x 40 m kann man sie mit 3 Pferdelängen Abstand zwischen den Reitern ausführen, weil sich die aufeinander folgenden Reiter dann jeweils am gleichen Punkt der gegenüberliegenden Halbvolten befinden, d.h. auch die Mittellinie gleichzeitig, jedoch in entgegengesetzter Richtung passieren. Andererseits befinden sich gleichzeitig alle Reiter mit ungerader Nummer auf den Halbvolten der einen Seite, die mit gerader Nummer auf den Halbvolten der anderen Seite. Dadurch kommt eine gelungene Quadrillenfigur zustande.

Doppel-Großvolte und Doppel-Volte
Doppel-Großvolten sind Abteilungsfiguren, Doppelvolten sind Einzelfiguren.
I Doppelgroßvolte bzw. Doppelvolte -
II marsch!
III Die Ausführung gleicht den Beschreibungen auf S. 82 ff. und unterscheidet sich von der einfachen Großvolte/Volte nur dadurch, daß nicht nur einmal, sondern zweimal herumgeritten wird, ehe auf dem Hufschlag der ganzen Bahn weitergeritten wird. Da die Pferde auf der Kreislinie leicht den Schwung verlieren, ist die Doppelvolte wesentlich schwieriger als die einfache. Sie ist aber ebenso deshalb auch besonders geeignet, die treibende Einwirkung der Reiter zu entwickeln. Sie stellt hohe Anforderungen an die Genauigkeit des Reitens, denn beide Kreise müssen sich decken.

2.2.2.4

Achten

Die Acht besteht aus zwei nebeneinanderliegenden Großvolten. Wegen der besseren Verständlichkeit eines zweisilbigen Wortes beim Kommandieren wird diese Figur auch "der Achter" genannt.

Die Acht (Einzelfigur)
I Abteilung! Achter –
II marsch!
III Das Ausführungskommando wird gegeben, wenn sich die Abteilung auf der langen Seite befindet und der Anfangsreiter mindestens 5 m bzw. 7,5 m von der zweiten Ecke der langen Seite entfernt ist.
Auf "marsch!" reiten alle Reiter der Abteilung gleichzeitig eine halbe Großvolte nach dem Bahninnern. Dabei richten sie sich nach dem Anfangsreiter aus.

• **Abb. 30**

Beim Erreichen der Mittellinie reiten sie eine Pferdelänge geradeaus und beginnen nach dem Umstellen der Pferde eine ganze Großvolte nach der anderen Seite, die sich zwischen Mittellinie und gegenüberliegender langer Seite erstreckt. Dabei richten sie sich nach dem Schlußreiter aus.
Da auf der Mittellinie eine Pferdelänge geradeaus geritten worden ist, muß dies auch auf dem Hufschlag der langen Seite geschehen. Die beiden Hälften der Acht erhalten dadurch eine ovale Form. (s. Abb. 30).
Nach Beendigung der Großvolte in der gegenüberliegenden Bahnhälfte wird wieder auf der Mittellinie eine Pferdelänge geradeaus geritten und danach eine halbe Großvolte nach der Ausgangsseite begonnen, die eine Pferdelänge vor dem Ausgangspunkt der Acht endet. Danach wird auf dem Hufschlag der ganzen Bahn weitergeritten.
Fortgeschrittene Reiter auf gut gerittenen Pferden können auch von einer Biegung in die andere gehen und auf das Geradeausreiten verzichten. Dann werden die Großvolten kreisrund.

Die doppelte Acht (Einzelfigur)
Recht schwierig ist es, die Acht zweimal hintereinander zu reiten.
I Abteilung! Doppelter Achter –
II marsch!
III Die Ausführung erfolgt analog zur Doppelgroßvolte.

• **Abb. 27 a, b**

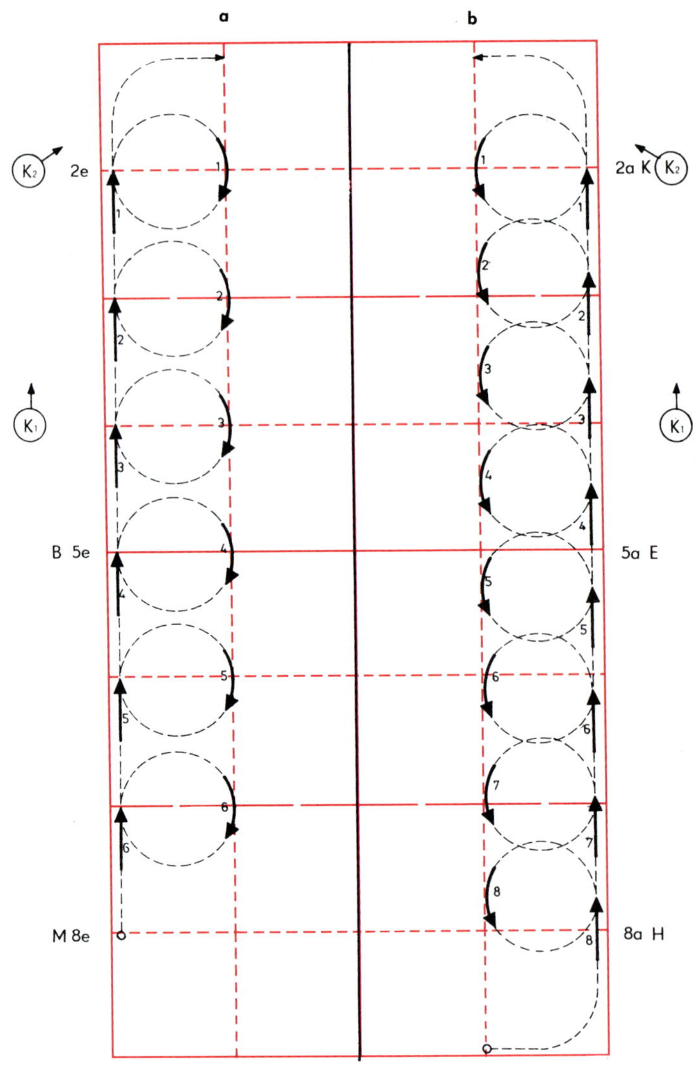

Volten an der langen Seite (Einzelfigur)
Viereck: 20 m x 40 m
Kommando: 1 Abteilung! Volte –
2 marsch!
Abstand: a) 1 Pferdelänge
b) 2 Schritt
Aus dem Bild ist zu erkennen, daß bei einem Abstand von 2 Schritt beim Vorbeireiten die Reiter zu eng aneinander sind. Es ist deshalb besser, 3 Schritt oder 1 Schritt Abstand zu wählen.

• Abb. 28

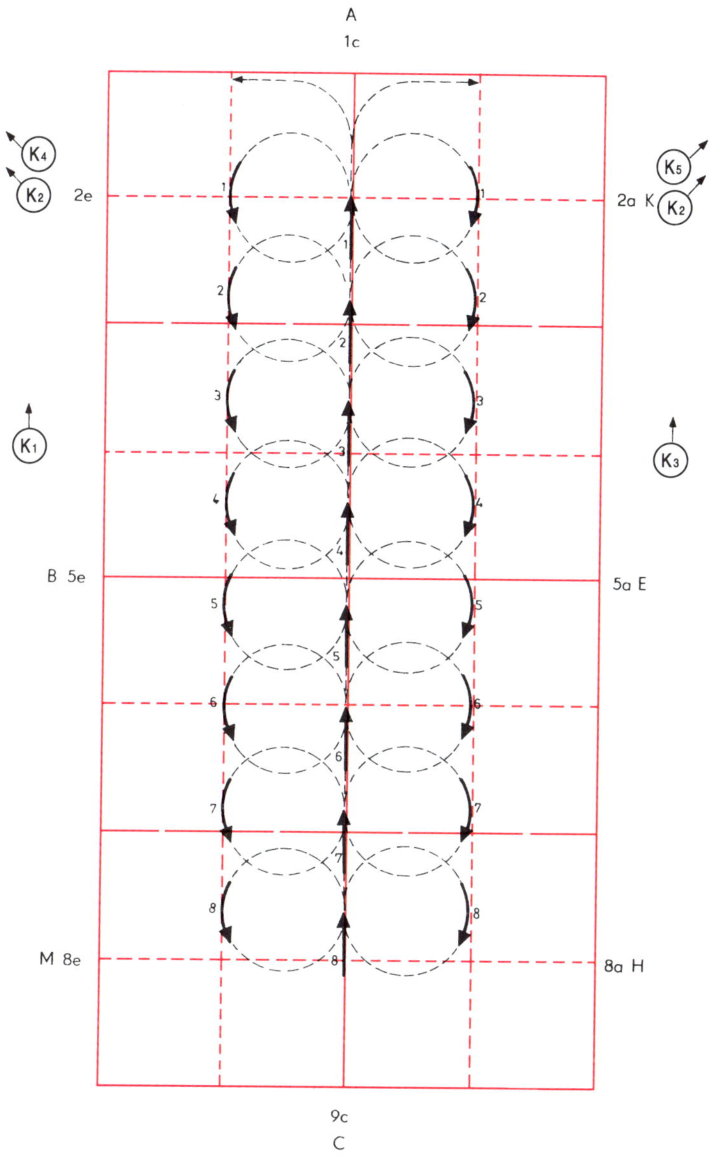

Volten an der Mittellinie (Einzelfigur)
Kommando: 1 Abteilung! Volte links –
2 marsch!
3 Abteilung! Volte rechts –
4 Linke Hand!
5 Rechte Hand!

Wenn sich unmittelbar an die Links- (Rechts-)volte eine Rechts- (Links-)volte anschließen soll, muß das Ausführungskommando "marsch!" für die zweite Volte gegeben werden, wenn die Reiter während des Umstellens der Pferde eine Pferdelänge geradeaus reiten.

• Abb. 29

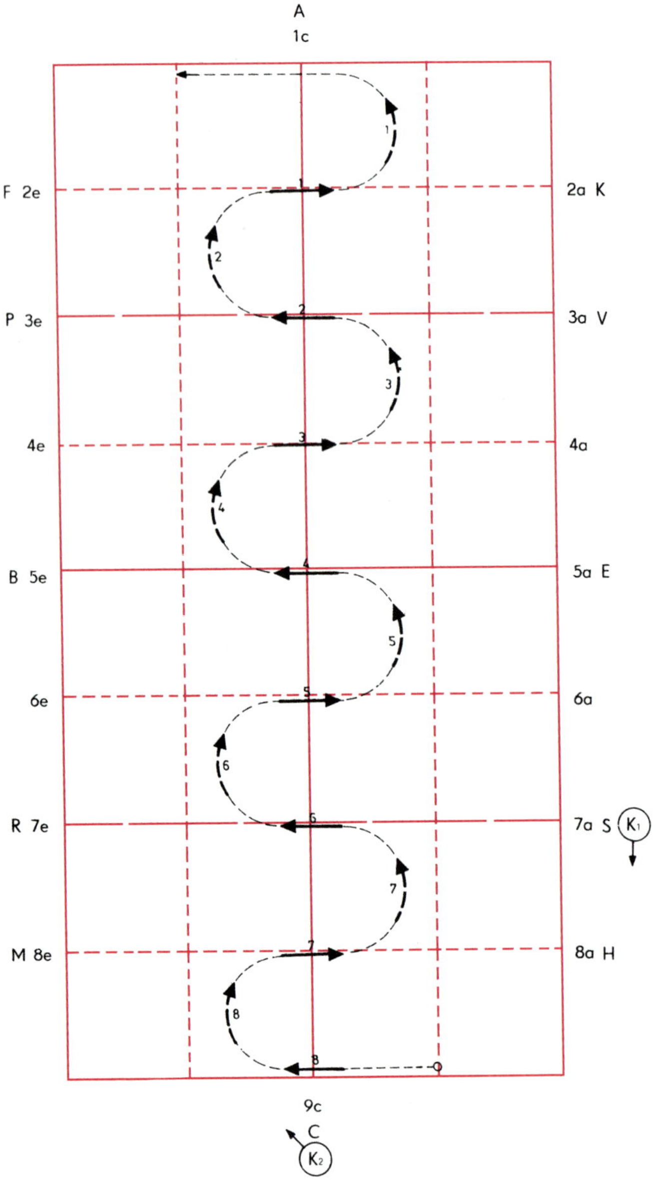

Halbe Volten beiderseits der Mittellinie (Abteilungsfigur)

Kommando: 1 Anfang! Von der Mitte der kurzen Seite mit halben Volten beiderseits der Mittellinie durch die Länge der Bahn –
2 wechseln!

• Abb. 30

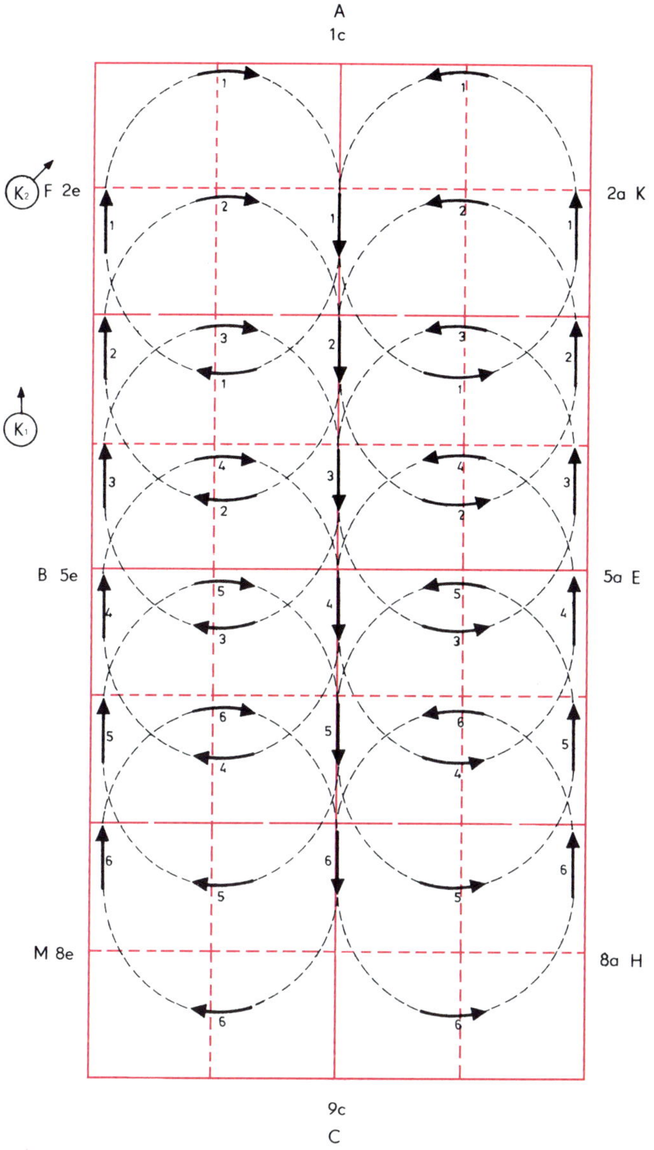

Die Acht (Einzelfigur)
Kommando: 1 Abteilung! Achter –
2 marsch!
Abstand: 1 Pferdelänge

Die Acht (Abteilungsfigur)
Als Abteilungsfigur kann man die Acht nur reiten lassen, wenn nicht mehr als acht Reiter in der Abteilung sind. Sie kann an jedem der Wechsel- und Zirkelpunkte der langen Seite begonnen werden. Der Abstand zwischen den Reitern beträgt dabei für sechs Reiter eine Pferdelänge, für acht Reiter zwei Schritt.
I Anfang! Auf der Acht –
II geritten!
III Dieses Kommando erfolgt, wenn sich der Anfangsreiter kurz vor dem Wechsel- oder Zirkelpunkt der langen Seite befindet, an dem die Acht begonnen werden soll. Die Ausführung erfolgt analog zur Acht zwischen den langen Seiten als Einzelfigur (s.o.).

- **Abb. 31**

Ist die Abteilung stärker als vier Reiter, so empfiehlt es sich, sie in der gleichen Weise zu teilen wie zum Reiten auf zwei Zirkeln:
I Name des Reiters (oder Name des Pferdes) -
II Anfang der zweiten Acht!
III Dieser Hinweis muß dem Reiten auf zwei Achten vorausgehen. Der zum Anfangsreiter der zweiten Acht bestimmte Reiter antwortet laut mit "Anfang der zweiten Acht hier!"
I Auf zwei Achten -
II geritten!
III Das Ausführungskommando wird den Anfangsreitern der beiden Achten gegeben, wenn sie sich in Höhe der Tafellinie befinden. Jeder Anfangsreiter reitet eine halbe Großvolte nach der Mittellinie, die er bei L bzw. I passiert, und nach drei Geradeaustritten eine Großvolte auf der anderen Hand. Nach nochmaligem Passieren der Mittellinie im gleichen Punkt und wiederum drei Tritten geradeaus schließt er die Acht mit einer weiteren halben Großvolte ab, so daß er den Hufschlag der langen Seite eine Pferdelänge vor dem Anfangspunkt der Acht wieder erreicht.

- **Abb. 32**

Alle Reiter folgen ihrem Anfangsreiter auf seinem Hufschlag. Zu beachten ist auch hierbei, daß die beiden Hälften der Acht Ovale bilden müssen, wenn die Reiter die Pferde noch nicht von einer Biegung in die entgegengesetzte ohne Geradeaustritte umstellen können.

Die Acht im Zirkel (Abteilungsfigur)
I Anfang! Im Zirkel eine Acht –
II geritten!
III Dieses Kommando wird dem Anfangsreiter der auf dem Zirkel reitenden Abteilung gegeben, wenn er sich kurz vor dem Abwendepunkt zur Acht befindet.
Diese Acht kann von einem Zirkelpunkt der langen Seite oder auch vom Mittelpunkt der kurzen bzw. langen Seite und sogar vom Mittelpunkt der Bahn (X) beginnen.

- **Abb. 33 a, b und 34 a, b**

Entsprechend wird die Acht längs oder quer zur Bahn geritten.
Nach Beendigung der Acht wird auf dem Zirkel weitergeritten. Das Reiten der Acht im Zirkel stellt relativ hohe Anforderungen an die Hilfengebung der Reiter und die Biegsamkeit der Pferde. Hier kann beim Wechseln der Hand im Mittelpunkt des Zirkels nicht mehr geradeaus geritten werden. Das Umstellen erfolgt fließend.

2.2.2.5

Halbe Achten

Die halbe Acht besteht aus zwei aneinanderliegenden halben Großvolten. Dadurch kommt man auf die andere Hand. Die halbe Acht kann als Einzelfigur und als Abteilungsfigur geritten werden.

Die halbe Acht (Einzelfigur)
I Abteilung! Halber Achter -
II marsch!
III Das Kommando wird gegeben, wenn die

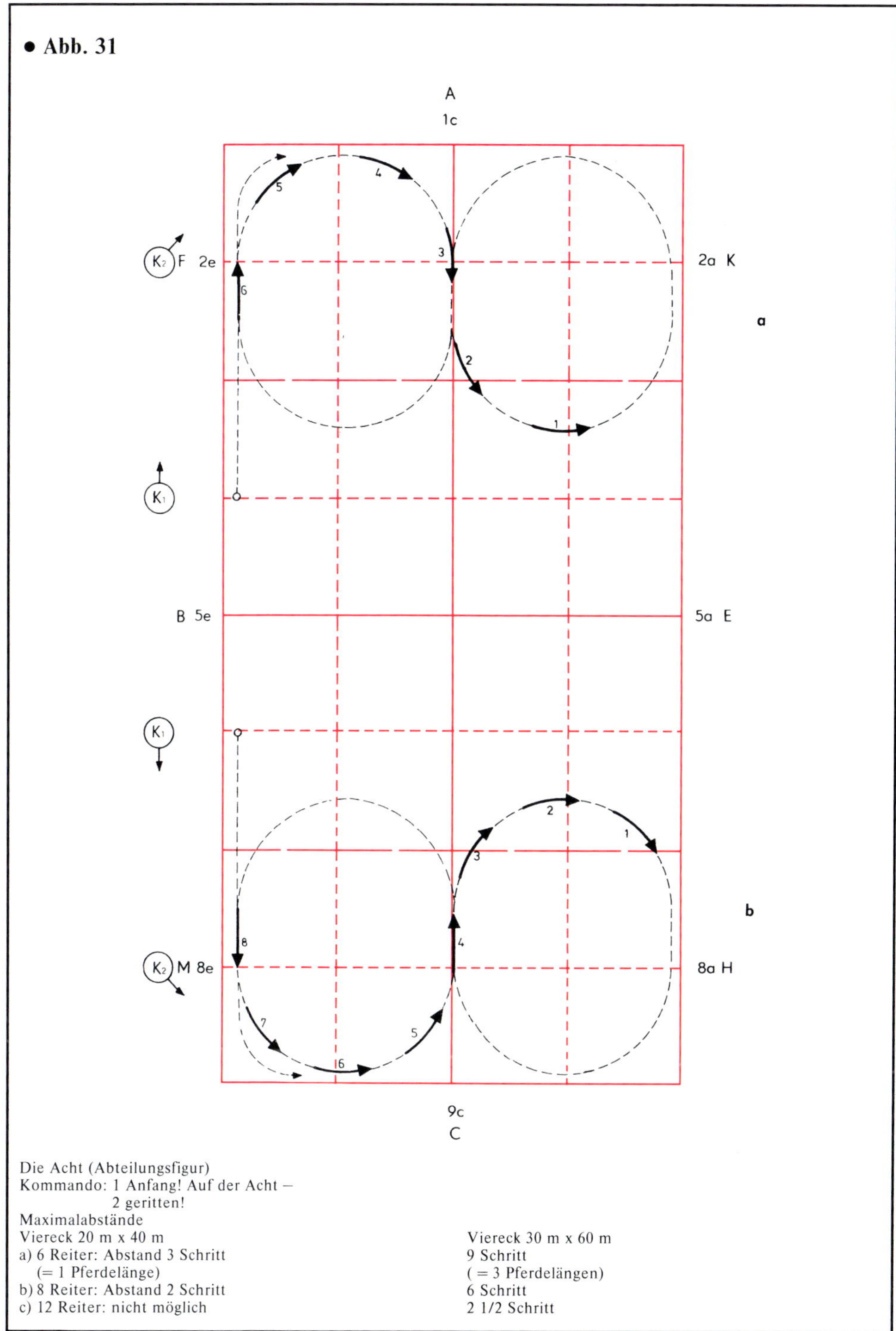

Die Acht (Abteilungsfigur)
Kommando: 1 Anfang! Auf der Acht –
2 geritten!
Maximalabstände

Viereck 20 m x 40 m	Viereck 30 m x 60 m
a) 6 Reiter: Abstand 3 Schritt (= 1 Pferdelänge)	9 Schritt (= 3 Pferdelängen)
b) 8 Reiter: Abstand 2 Schritt	6 Schritt
c) 12 Reiter: nicht möglich	2 1/2 Schritt

• Abb. 32

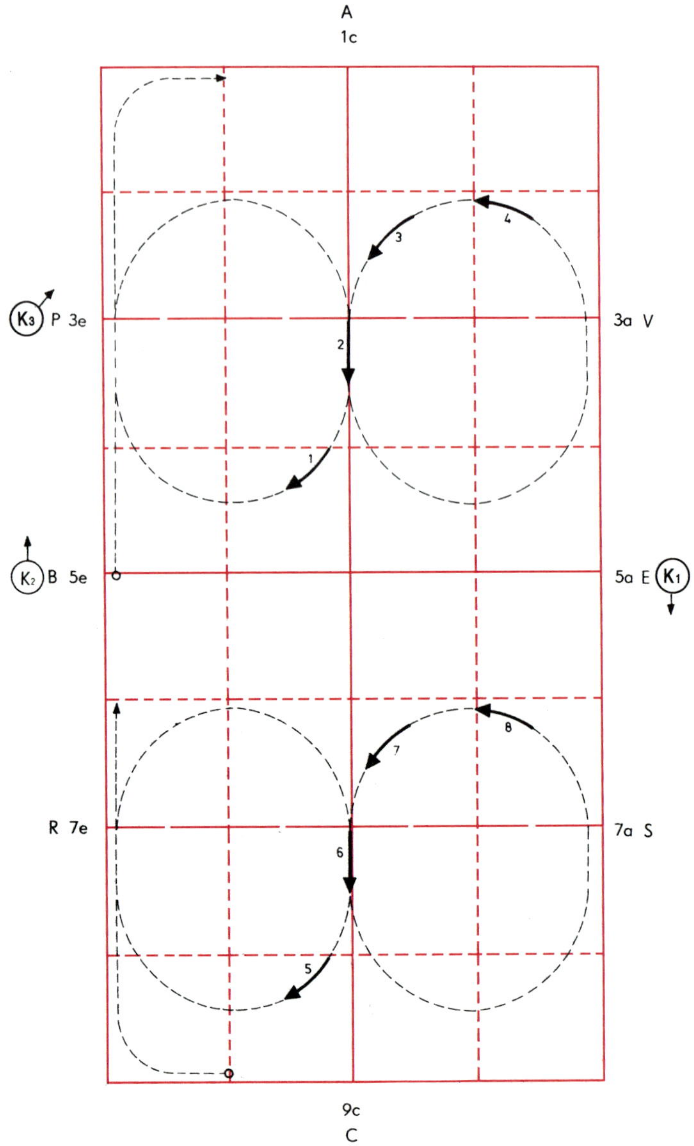
A
1c
K3
P 3e
3a V
K2
B 5e
5a E
K1
R 7e
7a S
9c
C
1
2
3
4
5
6
7
8

Reiten auf zwei Achten (Abteilungsfigur)
Kommando: 1 (Name des Reiters oder des Pferdes) Anfang vom zweiten Achter!
2 Auf zwei Achten –
3 geritten!
Soll diese Figur von mehr als 6 Reitern hintereinander auf dem Viereck 20 m x 40 m geritten werden, müssen die Abstände verkleinert werden.

• **Abb. 33 a, b**

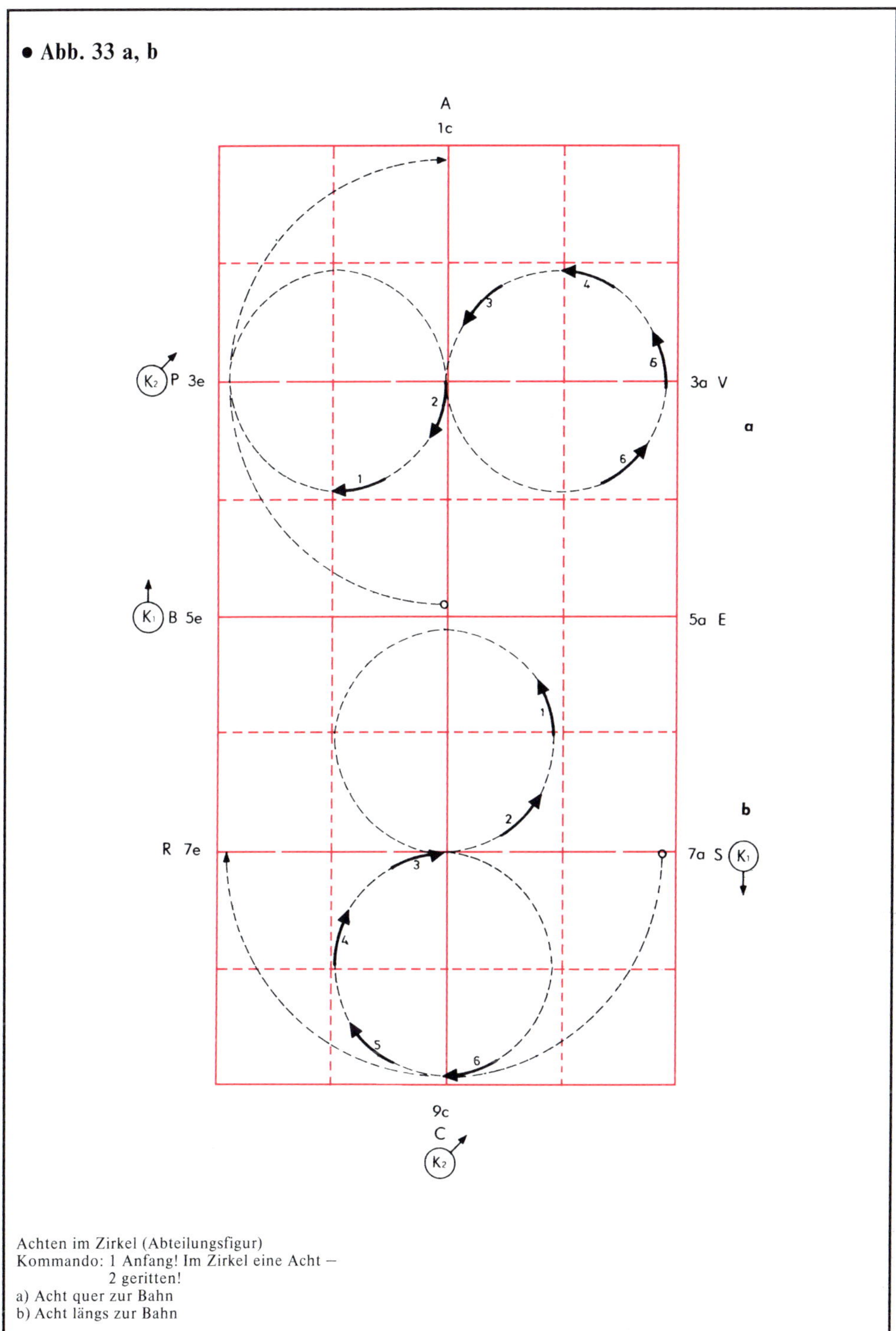

Achten im Zirkel (Abteilungsfigur)
Kommando: 1 Anfang! Im Zirkel eine Acht –
2 geritten!
a) Acht quer zur Bahn
b) Acht längs zur Bahn

• **Abb. 34 a**

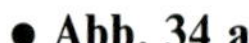

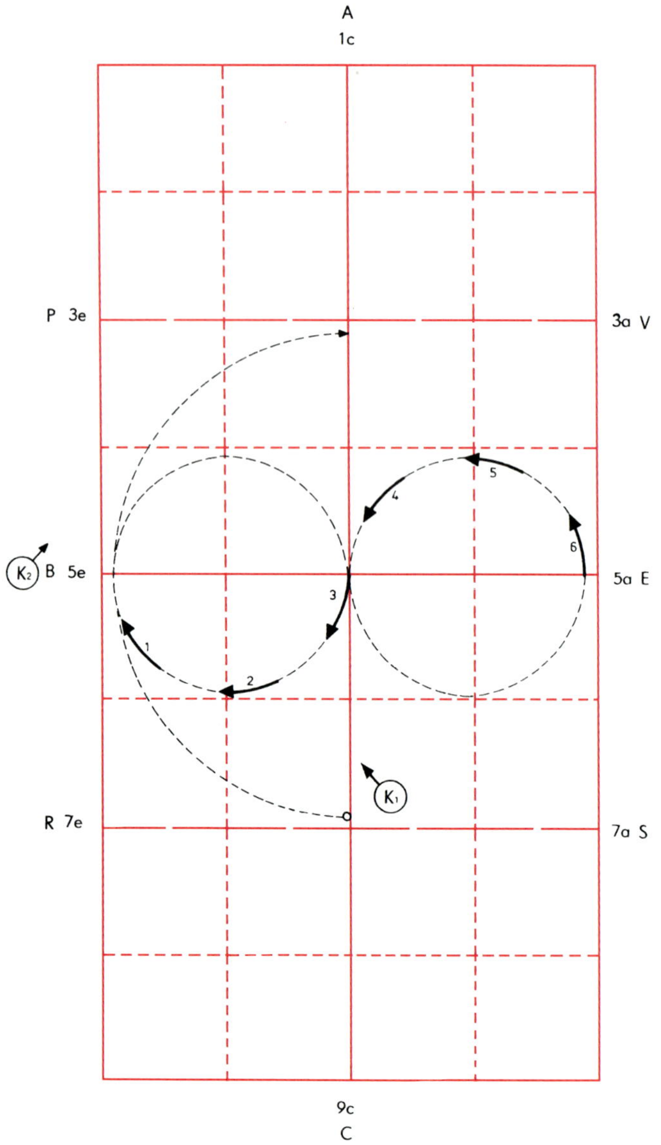

Achten im Mittelzirkel (Abteilungsfigur)
Kommando: 1 Anfang! Im Mittelzirkel eine Acht –
2 geritten!
a) Acht quer zur Bahn

• Abb. 34 b

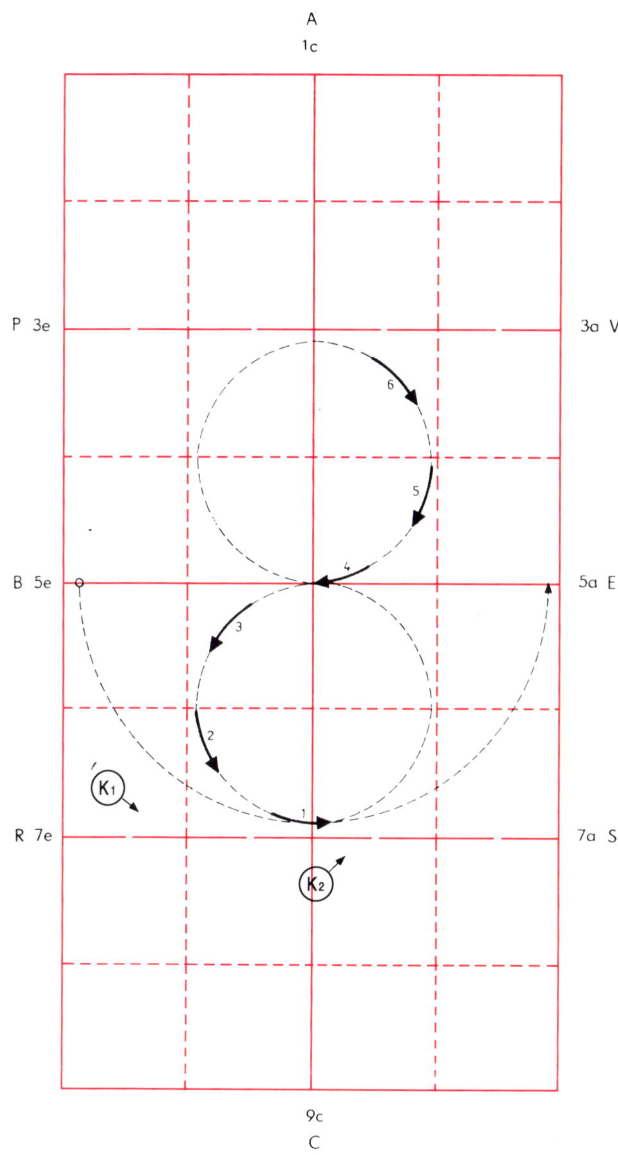

b) Acht längs zur Bahn
Soll die Acht im Bahnmittelpunkt (x) begonnen werden, ist im Kommando anzugeben, nach welcher Seite die Figur begonnen werden soll.
I Anfang! Vom Mittelpunkt im Mittelzirkel eine Acht –
II geritten! Links beginnen!

Abteilung auf der langen Seite und der Anfangsreiter noch wenigstens 10 m von der zweiten Ecke der langen Seite entfernt ist. Auf das Kommando "marsch!" reiten alle Reiter gleichzeitig eine halbe Acht. Beim Erreichen der gegenüberliegenden langen Seite wird auf der anderen Hand geradeaus auf dem Hufschlag weitergeritten.

• **Abb. 35**

Ob beim Übergang auf die andere Hand an der Mittellinie zum Umstellen eine Pferdelänge geradeaus geritten werden muß, ist vom Ausbildungsstand der Reiter und Pferde abhängig.

Die halbe Acht (Abteilungsfigur)
I Anfang! Auf halber Acht durch die Breite der Bahn –
II wechseln!
III Das Kommando wird an einem der Zirkelpunkte der langen Seiten (R, P, V, S) oder am Mittelpunkt der langen Seiten (B, E) gegeben.
Der Anfangsreiter beginnt auf das Kommando "wechseln!" die halbe Acht und wechselt so die Hand. Die übrigen Reiter folgen seinem Hufschlag. Bei Erreichen der gegenüberliegenden langen Seite reitet er auf der anderen Hand auf dem Hufschlag der ganzen Bahn weiter.

• **Abb. 36**

Die halbe Acht im Zirkel (Abteilungsfigur)
Als Abteilungsfigur kann die halbe Acht auch in jedem der drei Zirkel geritten werden, und zwar längs und quer. Das Wechseln auf der querliegenden halben Acht entspricht dem "Durch den Zirkel wechseln" der Kommandotabelle.

• **Abb. 37**

Diese Figuren sind in ihrem Schwierigkeitsgrad unterschiedlich und abhängig von Lage und Richtung. Die leichteste von ihnen ist die querliegende Acht auf dem oberen und unteren Zirkel, bei welcher der Handwechsel in Richtung auf die kurze Seite stattfindet (durch den Zirkel wechseln). Die schwierigste dieser Figuren ist die längsliegende Acht auf dem Mittelzirkel.
I Anfang! Auf halber Acht durch den Zirkel –
II wechseln!
III Der Anfangsreiter erhält das Ausführungskommando an dem Punkt, an dem er die halbe Acht beginnen soll. Nach Beendigung des Wechselns reitet er auf dem Zirkel weiter. Die übrigen Reiter der Abteilung folgen ihm (s. Abb. 37).

Halbe Acht beiderseits der Mittellinie (Abteilungsfigur)
I Anfang! Von der Mitte der kurzen Seite mit halben Achtern beiderseits der Mittellinie durch die Länge der Bahn -
II wechseln!
III Von der Mitte der kurzen Seite wendet der Anfangsreiter auf die erste halbe Großvolte, von der er zur Mittellinie zurückkehrt, um sofort die zweite halbe Großvolte anzuschließen usw., bis er nach zwei halben Achtern die gegenüberliegende kurze Seite erreicht und von dort auf die andere Hand geht.

• **Abb. 38**

Die Figur ähnelt der aus der Kommandotabelle bekannten "Schlangenlinie durch die Bahn": Die Bögen der halben Großvolte erstrecken sich nur bis zu den Pfeillinien (nicht bis zum Hufschlag der langen Seite), die Mittellinie wird ebenso senkrecht überritten und die Anzahl der Bögen steht fest, so daß die Figur immer auf die andere Hand führt.
Die halben und ganzen Achter sind wirkungsvolle Trabfiguren. Im Galopp können sie nur von Reitern und Pferden korrekt ausgeführt werden, die den einmaligen fliegenden Galoppwechsel sicher beherrschen.

• Abb. 35

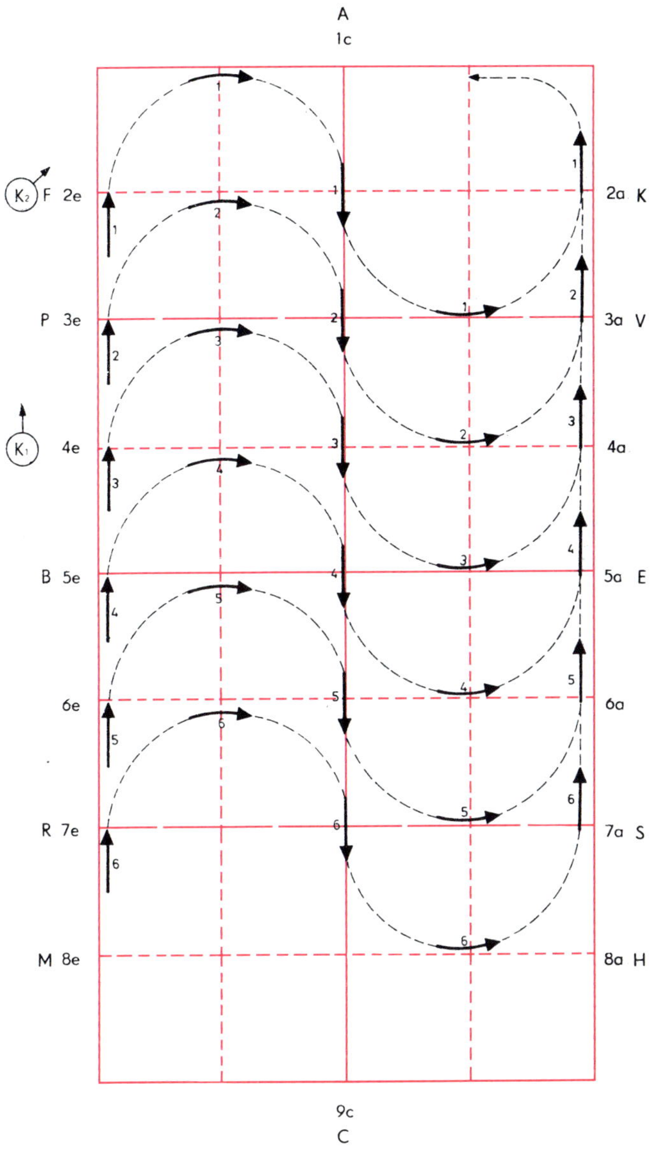

Die halbe Acht (Einzelfigur)
Kommando: 1 Abteilung! Halber Achter –
2 marsch!
Abstand: 1 Pferdelänge

• Abb. 36

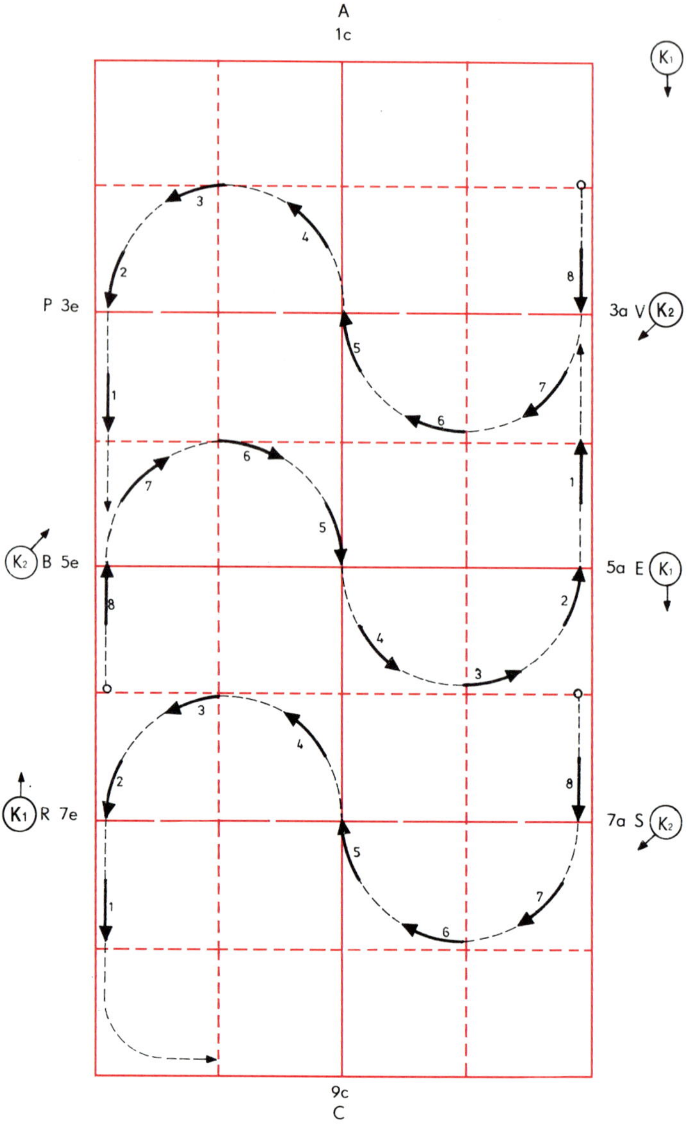

Die halbe Acht (Abteilungsfigur)
Kommando: 1 Anfang! Auf halber Acht durch die Breite der Bahn –
2 wechseln!

Abstand: 1 Pferdelänge

• Abb. 37

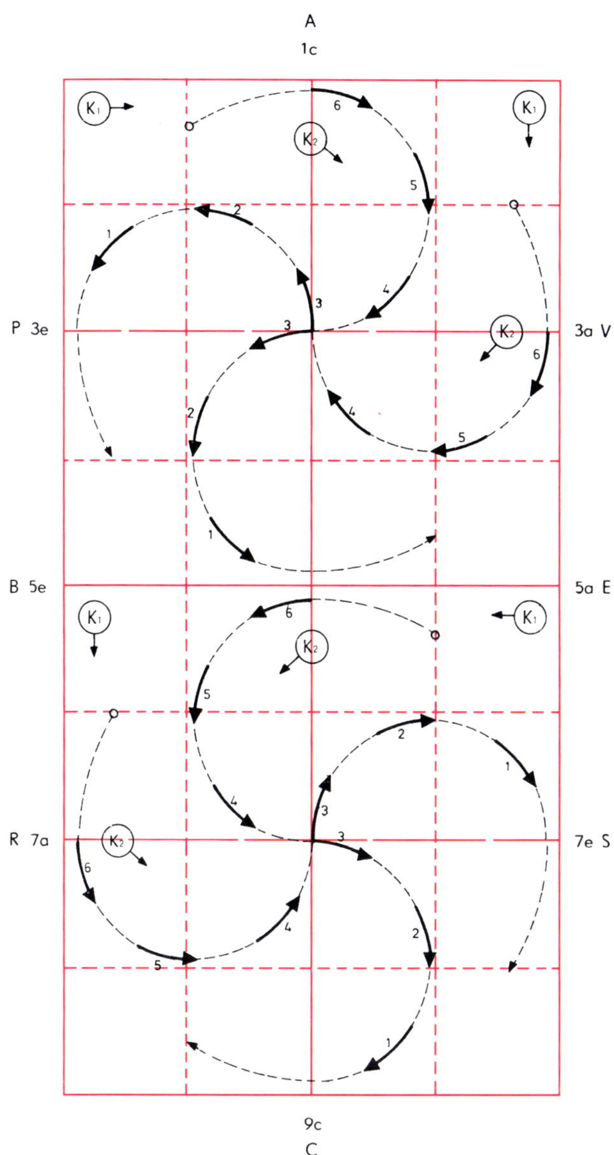

Die halbe Acht im Zirkel (Abteilungsfigur)
Kommando: 1 Anfang! Auf halber Acht durch den Zirkel –
2 wechseln!
Fehlt im Ankündigungskommando der Hinweis "auf halber Acht", darf der Handwechsel im Zirkel nur auf den Linien V-L-P und R-I-S (von der rechten Hand zur linken Hand) und auf den Linien P-L-V und S-I-R (von der linken zur rechten Hand) erfolgen.

• Abb. 38

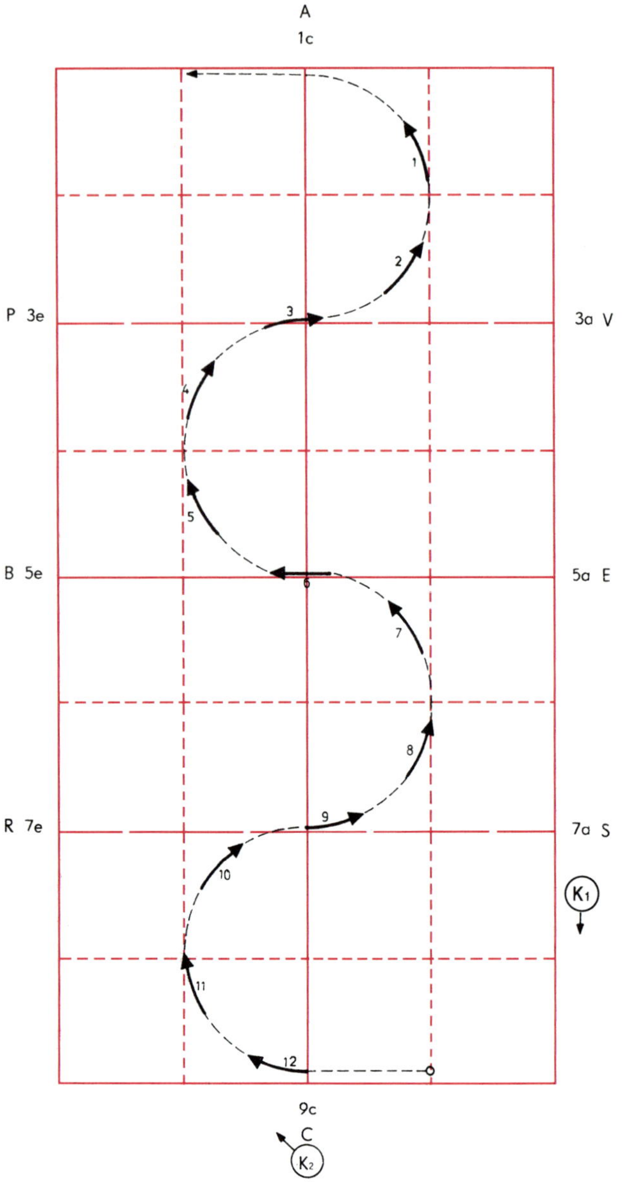
A
1c
P 3e
3a V
B 5e
5a E
R 7e
7a S
K1
9c
C
K2
1
2
3
4
5
6
7
8
9
10
11
12

Die halbe Acht beiderseits der Mittellinie (Abteilungsfigur)
Kommando: 1 Anfang! Von der Mitte der kurzen Seite mit halben Achtern beiderseits der Mittellinie durch Länge der Bahn –
2 wechseln!

2.2.2.6

Kehrtwendungen

Kehrtwendungen können als Abteilungsfiguren und als Einzelfiguren geritten werden. Die Kehrtwendungen bestehen aus einem halben Kreis und anschließendem Zurückreiten zum Hufschlag auf gerader Linie. Kehrtwendungen werden sowohl mit einer halben Großvolte als auch mit einer halben Volte eingeleitet. Sie führen immer auf die andere Hand.

Kehrtwendungen mit halber Großvolte (Abteilungsfigur)
I Anfang! Vor der nächsten kurzen Seite –
II großkehrt!
III Das Kommando wird dem Anfangsreiter in Höhe der Tafellinie gegeben.
5 m bzw. 7,5 m vor der Ecke beginnt der Anfangsreiter eine halbe Großvolte. Ist diese beim Erreichen der Mittellinie beendet, reitet er auf gerader Linie zum Hufschlag zurück, den er 10 m bzw. 15 m hinter dem Anfangspunkt der Großvolte wieder erreicht (Punkt 4a, 4e, 6a, 6e). Die übrigen Reiter der Abteilung folgen ihm. Etwas schwieriger ist die Großkehrtvolte von der Mitte der langen Seite (Quermittellinie). Danach erreicht der Anfangsreiter den Hufschlag der ganzen Bahn bei 3a, 3e, 7a oder 7e.

- **Abb. 39 a, b**

Die Kehrtwendungen mit halber Großvolte können sowohl von der langen Seite zur Mittellinie (Abb. 39 a) als auch von der Mittellinie nach außen (Abb. 39 b) geritten werden.

- **Abb. 40 a, b**

Kehrtwendung mit halber Großvolte (Einzelfigur)
I Abteilung! Großkehrt –
II marsch!
III Das Ausführungskommando muß gegeben werden, wenn der Anfangsreiter nicht näher als 5 m bzw. 7,5 m an die zweite Ecke der langen Seite gekommen ist und der Schlußreiter sich wenigstens 14 m bzw. 21 m von der ersten Ecke der langen Seite entfernt hat, damit er bei Beendigung der Figur genügend Platz hat, um auf die lange Seite zurückzukehren.
Auf das Kommando "marsch!" reiten alle Reiter gleichzeitig eine halbe Großvolte nach dem Bahninneren. Dabei richten sie sich nach dem Anfangsreiter aus.
Von der Mittellinie aus reiten sie danach auf gerader Linie zurück zum Hufschlag, den sie 10 m bzw. 15 m hinter dem Anfangspunkt der halben Großvolte wieder erreichen (s. Abb. 40). Dabei richten sie sich nach dem Schlußreiter, der nun Anfangsreiter geworden ist.
Die Abteilung reitet danach in umgekehrter Reihenfolge. Sie kann durch Wiederholung der gleichen oder Ausführung einer anderen Einzelfigur mit Richtungsänderung (z.B. links-/rechtsum) wieder in die alte Ordnung zurückgebracht werden.

Kehrtvolte (Abteilungsfigur)
I Anfang! Aus der nächsten Ecke –
II kehrt!
III Das Kommando wird dem Anfangsreiter vor Erreichen der zweiten Ecke der kurzen Seite gegeben.
Der Anfangsreiter reitet auf der Kreislinie einer Viertelvolte normal durch die Ecke, schließt dann jedoch sofort noch eine weitere Viertelvolte an. Hat er die halbe Volte vollendet, so reitet er von der Pfeillinie geradeaus zu einem Punkt auf dem Hufschlag der langen Seite zurück, der 8 m hinter dem Anfangspunkt der Volte liegt (10 m von der Ecke entfernt). Die anderen Reiter der Abteilung folgen ihm. Bei Volten mit 7,5 m Durchmesser liegt dieser Punkt 12 m hinter dem Anfangspunkt der Volte und 15 m von der Ecke entfernt (s.a. Abb. 41). Besteht die Abteilung aus mehr als sechs Reitern, kann der Anfangsreiter nur bis zum zweiten Hufschlag reiten, von dem er auf den ersten geht, sobald er alle entgegenkommenden Reiter vorbeigelassen hat.

• Abb. 39 a

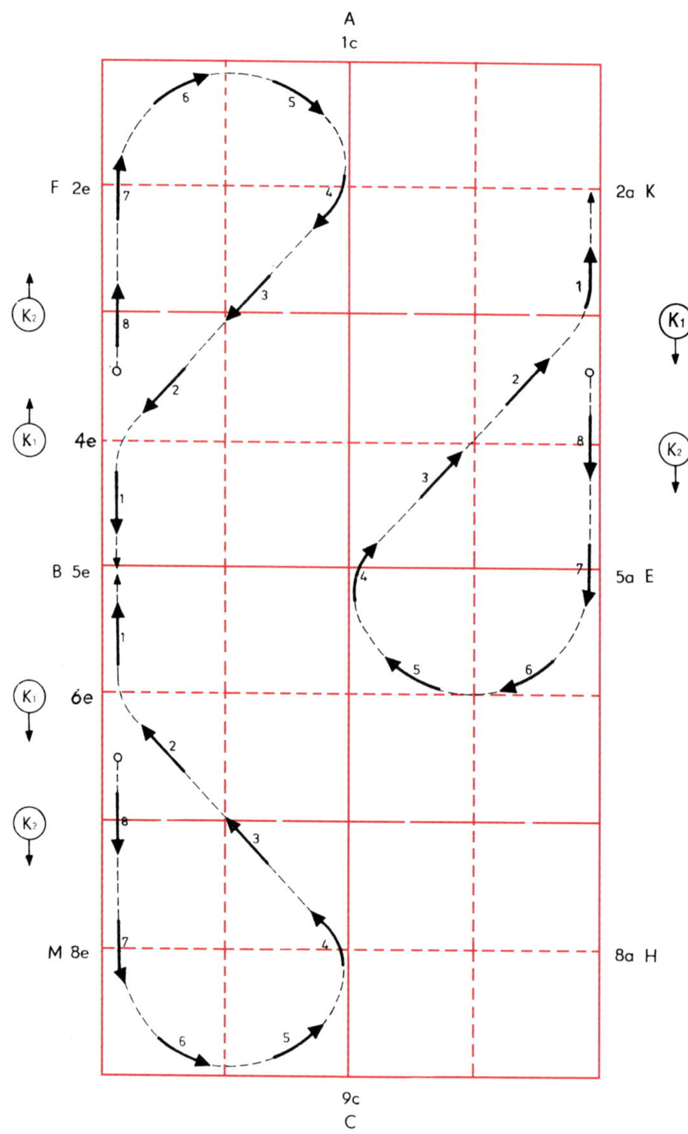

a) von außen nach innen
Kehrtwendungen mit halber Großvolte (Abteilungsfigur)
Kommando: 1 Anfang! Vor der nächsten kurzen Seite –
2 großkehrt!
3 Anfang! Von der Quermittellinie –
Abstand: 1 Pferdelänge

• Abb. 39 b

b) von der Mittellinie nach außen
Kommando: 1 Anfang! Vor der nächsten kurzen Seite –
2 großkehrt!
3 Anfang! Von der Quermittellinie –
Abstand: 1 Pferdelänge

• Abb. 40 a, b

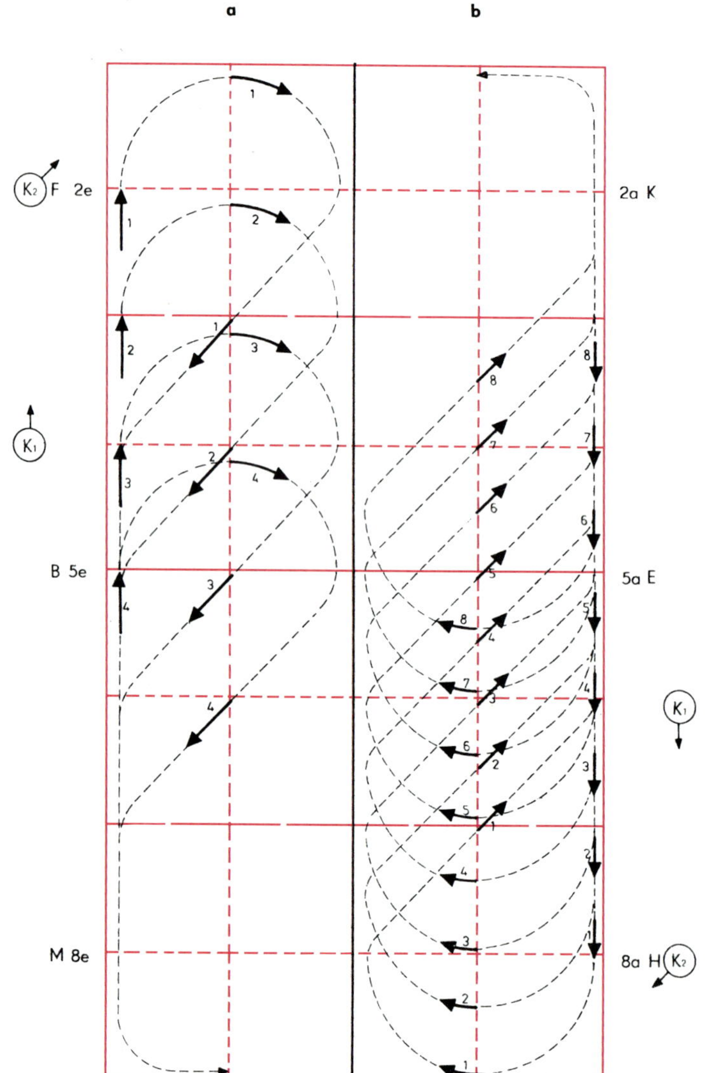

Kehrtwendung mit halber Großvolte (Einzelfigur)
Kommando: 1 Abteilung! Großkehrt –
2 marsch!
Abstand: 1 Pferdelänge
a) Viereck 20 m x 40 m (4 Reiter)
b) Viereck 30 m x 60 m (8 Reiter)
Soll die Großkehrtvolte mit einer größeren Anzahl von Reitern ausgeführt werden, müssen diese in einem steileren Winkel zum Hufschlag zurückkehren. Seitenrichtung und Seitenabstand sind dabei äußerst wichtig.

Kehrtwendungen können auch als Einzelfiguren geritten werden.

• **Abb. 41 und 42 a, b**

Kehrtwendungen mit Großvolte/Volte von der Mittellinie (Abteilungs- und Einzelfigur)
Die Großkehrtvolte wie auch die Kehrtvolte können als Abteilungsfigur wie als Einzelfigur auch von der Mittellinie zu den langen Seiten geritten werden.
Die Ausführung entspricht den beschriebenen Kehrtvolten spiegelbildlich. Die Abteilung befindet sich dazu auf der Mittellinie.

• **Abb. 42 c**

I Anfang! Vor der kurzen Seite rechts/links –
II großkehrt!
I Anfang! Vor der kurzen Seite rechts/links –
II kehrt!
I Abteilung! Rechts/links großkehrt –
II marsch!
I Abteilung! Rechts/links kehrt –
II marsch!

Kehrtwendung von der Mittellinie nach beiden Seiten
Eine weitere, recht hübsche Variation dieser Figur besteht darin, daß die Reiter abwechselnd die Kehrtwendungen nach links und nach rechts reiten (s. Abb. 42 b).
I Abteilung! Links und rechts - großkehrt -
II marsch!
I Abteilung! Links und rechts - kehrt -
II marsch!

2.2.3

Die Stellungen

Wir unterscheiden mehrere Stellungen der Abteilung auf dem Viereck, von denen aus die Grundfigur und ihre Varianten geritten werden:
– Die Gesamtabteilung befindet sich auf der rechten/linken Hand auf dem Hufschlag der langen/kurzen Seite.
– Die Gesamtabteilung befindet sich auf der Mittellinie.
– Die Gesamtabteilung befindet sich auf einem oder zwei Zirkeln einschließlich des Mittelzirkels.
– Die Gesamtabteilung ist in zwei Abteilungen aufgeteilt, die sich auf der *gleichen* Hand an den einander *diagonal* gegenüberliegenden Punkten der Bahn befindet.
– Die Gesamtabteilung ist in zwei Abteilungen aufgeteilt, die sich *auf verschiedenen Händen* an den einander *spiegelbildlich* gegenüberliegenden Punkten befinden.

2.2.3.1

Die Gesamtabteilung auf der linken/rechten Hand auf dem Hufschlag der langen/kurzen Seite

Die Gesamtabteilung reitet im Reitunterricht gewöhnlich mit einem Abstand von zwei Pferdelängen (ca. 5 m) hintereinander. Beim synchronen Formationsreiten beträgt dieser Abstand in der Regel eine Pferdelänge (ca. 2,5 m).
Beim Formationsreiten kommt es sehr stark darauf an, daß die Abstände der Reiter für die betreffende Figur stimmen. Dazu muß die Abteilung in der Lage sein, die festgelegten Abstände genau einzuhalten bzw. nach Bedarf zu vergrößern oder zu verkleinern.

Vergrößern der Abstände
I Abteilung! Vorwärts (x) Schritt (Pferdelängen) Abstand genommen –
II Trab! (Galopp!)
III Das Kommando wird zum Vergrößern der Abstände innerhalb der Abteilung ge-

• Abb. 41

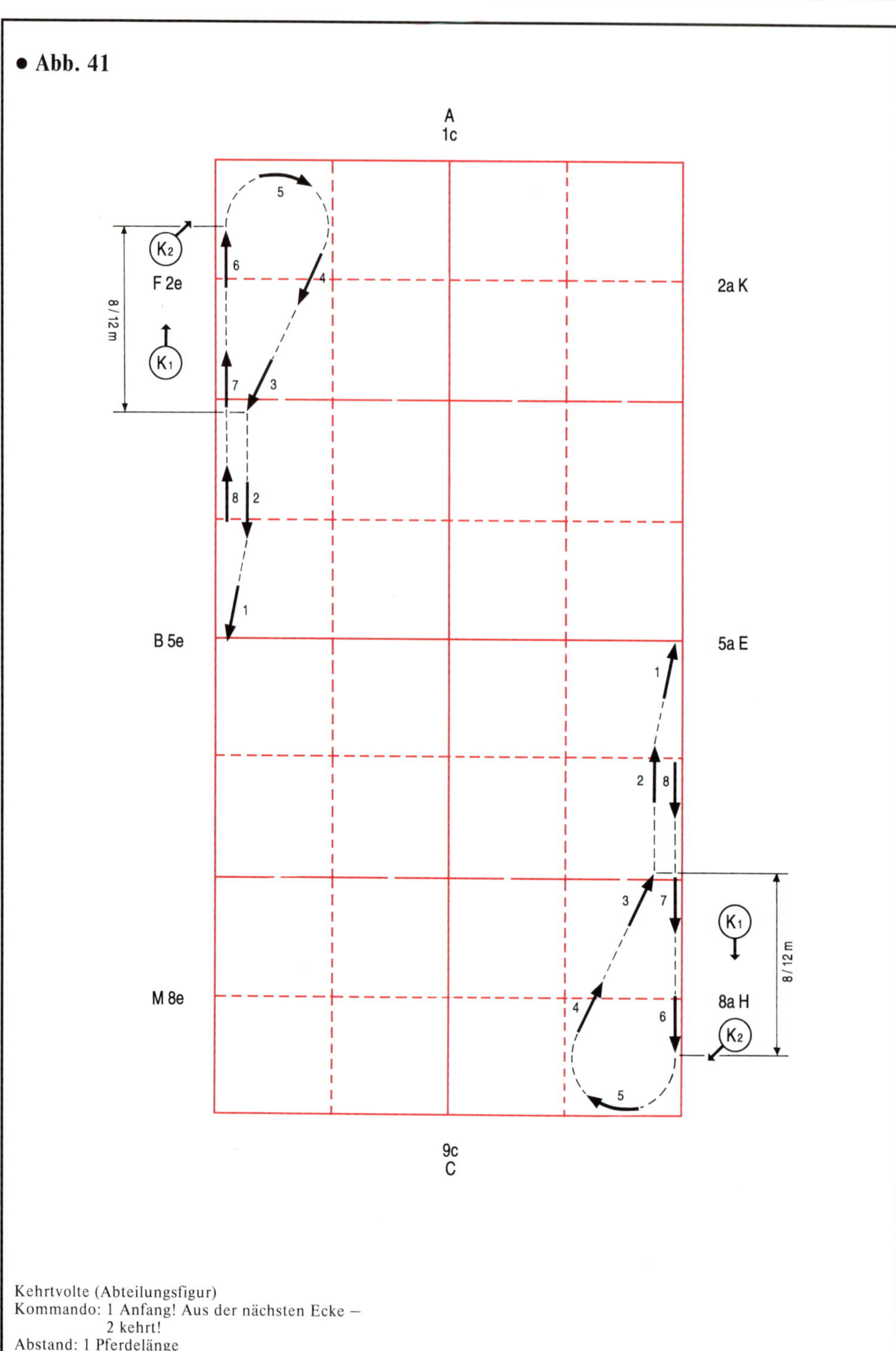

Kehrtvolte (Abteilungsfigur)
Kommando: 1 Anfang! Aus der nächsten Ecke –
2 kehrt!
Abstand: 1 Pferdelänge

• **Abb. 42 a, b**

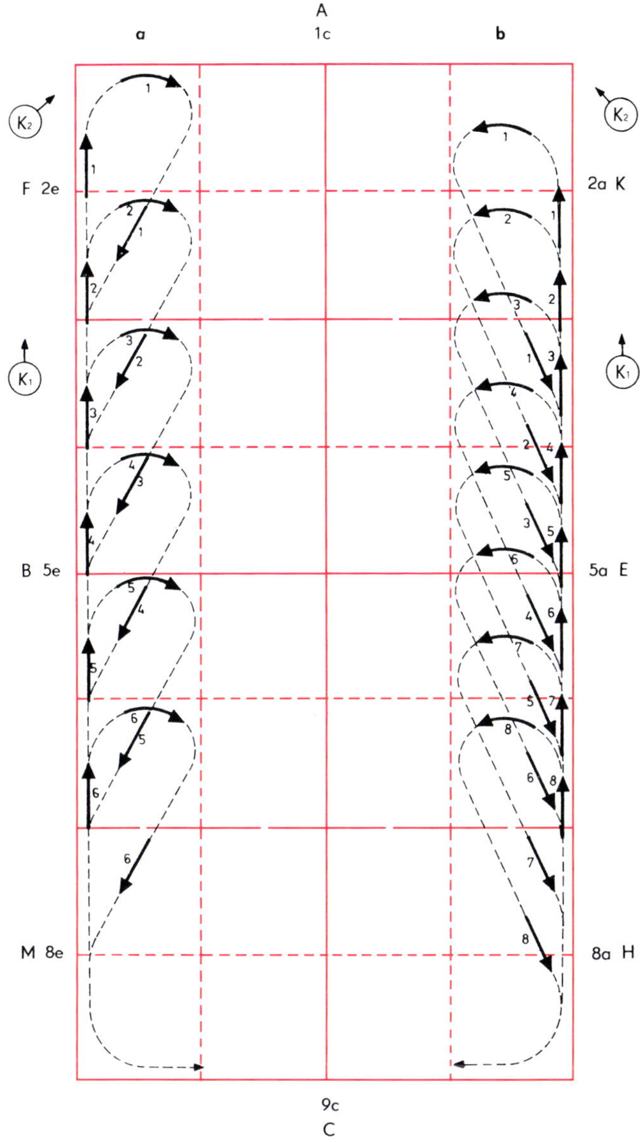

Kehrtvolte von der langen Seite (Einzelfigur)
Kommando: 1 Abteilung! Kehrt –
2 marsch!
Abstände: a) Kehrtvolte rechts: 1 Pferdelänge
b) Kehrtvolte links: 1 Schritt

• Abb. 42 c

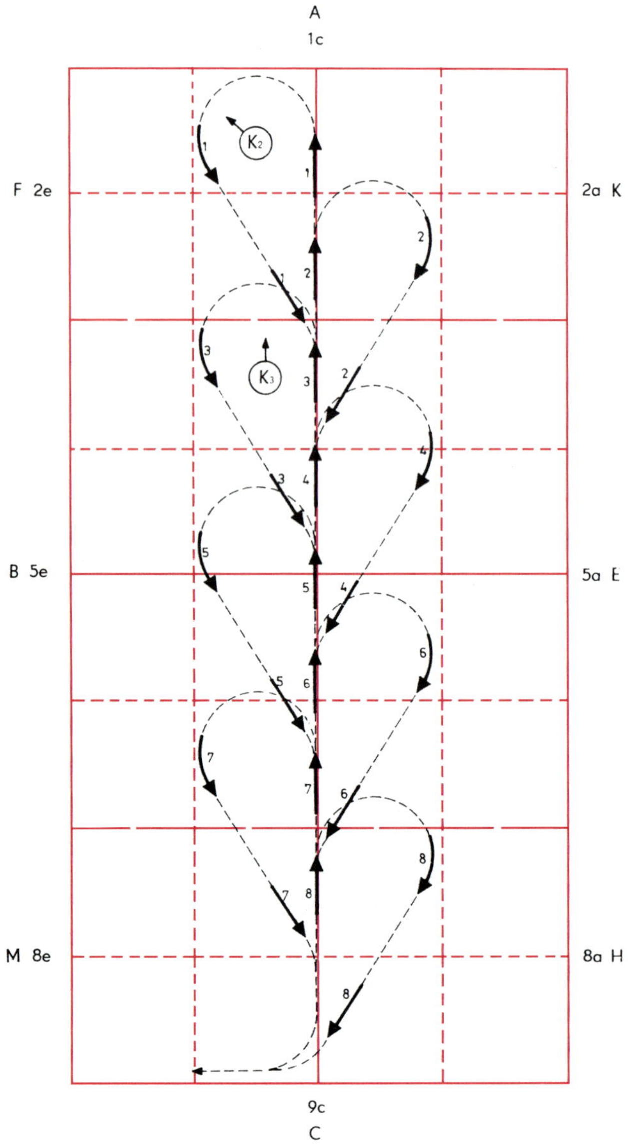

Kehrtvolten von der Mittellinie (Einzelfigur)
Kommando: 1 Abteilung! Links und rechts kehrt –
2 marsch!
Abstand: 2 Schritt

geben. Während der Schlußreiter seine Gangart beibehält, gehen die übrigen Reiter in die kommandierte Gangart über und parieren erst wieder zur vorher gerittenen Gangart, wenn sie den angegebenen Abstand vom folgenden Reiter erreicht haben, wovon sie sich durch einen raschen Blick nach hinten überzeugen. Hat die ganze Abteilung die neuen Abstände aufgenommen, wird in der vorherigen Gangart weitergeritten. Da die Reiter das Gefühl für den nach vorn gewonnenen Abstand erst allmählich gewinnen, muß das Vergrößern der Abstände in der Abteilung häufig geübt werden. Als Faustregel gilt:
Sieht der Reiter durch die Ohren seines Pferdes
- die *Fesseln* des vor ihm gehenden Pferdes, hat er zwei Pferdelängen Abstand
- die *Sprunggelenke* des vor ihm gehenden Pferdes, hat er eine Pferdelänge Abstand.

Verkleinern der Abstände
I Abteilung! Auf einen (zwei, drei) Schritt (Pferdelängen) Abstand aufgerückt –
II Schritt! (Trab! Galopp!)
und unmittelbar danach
I Anfang –
II Halt! (Schritt! Trab!)
III Das Kommando wird zum Verkleinern der Abstände innerhalb der Abteilung gegeben.
Soll die Abteilung ihre Gangart beibehalten, muß sie der Anfangsreiter verändern (z.B. vom Galopp zum Trab). Nachdem die geforderten Abstände hergestellt sind, befindet sich die ganze Abteilung in der niederen Gangart.
Soll jedoch der Anfangsreiter während des Aufrückens seine Gangart beibehalten, so müssen die Nachfolgenden in der nächsthöheren Gangart (Trab, Galopp) heranreiten und dann wieder zur vorherigen Gangart parieren.

In den Kommandos ist deutlich anzugeben, ob Gangartwechsel vom Anfangsreiter oder von den folgenden Reitern der Abteilung verlangt wird:

Abteilung im ...	Kommando für Abteilung	Kommando für Anfangsreiter
Schritt	a) I Abteilung! Auf einen (zwei, drei) Schritt (Pferdelängen) aufgerückt – II Schritt!	I Anfang – II Halt!
	b) I Abteilung! Auf einen (zwei, drei) Schritt (Pferdelängen) aufgerückt – II Trab!	I Anfang – II Halt! (Erfolgt jedoch kein Kommando für den Anfangsreiter, reitet dieser weiter im Schritt)
	c) I Abteilung auf einen (zwei, drei) Schritt Pferdelängen) aufgerückt – II Galopp!	I Anfang – II Trab! (oder) Halt! (Erfolgt jedoch kein Kommando für den Anfangsreiter, reitet dieser weiter im Schritt)

Trab	a) I Abteilung! Auf einen (zwei, drei) Schritt (Pferdelängen) aufgerückt – II Trab!	I Anfang – II Schritt! (oder) Halt
	b) I Abteilung! Auf einen (zwei, drei) Schritt (Pferdelängen aufgerückt – II Galopp!	I Anfang – II Schritt! (oder) Halt! (Erfolgt jedoch kein Kommando für den Anfangsreiter, reitet dieser weiter im Trabe)
Galopp	a) I Abteilung! Auf einen (zwei, drei) Schritt (Pferdelängen aufgerückt – II Galopp!	I Anfang – II Trab! (oder) Schritt (oder) Halt! (Erfolgt jedoch kein Kommando für den Anfangsreiter, reitet dieser weiter im Galopp, wobei er sein Tempo beibehält und die ihm folgenden Reiter der Abteilung die Galoppsprünge vorübergehend verlängern.

Selbständiges Korrigieren der Abstände
Um die Figuren korrekt auszuführen, müssen alle Reiter stets auf genaue Abstände, auch Seitenabstände achten. Das veranlaßt sie, ständig auf das Pferd einzuwirken, um sich nach dem Anfangsreiter oder einem Vorreiter (z.B. auf dem Mittelzirkel) auszurichten.
Das Einhalten der vorgeschriebenen Abstände ist für die reiterliche Ausbildung deshalb so wertvoll, weil die Aufmerksamkeit des Reiters geschult, seine Einwirkung verbessert und schließlich sein Reitergefühl ständig verfeinert wird. Selbst der Freizeitreiter braucht Gefühl für Takt und Tempo sowie für die Raumeinteilung, z.B. beim Reiten im Rudel im Gelände. Beim Abteilungs- und besonders beim Formationsreiten, beim Abstandhalten in der Reitbahn kann er das lernen.
Die Entwicklung des Reitergefühls wird unterstützt, wenn die Reiter dazu erzogen werden, selbständig und unmerklich Korrekturen auszuführen.
Kommen beim Abreiten einer Figur oder einer Quadrillentour trotz korrekten Einhaltens von Tempo und vorgeschriebenem Abstand Fehler vor, so kann mit Sicherheit angenommen werden, daß die Figur nicht richtig durchdacht und nicht sorgfältig genug konstruiert war.

2.2.3.2

Die Gesamtabteilung auf der Mittellinie

Alle Figuren, die von einer langen Seite aus geritten werden (mit Ausnahme des Handwechsels durch die ganze und hal-

be Bahn), können auch von der Mittellinie aus geritten werden.
Erforderlich ist dabei in jedem Fall, daß im Kommando die Richtung angegeben wird, in der die Figur begonnen werden soll.
Von der Mittellinie aus geritten sind alle Figuren schwieriger als von der langen Seite. Sie wirken dafür jedoch eleganter. Besonders ansprechend sind Großvolten, Volten, Großkehrtvolten, Kehrtvolten und Achten, wenn sie von den hintereinander reitenden Reitern im Wechsel nach links und nach rechts von der Mittellinie ausgeführt werden. Wenn die auf der Mittellinie reitende Abteilung die kurze Seite erreicht, muß dem Anfangsreiter die Hand angegeben werden, auf der die Abteilung weiterreiten soll.
I Anfang –
II Linke (rechte) Hand!
Bei der Konstruktion von Figuren sollte darauf geachtet werden, daß das Abwenden von der Mittellinie auf die kurze Seite die gleiche Längsbiegung verlangt, die das Pferd in der vorausgegangenen Lektion einnehmen mußte (z.B. nach vorheriger *Rechtsvolte* auf die *rechte* Hand), es sei denn, daß vorher genügend Zeit zum Geradeausstellen gewesen ist (wenigstens eine Pferdelänge).

2.2.3.3

Die Gesamtabteilung auf einem oder zwei Zirkeln

Grundsätzliches zum Reiten auf dem (den) Zirkel(n) siehe 2.2.2.2.
Zum Figurenreiten, zu dem alle Reiter gleichmäßig auf dem Zirkel verteilt sind, sind die Abstände zwischen den Reitern abhängig von der Größe (Umfang) des Zirkels und der Anzahl der darauf befindlichen Reiter.
Die folgende Tabelle gibt die Abstände in Metern (1 Pferdelänge = ca. 2,5 m, 1 Schritt = ca. 0,8 m) für die verschiedenen Kreisdurchmesser der Vierecke 20 m x 40 m und 30 m x 60 m sowie die Anzahl der Reiter auf dem Kreis an.

Größe der Abstände auf Kreisbögen für verschiedene Anzahl von Reitern

	Durchmesser des Kreises in m	Umfang in m	Anzahl der Reiter auf dem Kreis 2	3	4	6	8	10	12
Volte	5,0	15,7	5,3	–	–	–	–	–	–
Volte	7,5	23,6	9,3	5,3	3,3	(1,4)	–	–	–
Großvolte	10,0	31,4	13,2	7,9	5,3	2,7	(1,4)	–	–
Großvolte	15,0	47,1	21,1	13,2	9,3	5,3	3,3	2,2	(1,4)
Zirkel	20,0	62,8	28,9	18,4	13,2	7,9	5,3	3,8	2,7
Zirkel	30,0	94,2	44,6	28,9	21,0	13,2	9,3	6,9	5,3

Aus der Tabelle ergeben sich die erforderlichen Anhaltspunkte für die Konstruktion von Figuren und für die Praxis, in der Abweichungen von 20 cm bis 30 cm kaum zu bemerken sind. Daher bedeuten:
2,2 - 3,3 m = 3-4 Schritt = ca. 1 Pferdelänge
3,8 - 5,3 m = 5-7 Schritt = ca. 2 Pferdelängen
6,9 m = 9 Schritt = ca. 3 Pferdelängen
7,9 - 9,3 m = 10-12 Schritt = ca. 4 Pferdelängen

Größere Abstände lassen sich nicht mehr nach vorn schätzen, sondern müssen an den Bahnmarkierungen kontrolliert werden. Anzahl und Verteilung der Reiter auf Kreisen mit unterschiedlichem Durchmesser bei gleichmäßigem Abstand von einer bzw. zwei Pferdelängen sind in den folgenden Bildern dargestellt.

- **Abb. 43 a, b**

• Abb. 43 a

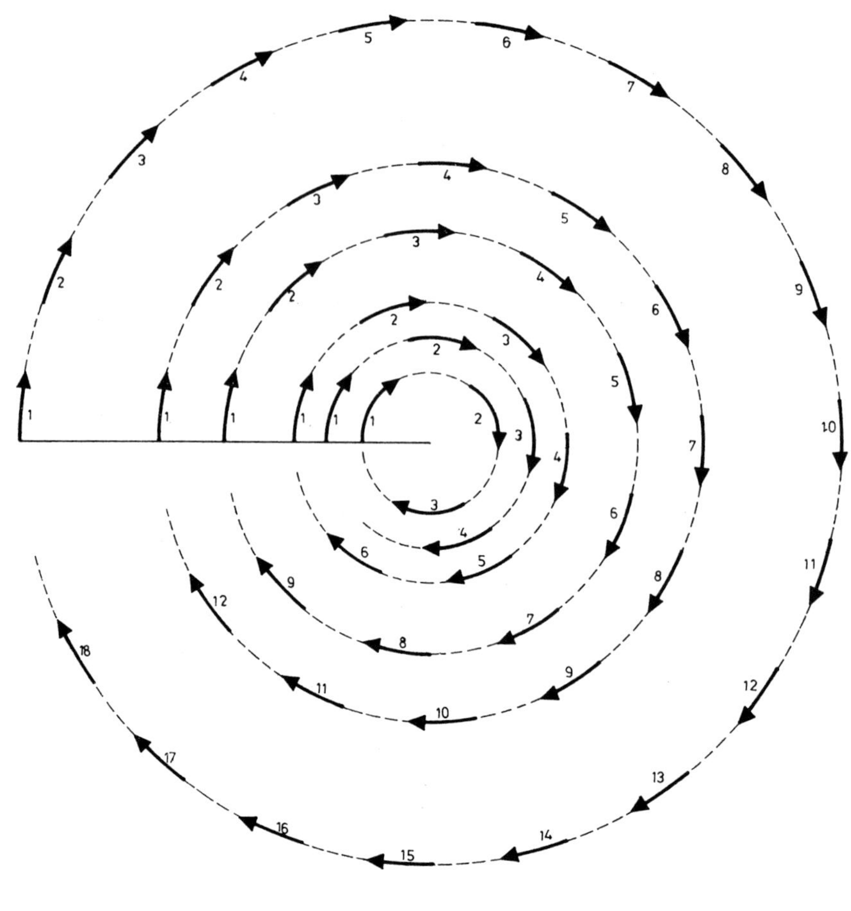

Anzahl der Reiter auf der Kreislinie
Abstand: 1 Pferdelänge

	Rest	gleichmäßiger Abstand
Ø 5,0 m = 3 Reiter	0,7 m	2,7 m
Ø 7,5 m = 4 Reiter	3,5 m	3,4 m
Ø 10,0 m = 6 Reiter	1,4 m	2,7 m
Ø 15,0 m = 9 Reiter	2,1 m	2,7 m
Ø 20,0 m = 12 Reiter	2,8 m	2,7 m
Ø 30,0 m = 18 Reiter	4,2 m	2,7 m

Bei 5 Reitern auf dem Kreis von 7,5 m Durchmesser beträgt der gleichmäßige Abstand 2,2 m = 2 1/2 Schritt.

• Abb. 43 b

Anzahl der Reiter auf der Kreislinie
Abstand: 2 Pferdelängen

	Rest	gleichmäßiger Abstand
Ø 5,0 m = 2 Reiter	0,7 m	5,3 m
Ø 7,5 m = 3 Reiter	1,0 m	5,3 m
Ø 10,0 m = 4 Reiter	1,4 m	5,3 m
Ø 15,0 m = 6 Reiter	2,1 m	5,3 m
Ø 20,0 m = 8 Reiter	2,8 m	5,3 m
Ø 30,0 m = 12 Reiter	4,2 m	5,3 m

2.2.3.4

Die Gesamtabteilung mit zwei Abteilungen

Das Formationsreiten gewinnt an Reiz, stellt aber zugleich auch höhere Anforderungen an die Aufmerksamkeit der Reiter und die Rittigkeit der Pferde, wenn die einzelnen Figuren nicht nur von einer auf einem Hufschlag gehenden Abteilung oder aus dieser entwickelt werden, sondern Teile der Gesamtabteilung auf gegenüberliegenden Seiten des Vierecks reiten und die Figuren gegeneinander ausführen.

Die Numerierung der Reiter
Spätestens jetzt müsssen alle Reiter der Abteilung eine Nummer bekommen. Wir verwenden hier generell die Nummern 1 - 12 für die Plätze der Reiter in der Gesamtabteilung. Oft führen die Reiter mit ungerader Nummer (1, 3, 5, 7, 9, 11 - die Ungeraden) andere Figuren aus als die Reiter mit gerader Nummer (2, 4, 6, 8, 10, 12 - die Geraden). In Quadrillenwettkämpfen, bei denen 8 Reiter zu einer Quadrille gehören, werden analog die Nummern 1 - 8 verwendet. Jeder Reiter behält immer die Nummer, die seinem Platz in der hintereinander gehenden Gesamtabteilung entspricht, ohne Rücksicht darauf, an welche Stelle er im Verlauf einer Figur kommt. Das erhält besondere Bedeutung auch z.B. bei Quadrillen, die in unterschiedlichen Kostümen geritten werden, weil es dann für das Gesamtbild wichtig ist, an welcher Stelle die verschieden kostümierten Reiter sich befinden.
Symmetrie und Ästhetik spielen beim Entwerfen solcher Figuren eine Rolle.
Die Gesamtabteilung, in der alle Reiter hintereinander auf dem Hufschlag reiten, heißt Kolonne zu einem.

Die Gesamtabteilung wird in zwei Abteilungen geteilt, deren Reiter sich auf der gleichen Hand an einander diagonal gegenüberliegenden Punkten der Bahn befinden (Abteilungsfigur)
Dazu müssen zunächst die Abstände verkürzt werden.

• **Abb. 44**

I Abteilung! Auf *einen* Schritt aufgerückt –
II Trab! (Galopp!)
I Anfang –
II Schritt! (Trab!)
Wenn die Abstände hergestellt sind:
I Gerade! Gegenüber –
II geritten!
III Die ungeraden Nummern reiten auf dem Hufschlag der ganzen Bahn weiter und behalten dabei ihren Abstand untereinander bei, der jetzt zwischen zwei ungeraden Nummern jeweils 5 Schritt beträgt (s. Abb. 44).

Die geraden Nummern gehen bei M (H, F, K) auf die Zirkellinie (8e-6c-8a; 8a-6c-8e; 2e-4c-2a; 2a-4c-2e) und behalten ebenfalls ihre Abstände bei, so daß auch hier 5 Schritt Abstand von Reiter zu Reiter vorhanden sind. Wird von beiden Abteilungen das Tempo genau eingehalten, bleibt die gerade Abteilung gegenüber der ungeraden Abteilung auf dem Hufschlag stets um vier Meter zurück. Dieser Rückstand wird schon beim Gegenüberreiten ausgeglichen, indem Anfangsreiter Nr. 1 ein klein wenig das Tempo verlangsamt und Anfangsreiter Nr. 2 etwas zulegt.

• **Abb. 45**

Beide Anfangsreiter – und auch alle übrigen Reiter beider Abteilungen – richten sich von nun an ständig mit ihrem Gegenüber (Nr. 1 mit Nr. 2, Nr. 3 mit Nr. 4, Nr. 5 mit Nr. 6 usw.) aus. Als Kontrollpunkte benutzen sie dabei die Mitten der langen und kurzen Seiten sowie die diagonal gegenüberliegenden Ecken und Zirkelpunkte.

• **Abb. 46**

Aus dieser Stellung der beiden Abteilungen gegenüber auf der gleichen Hand lassen

• Abb. 44

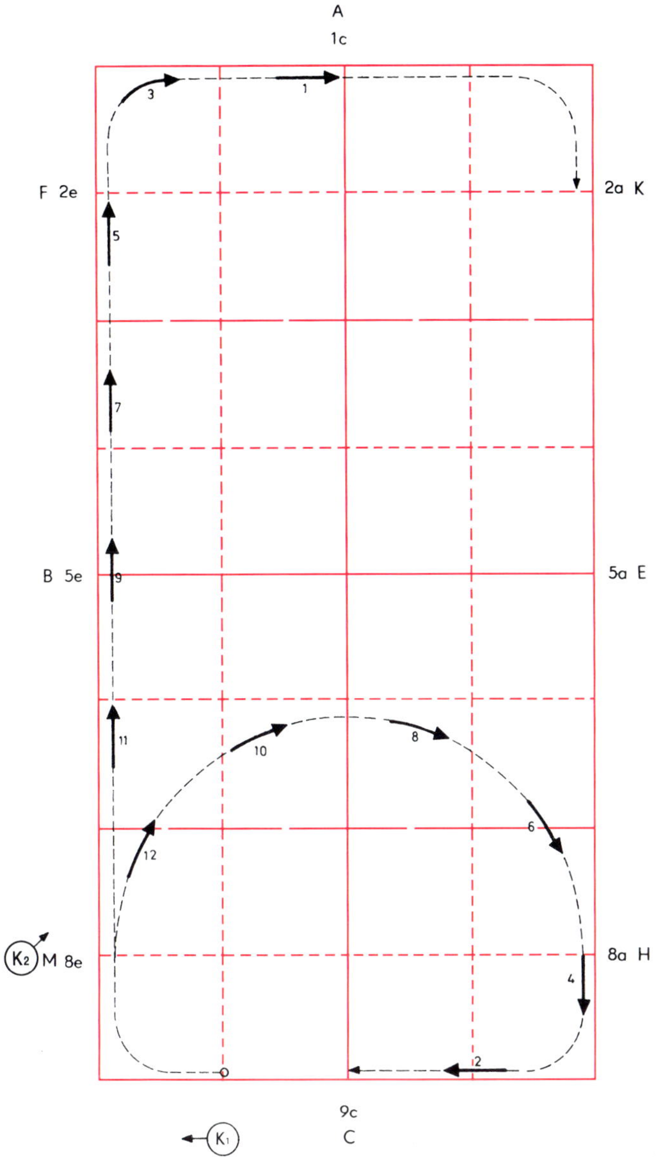

Gegenüberreiten (Abteilungsfigur)
Kommando: 1 Gerade! Gegenüber –
2 geritten!
Die Abstände, die anfangs einen Schritt betragen, bleiben nach der Trennung von Geraden und Ungeraden bestehen (Abstand 5 Schritt).
(Im Bild sind die Geraden gegenüber den Ungeraden noch 4 Meter zurück. In der Praxis ist die Differenz beim Passieren der Mittellinie schon ausgeglichen.)

• **Abb. 45**

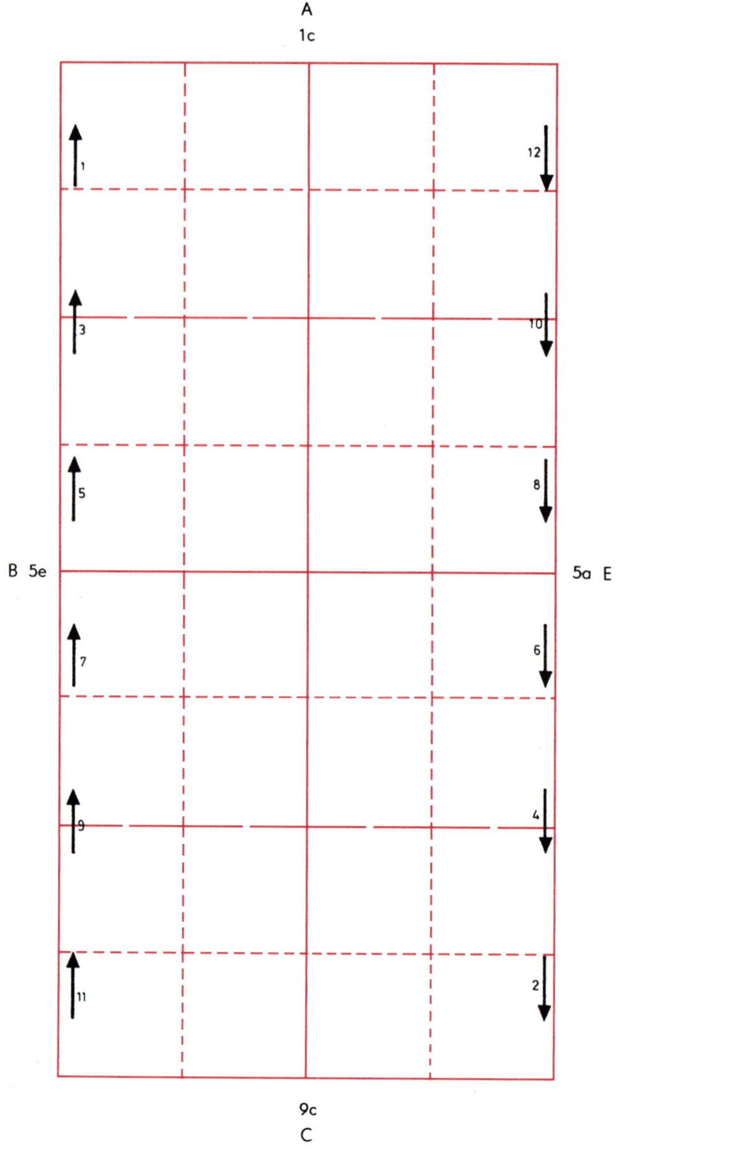

Abteilungen gegenüber auf gleicher Hand
Abstand: 5 Schritt

• Abb. 46

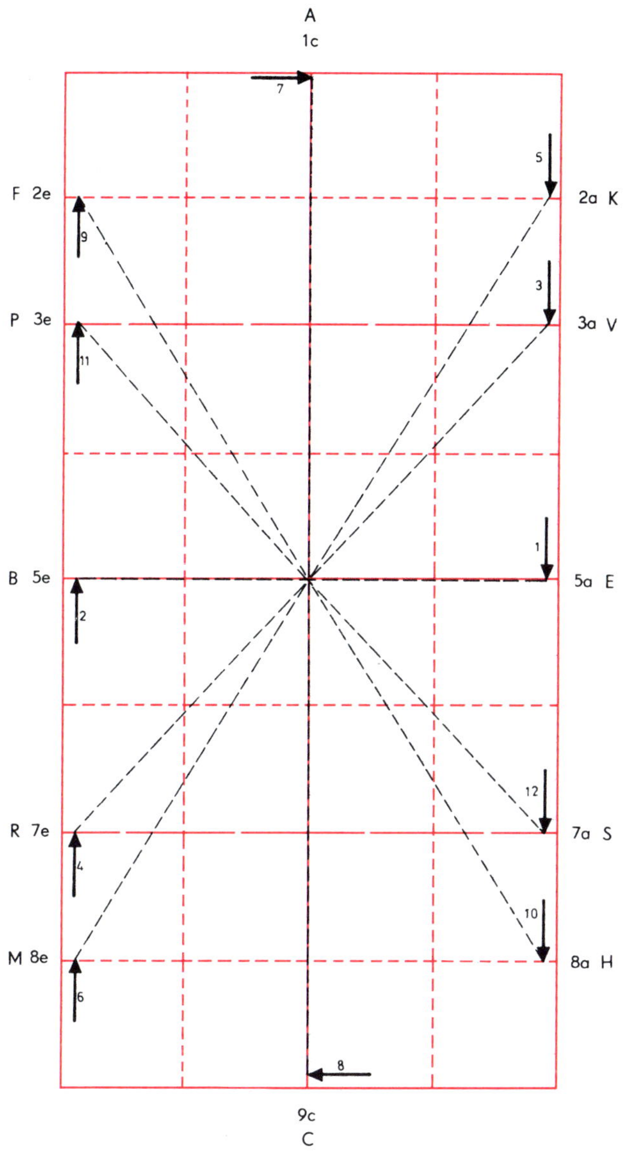

Ausrichten nach diagonal gegenüberliegenden Bahnpunkten

sich alle bisher erwähnten und noch weitere Figuren reiten.
Müssen die Reiter dabei aneinander vorbeireiten, zum Beispiel beim Handwechsel, so weichen von der linken Hand kommende Reiter nach links, von der rechten Hand kommende Reiter nach rechts aus.

• Abb. 47

Diese Regel gilt für das Formationsreiten mit zwei Abteilungen auf *gleicher* Hand gegenüber. Beim Durcheinanderreiten in der Reitbahn und beim Formationsreiten mit Abteilungen auf verschiedener Hand gegenüber, weicht der Entgegenkommende immer rechts aus. Nur so aneinander vorbeireitende Abteilungen können, wenn sie sich an der Mittellinie, Quermittellinie oder Diagonalen auf gleicher Höhe befinden, Figuren ausführen.
Müssen die Reiter der beiden Abteilungen zwischeneinander *durch*reiten (z.B. beim Links- bzw. Rechtsum), so bleibt der *Entgegenkommende* (für die Nr. 1 ist das die Nr. 6) auf der *rechten* Hand *rechts*, auf der *linken* Hand *links*.

• Abb. 48

Aus der Stellung mit zwei Abteilungen auf gleicher Hand können Figuren wie z.B. Großvolten, Volten, Großkehrtwendungen und Kehrtwendungen, Acht und halbe Acht, von der langen Seite und im Zirkel sowohl als Abteilungsfigur wie auch als Einzelfigur geritten werden. Als Beispiel für Figuren, die aus der Stellung mit zwei Abteilungen auf gleicher Hand geritten werden können, führen wir an:

Eckenvolten in diagonalen Bahnecken mit auf gleicher Hand gegenüber reitenden Abteilungen
I Anfang! In den nächsten vier Ecken –
II Großvolte!
III Das Ausführungskommando wird gegeben, wenn die beiden Anfangsreiter die Punkte 3e bzw. 7a (rechte Hand) oder 3a bzw. 7e (linke Hand) erreichen. Beide reiten danach – gefolgt von den Reitern ihrer Abteilung – eine Großvolte in den diagonal gegenüberliegenden zweiten Ecken der langen Seiten.
Nach Beendigung der ersten Eckenvolte reiten sie auf den kurzen Seiten weiter bis zur nächsten Pfeillinie (l.H.: 1d und 9b, r.H.: 1b und 9d) und beginnen dort die zweiten Eckenvolten. Diese werden 1 1/4 mal umritten, danach reiten beide Anfangsreiter von der Aufmarsch- bzw. Paradelinie an auf den Hufschlag der ganzen Bahn. Bei Erreichen der nächsten Parade- bzw. Aufmarschlinie wiederholt sich der ganze Vorgang, bis jede der beiden Abteilungen in jeder der vier Ecken eine Großvolte geritten hat.

• Abb. 49

Handwechsel zwischen gegenüberliegenden Eckenvolten mit auf gleicher Hand gegenüber reitenden Abteilungen.
I Anfang! Von außen nach innen auf die gegenüberliegende Eckenvolte –
II wechseln!
III Wenn beide Abteilungen die zweite oder vierte Eckenvolte beendet haben, kann die Hand gewechselt werden. Der Handwechsel beginnt mit dem Ausführungskommando, das beim Erreichen der Aufmarsch- bzw. Paradelinie gegeben wird (l.H.: 2e und 8a, r.H.: 2a und 8e). Danach reiten beide Anfangsreiter auf die Mittellinie zu, die sie bei 2c und 8c erreichen. Von dort reiten sie auf der neuen Hand wieder auf die Großvolte.
Es kann nun ein weiterer Handwechsel auf die gegenüberliegende Eckenvolte folgen oder die Abteilungen werden auf die ganze Bahn geführt. Natürlich lassen sich auch andere Figuren anschließen.

• Abb. 50

Will man die Figuren (Großvolten, Volten, Großkehrtwendungen, Kehrtwendungen und Acht) von der Mittellinie aus reiten lassen, so läßt man beide Abteilungen auf je einer Bahnhälfte reiten.

• Abb. 47

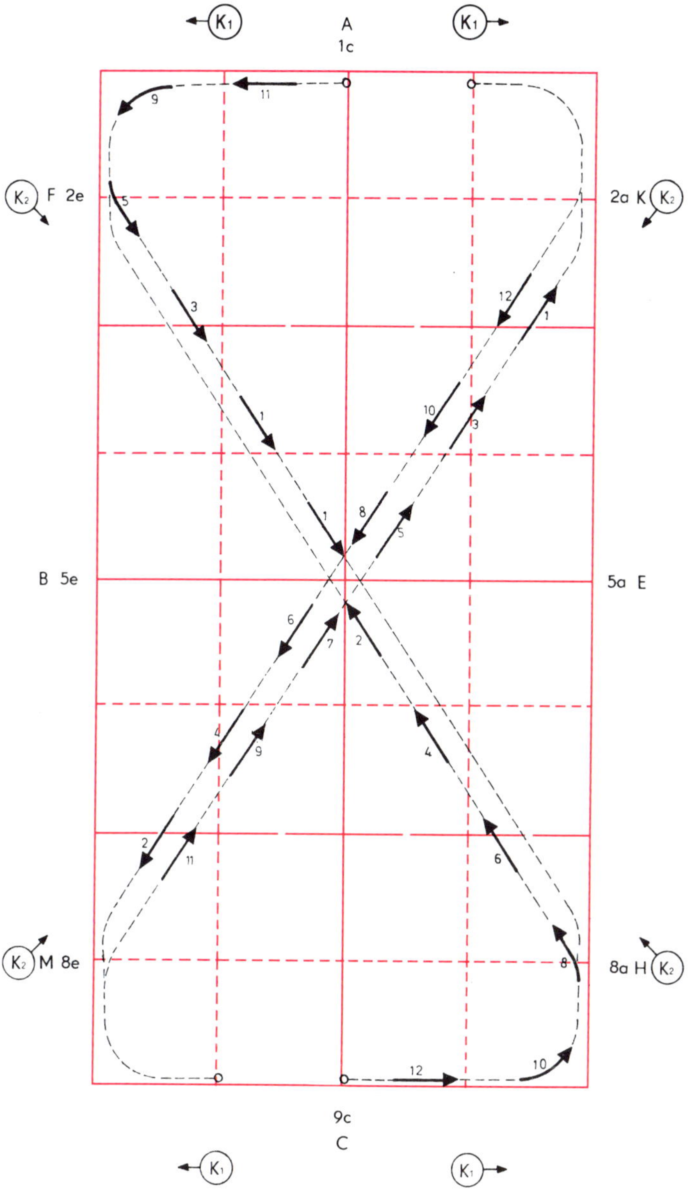

Wechseln durch die ganze Bahn mit auf gleicher Hand gegenüberreitenden Abteilungen (Abteilungsfigur)
Kommando: 1 Durch die ganze Bahn –
2 wechseln!

• Abb. 48

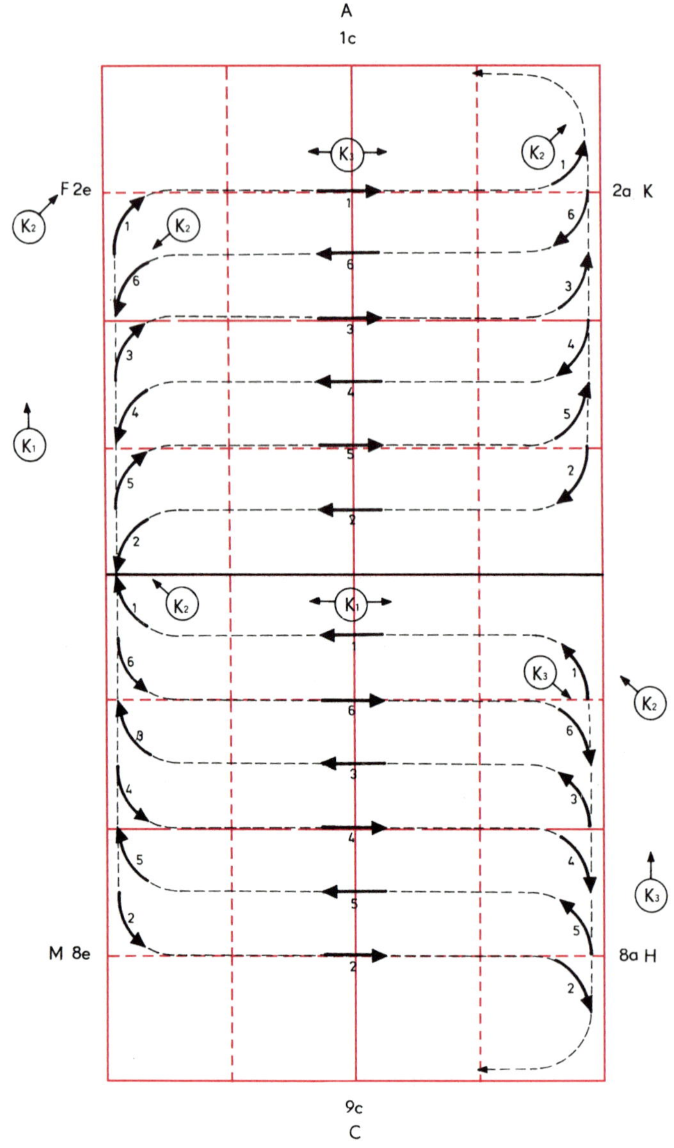

Rechts- und Linksum mit auf gleicher Hand gegenüber reitenden Abteilungen (Einzelfigur)
Kommando: 1 Abteilung! Rechtsum –
2 marsch!
3 Abteilung! Linksum –

• Abb. 49

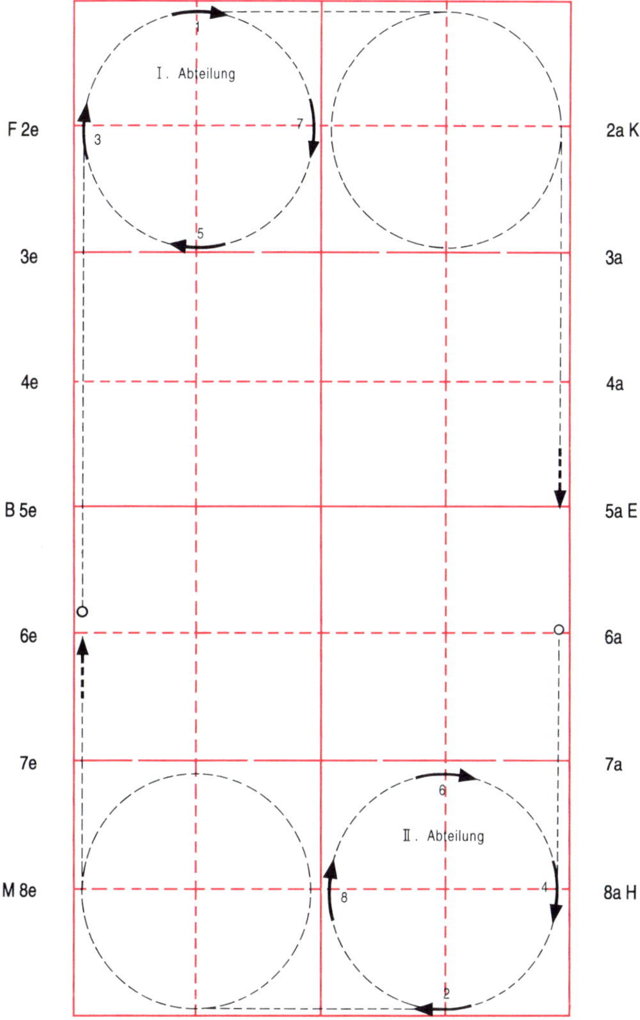

Eckenvolten in 4 Bahnecken mit 2 Abteilungen auf gleicher Hand (Abteilungsfigur)
Kommando: 1 Anfang! In den nächsten 4 Ecken –
2 Großvolte!
Abstände: 4 Reiter = 2 Pferdelängen
6 Reiter = 1 Pferdelänge

• **Abb. 50**

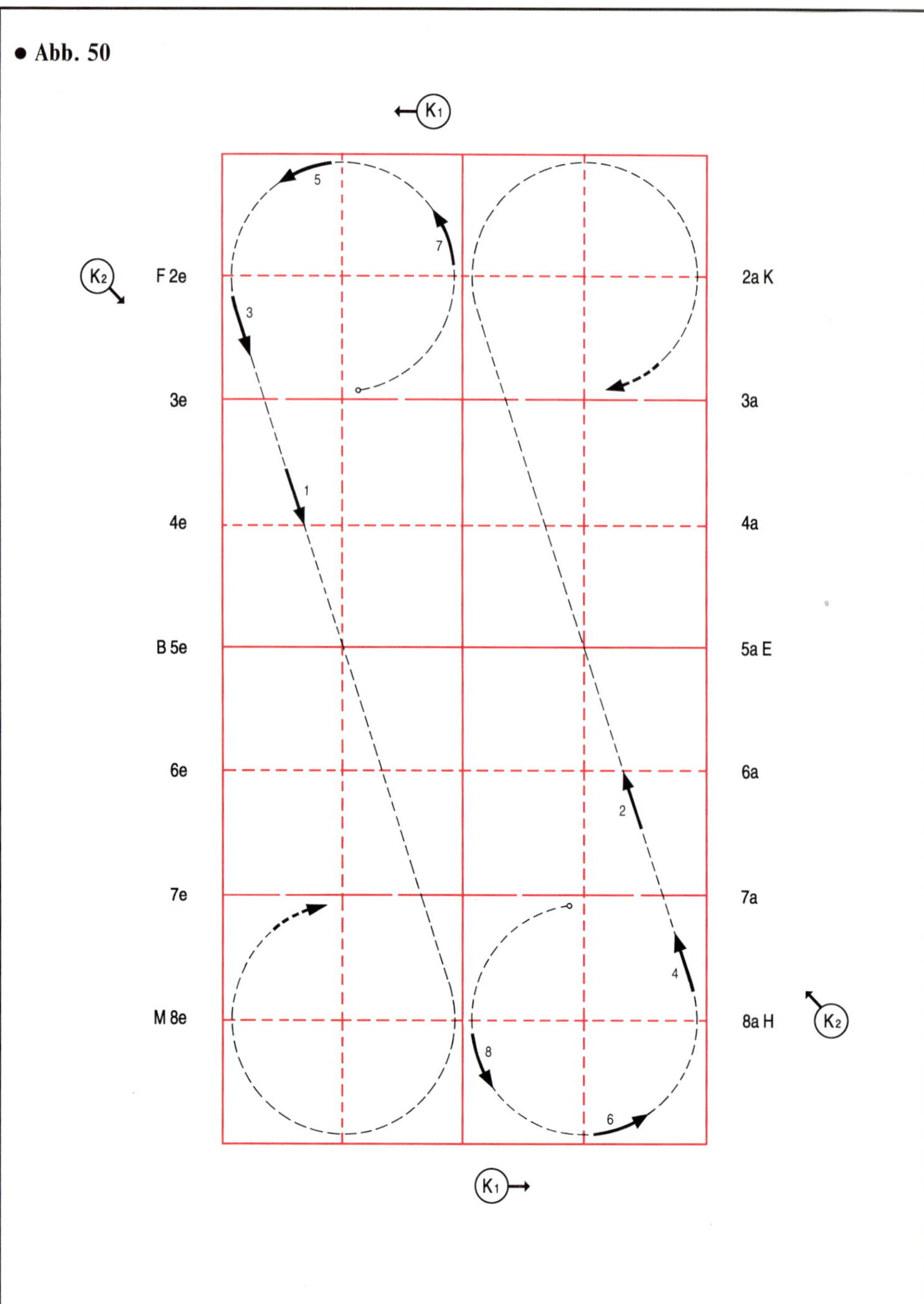

Handwechsel zwischen gegenüberliegenden Eckenvolten mit auf gleicher Hand gegenüberreitenden Abteilungen
Kommando: 1 Anfang! Von außen nach innen auf die gegenüberliegende Eckenvolte –
2 wechseln!

I Anfang! Durch die Länge der Bahn –
II geritten!
III Beide Anfangsreiter wenden von der nächsten kurzen Seite mit einer Viertelvolte auf die Mittellinie ab. Da sich die beiden Abteilungen an der Mittellinie begegnen, darf die Viertelvolte nicht – wie beim normalen Abteilungsreiten – *drei* Schritt vor der Mitte der kurzen Seite eingeleitet werden. Damit beide Abteilungen auf ihrer Bahnhälfte bleiben und so aneinander vorbeireiten können, muß die Viertelvolte bereits *vier* Schritt vor der Mitte der kurzen Seite begonnen werden.

• **Abb. 51**

Beide Abteilungen reiten so lange durch die Länge der Bahn, bis sie durch das Kommando "Ganze Bahn!" wieder auf den Hufschlag der ganzen Bahn geführt werden.
Von dieser Stellung aus können die Figuren nicht nur von der Mittellinie, sondern auch von den langen Seiten aus geritten werden. Sollen die Figuren von der Quermittellinie (B-E), der kurzen Seite oder einer halben langen Seite ausgeführt werden, so führt man die beiden Abteilungen auf den Hufschlag der halben Bahn.
I Halbe –
II Bahn!
III Den beiden Anfangsreitern wird das Kommando kurz vor Erreichen der Mitte der langen Seite gegeben. Vier Schritt vor Erreichen des Mittelpunktes der langen Seite wenden sie, gefolgt von den übrigen Reitern der Abteilung, zur Bahnmitte ab.

• **Abb. 52**

Beide Abteilungen bleiben so lange auf dem Hufschlag ihrer Bahnhälfte, bis sie durch das Kommando "Ganze Bahn!" zu deren Verlassen aufgefordert werden.

Gesamtabteilung in zwei Abteilungen auf verschiedener Hand
Die Gesamtabteilung wird in zwei Abteilungen geteilt, von denen eine auf der rechten, die andere auf der linken Hand reitet, so daß sich die Reiter beider Abteilungen an einander *spiegelbildlich gegenüberliegenden* Punkten der Bahn befinden. Je nach Einleitung dieser Stellung befinden sich die Abteilungen auf den langen Seiten oder auf den kurzen Seiten gegenüber.
Die Abteilungen werden auf die langen Seiten gegenüber gebracht, indem die auf einen Schritt Abstand aufgerückte und in Kolonne zu einem reitende Gesamtabteilung zunächst auf die Mittellinie geführt wird:
I Durch die Länge der Bahn –
II geritten!
Wenn der Anfangsreiter den Bahnmittelpunkt passiert hat:
I Vor der kurzen Seite –
II Ungerade links, Gerade rechts!
III Alle Reiter mit ungerader Nummer gehen in einer Viertelvolte auf die linke Hand, alle Reiter mit gerader Nummer auf die rechte Hand.

• **Abb. 53**

Bereits in den ersten Ecken beginnen die Anfangsreiter – wie auch die übrigen – sich nach ihrem Gegenüber auszurichten. Dazu müssen die Ungeraden das Tempo etwas verhalten, die Geraden etwas verstärken, so daß alle Reiter spätestens in der Mitte der langen Seite auf gleicher Höhe mit ihrem Gegenüber sind.

• **Abb. 54**

Ohne weiteres Kommando reiten beide Abteilungen immer wieder von der kurzen Seite auf die Mittellinie, danach vor der nächsten kurzen Seite wieder nach links und rechts, bis sie durch das Kommando "Ganze Bahn!" wieder auf den Hufschlag des ganzen Vierecks entlassen werden. In der Regel wird die Mittellinie zu zweien entlanggeritten, wobei die Ungeraden links, die Geraden rechts bleiben.

• **Abb. 55**

Will man sie jedoch auf der Mittellinie in Kolonne zu einem haben, so folgt:

• Abb. 51

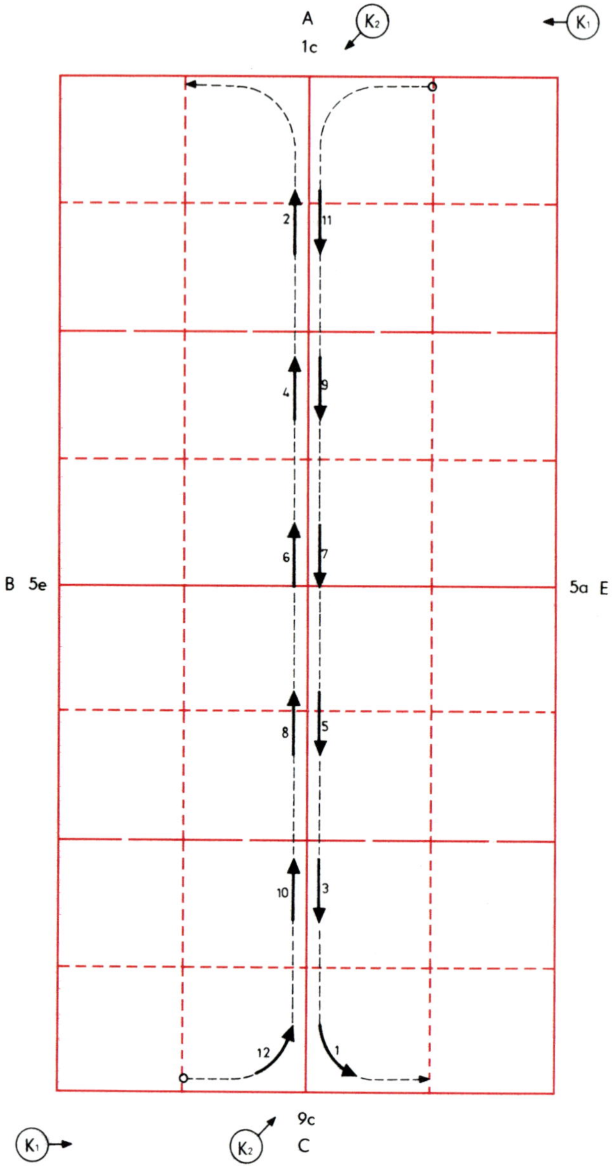

Abteilungen auf der gleichen Hand gegenüber längs der Mittellinie (Abteilungsfigur)
Kommando: 1 Anfang! Durch die Länge der Bahn –
2 geritten!
Abstand: 5 Schritt
Reiten auf gleicher Hand gegenüber reitende Abteilungen aneinander vorbei, so bleiben auf der linken Hand die Entgegenkommenden rechts, auf der rechten Hand bleiben sie links.

• **Abb. 52**

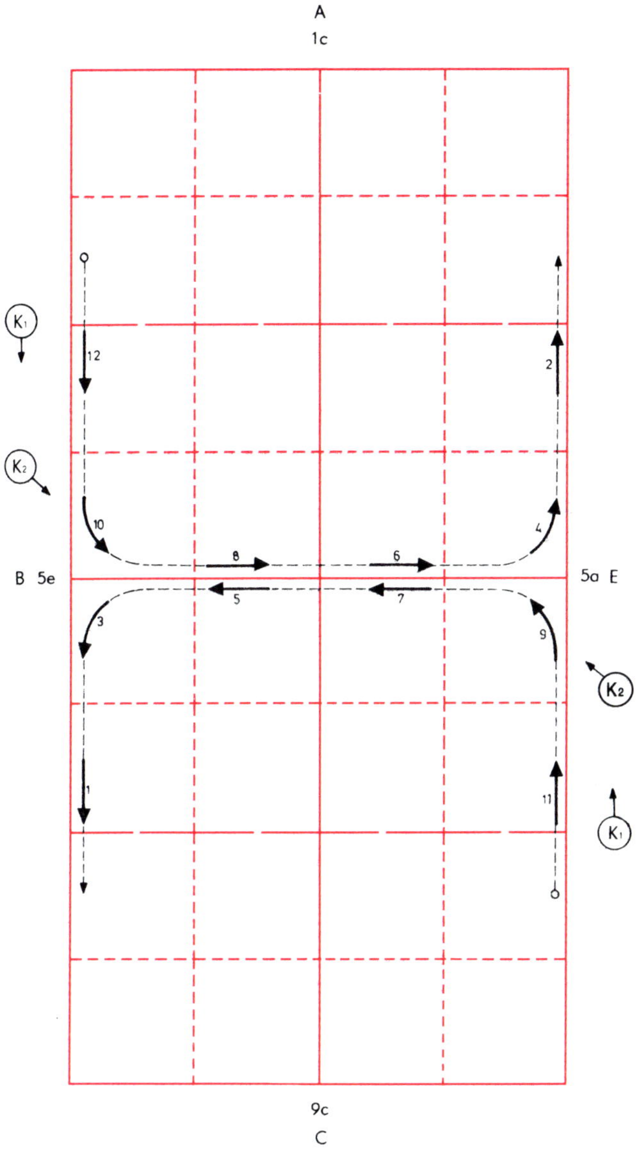

Abteilungen auf der gleichen Hand gegenüber auf der halben Bahn (Abteilungsfigur)
Kommando: 1 Halbe –
2 Bahn!
Abstand: 5 Schritt

• Abb. 53

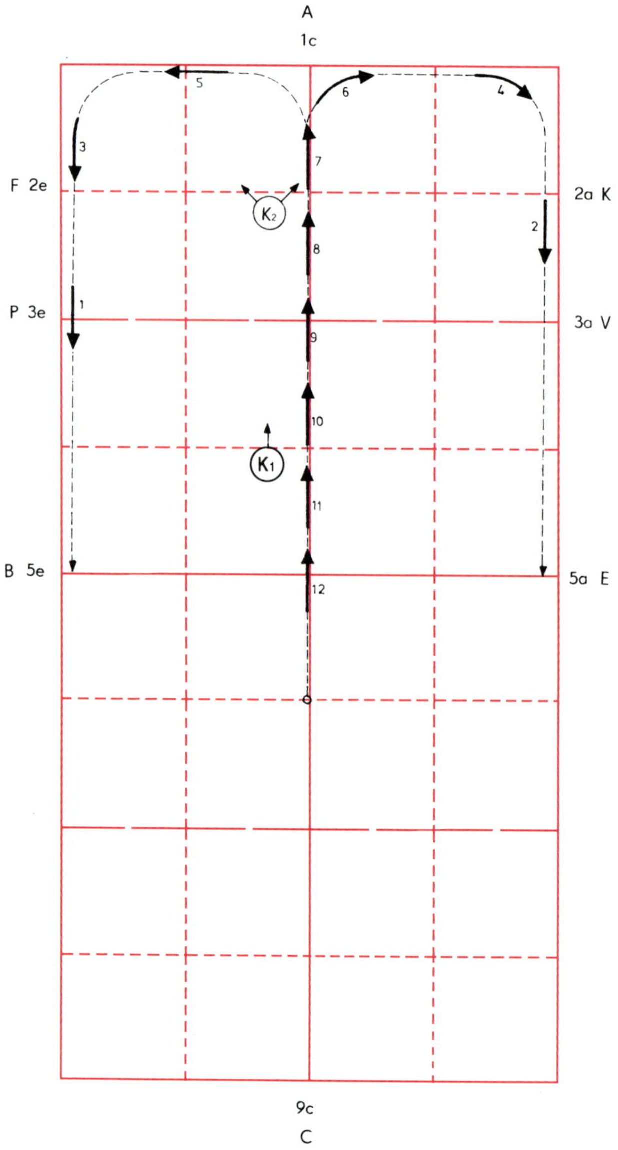

Abteilungen auf verschiedene Hand führen (Abteilungsfigur)
Um die Kolonne zu einem auf die Mittellinie zu führen, wird kommandiert:
1 Anfang! Durch die Länge der Bahn –
2 geritten!
Kommando: 1 Vor der kurzen Seite –
2 Ungerade links! Gerade rechts!
Abstand: Bei Abstand von einer Pferdelänge auf der Mittellinie ergeben sich nach der Trennung 3 Pferdelängen Abstand. Deshalb vor der Trennung Abstände auf einen Schritt verkürzen.
Kommando dazu: 1 Abteilung! Auf einen Schritt Abstand aufgerückt –
2 Gangart!

• **Abb. 54**

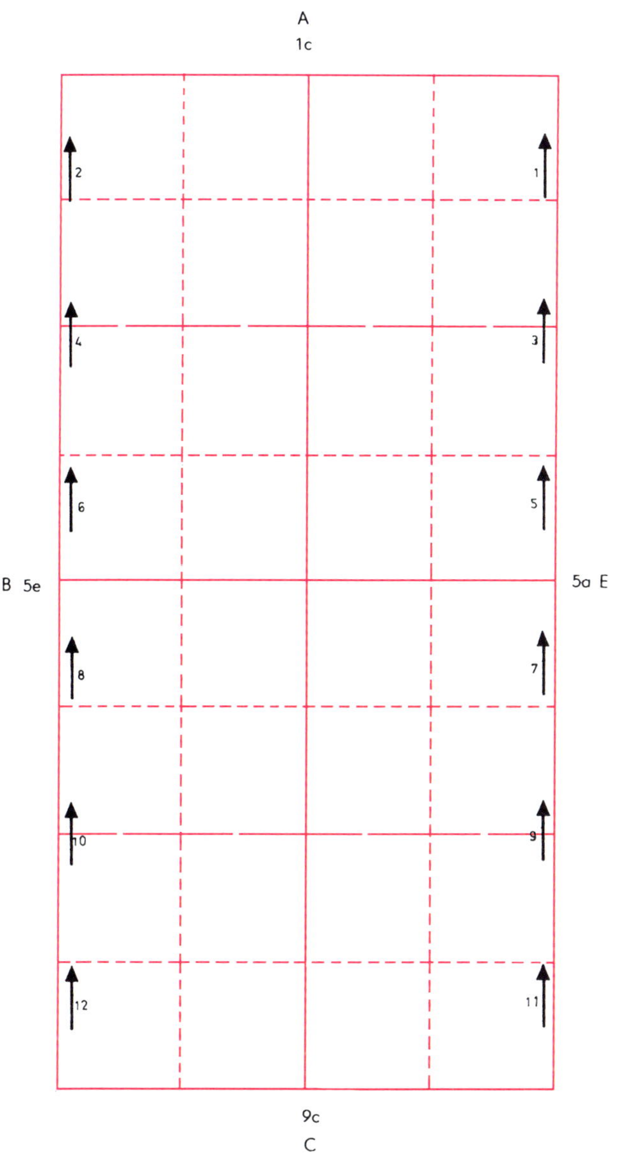

Abteilungen gegenüber auf verschiedener Hand Abstand: 5 Schritt, da die Abteilung vor der Trennung mit 1 Schritt Abstand geritten ist. Die beiden Anfangsreiter haben sich aufeinander ausgerichtet.

• Abb. 55

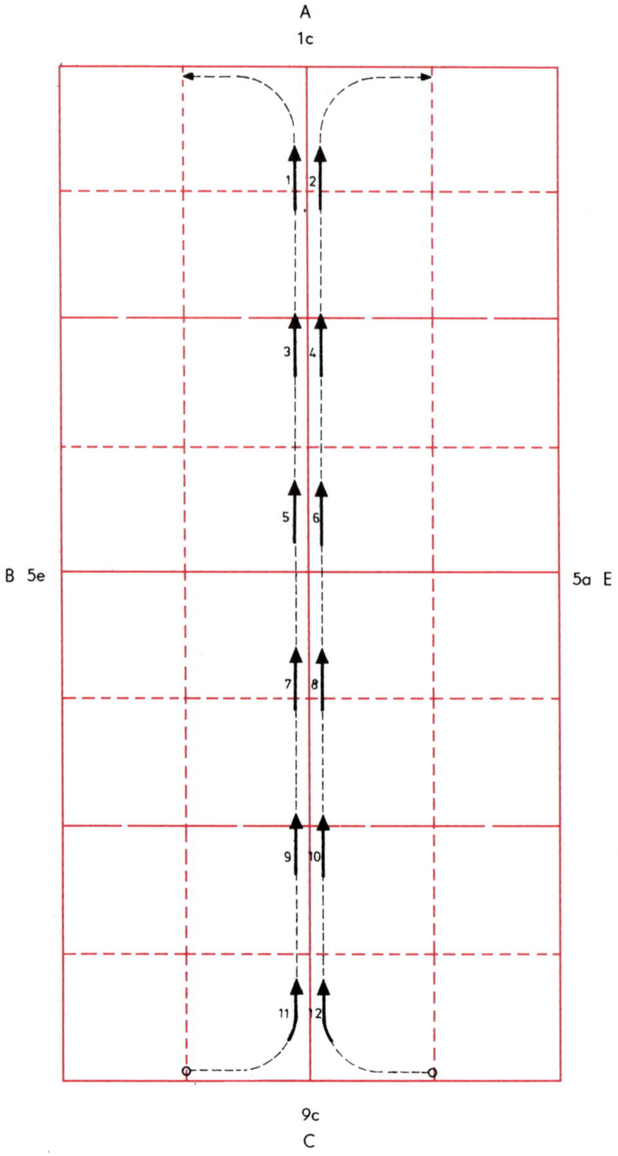

Zu zweien auf der Mittellinie (Abteilungen auf verschiedener Hand)
Abstand: 5 Schritt
Wenn die Reiter Bügel an Bügel reiten, nehmen 2 Reiter nebeneinander eine Breite von 1,6 m bis 1,8 m ein.

I Abteilung! Vom Anfang zu einem – an Platz –
II marsch!
III Das Ankündigungskommando wird den Anfangsreitern der Abteilung am zweiten Wechselpunkt der langen Seite gegeben. Da sich beide Anfangsreiter genau gegenüber befinden, müssen die Reiter mit gerader Nummer ihr Tempo etwas verringern, der Anfangsreiter Nr. 1 jedoch etwas zulegen. Drei Schritt vor der Mitte der kurzen Seite wendet der Anfangsreiter Nr. 1 auf die Mittellinie ab. Anfangsreiter Nr. 2 wendet an gleicher Stelle ab und ordnet sich hinter Nr. 1 in die Kolonne zu einem ein. Danach folgen abwechselnd die übrigen Reiter beider Abteilungen, so daß sich am Ende die Gesamtabteilung in Kolonne zu einem auf der Mittellinie befindet.

• Abb. 56

Diese Figur wird im Reiterjargon auch als "Einfädeln" bezeichnet. Wenn vor Beginn der Figur die Abstände zu klein gewesen sind, kommt es zu Stauungen und Unregelmäßigkeiten im Tempo. Deshalb ist größter Wert darauf zu legen, daß der vorher bestehende Abstand von 5 Schritt oder zwei Pferdelängen eingehalten wird. Auf der Mittellinie erhalten wir dann einen Abstand von einem Schritt.
Ist das "Einfädeln" zur Kolonne zu einem erfolgt, muß vor Erreichen der Mitte der kurzen Seite angegeben werden, ob die Kolonne zu einem weiterreiten soll oder ob wieder eine Teilung erfolgen soll.
Entweder:
II Linke/Rechte Hand oder
II Ungerade links, Gerade rechts!
Man kann weitere Figuren sowohl an den langen Seiten (von außen nach innen) wie auch von der Mittellinie aus (von innen nach außen) reiten lassen.
Ohne daß ein Handwechsel stattfindet, können die Abteilungen auf die gegenüberliegende lange Seite geführt werden, um an dieser Seite die eben gerittene Figur zu wiederholen.

• Abb. 57 a

II Vorbeireiten!
III Das Kommando wird den Anfangsreitern beider Abteilungen vor der ersten Ecke der kurzen Seite gegeben. Wie wir es aus den Regeln für das Bahnreiten kennen, weicht die auf der rechten Hand reitende Abteilung nach dem Bahninneren aus, die auf der linken Hand reitende Abteilung behält den Hufschlag der ganzen Bahn.
Die auf der rechten Hand Reitenden müssen vier Schritte vor Erreichen der zweiten Ecke der langen Seite zur Viertelvolte abwenden, um dadurch auf den zweiten Hufschlag zu kommen. Gleichzeitig müssen die auf der rechten Hand befindlichen Reiter das Tempo etwas verkürzen, die auf der linken Hand Reitenden etwas zulegen, weil erstere den kürzeren Weg haben und die beiden Anfangsreiter, wie auch alle übrigen Reiter der Abteilung sich jeweils genau vor dem Mittelpunkt der kurzen Seite treffen sollen.
Die Anfangsreiter müssen am ersten Wechselpunkt der nächsten langen Seite kontrollieren, daß sie sich genau gegenüber befinden.
Linksum, Rechtsum und Volten können auch von den kurzen Seiten und von der Quermittellinie ausgeführt werden, sofern beim Viereck 20 m x 40 m keine der beiden Abteilungen mehr als vier Reiter umfaßt und der Abstand auf zwei Schritt verkürzt worden ist. Auf dem großen Viereck (30 m x 60 m) können diese Figuren mit sechs Reitern in jeder Abteilung mit einem Abstand von einer Pferdelänge ausgeführt werden.
Nach dem "Vorbeireiten" bleibt die Abteilung auf der neuen Bahnhälfte, d.h. beide Abteilungen wenden an der Mitte der kurzen Seite auf die Mittellinie ab.
Soll nach dem "Vorbeireiten" der Hufschlag der ganzen Bahn geritten werden, so heißt das Kommando:
II Ganze Bahn! Vorbeireiten!
Auf die *kurzen Seiten gegenüber* wird die Abteilung gebracht, indem die auf einen

• **Abb. 56**

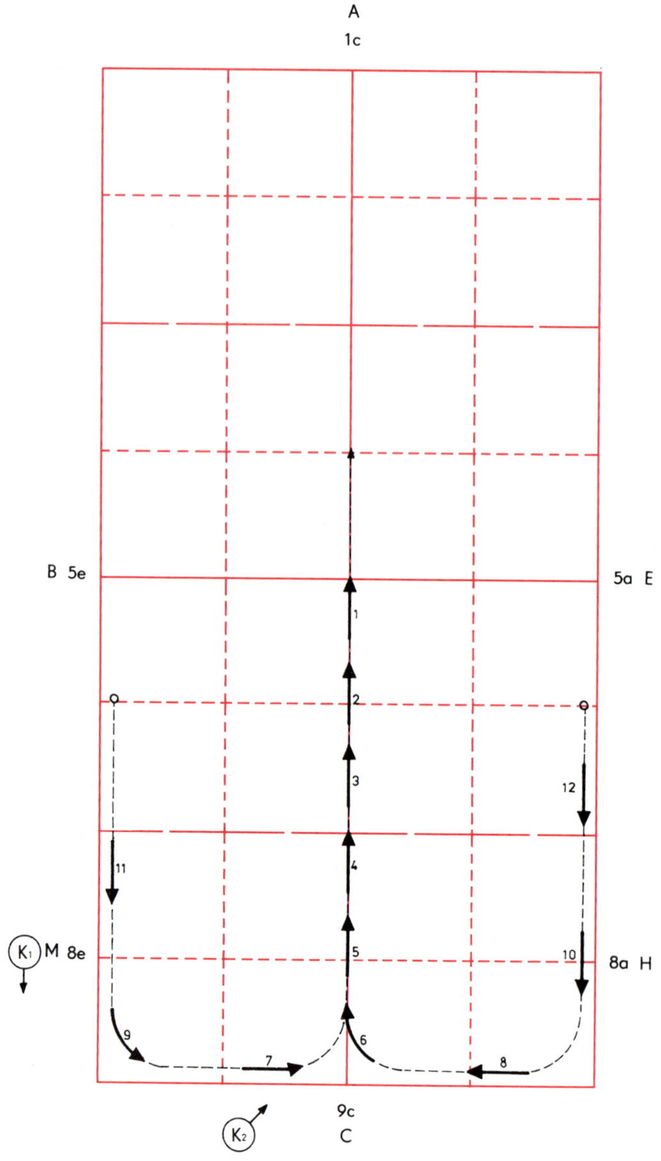

Wiederherstellen der Kolonne zu einem (Abteilungsfigur)
Kommando: 1 Vom Anfang zu einem an Platz –
2 marsch!
Abstand: auf der Mittellinie 1 Schritt, vorher 5 Schritte
Sind die Anfangsreiter beider Abteilungen auf gleicher Höhe, muß Nr. 1 das Tempo etwas verstärken, Nr. 2 etwas verkürzen, damit sie sich nacheinander einordnen können und sofort im richtigen Abstand weiterreiten. Die nachfolgenden Reiter verfahren entsprechend.

• Abb. 57 a

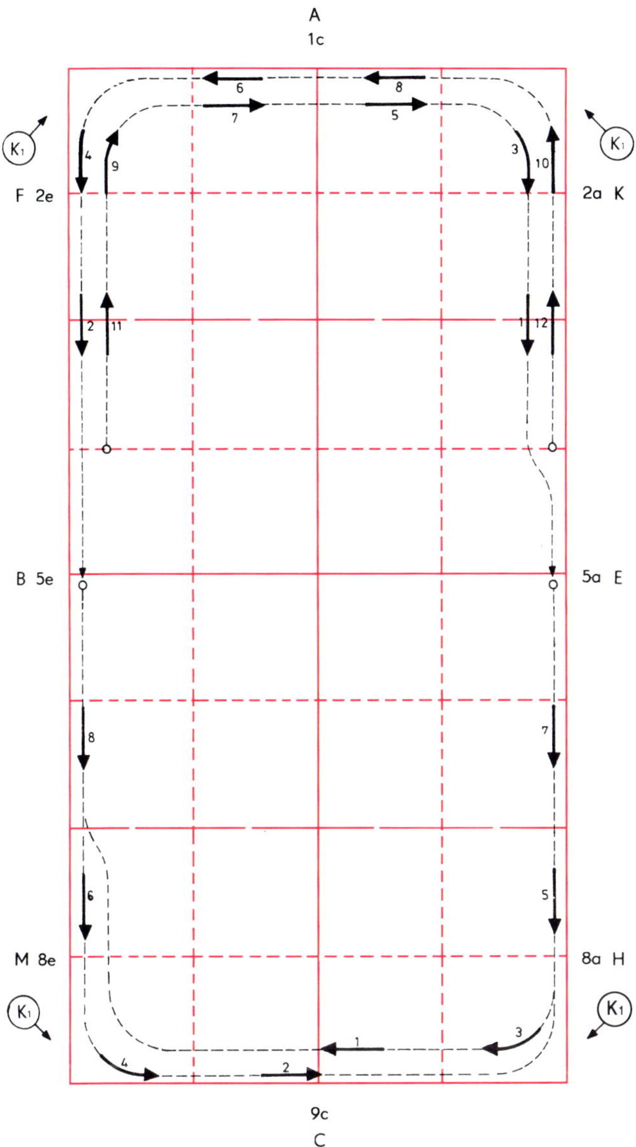

Vorbeireiten (Abteilungsfigur)
(Ungerade auf rechter Hand, Gerade auf linker Hand)
Kommando: Vorbeireiten!
Das Kommando zum Vorbeireiten muß so zeitig gegeben werden, daß Nr. 1 die Viertelvolte bereits 4 Schritte vor der Ecke beginnen kann, um an der kurzen Seite auf den zweiten Hufschlag zu kommen.

• **Abb. 57 b**

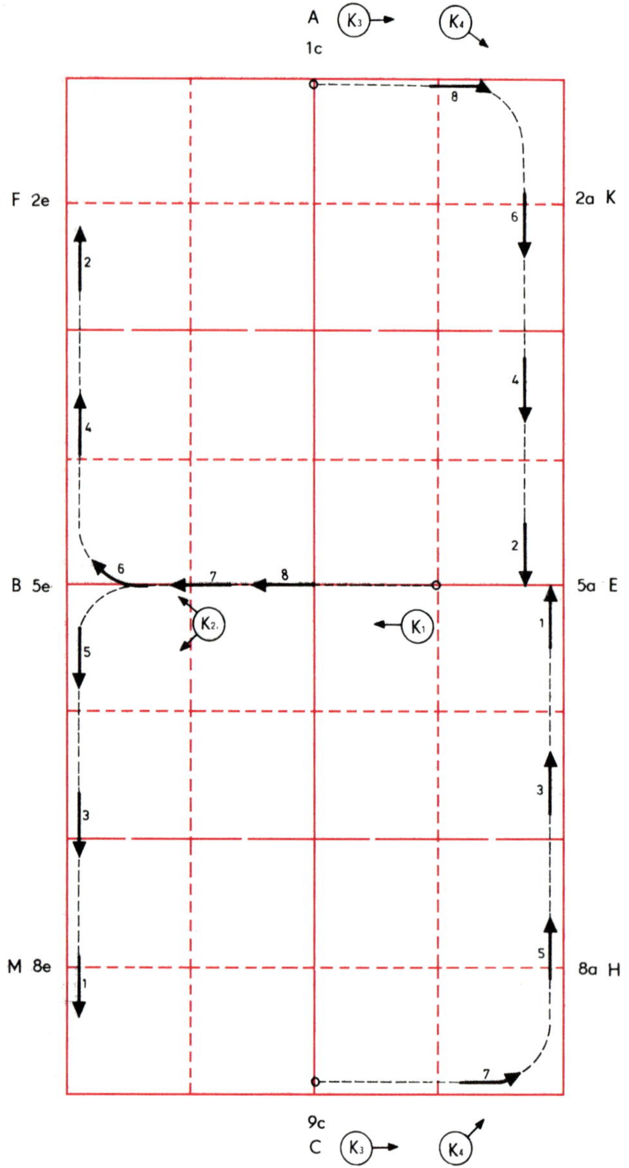

Abteilung vor der langen Seite auf verschiedener Hand und Vorbeireiten (Abteilungsfigur)
(Ungerade auf linker Hand, Gerade auf rechter Hand)
Kommando: 1 Vor der langen Seite –
2 Ungerade links! Gerade rechts!
3 Mitte der langen Seite –
4 vorbeireiten!
Das Kommando zum Vorbeireiten muß so zeitig gegeben werden, daß Nr. 2 vor der zweiten Ecke der kurzen Seite auf den zweiten Hufschlag abwenden kann, d.h., die Viertelvolte wird 4 Schritt vor der Ecke eingeleitet.

Schritt Abstand aufgerückte und in Kolonne zu einem reitende Gesamtabteilung zunächst auf die *Quermittellinie* geführt wird:
I Halbe –
II Bahn!
Wenn der Anfangsreiter den Bahnmittelpunkt passiert:
I Vor der langen Seite –
II Ungerade links, Gerade rechts!
III Die Ausführung ist analog zu der auf der Mittellinie. Das gilt sowohl für das Reiten zu zweien auf der Quermittellinie, das "Einfädeln" und das Vorbeireiten sowie auch für das Ausweichen.
Beim Vorbeireiten, das in dieser Stellung große Genauigkeit erfordert, muß darauf geachtet werden, daß die auf der rechten Hand befindliche Abteilung schon aus der zweiten Ecke der kurzen Seite auf den zweiten Hufschlag der langen Seite geht und auf ihm schnurgerade zur gegenüberliegenden Seite reitet.

• Abb. 57 b

Abschließend soll erwähnt werden, wie man zwei auf verschiedener Hand gegenüber reitende Abteilungen auf die gleiche Hand bringen kann.

Um zwei *auf verschiedener Hand* gegenüber reitende Abteilungen auf die gleiche Hand gegenüber zu bringen:

Von der Quermittellinie auf die rechte Hand
I Im Mittelpunkt! Beide Anfangsreiter einmal rechts –
II dreht!
III Beide Anfangsreiter der sich auf der Quermittellinie entgegenreitenden Abteilungen (ungerade auf linker Hand, gerade auf rechter Hand) reiten drei Schritt vor dem Bahnmittelpunkt eine Viertelvolte nach rechts und danach auf der Mittellinie weiter auf die kurzen Seiten zu.

• Abb. 58

II Rechte Hand!
III Das Kommando wird den Anfangsreitern beider Abteilungen vor Erreichen der kurzen Seite gegeben. Nachdem sie eine Viertelvolte geritten haben und auf dem Hufschlag der ganzen Bahn weiterreiten, befinden sich beide Abteilungen auf der rechten Hand an diagonal gegenüberliegenden Punkten der Bahn.

Von der Quermittellinie auf die linke Hand
Das Verfahren ist ähnlich, nur müssen die Anfangsreiter im Bahnmittelpunkt einmal links drehen (Viertelvolte nach links) und vor der Mitte der kurzen Seite auf die linke Hand geführt werden.
Die Kommandos sind analog zu geben.

Von der Mittellinie auf die rechte Hand
I Im Mittelpunkt! Ungerade einmal links, gerade einmal rechts –
II dreht!
III Die paarweise auf der Mittellinie reitenden Abteilungen gehen nach links und rechts auf die Quermittellinie. Unmittelbar danach erfolgt das Kommando:
II Rechte Hand!
III Vor Erreichen der langen Seite gehen die Anfangsreiter mit einer Viertelvolte auf den Hufschlag der ganzen Bahn. Sie befinden sich nun auf der gleichen Hand an diagonal gegenüberliegenden Punkten der Bahn.

• Abb. 59

Von der Mittellinie auf die linke Hand
Das Verfahren ist das gleiche, nur wird vor Erreichen der langen Seite kommandiert "Linke Hand!". Die bisher auf der linken Hand befindlichen Ungeraden reiten auf dieser Hand weiter (indem sie gleichsam ein Bahnviertel umreiten), während die Geraden die Hand wechseln.

• Abb. 58

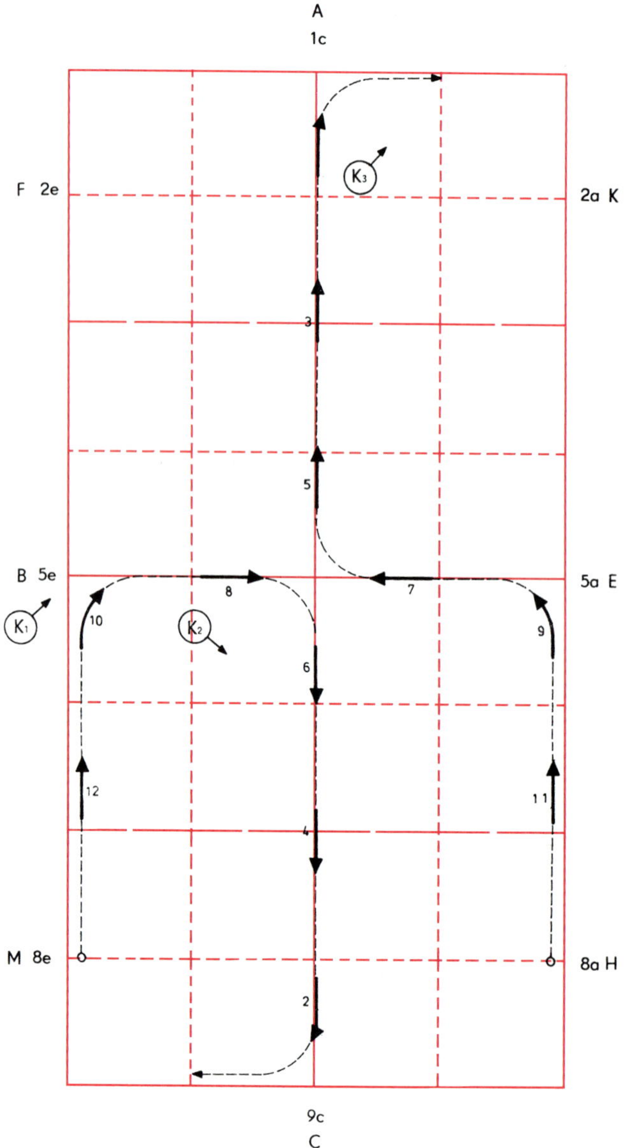

Abteilungen von der Quermittellinie von verschiedener Hand auf gleiche Hand (Abteilungsfigur)
Zur Einleitung der Figur sind beide Abteilungen auf die Quermittellinie zu bringen.
1 Durch die Breite der Bahn –
2 geritten!
Kommando: 1 Im Mittelpunkt beide Anfangsreiter einmal rechts –
2 dreht!
3 Rechte Hand!

• Abb. 59

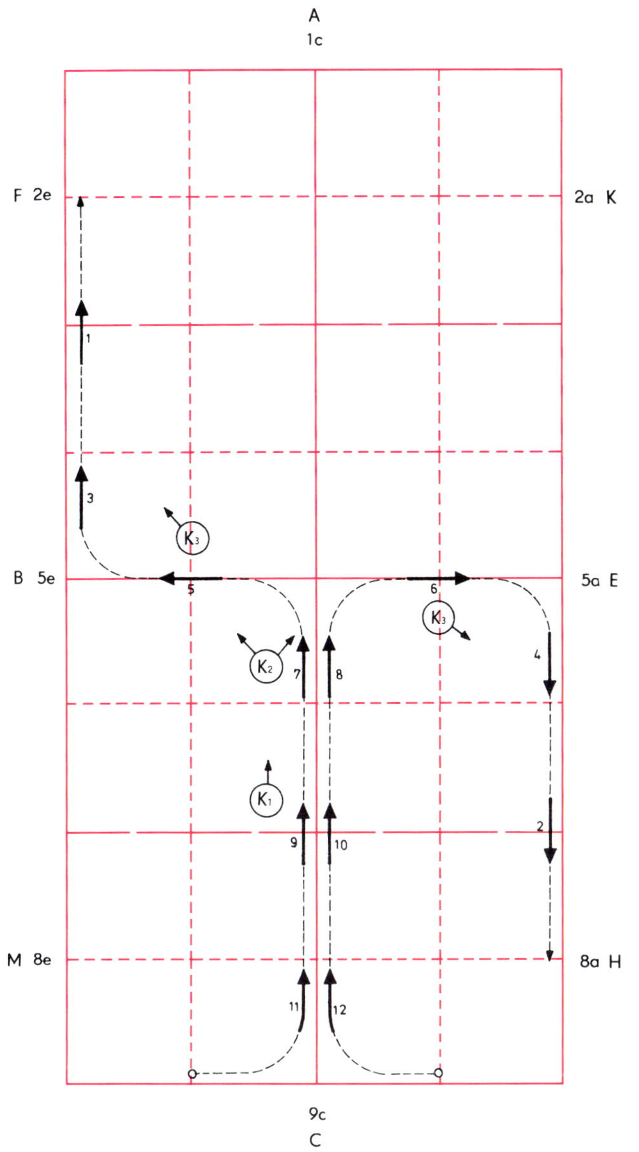

Abteilungen von verschiedener Hand auf der Mittellinie auf gleicher Hand gegenüber (Abteilungsfigur)
Kommando: 1 Im Mittelpunkt Ungerade einmal links, Gerade einmal rechts –
2 dreht!
3 Rechte Hand!

2.2.4

Die Formationen

Bisher wurden die Grundfiguren und Stellungen für eine Abteilung besprochen, in der alle Reiter einzeln hintereinander reiten. Das ist die aus dem Reitunterricht bekannte Form. Ihr Vorteil besteht darin, daß der Reitlehrer jeden Reiter genau beobachten kann, sich die Reiter nicht gegenseitig verdecken und daß bei Einzelfiguren jeder Reiter die verlangte Figur allein ausführen muß (Kolonne zu einem).

2.2.4.1

Die Teile der Gesamtabteilung

Durch die Aufteilung der Gesamtabteilung können noch kleinere Einheiten gebildet werden, und somit ist die Möglichkeit gegeben, einige der Grundfiguren weiter zu variieren, z.B. Großvolten, Großkehrtvolten, Halblinks/Halbrechts, Linksum/Rechtsum u.a.
In der älteren Quadrillenliteratur wurde die Gesamtabteilung je nach Anzahl der Reiter in Eskadronen, Abteilungen, Züge, Gruppen, Sektionen und Rotten eingeteilt.

Die Gesamtabteilung von (x) Reitern wird unterteilt in:	Anzahl der Reiter (48)	(36)	(24)	(20)	(16)	(12)	(8)
Eskadronen	2(24)	2(18)	2(12)	2(10)	–	–	–
Abteilungen	4(12)	–	2(12)	2(10)	2 (8)	–	–
Züge	8 (6)	6 (6)	4 (6)	4 (5)	–	2 (6)	
Gruppen	12 (4)	–	6 (4)	–	4 (4)	–	2 (4)
Sektionen	16 (3)	12 (3)	8 (3)	–	–	4 (3)	–
Rotten	24 (2)	18 (2)	12 (2)	10 (2)	8 (2)	6 (2)	4 (2)

Obenstehende Tabelle gibt eine Übersicht über die Unterteilungen und die dazu gehörenden Reiter.
Da nur in seltenen Fällen mehr als 12 Reiter zusammenkommen, wird folgende Einteilung vorgezogen:
Die Gesamtabteilung (8 oder 12 Reiter) besteht aus 2 Zügen (4 oder 6 Reiter), der Zug besteht aus 2 Gruppen (2 oder 3 Reiter).
An Stelle der nur noch wenig bekannten Einteilung der Quadrillenformation in die angeführten Untergliederungen wird neuerdings meist einfach die Anzahl der Reiter genannt, die zu der gewünschten Einheit gehören, z.B. zu zweien, zu dreien usw. So wird auch in den folgenden Abschnitten verfahren.
Beim Figurenreiten und bei der Vorbereitung einer Quadrille erweist es sich als vorteilhaft, wenn sich die Reiter vor Beginn (beim Aufmarschieren zum Aufsitzen) informieren, welche Platznummer sie in der Gesamtabteilung haben und ob sie Anfangsreiter für einen Teil der Gesamtabteilung sind. Selbstverständlich kann man auch, wenn man in der Unterrichtsstunde in bestimmten Teilen der Abteilung Figuren üben will, die Anfangsreiter durch Abzählen ermitteln, z.B. zu "zweien!" (Rotten) abzählen; zu "dreien!" (Sektionen) abzählen; zu "vieren!" (Gruppen) abzählen und so fort.

2.2.4.2

Die Kolonne

Als Kolonne wird die Formation der Gesamtabteilung bezeichnet, in der mehrere Reiter hintereinander reiten, entweder einzeln oder zu mehreren nebeneinander (in Gliedern).

• **Abb. 60**

Entsprechend der Anzahl der nebeneinander Reitenden, unterteilt man die Kolonne in:
Kolonne zu einem (einzeln hintereinander)
– 12 Reiter
Kolonne zu zweien (rottenweise)
– 12 Reiter bilden 6 Glieder
Kolonne zu dreien (sektionsweise)
– 12 Reiter bilden 4 Glieder
Kolonne zu vieren (gruppenweise)
– 12 Reiter bilden 3 Glieder (wird vorzugsweise beim Einreiten auf den Schauplatz sowie beim Ausreiten verwendet)
Kolonne zu sechsen (zugweise)
– 12 Reiter bilden 2 Glieder.
Je breiter die Glieder der Kolonne, umso schwieriger wird das Ausführen der Figuren. Andererseits erzieht das Reiten in Kolonne zu mehreren Reitern dazu, genau auf Tempo und Seitenrichtung zu achten. Ungenauigkeiten in dieser Hinsicht fallen in der Kolonne besonders ins Auge. Beim Reiten in der Kolonne beträgt der Abstand ihrer einzelnen Glieder stets so viel wie die Breite des Gliedes, d.h. in der Kolonne zu zweien beträgt der Abstand zum voranreitenden Paar 2 Schritt, reiten drei Reiter nebeneinander, sind es 3 Schritt usw. (s. Abb. 60).
Dieser Abstand ist erforderlich, damit beim Aufmarschieren in Linie weder eine Störung der Reiter untereinander noch ungleiche Zwischenräume auftreten.
Beim Kolonnenreiten sollte man auch vorher den Platz bedenken, den die nebeneinander Reitenden benötigen, um Figuren zu reiten. Das gilt sowohl für Abteilungsfiguren als auch für Einzelfiguren. Die Breite des Hufschlages entspricht in diesem Falle der Breite der nebeneinander Reitenden, z.B. drei nebeneinander = 2,5 m.
Für die Anlage der Figuren gilt, daß der innere Reiter eines Gliedes bestimmend für die Hufschlagfigur ist, da von seinem Pferd die stärkste seitliche Biegung verlangt wird (vgl. Abb. 75). Für die Kolonne mit mehreren Reitern nebeneinander werden die gleichen Kommandos gegeben wie für die Kolonne zu einem. Die Kommandos gelten immer für das ganze Glied. Die Bildung der verschiedenen Kolonnen wird im Abschnitt "Auf- und Abmärsche" (s. 2.2.4.4) besprochen.

2.2.4.3

Die Brechungen der Kolonne

Brechungen der Kolonne sind Figuren, zu denen die Formation der Kolonne aufgelöst und nach Beendigung der Figur wiederhergestellt wird. Je nachdem, ob bei der Ausführung der Figuren die Glieder der Kolonne hintereinander bleiben und die Anfangsreiter der kommandierten Einheiten der Kolonne die Figur wie eine Abteilungsfigur reiten oder ob die Glieder einer Einheit der Gesamtabteilung die Figur nebeneinander ausführen (Einzelfigur), gefolgt von der nächsten Einheit an der gleichen Stelle, unterscheiden wir
– Brechungen der Kolonne *mit Einheiten* der Gesamtabteilung
– Brechungen der Kolonne *in Einheiten* der Gesamtabteilung.

Welche der beiden Ausführungsarten verlangt wird, ist aus dem Kommando nur an den Wörtern "mit" und "in" zu erkennen. Der im lauten Kommando langgedehte I-Laut kann leicht die Veranlassung für eine Verwechslung der beiden Kommandos werden. Deshalb sollte sich der Ausbilder angewöhnen, das Wort "mit" im Kommando kurz auszusprechen, in dem Wörtchen "in" aber den I-Laut sehr lang zu dehnen.

Brechungen der Kolonne mit Einheiten der Gesamtabteilung
Diese Brechungen der Kolonnen können mit allen Einheiten der Gesamtabteilung durchgeführt werden. Natürlich muß auch

• Abb. 60

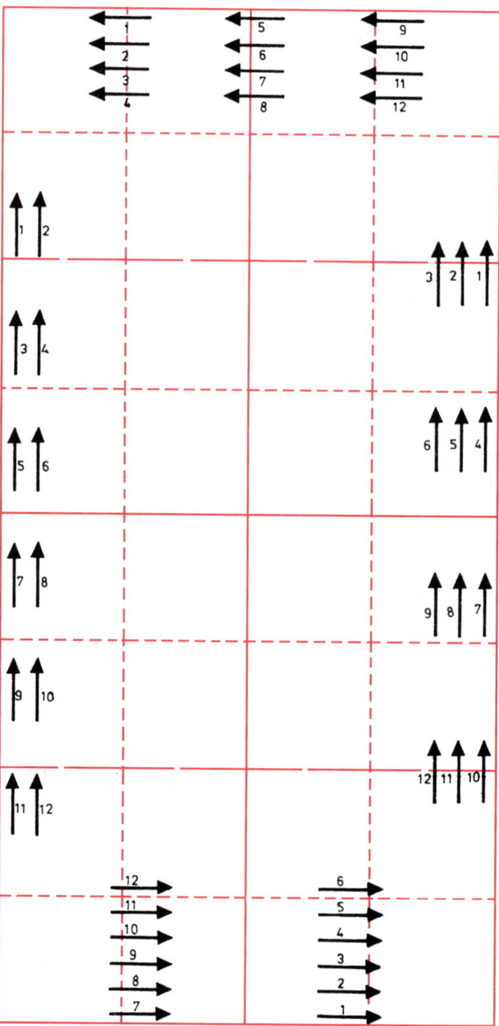

Die verschiedenen Kolonnen
Abstand jeweils entsprechend Kolonnenbreite:
Kolonne zu zweien = 2 Schritt = 1,5 m
Kolonne zu dreien = 3 Schritt = 2,5 m (1 Pferdelänge)
Kolonne zu vieren = 4 Schritt = 3,5 m
Kolonne zu sechsen = 6 Schritt = 5,0 m (2 Pferdelängen)

hier der Platzbedarf für die einzelnen Figuren berücksichtigt werden.
Einige der möglichen Figuren für die Kolonne zu einem sollen dargestellt werden. Jeder Ausbilder wird selbst entscheiden müssen, ob er mit seinen Reitern und Pferden diese Brechungen der Kolonne auch aus der Kolonne zu zweien, zu dreien, zu vieren usw. reiten lassen kann. Das wird möglich sein, sobald die Reiter in der entsprechenden Formation die Ecken korrekt durchreiten können (vgl. Abb. 75 c).
I Mit zweien! (dreien! vieren! sechsen!) Linksum/Rechtsum
II marsch!
III Das Kommando wird den Anfangsreitern der Einheiten gegeben, wenn sich die Abteilung auf der langen Seite und der Anfangsreiter noch wenigstens 8 m vor der ersten Ecke der kurzen Seite befindet.
Auf das Kommando "marsch!" reiten die Anfangsreiter eine Viertelvolte nach dem Bahninneren und dann senkrecht auf die gegenüberliegende lange Seite zu.
Alle Reiter, die zu der im Kommando genannten Einheit gehören, reiten hinter ihrem Anfangsreiter her.

• Abb. 61 und 62

Wird kein weiteres Kommando gegeben, so wenden die Einheiten auf der Hand, auf der sie bisher geritten sind, wieder auf den Hufschlag. In diesem Fall kehrt sich die Reihenfolge der Einheiten um.
Wenn hingegen die Einheiten mit einem entsprechenden Kommando auf die andere Hand gebracht werden, bleibt die richtige Reihenfolge bestehen.
Bei dieser Figur kommt es besoders auf das Einhalten der Seitenabstände zwischen allen Reitern der Einheit an. In der gleichen Weise kann die halbe Acht (s. 2.2.2.5) geritten werden.
I Mit zweien! (dreien! vieren! sechsen!) Halber Achter –
II marsch!
III s. S. 102 ff.
Diese Figur ist allerdings viel schwieriger, weil die Seitenabstände verlorengehen, wenn nicht von allen Reitern die halben Großvolten ganz gleich geritten werden. Deshalb muß genauer Abstand nach der Seite und nach vorn gehalten und auch die Seitenrichtung ständig kontrolliert werden.

• Abb. 63

Auch von der Mittellinie aus kann man mit allen Einheiten Linksum bzw. Rechtsum reiten lassen, muß dann aber die Links-und Rechtswendung wiederholen oder die Abteilung beim Erreichen der langen Seite auf die andere Hand führen, um die ursprüngliche Reihenfolge der Einheiten wieder zu erhalten. Schließlich soll noch die Möglichkeit erwähnt werden, mit zweien, mit dreien, mit vieren und mit sechsen Großvolten an der langen Seite oder von der Mittellinie oder auch nach beiden Seiten von der Mittellinie (s. S. 87 f.) wie auch Großkehrtvolten (s. S. 113 f.) reiten zu lassen.

• Abb. 64

Die Abstände von Reiter zu Reiter sollen dabei 1 Schritt betragen. Die Kommandos entsprechen den bei den genannten Figuren besprochenen; im Ankündigungskommando wird jedoch die Einheit angegeben.

Brechung der Kolonne in Einheiten der Gesamtabteilung
Brechungen der Kolonne können auch *innerhalb* der Einheiten der Gesamtabteilung durchgeführt werden.
Auch hierfür einige Beispiele, zu denen man sich weitere Möglichkeiten ausdenken kann.
I *In* zweien! (dreien! vieren! sechsen!) Linksum/Rechtsum –
II marsch!
III Das Kommando wird gegeben, wenn sich die Reiter der ersten Einheit auf der kurzen bzw. langen Seite befinden. Auf "marsch!" wenden alle Reiter der angesprochenen Einheit gleichzeitig ab und reiten eine Viertelvolte nach dem Bahninneren,

• Abb. 61

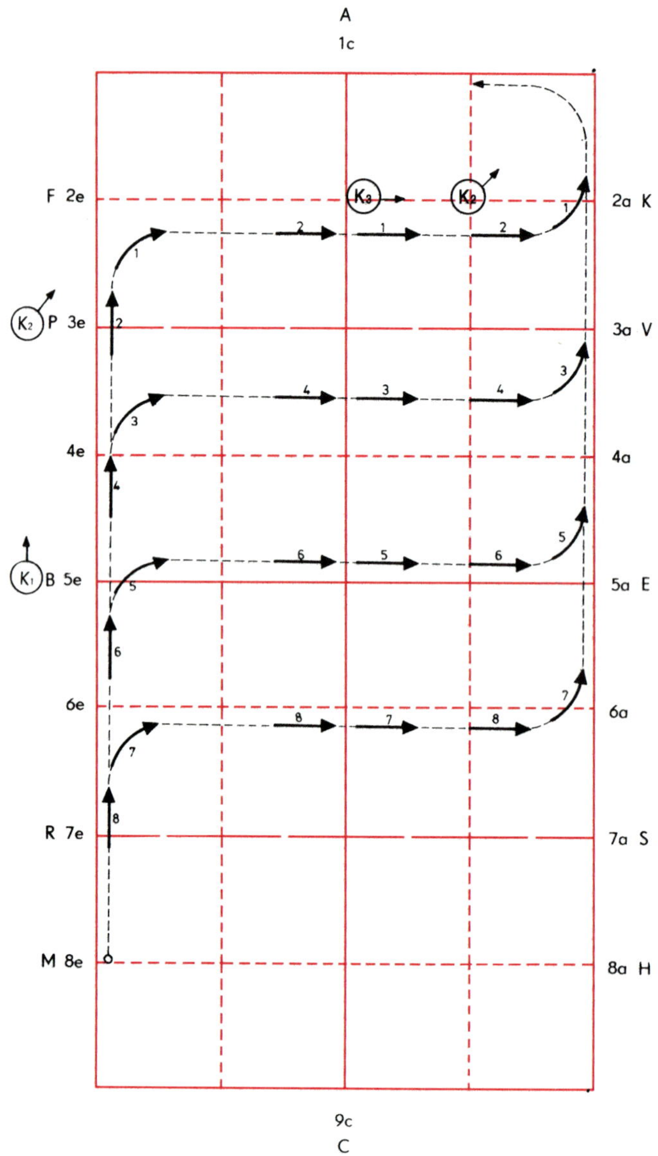

Mit zweien (mit Rotten) Rechtsum (Abteilungsfigur)
Kommando: 1 Mit zweien (mit Rotten)! Rechtsum –
2 marsch!
3 Linksum –

• Abb. 62

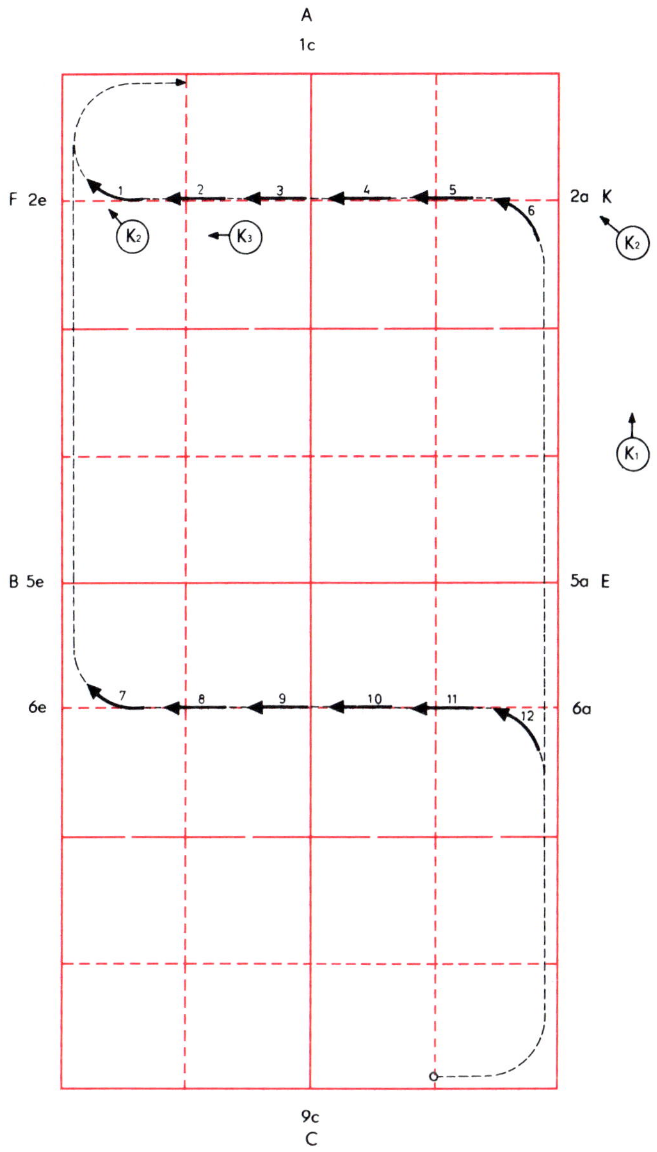

Mit sechsen (mit Zügen) Linksum (Abteilungsfigur)
Kommando: 1 Mit sechsen (mit Zügen)! Linksum –
2 marsch!
3 Rechtsum –
Abstand: 1 Schritt

• Abb. 63

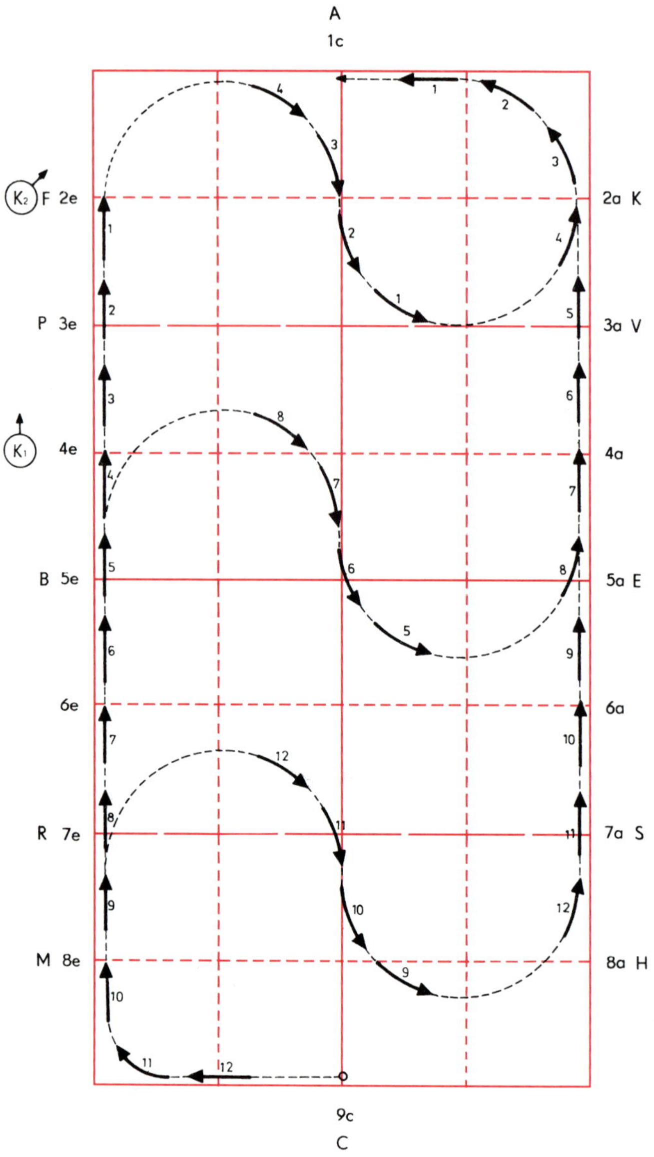

Mit vieren (mit Gruppen) halbe Acht (Abteilungsfigur)
Kommando: 1 Mit vieren (mit Gruppen)! Halber Achter –
2 marsch!
Abstand: 1 Schritt

• Abb. 64

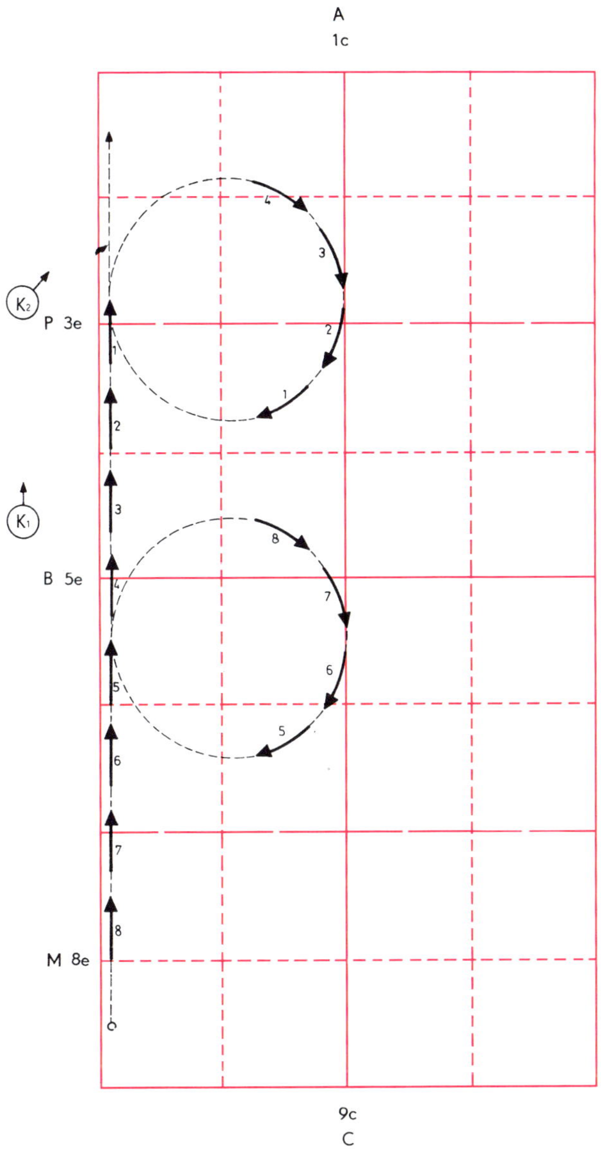

Mit vieren (mit Gruppen) Großvolte (Abteilungsfigur)
Kommando: 1 Mit vieren (mit Gruppen)! Großvolte –
2 marsch!
Abstand: 1 Schritt, auch eine Pferdelänge möglich

von dort nebeneinander senkrecht auf die gegenüberliegende Seite zu.

• Abb. 65 und 66

Die zweite Einheit reitet geradeaus weiter bis zum Abwendepunkt der ersten Einheit. Dort reiten deren Reiter genauso und an gleicher Stelle wie die erste Einheit eine Viertelvolte, worauf die einzelnen Reiter der zweiten Einheit genau auf dem Hufschlag ihrer Vordermänner weiterreiten. Der Abstand zwischen der ersten und der zweiten Einheit ist so groß wie die Länge der Einheit. Die dritte und weitere Einheiten verfahren genauso. An der gegenüberliegenden Seite werden die Einheiten auf den Hufschlag der anderen Hand geführt. Wenn der richtige Abstand zwischen den Einheiten eingehalten worden ist, erreicht die folgende Einheit den Hufschlag, wenn die vorhergehende schon von der Ankunftstelle weggeritten ist. Der Abstand zwischen dem Schlußreiter der vorhergehenden und dem Anfangsreiter der folgenden Einheit muß genauso groß sein, wie der Abstand zwischen den einzelnen Reitern. Man kann diese Wendungen auch in Kolonne zu zweien oder zu dreien reiten lassen.
Außer den Viertelwendungen nach links bzw. rechts kann in den verschiedenen Einheiten auch halblinks bzw. halbrechts geritten werden.
I *In* zweien! (dreien! vieren! sechsen!) Halblinks/Halbrechts
II marsch!
III s. S. 61 und Abb. 7
Die Reiter des 2., 3. Gliedes usw. folgen jeweils auf dem Hufschlag ihres Vordermannes.

• Abb. 67 und 68

Brechungen der Kolonne mit Einheiten, die sich auf der gleichen Hand gegenüber befinden
Interessante Figuren, die sich auch sehr gut zu Vorstellungen der Abteilungen und als Teile von Quadrillen eignen, erhalten wir, wenn wir die Brechungen der Kolonne in Einheiten von zwei auf der gleichen Hand gegenüberreitenden Abteilungen ausführen lassen.
Beispiel:
I In dreien! Halbrechts (In vieren! Halbrechts/Halblinks) –
II marsch!
III **Abb. 69 und 70**
Natürlich läßt sich auf diese Weise auch Linksum und Rechtsum mit zweien und mit dreien zeigen.

• Abb. 71 und 72

Selbstverständlich kann man mit den auf gleicher Hand gegenüber befindlichen Einheiten auch Großvolten und Großkehrtvolten von außen nach innen reiten lassen.

• Abb. 73

Auch beiderseits der Mittellinie lassen sich diese Figuren mit zweien, mit dreien und (maximal) mit vieren ausführen.

• Abb. 74

Man kann auch in Kolonne zu zweien oder zu dreien einige der Figuren reiten lassen, die in den folgenden Bildern dargestellt sind, sollte aber dazu nur solche Figuren auswählen, die in der Kolonne zu einem schon gut klappen.

• Abb. 75 a - e

Einige Hinweise zum Reiten in Kolonne
Das Reiten in Kolonne zu zweien, dreien und vieren verlangt bei der Ausführung von Figuren die Berücksichtigung der Gliedbreite. Nach ihr richtet sich die Breite des Hufschlages für die nebeneinander Reitenden.
Die Breite eines Reiters, gemessen von Bügel zu Bügel, kann mit ca. 80 cm angesetzt werden. Damit brauchen zwei Reiter nebeneinander einen Hufschlag von ca. 1,5 m Breite, drei Reiter ca. 2,5 m, vier Reiter ca. 3,5m.

• **Abb. 65**

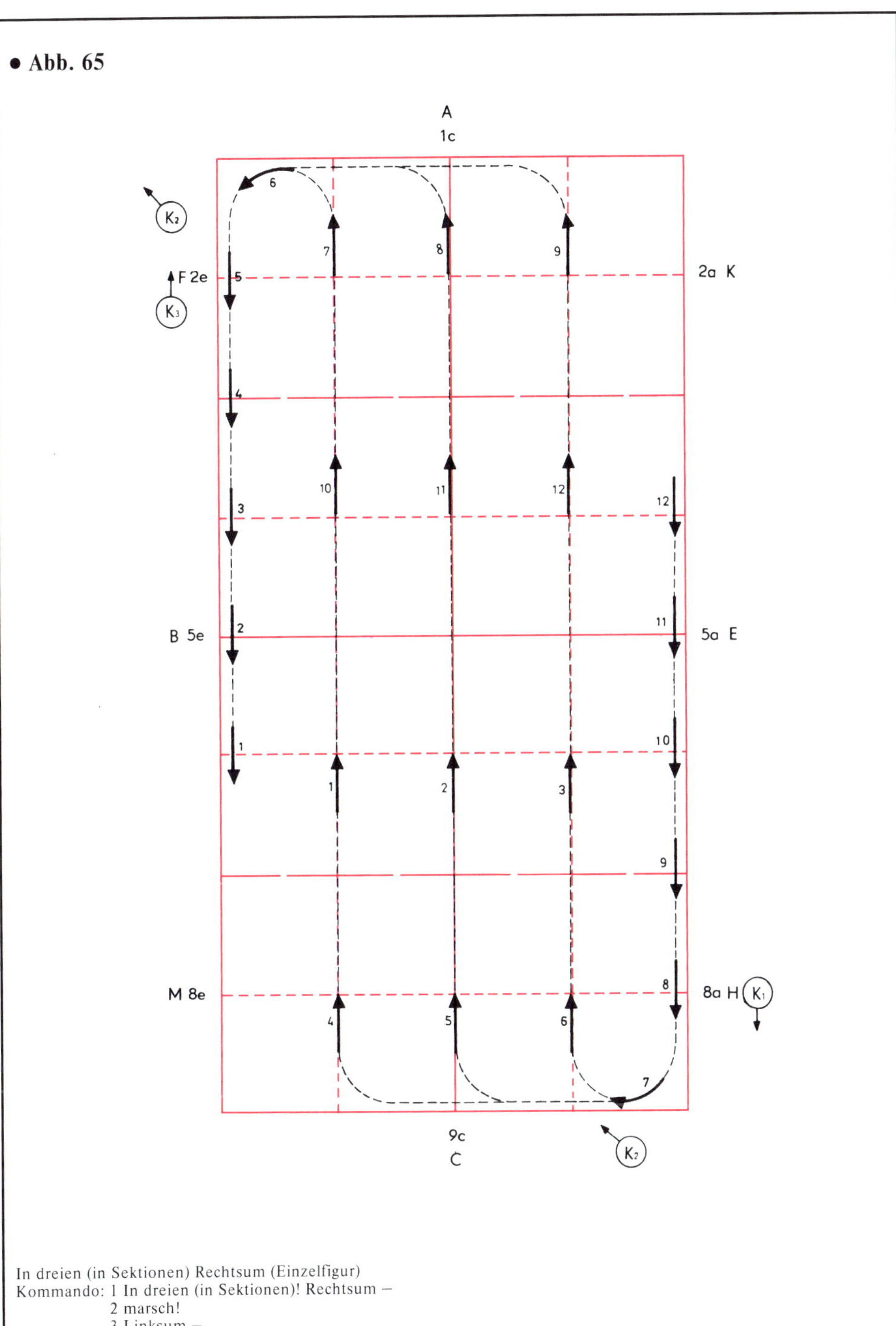

In dreien (in Sektionen) Rechtsum (Einzelfigur)
Kommando: 1 In dreien (in Sektionen)! Rechtsum –
2 marsch!
3 Linksum –
Abstand: 1 Pferdelänge, auf der Mittellinie 3 Pferdelängen

• Abb. 66

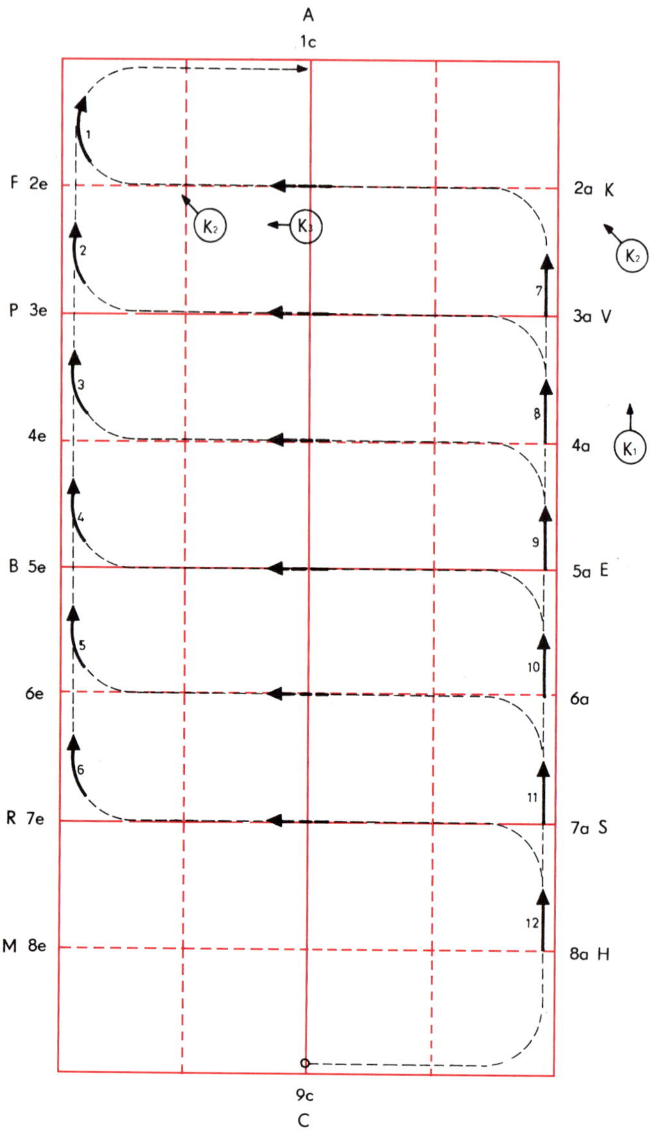

In sechsen (in Zügen) Linksum (Einzelfigur)
Kommando: 1 In sechsen (in Zügen)! Linksum –
2 marsch!
3 Rechtsum –
Abstand: 1 Pferdelänge, zwischen den Zügen (beim Herüberreiten) 9 Pferdelängen

• Abb. 67

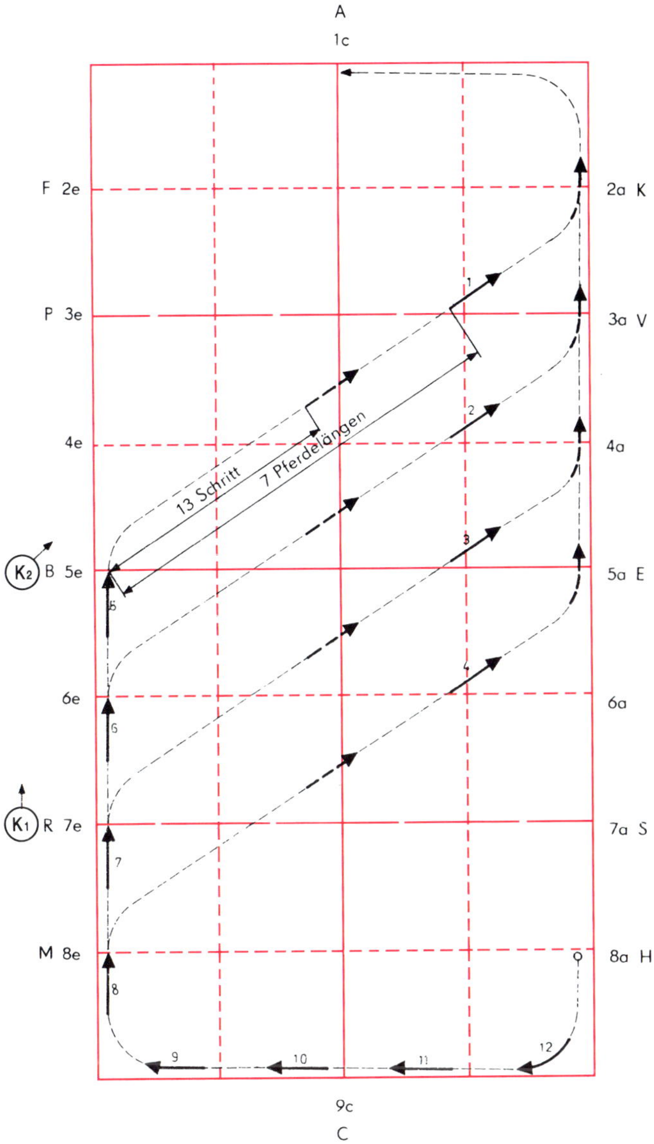

In vieren (in Gruppen) Halbrechts (Einzelfigur)
Kommando: 1 In vieren (in Gruppen)! Halbrechts –
2 marsch!
Abstand: 1 Pferdelänge (ergibt zwischen den Gruppen beim Herüberreiten 7 Pferdelängen);
1 Schritt (ergibt zwischen den Gruppen beim Herüberreiten 13 Schritt)

• Abb. 68

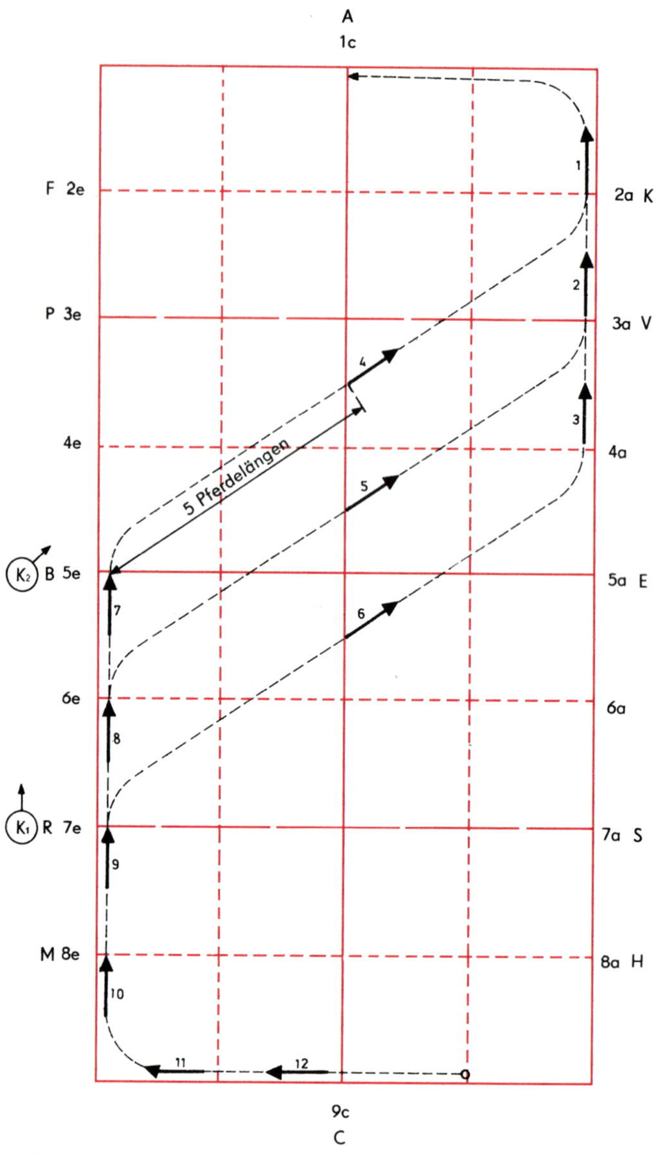

In dreien (in Sektionen) Halbrechts (Einzelfigur)
Kommando: 1 In dreien (in Sektionen)! Halbrechts –
2 marsch!
Abstand: 1 Pferdelänge (ergibt zwischen den Sektionen beim Herüberreiten 5 Pferdelängen)

• Abb. 69

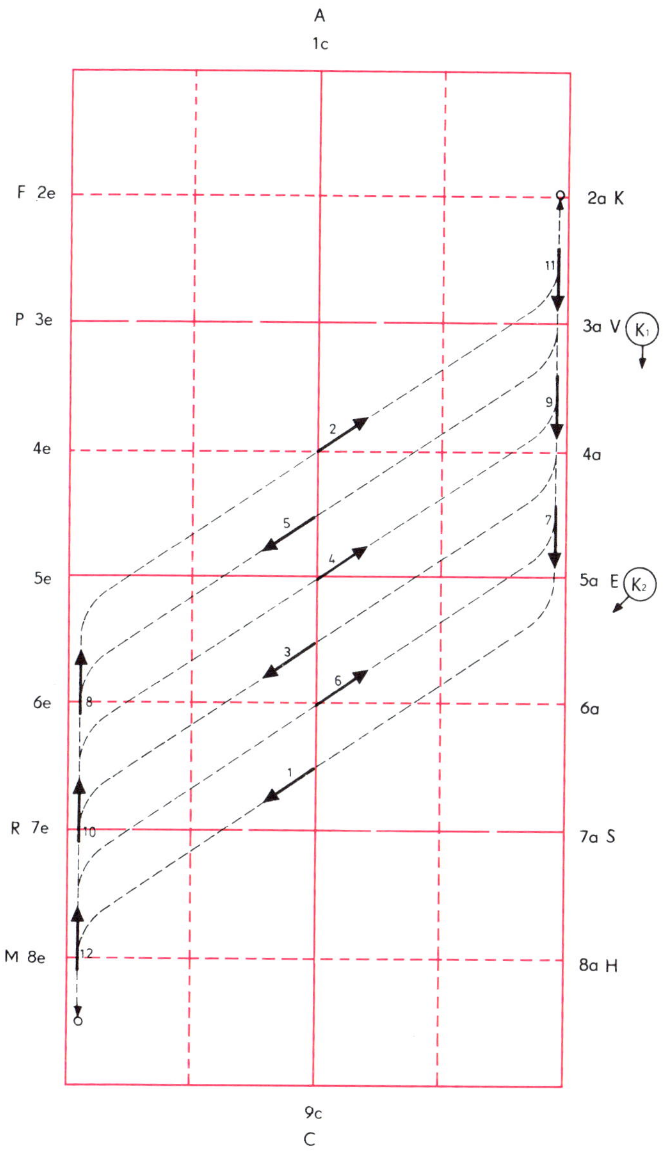

In dreien (in Sektionen) Halbrechts bei auf gleicher Hand gegenüber reitenden Abteilungen (Einzelfigur)
Kommando: 1 In dreien (in Sektionen)! Halbrechts –
2 marsch!
Abstand: 1 Pferdelänge, zwischen den Sektionen beim Herüberreiten 5 Pferdelängen

• **Abb. 70**

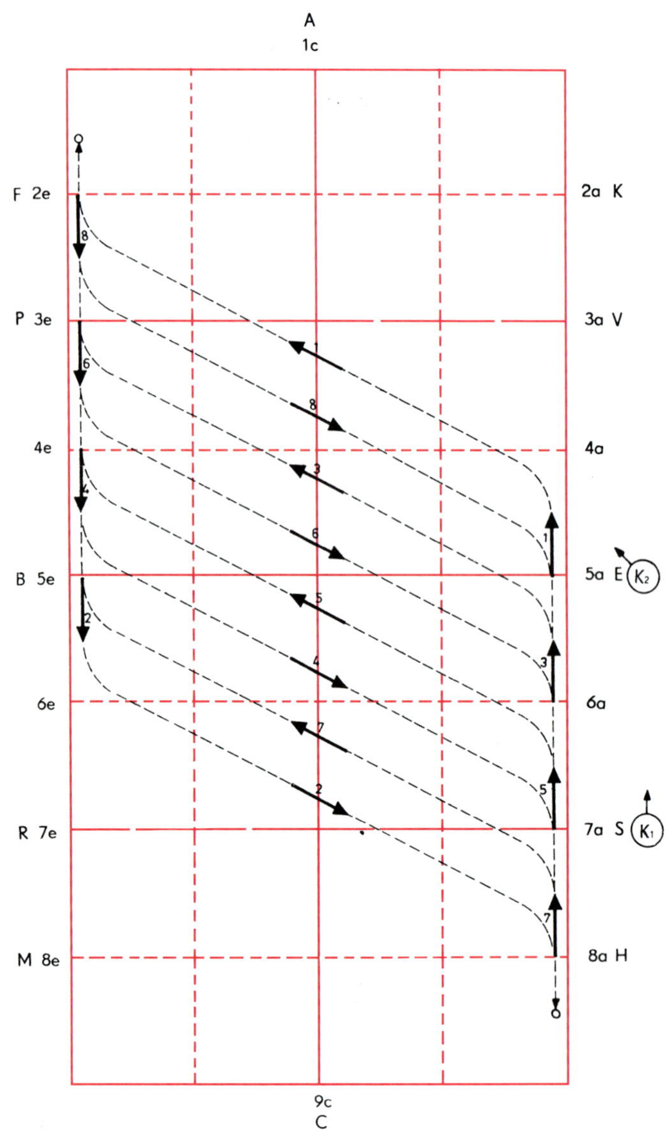

In vieren (in Gruppen) halblinks bei auf gleicher Hand gegenüber reitenden Abteilungen (Einzelfigur)
Kommando: 1 In vieren (in Gruppen)! Halblinks –
2 marsch!
Abstand: 1 Pferdelänge

• Abb. 71

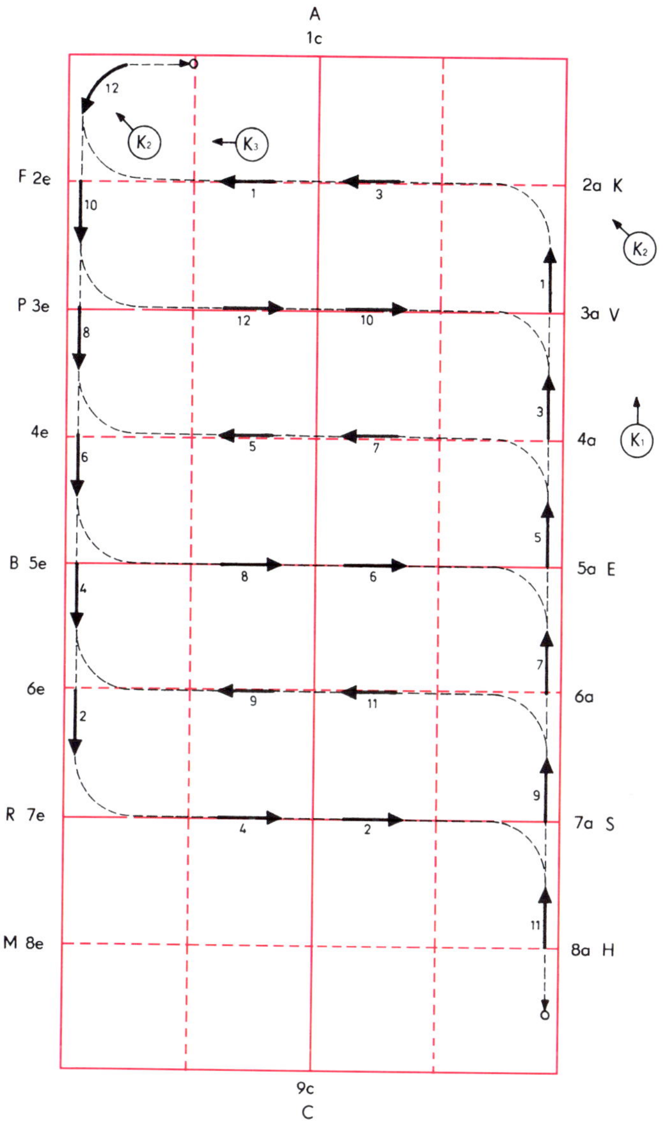

Mit zweien (mit Rotten) Linksum bei auf gleicher Hand gegenüber reitenden Abteilungen (Abteilungsfigur)
Kommando: 1 Mit zweien (mit Rotten)! Linksum –
2 marsch!
3 Rechtsum –
Abstand: 1 Pferdelänge

• **Abb. 72**

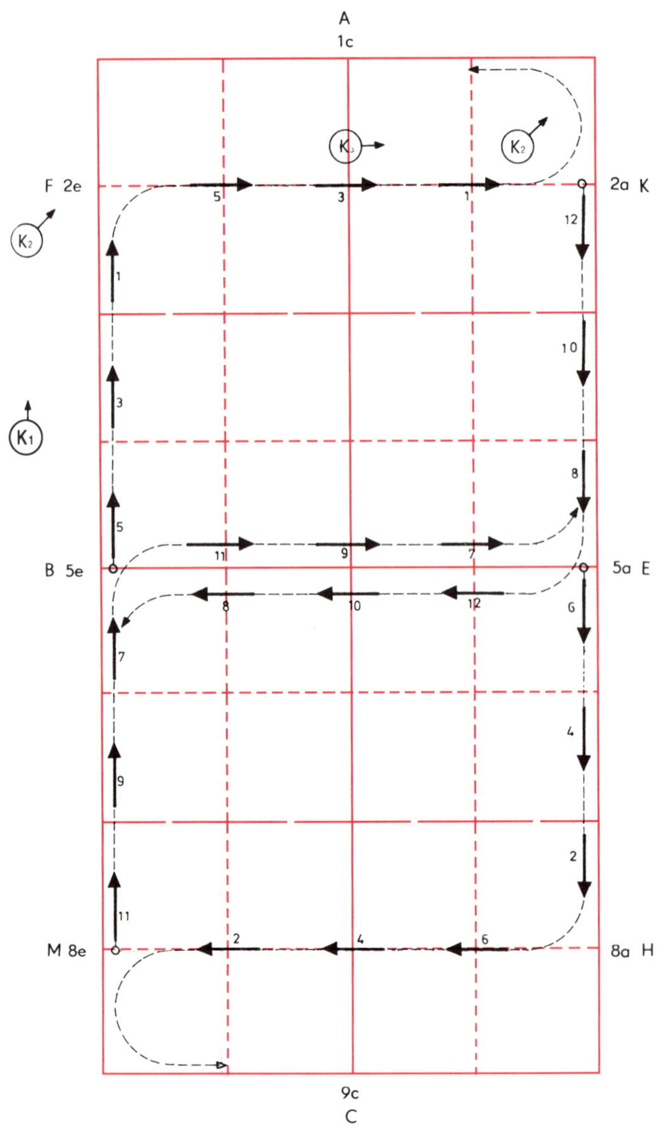

Mit dreien (mit Sektionen) Rechtsum bei auf gleicher Hand gegenüber reitenden Abteilungen (Abteilungsfigur)
Kommando: 1 Mit dreien (mit Sektionen)! Rechtsum –
2 marsch!
3 Linksum –
Abstand: 1 Pferdelänge

• **Abb. 73**

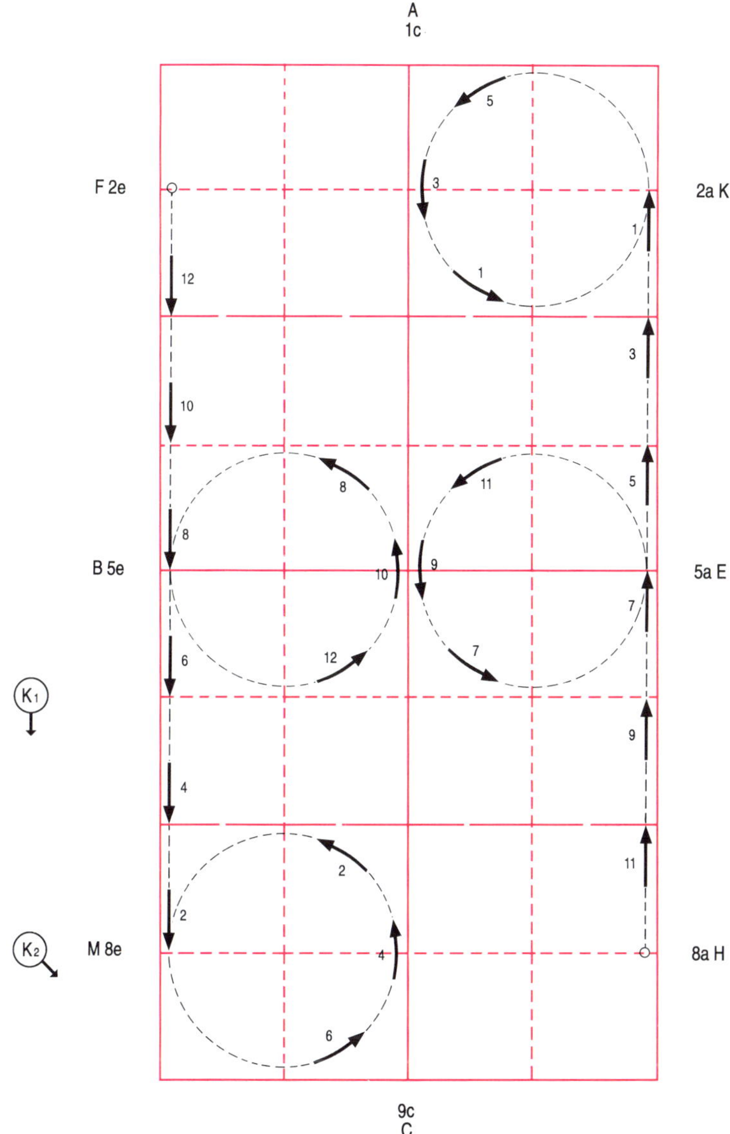

Mit dreien (mit Sektionen) Großvolte bei auf gleicher Hand gegenüber reitenden Abteilungen (Abteilungsfigur)
Kommando: 1 Mit dreien (mit Sektionen)! Großvolte –
2 marsch!
Abstand: 1 Pferdelänge
Wenn das Ausführungskommando am Punkt 2 a/8e (K/M) gegeben wird, kommen die Großvolten der ersten beiden Dreiergruppen mit den Reitern 1, 3, 5 und 2, 4, 6 in die gegenüberliegenden Ecken des Vierecks, und die Großvolten der beiden anderen Dreiergruppen beginnen an der Quermittellinie, so daß sie genau auf gleicher Höhe liegen.

• **Abb. 74**

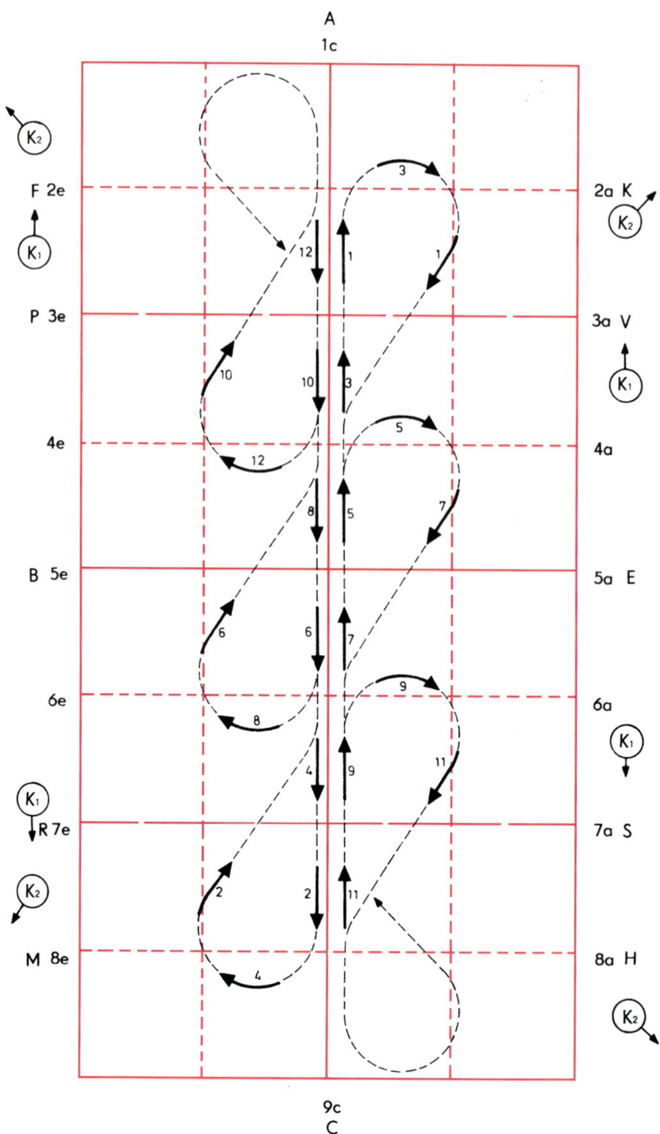

Mit zweien (mit Rotten) Kehrtvolte beiderseits der Mittellinie (Abteilungsfigur)
Kommando: 1 Mit zweien (mit Rotten)! Kehrt –
2 marsch!
Abstand: 1 Pferdelänge

• **Abb. 75 a**

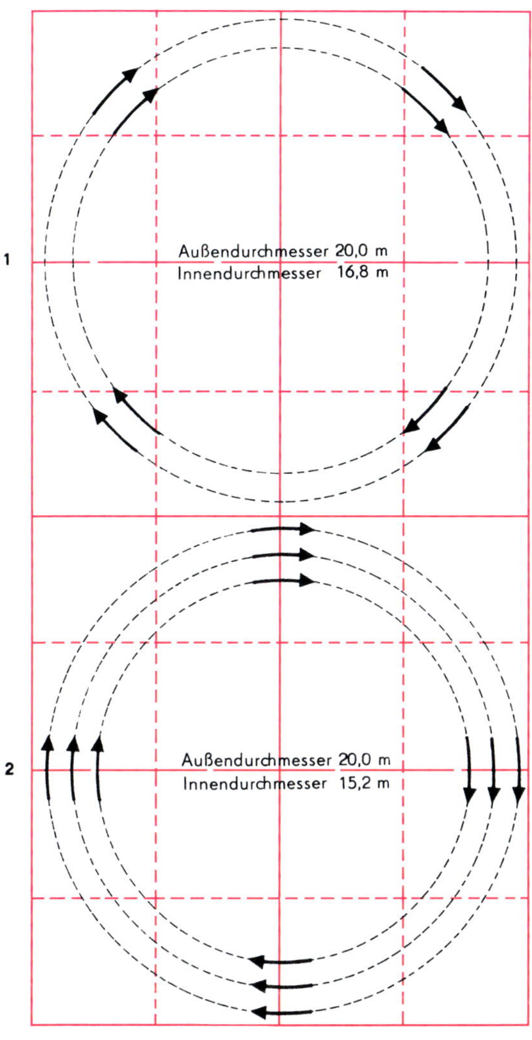

Grundfiguren in Kolonne
1 Zirkel zu zweien
2 Zirkel zu dreien

• **Abb. 75 b**

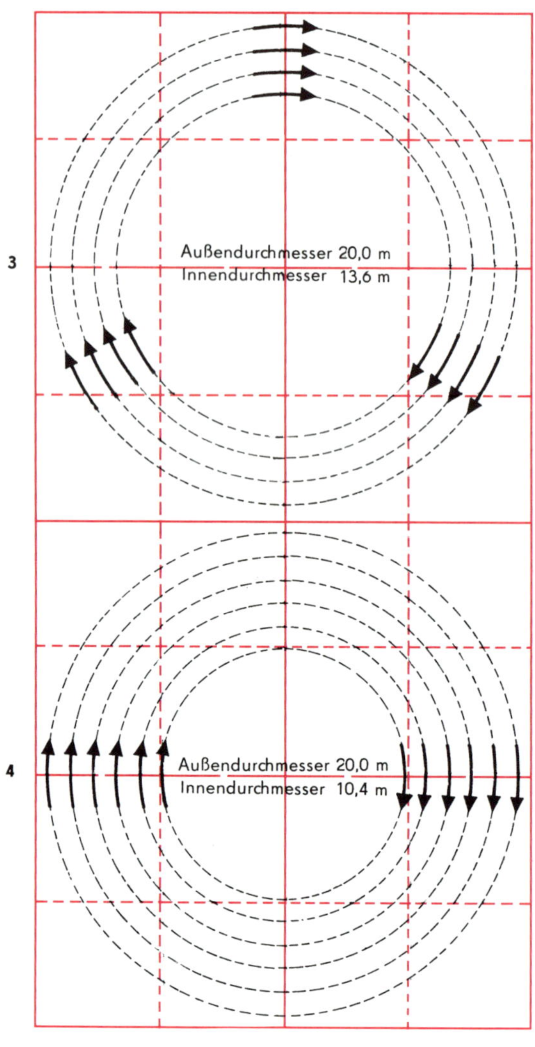

Grundfiguren in Kolonne
3 Zirkel zu vieren
4 Zirkel zu sechsen

● Abb. 75 c

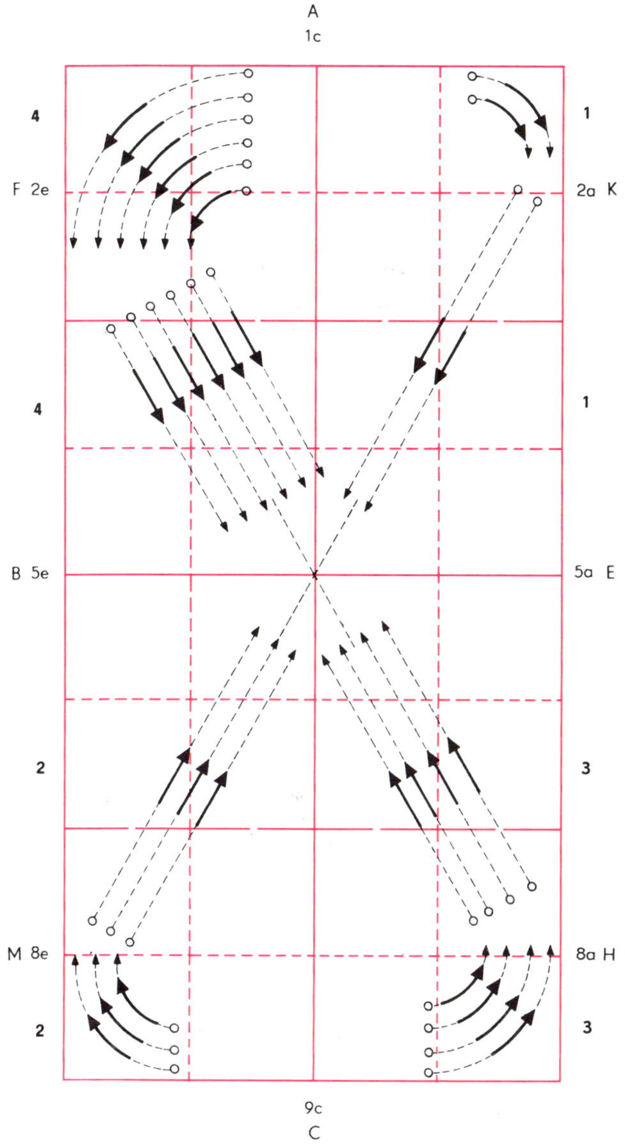

Grundfiguren in Kolonne
(Wechsellinien und Viertelvolten)
1 zu zweien
2 zu dreien
3 zu vieren
4 zu sechsen

• **Abb. 75 d**

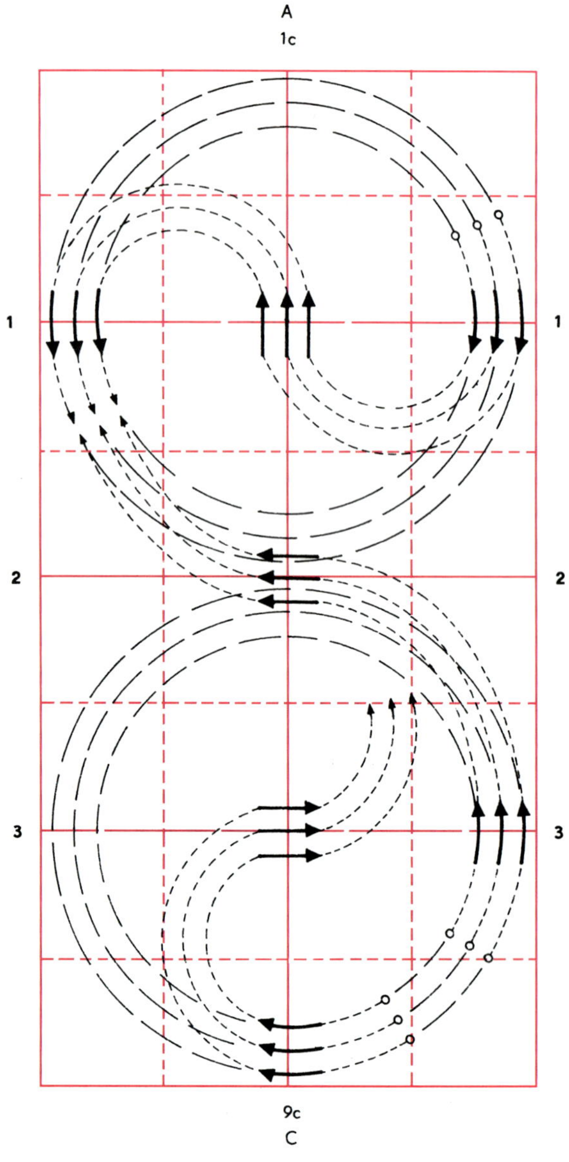

Grundfiguren in Kolonne
(Wechsel aus dem Zirkel und im Zirkel)
1 Durch den Zirkel wechseln zu dreien
2 Aus dem Zirkel wechseln zu dreien
3 Auf halber Acht längs durch den Zirkel wechseln zu dreien

• Abb. 75 e

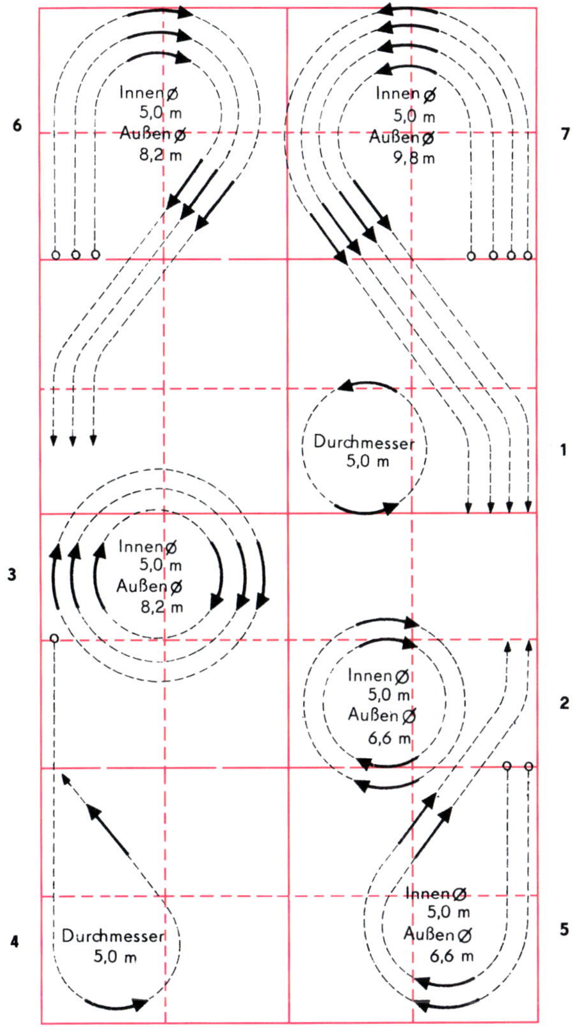

Grundfiguren in Kolonne
(Volten und Kehrtvolten)
1 Volte zu einem
2 Volte zu zweien
3 Volte zu dreien
4 Kehrtvolte zu einem
5 Kehrtvolte zu zweien
6 Kehrtvolte zu dreien
7 Kehrtvolte zu vieren

• **Abb. 76**

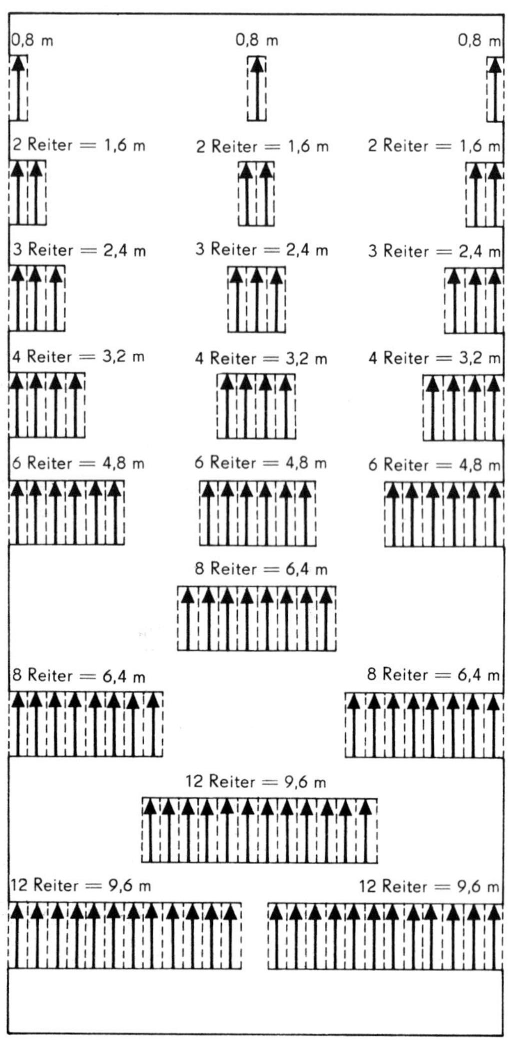

Platzbedarf (Gliedbreite) beim Kolonnenreiten
Auf dem Viereck 20 m x 40 m gilt:
Maßstab: 1 : 200 1 cm = 2,0 m 1 mm = 20 cm 12 mm = 1 Pferdelänge = 2,4 m
4 mm = 1 Schritt = 0,8 m (Pferdebreite)

Auf dem Viereck 30 m x 60 m gilt:
Maßstab: 1 : 300 1 cm = 3,0 m 1 mm = 30 cm 8 mm = 1 Pferdelänge = 2,4 m
3 mm = 1 Schritt = 0,9 m (Pferdebreite)

• Abb. 76

Will man Figuren in den verschiedenen Kolonnen reiten lassen, muß überlegt sein, welche Gliedbreite bei dieser Figur und im Verhältnis zur Größe des Vierecks noch möglich ist.
Es ist ein wichtiger Grundsatz für das Figurenreiten in Kolonne, daß alle Reiter auf den verlangten Figuren die Gangart einhalten können. In keiner Wendung darf ein geringerer Durchmesser als der einer Volte gefordert werden, auf der die verlangte Längsbiegung dem Ausbildungsstand des Pferdes entspricht. Auf einer engeren Kreislinie kann das Pferd nicht im Takt bleiben und muß mit der Hinterhand ausfallen.
Für den Ausbilder ergibt sich daraus, daß er den Zusammenhang zwischen dem Ausbildungsstand seiner Reiter und Pferde und der Größe der verlangten Volten erkennt und berücksichtigt. Ein Pferd muß schon dressurmäßig sehr weit ausgebildet sein, wenn es auf der Volte von 6 m Durchmesser (7 Schritt) takt- und schwungvoll gehen soll. Meist werden aber Reiter niedrigeren Ausbildungsstandes am Formationsreiten teilnehmen. Von ihnen kann man Volten nur auf dem Viereck 30 m x 60 m korrekt verlangen. Sie haben dort einen Durchmesser von 7,5 m. Auf dem kleineren Viereck von 20 m x 40 m beschränkt man sich mit noch nicht genügend fortgeschrittenen Pferden auf Großvolten, die einen Durchmesser von 10 m haben und deshalb noch etwas leichter korrekt geritten werden können.
Für den Reitweg der Reiter eines Gliedes ergeben sich auf einer Figur unterschiedliche Streckenlängen, die sich auf das Reittempo der einzelnen Reiter auf gekrümmten Linien auswirken, d.h. die Anzahl und Länge der Tritte bzw. Sprünge beeinflussen.
Aus der Tabelle, die die Durchschnittswerte für die Länge der Tritte und Sprünge unter Berücksichtigung des für die einzelnen Kreisdurchmesser erforderlichen Versammlungsgrades angibt, lassen sich zwei für das Figurenreiten in Kolonne wichtige Erkenntnisse finden (s. S. 174).

1. Je kleiner der Durchmesser des Kreises, um so größer der Unterschied in der *Trittlänge* zwischen dem Außen- und Innenpferd.
2. Je kleiner der Durchmesser des Kreises, um so größer der Unterschied in der *Trittzahl* zwischen dem Außen- und Innenpferd.

Auch daran sieht man, daß der kleinere Kreis die höheren Anforderungen an Biegung und Versammlungsfähigkeit, also an die Gymnastizierung des Pferdes stellt. Das sollte der Ausbilder bei der Auswahl der Übungen stets im Auge haben.

Anmerkung:
Beim Reiten in Kolonne zu mehreren nebeneinander müssen sich die Reiter jedes Gliedes ständig um Bügelfühlung bemühen. Das Klingeln aneinanderschlagender Bügel ist ein Qualitätszeichen des Kolonnenreitens.
Ganz besonders wichtig wird dieses jedoch auf allen gekrümmten Linien, weil der Innenreiter dazu neigt, den Kreisbogen zu eng zu machen. Es ist jedoch Aufgabe des Außenreiters, dem vorgeschriebenen Kreisbogen zu folgen. Er führt sein Pferd genau auf dem geforderten Hufschlag. Die innen von ihm Reitenden, besonders aber die Innenreiter drücken ihre Pferde nach außen, so daß sie Bügelfühlung haben. Nötigenfalls wirkt der Außenreiter dem etwas entgegen.

Tabelle: Anzahl und Länge der Tritte/Sprünge für die verschiedenen Kreisdurchmesser in den Vierecken 20 m x 40 m und 30 m x 60 m beim Kolonnenreiten (s. S. 174)

Figur/ Reiter	Durch-messer (m)	Umfang (m)	Anzahl der Tritte/Sprünge Schritt	Trab	Galopp	Länge der Tritte/Sprünge in m Schritt	Trab	Galopp
Volte	5,0	15,7	20	12	6	0,8	1,3	2,6
1. Reiter	5,0	15,7	23	14	6	0,7	1,1	2,6
2. Reiter	6,6	20,7	23	15	7	0,9	1,4	3,0
3. Reiter	8,2	25,7	23	16	8	1,1	1,6	3,2
4. Reiter	9,8	30,8	28	18	9	1,1	1,7	3,5
Volte	7,5	23,5	29	18	8	0,8	1,3	2,9
1. Reiter	5,1	16,0	23	15	6	0,7	1,1	2,7
2. Reiter	6,7	21,0	23	15	7	0,9	1,4	3,0
3. Reiter	8,3	26,0	23	16	8	1,1	1,6	3,2
4. Reiter	9,9	31,1	28	18	9	1,1	1,7	3,5
Dasselbe für weniger Fortgeschrittene								
1. Reiter	7,5	23,5	23	15	8	0,8	1,3	2,9
2. Reiter	9,1	28,6	28	19	9	1,0	1,5	3,1
3. Reiter	10,7	33,6	30	20	10	1,1	1,7	3,3
Großvolte	10,0	31,4	39	24	11	0,8	1,3	2,9
1. Reiter	5,2	16,3	20	15	6	0,8	1,1	2,7
2. Reiter	6,8	21,4	24	16	7	0,9	1,3	3,0
3. Reiter	8,4	26,4	26	18	8	1,0	1,5	3,2
4. Reiter	10,0	31,4	29	19	9	1,1	1,7	3,5
Dasselbe für weniger Fortgeschrittene (diese Großvolte geht 3,6 m über die Mittellinie hinaus)								
1. Reiter	8,4	26,4	33	20	9	0,8	1,3	2,9
2. Reiter	10,0	31,4	35	22	10	0,9	1,4	3,1
3. Reiter	11,6	36,4	36	24	11	1,0	1,5	3,3
Großvolte	15,0	47,1	59	36	16	0,8	1,3	3,0
1. Reiter	10,2	32,0	46	27	11	0,7	1,2	3,0
2. Reiter	11,8	37,0	47	28	11	0,8	1,2	3,1
3. Reiter	13,4	42,1	47	28	12	0,9	1,5	3,3
4. Reiter	15,0	47,1	47	28	13	1,0	1,7	3,5
Zirkel	20,0	62,8	79	48	21	0,8	1,3	2,0
1. Reiter	15,2	47,7	60	40	18	0,8	1,2	2,6
2. Reiter	16,8	52,7	60	41	18	0,9	1,3	2,9
3. Reiter	18,4	57,8	64	42	18	0,9	1,4	3,2
4. Reiter	20,0	62,8	63	42	18	1,0	1,5	3,5
Zirkel	30,0	94,2	118	72	32	0,8	1,3	3,0
1. Reiter	25,2	79,1	99	70	25	0,8	1,1	3,1
2. Reiter	26,8	84,2	99	70	25	0,8	1,2	3,3
3. Reiter	28,4	89,2	99	70	25	0,9	1,2	3,6
4. Reiter	30,0	94,2	99	70	25	0,9	1,3	3,7

1. Reiter = Innenreiter

2.2.4.4

Die Auf- und Abmärsche

B*ilden der Kolonnen*
Nachdem wir im vorhergehenden Abschnitt schon Hinweise zum Reiten in der Kolonne gegeben haben, wollen wir nun besprechen, wie Kolonnen gebildet werden.
Den Ausgang bildet die Kolonne zu einem. Aus ihr werden schrittweise die übrigen Kolonnen gebildet.

Bilden der Kolonne zu zweien aus der Kolonne zu einem
Die Kolonne zu einem reitet auf der linken Hand, damit Anfangsreiter Nr. 1 *rechts* bleibt und später beim Aufmarsch auf dem *rechten* Flügel steht.
I Zu zweien –
II marsch!
III Das Kommando wird den Reitern mit gerader Nummer erteilt, wenn sich die ganze Abteilung auf der langen Seite befindet. Auf "marsch!" reiten alle geraden Nummern links neben die vor ihnen reitenden Ungeraden, also 2 neben 1, 4 neben 3 usw.

• **Abb. 77**

Gleichzeitig verringert Nr. 1 das Tempo und die anderen Ungeraden legen etwas zu, so daß ein Abstand von zwei Schritt zwischen den Paaren entsteht (Der Abstand muß der Breite des Paares entsprechen!). Nun können entweder mit der Kolonne zu zweien Figuren geritten werden, oder es folgt auf der nächsten langen Seite das

Bilden der Kolonne zu dreien aus der Kolonne zu zweien
I Zu dreien –
II marsch!
III Das erste Paar (Nr. 1 und 2) reitet geradeaus weiter. Nr. 3 reitet nach vorn und setzt sich innen neben Nr. 2. Während nun Nr. 4 nach außen auf den Hufschlag geht, reitet das Paar Nr. 5/6 innen neben Nr. 4. Nr. 7/8 reiten weiter geradeaus, Nr. 9 innen neben sie. Nr. 10 geht nach außen auf den Hufschlag. Nr. 11/12 reiten als Paar innen neben sie. Gleichzeitig verringert das erste Paar das Tempo, die übrigen legen zu, so daß die Kolonne zu dreien den Abstand zwischen ihren Gliedern auf drei Schritt verkürzt. Vor Erreichen der kurzen Seite muß die Formationsänderung beendet sein.

• **Abb. 78**

Es muß besonders darauf geachtet werden, daß die nach vorn Reitenden nicht zu weit nach innen kommen, sondern dicht am Nebenmann bleiben, so daß sofort wieder Bügelfühlung besteht. Bereits in der ersten Ecke müssen die Innenreiter Nr. 3, 6, 9 und 12 ihre Pferde nach außen drücken, damit die Glieder eng geschlossen bleiben. Man kann nun von der nächsten langen Seite an mit der Kolonne Figuren reiten, wie sie im vorangegangenen Abschnitt erwähnt wurden, und zwar solche, die von den Reitern in Kolonne zu einem und Kolonne zu zweien schon gut beherrscht werden, oder es erfolgt auf der nächsten langen Seite:

Bilden der Kolonne zu vieren aus der Kolonne zu dreien
I Zu vieren –
II marsch!
III Das erste Glied (Nr. 1, 2, 3) reitet geradeaus weiter. Nr. 4, die sich auf dem äußeren Hufschlag befindet, reitet vor dem Paar Nr. 5/6 nach innen und setzt sich neben Nr. 3. Unmittelbar danach reitet das Paar Nr. 5/6 nach außen. Das Paar Nr. 7/8 reitet darauf vor der Nr. 9 nach vorn und setzt sich neben das Paar Nr. 5/6. Nr. 9 geht danach auf den äußeren Hufschlag und das letzte Glied (Nr. 10, 11, 12) setzt sich innen neben sie.

• **Abb. 79**

Das erste Glied verringert das Tempo, die übrigen legen zu, so daß ein Abstand von vier Schritt hergestellt wird. Die ganze Formationsänderung muß nach etwa 15 - 20

• **Abb. 77**

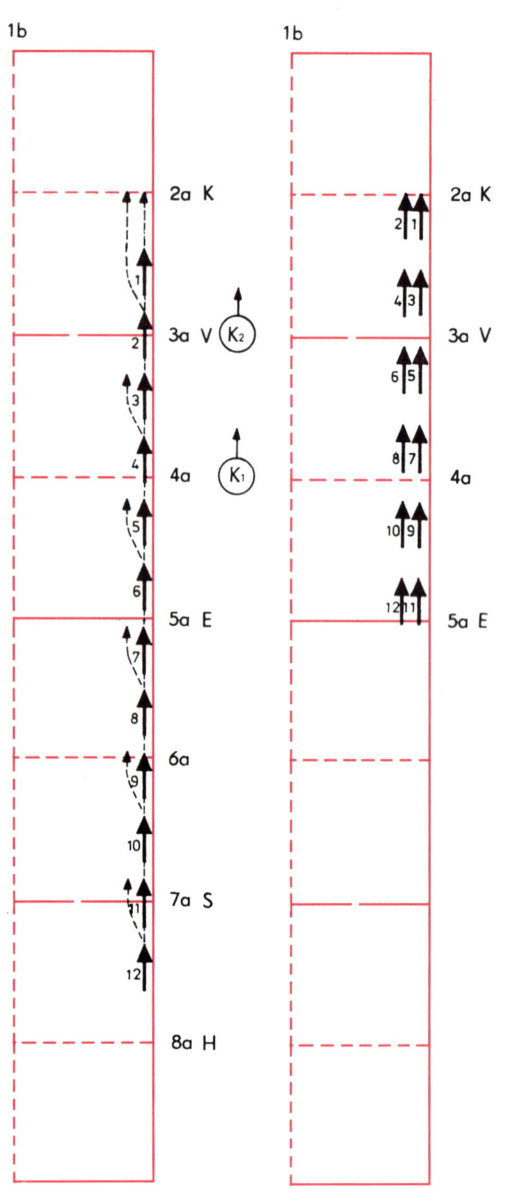

Bilden der Kolonne zu zweien
Viereck: 30 m x 60 m
Kommando: 1 Zu zweien –
2 marsch!
Abstand: zu einem = 1 Schritt zu zweien = 2 Schritt

• Abb. 78

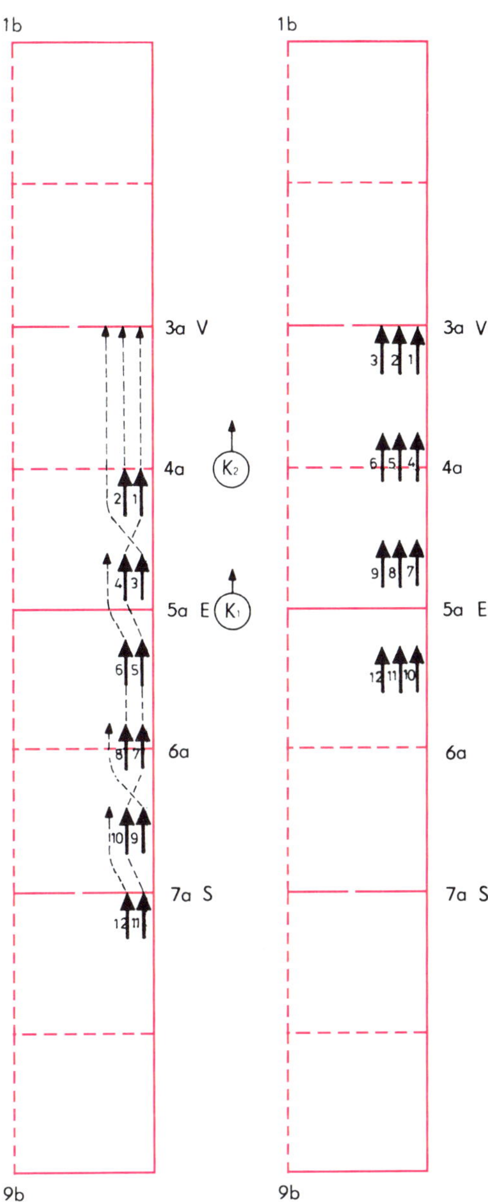

Bilden der Kolonne zu dreien
Viereck: 30 m x 60 m
Kommando: 1 Zu dreien –
2 marsch!
Abstand: zu zweien = 2 Schritt zu dreien = 3 Schritt
Wenn Reiter sich kreuzen müssen, reiten immer zuerst die außen Reitenden nach innen und danach die innen Reitenden hinter ihnen nach außen.

• Abb. 79

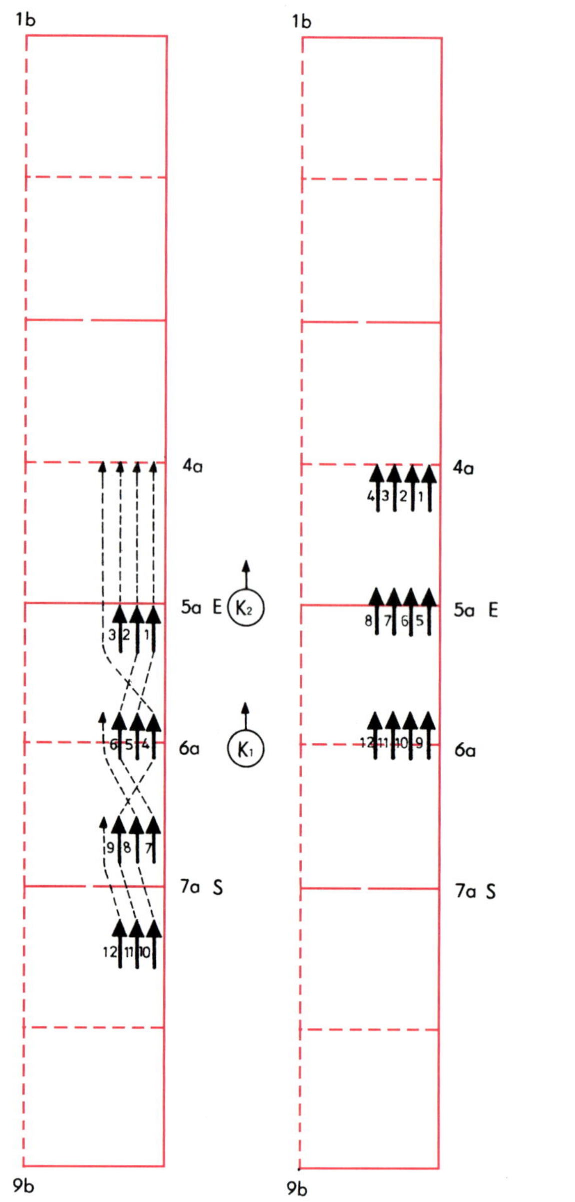

Bilden der Kolonne zu vieren aus der Kolonne zu dreien
Viereck: 30 m x 60 m
Kommando: 1 Zu vieren –
2 marsch!
Abstand: zu dreien = 3 Schritt zu vieren = 4 Schritt

Trabtritten beendet sein. Je eher, desto besser.
Nachdem die Kolonne gebildet ist, wird wieder in dem Tempo weitergeritten, in dem sich die Abteilung vor dem Kommando befand.
Bei diesen Tempoveränderungen zum Ausgleich der Abstände gilt, daß sie dem Zuschauer so wenig wie möglich ins Auge fallen. Voraussetzung dazu ist, daß die Übergänge weich und flüssig erfolgen. Ganz wichtig dabei ist auch, daß nebeneinander Reitende ihr Tempo gleichzeitig und gleichmäßig verändern. Als Grundsatz ist zu beachten: Der Anfangsreiter verringert das Tempo nur unmerklich, die übrigen legen kräftig zu, ohne die Gangart zu wechseln. Auch für das Formationsreiten gilt die alte Reiterweisheit: Geritten wird vorwärts!
Ist die Kolonne zu vieren gebildet, so kann man auch mit ihr andere Figuren reiten. Seitenrichtung und gleichmäßiges Tempo zu vieren stellen aber doch schon recht hohe Anforderungen an die Reiter. Deshalb übt man vorerst Handwechsel durch die ganze und durch die halbe Bahn sowie Halblinks und Halbrechts. Später reitet man auf dem Zirkel und läßt aus dem Zirkel wechseln. Großvolten und Großkehrtwendungen kommen noch vor den Viertelwendungen (auf die Mittellinie, Links- und Rechtsum) außerhalb der Ecken. Will man nicht in Kolonne zu vieren Figuren reiten, so erfolgt auf der nächsten langen Seite:

Bilden der Kolonne zu sechsen aus der Kolonne zu vieren
I Zu sechsen –
II marsch!
III Das Paar Nr. 5/6 reitet vor dem Paar Nr. 7/8 nach innen und setzt sich links neben das erste Glied. Das Paar Nr. 7/8 geht daraufhin nach außen, und das letzte Glied reitet geschlossen links neben sie.

• **Abb. 80 a**

Der Abstand zwischen den beiden Gliedern beträgt 6 m. Wendungen in Kolonne zu sechsen sind nicht leicht zu reiten, weil die Außenreiter fast doppelt so schnell reiten müssen wie die inneren. Daraus ergeben sich auch Schwierigkeiten hinsichtlich des Einhaltens der Gangart. Nur mit fortgeschrittenen Reitern und Pferden können diese Figuren im Trab bzw. Galopp geritten werden. Weniger Geübte können aber im Schritt dabei ihre treibende Einwirkung verbessern lernen, besonders, wenn sie außen reiten.
Zuletzt erfolgt auf der nächsten langen Seite:

Bilden der Linie (zu zwölfen)
I Zu zwölfen (oder: in Linie) -
II marsch!
III Das zweite Glied reitet, alle sechs Reiter in gleichem Tempo und genau ausgerichtet, innen neben das erste Glied. Während Nr. 7 nach vorn gleich direkt neben Nr. 6 reitet, so daß sofort Bügelfühlung besteht, müssen die übrigen Reiter des zweiten Gliedes zu ihrem äußeren Nachbarn Bügelfühlung und Seitenrichtung halten.

• **Abb. 80 b**

Wendungen bzw. Schwenkungen in Linie zu zwölfen sind auf dem Viereck 20 m x 40 m nicht möglich (Auf dem Viereck 30 m x 60 m lassen sie sich auf allen drei Zirkeln ausführen.). Wenn die Abteilung zur Linie aufmarschiert ist, muß gehalten werden.
I Abteilung –
II halt!
III Das Kommando wird so gegeben, daß der Reiter Nr. 1 am Punkt E oder K hält. Danach wird die Linie aufgelöst, indem man vom rechten oder vom linken Flügel zu einem oder zu zweien abbrechen läßt.
I Abteilung! Zu einem (zweien), vom rechten Flügel links brecht ab –
II marsch! (Trab! Im Arbeitstempo Galopp – marsch!)
III Reiter (Paar) Nr. 1 reitet geradeaus an. Nr. 2 reitet schräg nach rechts auf den Hufschlag und folgt Nr. 1 mit zwei Schritt Abstand. Die weiteren Reiter (Paare) reiten

• **Abb. 80 a, b**

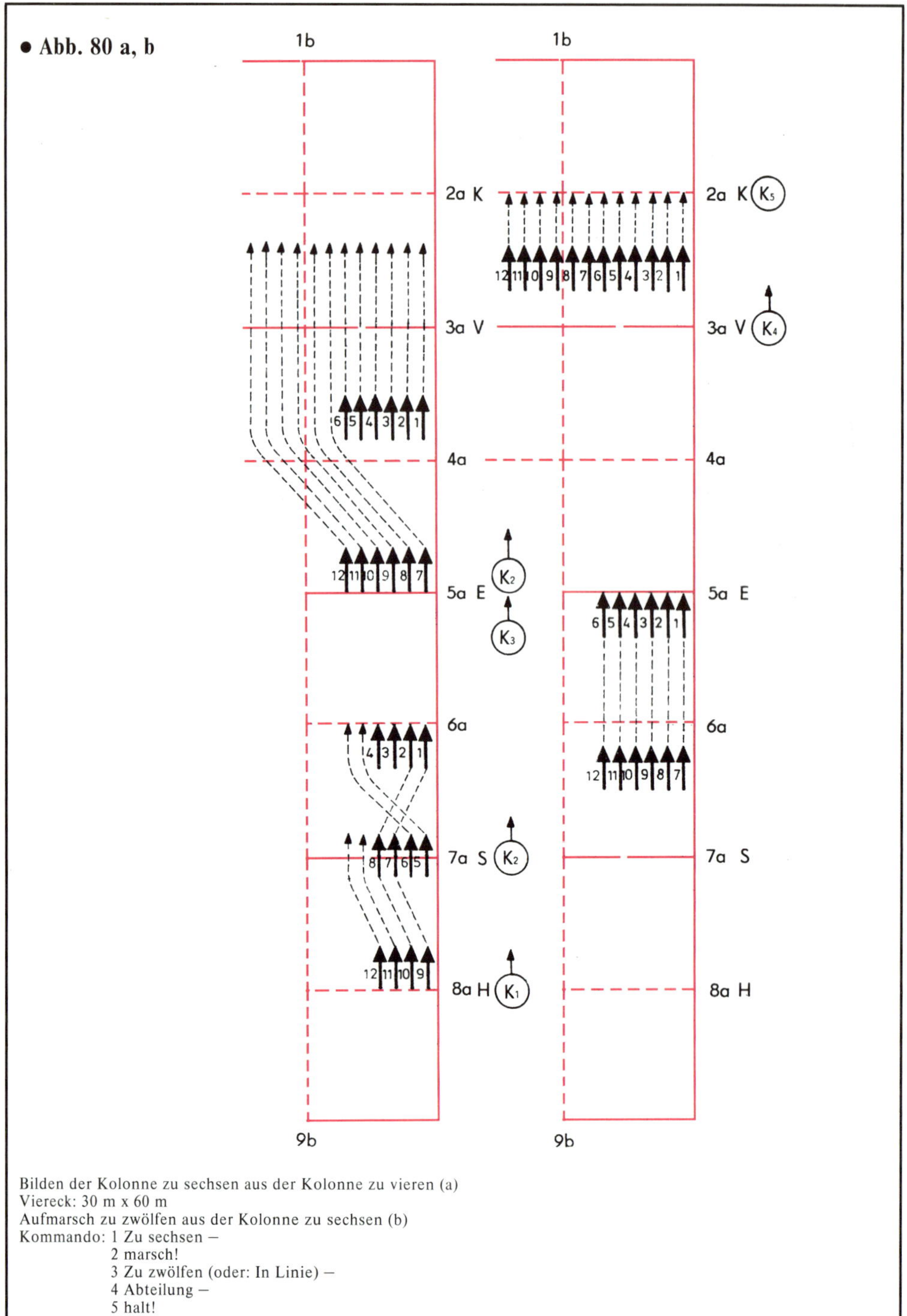

Bilden der Kolonne zu sechsen aus der Kolonne zu vieren (a)
Viereck: 30 m x 60 m
Aufmarsch zu zwölfen aus der Kolonne zu sechsen (b)
Kommando: 1 Zu sechsen –
2 marsch!
3 Zu zwölfen (oder: In Linie) –
4 Abteilung –
5 halt!
Abstand: zu sechsen = 6 Schritt

ebenfalls nach rechts, darauf an der langen Seite eine halbe Wendung nach links, worauf sie den Voranreitenden folgen (s. Abb. 81 a).

• Abb. 81 a

Der elegantere Abmarsch ist der vom linken Fügel!
I Abteilung! Zu einem (zu zweien), vom linken Flügel, links brecht ab –
II marsch! (Trab! Im Arbeitstempo Galopp – marsch!)
III Nr. 12/11 reiten geradeaus an. Vor der kurzen Seite erfolgt eine Viertelwendung nach links auf den Hufschlag. Jeder(s) der folgenden Reiter (Paare) reitet ebenfalls geradeaus an und genau senkrecht auf die kurze Seite zu, und zwar dann, wenn der Schweif der vorhergehenden Pferde in Höhe der Köpfe der folgenden ist. Dieses treppenförmige Abbrechen sieht, wenn es exakt geritten wird, sehr gut aus.

• Abb. 81 b

Nach dem Abmarsch ist die Abteilung mit umgekehrter Reihenfolge (Inversion) auf der linken Hand. Um sie wieder in die richtige Ordnung zu bringen:
I Abteilung! (zu zweien) Linksum –
II marsch!
III (s. S. 65 und Abb. 9) Es erfolgt kein neues Kommando, so daß die Abteilung (die Paare) bei Erreichen der gegenüberliegenden langen Seite eine zweite Linkswendung reiten, um dadurch wieder in die richtige Reihenfolge zu kommen.

Bilden der Kolonne zu vieren aus der Kolonne zu zweien und der Kolonne zu sechsen aus der Kolonne zu dreien
Neben der dargestellten schrittweisen Bildung der Kolonne, kann man natürlich auch so vorgehen, daß man jeweils das folgende Glied sich links neben das Voranreitende setzen läßt, zum Beispiel Nr. 4/3 links neben Nr. 2/1; Nr. 8/7 links neben Nr. 6/5; Nr. 12/11 links neben Nr. 10/9; oder bei dreien Nr. 6/5/4 links neben Nr. 3/2/1; gleichzeitig Nr. 12/11/10 links neben Nr. 9/8/7.

• Abb. 82 a, b

Werden die Formationsänderungen zur Bildung der Kolonne und die weiteren Aufmärsche als Teile von Quadrillen verwendet, so werden die Formationsänderungen immer an der langen Seite 9a-1a (von der Tribüne weg) vorgenommen. In der neuen Formation wird dann an der kurzen Seite 1a-1e, auf der langen Seite 1e-9e (auf die Tribüne zu) und auf der kurzen Seite 9e-9a (vor der Tribüne) geritten. Wenn die Anzahl der zur Verfügung stehenden Reiter nicht in der Anzahl der Reiter pro Glied aufgeht, wenn z.B. bei acht Reitern in Kolonne zu dreien geritten werden soll, zeigt die nachfolgende Abbildung, wie zu verfahren ist.

• Abb. 83 a - l

Bei Quadrillen wird man sich darauf nicht einlassen. Übt man das Figurenreiten jedoch im Reitunterricht, so können ein lahmes Pferd oder ein an der Teilnahme verhinderter Reiter ganz schnell eine solche Situation herbeiführen. Wird bei einer derartigen Gelegenheit ein Glied nicht voll (blindes Glied), so befinden sich – entgegen der Ordnung in militärischen Formationen – die unvollständigen Glieder am Anfang der Kolonne.
Entsteht eine solche Situation, wird wie folgt kommandiert!
I Anfang zu einem, übrige zu zweien –
II marsch!
I Erstes Glied zu zweien, übrige zu dreien
II marsch!
I Anfang zu einem, zweites Glied zu dreien, übrige zu sechsen –
II marsch!
III Die Ausführung erfolgt für die genannten Glieder jeweils wie bei Bildung der Kolonne beschrieben.
In der Regel reitet in der Kolonne an der Spitze *ein* blindes Glied. Wird jedoch beim Formationsreiten eine Anzahl von Gliedern benötigt, die ein Mehrfaches von vier bilden, kann die Anzahl der blinden Glieder entsprechend erhöht werden.

• Abb. 81 a, b

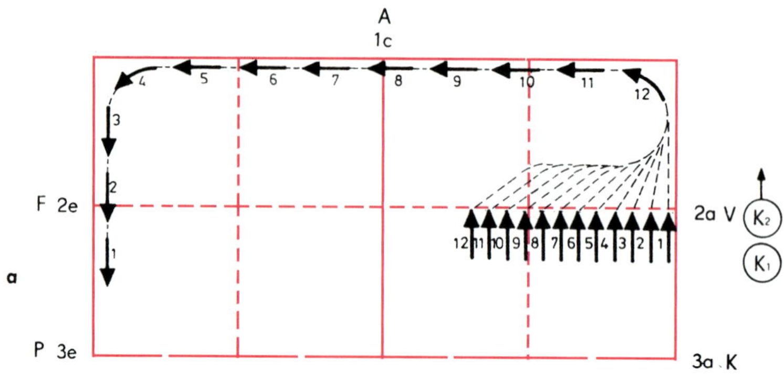

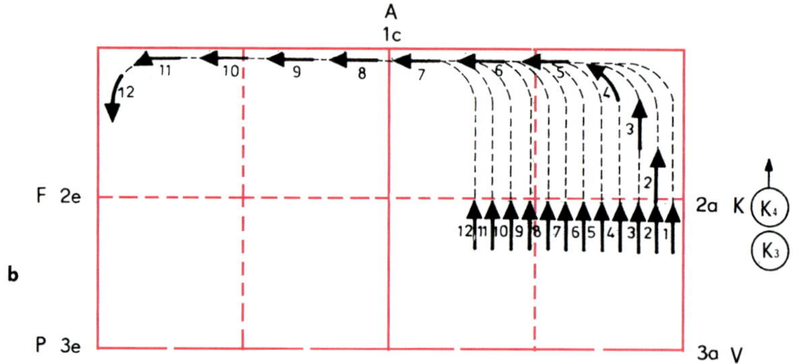

Auflösen der Kolonnne nach dem Aufmarsch in Linie (Abmarsch)
a Vom rechten Flügel
b Vom linken Flügel
Viereck: 30 m x 60 m
Kommando: 1 Abteilung! Zu einem vom rechten Flügel links brecht ab –
2 marsch!
3 Abteilung! Zu einem vom linken Flügel links brecht ab –
4 marsch!

• **Abb. 82 a, b**

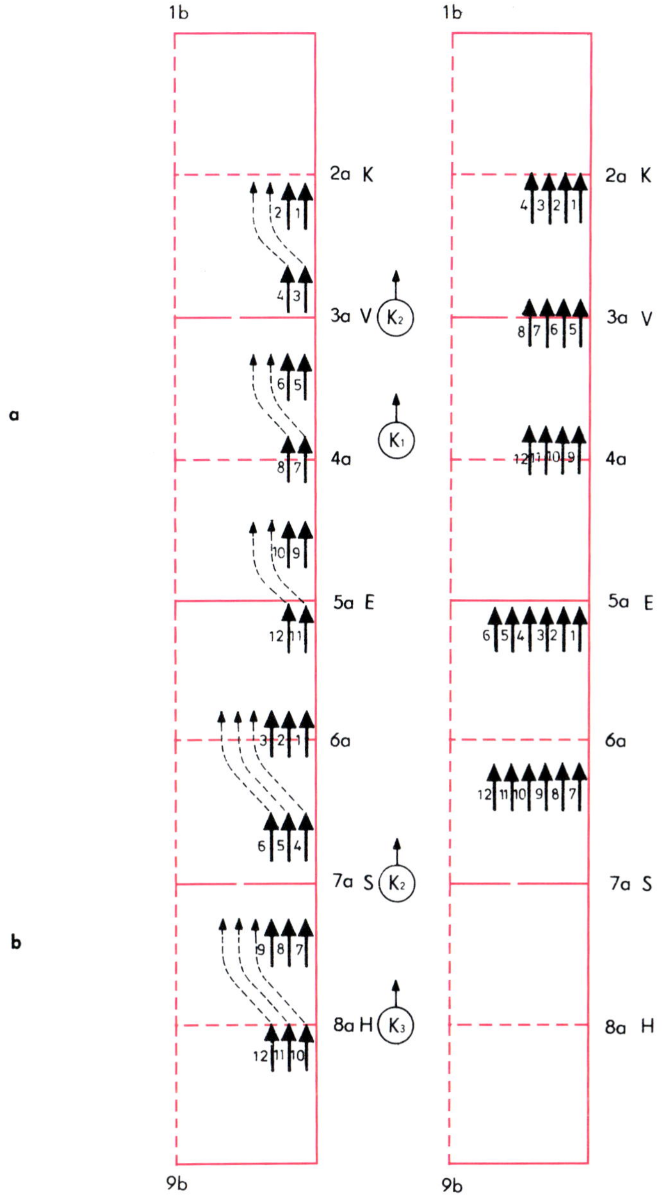

Bilden der Kolonne zu vieren aus der Kolonne zu zweien (a) und der Kolonne zu sechsen aus der Kolonne zu dreien (b) (Verdopplung der Gliedstärke)
Viereck: 30 m x 60 m
Kommando: 1 Zu vieren –
2 marsch!
3 Zu sechsen –
Abstand: Zu zweien = Schritt zu dreien = 3 Schritt zu vieren = 4 Schritt zu sechsen = 6 Schritt

• Abb. 83 a - l

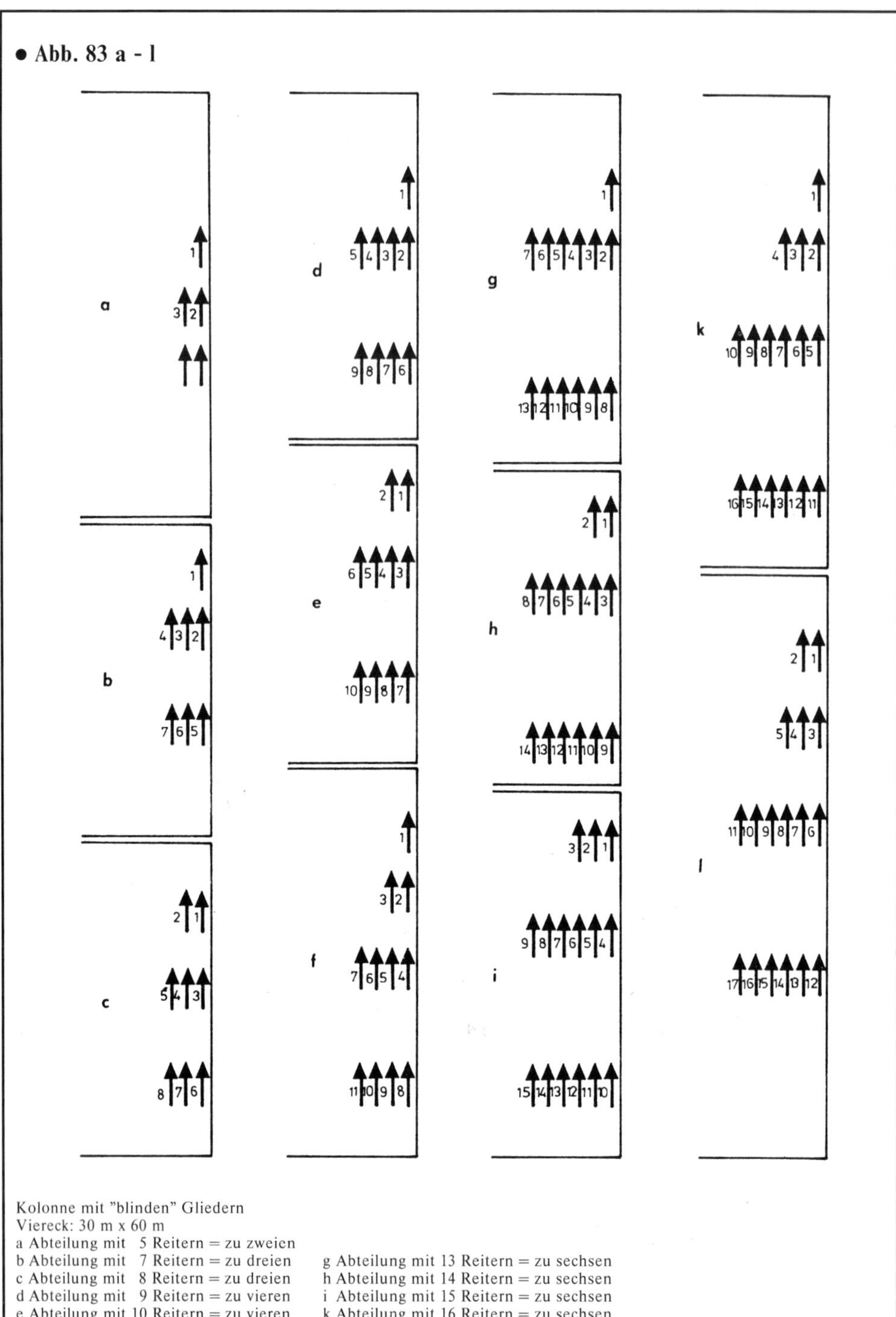

Kolonne mit "blinden" Gliedern
Viereck: 30 m x 60 m

a Abteilung mit 5 Reitern = zu zweien
b Abteilung mit 7 Reitern = zu dreien
c Abteilung mit 8 Reitern = zu dreien
d Abteilung mit 9 Reitern = zu vieren
e Abteilung mit 10 Reitern = zu vieren
f Abteilung mit 11 Reitern = zu vieren
g Abteilung mit 13 Reitern = zu sechsen
h Abteilung mit 14 Reitern = zu sechsen
i Abteilung mit 15 Reitern = zu sechsen
k Abteilung mit 16 Reitern = zu sechsen
l Abteilung mit 17 Reitern = zu sechsen

Aufmärsche in der Bahnmitte und Abmärsche daraus

Eine Figur, die sich recht gut für den Beginn bzw. das Ende von Formationsreiten, Vorstellungen und Quadrillen eignet, jedoch auch beim Übergang zwischen einzelnen Abschnitten einer Quadrille verwendet werden kann, ist der Aufmarsch in der Bahnmitte.

1. Für eine Abteilung mit 8 Reitern:

Die Abteilung reitet paarweise an der Mittellinie entlang. Die Ungeraden sind links, die Geraden rechts.

I Anfang! Vor der kurzen Seite -

II Ungerade links! Gerade rechts!

III Die Paare trennen sich, die Ungeraden gehen mit einer Viertelvolte auf die linke, die Geraden auf die rechte Hand. Die gegenüber befindlichen Reiter richten sich sofort aufeinander aus.

• **Abb. 84 a**

Wenn sich beide Abteilungen an der langen Seite befinden:

I Abteilung! Zu zweien –

II marsch!

III (s. S. 175 und Abb. 75) Auf der linken Hand reiten die Paare Nr. 1/3 und 5/7, auf der rechten Hand die Paare Nr. 2/4 und 6/8 (s. Abb. 84 a).

Wenn sich beide Abteilungen an der kurzen Seite befinden:

I Anfang! Auf die Mittellinie! Zu vieren –

II marsch!

III Die einander entgegenkommenden Paare schwenken jedes in seiner Bahnhälfte vor der kurzen Seite nach dem Bahninneren und reiten längs der Mittellinie, so daß die Ungeraden links, die Geraden rechts der Mittellinie bleiben. Im ersten Glied befinden sich von links nach rechts Nr. 3/1/2/4, im zweiten Glied Nr. 7/5/6/8 (s. Abb. 84 a).

Vor der kurzen Seite 1a-1e:

I Anfang! Vor der kurzen Seite zu zweien –

II Ungerade links! Gerade rechts!

III Die Paare wenden links und rechts auf die kurze Seite, so daß jetzt wieder alle Ungeraden auf der linken, alle Geraden auf der rechten Hand sind.

• **Abb. 84 b**

Wenn sich beide Abteilungen an der langen Seite befinden:

I Abteilung! Zu vieren –

II marsch!

III Die hinteren Paare reiten innen neben die vorderen, so daß jetzt von außen nach innen auf der linken Hand Nr. 1/3/5/7 nebeneinander reiten, auf der rechten Nr. 2/4/6/8 (s. Abb. 84 b).

Wenn sich beide Abteilungen an der kurzen Seite befinden:

I Auf die Mittellinie! Zu achten –

II marsch!

III Beide Viererglieder schwenken von der Pfeillinie an nach dem Bahninneren. Bei der Schwenkung müssen vor allen Dingen die dabei nach innen kommenden Reiter Nr. 1 und 2 aufpassen, daß sie gleiches Tempo haben, d.h. stets auf gleicher Höhe sind. Sie müssen sofort auf Bügelfühlung kommen. Die übrigen Reiter nehmen Seitenrichtung und Bügelfühlung nach innen, d.h. nach Nr. 1 und 2.

• **Abb. 84 c**

Nach Beendigung der Schwenkung wird an der Mittellinie entlang weiter geritten (s. Abb. 84 c).

Bei Erreichen der Paradelinie 8a-8e:

I Abteilung –

II halt!

III An der Paradelinie halten die Reiter genau ausgerichtet. Die Parade muß weich erfolgen, d.h. entsprechend dem Ausbildungsstand der Pferde rechtzeitig eingeleitet werden.

Ist dieser Aufmarsch zu Beginn oder am Ende einer Vorstellung oder Quadrille ausgeführt worden, folgt das Kommando:

II Zum Gruß!

III Die Art des Grußes muß sich nach der Bekleidung der Reiter, insbesondere nach der Form der Kopfbedeckung richten. Wird der Reitanzug mit Kappe getragen, grüßen

• **Abb. 84 a**

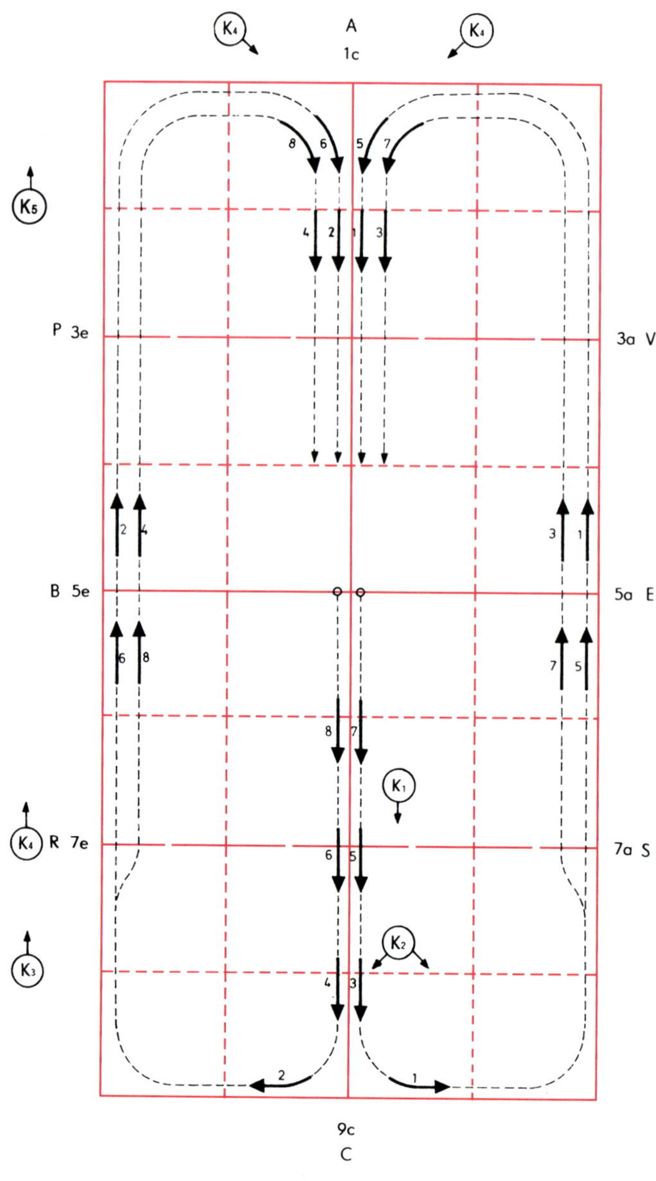

Aufmarsch von der Bahnmitte mit 8 Reitern (Abteilungsfigur)
Viereck: 20 m x 40 m
Kommando: 1 Anfang! Vor der kurzen Seite –
2 Ungerade links! Gerade rechts!
3 Abteilung! Zu zweien –
4 marsch!
5 Anfang! Auf die Mittellinie zu vieren –

• Abb. 84 b

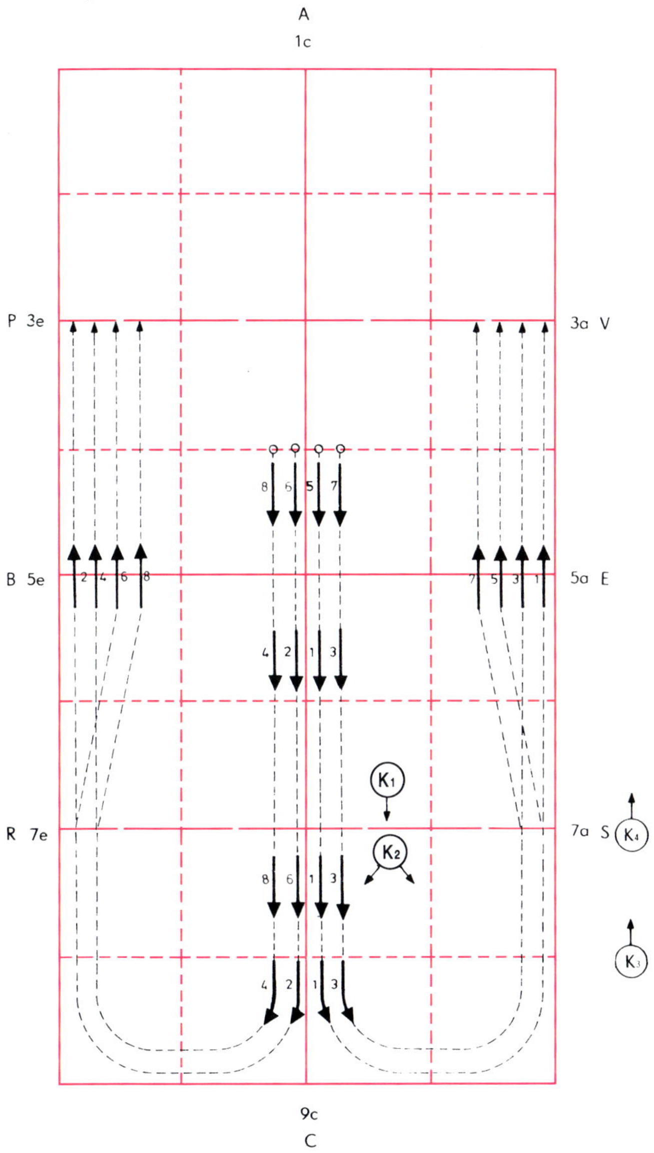

Aufmarsch in der Bahnmitte mit 8 Reitern (Abteilungsfigur)
Viereck: 20 m x 40 m
Kommando: 1 Anfang! Vor der kurzen Seite zu zweien –
2 Ungerade links! Gerade rechts!
3 Abteilung! Zu vieren –
4 marsch!
Abstand zwischen den Gliedern auf der Mittellinie: 4 Schritt

• **Abb. 84 c**

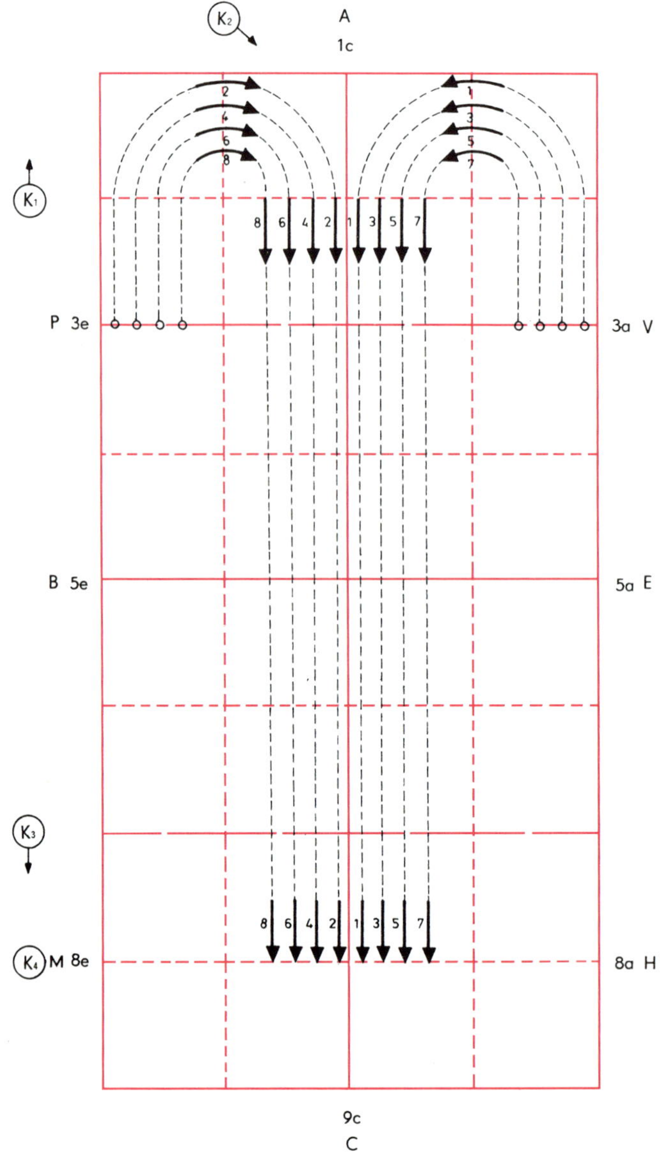

Aufmarsch in der Bahnmitte mit 8 Reitern (Abteilungsfigur)
Viereck: 20 m x 40 m
Kommando: 1 Anfang! Auf die Mittellinie! Zu achten –
2 marsch!
3 Abteilung –
4 halt!

die Reiter durch Abnehmen der Kopfbedeckung mit der rechten Hand, nachdem sie die Zügel in die linke übergeben haben. Auch Reiterinnen müssen beim Gruß die Zügel in die linke Hand nehmen. Sie grüßen durch Neigen des Kopfes, wobei der rechte Arm ungezwungen herabhängt.
Wenn eine Quadrille in historischen Uniformen geritten wird, muß man den Gruß den Kostümen anpassen, so wird z.B. ein Federhut, ein Barett oder ein Dreispitz zur Seite gezogen, während bei Uniformen die Hand zum Gruß an die Kopfbedeckung angelegt wird.
In seltenen Fällen kann es vorkommen, daß zu besonderen Anlässen in historischen Uniformen mit dem Säbel ("Gewehr über") geritten wird (s. S. 389). In solchen Fällen muß der Gruß auch mit dem Säbel erwiesen werden ("Präsentiert das Gewehr!"). Da die Bewegungen, die dazu von den Reitern ausgeführt werden müssen, nicht ganz einfach sind, sollte man möglichst darauf verzichten. Ist das jedoch nicht zu umgehen – wie z.B. bei einer Quadrille der Schill'schen Husaren – so muß die Ehrenbezeignung mit dem Säbel entsprechend den dafür geltenden militärischen Vorschriften geübt und ausgeführt werden.
Selbstverständlich ist, daß der Gruß von allen Reitern exakt und gleichmäßig auszuführen ist. Der Beginn des Grußes wird kommandiert. Die Beendigung des Grüßens erfolgt auf ein vereinbartes Zeichen oder ein leises Kommando des Reiters Nr. 1 (s.a. S. 398 f.).
Nach Beendigung des Grußes erfolgt der Abmarsch aus der Mitte:
I Abteilung! Zu zweien, aus der Mitte, links und rechts brecht ab –
II marsch!
III Nr. 1 und Nr. 2 reiten gleichzeitig an und wenden an der kurzen Seite auf einer Viertelvolte nach links bzw. rechts. Sobald ihre Pferde drei Schritt über die Köpfe der Pferde von Nr. 3 und 4 hinaus sind, reiten diese in gleicher Weise an, danach Nr. 5 und Nr. 6, schließlich Nr. 7 und Nr. 8. Damit befindet sich die Gesamtabteilung wieder in Abteilungen auf verschiedener Hand gegenüber.

• **Abb. 85**

Man kann nun aus dieser Stellung heraus weitere Figuren entwickeln, bzw. durch "einfädeln" (s. S. 141 und Abb. 56) wieder zur Kolonne zu einem zurückkehren.
Steht der beschriebene Aufmarsch jedoch am Ende einer Vorführung, so läßt man die beiden Abteilungen zur Mittellinie aufschließen (s. Abb. 85) und dann an dieser ausreiten:
I Beide Abteilungen –
II zur Mittellinie!
III Das Kommando muß gegeben werden, wenn die Anfangsreiter in der ersten Ecke der langen Seite sind. Beide Anfangsreiter reiten vom ersten Wechselpunkt der langen Seite (8a-8e) zum Bahnmittelpunkt und von dort paarweise an der Mittellinie entlang. Die übrigen Reiter folgen ihrem Hufschlag.
Sobald die ersten beiden Paare an der Mittellinie reiten, folgt das Kommando:
II Ausreiten!
II Die Paare reiten bei 1c (A) aus, sie reiten jedoch in der gleichen Gangart so lange weiter, bis das letzte Paar aus dem Viereck heraus ist. Erst dann parieren sie zum Schritt durch.

2. Für eine Abteilung mit zwölf Reitern
Für diesen Aufmarsch, der ebenfalls am Beginn oder am Ende einer Vorführung stehen kann, wird in Kolonne zu zweien auf der Mittellinie eingeritten, dabei müssen die Ungeraden links, die Geraden rechts in den Paaren reiten. Die Ausführung erfolgt analog zum Aufmarsch mit acht Reitern.
I Anfang! Vor der kurzen Seite -
II Ungerade links, Gerade rechts!
III Die Reiter der Paare reiten drei Schritt vor Erreichen der kurzen Seite gleichzeitig eine Viertelvolte, so daß sie zu einem auf den Hufschlag kommen (s. Abb. 84 a).
Auf der nächsten langen Seite:

I Abteilung! Zu zweien –
II marsch!
III s. S. 175 mit dem Unterschied, daß die auf der rechten Hand befindlichen Geraden sich rechts neben ihren Vordermann setzen, d.h. Nr. 4 rechts neben Nr. 2 usw. (s. Abb. 84 a).
An der nächsten kurzen Seite:
I Anfang! Auf die Mittellinie! Zu vieren –
II marsch!
III s. Abb. 84 a
Auf der Mittellinie, vor Erreichen der kurzen Seite:
I Anfang! Vor der kurzen Seite zu zweien –
II Ungerade links, Gerade rechts!
III Das linke Paar des ersten Gliedes (Nr. 1 und 3) reiten nach links, das rechte Paar (Nr. 2 und 4) nach rechts. Die folgenden zwei Glieder reiten in der gleichen Weise auseinander, so daß die Abteilung zu zweien gegenüber ist (s. Abb. 84 b).
Auf der nächsten langen Seite:
I Zu dreien –
II marsch!
III s. S. 175 und Abb. 78. Für die auf der rechten Hand Reitenden mit gerader Nummer spiegelbildlich.
An der nächsten kurzen Seite:
I Anfang! Auf die Mittellinie! Zu sechsen –
II marsch!
III Die einander entgegenkommenden Dreierglieder schwenken, jedes in seiner Längshälfte der Bahn vor der kurzen Seite 1a-1c nach dem Bahninneren, so daß die Geraden rechts (v.l.n.r.: 2,4,6), die Ungeraden links (v.r.n.l.: 1,3,5) bleiben, alle sechs jedoch Bügel an Bügel.

• **Abb. 86**

Sobald das zweite Glied der Kolonne zusammengeschlossen ist:
I Zweites Glied! Zu dreien, zur Linie links und rechts marschiert auf –
II marsch!
III Die ungerade Dreiergruppe des zweiten Gliedes reitet nun links neben die Ungeraden des ersten Gliedes, die gerade Dreiergruppe rechts neben die Geraden des ersten Gliedes. Danach in Linie weiter bis zur Paradelinie (s. Abb. 86).
I Abteilung –
II halt!
III Ganz genaue Seitenrichtung, auch bei der Parade, ist erforderlich. Deshalb sollte man mit weniger geübten Reitern in Linie nur im Schritt reiten. Solche, die etwa auf dem Leistungsniveau der Klasse L stehen, müssen diese Parade auch aus dem Trab gleichmäßig ausführen können. In Linie aufmarschiert ist die Reihenfolge der Reiter von l.n.r.: Nr. 11, 9, 7, 5, 3, 1, 2, 4, 6, 8, 10, 12, d.h. die Anfangsreiter stehen in der Mitte der Abteilung (s. Abb. 86). Man kann bei einer Bahngröße von 30 m x 60 m auch die Dreierglieder vor der kurzen Seite 9a-9e noch einmal nach links und rechts reiten lassen, danach auf der nächsten langen Seite zu sechsen aufmarschieren und an der kurzen Seite 1a-1e zur Linie einschwenken lassen, um dann in Linie durch die Länge der Bahn zur Aufmarschlinie vorzureiten. Dieser Aufmarsch ist aber schwieriger.
Nach dem Gruß (s.o.) läßt man die Abteilung aus der Mitte ausreiten:
I Abteilung! Zu zweien, aus der Mitte, rechts und links brecht ab –
II marsch!
III Nr. 1 und Nr. 2 reiten gleichzeitig geradeaus an. vor der kurzen Seite geht Nr. 1 auf die linke, Nr. 2 auf die rechte Hand (s. Abb. 85).
Die nächsten Reiter (Nr. 3 und Nr. 4) reiten an, wenn Nr. 1 und Nr. 2 die kurze Seite erreicht haben (Schweif des Vorderpferdes eine Pferdelänge vor dem Kopf des folgenden), die nächsten folgen im gleichen Abstand.
Wenn der Abmarsch vollendet ist, reiten beide Abteilungen auf verschiedener Hand gegenüber.
Steht dieser Abmarsch am Ende einer Vorführung, läßt man nach dem Abbrechen die Reiter zu zweien zur Mittellinie aufschließen und ausreiten (s. Abb. 85).

• Abb. 85

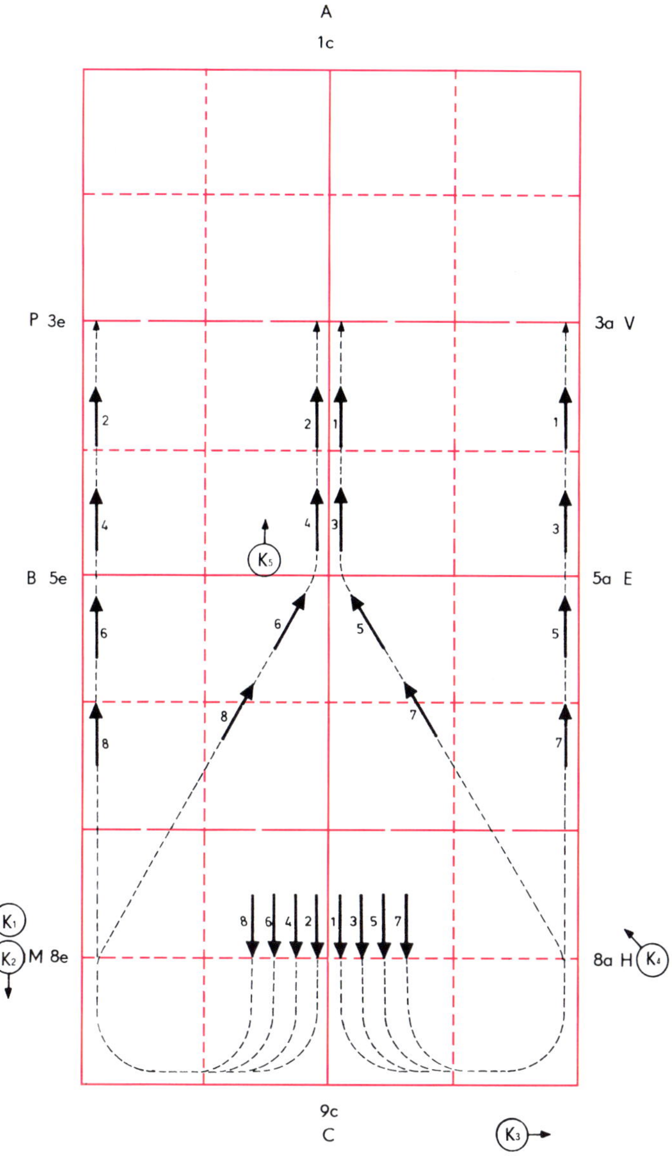

Abmarsch aus dem Aufmarsch in der Bahnmitte mit 8 Reitern (Abteilungsfigur)
Viereck: 20 m x 40 m
Kommando: 1 Abteilung! Zu zweien aus der Mitte links und rechts brecht ab –
2 marsch!
Wenn danach die Bahn verlassen werden soll:
3 Beide Abteilungen!
4 Zur Mittellinie!
5 Ausreiten!

• Abb. 86

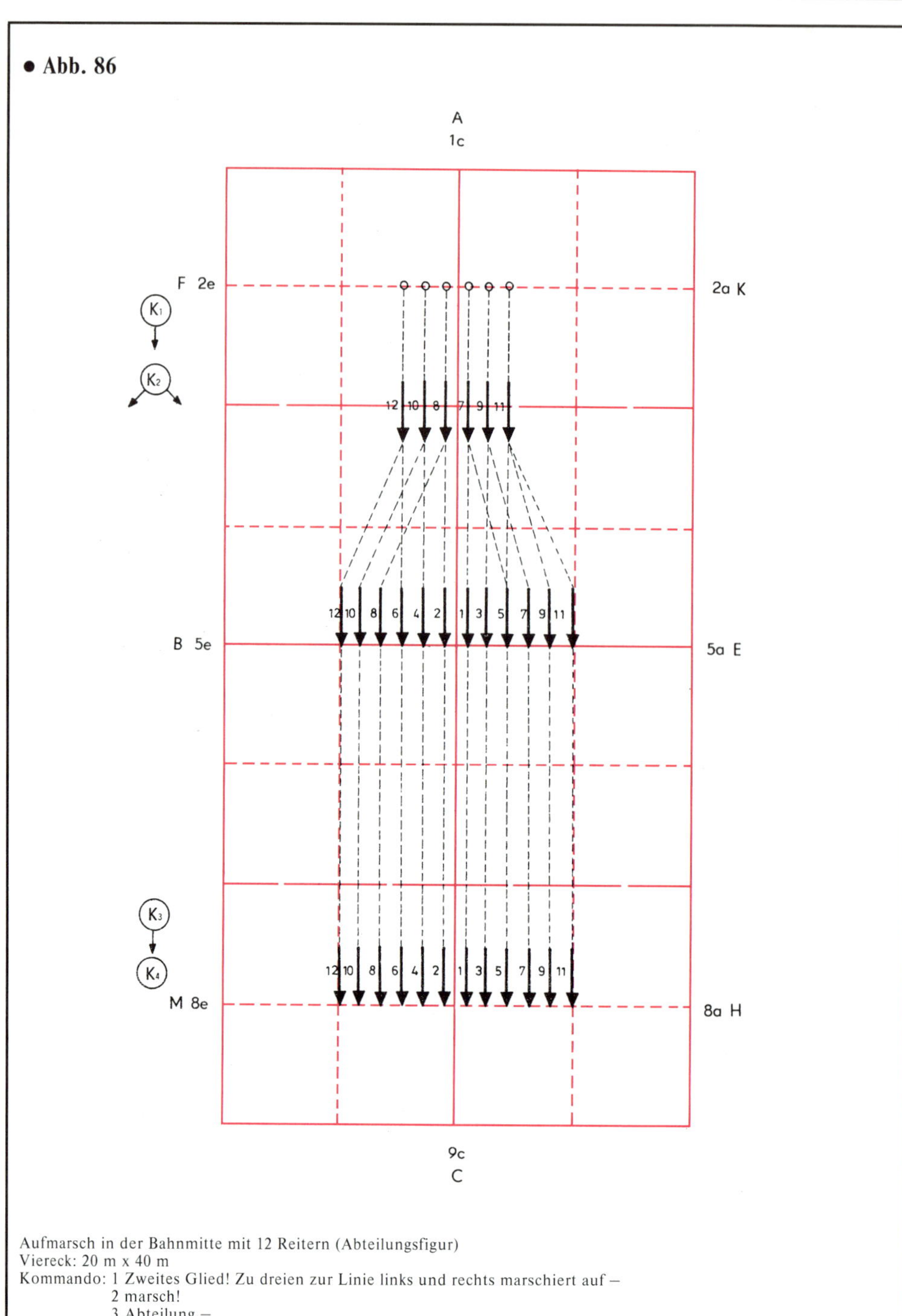

Aufmarsch in der Bahnmitte mit 12 Reitern (Abteilungsfigur)
Viereck: 20 m x 40 m
Kommando: 1 Zweites Glied! Zu dreien zur Linie links und rechts marschiert auf –
2 marsch!
3 Abteilung –
4 halt!
Abstand zwischen erstem und zweitem Sechserglied: 6 Schritt

Auf- und Abmärsche werden jedoch nicht nur am Anfang und Ende von Vorführungen ausgeführt. Sie können beim Formationsreiten auch dann verwendet werden, wenn man aus der Kolonne zu mehreren rasch wieder zur Kolonne zu einem kommen will, z.B. am Ende der Trabreprise und vor Beginn des Galoppteils. Beim Unterricht und beim Üben der Figuren hat man mit den Aufmärschen auch eine Möglichkeit zur Herbeiführung einer Pause.
Auf- und Abmärsche sind auch bei den Eröffnungs- und Abschlußzeremonien von Turnieren erforderlich. Diese werden häufig sehr mangelhaft ausgeführt und bieten den Zuschauern ein schlechtes Bild. Das Figurenreiten kann auch dort zu einer Verbesserung beitragen.

Aufmarsch mit dem Anfang auf dem rechten Flügel und Abmärsche daraus

Der Aufmarsch mit dem Anfang auf dem rechten Flügel entspricht der üblichen Art des Aufmarschierens zu Beginn und am Ende einer Reitstunde.
Während jedoch der Aufmarsch beim Bahnreiten meist vor der langen Seite stattfindet, so daß die Abteilung mit drei Schritt Zwischenraum von Pferd zu Pferd an der Mittellinie steht, erfolgt dieser Aufmarsch beim Formationsreiten vorwiegend vor der kurzen Seite (an der Aufmarschlinie), so wie es in den Abteilungsdressuraufgaben E 1 - E 3, A 1 - A 3 und L 1 vorgeschrieben ist. Die Abteilung befindet sich vorher zu einem auf der rechten Hand.
Vor der zweiten Ecke der langen Seite:
I Anfang! Rechts dreht, links marschiert auf –
II marsch!
III Der Anfangsreiter erhält das Kommando, wenn er gerade die Ecke durchreitet. Er wendet darauf auf einer Viertelvolte in die Bahn, die sich an die Viertelvolte in der Ecke unmittelbar anschließt. Damit ist er 5 m vom Hufschlag der langen Seite entfernt.

• **Abb. 87**

Wenn er die Aufmarschlinie erreicht:
I Anfang –
II halt!
III Der zweite und die folgenden Reiter reiten jeweils einen Schritt über die Stelle hinaus, an der der Vordermann abgewendet hat, und danach ebenfalls auf einer Viertelvolte in die Bahn. Das bringt sie unmittelbar an die linke Seite des Vordermannes, zu dem sie Richtung und Bügelfühlung aufnehmen. Alle Reiter bleiben bis zur Aufmarschlinie in der Gangart, in der sich die Abteilung befunden hat. Es ist abhängig vom Können der Reiter und von der Durchlässigkeit der Pferde, ob man die ganze Parade einleiten läßt, wenn sich die Reiter bereits in Höhe ihres erreichten Nebenmannes befinden oder zu einem früheren Zeitpunkt, so daß die letzten zwei bis drei Tritte im Schritt zurückgelegt werden. Keinesfalls darf es bei der ganzen Parade zu grober Zügeleinwirkung kommen. Ebenso falsch ist es, wenn das Pferd über die Aufmarschlinie hinauskommt und nach rückwärts ausgerichtet werden muß. Der Ausbilder muß deshalb gut darauf achten, daß die Reiter nach dem Abwenden ihre Pferde mit halben Paraden auf das Halten vorbereiten.
Während des Heranreitens an die Aufmarschlinie orientieren sich die Reiter nach deren Endpunkten (F und K). Sie halten, wenn sich ihr Oberkörper auf dieser Linie befindet. Der Aufmarsch der auf der linken Hand reitenden Abteilung mit Viertelwendung der Reiter nach links und links aufmarschieren, wird meist nicht korrekt ausgeführt. Es gibt dann auf der Aufmarschlinie ein unschönes Verschieben der Pferde, um Bügelfühlung zu bekommen. Wir erläutern daher diesen Aufmarsch nicht.
Spiegelbildlich zum Aufmarsch mit dem Anfangsreiter auf dem rechten Flügel kann auch (mit der Abteilung auf der linken Hand) der Aufmarsch mit dem Anfangsreiter auf den linken Flügel erfolgen.
I Anfang! Links dreht, rechts marschiert auf –
II marsch!

III Die Ausführung erfolgt analog zum Aufmarsch mit dem Anfangsreiter auf dem rechten Flügel.

• Abb. 88

Wenn eine Abteilung von zwölf Reitern so aufmarschiert ist, steht sie auf dem Viereck 20 m x 40 m genau vor der Mitte der kurzen Seite, die Mittellinie verläuft zwischen Nr. 6 und Nr. 7.

Soll eine Abteilung von acht Reitern auf dem Viereck 20 m x 40 m so aufmarschieren, reiten der zweite und die folgenden Reiter jeweils eine halbe Pferdelänge über den Abwendepunkt des Vordermannes hinaus, bevor sie selbst abwenden. Auf diese Weise erhält man einen Zwischenraum von einem halben Schritt zwischen den aufmarschierten Reitern.

Bei solchen Aufmärschen auf dem Viereck 30 m x 60 m ergibt sich entweder ein Zwischenraum von einem Schritt, wenn die Reiter jeweils eine ganze Pferdelänge über den Abwendepunkt ihres Vordermannes hinausreiten, oder man muß den Anfang erst abwenden lassen, wenn er sich eine Pferdelänge hinter der Ecke befindet. Im letzten Fall reiten die übrigen einen Schritt weiter als der Vordermann, worauf sie Bügel an Bügel stehen.

Ist die Abteilung mit dem Anfangsreiter auf dem rechten Flügel aufmarschiert, so wird daraus - unabhängig davon, ob sie auf der Aufmarschlinie stehengeblieben oder in Linie bis zur Paradelinie vorgeritten ist – in folgender Weise abgebrochen:

I Abteilung! Zu einem, rechts brecht ab –

II marsch! (Trab! Im Arbeitstempo Galopp! – marsch!)

III Der Anfangsreiter reitet senkrecht auf die kurze Seite zu und geht dort mit einer Viertelvolte auf die rechte Hand.

• Abb. 89

Der zweite und die übrigen folgen ebenfalls genau geradeaus und senkrecht zur kurzen Seite reitend. Erfolgt dieser Abmarsch von der Aufmarschlinie an, so muß sich jeder Reiter unbedingt an der gegenüberliegenden kurzen Seite den Punkt suchen, auf den er zureiten muß, sonst bleiben die Seitenabstände zwischen den Reitern nicht gleich (s. Abb. 89). Bei diesem gestaffelten Abmarsch wird der in der Abteilung vorgesehene Abstand schon beim Anreiten des zweiten und der folgenden Reiter berücksichtigt.

Soll der Abstand zwischen den Reitern *einen Schritt* betragen, so reitet der nächste Reiter an, wenn der linke Schenkel seines anreitenden rechten Nebenmannes in Höhe des Kopfes des eigenen Pferdes ist.

Soll der Abstand zwischen den Reitern *zwei Schritt* betragen, so reitet der nächste an, wenn sich der Schweif des vorhergehenden Pferdes in Höhe des Kopfes seines eigenen Pferdes befindet. Soll der Abstand *eine Pferdelänge* (drei Schritt) betragen, muß der Folgende den Voranreitenden einen Schritt über den Kopf des eigenen Pferdes hinaus vorlassen, ehe er selbst anreitet.

Reitet jedoch der zweite erst an, wenn der Nebenmann bereits eine Pferdelänge über den Kopf seines eigenen Pferdes hinaus vorgeritten ist, so hat die Abteilung auf dem Hufschlag zwei Pferdelängen Abstand.

In der gleichen Weise wie eben geschildert, kann auch der Abmarsch zu zweien, dreien und vieren vom rechten Flügel erfolgen:

I Abteilung! Zu zweien (dreien, vieren), rechts brecht ab –

II marsch! (Trab! Im Arbeitstempo Galopp – marsch!)

III Beim Anreiten ist darauf zu achten, daß die Abstände in den verschiedenen Kolonnen unterschiedlich sind:

zu zweien = zwei Schritt, zu dreien = drei Schritt usw.

Entsprechend muß auch das Anreiten unterschiedlich erfolgen.

• Abb. 90

Spiegelbildlich zum Abmarsch vom rechten Flügel kann auch vom linken Flügel abgebrochen werden:

I Abteilung! Zu einem, links brecht ab –

• **Abb. 87**

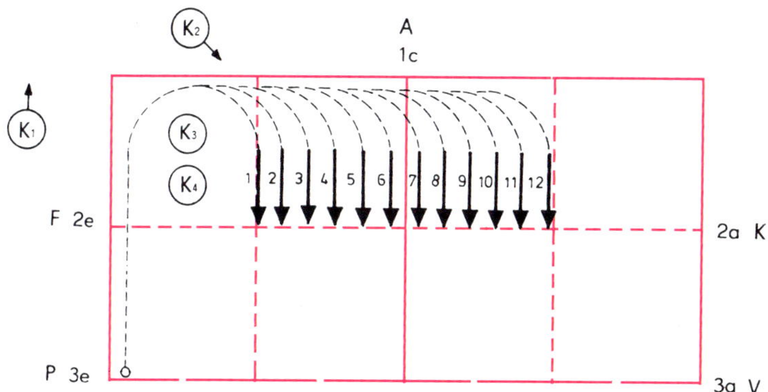

Aufmarsch mit dem Anfangsreiter auf dem rechten Flügel (Abteilungsfigur)
Viereck: 20 m x 40 m
Kommando: 1 Anfang! Rechts dreht, links marschiert auf –
2 marsch!
3 Anfang –
4 halt!
Abstand: beliebig

• **Abb. 88**

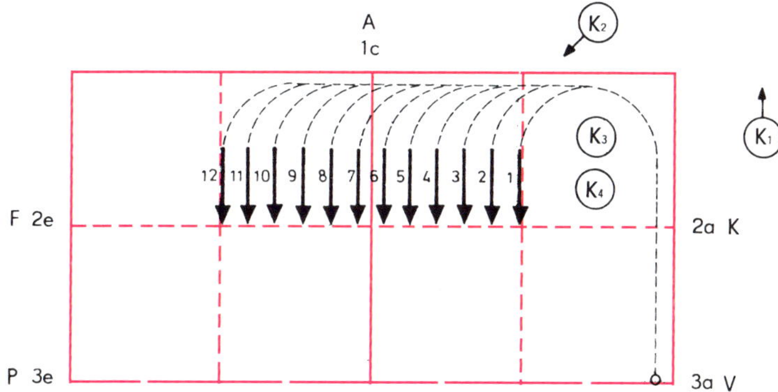

Aufmarsch mit dem Anfangsreiter auf dem linken Flügel (Abteilungsfigur)
Viereck: 20 m x 40 m
Kommando: 1 Anfang! Links, dreht, rechts marschiert auf –
2 marsch!
3 Anfang –
4 halt!
Abstand: beliebig

• Abb. 89

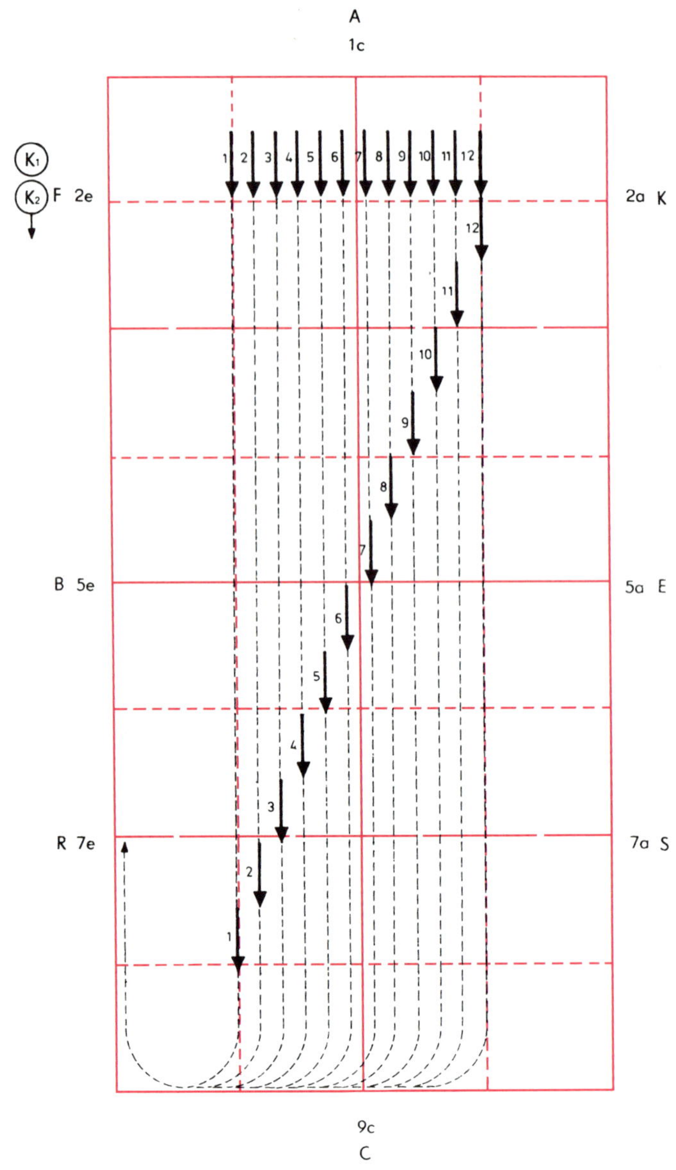

Abmarsch in Kolonne zu einem vom rechten Flügel (Abteilungsfigur)
Viereck: 20 m x 40 m
Kommando: 1 Abteilung! Zu einem rechts brecht ab –
2 marsch!
Abstand: in der Kolonne zu einem = 2 Schritt

• Abb. 90

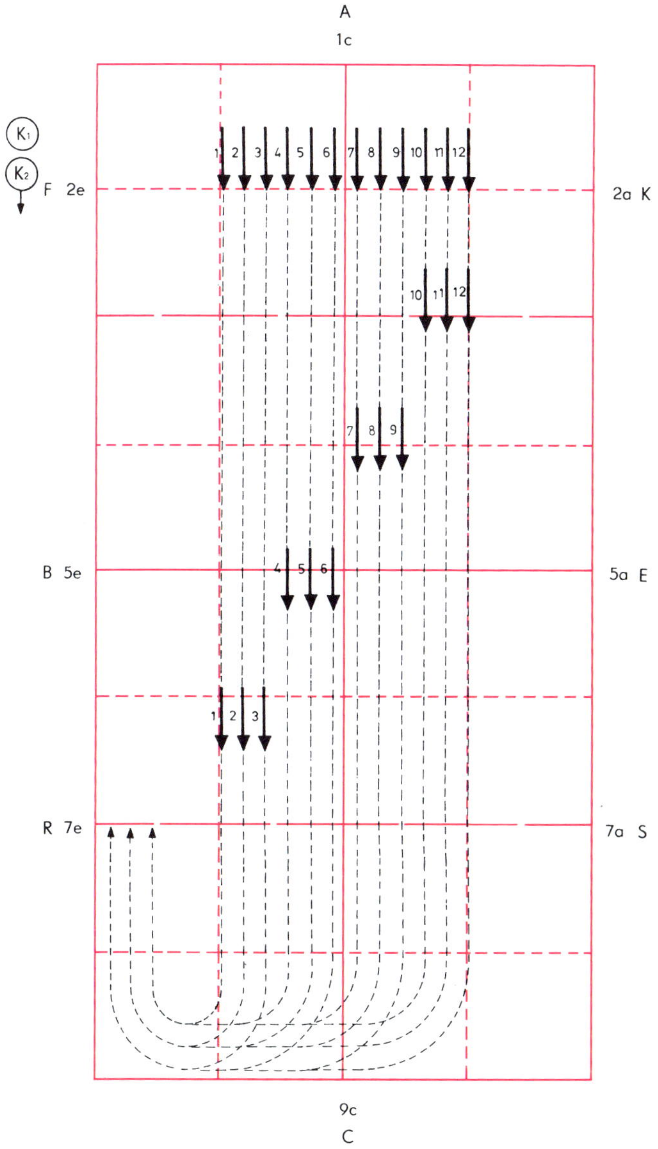

Abmarsch in Kolonne von rechten Flügel (Abteilungsfigur)
Viereck: 20 m x 40 m
Kommando: 1 Abteilung! Zu dreien rechts brecht ab –
2 marsch!
Abstand in der Kolonne zu dreien: auf der Mittellinie = 3 Schritt auf dem Hufschlag der ganzen Bahn = 6 Schritt

II marsch!
III Die Abteilung reitet dann in umgekehrter Reihenfolge, Nr. 12 voran, auf der linken Hand und muß durch eine entsprechende Figur (Kehrtvolte, zweimal linksum) wieder in die richtige Reihenfolge gebracht werden.
Selbstverständlich kann man auch diesen Abmarsch zu zweien usw. reiten.

• Abb. 91

Aufmarsch mit dem Anfang in der Mitte und Abmärsche daraus
Dieser Aufmarsch wird aus der Abteilung zu zweien auf der rechten/linken Hand oder aus der Abteilung zu einem auf verschiedener Hand entwickelt.
I Anfang! Zu zweien durch die Länge der Bahn –
II geritten!
III a) Aus der Kolonne zu zweien wendet das Anfangspaar an der Mitte der kurzen Seite auf die Mittellinie ab und reitet zu beiden Seiten der Mittellinie, jedoch in Bügelfühlung.
b) Aus den in Kolonne zu einem auf verschiedener Hand gegenüber reitenden Abteilungen wenden beide Anfangsreiter vier Schritt vor der Mitte der kurzen Seite auf einer Viertelvolte nach dem Bahninneren und reiten in Bügelfühlung an der Mittellinie entlang.

• Abb. 92

Aus der Kolonne zu zweien auf der Mittellinie wird nun der Aufmarsch entwickelt:
I Abteilung! Links und rechts marschiert auf –
II marsch!
III Das Kommando wird gegeben, wenn das zweite Paar an der Aufmarschlinie ist.
Jedes Paar reitet nun von der Aufmarschlinie an schräg nach außen, so daß jeder Reiter den Voranreitenden rechts bzw. links vor sich hat.
Wenn das erste Paar die Quermittellinie erreicht:
I Anfang –
II halt!
III Das erste Paar pariert an der Quermittellinie zum Halten. Die folgenden Reiter reiten von hinten unmittelbar an die Vorderreiter heran, so daß sie Bügelfühlung bekommen. Sie bleiben bis zur Parade in der Gangart, in der sich die Abteilung befindet. Die Parade muß weich und flüssig erfolgen. Es ist kein Fehler, wenn die letzten Tritte stark verkürzt werden. Ein schwerwiegender Fehler, der sich auf das Gesamtbild der Vorführung negativ auswirkt, ist grobe Zügeleinwirkung. Auch das Überreiten der Quermittellinie, das ein Ausrichten nach rückwärts nötig macht, ist fehlerhaft.
Man kann nun die Abteilung in Linie bis zur Paradelinie vorreiten lassen:
I Abteilung –
II marsch! (Trab! Im Arbeitstempo Galopp – marsch!) oder von der Quermittellinie einen der nachfolgend beschriebenen Abmärsche beginnen.
Der Aufmarsch zur Linie läßt sich auch aus auf verschiedener Hand in Kolonne zu einem reitenden Abteilungen von der kurzen Seite aus entwickeln:
I Anfang! Links und rechts dreht, links und rechts marschiert auf –
II marsch!
III Das Ausführungskommando wird gegeben, wenn die beiden Anfangsreiter – auf der kurzen Seite 1a-1e aufeinander zureitend – vier Schritt vor der Mittellinie sind. Von dort reiten sie eine Viertelvolte, so daß sie Bügel an Bügel an der Mittellinie entlang reiten.
Die zweiten Reiter beider Abteilungen reiten bis auf einen Schritt an den Abwendepunkt der Anfangsreiter heran und von dort ebenfalls parallel zur Mittellinie. In gleicher Weise wenden die dritten und weiteren Reiter jeweils einen Schritt von dem Abwendepunkt ihres Vordermannes auf die Viertelvolte, um danach nach hinten und außen versetzt parallel zum Hufschlag der Vordermänner zu reiten.
Wenn die Anfangsreiter die Aufmarschlinie oder besser noch die Quermittellinie erreichen:

• **Abb. 91**

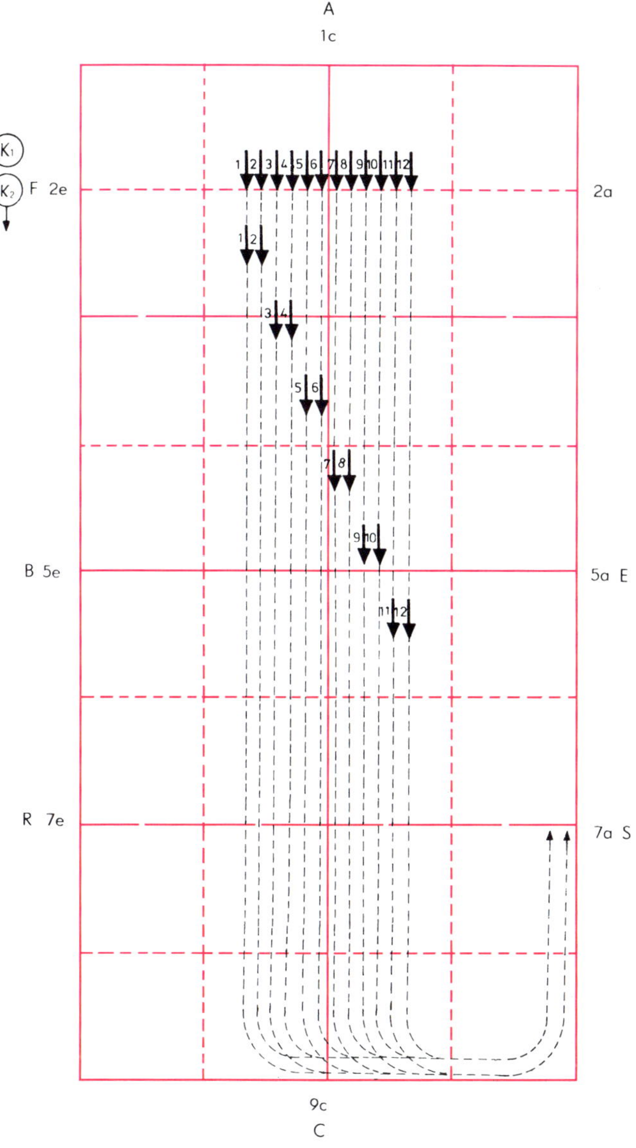

Abmarsch in Kolonne zu zweien vom linken Flügel (Abteilungsfigur)
Viereck: 30 m x 60 m
Kommando: 1 Abteilung! Zu zweien links brecht ab –
2 marsch!
Abstand zwischen den Paaren: 2 Pferdelängen
Das folgende Paar reitet an, wenn die Schweife des vorhergehenden Paares eine Pferdelänge über den Kopf des eigenen Pferdes hinaus vorgerückt sind.

• Abb. 92

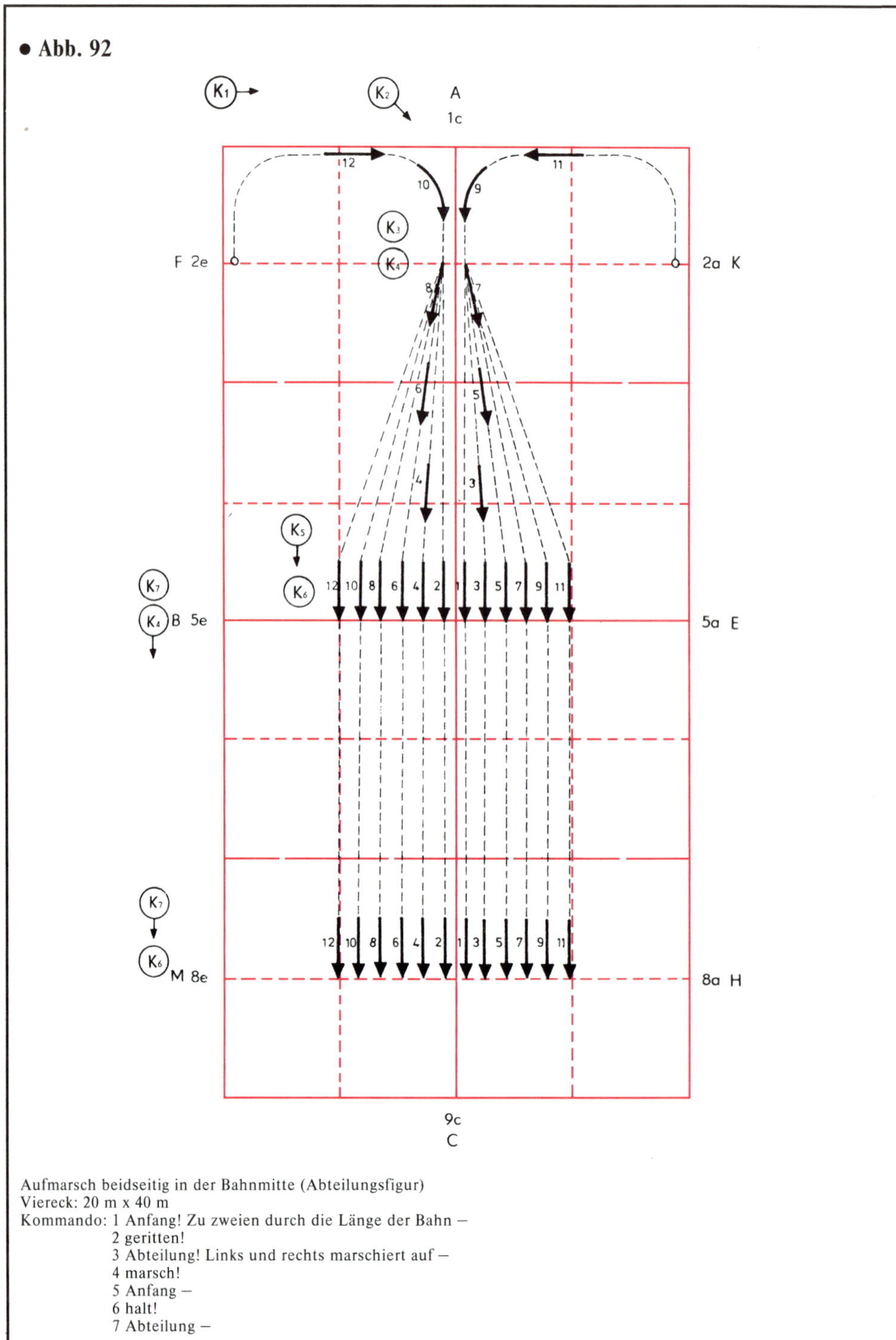

Aufmarsch beidseitig in der Bahnmitte (Abteilungsfigur)
Viereck: 20 m x 40 m
Kommando: 1 Anfang! Zu zweien durch die Länge der Bahn –
2 geritten!
3 Abteilung! Links und rechts marschiert auf –
4 marsch!
5 Anfang –
6 halt!
7 Abteilung –

• **Abb. 93**

I Anfang –
II halt!
Die nachfolgenden Reiter rücken mit guter Seitenrichtung so von hinten in die Linie ein, daß sie Bügel an Bügel stehen. Wird dieser nicht ganz leichte Aufmarsch am Ende einer Quadrille ausgeführt, kann die Gesamtabteilung in Linie bis zur Paradelinie vorrücken:
I Abteilung!
II marsch!
Beim Erreichen der Paradelinie:
I Abteilung!
II halt!
Je nachdem, was im Anschluß an den Aufmarsch geritten werden soll, lassen sich verschiedene Abmärsche ausführen:

1. *Der Abmarsch zu einem aus der Mitte*
I Abteilung! Zu einem, aus der Mitte, links (rechts), brecht ab –
II marsch! (Trab! Im Arbeitstempo Galopp – marsch!)
III Dieser Abmarsch erfolgt am besten von der Quermittellinie aus.

• **Abb. 94**

Nr. 1 reitet in der kommandierten Gangart an und wendet drei Schritt vor Erreichen der kurzen Seite in einer Viertelvolte auf die linke/rechte Hand.
Nr. 2 reitet an, wenn Nr. 1 mit dem Schweif einen Schritt über den Kopf des eigenen Pferdes hinaus ist und bleibt hinter Nr. 1.
Die folgenden Reiter reiten in gleicher Weise an, und zwar schräg nach rechts/links zur Mittellinie, die sie bei Punkt 7c (Mitte der Tafellinie) erreichen, danach geradeaus auf der Mittelinie.

2. *Der Abmarsch zu zweien aus der Mitte auf die rechte Hand*
I Abteilung! Zu zweien, aus der Mitte, rechts brecht ab –
II marsch! (Trab! Im Arbeitstempo Galopp – marsch!)
III Auch dieser Abmarsch erfolgt am besten von der Quermittellinie.
Das Paar Nr. 1/2 reitet in der kommandierten Gangart geradeaus an und wendet vor der kurzen Seite auf die rechte Hand.

• **Abb. 95**

Die übrigen Paare reiten in gleicher Weise an, wenn die Pferde des vorherreitenden Paares zwei Schritte vor den Köpfen der eigenen Pferde sind und schließen sich an der Mittellinie bei Punkt 7c (Mitte der Tafellinie) zusammen.
Bemerkung
Der Abmarsch zu zweien aus der Mitte darf *nicht nach links* kommandiert werden, weil dadurch die Reiter jedes Paares die Seiten vertauschen müßten, was bei weiteren Figuren die Ordnung in der Abteilung durcheinander bringt.

3. *Der Abmarsch zu zweien aus der Mitte auf beide Hände*
Dieser Abmarsch wird unterschiedlich ausgeführt, je nachdem, ob er von der Quermittellinie oder der Paradelinie aus erfolgt.
(1) Erfolgt er von der Quermittellinie aus:
I Abteilung! Zu zweien, aus der Mitte, links und rechts brecht ab –
II marsch!(Trab! Im Arbeitstempo Galopp – marsch!)
III Das Paar Nr. 1/2 reitet geradeaus an, wendet jedoch vor der kurzen Seite, Nr. 1 nach links und Nr. 2 nach rechts.

• **Abb. 96**

Die übrigen Paare reiten an, wenn die Schweife der vorhergehenden Pferde einen Schritt über die Köpfe der eigenen Pferde hinaus sind.
Sie schließen sich an der Mittellinie (Punkt 7c – Mitte der oberen Tafellinie) zusammen und gehen dann – wie das erste Paar – vor Erreichen der kurzen Seite auseinander.
(2) Erfolgt der Abmarsch von der Paradelinie aus:
I Abteilung! Zu zweien, aus der Mitte, links und rechts brecht ab –

II marsch! (Trab! Im Arbeitstempo Galopp – marsch!)
III Das Paar Nr. 1/2 reitet auf der Mittellinie an und geht nach einer Pferdelänge auf Viertelvolten auseinander. Die übrigen Paare reiten jeweils an, wenn die vor ihnen Reitenden einen Abstand von einer Pferdelänge erreicht haben. Jeder Reiter reitet eine Pferdelänge senkrecht auf die kurze Seite zu und wendet dann auf den Hufschlag, indem er seinem Vorderreiter folgt.

• **Abb. 97**

Nach dem Abmarsch aus der Mitte befinden sich die beiden Abteilungen auf verschiedener Hand gegenüber, die Ungeraden auf der linken, die Geraden auf der rechten Hand. Daran lassen sich nun viele Figuren anschließen.

4. *Abmarsch von beiden Flügeln*
I Abteilung! Vom rechten und linken Flügel, rechts und links brecht ab –
II marsch!
III Dieser Abmarsch wird von der Paradelinie ausgeführt.

• **Abb. 98**

Die beiden Flügelreiter (Nr. 12 und 11) reiten geradeaus an. Nach einer Pferdelänge wendet Nr. 11 auf einer Viertelvolte nach links auf den Hufschlag der kurzen Seite, Nr. 12 in gleicher Weise nach rechts.
Die nächsten Reiter (Nr. 10 und Nr. 9) reiten an, wenn der Schweif des vorausgehenden Pferdes in Höhe ihres Unterschenkels ist (die Schenkel des Vorausreitenden in Höhe des Kopfes des eigenen Pferdes). Sie reiten ebenfalls eine Pferdelänge senkrecht auf die kurze Seite zu und danach eine Viertelvolte nach links bzw. rechts.
Alle übrigen Reiter verfahren in der gleichen Weise. Da jetzt die Nr. 12 und die Nr. 11 an der Spitze der beiden Abteilungen reiten, wird es notwendig, durch eine Kehrtvolte oder durch einmaliges Querreiten durch die Breite der Bahn (je zweimal Links- und Rechtsum) die Nr. 1 und Nr. 2 wieder an die Spitze der Abteilung zu bringen. Dazu gibt es auch noch andere Möglichkeiten, wie Vorhandwendung, Hinterhandwendung, Kurzkehrtwendung, eine halbe Großvolte von außen nach innen, danach zu zweien auf der Mittellinie und vor der kurzen Seite wieder auseinander u.a.
Anschließend sei noch darauf hingewiesen, daß das Anreiten bei jedem Abmarsch unbedingt in der kommandierten Gangart erfolgen muß, und zwar ohne Zwischentritte. Wenn die Reiter das im Trab oder Arbeitsgalopp noch nicht können – und das wird häufig bei solchen Abteilungen der Fall sein, denen wir mit dem Formationsreiten Abwechslung und Freude in den anstrengenden Reitunterricht bringen wollen – lassen wir die Abteilung besser im Schritt anreiten und erst antraben, wenn sich alle Reiter auf dem Hufschlag befinden.

Aufmärsche in der Bewegungsrichtung und Abmärsche daraus
Aufmärsche in der Bewegungsrichtung können ausgeführt werden, wenn sich die Abteilung in Kolonne zu einem auf der linken/rechten Hand oder auch auf verschiedener Hand gegenüber befindet. Diese Aufmärsche finden nur an der Quermittellinie statt.

1. *Aufmarsch auf der rechten Hand*
I Abteilung! Zur Linie, rechts marschiert auf –
II marsch!
danach folgt sofort
I Anfang –
II halt!
III Das Kommando wird gegeben, wenn sich die Abteilung auf der langen Seite befindet, und zwar so, daß der Anfangsreiter bei Punkt E (5a) halten kann.
Auf "marsch" reiten alle Reiter gleichzeitig nach dem Bahninneren und setzen sich mit Bügelfühlung rechts neben ihren Vordermann.

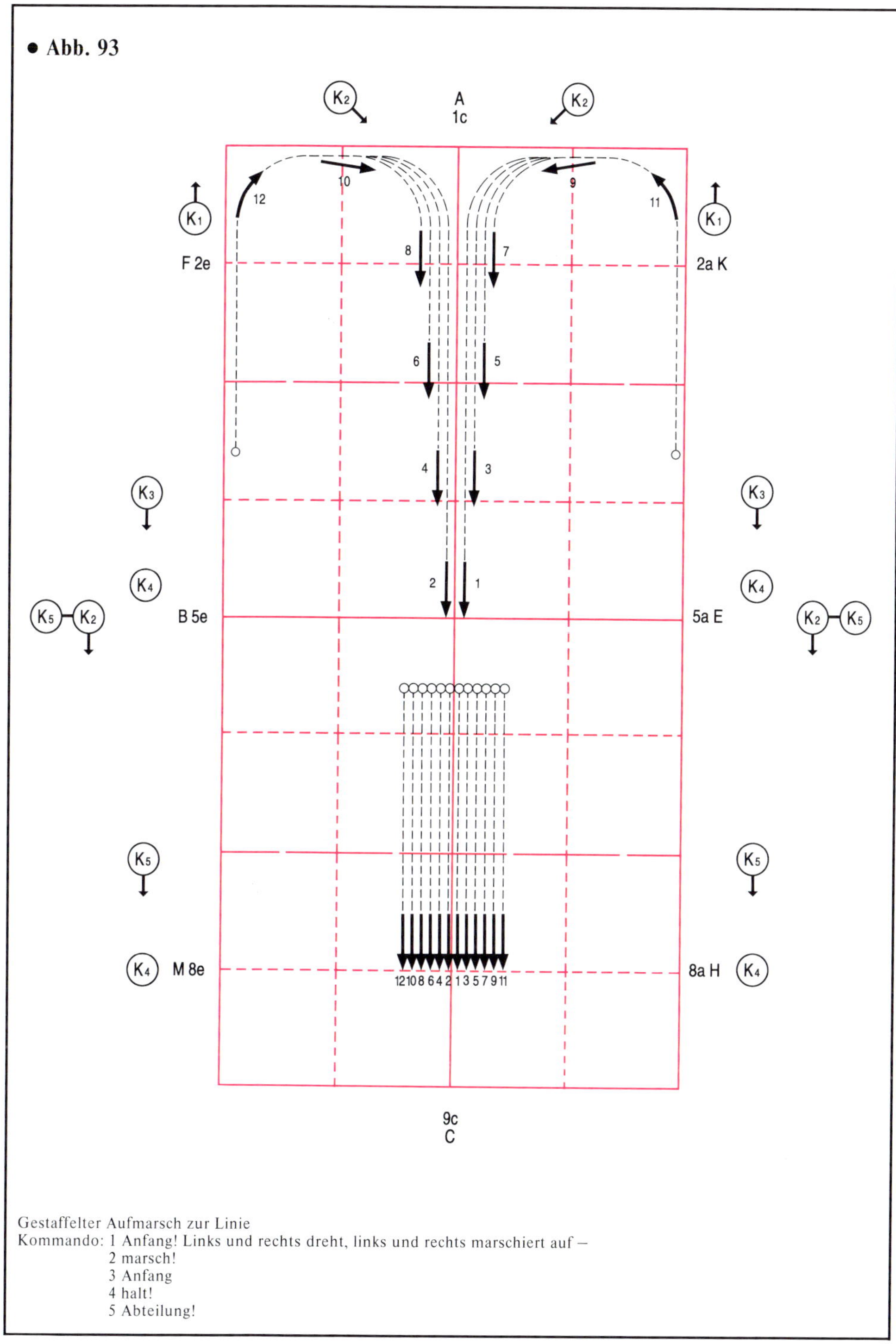

Gestaffelter Aufmarsch zur Linie
Kommando: 1 Anfang! Links und rechts dreht, links und rechts marschiert auf –
2 marsch!
3 Anfang
4 halt!
5 Abteilung!

• **Abb. 94**

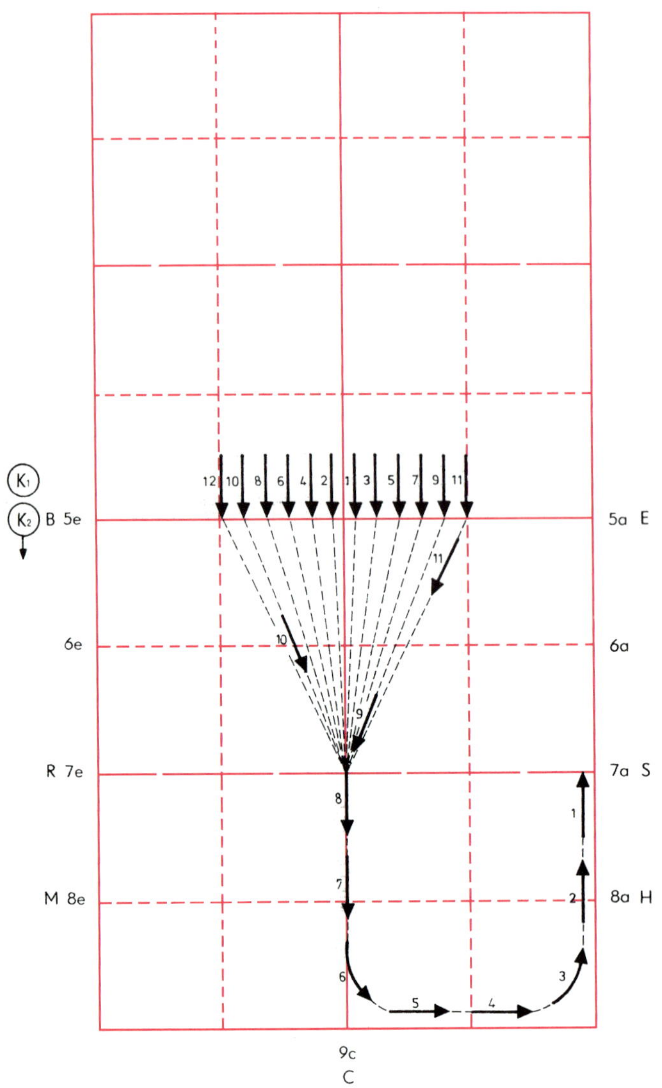

Abmarsch in Kolonne zu einem aus der Mitte (Abteilungsfigur)
Viereck: 20 m x 40 m
Kommando: 1 Abteilung! Zu einem aus der Mitte links brecht ab –
2 marsch!
Abstand: 1 Schritt

• **Abb. 95**

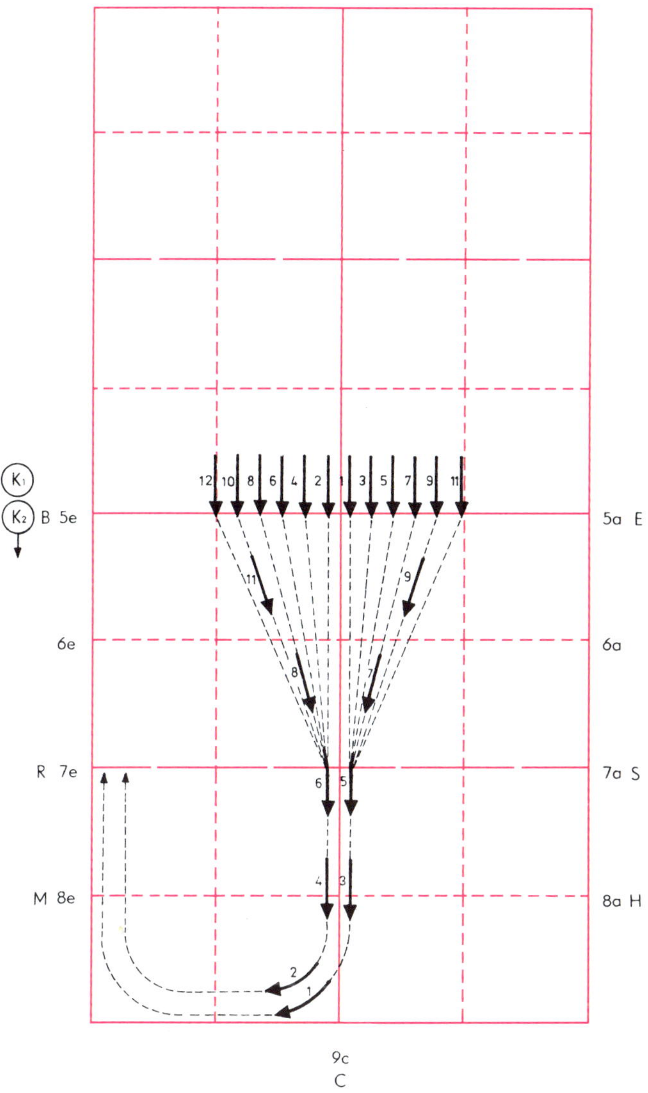

Abmarsch in Kolonne zu zweien aus der Mitte (Abteilungsfigur)
Viereck: 20 m x 40 m
Kommando: 1 Abteilung! Zu zweien aus der Mitte rechts brecht ab –
2 marsch!
Abstand: 2 Schritt

• Abb. 96

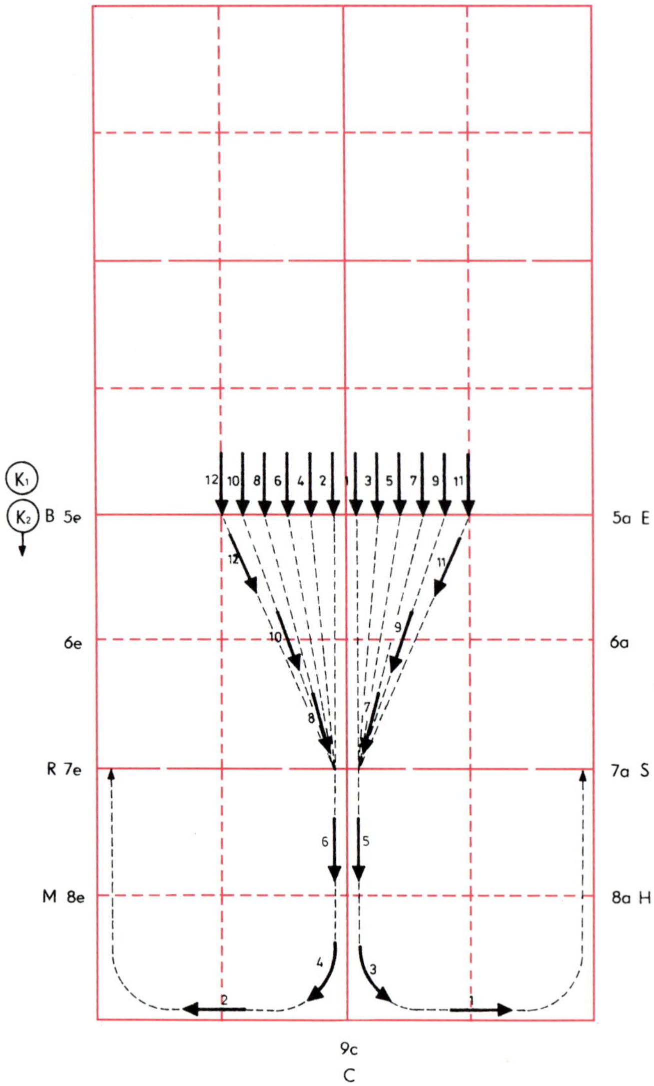

Abmarsch zu zweien aus der Mitte auf beide Hände von der Quermittellinie (Abteilungsfigur)
Viereck: 20 m x 40 m
Kommando: 1 Abteilung! Zu zweien aus der Mitte rechts und links brecht ab – 2 marsch!
Abstand: 1 Schritt beim Abbrechen, 2 m zwischen den Paaren, 3 Schritt auf der langen Seite

• **Abb. 97**

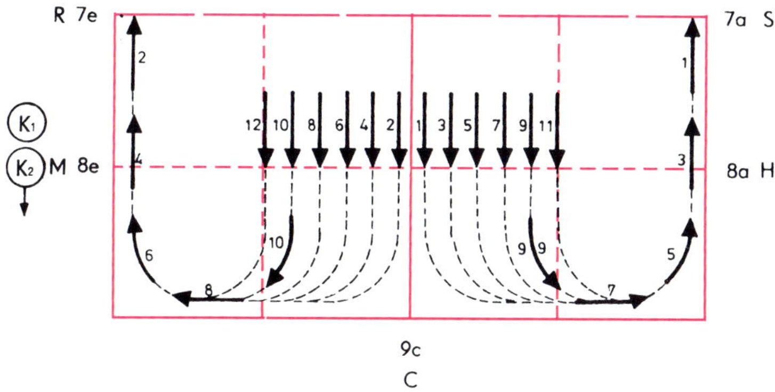

Abmarsch zu zweien aus der Mitte auf beide Hände von der Paradelinie (Abteilungsfigur)
Viereck: 20 m x 40 m
Kommando: 1 Abteilung! Zu zweien aus der Mitte links und rechts brecht ab – 2 marsch!
Abstand: beim Anreiten 2 Schritt, in der Kolonne zu einem 1 Schritt

• **Abb. 98**

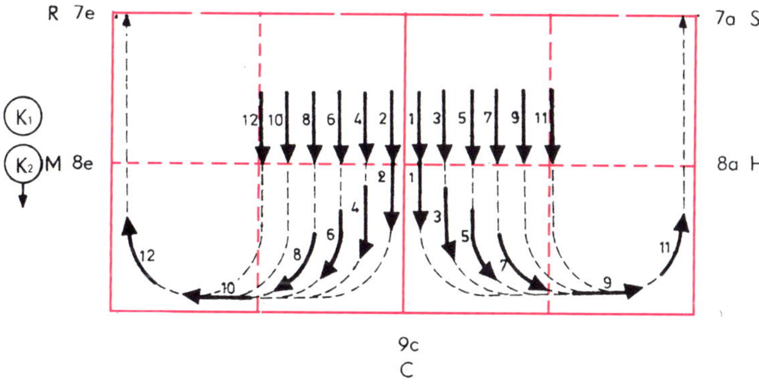

Gestaffelter Abmarsch von beiden Flügeln (Abteilungsfigur)
Viereck: 20 m x 40 m
Kommando: 1 Abteilung! Vom linken und rechten Flügel rechts und links brecht ab – 2 marsch!
Abstand: in der Kolonne 1 Schritt

• **Abb. 99**

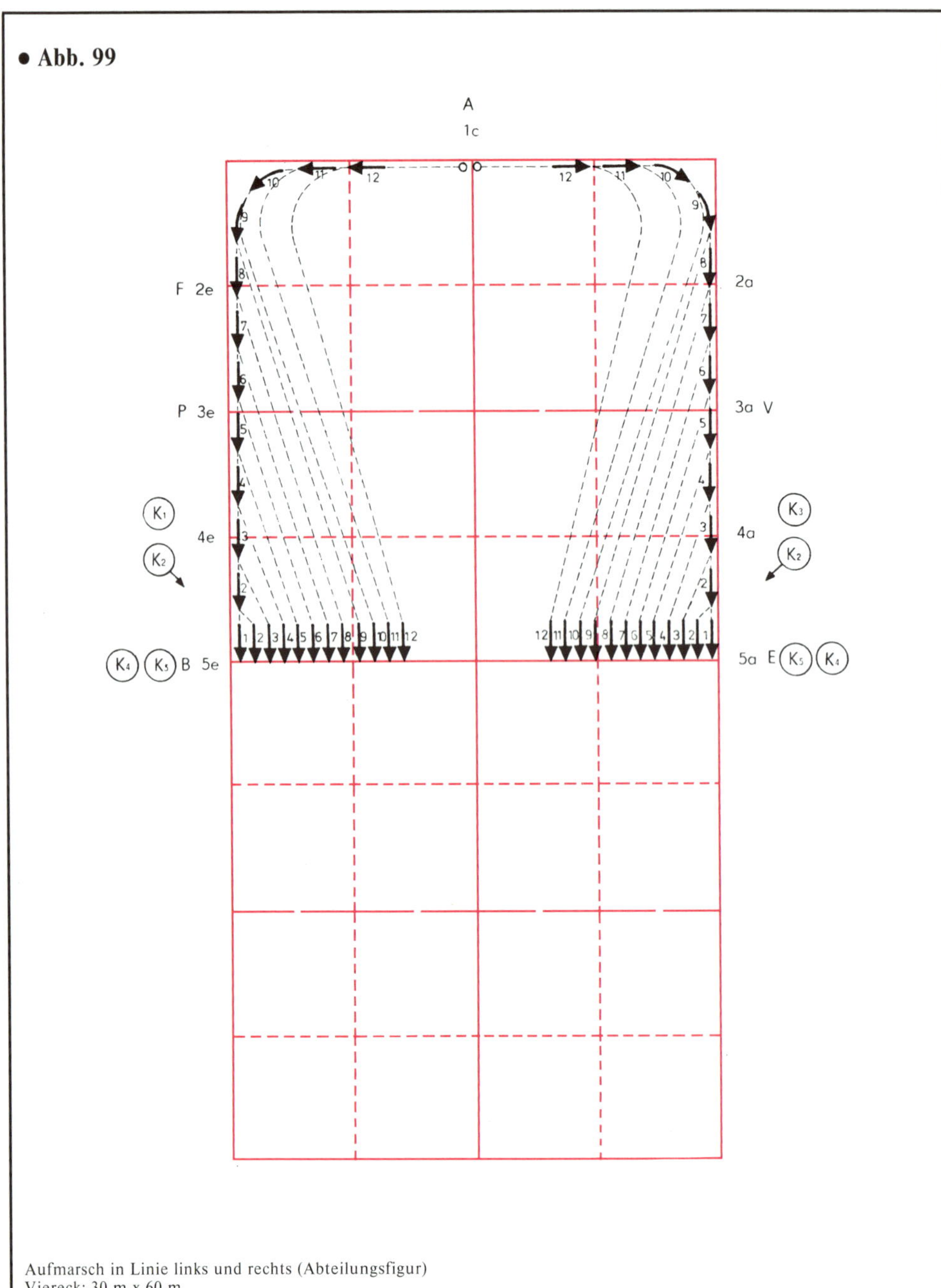

Aufmarsch in Linie links und rechts (Abteilungsfigur)
Viereck: 30 m x 60 m
Kommando: 1 Abteilung! In Linie links marschiert auf –
2 marsch!
3 Abteilung! In Linie rechts marschiert auf –
4 Anfang –
5 halt!
Abstand: 1 Schritt

• **Abb. 99**

2. *Aufmarsch auf der linken Hand*
I Abteilung! Zur Linie, links marschiert auf –
II marsch!
III Der Aufmarsch erfolgt spiegelbildlich zu 1., also hält der Anfangsreiter am Punkt B (5e) (s. Abb. 99).

3. *Aufmarsch auf beiden Händen*
I Abteilung! Zur Linie, rechts und links marschiert auf –
II marsch!
III Jede Abteilung führt den Aufmarsch wie unter 1. und 2. für sich durch, die eine auf der linken, die andere auf der rechten Hand.

• **Abb. 100**

4. *Abmarsch aus der Linie vom äußeren Flügel (Reiter Nr. 1)*
Befindet sich die Abteilung auf der *rechten* Hand, erfolgt der Abmarsch vom *linken* Flügel, befindet sich die Abteilung auf der *linken* Hand, wird vom *rechten* Flügel abmarschiert.
I Abteilung! Zu einem, vom linken (rechten) Flügel, rechts (links) brecht ab –
II marsch!
III Der auf dem Hufschlag der ganzen Bahn haltende äußere Flügelreiter reitet in der kommandierten Gangart auf dem Hufschlag an.
Die rechts (links) neben ihm haltenden Reiter reiten jeweils an, wenn der Schweif des linken (rechten) Nachbarpferdes einen Schritt über den Kopf des eigenen Pferdes hinaus ist.

• **Abb. 101**

Jeder Reiter hält sich dabei so hinter seinem Vordermann, daß er rechts (auf der linken Hand) an ihm vorbeisehen kann. Jeder Reiter kommt so einen Schritt später als der Vordermann auf dem Hufschlag an, so daß der Reiter Nr. 12 den Hufschlag am zweiten Wechselpunkt der langen Seite erreicht. Dieser Abmarsch verlangt genaues Einhalten der zu reitenden Linie und Beachtung der Abstände, damit sich die Abteilung flüssig auf dem Hufschlag einordnet.

5. *Abmarsch vom inneren Flügel (Reiter Nr. 12)*
Befindet sich die Abteilung auf der *linken* Hand, erfolgt der Abmarsch vom *linken* Flügel, befindet sich die Abteilung auf der *rechten* Hand, wird vom *rechten* Flügel abmarschiert.
I Abteilung! Zu einem, vom rechten (linken) Flügel, rechts (links) brecht ab –
II marsch! (Trab! Im Arbeitstempo Galopp – marsch!)
III Nr. 12 reitet in der kommandierten Gangart an und genau auf den zweiten Wechselpunkt der langen Seite zu. Dort geht sie auf den Hufschlag der ganzen Bahn. Die übrigen Reiter reiten jeweils an, wenn sich der Schweif des rechten Nebenpferdes in Höhe des Kopfes des eigenen Pferdes befindet.

• **Abb. 102**

Jeder Reiter hält dabei so hinter seinem Vordermann, daß er links (auf der rechten Hand) bzw. rechts (auf der linken Hand) an ihm vorbeisehen kann. Jeder Reiter kommt so einen Schritt vor dem Punkt am Hufschlag an, an welchem ihn der Vordermann erreicht hat (z.B. Nr. 12 bei 8a/8e, Nr. 8 bei 7a/7e, Nr. 4 bei 6a/6e).
Am Schluß dieses Abmarsches sind die Reiter in umgekehrter Reihenfolge. Man muß daher die richtige Reihenfolge mit einer Kehrtwendung (s.o.) wieder herstellen lassen.
Die Auf- und Abmärsche in der Bewegungsrichtung können auch aus der Kolonne zu zweien, dreien und vieren ausgeführt werden.

Aufmärsche und Abmärsche durch Schwenkungen
Aus der Kolonne zu vieren und (seltener) sechsen, kann man unmittelbar in Linie aufmarschieren lassen.
Voraussetzung für das Gelingen dieses Aufmarsches sind die Abstände zwischen den Gliedern, die immer der Breite des Gliedes minus einer Pferdelänge entspre-

• Abb. 100

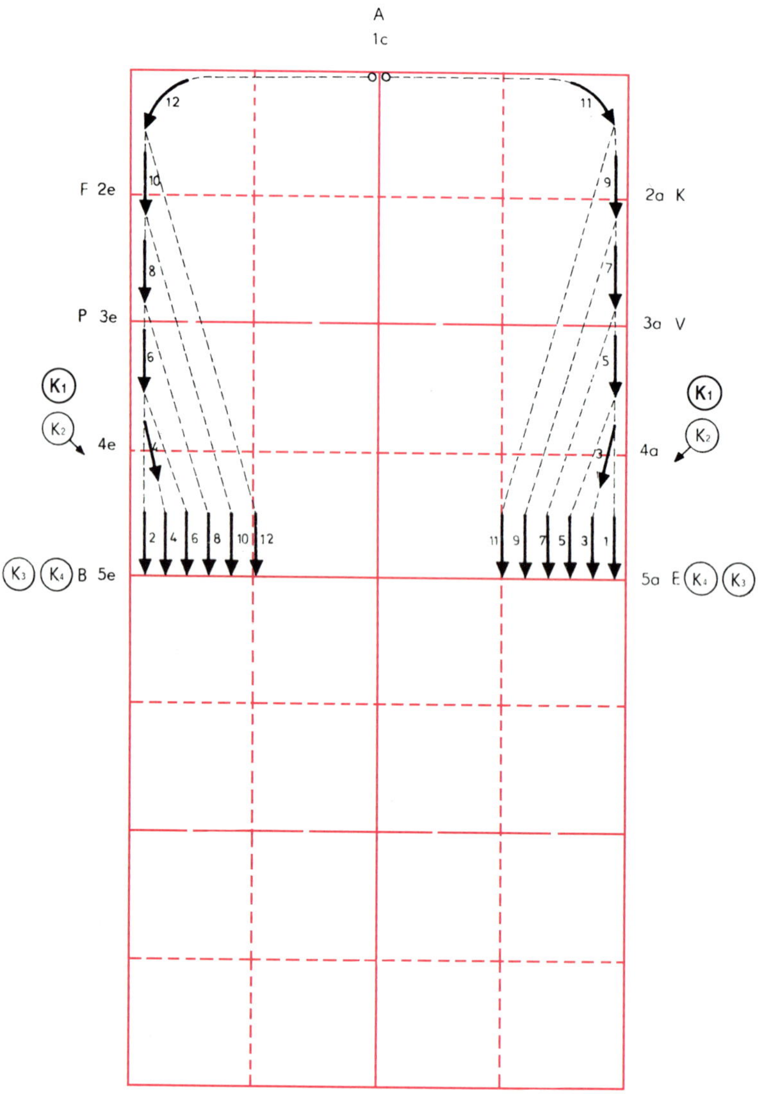

Aufmarsch in Linie auf beiden Händen
Viereck: 20 m x 40 m
Kommando: 1 Abteilung! In Linie rechts und links marschiert auf –
2 marsch!
3 Anfang –
4 halt!
Abstand: 1 Schritt

• Abb. 101

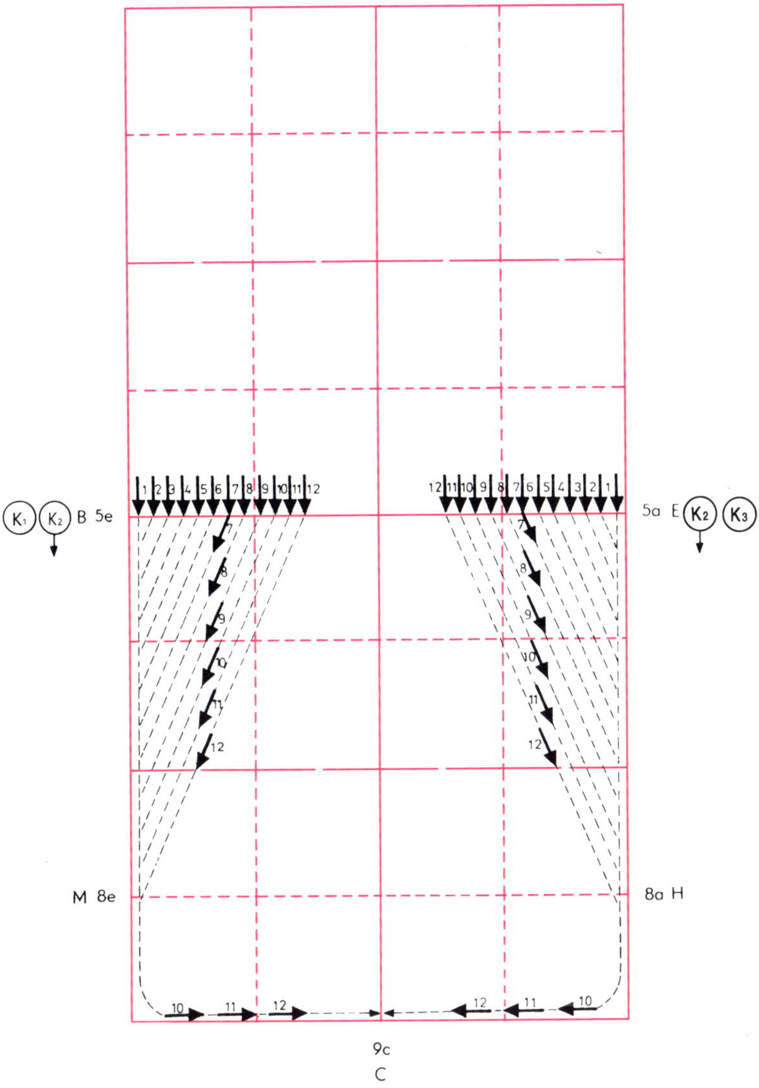

Abmarsch aus der Linie vom äußeren Flügel (Abteilungsfigur)
Viereck: 30 m x 60 m
Kommando: 1 Abteilung! Zu einem vom rechten Flügel links brecht ab –
2 marsch!
3 Abteilung! Zu einem vom linken Flügel rechts brecht ab –
Abstand: 1 Schritt

• **Abb. 102**

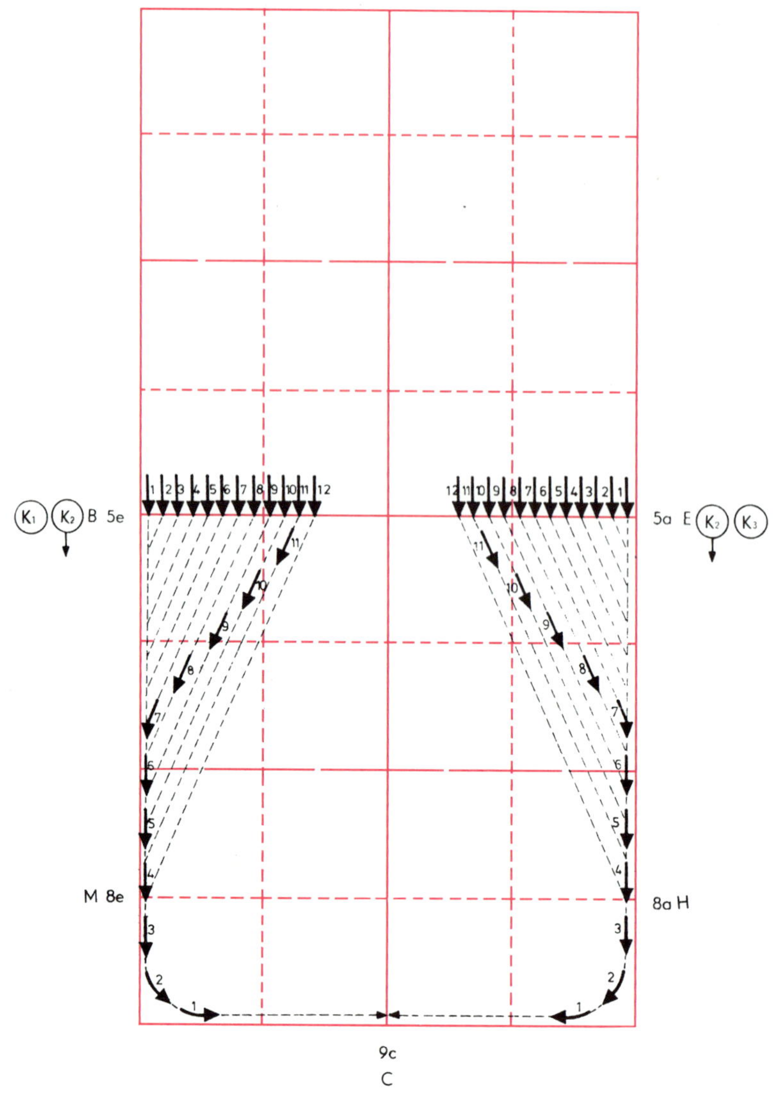

Abmarsch vom inneren Flügel (Abteilungsfigur)
Viereck: 30 m x 60 m
Kommando: 1 Abteilung! Zu einem vom linken Flügel links brecht ab –
2 marsch!
3 Abteilung! Zu einem vom rechten Flügel rechts brecht ab –

chen müssen. Demnach beträgt der Abstand in der Kolonne zu vieren einen Schritt und in der Kolonne zu sechsen drei Schritt.

• **Abb. 103 a, b**

Natürlich müssen die Reiter dazu wirklich Bügel an Bügel reiten. Da für das Reiten von Figuren in Kolonne der Gliedabstand immer der Breite des Gliedes entsprechen muß (s. S. 149 und Abb. 60), muß vor den Schwenkungen der Gliedabstand verringert und nach den Schwenkungen vergrößert werden.
In Kolonne zu zweien und zu dreien läßt sich die Schwenkung zur Linie nicht ausführen, weil die Gliedbreite zu gering ist, um bei dem erforderlichen Mindestabstand von einem Schritt nach der Schwenkung gleichmäßige Zwischenräume zu erreichen. In Kolonne zu einem entspricht die Figur "Linksum" der Linksschwenkung. Allerdings können die Reiter dann nicht Bügel an Bügel in der Linie stehen. Der Zwischenraum zwischen den einzelnen Reitern beträgt jeweils eine Pferdelänge plus den Abstand, d.h. bei einem Schritt Abstand beträgt der Zwischenraum vier Schritt.

1. *Auf der linken Hand*
I Abteilung! Zu vieren (zu sechsen), links schwenkt –
II marsch!
sofort danach, wenn die Schwenkung vollzogen ist:
I Abteilung –
II halt!
III Alle Glieder der Abteilung führen gleichmäßig und gleichzeitig eine Viertelschwenkung nach dem Bahninneren aus. Dabei reitet der innere (linke) Reiter jedes Gliedes eine Viertelvolte (s. Abb. 103 a, b).
Hat der Abstand zwischen den Gliedern in der Kolonne gestimmt, so steht die Abteilung nun in Linie, die Reiter Bügel an Bügel. Nach dem Kommando "halt!" darf es kein Korrigieren einzelner Reiter mehr geben. Es muß unterlassen werden, ein Pferd nach der Seite zu verschieben, weil das zu Unruhe in der Abteilung führt.

2. *Auf der rechten Hand*
Das Einschwenken wird spiegelbildlich durchgeführt. Nach diesem Aufmarsch steht allerdings die Abteilung mit "verkehrter Front", d.h. von links nach rechts die Nr. 4, 3, 2, 1, 8, 7, 6, 5, 12, 11, 10, 9 bzw. (bei sechsen) Nr. 6, 5, 4, 3, 2, 1, 12, 11, 10, 9, 8, 7. Der Aufmarsch durch Einschwenken von der rechten Hand wird bei Zeremonien sowie zu Beginn und am Ende von Vorführungen nicht verwendet, weil danach die Abteilung mit "verkehrter Front" (Nr. 1 am linken Flügel) steht.

3. *Der Abmarsch aus der Linie durch Abschwenken*
I Abteilung! Zu vieren (sechsen), rechts schwenkt –
II marsch! (Trab! Im Arbeitstempo Galopp – marsch!)
III Die Vierer- oder Sechserabmärsche reiten gleichzeitig eine Viertelschwenkung nach rechts, wobei der rechte Flügelreiter jedes Gliedes auf dem Hufschlag einer Viertelvolte reitet.

• **Abb. 104 a, b**

Nach Vollendung der Schwenkung befinden sie sich wieder in Kolonne zu vieren oder zu sechsen, und zwar mit dem Abstand von einem oder drei Schritten zwischen den Gliedern, der vergrößert werden muß, wenn in der Kolonne weitergeritten werden soll.

4. *Abmarsch durch Linksschwenkung*
Bei der von der rechten Hand in Linie eingeschwenkten Abteilung ist die Reihenfolge der Reiter geändert (s.o.). Beim Abmarsch durch Linksschwenkung wird die richtige Ordnung wiederhergestellt.
I Abteilung! Zu vieren (sechsen), links schwenkt –
II marsch! (Trab! Im Arbeitstempo Galopp – marsch!)

• Abb. 103 a

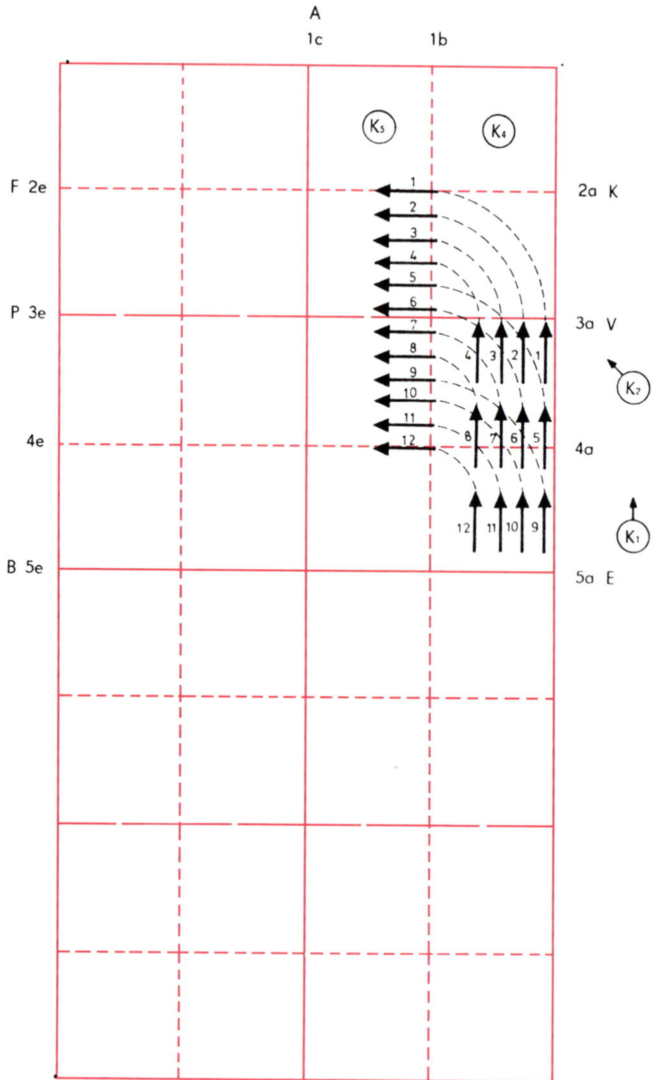

Aufmarsch in Linie durch Schwenkung zu vieren (Einzelfigur)
Viereck: 20 m x 40 m
Kommando: 1 Abteilung! Zu vieren links schwenkt –
2 marsch!
4 Abteilung! –
5 halt!
Abstand in der Kolonne: 1 Schritt

• Abb. 103 b

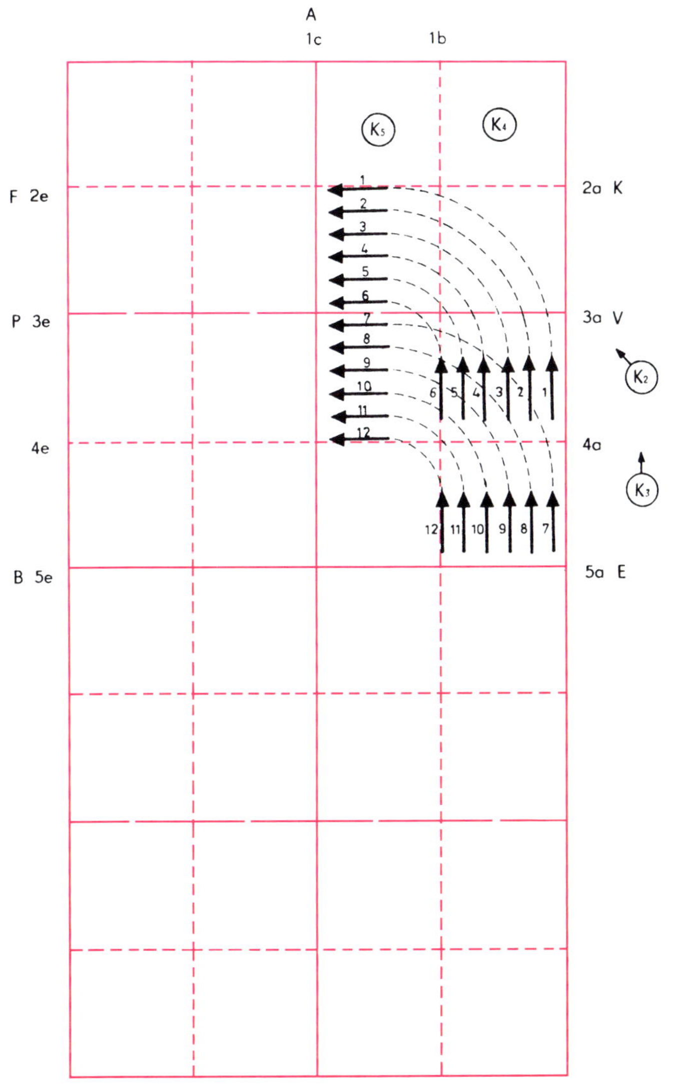

Aufmarsch in Linie durch Schwenkung zu sechsen (Einzelfigur)
Viereck: 20 m x 40 m
Kommando: 2 marsch!
3 Abteilung! Zu sechsen links schwenkt –
4 Abteilung –
5 halt!
Abstand in der Kolonne: 3 Schritt

• Abb. 104 a

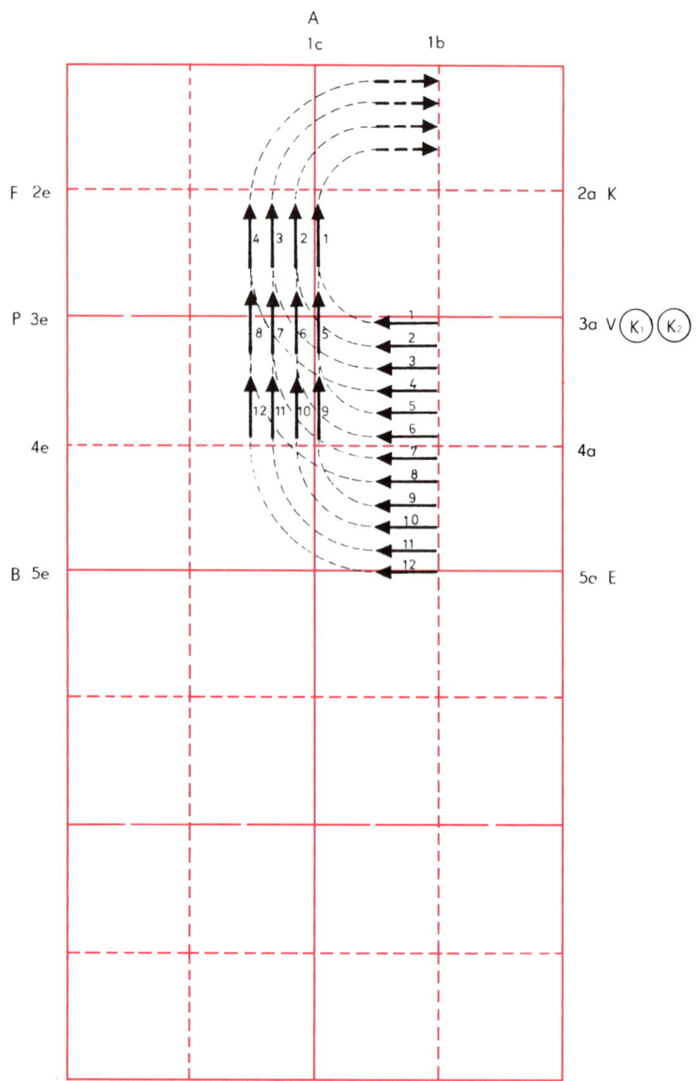

Abmarsch aus der Linie durch Schwenkung zu vieren (Einzelfigur)
Viereck: 20 m x 40 m
Kommando: 1 Abteilung! Zu vieren rechts schwenkt –
2 marsch!
Abstand nach der Schwenkung in der Kolonne: 1 Schritt

• **Abb. 104 b**

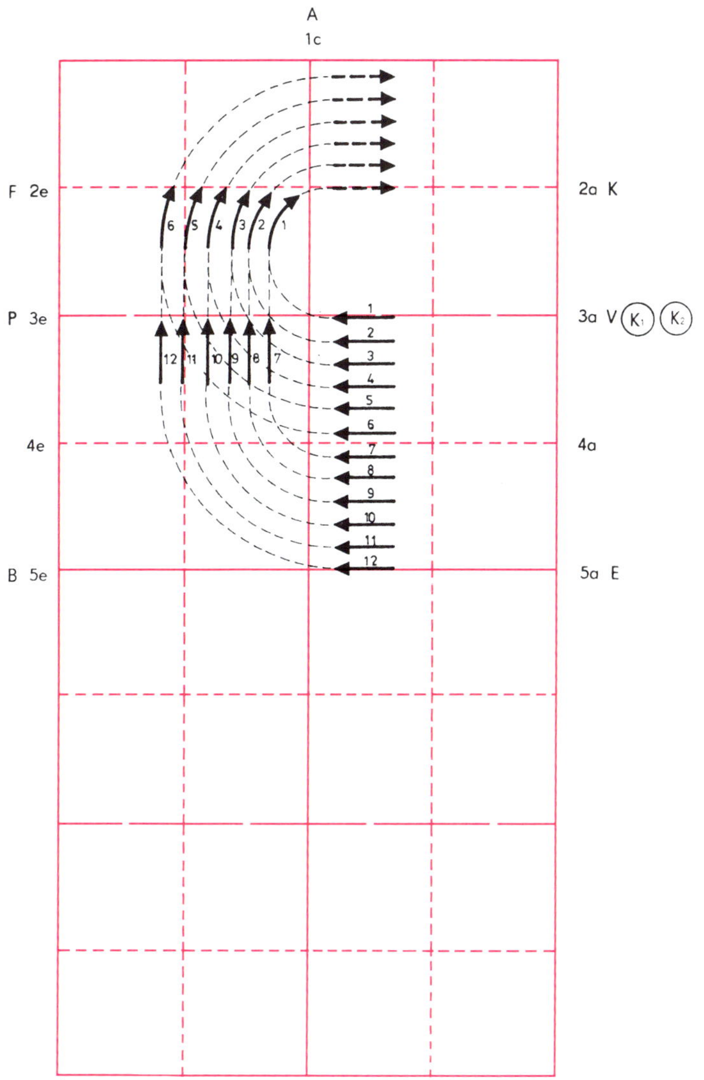

Abmarsch aus der Linie durch Schwenkung zu sechsen (Einzelfigur)
Viereck: 20 m x 40 m
Kommando: 1 Abteilung! Zu sechsen rechts schwenkt –
2 marsch!
Abstand nach der Schwenkung in der Kolonne: 1 Pferdelänge

III Die Ausführung erfolgt spiegelbildlich zu 3. Beim Reiten der nachfolgenden Figuren ist zu berücksichtigen, daß sich Nr. 1/7 (bei Sechsermärschen) bzw. 1/5/9 (bei Vierermärschen) wieder am rechten Flügel ihrer Glieder befinden.

Aufmarsch bei Turnieren und Abmarsch daraus

Die Hauptveranstaltungen von Turnieren beginnen manchmal mit einer Eröffnungszeremonie, bei einigen größeren und bedeutsamen Veranstaltungen findet auch eine Abschlußzeremonie statt. Wichtige Programmpunkte dieser Zeremonien sind Aufmarsch und Abmarsch der Teilnehmer zu Pferde. Dieser Teil der Zeremonien wird von vielen Zuschauern gerne gesehen und besitzt deshalb eine beachtliche Publikumswirksamkeit. Er bestimmt zu einem erheblichen Teil die Stimmung der Zuschauer. In bezug auf Anforderung und Ausführung haben diese Auf- und Abmärsche auf dem Turnierplatz vieles gemein mit den in den vorhergehenden Abschnitten besprochenen Figuren. Deshalb werden sie an dieser Stelle behandelt.

Bedauerlicherweise unterlaufen bei diesen Aufmärschen oft Fehler, die das Geamtbild beeinträchtigen. Wir wollen daher einige Hinweise geben, die für richtiges Auf- und Abmarschieren Gültigkeit haben:

– Der Parcoursgestalter muß den Weg freilassen, den die Reiter zum Aufmarsch brauchen. Die Mindestbreite dieses Weges beträgt für Kolonnen zu zweien 4 m, für Kolonnen zu dreien 5 m, für Kolonnen zu vieren 6 m. Engere Wege führen oft zu störender Unruhe, wenn Pferde zögern, nahe an Hindernisteilen vorbeizugehen. Unter keinen Umständen darf der Weg so eng sein, daß nicht alle Reiter des Gliedes nebeneinander darauf Platz haben. Bei kleineren Plätzen kann es erforderlich werden, dazu einige Hindernisse zur Seite zu räumen. Deshalb verwendet man an dieser Stelle Hindernisse, die sich leicht und schnell aufbauen lassen.
– Entgegen häufig zu beobachtender Praxis muß der Einmarsch auf der *linken* Hand erfolgen. Die rechte Seite ist die "Paradeseite". Zuschauer und Ehrengäste müssen die *rechte* Seite der Reiter und Pferde sehen können.
– Dressurreiterinnen und Reiter führen beim Einmarsch keine Gerte mit. Springreiterinnen tragen die Reitpeitsche in der rechten Hand, weil sie sie zum Gruß benötigen. *Alle* Reiterinnen und Reiter – auch die Springreiter – tragen Handschuhe.
– Die einzelnen Glieder der Kolonne reiten Bügel an Bügel, in exakter Seitenrichtung und im richtigen Abstand zu dem voranreitenden Glied. In der Kolonne zu zweien beträgt der Gliedabstand zwei Schritt, in Kolonne zu dreien drei Schritt, in Kolonne zu vieren vier Schritt. So gibt es beim nacheinander erfolgenden Einschwenken der Glieder in die Aufmarschlinie keine Stauungen oder Lücken. Blinde Glieder reiten vorn. (s. Abb. 83).
– Wenn Standarten mitgeführt werden, so reitet der Standartenführer als rechter Flügelreiter im ersten Glied oder - wenn er vor der Kolonne reiten soll - eine Pferdelänge *vor dem rechten Flügelreiter.* Zwischen der voranreitenden Kolonne und dem Standartenträger bleiben *zwei Pferdelängen* Abstand.
– Der Anführer des Aufmarsches reitet drei Pferdelängen vor der ersten Standarte oder der Kolonne.
– Während des Einmarsches wird nur gegrüßt, wenn die Kolonne an der *Ehrentribüne* vorbeikommt bzw. Richter und Turnierfunktionäre auf der rechten Seite der Kolonne Aufstellung genommen haben. Der *linke* Flügelreiter jedes Gliedes gibt das Zeichen für Beginn und Ende des Grußes. Er ist am weitesten von den Zuschauern entfernt. Gegrüßt wird immer nach rechts.
– Beim Grüßen richtet sich der Blick auf die Ehrentribüne. Die Reiter halten Kap-

pe oder Zylinder mit dem ausgestreckten rechten Arm hinter dem Oberschenkel, das Futter dem Pferdeleib zugewendet. Dressurreiterinnen grüßen in der gleichen Haltung, behalten aber Zylinder oder Kappe auf. Springreiterinnen grüßen durch Erheben der senkrecht gehaltenen Peitsche vor der rechten Schulter.

- Wie der Einmarsch auf der linken Hand auszuführen ist, hängt von der Lage des Platzeinganges ab. Als Regel kann gelten, daß auf der linken Hand vor dem Aufmarsch der längere Weg geritten werden muß. Beim Ausmarsch (auf der rechten Hand) ist meist der kürzere Weg zum Ausgang zurückzulegen. Sollen beim Ausmarsch – wie dies bei einigen größeren Veranstaltungen Brauch ist – die Reiter den Zuschauern und Turnierfunktionären den Abschiedsgruß erweisen, so muß auch der Ausmarsch auf der linken Hand erfolgen.
- Der Aufmarsch kann – je nach den Platzverhältnissen – vor der kurzen oder der langen Seite des Platzes stattfinden. Trotz des Einmarsches auf der linken Hand darf jedoch niemals von links aufmarschiert werden. Das ergibt ungleichmäßige Zwischenräume, die die Reiter zum "Schließen" nach rechts veranlassen. Abb. 105 zeigt, wie der Aufmarsch korrekt ausgeführt wird. Der Anführer der Parade hält auf der Aufmarschlinie oder reitet – wenn die Kolonne nicht sehr lang ist – nach einer Linkswendung hinter der Aufmarschlinie entlang bis zu der Stelle, an der der rechte Flügel der Aufstellung stehen soll. Dort reitet er eine Viertelvolte nach rechts und hält. Das erste Glied schwenkt in Höhe des Anführers rechts ein, wobei der rechte Flügelreiter eine Viertelvolte reitet. Damit beträgt der Zwischenraum zum Anführer der Parade zwei Schritt. Jedes weitere Glied reitet bei Kolonne zu zweien einen Schritt, bei Kolonne zu dreien zwei Schritt, bei Kolonne zu vieren drei Schritt über den Abwendepunkt des vorherigen Gliedes hinaus und schwenkt danach ebenso nach rechts wie das erste Glied.

• **Abb. 105**

Standartenträger wenden *zwei Schritt* nach dem Wendepunkt des vorhergehenden Gliedes.
Glieder, die hinter Standarten reiten, beginnen ihre Schwenkung einen Schritt hinter dem Abwendepunkt der Standartenträger. Bei dem Einschwenken in die Aufmarschlinie gelten folgende Regeln:

- Die Schwenkung frühzeitig beginnen.
- Enge Bügelfühlung im Glied.
- Seitenrichtung nach rechts.
- Blinde Glieder genau auf Vordermann ausrichten.
- Der rechte Flügelmann des Gliedes reitet senkrecht von hinten unmittelbar an seinen rechten Nebenmann heran, so daß kein Zwischenraum zu ihm bleibt. Alle Pferde müssen senkrecht zur Aufmarschlinie stehen.
- Nach dem Halten in der Aufmarschlinie gibt es kein Seitwärtsverschieben der Pferde mehr. Es ist immer besser, kleine Unregelmäßigkeiten bei den Zwischenräumen in Kauf zu nehmen, als daß die ganze Front der Reiter minutenlang die Pferde nach rechts verschiebt.
- Während der Eröffnungszeremonie bleiben die Reiter ruhig sitzen. Sie verlängern die Zügel, halten aber Verbindung mit dem Pferdemaul. Kann das eigene Pferd das Nachbarpferd nicht leiden, hält der Reiter es an den Hilfen und versucht, durch unsichtbare Einwirkung mit Schenkeln und Zügeln dessen Aufmerksamkeit auf sich und vom Nachbarpferd abzulenken. Ungehorsame Pferde stören bei solchen Zeremonien immer den Gesamteindruck und sollten von der Teilnahme entbunden werden. Wird ein Pferd zwischen seinen beiden Nachbarn unruhig und drängt nach hinten aus der Linie heraus, so bleibt man ruhig hinter

• **Abb. 105**

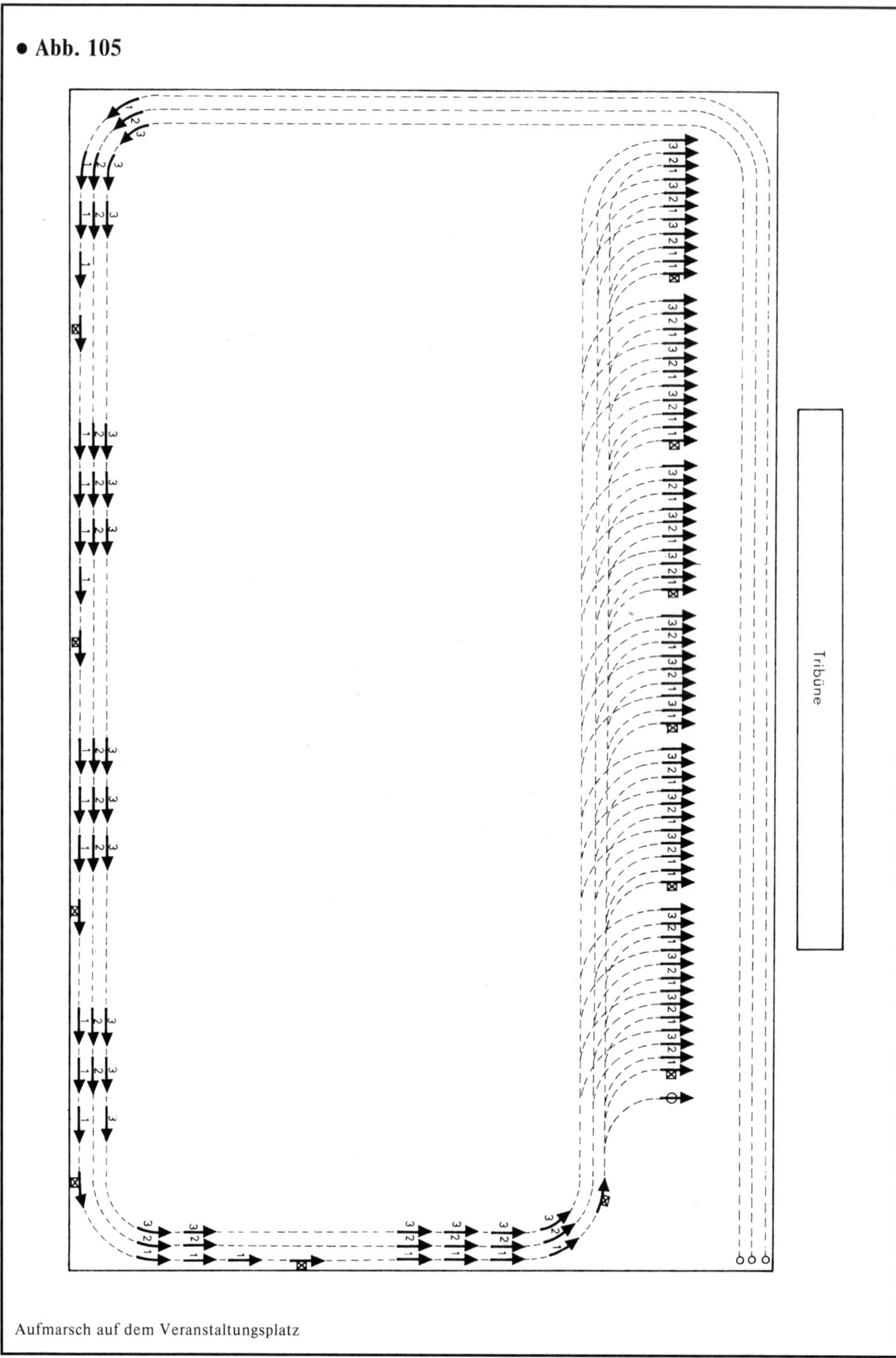

Aufmarsch auf dem Veranstaltungsplatz

der Linie und schiebt sich beim Abmarsch wieder an die richtige Stelle.

- Wird ein Teilnehmer aus der Linie vor die Front gerufen, so reitet er im Schritt eine Pferdelänge vor und von dort im versammelten Rechtsgalopp vor die Richter bzw. die Turnierleitung. Sein Platz in der Linie bleibt frei. Nach Aufforderung, sich wieder einzuordnen, reitet er im versammelten Rechtsgalopp rechts um die ganze Aufstellung herum und schiebt sich von hinten wieder an seinen Platz in der Linie. Keinesfalls darf er versuchen, von vorn in die Linie zurückzurichten. Bei Meisterehrungen u.ä. werden die Ausgezeichneten meist nicht aufgefordert, sich wieder in die Linie einzuordnen. Sie bleiben bis zum Schluß der Zeremonie vor der Front stehen, reiten dann an der Spitze des Ausmarsches.
- Beim Ertönen einer Nationalhymne, beim Halali und beim Gedenken an Tote wird von allen aufmarschierten Reitern der Gruß erwiesen. Dabei richten sich die Reiter nach dem gewöhnlich am rechten Flügel der Richtergruppe stehenden Turnierleiter oder Beauftragten der Landeskommission.
- Auf das Kommando "Abschlußparade – ausmarschieren!" erfolgt der Abmarsch aus der Linie. Er wird in der gleichen Ordnung durchgeführt, in der der Einmarsch stattgefunden hat, gegebenenfalls jedoch auf der rechten Hand. Auf "Ausmarschieren" (korrekter müßte kommandiert werden: "Abschlußparade! Zu dreien, rechts brecht ab – marsch!") reiten die Dreierglieder nacheinander (wenn sich der Schweif des rechten Nachbarpferdes in Höhe des eigenen Unterschenkels befindet) und schwenken gliedweise nach rechts, wobei der Anführer der Parade, die Standartenträger und die rechten Flügelreiter der Glieder eine Viertelvolte nach rechts reiten. Dabei müssen die Standartenträger im freien Schritt vorwärtsreiten und die Glieder etwas verhalten.

• **Abb. 106 a, b**

Nach der Schwenkung befindet sich die Kolonne in der richtigen Ordnung auf der rechten Hand und reitet zum Ausgang. Wenn beim Ausmarsch zu den Zuschauern und Turnierfunktionären gegrüßt werden soll, muß der Ausmarsch auf der linken Hand erfolgen.

I Abschlußparade! Zu dreien, vom rechten Flügel, links brecht ab –

II marsch!

III Der Anfangsreiter reitet im Bogen nach links an. Der Bogen muß mindestens so groß sein, daß die inneren Reiter eine Viertelvolte reiten können (s. Abb. 106 b).

Der erste Standartenträger bzw. das erste Glied reitet an, wenn der Anfangsreiter vier Pferdelängen vorgeritten ist. Die Glieder reiten an, wenn sich die Schweife des vorhergehenden Gliedes zwei Schritt vor den Köpfen der eigenen Pferde befinden. Ist die Aufmarschlinie genügend weit von der Platzumgrenzung entfernt, kann man auch zunächst nach rechts abbrechen lassen und danach die ganze Kolonne auf die linke Hand führen:

I Anfang! Zweimal links schwenkt –

II marsch!

Als Musik zu Ein- und Ausmärschen muß ein Reitermarsch im Schritt (4/4-Takt) gespielt werden. Andere Märsche (2/4-Takt, 3/4-Takt) passen nicht zum Schritt. Als geeignete Märsche sind zu empfehlen: der Torgauer Parademarsch, der Marsch der Finnländischen Reiterei aus dem 30-jährigen Krieg, der Marsch des Yorkschen Corps, der Marsch des Preobrashensker Regiments, der Sylvianer-Marsch, des Großen Kurfürsten Reitermarsch, die Kreuzritter-Fanfare, der Coburger Marsch, Marsch Bataillon Garde und andere Parademärsche im Schritt, wie sie auf den bei der Deutschen Reiterlichen Vereinigung in Warendorf erhältlichen Schallplatten mit Reitermärschen (1. - 3. Folge) zu finden sind. "Zirkusmärsche" wie der "Einmarsch der Gladiatoren" sind für diese Zwecke stillos.

• **Abb. 106 a, b**

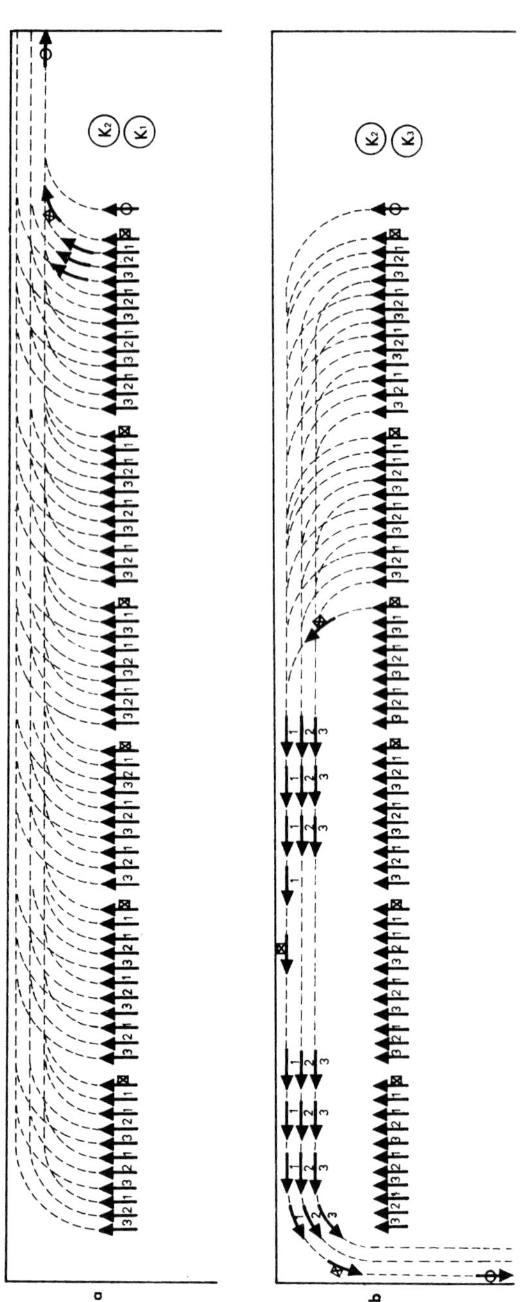

Abmarsch vom Veranstaltungsplatz
Kommando: 1 Eröffnungsparade (Abschlußparade)! Zu dreien rechts brecht ab –
2 marsch!
3 Eröffnungsparade (Abschlußparade)! Zu dreien vom rechten Flügel links brecht ab –

2.2.4.5

Marsch und Schwenkungen in Linie

Märsche in Linie kommen beim Formationsreiten nur zwischen Aufmarschlinie und Paradelinie vor.
I Abteilung –
II marsch!
I Abteilung –
II halt!
III Alle Reiter reiten gleichzeitig an und mit ganz exakter Seitenrichtung nach dem rechten Flügel.
Ebenso muß das Halten genau gleichzeitig und gleichmäßig erfolgen.
Je mehr Reiter die Linie bilden und je höher Gangart und Tempo sind, desto schwieriger ist diese Figur zu reiten. Sechs, acht oder zwölf Reiter in Linie im Trab oder Galopp sind schon eine große Leistung, die gehorsame und durchlässige Pferde und fortgeschrittene Reiter verlangt. Bei Vorführungen ist ein Marsch in Linie im Trab oder Galopp allerdings immer ein Höhepunkt.
Gleichzeitiges Anreiten aller Reiter in der kommandierten Gangart, vollkommenes Ausgerichtetsein während der Bewegung und genau übereinstimmende, trotzdem aber weiche Paraden aller Reiter sind unverzichtbare Qualitätsmerkmale eines Marsches in Linie.
Schwenkungen in Linie zu sechsen, achten und zwölfen sind nur mit sehr gut ausgebildeten Reitern und Pferden möglich. Sie bedürfen trotzdem noch erheblicher Übung und verlangen höchste Aufmerksamkeit und Konzentration.
Da wir den Platzbedarf jedes Reiters auf dem Hufschlag mit 80 cm angesetzt haben, ergeben sich für die Länge einer Linie zu sechsen 4,8 m, zu achten 6,4 m, zu zwölfen 9,6 m. Der Platzbedarf für eine Schwenkung der ganzen Abteilung (Durchmesser des Schwenkkreises) ergibt sich aus dem Durchmesser der Innenvolte und der doppelten Länge der in Linie aufmarschierten Abteilung. Das sind für eine Abteilung von sechs Reitern 14,6 m, für eine Abteilung von acht Reitern 17,8 m und für eine Abteilung mit zwölf Reitern 24,2 m. In der Praxis werden diese Idealmaße allerdings kaum zu erreichen sein, da während der Schwenkung die Bügelfühlung nicht genau erhalten bleibt. Der tatsächliche Durchmesser des Schwenkkreises wird daher 1-2 m größer sein. Der unterschiedliche Platzanspruch dieser Figur ist bestimmend für die Stellen der Reitbahn, an denen Schwenkungen in Linie durchgeführt werden können.

Größe des Reitplatzes	Hufschläge, auf denen Schwenkungen ausgeführt werden können
	von 6 Reitern
20 m x 40 m	alle drei Zirkel
30 m x 60 m	Großvolte alle drei Zirkel
	von 8 Reitern
20 m x 40 m	alle drei Zirkel
30 m x 60 m	alle drei Zirkel
	von 12 Reitern
20 m x 40 m	nicht möglich
30 m x 60 m	alle drei Zirkel

Von großer Bedeutung sind die Tempounterschiede zwischen dem Außen- und dem Innenreiter. Daraus ist die Schwierigkeit der Schwenkungen erkennbar. In der folgenden Tabelle führen wir je ein Beispiel für die Geschwindigkeitsanforderungen an:

	Kreisdurchmesser/-umfang in m		Geschwindigkeit in m/min		
			Schritt	Trab	Galopp
Innenreiter	5,0	15,7	23	58	72
6. Reiter	14,6	45,8	66	169	211
8. Reiter	17,8	55,9	81	206	257
12. Reiter	24,2	76,0	110	280	350

Nimmt man für das auf dem äußeren Flügel schwenkende Pferd ein mittleres Tempo an, so werden recht erhebliche Anforderungen an die Versammlungsfähigkeit der innen gehenden Pferde gestellt. Andererseits würde bei nicht genügend verkürztem Tempo des Innenreiters der äußere Flügel nicht mehr in der vorgegebenen Gangart bleiben können.

Aus diesen Erwägungen leiten wir als Regeln für das Reiten von Schwenkungen ab:

1. Bei Schwenkungen in Linie wird die Seitenrichtung stets nach dem *äußeren* schnell reitenden Flügel genommen, die Bügelführung nimmt man nach dem inneren Reiter, der eine normale Volte reitet. Bei den Schwenkungen in Linie wird also gerade umgekehrt wie bei den Viertelschwenkungen der Glieder der Kolonne verfahren.
2. Der am äußeren Flügel befindliche Reiter muß in der vorgeschriebenen Gangart das Tempo so weit wie möglich verstärken, damit die übrigen Reiter die Gangart beibehalten können. Je weiter nach innen, um so mehr müssen die Tritte oder Sprünge verkürzt werden. Die inneren Reiter reiten mit sehr hoher Versammlung. Im Notfall geht Seitenrichtung vor Gangart!
3. Die inneren Reiter führen ihre Pferde traversartig mit der Kruppe gegen den Mittelpunkt.

Eine Schwenkung wird vorbereitet, indem man die Abteilung an der Quermittellinie oder an einer der Tafellinien links bzw. rechts aufmarschieren läßt.

I Abteilung! Rechts (Links) schwenkt –

II marsch!

III Die Abteilung schwenkt nun in Linie herum, so lange bis ein weiteres Kommando kommt.

• **Abb. 107**

I Abteilung!

II halt!

III Die Abteilung hält auf das Ausführungskommando an. Dies wird in der Regel nach einer ganzen oder einer halben Schwenkung (360° oder 180°)gegeben. Oder:

I Abteilung! Geradeaus –

II marsch!

III Die Abteilung verläßt die Kreislinie, das Kommando kann nur an der Quermittellinie (der auf dem Mittelzirkel schwenkenden Abteilung) oder an der Tafellinie gegeben werden.

Beherrscht die Abteilung die Schwenkung in Linie gut, kann als schwierigste der Schwenkfiguren noch die Änderung der Bewegungsrichtung in der Schwenkung ausgeführt werden, eine Übung, die schon Xenophons Reiter bei Vorführungen zeigen mußten. Sie kann nur an einer der Linien 4a-4e bzw. 4e-4c oder 6a-6c bzw. 6e-6c des Vierecks 30 m x 60 m begonnen werden. Vorher muß die Abteilung zur Linie aufmarschieren, und zwar so, daß sich bei der Schwenkung der innere Flügelreiter im Drei-Schritt-Abstand von der Mittellinie befindet. Man kann auch die auf verschiedener Hand reitenden Abteilungen von der Mitte der langen Seite auf die Quermittellinie führen und an der Mittellinie links und rechts aufmarschieren lassen. Die Anfangsreiter befinden sich dann in der Mitte der Abteilung. Nach dem Aufmarsch:

I Abteilung! Rechts schwenkt –

II marsch!

III Die an der Linie 4 oder 6 aufmarschierte Abteilung beginnt zu schwenken. Wenn Dreiviertel der Schwenkung (270°) vollendet sind, folgt das Kommando:

I Abteilung! Links schwenkt –

II marsch!

III Das Kommando wird gegeben, wenn sich die Abteilung an der Mittellinie befindet. Dort geht sie aus der Rechtsschwenkung in die Linksschwenkung über, indem der bisher außen, schnell reitende Flügelmann im versammelten Tempo eine Volte reitet und der bisher innen, versammelt reitende Flügelmann auf den Außenkreis kommt.

• Abb. 107

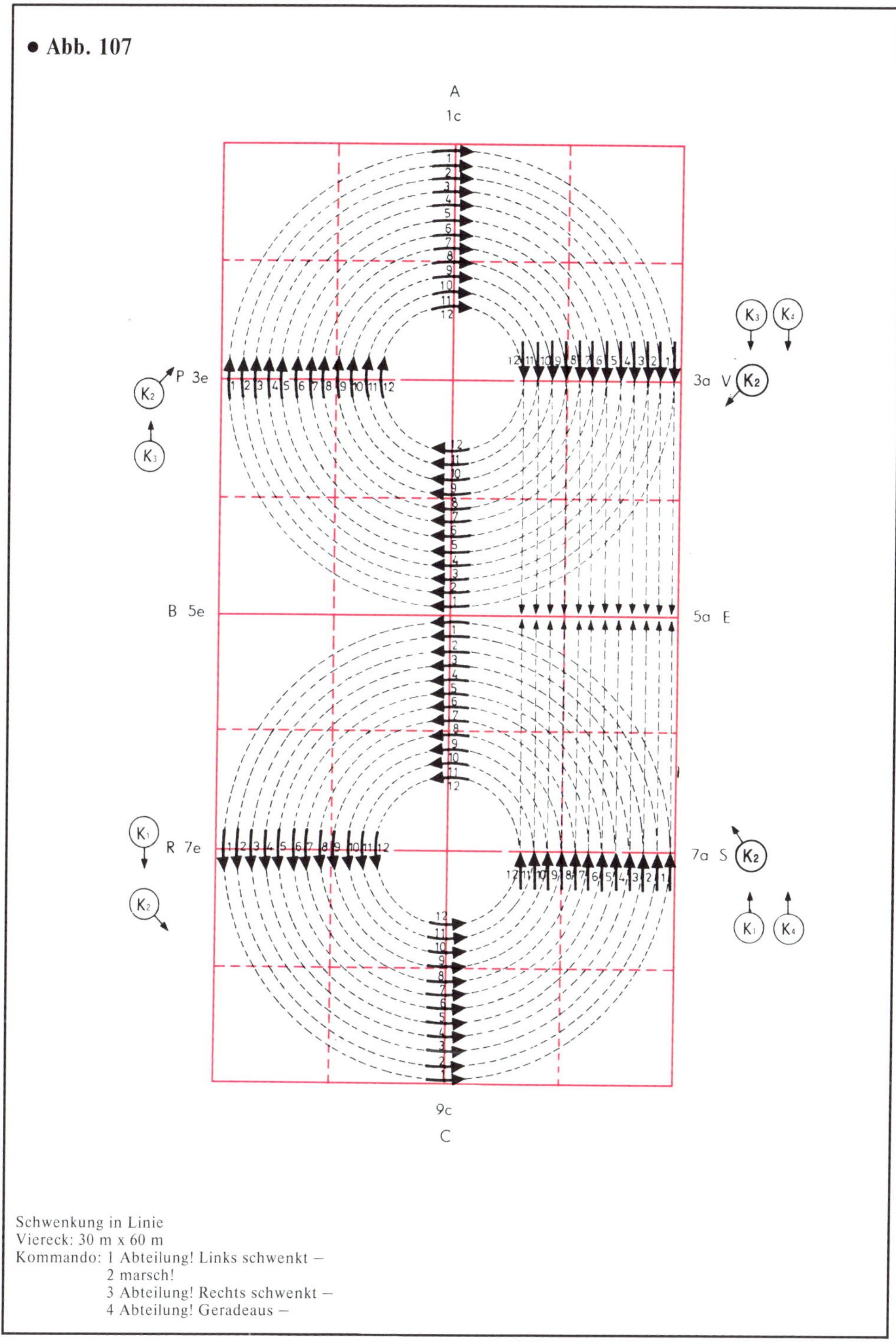

Schwenkung in Linie
Viereck: 30 m x 60 m
Kommando: 1 Abteilung! Links schwenkt –
2 marsch!
3 Abteilung! Rechts schwenkt –
4 Abteilung! Geradeaus –

• Abb. 108

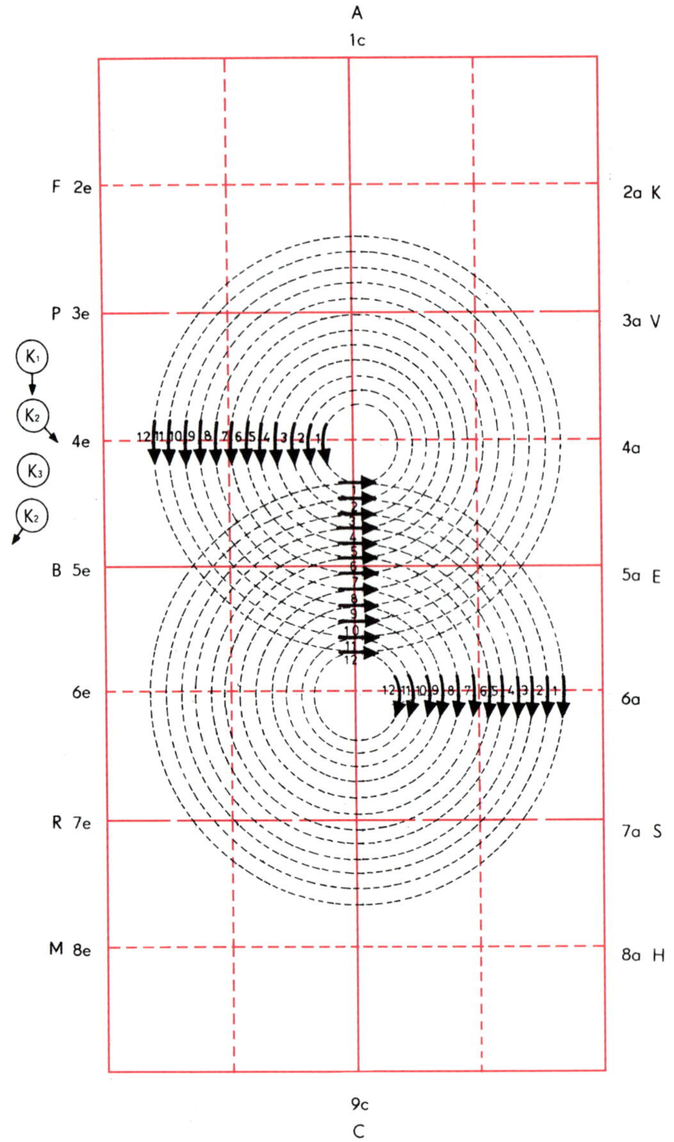

Schwenkung in Linie mit Änderung der Bewegungsrichtung
Viereck: 30 m x 60 m
Kommando: 1 Abteilung! Links schwenkt –
2 marsch!
3 Abteilung! Rechts schwenkt –

• **Abb. 108**

Wurde die Schwenkung aus dem Aufmarsch an der Mittellinie begonnen, wird einmal herumgeritten (360°), ehe die Änderung der Bewegungsrichtung erfolgt.
Diese Schwenkung kann in Form einer Acht mehrmals hintereinander geritten werden. Man kann sie auch nach Dreiviertel der Schwenkung beenden und geradeaus weiterreiten lassen.

2.2.5 Spezielle Quadrillenfiguren

Es gibt einige relativ leicht zu reitende Figuren, die bisher noch nicht erwähnt wurden. Sie sind aber für Quadrillen und zum Formationsreiten, besonders in der Grundausbildung und im Freizeitbereich, gut geeignet.

2.2.5.1 Die Kreuzwendung (Abteilungsfigur)

Wenn man vor einer Vorführung den Zuschauern die einzelnen Reiter vorstellen will, kann man die Figur in Kolonne zu einem reiten lassen. Die Zuschauer auf allen Seiten des Vierecks können so die Reiter von beiden Seiten sehen.
I Anfang! Kreuzwendung links (rechts) -
II geritten!
III Das Kommando wird dem Anfangsreiter der auf der Mittellinie einreitenden Abteilung gegeben.
Vor der kurzen Seite reitet er eine Viertelvolte nach rechts und dann auf dem Hufschlag der ganzen Bahn. An der Mitte der langen Seite wendet er auf die Quermittellinie und an der gegenüberliegenden langen Seite auf der gleichen Hand auf den Hufschlag der ganzen Bahn. Danach wird die ganze Bahn bis zum Eingang umritten und von dort mit der Vorführung begonnen.

• **Abb. 109**

Zur Vorstellung der Reiter muß die Kreuzwendung nach rechts geritten werden, damit die Zuschauer die "Paradeseite" sehen. Je nachdem, auf welcher Seite sich die Zuschauer bzw. Ehrengäste befinden, beginnt die Kreuzwendung bei C oder A. Die Kreuzwendung kann auch mit einem Handwechsel verbunden werden.
I Mit Kreuzwendung links (rechts) zweimal durch die Bahn –
II wechseln!
III Der Anfangsreiter erhält das Kommando beim Einreiten. Vor der kurzen Seite geht er zunächst auf die linke Hand. An der Mitte der langen Seite reitet er eine Viertelvolte nach links, danach an der gegenüberliegenden langen Seite eine nach rechts. Anschließend reitet er von der Mitte der kurzen Seite auf die Mittellinie und vor der nächsten kurzen Seite wieder nach rechts auf den Hufschlag der ganzen Bahn, an der Quermittellinie wieder nach rechts und vor der langen Seite nach links.

• **Abb. 110**

Da die Kreuzwendung sich ausschließlich aus Links- bzw. Rechtswendungen zusammensetzt, können natürlich auch die entsprechenden Kommandos "Anfang! Durch die Länge der Bahn – geritten!"; "Anfang! Durch die Breite der Bahn – geritten!" so oft wiederholt werden, wie es nötig ist, um die Abteilung auf die Hufschlaglinien der Kreuzwendung zu führen. Die Kreuzwendung erfüllt auch den Zweck, die Pferde an Platz und Musik zu gewöhnen.

• **Abb. 109**

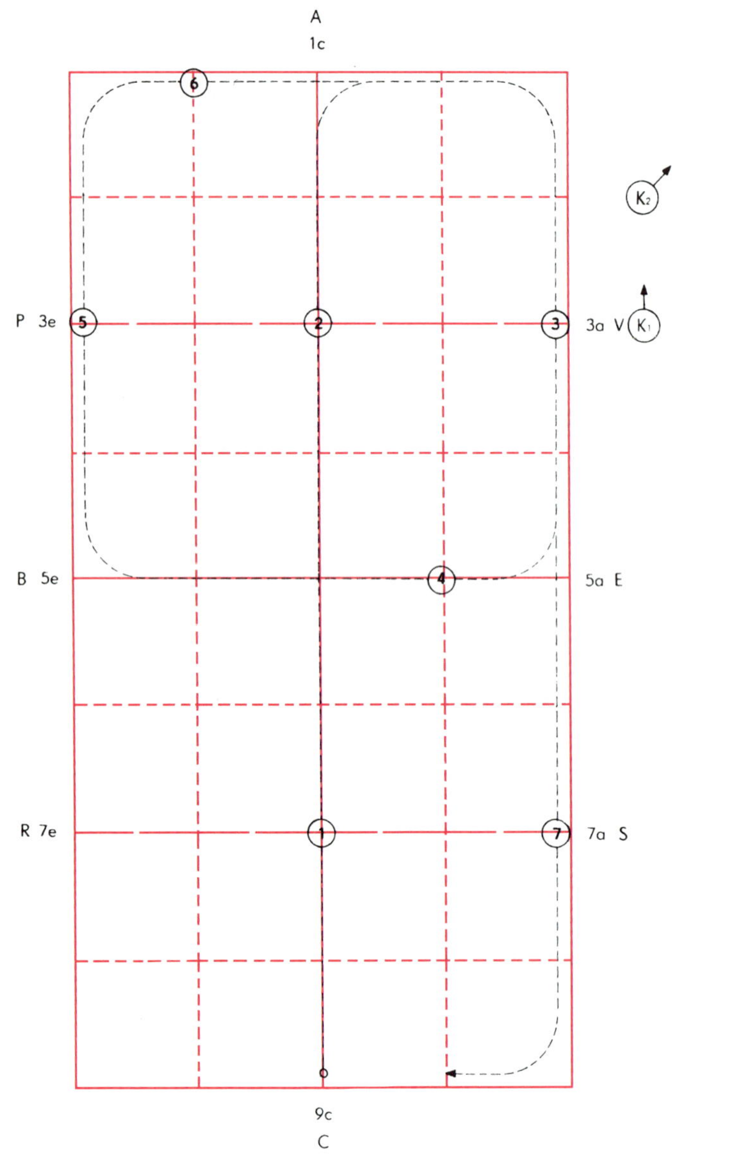

Kreuzwendung (Abteilungsfigur)
Viereck: 20 m x 40 m
Kommando: 1 Anfang! Kreuzwendung rechts –
2 geritten!

• Abb. 110

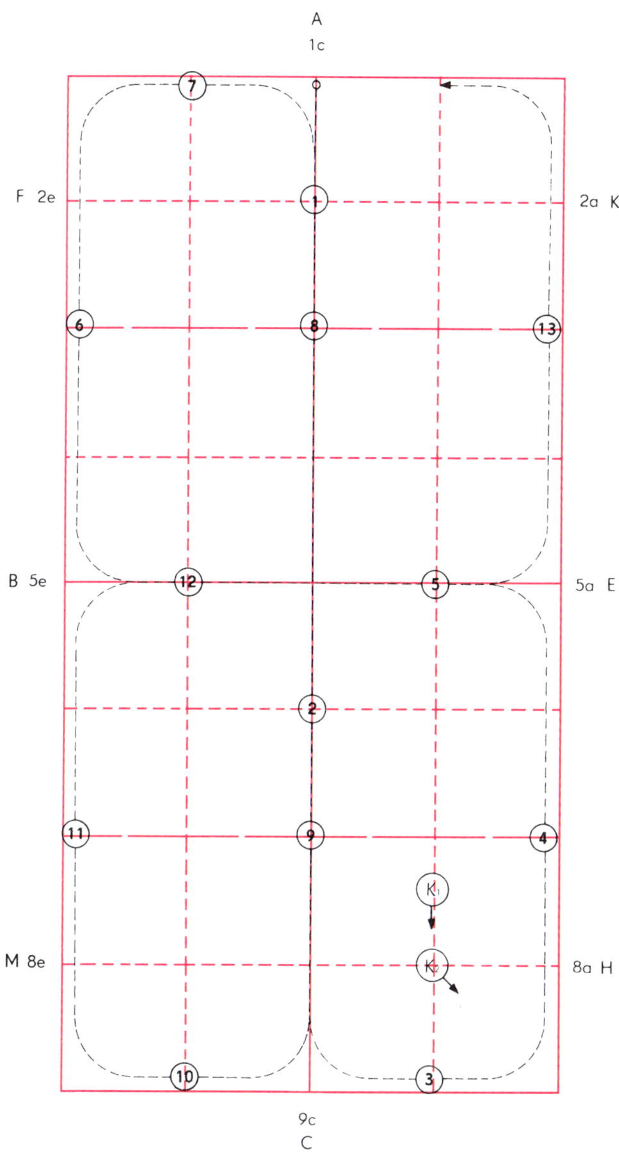

Kreuzwendung mit Handwechsel (Abteilungsfigur)
Viereck: 20 m x 40 m
Kommando: 1 Mit Kreuzwendung links zweimal durch die Bahn –
2 wechseln!

2.2.5.2

Die Schlangenlinie (Abteilungsfigur)

Die Schlangenlinie dient dem gleichen Zweck wie die Kreuzwendung: Vorstellen der Reiter und Gewöhnung der Pferde an Platz und Musik.
Diese Figur gleicht der Hufschlagfigur "Schlangenlinie durch die ganze Bahn", die in der Kommandotabelle des Ausbildungsprogrammes enthalten ist.
Die Schlangenlinie ist aus halben Großvolten vor der langen Seite und geraden Streckenabschnitten von halber Bahnbreite zusammengesetzt. Die Pferde werden daher zwischen den aufeinanderfolgenden halben Großvolten immer 10 m bzw. 15 m geradeaus geritten.
I Anfang! Schlangenlinie –
II geritten!
III Das Kommando wird dem Anfangsreiter der zu einem auf dem Hufschlag der ganzen Bahn reitenden Abteilung gegeben, wenn er sich der Mitte der kurzen Seite nähert. 5 m bzw. 7,5 m vor der zweiten Ecke der kurzen Seite leitet er eine halbe Volte ein, von deren Endpunkt er senkrecht auf die gegenüberliegende Seite zureitet. 5 m bzw. 7,5 m vor Erreichen dieser langen Seite reitet er nun eine halbe Großvolte auf der anderen Hand, danach auf der Quermittellinie usw., bis er vier halbe Großvolten beendet hat. In der Mitte der kurzen Seite ist die Schlangenlinie beendet. Es wird ohne weiteres Kommando geradeaus weitergeritten.

• **Abb. 111**

Durch eine Schlangenlinie kommt die Abteilung auf die andere Hand. Will man die Abteilung jedoch auf der gleichen Hand behalten und dabei Vorstellung oder Gewöhnungszeit bzw. beim Reitunterricht die Übung verlängern, so läßt man die Schlangenlinie doppelt reiten.
I Anfang! Doppelte Schlangenlinie durch die ganze Bahn –
II geritten!
III Die zweite Schlangenlinie schließt sich unmittelbar an die erste an. Sie endet auf der Hand, auf der die erste Schlangenlinie begonnen wurde. Hat der Ausbilder beim Formationsreiten die Absicht, eine Schlangenlinie vorzeitig zu beenden, z.B. in der Mitte der Bahn, so kommandiert er:
I Anfang! Gerade –
II aus!
III Dieses Kommando wird dem Anfangsreiter gegeben, wenn er sich nach Durchreiten der Hälfte einer halben Großvolte auf dem Hufschlag der ganzen Bahn befindet. Wird das Kommando auf der Quermittellinie gegeben, so muß unmittelbar danach ein weiteres Kommando folgen, z.B. "Vor der langen Seite! Ungerade links, Gerade rechts!"

2.2.5.3

Handwechsel mit halber Großvolte (Einzelfigur)

Diese nicht sehr schwierige Figur kann im Trabe auch mit weniger geübten Reitern geritten werden. Die Abteilungen müssen dazu auf gleicher Hand gegenüber reiten.
I Abteilungen! Mit halber Großvolte durch die Länge der Bahn –
II wechseln!
III Das Ausführungskommando wird gegeben, wenn die Anfangsreiter die Punkte 3e/7a (Tafellinie) erreichen. Alle Reiter reiten gleichzeitig eine halbe Großvolte nach der Mittellinie und danach an dieser entlang. Auf Abstände und Seitenrichtung muß sorgfältig geachtet werden. Insbesondere müssen alle Reiter genau gleichzeitig die Pfeillinie ihrer Viereckhälfte passieren und sich mit dem entgegenkommenden Reiter der anderen Abteilung gleichzeitig an der Mittellinie treffen.

Am Ende der Mittellinie wechseln die Reiter – dem Anfangsreiter ihrer Abteilung folgend – die Hand.
Nach dem Handwechsel befinden sich beide Abteilungen in umgekehrter Reihenfolge (Anfangsreiter sind Nr. 11/12). Zur Herstellung der ursprünglichen Reihenfolge kann entweder die Figur wiederholt werden, oder es wird eine andere Figur verwendet, mit welcher dieser Zweck erreicht werden kann (Kehrtvolte, zweimal Links- bzw. Rechtsum u.a.).

• **Abb. 112 a**

2.2.5.4

Mit halber Großvolte auf die Mittellinie zu zweien (Einzelfigur)

Reiten die Abteilungen zu einem auf verschiedener Hand gegenüber, kann man sie mit einer halben Großvolte nach der Mittellinie sich zur Kolonne zu zweien formieren lassen.
I Abteilungen! Mit halber Großvolte nach der Mittellinie, zu zweien –
II marsch!
III Wenn die Anfangsreiter die obere Tafellinie (3a/3e) erreichen, wird das Ausführungskommando gegeben. Daraufhin reiten alle Reiter gleichzeitig eine halbe Großvolte nach dem Bahninneren. Sie müssen darauf achten, daß sie gleichzeitig die Pfeillinien passieren und ständig mit ihrem Gegenüber auf gleicher Höhe sind (1/2, 3/4 usw.).
Ist die Mittellinie erreicht, reiten alle Reiter paarweise an ihr entlang.
Vor Erreichen der kurzen Seite werden sie mit
II Ungerade links, Gerade rechts!
wieder auf ihre Bahnhälfte geführt.

• **Abb. 112 b**

Nach Beendigung der halben Großvolte befinden sich die Abteilungen in umgekehrter Reihenfolge (Paar Nr. 1/12 am Anfang). Man kann nun nach Vorbeireiten an der nächsten kurzen Seite, das selbstverständlich kommandiert werden muß, die Figur an der nächsten langen Seite wiederholen lassen oder auf andere Weise (s.o.) die richtige Reihenfolge wieder herstellen.
Auch kann man nach Beendigung der halben Großvolte vor der kurzen Seite die Reiter paarweise auf die rechte/linke Hand gehen lassen, um danach die Figur von der nächsten langen Seite zu zweien wiederholen zu lassen.
II Erstes Paar rechts! Zweites Paar links!

• **Abb. 112 c**

Da die Paare nun in richtiger Reihenfolge reiten , werden sie mit
II Ungerade links! Gerade rechts!
wieder zu einem auf ihre Bahnhälfte geführt und danach eine andere Figur angeschlossen.

2.2.5.5

Mit doppelter halber Volte auf die Mittellinie zu zweien (Einzelfigur)

Da die beiden halben Volten auf dem Viereck 20 m x 40 m nur einen Durchmesser von je 4,5 m haben, kann die Figur auf diesem Viereck nur mit voll ausgebildeten Pferden geritten werden. Für junge Reiter und Pferde ist hingegen ein Viereck von 30 m x 60 m erforderlich, bei welchem der Voltendurchmesser 7 m beträgt.
Die Abteilungen reiten vor Beginn der Figur auf verschiedener Hand gegenüber:
I Abteilungen! Mit doppelter halber Volte nach der Mittellinie, zu zweien –
II marsch!
III Das Ausführungskommando wird gegeben, wenn die Anfangsreiter die obere Ta-

• Abb. 111

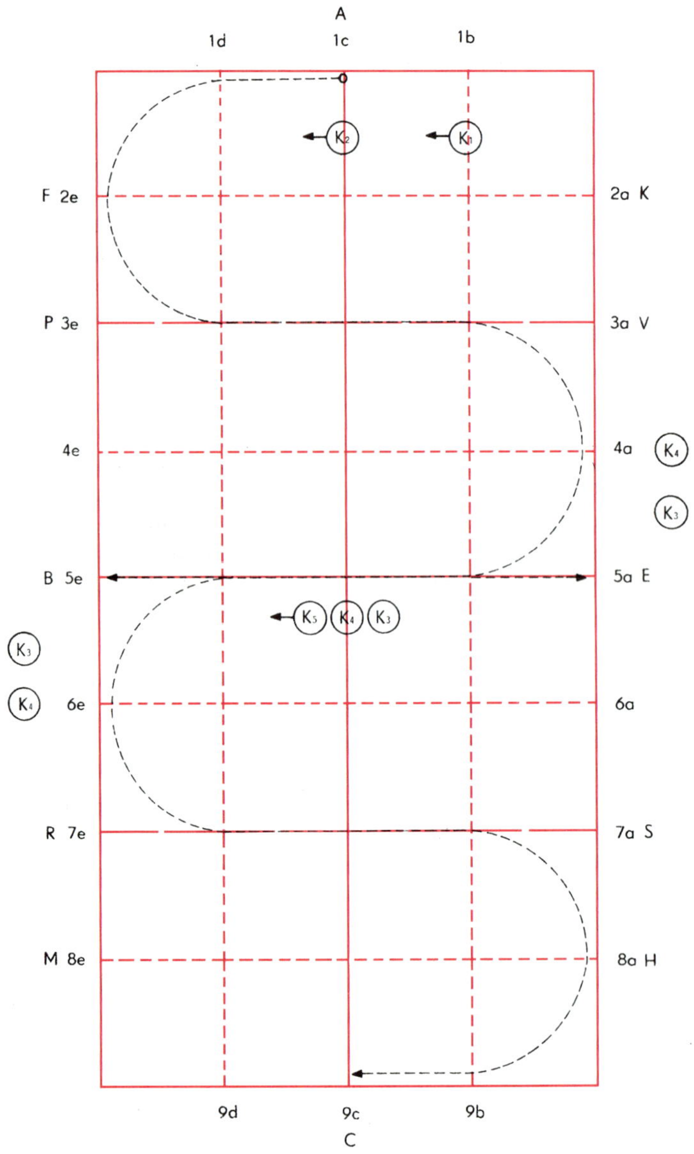

Die Schlangenlinie (Abteilungsfigur)
Viereck: 20 m x 40 m
Kommando: 1 Anfang! Serpentine –
2 geritten!
3 Anfang! Gerade –
4 aus!
5 (weiteres Kommando: z.B. "Rechte Hand" oder "Vor der langen Seite Ungerade links, Gerade rechts!")

• Abb. 112 a

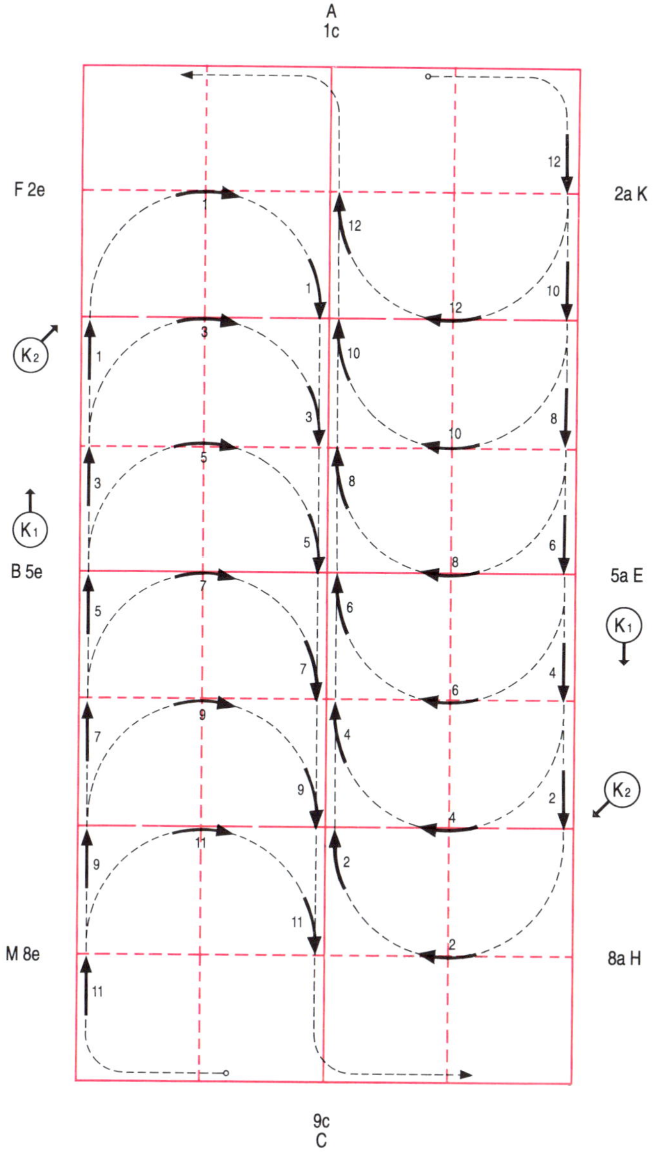

Handwechsel mit halber Großvolte (Einzelfigur)
Viereck: 20 m x 40 m
Auf gleicher Hand gegenüber reitende Abteilungen
Abstand: 1 Pferdelänge
Kommando: 1 Abteilungen! Mit halber Großvolte durch die Länge der Bahn –
2 wechseln!

• Abb. 112 b

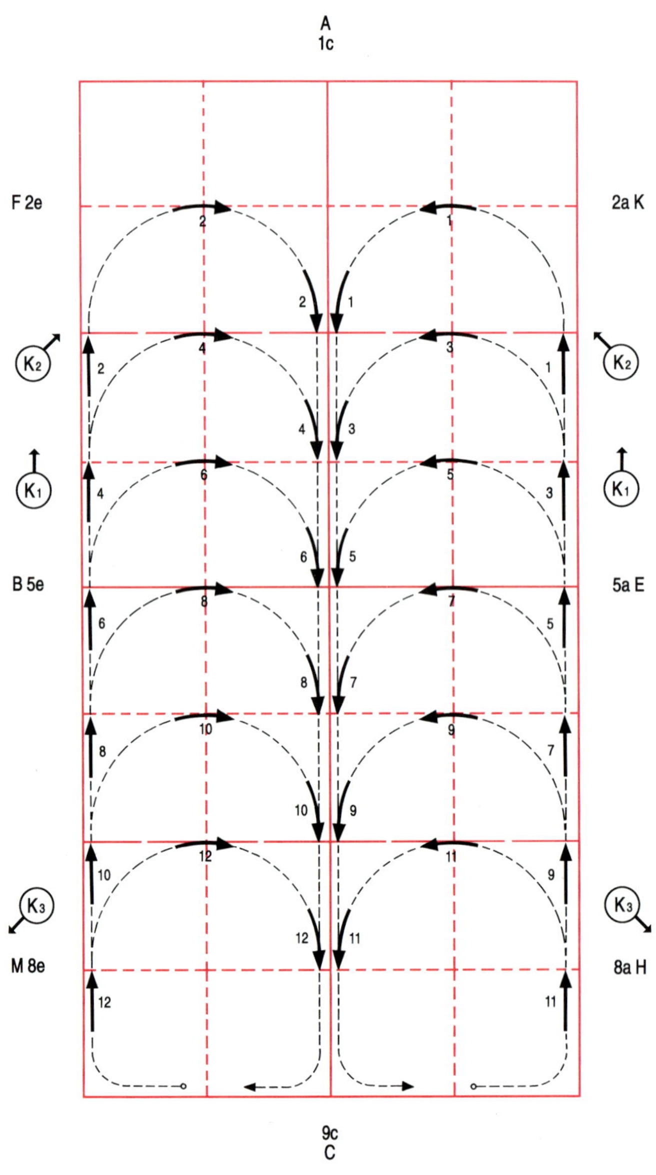

Mit halber Großvolte auf die Mittellinie (Einzelfigur)
Viereck: 20 m x 40 m
Auf verschiedener Hand gegenüber reitende Abteilungen
Abstand: 1 Pferdelänge

Kommando: 1 Abteilungen! Mit halber Großvolte nach der Mittellinie, zu zweien –
2 marsch!
3 Ungerade links! Gerade rechts!

• **Abb. 112 c**

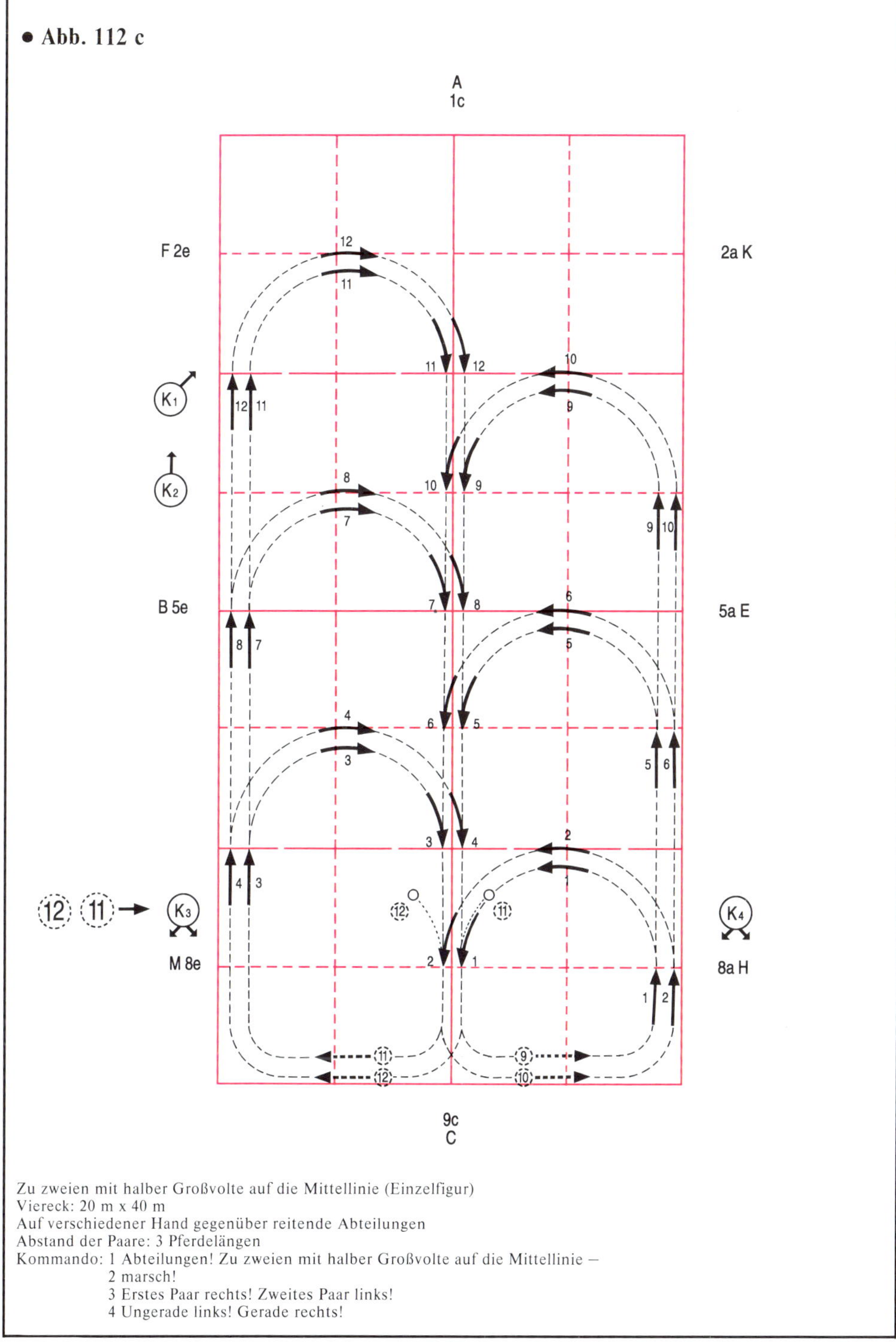

Zu zweien mit halber Großvolte auf die Mittellinie (Einzelfigur)
Viereck: 20 m x 40 m
Auf verschiedener Hand gegenüber reitende Abteilungen
Abstand der Paare: 3 Pferdelängen
Kommando: 1 Abteilungen! Zu zweien mit halber Großvolte auf die Mittellinie –
2 marsch!
3 Erstes Paar rechts! Zweites Paar links!
4 Ungerade links! Gerade rechts!

• Abb. 113

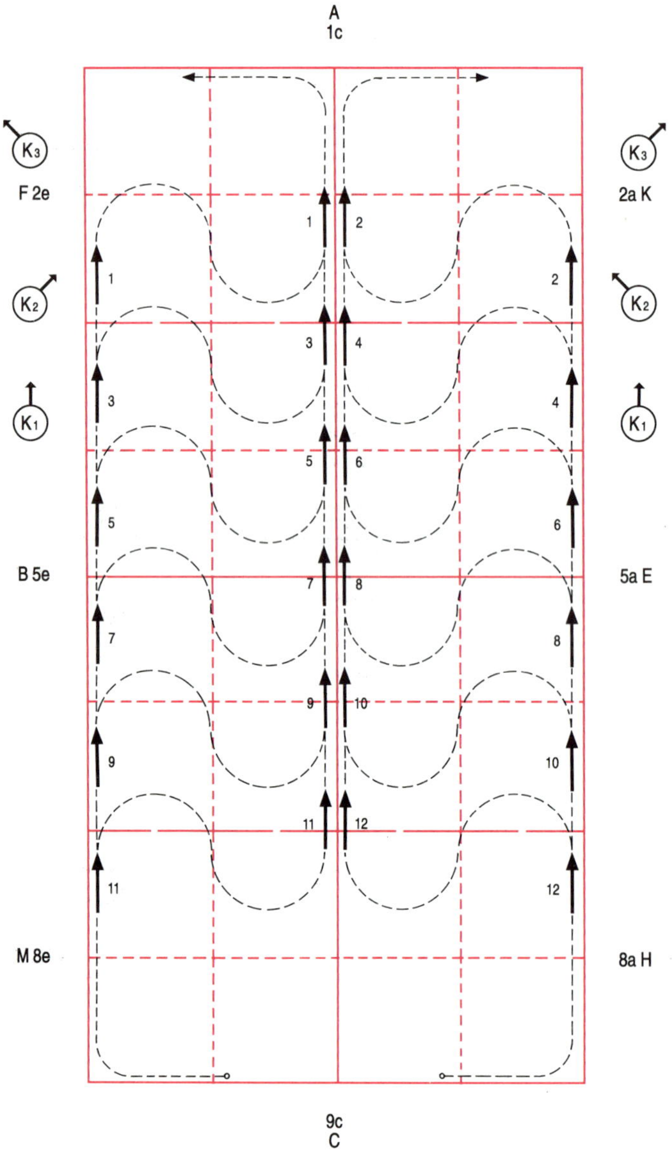

Mit doppelter halber Volte auf die Mittellinie zu zweien (Einzelfigur)
Viereck: 20 m x 40 m
Auf verschiedener Hand gegenüber reitende Abteilungen
Abstand: 1 Pferdelänge
Kommando: 1 Abteilungen! Mit doppelter halber Volte nach der Mittellinie, zu zweien –
2 marsch!
3 Ungerade links! Gerade rechts!

fellinie (3a-3e) passiert haben. Darauf reiten alle Reiter gleichzeitig eine halbe Volte nach der Mittellinie und schließen daran sofort eine zweite halbe Volte nach der Mittellinie auf der anderen Hand an. Dabei müssen sie sich auf der ersten halben Volte nach ihrem Vordermann, auf der zweiten halben Volte nach ihrem bisherigen Gegenüber ausrichten.

• **Abb. 113**

Vor der kurzen Seite werden sie mit
II Ungerade links! Gerade rechts!
wieder in Kolonne zu einem auf ihre ursprüngliche Bahnhälfte zurückgeführt.
Man kann diese Figur auch mit auf gleicher Hand gegenüber reitenden Abteilungen ausführen lassen. Dann stellt sie sich ähnlich wie Abb. 112 a dar, nur natürlich mit doppelten halben Volten anstelle der abgebildeten: Entlang der Mittellinie reiten die Reiter nicht paarweise, sondern im Gegenzug. Bei Erreichen der kurzen Seite gehen sie auf die andere Hand. Das Kommando muß daher lauten:
I Abteilungen! Mit doppelter halber Volte durch die Länge der Bahn –
II wechseln!

2.2.5.6

Doppelkehrt (Einzelfigur)

Diese Figur ist sehr eindrucksvoll, verlangt jedoch von den Reitern ein hohes Maß an präziser Raumeinteilung. Am besten sieht das Doppelkehrt aus, wenn es von zwei Abteilungen auf verschiedener Hand gegenüber ausgeführt wird.
I Abteilung! Doppelkehrt –
II marsch!
III Auf das Ausführungskommando reiten alle Reiter eine enge halbe Volte von fünf Schritt Durchmesser nach dem Bahninneren, die sie in Höhe des Abwendepunktes vom Hufschlag beenden. Ihr schließt sich eine doppelt so große halbe Volte (Durchmesser 10 Schritt) an, bei deren Beendigung die Mittellinie erreicht wird. In Höhe des Abwendepunktes beginnen sie wiederum eine enge Volte, die ebenso in eine halbe Volte mit doppeltem Durchmesser übergeht. An ihrem Ende befinden sich die Reiter wieder auf dem Hufschlag der langen Seiten, den sie am Abwendepunkt zur ersten Volte erreichen. Es kommt auf genaues Ausrichten mit dem Gegenüber an.

• **Abb. 114**

2.2.5.7

Flügelwechsel (Einzelfigur)

Diese Figur wird aus der Stellung mit zwei Abteilungen auf gleicher Hand gegenüber entwickelt, indem man die Abteilungen auf die Mittellinie führt:
I Durch die Länge der Bahn –
II geritten!
und danach kommandiert:
I Abteilung! Links marschiert auf! Anfang –
II halt!
Die Anfangsreiter müssen so reiten, daß ihre Pferde auf gleicher Höhe sind und sie sich selbst über der Quermittellinie befinden.
Der Flügelwechsel wird in drei Gruppen ausgeführt. Auf das Kommando
I Flügelwechsel -
II marsch! (Trab! Im Arbeitstempo Galopp - marsch!)
reiten vier Reiter (Nr. 1/12, 2/11) eine Pferdelänge geradeaus an und danach eine halbe Rechtsvolte hinter die freie Stelle ihres Partners. Eine Pferdelänge vor Erreichen dieser Stelle parieren sie durch und reiten im Schritt auf den freien Platz vor.

• **Abb. 115 a**

Wenn die erste Gruppe wieder in der Linie hält, wird kommandiert:
I Zweite Gruppe –

II marsch! (Trab! Im Arbeitstempo Galopp – marsch!)
Als zweite Gruppe tauschen nun die Nr. 3/10 und 4/9 ihre Plätze in gleicher Weise.

• **Abb. 115 b**

Auf das Kommando:
I Dritte Gruppe –
II marsch! (Trab! Im Arbeitstempo Galopp – marsch!)
tauschen als letzte Nr. 5/8 und 7/6 ihre Plätze in gleicher Weise. Damit ist der Flügelwechsel vollzogen.

• **Abb. 115 c**

Da sich beim letzten Wechsel die Spuren kreuzen, müssen Nr. 7 und Nr. 8 am Anfang das Tempo verhalten, so daß die auf dem ersten Streckenteil zulegenden Nr. 5 und Nr. 6 vor ihnen vorbeireiten können.

2.2.5.8

Der Platztausch (Einzelfigur)

Beim Platztausch wechseln die ungeraden und die geraden Nummern ihre Plätze in der Abteilung. Diese Figur kann erforderlich werden, wenn man z.B. bei einer nachfolgenden Kolonnenbildung die geraden Nummern auf den äußeren Hufschlag führen will. Der Platzwechsel zwischen den Reitern mit gerader und ungerader Nummer kann auf zweierlei Weise durchgeführt werden:

– durch Vorbeireiten der geraden Nummern an den ungeraden Nummern,
– durch eine Volte der ungeraden Nummern, während der die geraden Nummern auf dem Hufschlag der ganzen Bahn weiterreiten.

Platztausch durch Vorbeireiten
Die Abteilung reitet zu einem auf der linken (rechten) Hand mit einem Schritt Abstand.
I Gerade! Platztausch –
II marsch!
III Alle Reiter mit gerader Nummer reiten auf "marsch!" gleichzeitig in stärkerem Tempo aber gleicher Gangart an den vor ihnen befindlichen Reitern innen mit etwa einem halben Schritt Zwischenraum vorbei.

• **Abb. 116 a, b, c**

Die ungeraden Nummern behalten ihr Tempo bei. Wenn die Ausführung wegen der Länge der Abteilung und der geringen Bahngröße Schwierigkeiten macht, müssen die ungeraden Nummern das Tempo etwas verringern.
In der Regel kann an einer langen Seite nur einmal zum Platztausch vorbeigeritten werden.
Wenn jedoch die Abteilung aus nur acht Reitern besteht und auf dem Viereck 30 m x 60 m geritten wird, läßt sich der Platztausch zweimal vornehmen. In diesem Falle wird unmittelbar nachdem die Reiter mit gerader Nummer wieder auf dem Hufschlag sind, kommandiert:
I Ungerade! Platztausch -
II marsch!
III Die Ausführung ist die gleiche wie vorher. Die überholenden Reiter dürfen beim Wiederhinausreiten auf den Hufschlag die dort befindlichen Reiter nicht behindern. Sie müssen also weit genug vorreiten. Sie beginnen deshalb erst dann auf den Hufschlag hinauszureiten, wenn sich der Schweif ihres Pferdes einen Schritt vor dem Kopf des überholten Pferdes mit ungerader Nummer befindet.
Will man den Platztausch mit jungen Reitern und Pferden üben, so sollte der Abstand eine Pferdelänge betragen. In diesem Fall müssen die auf dem Hufschlag bleibenden Reiter jedoch das Tempo stärker verringern, weil sonst die lange Seite zur Beendigung der Figur nicht ausreicht.

Platztausch durch Volte
Die Abteilung reitet auf der linken (rechten) Hand mit zwei Pferdelängen Abstand. Da die Abteilung mit acht Reitern und zwei

• Abb. 114

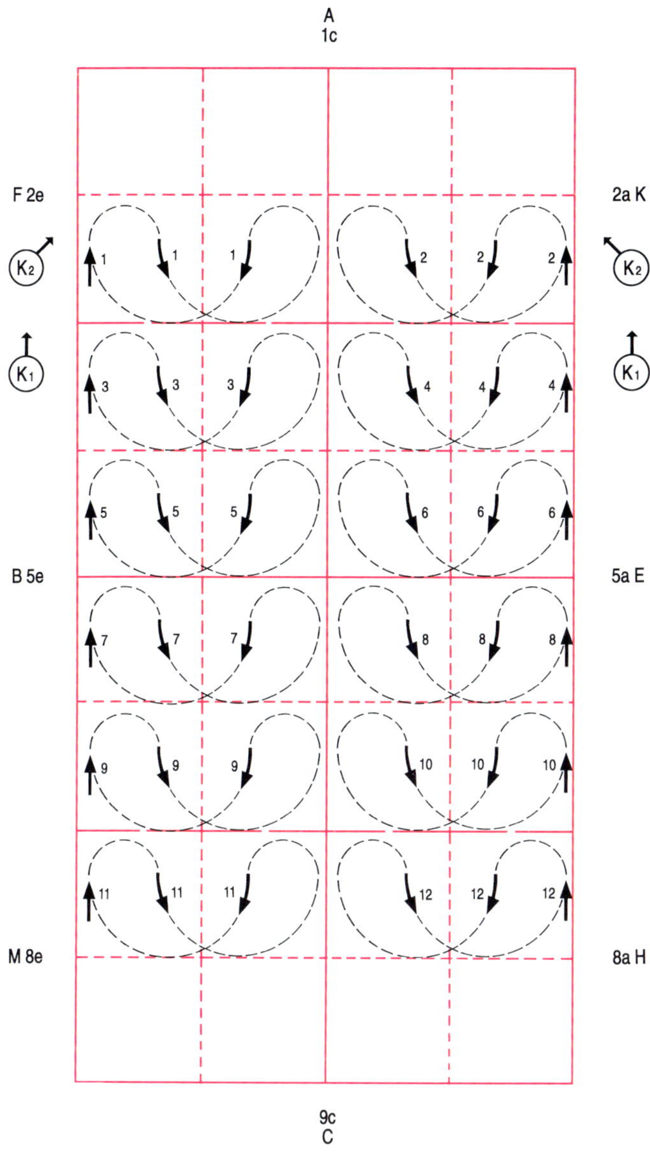

Doppelkehrt (Einzelfigur)
Viereck: 30 m x 60 m
Abstand: 2 Pferdelängen
Auf verschiedener Hand gegenüber reitende Abteilungen
Abstand: 1 1/2 Pferdelängen/mit einer Pferdelänge Abstand möglich
Kommando: 1 Abteilung! Doppelkehrt –
2 marsch!

• Abb. 115 a, b, c

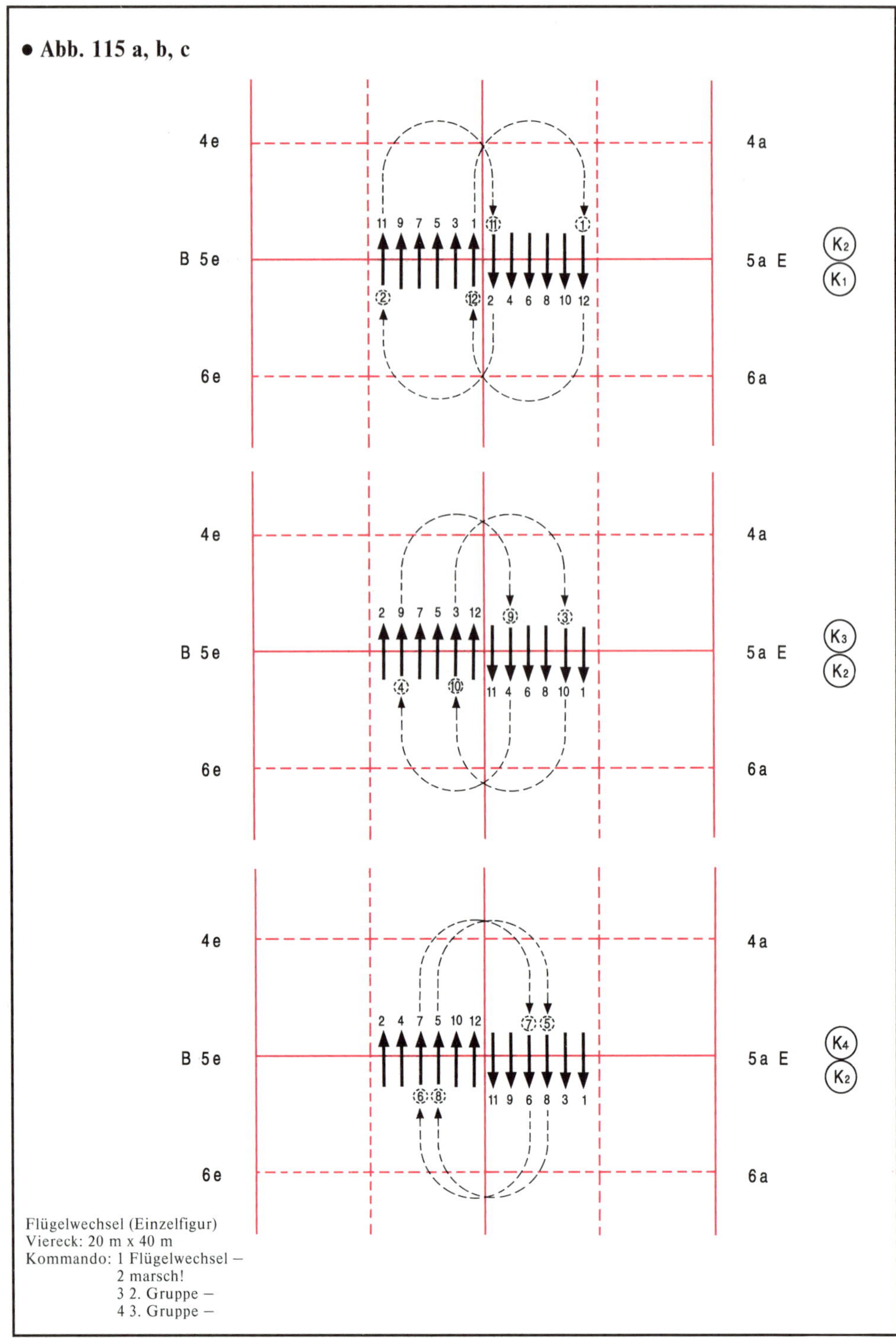

Flügelwechsel (Einzelfigur)
Viereck: 20 m x 40 m
Kommando: 1 Flügelwechsel –
2 marsch!
3 2. Gruppe –
4 3. Gruppe –

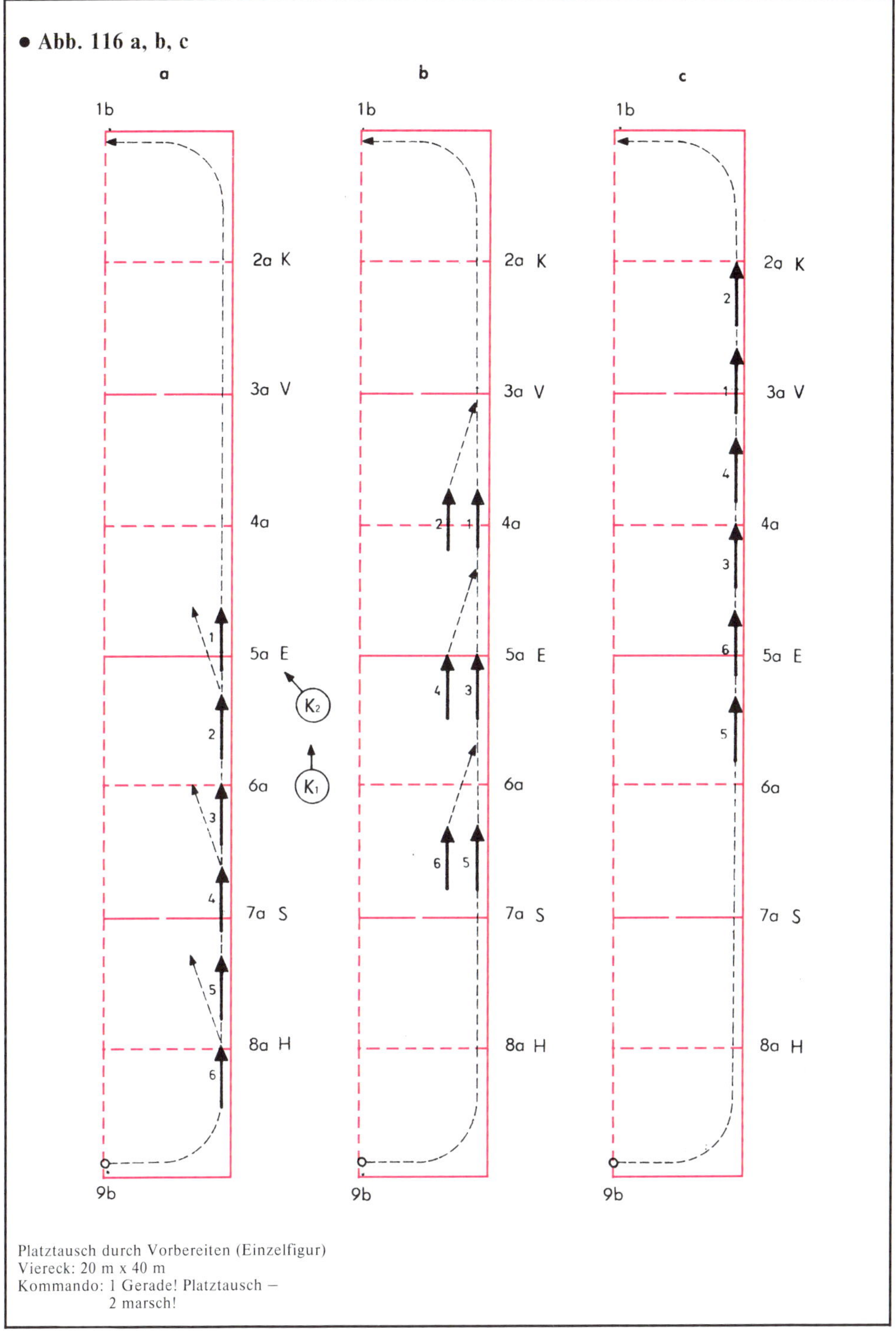

• **Abb. 116 a, b, c**

Platztausch durch Vorbereiten (Einzelfigur)
Viereck: 20 m x 40 m
Kommando: 1 Gerade! Platztausch –
2 marsch!

• **Abb. 117 a, b, c**

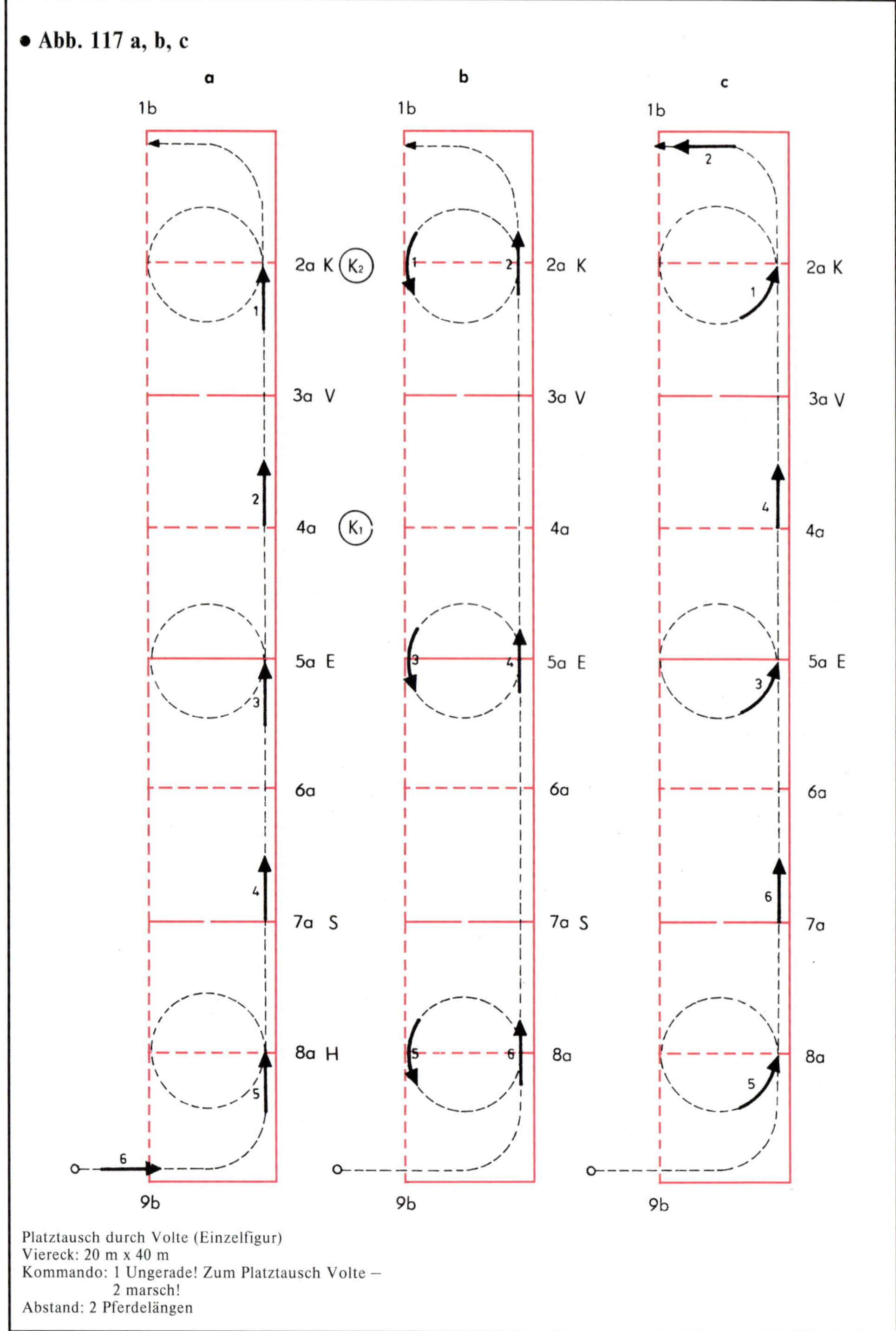

Platztausch durch Volte (Einzelfigur)
Viereck: 20 m x 40 m
Kommando: 1 Ungerade! Zum Platztausch Volte – 2 marsch!
Abstand: 2 Pferdelängen

Pferdelängen Abstand eine Länge von 55 m hat, kann diese Figur nur auf dem Viereck 30 m x 60 m geritten werden. Will man sie von der Abteilung mit zwölf Reitern auf dem Viereck 30 m x 60 m reiten lassen, müssen die auf dem Hufschlag bleibenden Reiter ihr Tempo stark verringern. Dieses Problem entsteht nicht, wenn die Abteilung geteilt wird. Ob die beiden Abteilungen gegenüber auf der gleichen Hand oder auf verschiedener Hand reiten, ist dabei ohne Belang. Da eine Abteilung von sechs Reitern mit zwei Pferdelängen Abstand 40 m, eine solche Abteilung mit vier Reitern nur 25 m lang ist, läßt sich dann die Figur auch auf dem Viereck 20 m x 40 m reiten, letztere sogar zweimal an einer Seite, wenn die Abstände noch ein klein wenig verringert werden.

I Ungerade (Gerade)! Zum Platztausch Volte –
II marsch!
III Die Ungeraden reiten eine korrekte Volte nach dem Bahninneren. Während sie sich auf der Volte befinden, reiten die Geraden auf dem Hufschlag an ihnen vorbei. Die Ungeraden kehren am Ende der Volte hinter ihnen wieder auf den Hufschlag zurück.

- **Abb. 117 a, b, c**

Reiten anschließend auch die Geraden in gleicher Weise eine Volte, wird die vorher bestehende Reihenfolge der Reiter wieder hergestellt.

Die Figur verliert ihren reiterlichen Wert, wenn versucht wird, die Volten mit einem kleineren Durchmesser zu reiten, als die Biegefähigkeit der Pferde es ermöglicht. Deshalb müssen Volten bei jungen Pferden entsprechend größer angelegt werden.

2.2.5.9

Mit Volten um die Mittellinie durch die Breite der Bahn wechseln (Einzelfigur)

Diese Figur wird wie Abb. 118 zeigt, mit zwei auf gleicher Hand gegenüber befindlichen Abteilungen geritten.

- **Abb. 118**

Kurz bevor die Abteilungen an der langen Seite auf gleicher Höhe sind:
I Abteilungen! Mit Volte um die Mittellinie durch die Breite der Bahn –
II wechseln!
III Auf das Ausführungskommando reiten alle Reiter eine Viertelvolte nach dem Bahninneren und danach geradeaus bis zur Mittellinie. Bei Erreichen der Mittellinie beginnen sie eine Volte von 6 m Durchmesser auf der gleichen Hand.

Nachdem die Volte zur Hälfte umritten ist, treffen Nr. 1/10, 3/8, 5/6, 7/4, 9/2 aufeinander und reiten auf der Linie ihrer Volte aneinander vorbei, wobei der Entgegenkommende auf der linken Hand links, auf der rechten Hand rechts bleibt (s. Abb. 118). Beim Vorbeireiten sind die Reiter so dicht wie möglich aneinander.

Nach Beendigung der Volte reiten alle Reiter geradeaus weiter und wenden drei Schritt vor Erreichen der gegenüberliegenden langen Seite mit einer Viertelvolte auf die andere Hand. Die kritische Phase der Figur ist das Vorbeireiten an der Mittellinie, das fast Bügel an Bügel erfolgen muß.

2.2.5.10

Achten mit gegenüber reitenden Abteilungen (Einzelfigur)

Zum Reiten von Achten ist im Abschnitt 2.2.2.4 das Grundsätzliche zu

• Abb. 118

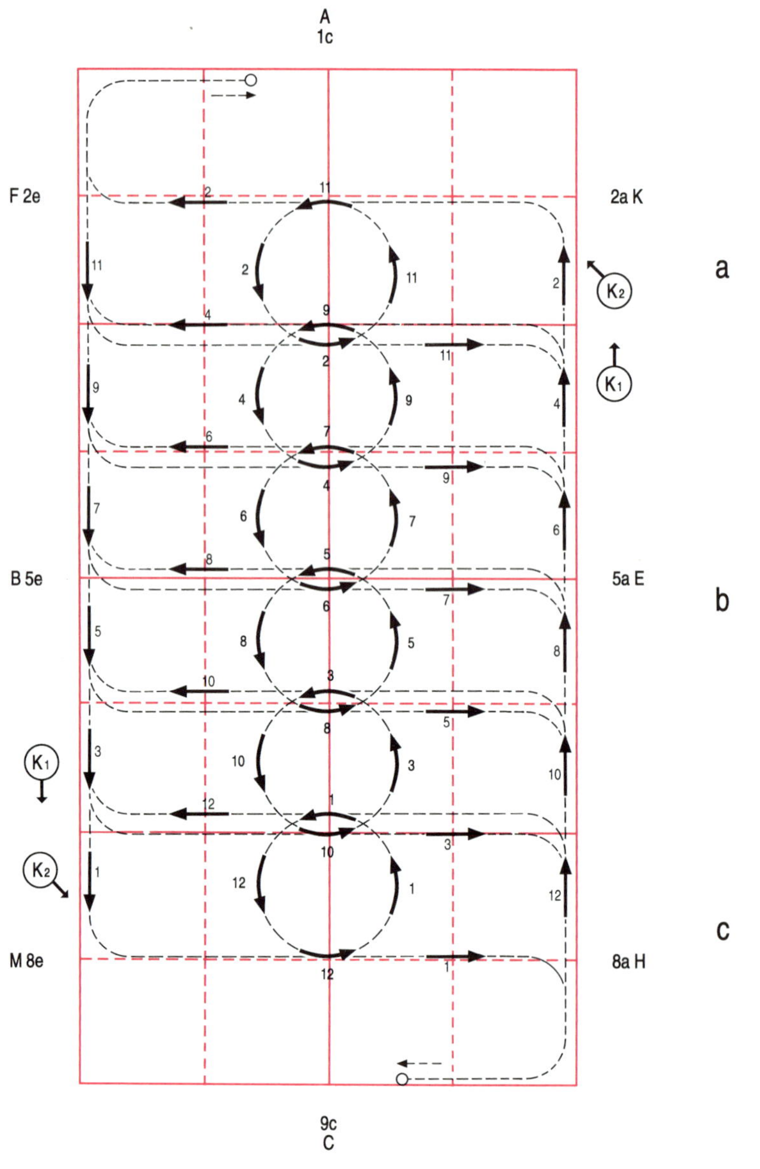

Mit Volte um die Mittellinie durch die Breite der Bahn wechseln (Einzelfigur)
Viereck: 20 m x 40 m
Auf gleicher Hand gegenüber reitende Abteilungen
Abstand: 1 Pferdelänge
Kommando: 1 Abteilungen! Mit Volte um die Mittellinie durch die Breite der Bahn –
2 wechseln!

lesen. Hier wollen wir noch ein Beispiel für eine Quadrillenfigur anführen, bei dem die auf gleicher Hand gegenüber reitenden Abteilungen eine Acht gegeneinander reiten:
I Abteilungen! Achter –
II marsch!
III Das Ausführungskommando muß gegeben werden, kurz bevor die Gegenüber an der langen Seite auf gleicher Höhe sind. Alle Reiter beginnen eine halbe Großvolte nach der Mittellinie und gehen von der Mittellinie aus auf eine Großvolte auf der anderen Hand. Beim zweiten Passieren der Mittellinie wechseln sie wiederum die Hand und reiten mit einer halben Großvolte zum Ausgangspunkt an der langen Seite zurück. Zwischen den Großvolten der Entgegenreitenden liegt immer ein Zwischenraum von drei Schritt. Dieser Zwischenraum entsteht dadurch, daß die Gegenüberreitenden sich in Gegenrichtung bewegen (s. Abb. 119). Das Einhalten dieses Zwischenraumes ist sehr wichtig und gilt auch für das Passieren der Mittellinie.

• **Abb. 108**

2.2.5.11

Wechseln mit Großkehrtvolten von der Quermittellinie (Abteilungsfigur)

Diese Figur wird nach ihrer Form auch als Herz bezeichnet. Sie ist relativ leicht zu reiten und daher auch für Anfänger im Formationsreiten gut geeignet. Die Abteilung wird zunächst in zwei Abteilungen geteilt, die auf verschiedener Hand gegenüber reiten (s. Abb. 51), dann:
I Anfang! Durch die Länge der Bahn -
II geritten!
III Von der Mitte der kurzen Seite schwenken die entgegenkommenden Reiter auf die Mittellinie und reiten paarweise an ihr entlang.

In Höhe der oberen Tafellinie wird kommandiert:
I Anfang! Großkehrt, rechts und links –
II marsch!
III Auf das Ausführungskommando reiten die Anfangsreiter, gefolgt von den übrigen Reitern ihrer Abteilung von der Linie 6a-6e bzw. 4a-4e eine halbe Großkehrtvolte nach dem Hufschlag der langen Seite und danach zurück zur Mittellinie, die sie vier Schritt vor der kurzen Seite erreichen.
II Ungerade links! Gerade rechts!
leitet die Reiter auf den Hufschlag der kurzen Seite

• **Abb. 120**

Man kann dann von der nächsten kurzen Seite die ganze Figur wiederholen lassen, dabei wechseln allerdings die Reiter ihren Platz innerhalb der Paare. Nachdem sie an der kurzen Seite wieder auseinandergeritten sind, ist dieser Wechsel wieder aufgehoben.
Will man die Figur nicht wiederholen lassen, kann an der nächsten langen Seite eine andere Figur angeschlossen werden.

2.2.5.12

Doppelschlinge

Die Doppelschlinge stellt reiterlich lediglich Anforderungen an das korrekte Reiten von Volten, da jeder Reiter in der Figur vier halbe Volten zu reiten hat. Höher liegen schon die Forderungen an die Raumeinteilung. Diese Figur wird vorwiegend im Trabe geritten. Für den Schritt dauert sie zu lange, im Galopp erfordert sie, daß alle Teilnehmer den fliegenden Galoppwechsel nach beiden Seiten reiten können.
Die Figur kann mit gegenüber reitenden Abteilungen auf gleicher oder auf verschiedener Hand ausgeführt werden. (Deshalb wurde in Abb. 121 auf die Nummern verzichtet.).
Wenn sich beide Abteilungen an der langen Seite auf gleicher Höhe befinden:
I Abteilungen! Rechts- und linksum –

• **Abb. 119**

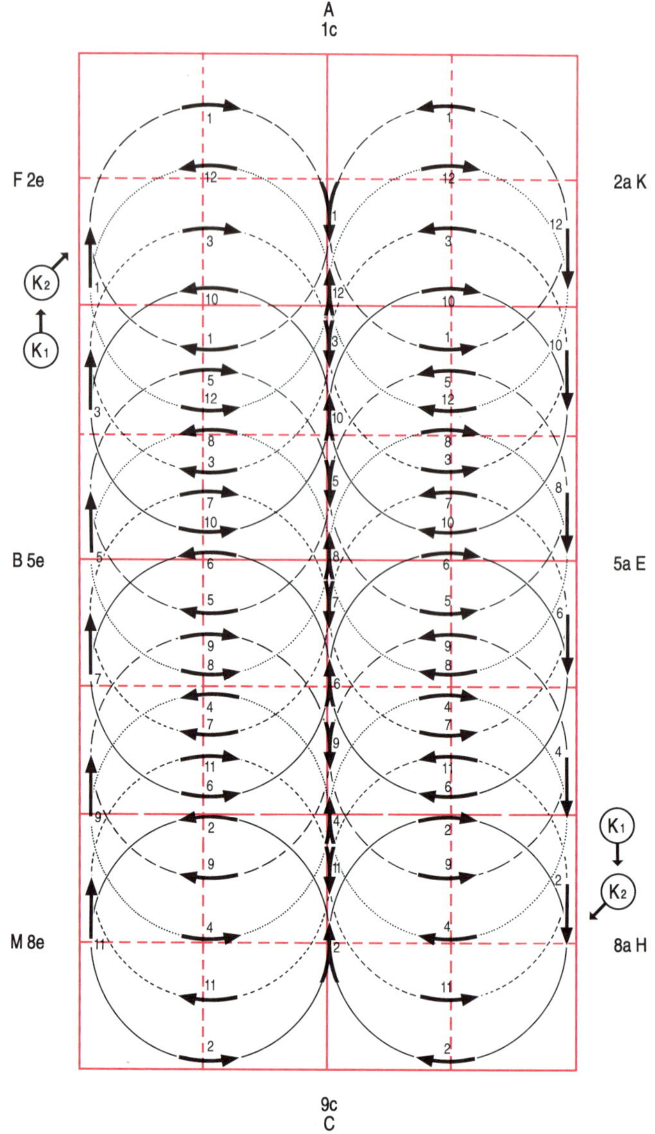

Achten mit auf gleicher Hand gegenüber reitenden Abteilungen (Einzelfigur)
Viereck: 20 m x 40 m
Abstand: 1 Pferdelänge
Kommando: 1 Abteilungen! Achter –
2 marsch!

• **Abb. 120**

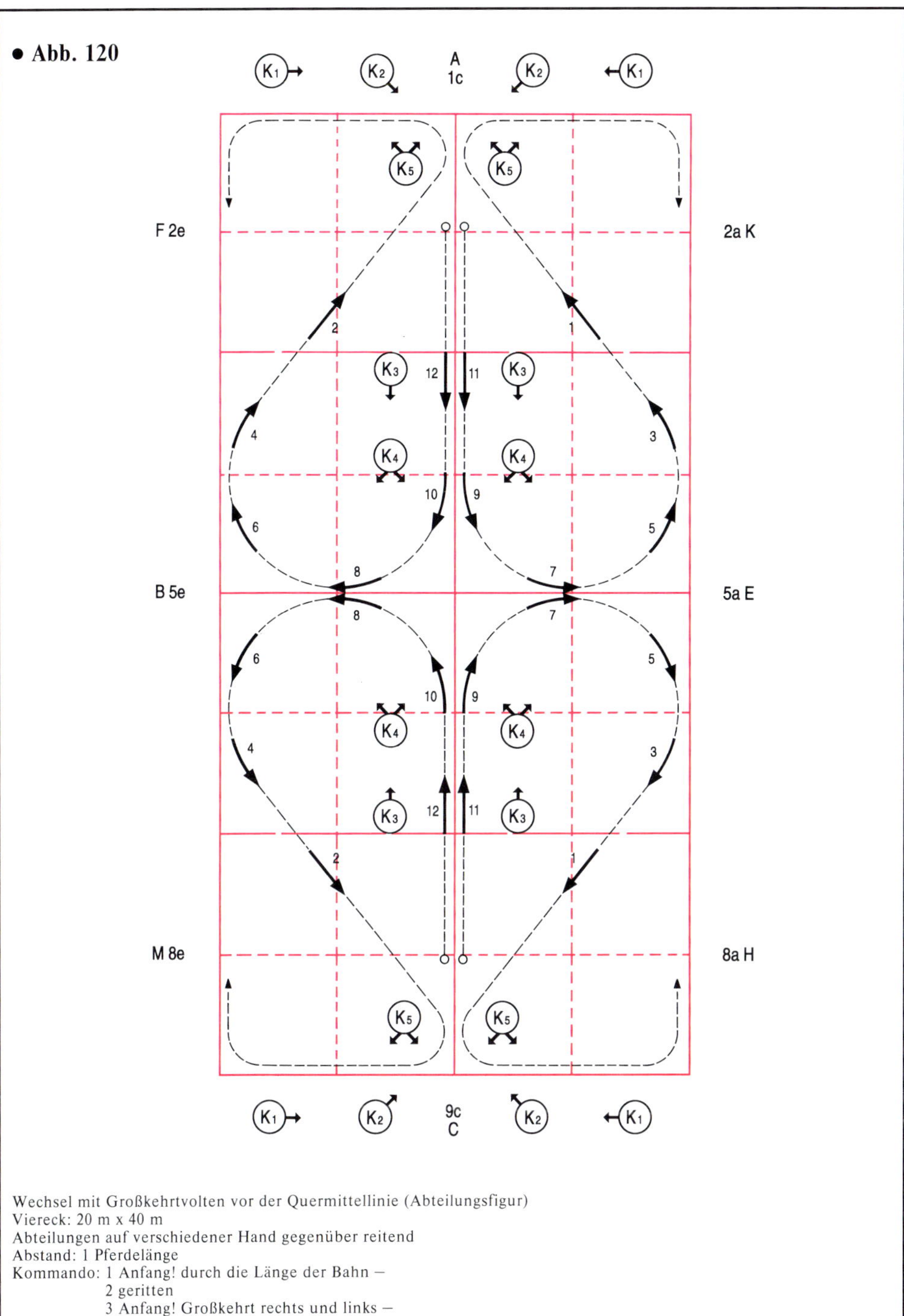

Wechsel mit Großkehrtvolten vor der Quermittellinie (Abteilungsfigur)
Viereck: 20 m x 40 m
Abteilungen auf verschiedener Hand gegenüber reitend
Abstand: 1 Pferdelänge
Kommando: 1 Anfang! durch die Länge der Bahn –
2 geritten
3 Anfang! Großkehrt rechts und links –
4 marsch!
5 Ungerade links! Gerade rechts!

II marsch!
Unmittelbar danach:
I Abteilungen!
II halt!
III Das Kommando muß so gegeben werden, daß die Reiter an den Pfeillinien 1b-9b und 1d-9d zum Halten kommen. Die Vorderbeine der Pferde sollen auf den Pfeillinien stehen. Wenn alle Reiter stehen, beginnen zunächst die Ungeraden.
I Ungerade! Doppelschlingen –
II marsch! (Im Arbeitstempo – Trab!)
III Die Ungeraden reiten in gleichmäßigem Tempo bei guter Seitenrichtung und gleichmäßigem Zwischenraum die in Abb. 121 gezeigte Linie:
a) halbe Volte vor dem gegenüber haltenden Reiter, b) halbe Volte um den Platz des rechten Nachbarn, c) halbe Volte um den gegenüber haltenden Reiter und schließlich d) halbe Volte, um wieder in die Ausgangsposition zu kommen.

• **Abb. 121**

Natürlich kann die Doppelschlinge auch mit acht Reitern ausgeführt werden. Dann gelingt sie auch auf dem Viereck 20 m x 40 m.
Wer möchte, daß sich die Reitlinien nicht überschneiden, muß den Abstand zwischen den Reitern auf fünf Pferdelängen vergrößern lassen. Damit würde die Figur jedoch ihre Wirkung verlieren.
Wenn die Ungeraden wieder an ihren Plätzen angekommen sind:
I Gerade! Doppelschlinge –
II marsch! (Im Arbeitstempo – Trab!)
Die Reiter mit gerader Nummer reiten die gleiche Linie ab wie die Ungeraden, nur natürlich spiegelbildlich.
Haben auch die Geraden die Doppelschlinge beendet, kann man beide Abteilungen anreiten und an der Mittellinie paarweise weiterreiten lassen:
I Abteilungen! –
II marsch! (Im Arbeitstempo – Trab!)
I Vor der Mittellinie, rechts- und linksum –
II marsch!
III Das Kommando führt die Reiter auf verschiedene Hand, oder
I Vor der Mittelinie, Ungerade linksum – Gerade rechtsum –
II marsch!
III führt die Reiter auf die gleiche Hand gegenüber.

2.2.5.13

Die Staffelzirkel (Abteilungsfigur)

Die Staffelzirkelfigur, auch unter der Bezeichnung "Echelon-Volte" bekannt, ist eine sehr zuschauerwirksame Figur, bei der die Kolonne teilweise zu zweien, teilweise getrennt zu einem auf einem oder zwei Zirkeln reitet.
Obwohl die Erklärung sich etwas umständlich liest, ist die Figur in der Praxis leicht zu reiten und gut anzusehen.
Die Abteilung befindet sich zu zweien auf der rechten (linken) Hand, die Ungeraden auf dem Hufschlag, die Geraden innen.
I Anfang! Staffelzirkel –
II geritten!
III Das Kommando wird den Anfangsreitern Nr. 1 und Nr. 2 gegeben, wenn sie sich in der ersten Ecke der langen Seite befinden.
Nr. 1 reitet auf dem Hufschlag der langen Seite weiter bis zum zweiten Zirkelpunkt (3e/P) dieser Seite.

• **Abb. 122**

Nr. 2 reitet auf die Zirkellinie 7e-5c-7a. Wenn sich Nr. 1 am zweiten Zirkelpunkt (3e/P) befindet, hat Nr. 2 einen halben Zirkel umritten und befindet sich am Punkt 7a/S.
Nr. 1 reitet vom zweiten Zirkelpunkt der langen Seite auf den Zirkel 3e-1c-3a. Wenn Nr. 2 ihren Zirkel vollendet hat (7e/R), hat

• Abb. 121

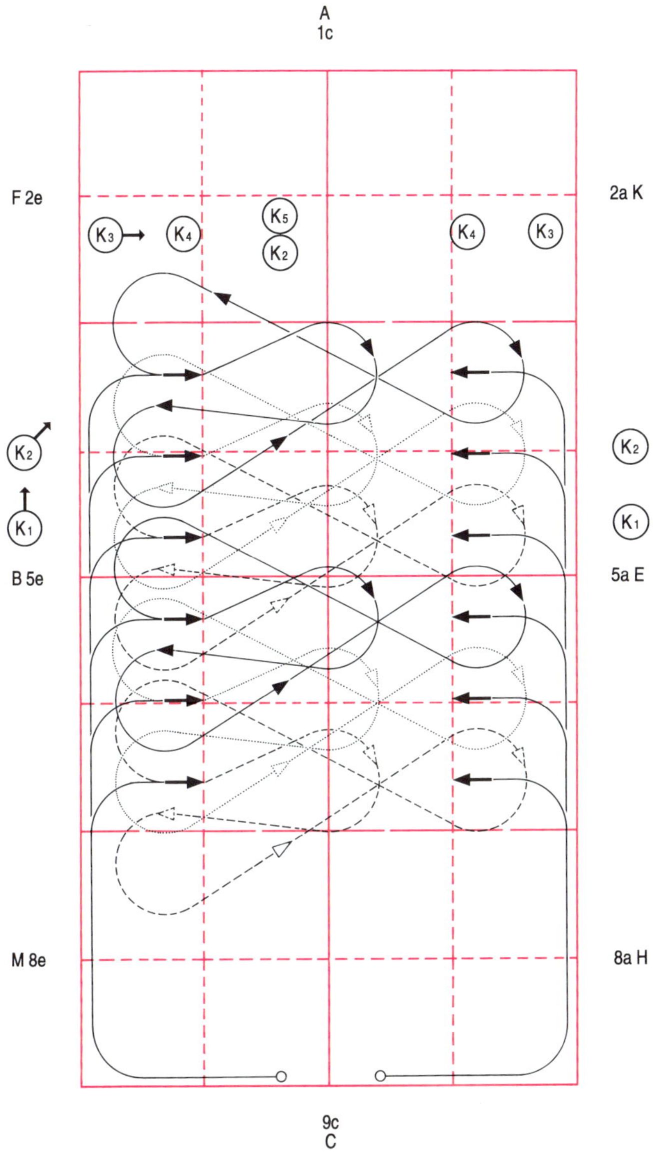

Doppelschlinge (Einzelfigur)
Viereck: 30 m x 60 m
Abstand: 2 Pferdelängen
Abteilungen auf gleicher oder auf verschiedener Hand gegenüber
Kommando: 1 Abteilungen! Links- und rechtsum –
2 marsch!
4 halt!
5 Ungerade! Doppelschlinge –

• Abb. 122

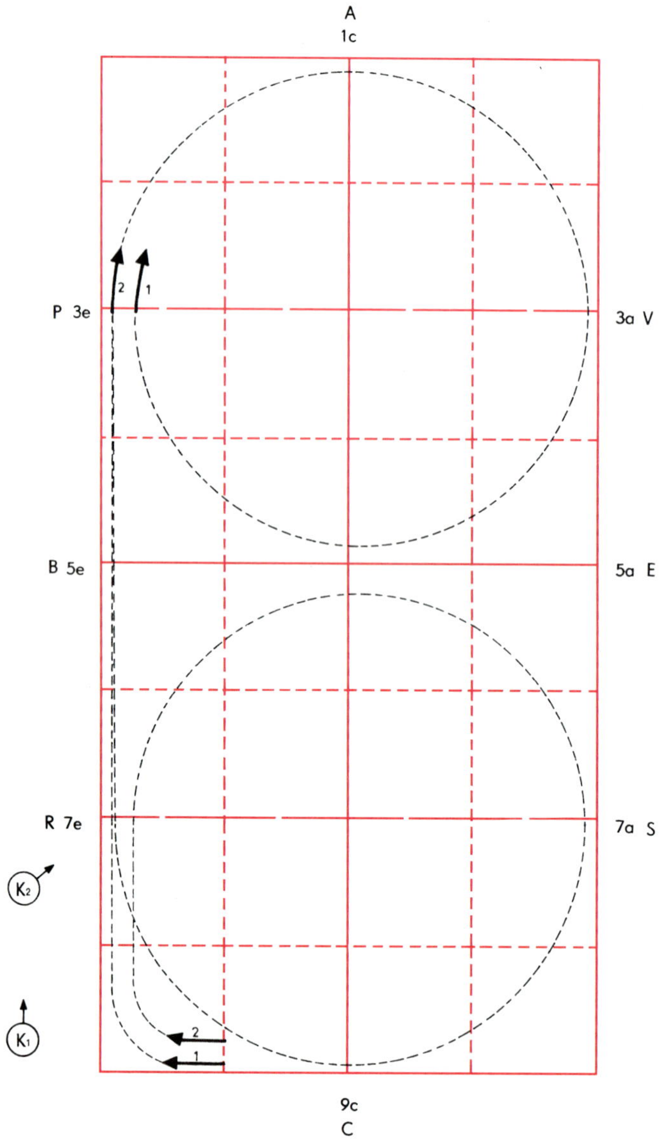

Staffel-Zirkel I (Abteilungsfigur)
Kommando: 1 Anfang! Staffel – Zirkel –
2 geritten!

Nr. 1 ihren Zirkel zur Hälfte hinter sich (3a/V). Nr. 2 geht vom Endpunkt des Zirkels auf den Hufschlag der langen Seite (7e/R-3e/P). Nr. 1 hat währenddessen die zweite Hälfte seines Zirkels durchritten, so daß beide Abteilungen am zweiten Zirkelpunkt der langen Seite (3e/P) zusammentreffen. Jetzt reiten allerdings die Geraden außen und die Ungeraden innen (s. Abb. 122).
Nr. 1 und Nr. 2 reiten um den nächsten halben Zirkel gemeinsam bis zum ersten Zirkelpunkt der nächsten langen Seite (3a/V). Von hier gehen sie wieder auseinander.
Nr. 1 reitet den Zirkel noch einmal herum (63 m).
Nr. 2 bleibt auf dem Hufschlag der ganzen Bahn und reitet bis zum zweiten Zirkelpunkt der langen Seite (7a/S), von dort auf den Zirkel. Wenn Nr. 2 ihren Zirkel zur Hälfte beendet hat (7e/R), hat Nr. 1 ihren Zirkel ganz umritten und befindet sich nun am ersten Zirkelpunkt der langen Seite (3a/V).

- **Abb. 123**

Nr. 1 reitet von dort geradeaus bis zum zweiten Zirkelpunkt derselben langen Seite (30 m).
Nr. 2 reitet ihren Zirkel zu Ende (31 m) und trifft mit Nr. 1 am Zirkelpunkt (7a/S) zusammen.

- **Abb. 124**

Jetzt sind die Ungeraden wieder außen, die Geraden reiten wieder innen.
Die Staffelzirkel sind beendet. Die Abteilung reitet zu zweien geradeaus weiter.
Will man die Staffelzirkel wiederholen, wodurch der Eindruck eines Reigens entsteht, kann man die Abteilung zu zweien an dem zweiten Zirkelpunkt der langen Seite, an dem sie zusammentreffen, den Zirkel weiterreiten und sofort aus dem Zirkel wechseln lassen. Nachdem dann der erste halbe Zirkel auf der linken Hand zu zweien geritten ist, beginnen die Staffelzirkel auf dieser Hand. Zusammenfassend wollen wir den Verlauf des Staffelzirkels noch einmal an Hand der Buchstabenmarkierung angeben:

Rechte Hand:	Nr. 1	Nr. 2	
	R-B-P	R-X-S	
	P-A-V	S-C-R	
	V-X-P	R-B-P	
	P-A-V	P-A-V	(zu zweien)
	V-X-P	P-E-S	
	P-A-V	S-C-R	
	V-E-S	R-C-S	
Aus dem	S-C-R	S-C-R	(zu zweien)
Zirkel	R-X-V	R-X-V	(zu zweien)
wechseln	V-A-P	V-A-P	(zu zweien)
Linke Hand	P-B-R	P-X-V	
	R-C-S	V-A-P	
	S-X-R	P-E-R	
	R-C-S	R-C-S	(zu zweien)
	S-X-R	S-E-V	
	R-C-S	V-A-P	
	S-C-R	P-B-R	

Die doppelten Staffelzirkel erfordern eine Reitstrecke von ca. 510 m. Die Dauer beträgt im Trab (220 m/min.) ca. 2:20 min., im Galopp (300 m/min.) ca. 1:30 min.

2.2.5.14

Die Zirkelwechsel (Abteilungsfigur)

Aufeinanderfolgende Handwechsel durch die Zirkel und aus den Zirkeln mit zwei Abteilungen auf der gleichen Hand gegenüber sind auch relativ leicht zu reiten und geben ein gelungenes Bild ab, sofern beide Abteilungen immer gut aufeinander ausgerichtet sind. Die zu einem reitende Abteilung wird zunächst auf zwei Zirkel geführt:
I Auf zwei Zirkeln –
II geritten!
III (vgl. Abb. 16 a-d). Die beiden Abteilungen reiten, nachdem sich die Anfangsreiter im Mittelpunkt der Bahn getroffen haben, noch einhalbmal herum.

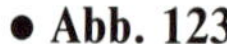

• Abb. 123

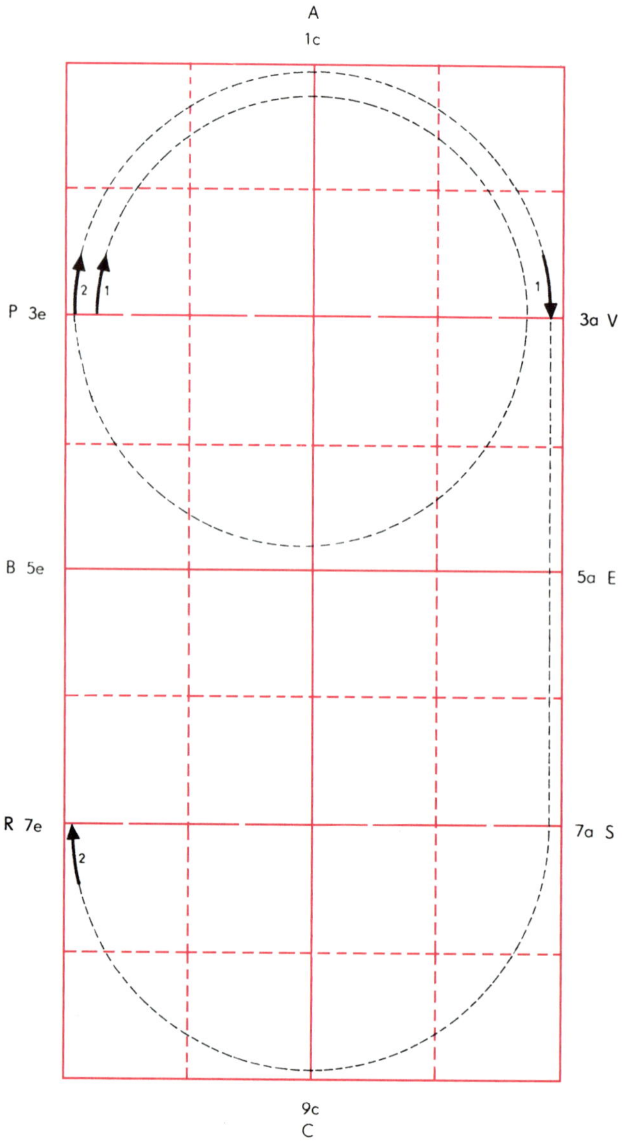
A
1c
P 3e
3a V
2
1
1
B 5e
5a E
R 7e
7a S
2
9c
C

Staffel-Zirkel II (Abteilungsfigur)

● Abb. 124

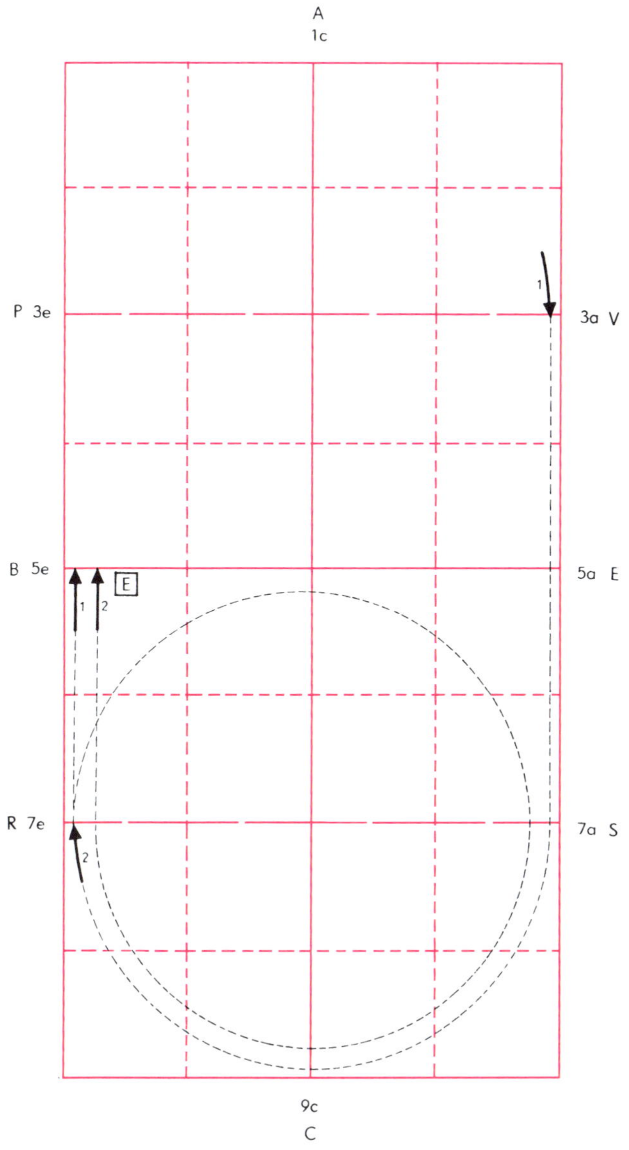

Staffel-Zirkel III (Abteilungsfigur)
E = Ende des Staffel-Zirkels

I Anfang! Auf halber Acht durch die Zirkel –
II wechseln!
III Die Anfangsreiter erhalten das Kommando vor Erreichen des Zirkelpunktes an der kurzen Zeite 1c/A bzw. 9c/C, worauf sie die halbe Acht beginnen, in deren Wendepunkt sie die Mittellinie passieren. Die halbe Acht endet am Zirkelpunkt der offenen Seite 5c/X.

- **Abb. 125**

I Aus den Zirkeln –
II wechseln!
III Nachdem beide Abteilungen den Zirkel einhalbmal herumgeritten sind, erhalten die Anfangsreiter bei Erreichen des ersten Zirkelpunktes der nächsten langen Seite das Kommando zum Wechseln.
Beide Abteilungen reiten auf der Zirkellinie bis zum Mittelpunkt der Bahn. Dort treffen sich die Anfangsreiter, und zwar so, daß sie außen aneinander vorbeireiten, d.h. beim Wechseln von der linken auf die *rechte* Hand reiten sie rechts aneinander vorbei.

- **Abb. 126**

Reiten zwei auf gleicher Hand gegenüberreitende Abteilungen beim Handwechsel aneinander vorbei, so weichen
– beim Wechsel von der linken zur *rechten* Hand die Reiter nach *rechts* aus (Entgegenkommender bleibt links);
– beim Wechsel von der rechten zur *linken* Hand die Reiter nach *links* aus (Entgegenkommender bleibt rechts).
Vom Bahnmittelpunkt, an dem die Pferde umgestellt werden, gehen die Abteilungen auf den anderen Zirkel, den sie wieder einhalbmal herumreiten.
I Anfang! Auf halber Acht durch die Zirkel –
II wechseln!
III Die Abteilungen wechseln wie vorher von der Mitte der nächsten kurzen Seite längs der Mittellinie durch den Zirkel.
Nach einer halben Zirkeltour:

- **Abb. 127**

I Aus den Zirkeln –
II wechseln!
III s.o. und Abb. 128

- **Abb. 128**

Nach dem Erreichen des zweiten Zirkelpunktes der langen Seite wird der Zirkel einhalbmal geritten und danach:
I Durch die Zirkel –
II wechseln!
III Die Anfangsreiter wechseln vom ersten Zirkelpunkt der langen Seite durch den Zirkel (Abb. 129). Bei Beendigung der querliegenden

- **Abb. 129**

halben Acht (Wechsellinie) von dem Endpunkt (erster Zirkelpunkt der langen Seite) sofort:
I Aus den Zirkeln –
II wechseln!
III s.o. und Abb. 130

- **Abb. 130**

Nach dem Erreichen des Zirkelpunktes wird der Zirkel einhalbmal geritten und danach:
I Durch die Zirkel –
II wechseln!
III s.o. und Abb. 131

- **Abb. 131**

Nach Beendigung des Wechselns durch den Zirkel sind die Zirkelwechsel beendet, und es wird
I Ganze –
II Bahn!
III geradeaus weitergeritten.
Es ist selbstverständlich möglich, zu diesen Figuren noch weitere auszudenken, die sowohl den klassischen Regeln der Reitkunst als auch dem Ausbildungsstand der Reiter entsprechen. Insofern sind die vorstehenden Quadrillenfiguren nur Beispiele. Sie sollen keinesfalls die Kreativität der Quadrillenreiter einschränken.

• Abb. 125

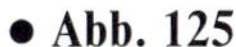

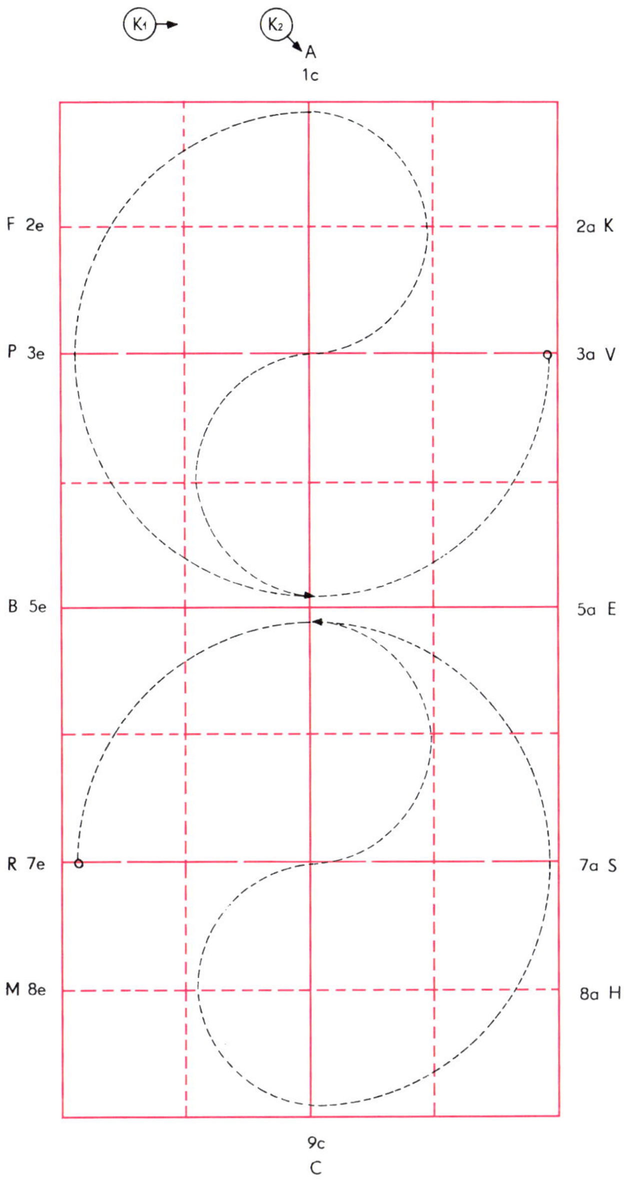

Zirkelwechsel I (Abteilungsfigur)
Kommando: 1 Anfang! Auf halber Acht durch die Zirkel –
2 wechseln!

• Abb. 126

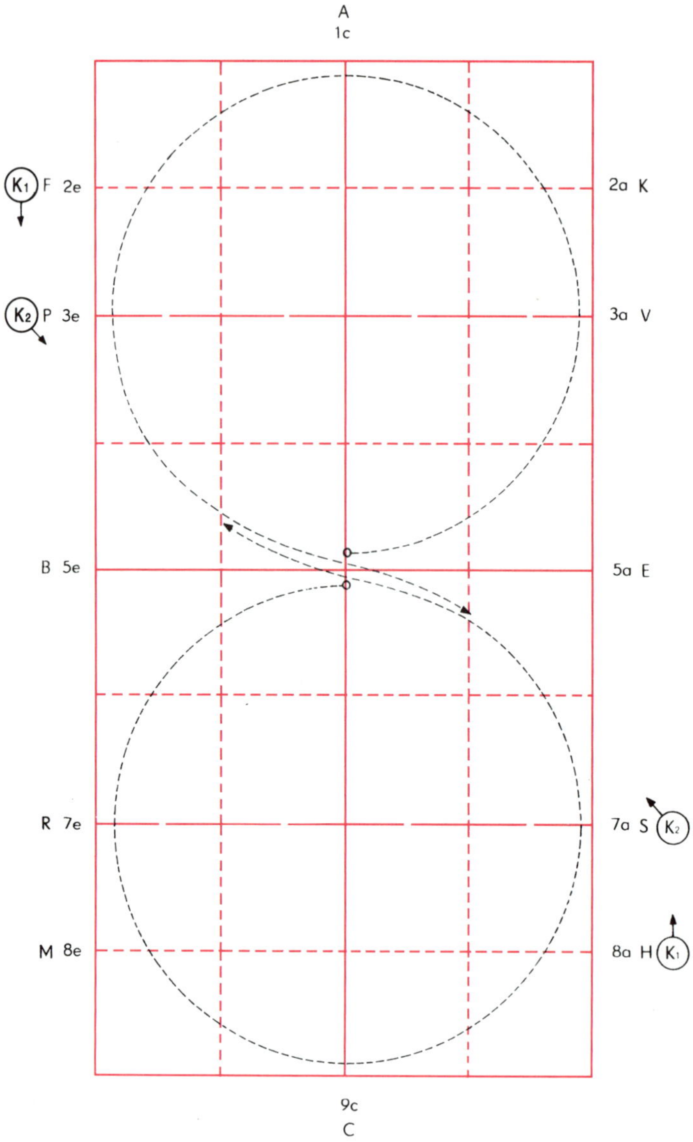

A
1c

K1 F 2e
2a K

K2 P 3e
3a V

B 5e
5a E

R 7e
7a S K2

M 8e
8a H K1

9c
C

Zirkelwechsel II (Abteilungsfigur)
Kommando: 1 Aus den Zirkeln –
2 wechseln!

• Abb. 127

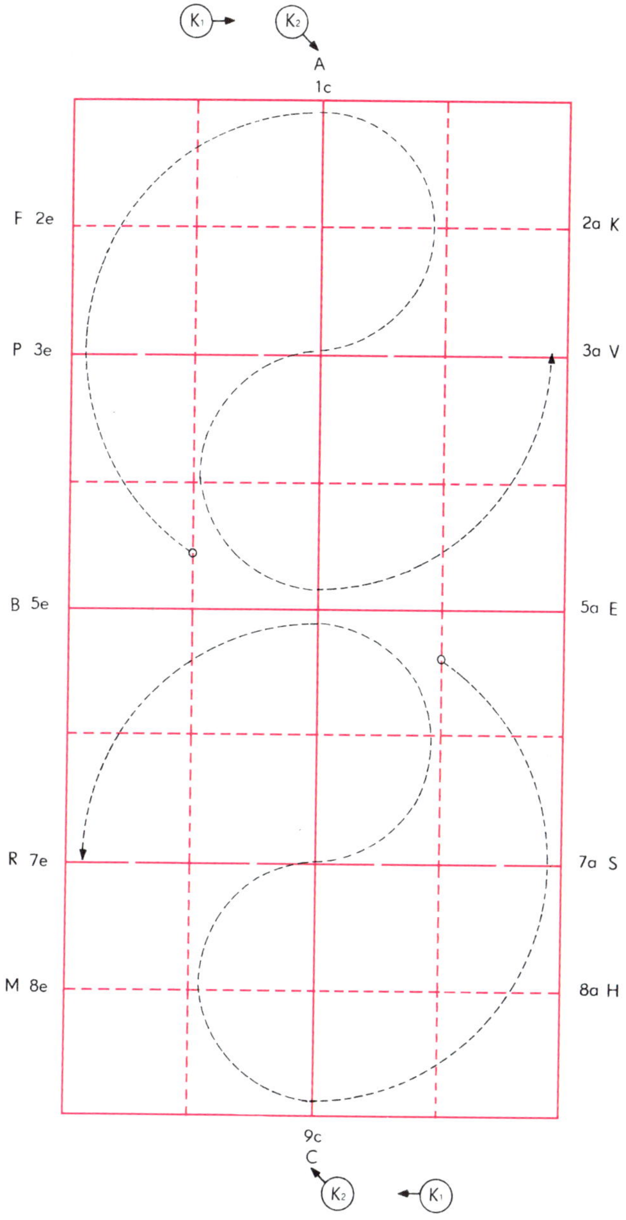

Zirkelwechsel III (Abteilungsfigur)
Kommando: 1 Anfang! Auf halber Acht durch die Zirkel –
2 wechseln!

• **Abb. 128**

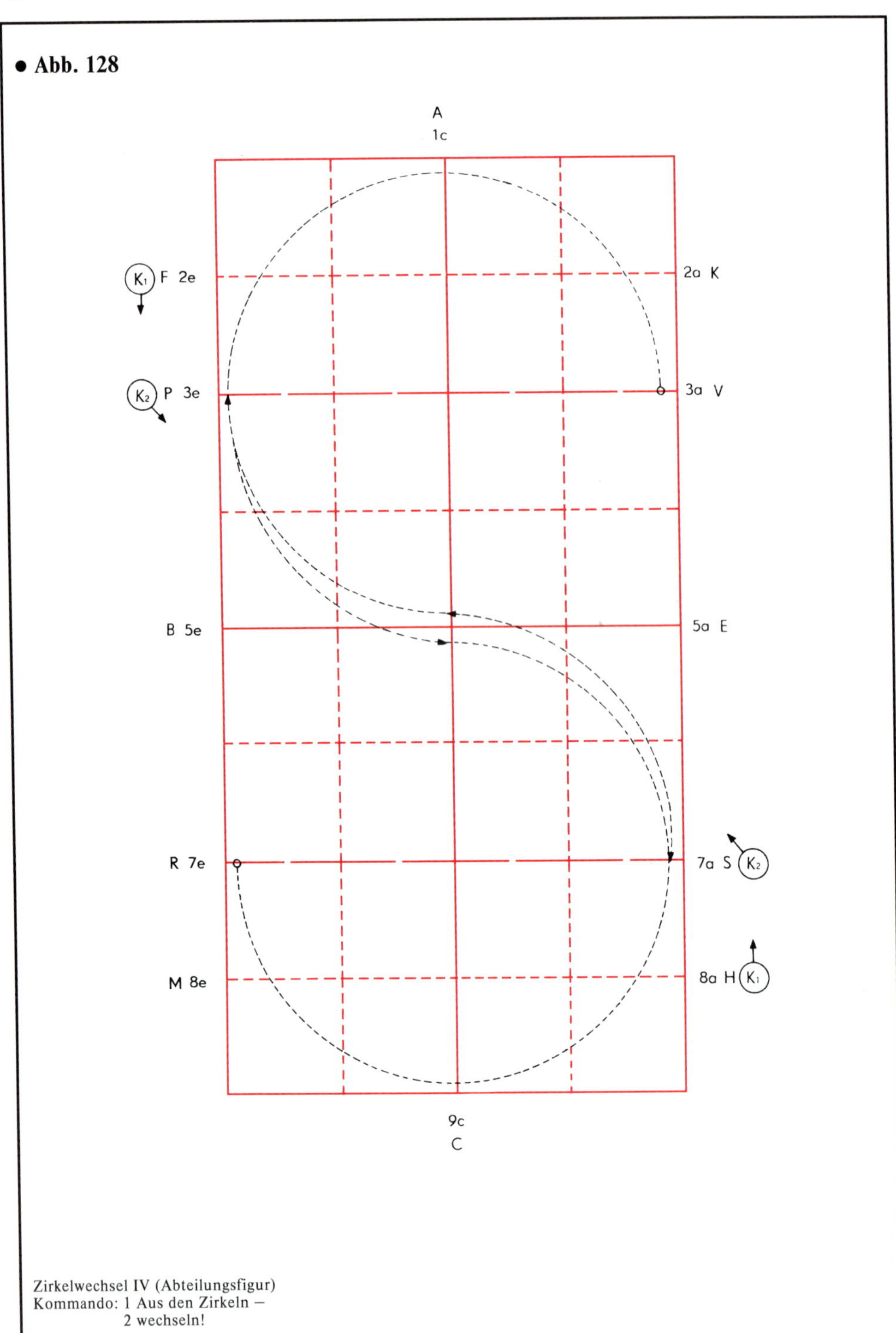

Zirkelwechsel IV (Abteilungsfigur)
Kommando: 1 Aus den Zirkeln –
2 wechseln!

Abb. 129

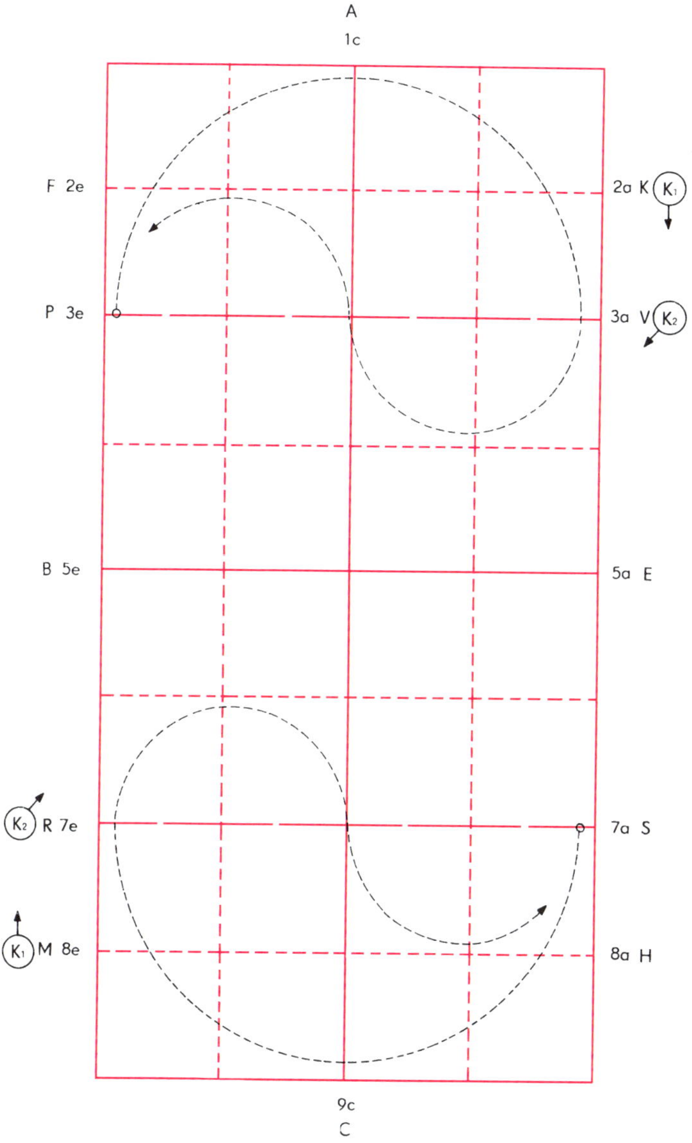

Zirkelwechsel V (Abteilungsfigur)
Kommando: 1 Durch die Zirkel –
2 wechseln!

• **Abb. 130**

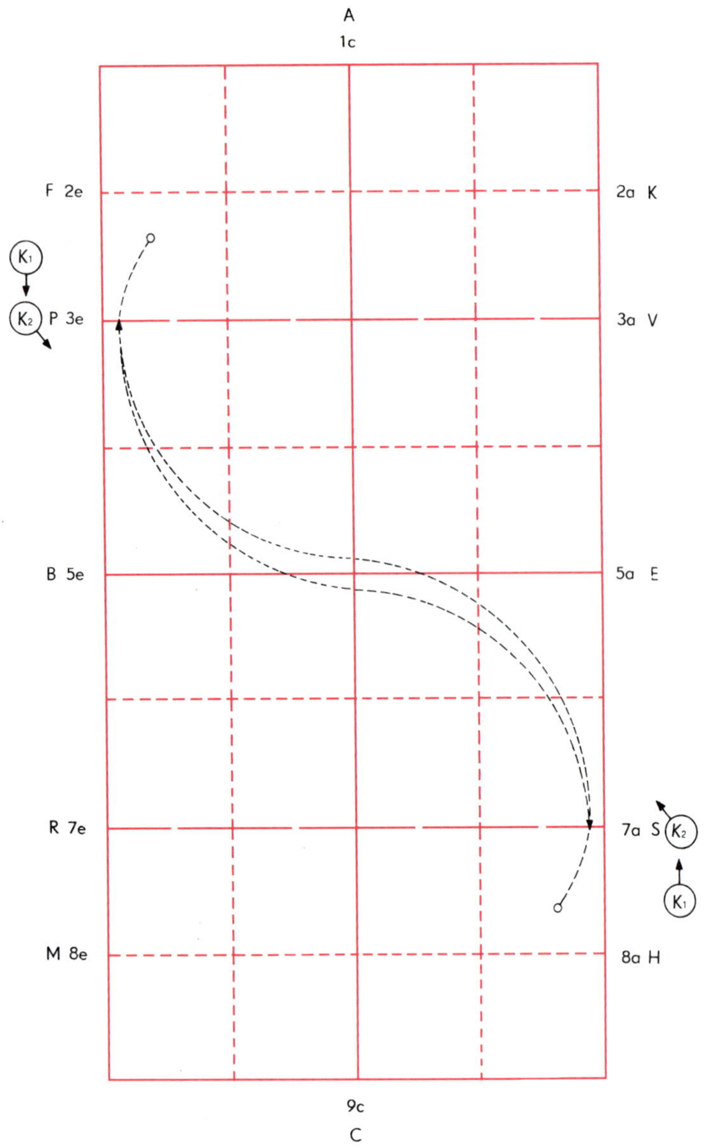

Zirkelwechsel VI (Abteilungsfigur)
Kommando: 1 Aus den Zirkeln –
2 wechseln!

• Abb. 131

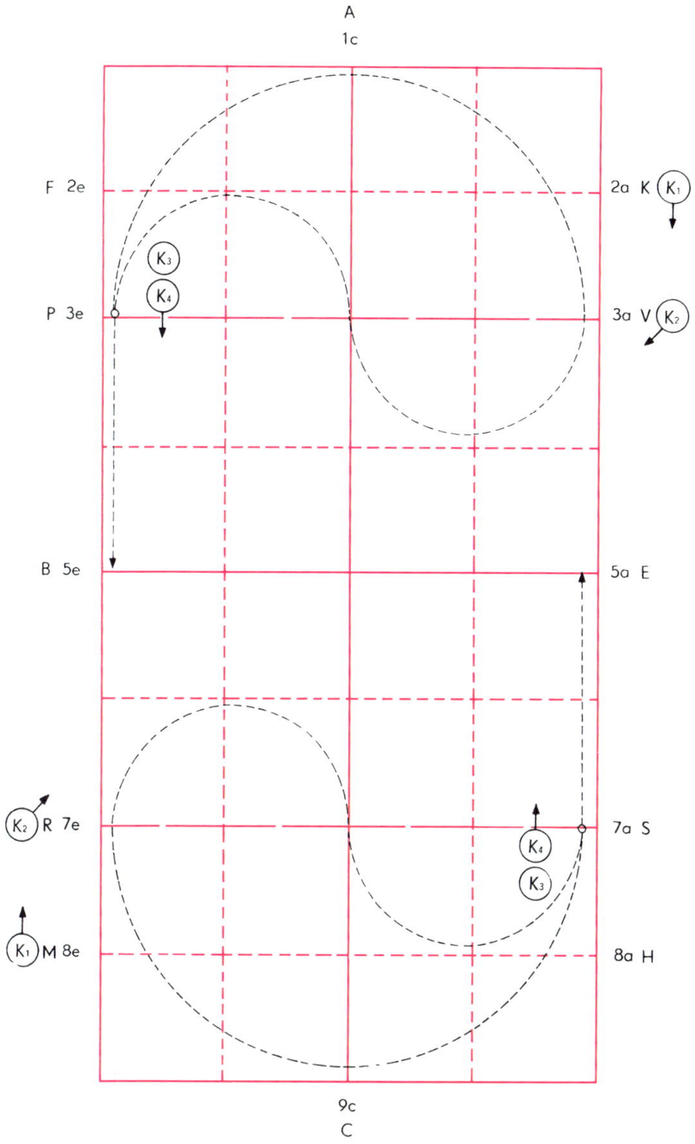

A
1c

F 2e
2a K K1

K3
K4

P 3e
3a V K2

B 5e
5a E

K2 R 7e
7a S
K4
K3

K1 M 8e
8a H

9c
C

Zirkelwechsel VII (Abteilungsfigur)
Kommando: 1 Durch die Zirkel –
2 wechseln!
3 Ganze –
4 Bahn!

2.3

Die Touren

Kombinationen von mehreren Einzelfiguren, die immer in gleicher Folge geritten werden, heißen "Touren".
Einige Beispiele für klassische Touren, wie sie sich zum Üben, zum Vorführen und als Teile von Quadrillen eignen, wollen wir in diesem Abschnitt darstellen.
Zugleich möchten wir jedoch darauf aufmerksam machen, daß aus den bisher besprochenen Grundfiguren, Stellungen und Formationen andere Touren selbst zusammengestellt werden können, die dem Ausbildungsstand von Reitern und Pferden entsprechen. Hinweise dazu werden im nächsten Kapitel gegeben.
Die wichtigsten klassischen Touren sind:

Auf dem Viereck
– die Visite-Tour
– die Durchwechseltour
– die Vier-Viertel-Tour
– die Tourniertour
– die Montmorenci-Tour

Auf dem Mittelzirkel
– die Platztauschtour
– die In-die-Mitte-Tour
– die Kehrttour
– die Slalomtour
– die Voltentour
– die Kettentour
– die Schneckentour
– die Mühlentour.

2.3.1

Die Touren auf dem Viereck

2.3.1.1

Die Visite-Tour

Die Visite-Tour wird aus der Kolonne zu einem entwickelt. Zunächst läßt man die Abteilung an der Paradelinie zur Linie rechts aufmarschieren.
I Abteilung!
II Rechts marschiert auf –
I Anfang!
II halt!
III Der Anfangsreiter hält auf dem Hufschlag. Alle übrigen marschieren rechts von ihm Bügel an Bügel auf. Um dies korrekt ausführen zu können, muß der vorhergehende Reiter immer einen Schritt früher vom Hufschlag abwenden als der folgende.
Wenn alle Reiter in Linie halten:
I Abteilung Visite –
II marsch! (Trab! Im Arbeitstempo Galopp – marsch!)
III Alle Reiter reiten gleichzeitig in der kommandierten Gangart an. Nr. 8 wendet jedoch sofort auf einer Viertelvolte nach rechts und reitet durch die Breite der Bahn und geht an der gegenüberliegenden langen Seite auf die rechte Hand.
Nr. 1 - 7 reiten geradeaus weiter.
Nach zwei Pferdelängen wendet Nr. 7 auf die obere Tafellinie (7a/7e) ab und reitet ebenfalls über die Breite der Bahn, um dann ebenso auf die rechte Hand zu wenden.

• **Abb. 132 a**

Beim Herüberreiten entsteht das Bild einer Staffelung, bei welcher der vorhergehende Reiter dem folgenden um eine Halslänge voraus ist.
Während sich die Abteilung in Kolonne zu einem auf dem Hufschlag befindet, müssen die Abstände erhalten bleiben, wie sie sich nach dem Querreiten durch die Bahn ergeben werden.
Nr. 8, bisher auf dem oberen Bahnachtel, reitet auf dem Hufschlag der ganzen Bahn.
Nr. 7 wendet drei Schritt vor der Aufmarschlinie auf die Breite der Bahn ab und

trifft beim Erreichen der gegenüberliegenden langen Seite auf Nr. 8. Nr. 7 setzt sich Bügel an Bügel innen neben Nr. 8
In gleicher Weise verfahren alle anderen Reiter (s. Abb. 132 b).

• **Abb. 132 b**

Wenn Nr. 8 die Aufmarschlinie erreicht
I Anfang!
II halt!
III Die nacheinander zur Linie aufmarschierten Reiter halten ca. 3 m vor der Viereckbegrenzung, so daß sie danach nach rechts abbrechen können.
Nr. 8 hat jetzt den Hufschlag, und Nr. 1 hält auf dem rechten Flügel.
Damit ist die Visite-Tour beendet.
Diese Tour stellt Ansprüche an gleichmäßiges Tempo beim Herüberreiten auf die gegenüberliegende lange Seite, damit die Staffelung deutlich wird. Sie bezieht ihre Wirkung sowohl aus dem gleichmäßig nacheinander erfolgenden Abwenden wie auch aus dem Wiederzusammenfinden der Reiter und der Verbreiterung der Linie. Diese Tour wird sich ohne ausgiebiges Üben nicht korrekt ausführen lassen. Während der Übungen müssen sich alle Reiter ihren Weg, ihr Tempo sowie die Position ihrer Nachbarn sehr gut einprägen.

2.3.1.2

Die Durchwechseltour

Die Durchwechseltour wird aus der Kolonne zu einem entwickelt:
I Anfang! Durch die Länge der Bahn –
II geritten!
III Der Anfangsreiter wendet drei Schritte vor der Mitte der kurzen Seite ab und reitet auf die Mittellinie (vgl. Abb. 51).
I Vor der kurzen Seite –
II Ungerade links, Gerade rechts!
III Die Reiter mit ungerader Nummer wenden links, die mit gerader rechts (vgl. Abb. 53).
Die Abstände müssen erhalten bleiben!
Die Anfangsreiter dürfen sich nicht aufeinander ausrichten, d. h. die Reiter mit gerader Nummer bleiben gegenüber den Reitern mit ungerader Nummer immer um eine Pferdelänge zurück.

• **Abb. 133**

I Durch die ganze Bahn –
II wechseln! Durchreiten!
III Nr. 1 kommt am ersten Wechselpunkt der langen Seite eine Pferdelänge früher an als Nr. 2. Beide Reiter reiten auf die Diagonale der ganzen Bahn.
Nr. 1 passiert den Bahnmittelpunkt zuerst, danach Nr. 2 in der Lücke zwischen Nr. 1 und Nr. 3. In der gleichen Weise wechseln alle folgenden Reiter (s. Abb. 133).
Es ist wichtig, die Abstände genau einzuhalten. Sonst wird das Tempo ungleichmäßig. Die ganze Tour muß flüssig, ohne Unruhe und Hast, geritten werden.
II Vorbeireiten!
III Haben die Reiter die kurze Seite erreicht, so reiten beide Abteilungen links aneinander vorbei. (Das bedeutet ein Abweichen von den gültigen Bahnregeln, was durch den Verlauf der Tour erforderlich wird.)
Die Ungeraden, jetzt auf der rechten Hand, behalten den Hufschlag, die Geraden, die eine Pferdelänge zurück sind, weichen aus und nehmen den inneren Hufschlag. Die Anfangsreiter begegnen sich in der Mitte der kurzen Seite (s. Abb. 133).
Da die Geraden den inneren Hufschlag haben, kommt jetzt Nr. 2 früher an den ersten Wechselpunkt der langen Seite.
I Durch die ganze Bahn –
II wechseln! Durchreiten!
III Jetzt kommt Nr. 2 früher an den Bahnmittelpunkt, und Nr. 1 muß zwischen Nr. 2 und Nr. 4 durchreiten.

• **Abb. 134**

II Vorbeireiten!
III Diesmal ist Nr. 2 auf der rechten Hand und bleibt auf dem Hufschlag. Nr. 1 weicht

• **Abb. 132 a**

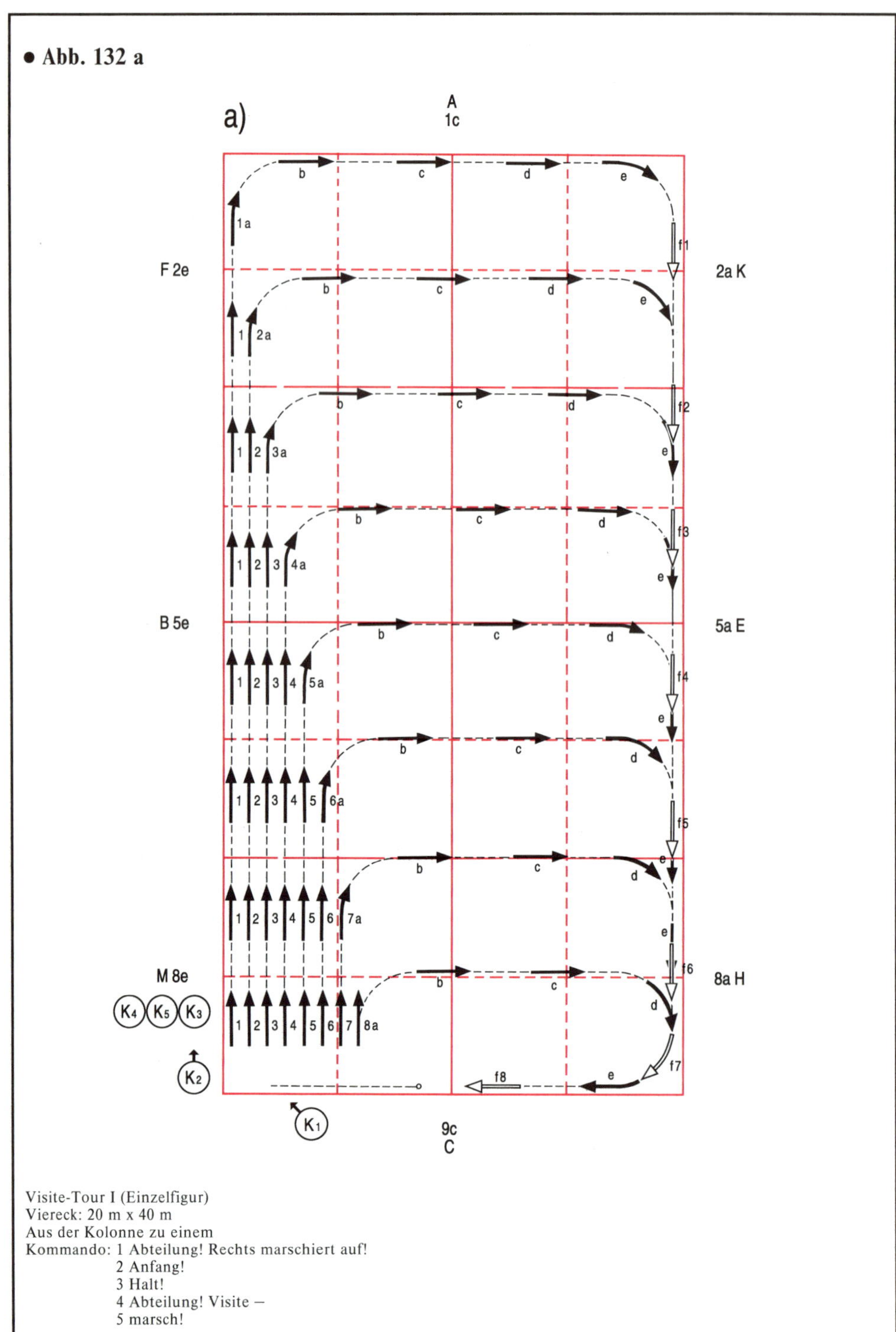

Visite-Tour I (Einzelfigur)
Viereck: 20 m x 40 m
Aus der Kolonne zu einem
Kommando: 1 Abteilung! Rechts marschiert auf!
2 Anfang!
3 Halt!
4 Abteilung! Visite –
5 marsch!

• **Abb. 132 b**

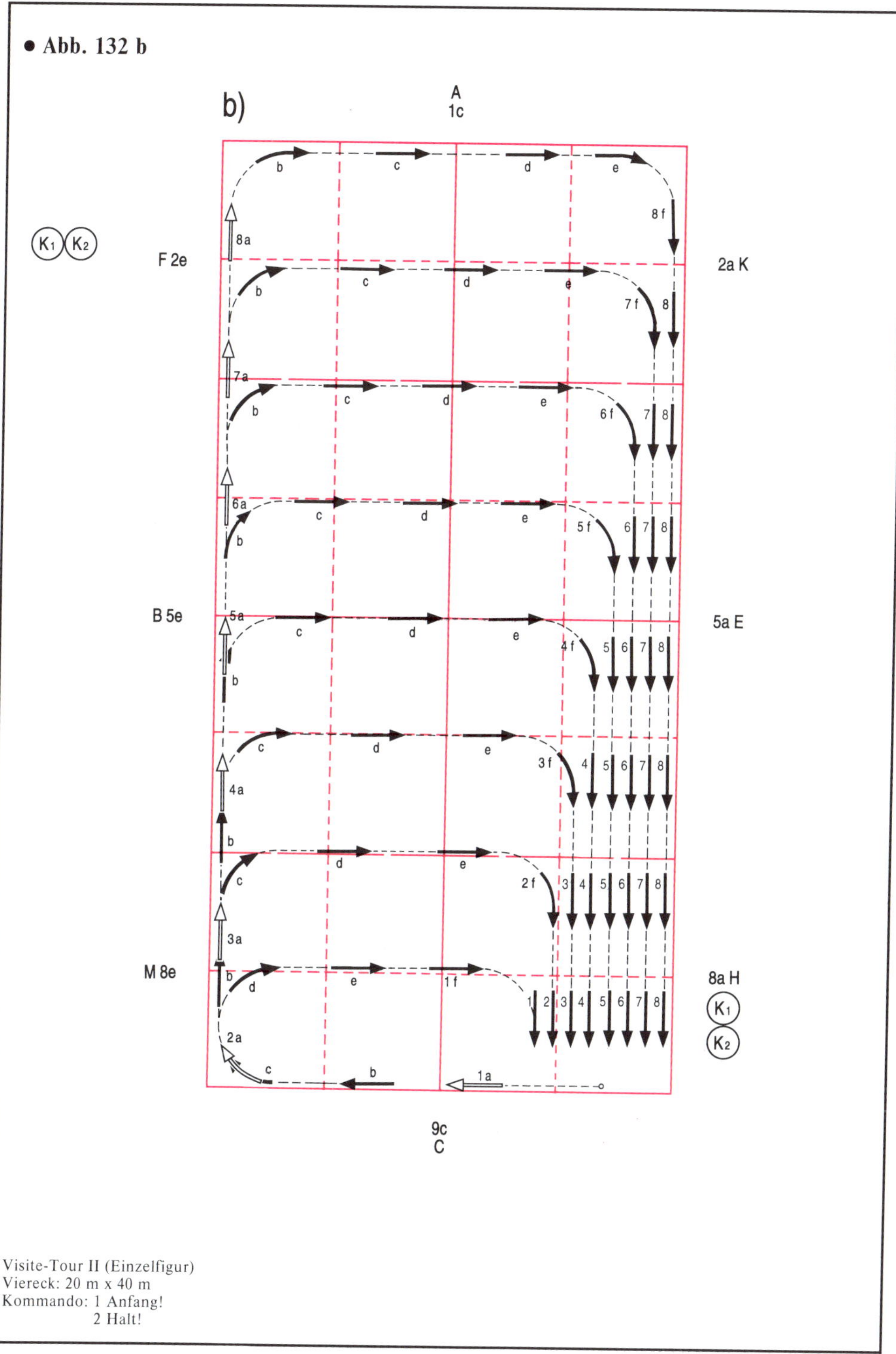

Visite-Tour II (Einzelfigur)
Viereck: 20 m x 40 m
Kommando: 1 Anfang!
2 Halt!

• Abb. 133

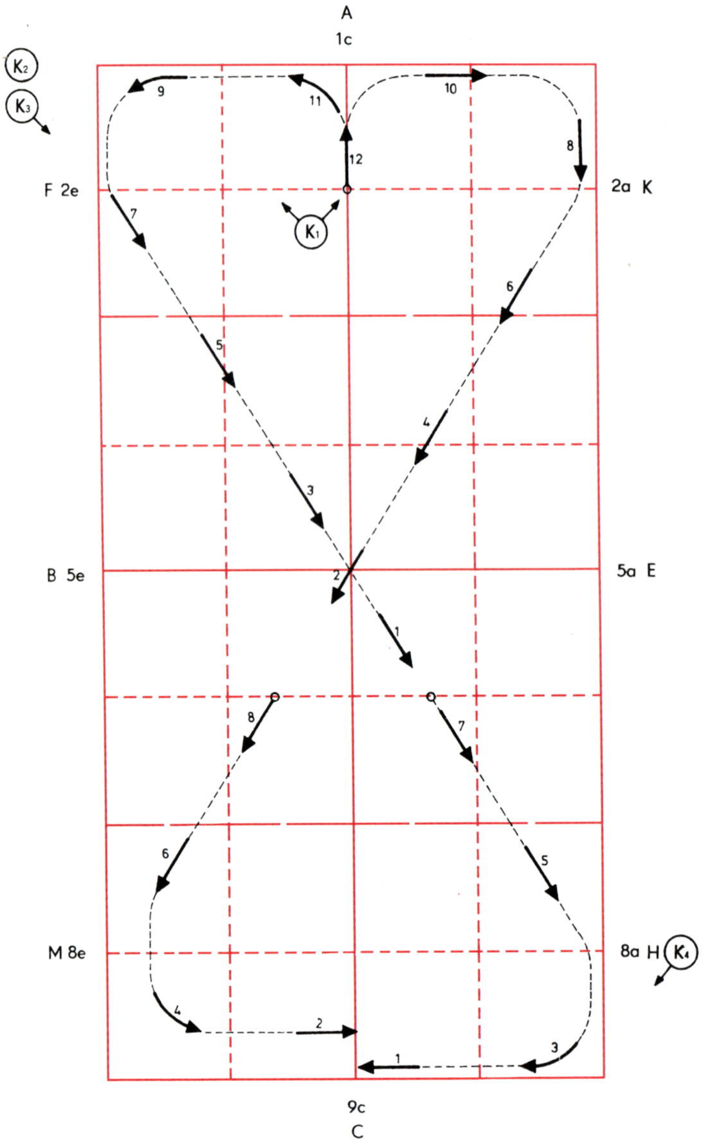

Durchwechseltour (Abteilungsfigur)
Viereck: 20 m x 40 m
Kommando: 1 Ungerade links, Gerade rechts!
2 Durch die ganze Bahn –
3 wechseln! Durchreiten!
4 Vorbeireiten!

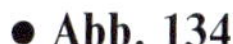

● **Abb. 134**

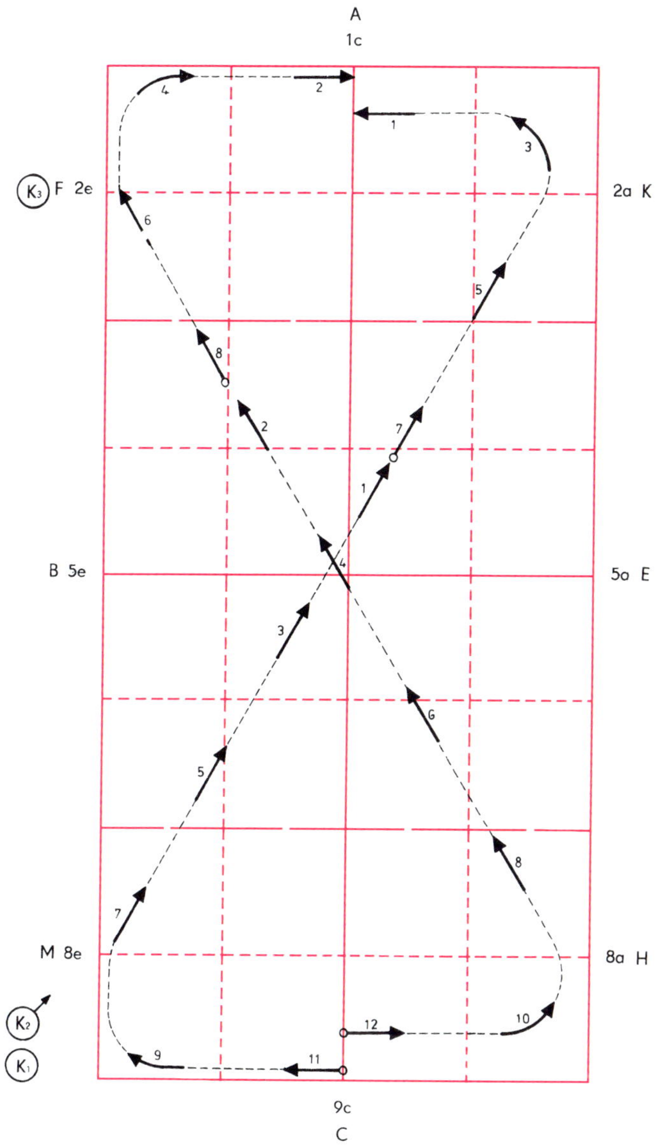
A
1c
K3 F 2e
2a K
B 5e
5a E
M 8e
8a H
K2
K1
9c
C
1
2
3
4
5
6
7
8
9
10
11
12

Durchwechseltour II (Abteilungsfigur)
Viereck: 20 m x 40 m
Kommando: 1 Durch die ganze Bahn –
2 wechseln! Durchreiten!
3 Vorbeireiten!

• **Abb. 135**

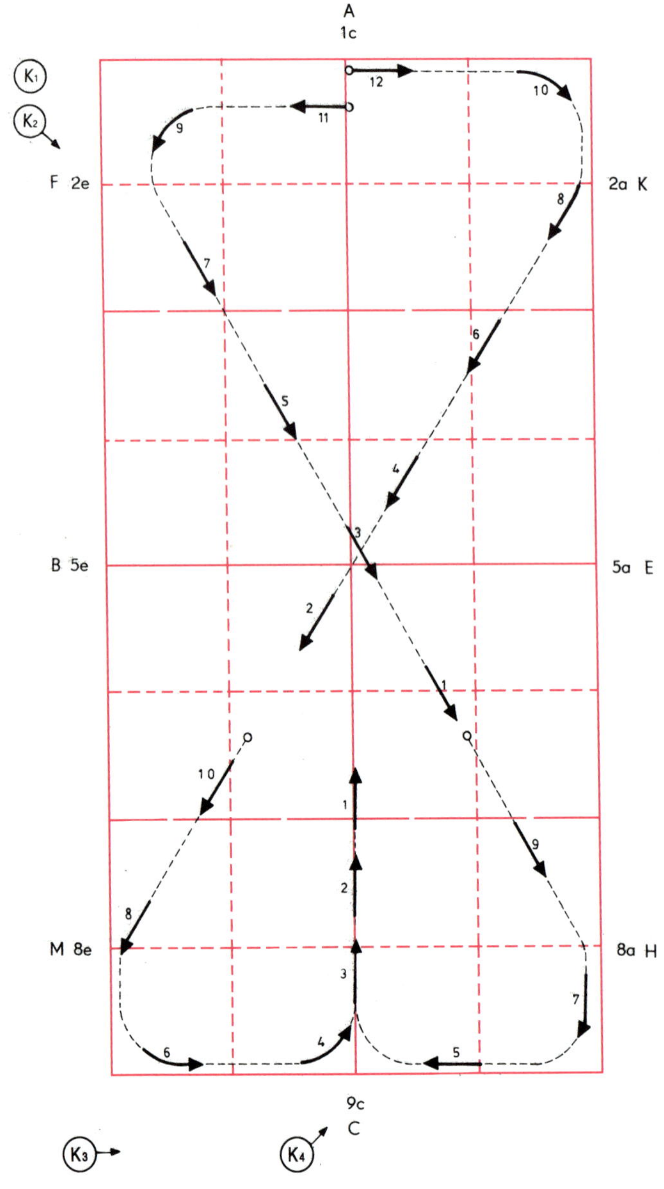

Durchwechseltour III (Abteilungsfigur)
Viereck: 20 m x 40 m
Kommando: 1 Durch die ganze Bahn –
2 wechseln! Durchreiten!
3 Anfang! Durch die Länge der Bahn, zu einem an Platz –
4 marsch!

nach innen aus und kommt dadurch wieder früher an den nächsten Wechselpunkt als Nr. 2 (s. Abb. 134).
I Durch die ganze Bahn –
II wechseln! Durchreiten!
III Auf der Wechsellinie ist wieder Nr. 1 voraus. Nr. 2 reitet hinter Nr. 1 und vor Nr. 3 durch den Bahnmittelpunkt.

• **Abb. 135**

I Anfang! Durch die Länge der Bahn, zu einem an Platz –
II marsch!
III Nr. 1 reitet in einer Viertelvolte auf die Mittellinie. Nr. 2 "fädelt sich ein", danach die übrigen (s. Abb. 135). Diese Tour läßt sich auch damit beginnen, daß man von der Quermittellinie aus vor der langen Seite "Ungerade" links und "Gerade" rechts reiten läßt. Das Wechseln durch die ganze Bahn erfolgt dann von den beiden Wechselpunkten der nächsten langen Seite zweimal hintereinander (ohne Vorbeireiten). Nach dem zweiten Bahnwechsel wird kommandiert "Ganze Bahn!". Anschließend kann man beide Abteilungen zu einem auf die Quermittellinie führen ("Anfang Durch die Breite der Bahn, zu einem, an Platz – marsch!").
Diese Tour wird von jüngeren Reitern im Trab geritten werden können. Im Galopp geritten, setzt sie allerdings voraus, daß die Pferde den fliegenden Galoppwechsel beherrschen, der dann jeweils nach dem Durchreiten der Wechsellinie beim Erreichen des Hufschlages der gegenüberliegenden langen Seite ausgeführt wird. In diesem Fall muß man am Ende der Tour zum Trab übergehen oder im Handgalopp wieder nach links und rechts auseinandergehen lassen. Die Durchwechseltour wird auch in Springquadrillen häufig verwendet. Sie ist eine gute Übung für das Tempo- und Abstandhalten.
Ihr Anforderungsmaximum erhält diese Tour, wenn man auf verschiedener Hand gegenüberreitende Abteilungen mit dreien oder mit vieren halblinks und halbrechts reiten läßt. Jeder Reiter muß mehrere Male durchreiten. Eine solche Figur ist sehr eindrucksvoll, muß aber genau durchdacht und sorgfältig geübt werden.

2.3.1.3

Die Vier-Viertel-Tour

Die Bezeichnung dieser Tour weist darauf hin, daß sie auf den vier Vierteln der Bahn geritten wird.
Sie ist sehr wirkungsvoll und sieht in Quadrillen besonders gut aus, wenn die Reiter der vier Sektionen verschieden kostümiert sind.
Reiterlich hat diese Tour besonderen Wert, weil sie zum korrekten Einhalten von Tempo, Abstand und Seitenrichtung zwingt und die Reiter veranlaßt, beim Durchreiten und Voneinander-Wegreiten die Pferde zu treiben. Die Vier-Viertel-Tour ist nicht allzu schwierig, da ihr Ablauf den Reitern von selbst den richtigen Weg weist. Deshalb bietet sie, im Trab geritten, eine geeignete Abwechlungsmöglichkeit für den Reitunterricht und kann bei Vorführungen auch von jüngeren Reitern korrekt ausgeführt werden.
Die Vier-Viertel-Tour wird aus der Kolonne zu zweien auf der rechten Hand entwickelt. (Natürlich geht es auch von der linken Hand, dann ist alles seitenverkehrt.)
I Erster Zug! Gegenüber –
II marsch!
III Der erste Zug Nr. 1 - 6) reitet paarweise vom ersten Wechselpunkt der langen Seite auf einer Zirkellinie einhalbmal herum und danach weiter auf dem Hufschlag der ganzen Bahn. Ecken ausreiten!

• **Abb. 136**

Die zweite Abteilung (Nr. 7 - 12) reitet paarweise auf dem Hufschlag der ganzen Bahn weiter.
Die Anfangspaare beider Züge müssen in

den gegenüberliegenden Ecken aufeinander ausgerichtet sein.
I Anfang! Durch die Länge der Bahn -
II geritten!
III Das Kommando wird den Anfangspaaren kurz vor der Mitte der kurzen Seite gegeben. Beide Anfangspaare schwenken auf die Mittelinie und reiten an ihr entlang, wobei sich die Mittellinie zwischen den Paaren befindet (s. Abb. 136).
I Vier Viertel –
II marsch!
III Das Kommando wird den vier Reitern der am Anfang der beiden Züge reitenden zwei Paare gegeben, wenn sie sich dem Mittelpunkt der Bahn nähern.
Vier Tritte vor dem Bahnmittelpunkt gehen die vier am Anfang befindlichen Reiter nach links und rechts auf die Quermittellinie und reiten, gefolgt von den hinter ihnen Reitenden, um das Bahnviertel herum, in dem sie sich befinden. Dabei reiten sie alle Ecken aus.

• Abb. 137

Wenn die vier Anfangsreiter wieder bis zum Mittelpunkt gekommen sind, reiten sie ihr Bahnviertel zum zweiten Mal. Wenn alle vier Anfangsreiter zum zweiten Mal ihre halben langen Seiten durchritten haben, folgt der Längsdurchzug.
I Anfang! Durch die Länge der Bahn -
II geritten! Durchreiten!
III Das Kommando wird den vier Anfangsreitern gegeben, wenn sie auf der kurzen Seite sind.
Die Anfangsreiter Nr. 1/7 beginnen gleichzeitig acht Schritte, die Anfangsreiter Nr. 2/8 fünf Schritte, vor der Mitte der kurzen Seite eine Viertelvolte nach dem Bahninnern. Die nebeneinander längs der Mittellinie Reitenden haben einen Zwischenraum von drei Schritten. Die sich entgegenkommenden Reiter reiten nun durch den Zwischenraum, und zwar so, daß der auf der gleichen Bahnhälfte Entgegenkommende rechts bleibt. Dann befinden sich Nr. 1 und Nr. 7 außen, Nr. 2 und Nr. 8 innen neben der Mittellinie.

• Abb. 138

Jeder Anfangsreiter reitet mit den ihm folgenden Reitern um das neue Bahnviertel herum. Wenn die Anfangsreiter eine halbe lange Seite passiert haben, folgt der Querdurchzug.
I Anfang! Durch die Breite der Bahn -
II geritten! Durchreiten!
III Alle vier Anfangsreiter beginnen gleichzeitig acht bzw. fünf Schritt vor Erreichen der Mitte der langen Seite eine Viertelvolte nach dem Bahninnern und reiten mit drei Schritt Zwischenraum neben der Quermittellinie durch die Bahn. Am Mittelpunkt begegnen sich die Reiter und reiten rechts aneinander vorbei.

• Abb. 139

Nun reiten alle Reiter das dritte Viertel. Danach folgt wiederum ein Längsdurchzug.
I Anfang! Durch die Länge der Bahn –
II geritten! Durchreiten!
III Die Anfangsreiter gehen wieder wie vorher mit drei Schritt Zwischenraum auf die Mittellinie. Der Entgegenkommende bleibt rechts. Nr. 2 reitet zwischen Nr. 7 und Nr. 8 hindurch, Nr. 8 zwischen Nr. 1 und Nr. 2.

• Abb. 140

Die Anfangsreiter gehen nun auf das vierte Viertel der Bahn. Danach folgt wieder ein Querdurchzug.
I Anfang! Durch die Breite der Bahn –
II geritten! Durchreiten!
III Der Querdurchzug wird geritten wie vorher. Dabei reitet Nr. 2 zwischen Nr. 1 und Nr. 8 hindurch, Nr. 8 zwischen Nr. 2 und Nr. 7.
Jeder der vier Anfangsreiter reitet noch einmal um das Viertel, auf dem er die Tour begonnen hat.

• Abb. 141

Wenn die Anfangsreiter auf die kurze Seite kommen:
I Anfang! Durch die Länge der Bahn -

• Abb. 136

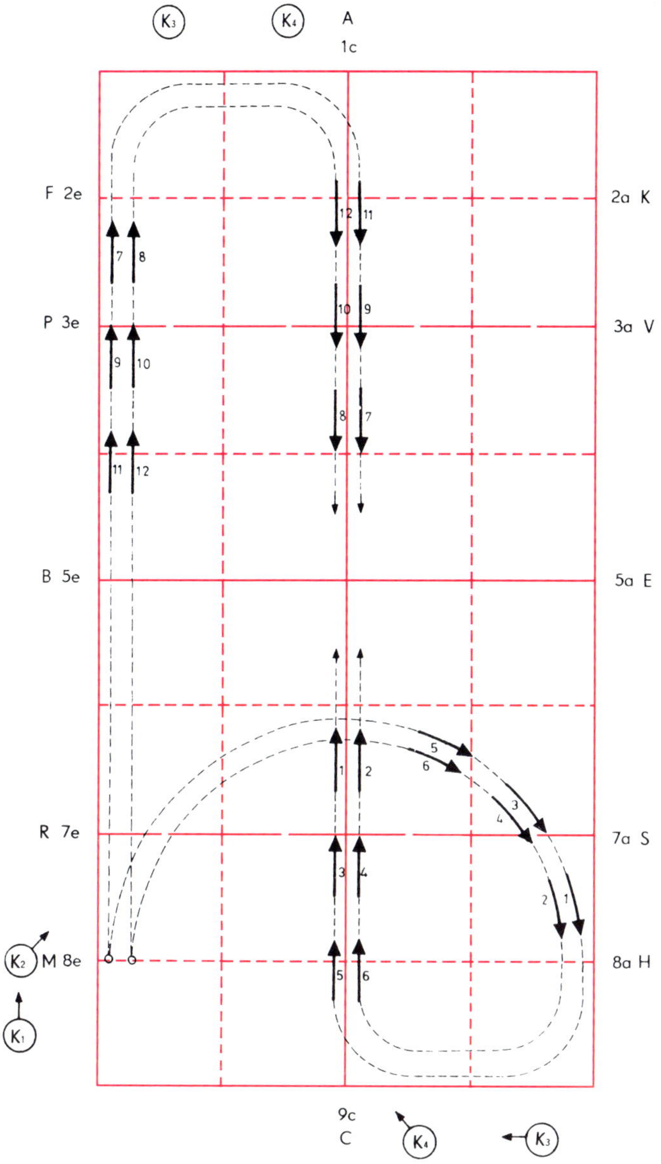

Vier-Viertel-Tour I (Abteilungsfigur)
Viereck: 20 m x 40 m
Kommando: 1 Erster Zug! Gegenüber –
2 marsch!
3 Anfang! Durch die Länge der Bahn –
4 geritten!

• Abb. 137

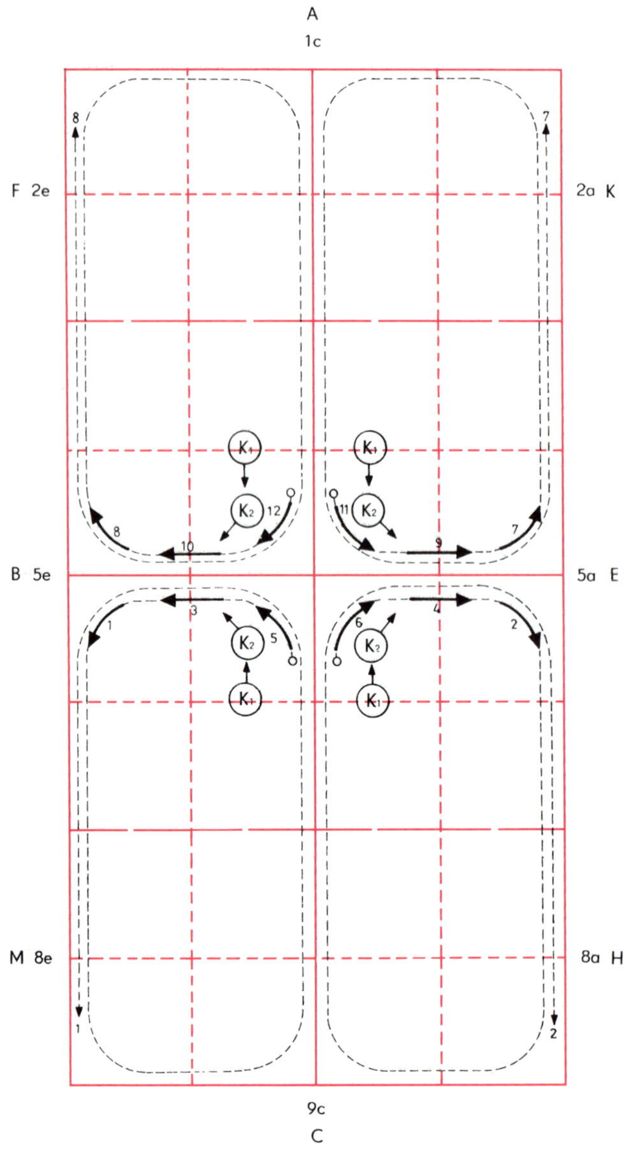

Vier-Viertel-Tour II (Abteilungsfigur)
Viereck: 20 m x 40 m
Kommando: 1 Vier-Viertel –
2 marsch!

• Abb. 138

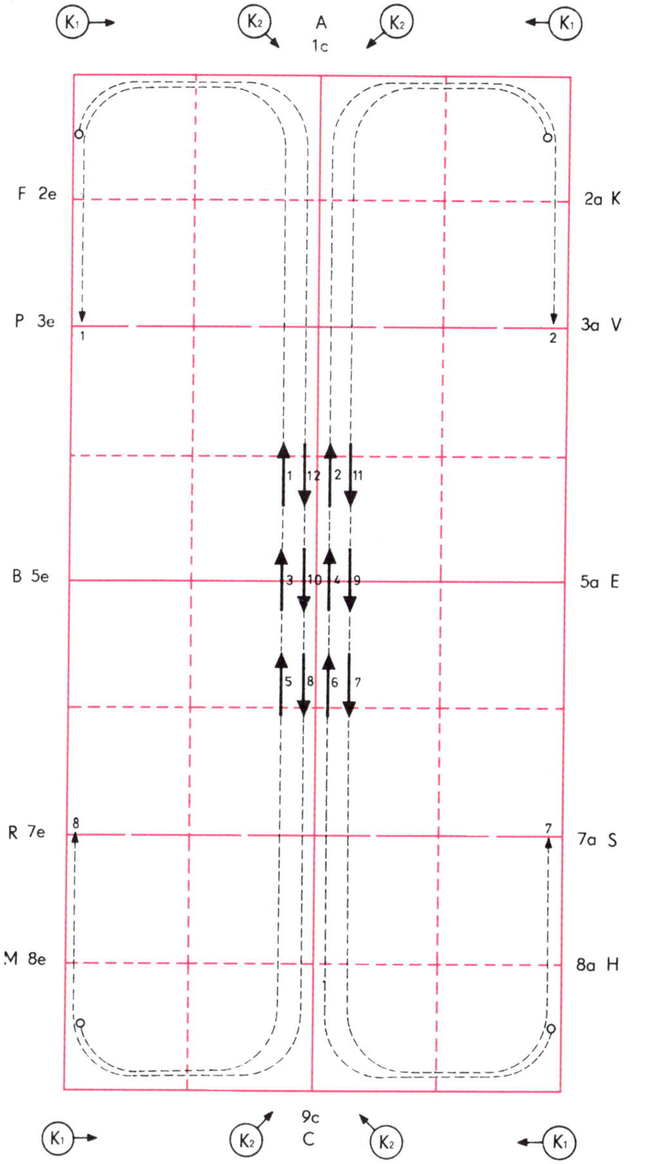

Vier-Viertel-Tour III (Abteilungsfigur)
Viereck: 20 m x 40 m
Kommando: 1 Durch die Länge der Bahn –
2 geritten! Durchreiten!

• **Abb. 139**

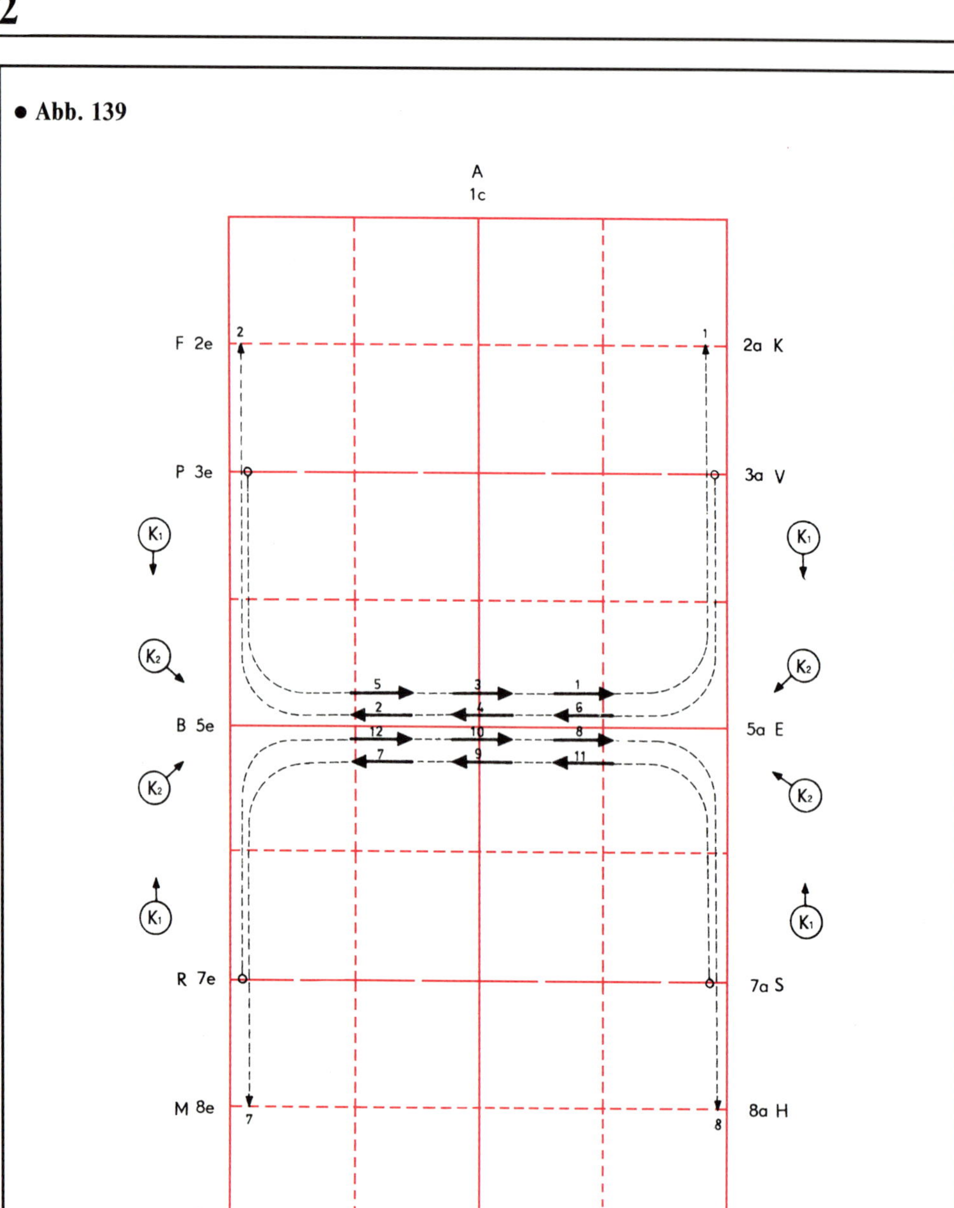

Vier-Viertel-Tour IV (Abteilungsfigur)
Viereck: 20 m x 40 m
Kommando: 1 Anfang! Durch die Breite der Bahn –
2 geritten! Durchreiten!

Abb. 140

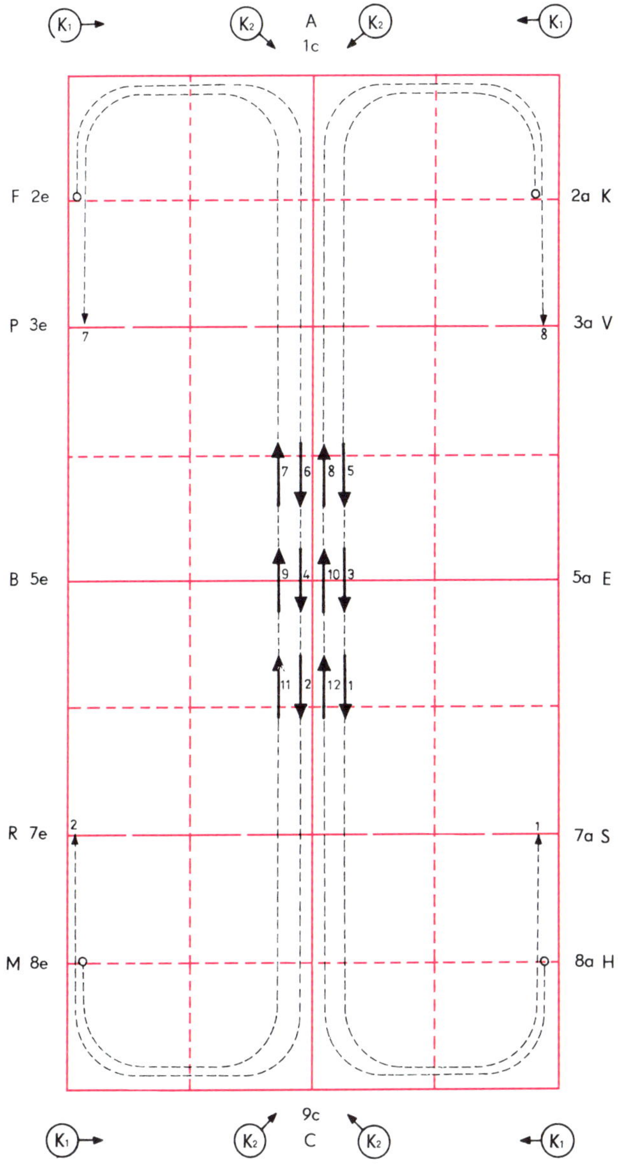

Vier-Viertel-Tour V (Abteilungsfigur)
Viereck: 20 m x 40 m
Kommando: 1 Anfang! Durch die Länge der Bahn –
2 geritten! Durchreiten!

• Abb. 141

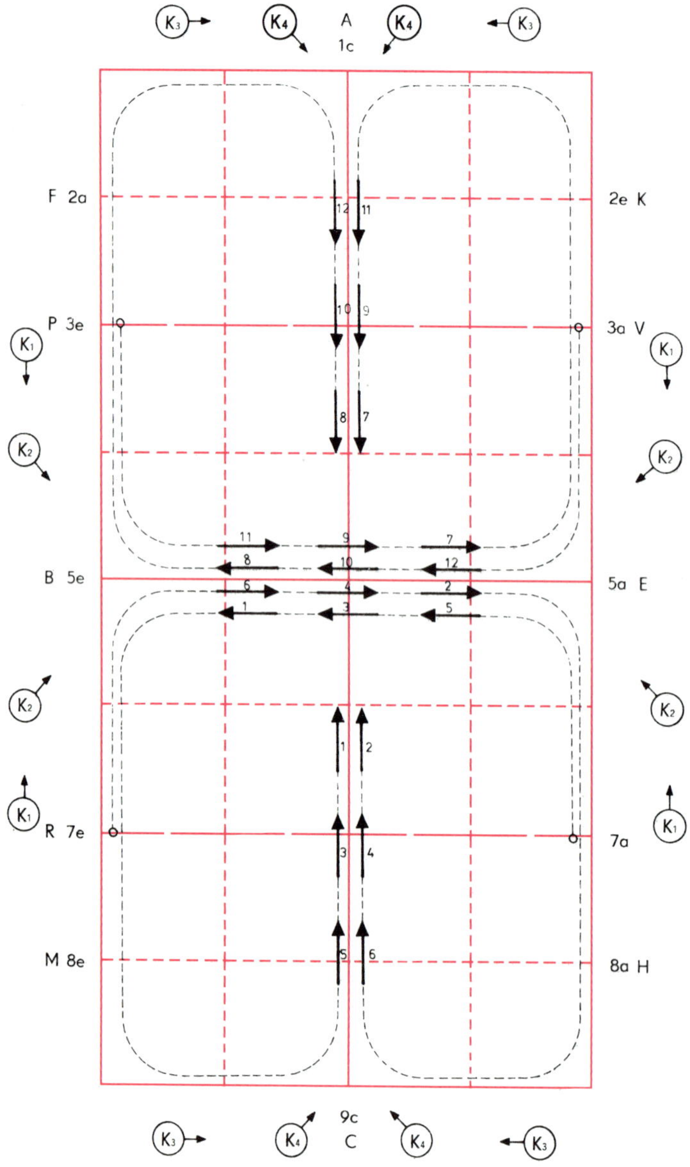

Vier-Viertel-Tour VI (Abteilungsfigur)
Viereck: 20 m x 40 m
Kommando: 1 Anfang! Durch die Breite der Bahn –
2 geritten! Durchreiten!
3 Anfang! Durch die Länge der Bahn –
4 geritten!

• Abb. 142

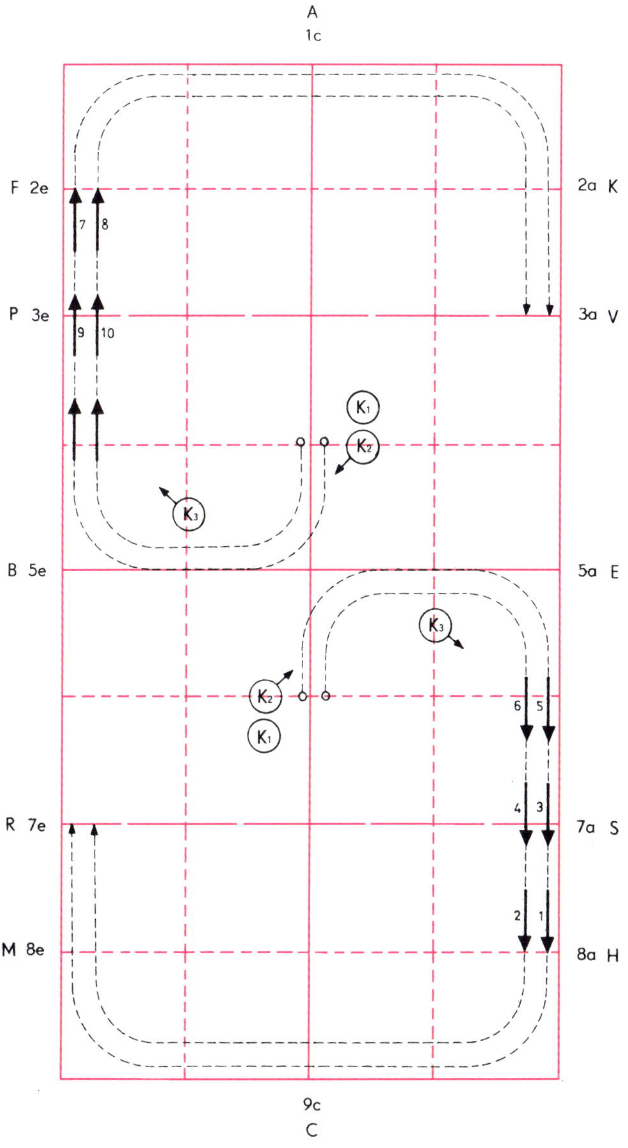

Vier-Viertel-Tour VII (Abteilungsfigur)
Viereck: 20 m x 40 m
Kommando: 1 Anfang! Zu zweien rechts schwenkt –
2 marsch!
3 Rechte Hand!

• **Abb. 143**

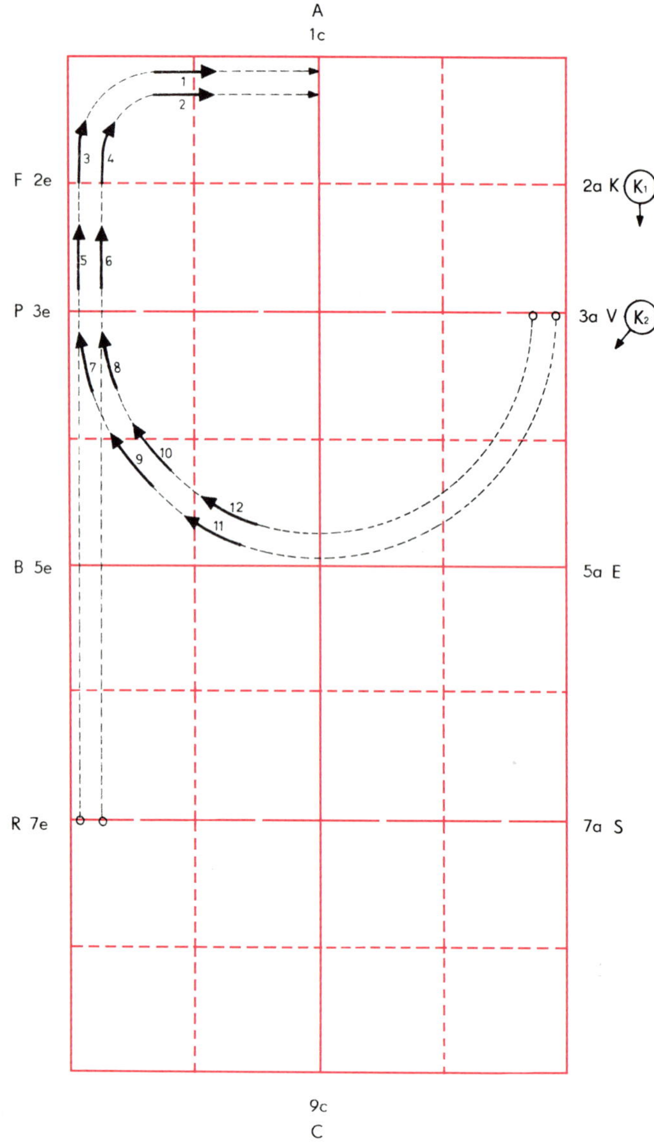

Vier-Viertel-Tour VIII (Abteilungsfigur)
Viereck: 20 m x 40 m
Kommando: 1 Zweiter Zug! An Platz –
2 marsch!

II geritten!
III Die Anfangsreiter wenden vier Schritt vor der Mitte der kurzen Seite auf die Mittellinie ab, an der sie jetzt Bügel an Bügel entlangreiten (s. Abb. 141).
Vor dem Bahnmittelpunkt wird kommandiert:
I Anfang! Zu zweien, rechts schwenkt –
II marsch! Rechte Hand!
III Die Anfangspaare schwenken vor dem Bahnmittelpunkt auf die Quermittellinie und vor der langen Seite auf den Hufschlag der ganzen Bahn.

• **Abb. 142**

Wenn sich der Anfang des zweiten Zuges am ersten Zirkelpunkt der langen Seite befindet:
I Zweiter Zug! An Platz -
II marsch!
III Der zweite Zug reitet den Zirkel einmal herum und schließt sich an den ersten Zug an.

• **Abb. 143**

2.3.1.4

Die Tourniertour

Die Tourniertour ist eine schon recht anspruchsvolle Tour, die im Trab mit Reitern geübt werden kann, die korrekte Volten reiten können und Schwenkungen in der Kolonne zu zweien, zu dreien und zu sechsen schon geübt haben. Sie fördert besonders die Entwicklung der Hilfengebung in den Wendungen. Die Tourniertour hat insofern einen historischen Hintergrund, als ihr Kernstück, das Umeinanderreiten von Reitern auf Kreislinien, in früheren Zeiten ein taktischer Bestandteil des Einzelgefechts von Reitern war.
Die Abteilung ist zu einem auf der rechten Hand.
I Gerade! Gegenüber –
II geritten!
III vgl. Abb. 44.
Wenn die Anfangsreiter auf die nächste kurze Seite kommen:
I Anfang! Durch die Länge der Bahn –
II geritten!
III Die beiden Anfangsreiter schwenken gleichzeitig auf die Mittellinie, bleiben aber, indem sie bereits sechs Schritt vor der Mitte der kurze Seite abwenden, drei Schritt von der Mittellinie entfernt.
Die beiden Züge reiten einander mit einem Zwischenraum von 5 m und in gleichem Abstand von der Mittellinie (je 2,50 m) entgegen.
Je nach Größe der Volte vergrößert sich auch der Zwischenraum zwischen den Zügen und ihr Abstand von der Mittellinie. Das gilt natürlich für die ganze Tour.
Wenn die beiden Züge neben der Mittellinie so weit geritten sind, daß sich die Köpfe der Pferde Nr. 1/12, Nr. 3/10, Nr. 5/8 usw. auf gleicher Höhe befinden:
I Abteilung! Volte links umeinander –
II marsch!
III Jeder Reiter reitet auf "marsch!" eine korrekte Volte. Während der Volte müssen die Züge genau ausgerichtet sein, so daß sich beim Passieren der Mittellinie alle Reiter in einer Linie befinden, allerdings abwechselnd in entgegengesetzter Richtung reitend.

• **Abb. 145**

Nach Beendigung der Volte reiten die beiden Abteilungen in gleichem Abstand von der Mittellinie wie vorher weiter und gehen an der kurzen Seite wieder auf die rechte Hand. An der Mitte der nächsten langen Seite:
I Zu zweien –
II marsch!
III Es wird die Kolonne zu zweien gebildet (s. Abb. 77) und danach zu zweien in der gleichen Weise auf die Mittellinie gegangen wie vorher.

I Anfang! Zu zweien, durch die Länge der Bahn –
II geritten!
III Der Abstand der neben der Mittellinie befindlichen Reiter ist genau wie vorher (2,5 m). Damit ist auch der Abstand zwischen den Paaren wieder 5 m.

• Abb. 146

Wenn die Paare beider Züge auf gleicher Höhe sind:
I Abteilung! Zu zweien, Volten links umeinander –
II marsch!
III Die Innenreiter reiten eine korrekte Volte. Die äußeren Reiter der Paare halten die Richtung, die inneren die Fühlung. Nach Vollendung der Volte reiten beide Züge paarweise auf ihrer Linie weiter (s. Abb. 146).
Vor der kurzen Seite gehen sie paarweise auf die rechte Hand. An der Mitte der nächsten langen Seite:
I Zu dreien –
II marsch!
III Es wird die Kolonne zu dreien gebildet (s. Abb. 78) und von der kurzen Seite zu dreien rechts auf die Mittellinie eingeschwenkt. Der Abstand der Innenreiter zur Mittellinie bleibt unverändert (2,5 m). Der Abstand zwischen den Dreiergliedern muß zwei Pferdelängen betragen, damit sich die äußeren Reiter bei der Volte nicht behindern.
Dieser Abstand wird bei der Bildung der Kolonne zu dreien hergestellt.
Wenn die Dreierglieder beider Züge auf gleicher Höhe sind:
I Abteilung! Zu dreien, Volten links umeinander –
II marsch!
III Ausführung s.o. und Abb. 147.

• Abb. 147

Danach wird zu dreien auf die rechte Hand gegangen.
An der Mitte der nächsten langen Seite:
I Zu sechsen –
II marsch!
III Es folgt die Bildung der Kolonne zu sechsen (s. Abb. 82 b).
Da zu sechsen eine Schwenkung bei korrekt gerittener Innenvolte einen Durchmesser von 14,6 m hat, kann man sie nur auf einem Viereck von 30 m x 60 m ausführen.
Hat man auf dem Viereck 20 m x 40 m zu sechsen aufmarschieren lassen, kann nicht noch eine Schwenkung an der Mittellinie geritten werden. Halten und Abbrechen wie unten.
Auf dem Viereck 30 m x 60 m können die Glieder zu sechsen noch einmal auf die Mittellinie einschwenken. Allerdings nicht mehr in der gleichen Längshälfte des Vierecks. Dabei bleiben die Innenreiter wiederum fünf Meter auseinander, je 2,5 m von der Mittellinie entfernt. Nun muß allerdings die Volte nach rechts geritten werden, wenn bis dahin Linksvolten ausgeführt wurden und umgekehrt.

• Abb. 148

I Abteilung! Zu sechsen, Volte rechts umeinander! –
II marsch!
Wenn die beiden Sechserglieder an der Quermittellinie sind:
I Abteilung –
II halt!
I Beide Züge zu einem, vom linken Flügel rechts brecht ab –
II marsch!
III Die linken Flügelreiter beider Sechseraufmärsche reiten senkrecht auf die kurze Seite zu und gehen auf die rechte Hand, so daß sich die Züge zu einem gegenüber sind (s. Abb. 148). Wenn die Züge in der ersten Ecke der langen Seite sind:
I Gerade! Gegenüber an Platz –
II geritten!
III Nach Durchreiten der Ecke reiten die Geraden vom Wechselpunkt 8e/M auf einer Zirkellinie (8e - 6c - 8a) nach der gegenüberliegenden langen Seite und setzen sich neben die Ungeraden (Nr. 2 neben Nr. 1, Nr. 4 neben Nr. 3, usw.), so daß die Abtei-

lung in Kolonne zu zweien geordnet weiterreitet. Damit ist die Tourniertour beendet.

• **Abb. 149**

Um das Wenden und Schwenken nach der anderen Seite zu üben, kann man die Tourniertour auch auf der linken Hand beginnen. Sie verläuft dann spiegelbildlich, und alle Volten und Schwenkungen um die Mittellinie werden nach rechts ausgeführt, mit Ausnahme der Volte zu sechsen.
Beim historischen Vorbild der Tour waren die Volten und Schwenkungen umeinander nach rechts erforderlich, weil die Reiter die Waffen in der rechten Hand führten und sich daher zum Kampf ihre rechten Körperseiten zuwenden mußten. Wir haben für unser Beispiel die leichter zu reitenden Volten nach links gewählt.

2.3.1.5

Die Montmorenci-Tour

De la Gueriniere (gestorben 1751), der zu den Großen der Reitkunst gehört, dem wir den Fortschritt vom Stehsitz zum Balancesitz auf den beiden Gesäßknochen, das Schulterherein und die Verwendung der gebrochenen Trensengebisse bei der Ausbildung junger Pferde verdanken, hat die Montmorenci-Tour zu seiner Zeit beschrieben.
Wir möchten dieses literarische Zeugnis hier anführen, um zugleich aus berufenem Mund Authentisches über die ursprüngliche Form dieser mehr als 500 Jahre alten Tour zu erfahren und als Beispiel dafür, wie sich das Figurenreiten seither in Ziel und Ausführung verändert hat.
De la Guérinière schreibt im Jahr 1736 (zitiert aus L'Ecole de Cavallerie - Schule der Reiterei): In dem Gefechte mit dem Degen stellten sich die Reiter vierzig Schritt voneinander entfernt an beide Seiten der Schranken. Hier erwarten sie nun geharnischt und mit dem Degen in der Hand den Trompetenschall zum Fortrennen. Darauf senkten sie die linke Hand, und indem sie den rechten Arm erhoben, rannten sie mit Heftigkeit gegeneinander und im Vorbeirennen hieben sie sich, indem sie etwas nach der linken Seite auswichen, mit dem Degen über das Gesicht; an demselben Orte, wo der Gegner abgeritten war, machte man eine halbe Volte (rechtsum kehrt) und rannte so dreimal gegeneinander. Anstatt nach dem dritten Hieb wieder aneinander vorbeizureiten, ritt man in so kleinen Volten vis-a-vis umeinander herum, daß man sich lebhaft und nachdrücklich Hiebe und Stiche versetzen konnte, womit man bis zur dritten Volte fortfuhr. Dann kehrten sie an ihren Platz, von dem sie abgeritten waren, zurück. In demselben Moment ritten die nächsten zwei Reiter an und erneuerten dieselbe Szene.
Der Connétable de Montmorenci (Connétable = vom 14. bis Anfang des 17. Jahrhunderts in Frankreich Befehlshaber des Landheeres. Der Verf.) hat sich in dieser Übung sehr berühmt gemacht. Nach diesem Einzelkampf wurde das "Mélée" geübt, bei dem zunächst die ganze Abteilung gegeneinander anstürmte, zuerst ganz durchritt und dann die Volte umeinander ausführte. Dann folgte der Caracol, bei dem die gegeneinander reitenden Abteilungen, kurz bevor sie aneinander heran waren, eine Vierteiwendung ritten, worauf jede Abteilung "en file" (hintereinander) an ihren Ausgangsplatz zurückritt."
Diese Elemente sind in der Montmorenci-Tour in ihren Grundzügen erhalten. Natürlich hat sich die Ausführungsart der heute gültigen Reitauffassung angepaßt. Der ursprünglich im Vordergrund stehende Waffengebrauch ist verschwunden. Dafür wird auf korrektes, schulmäßiges Reiten der Tourenelemente größter Wert gelegt. Die Montmorenci-Tour wird vorwiegend im Trab geritten. Mit fortgeschrittenen Reitern, die dreifache Volten im versammelten Galopp reiten können, kann sie auch im

• Abb. 145

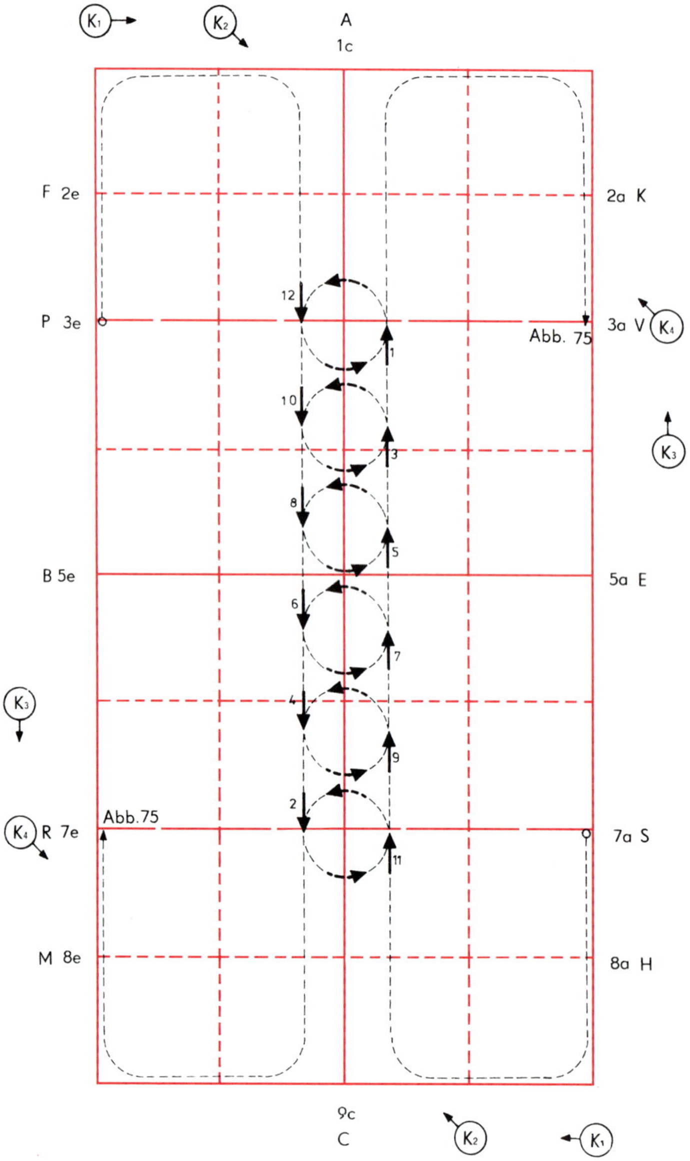

Tourniertour I (Abteilungs- und Einzelfigur)
Viereck: 30 m x 60 m
Kommando: 1 Anfang! Durch die Länge der Bahn –
2 geritten!
3 Abteilung! Volte links umeinander –
marsch!
Abstand: 1 1/2 Pferdelängen = 4 Schritt = 3,5 m
Das Kommando K_2 muß 6 Schritt vor dem Erreichen der Mittellinie gegeben werden, damit die Reiter nach Ausführung der Viertelvolte 3 Schritt von der Mittellinie entfernt sind.

• **Abb. 146**

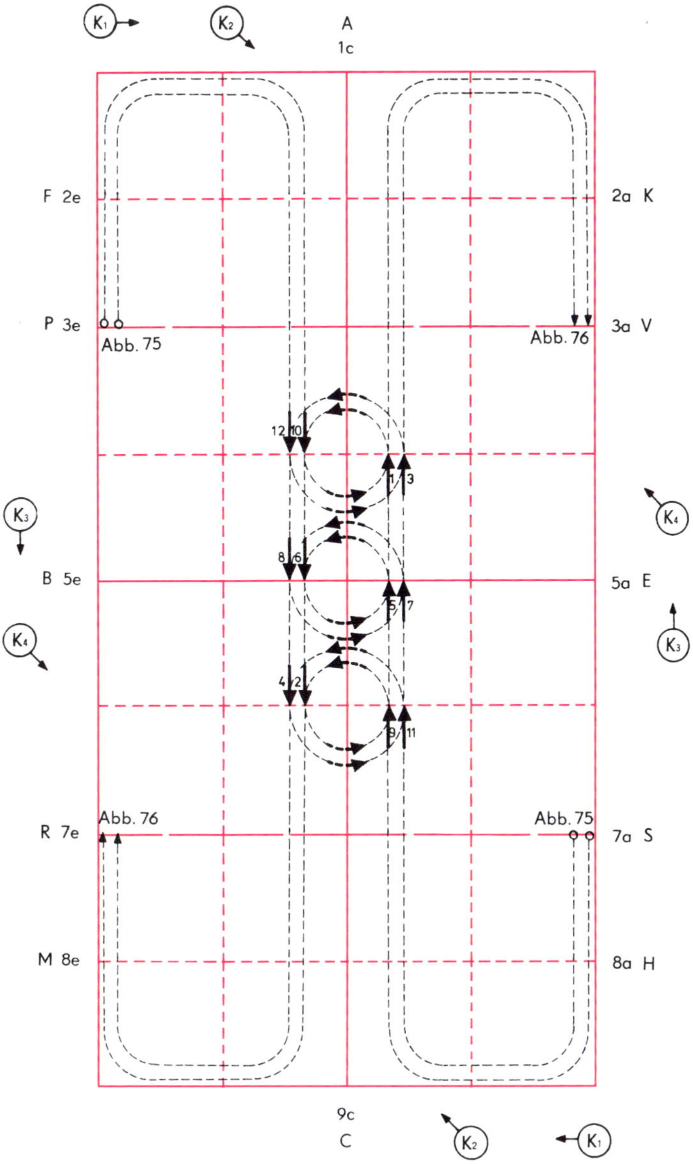

K1 K2 A 1c

F 2e — 2a K

P 3e — 3a V

Abb. 75 — Abb. 76

12 10 — 1 3

K3 — K4

8 6

B 5e — 5a E

5 7

K4 — K3

4 2

9 11

Abb. 76 — Abb. 75

R 7e — 7a S

M 8e — 8a H

9c C K2 K1

Tourniertour II (Abteilungs- und Einzelfigur)
Viereck: 30 m x 60 m
Kommando: 1 Anfang! Zu zweien durch die Länge der Bahn –
2 geritten!
3 Abteilung! Zu zweien Volten links umeinander –
4 marsch!
Abstand: 2 Pferdelängen

• Abb. 147

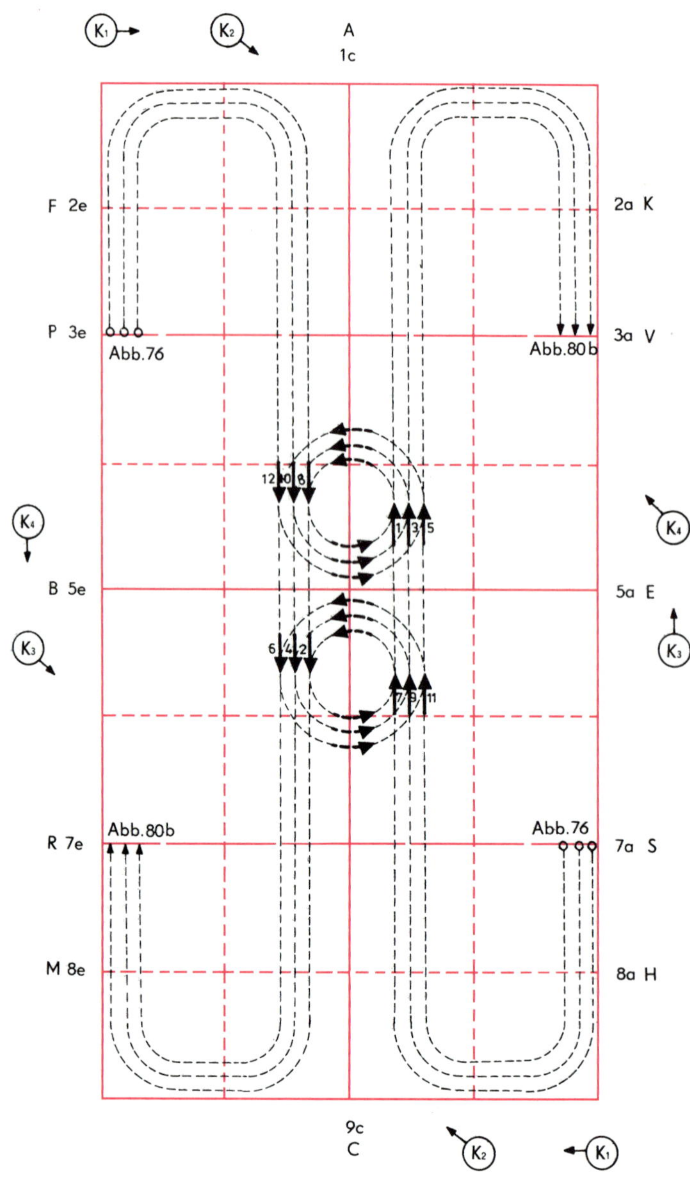

Tourniertour III (Abteilungs- und Einzelfigur)
Viereck: 30 m x 60 m
Kommando: 1 Anfang! Durch die Länge der Bahn –
2 geritten!
3 Abteilung! Zu dreien Volte links umeinander –
4 marsch!

• **Abb. 148**

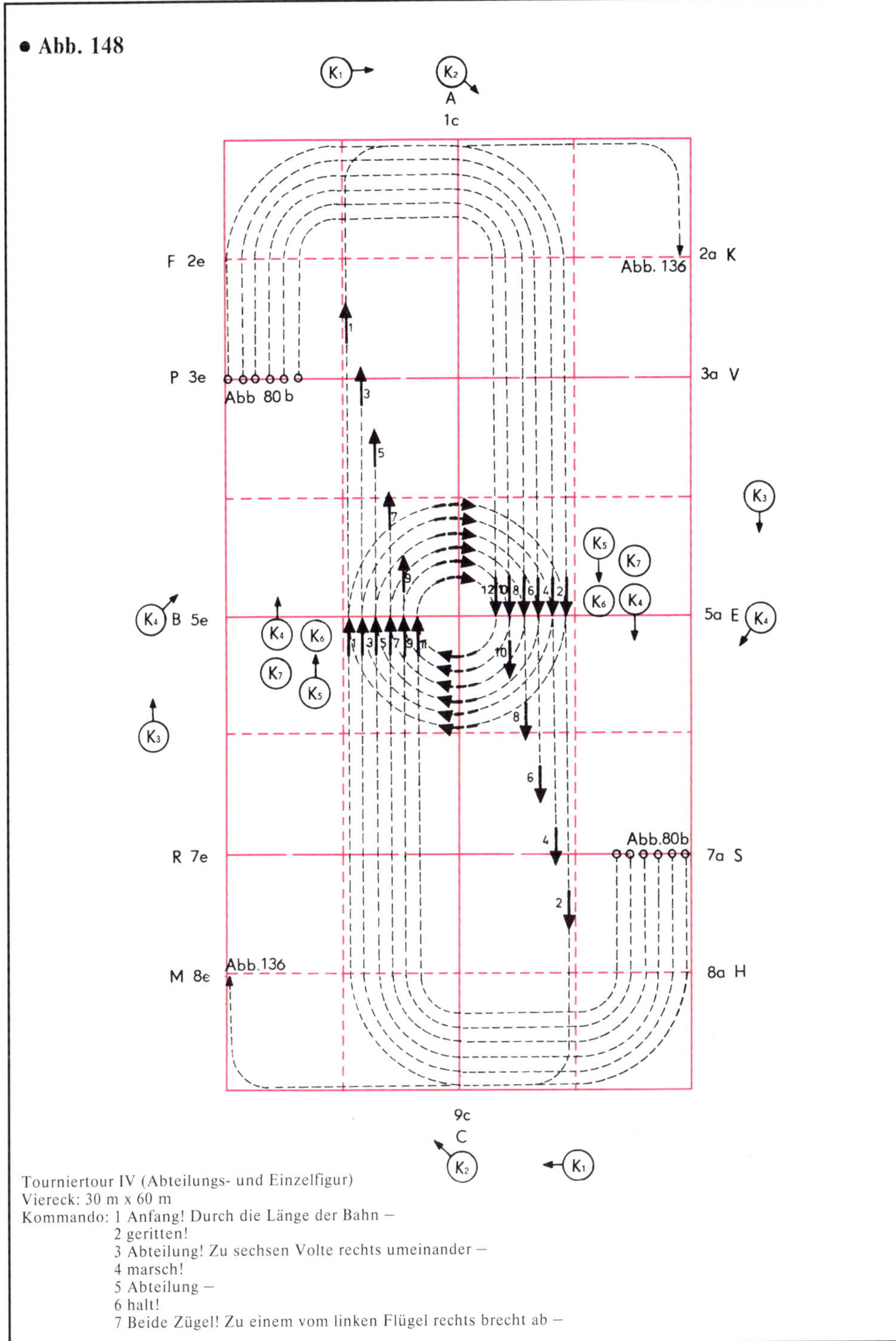

Tourniertour IV (Abteilungs- und Einzelfigur)
Viereck: 30 m x 60 m
Kommando: 1 Anfang! Durch die Länge der Bahn –
2 geritten!
3 Abteilung! Zu sechsen Volte rechts umeinander –
4 marsch!
5 Abteilung –
6 halt!
7 Beide Zügel! Zu einem vom linken Flügel rechts brecht ab –

• Abb. 149

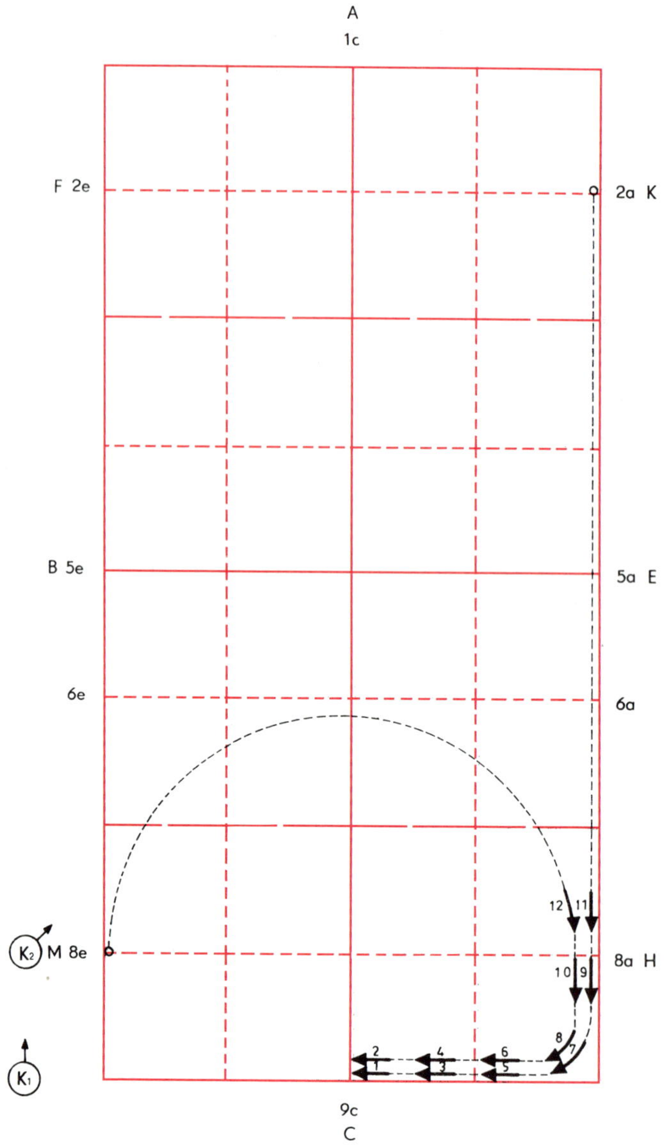

Tourniertour V (Abteilungsfigur)
Viereck: 30 m x 60 m
Kommando: 1 Gerade! Gegenüber an Platz –
2 geritten!
Abstand in Kolonne zu zweien: 2 Schritt

Galopp geritten werden. In dieser Gangart sieht sie noch besser aus.
Man kann die Tour mit Abteilungen von acht oder zwölf Reitern ausführen. Acht Reiter haben auf dem Viereck 20 m x 40 m Platz, für zwölf Reiter braucht man das Viereck 30 m x 60 m. Die Montmorenci-Tour läuft folgendermaßen ab:
Die Gesamtabteilung befindet sich zu einem auf der rechten Hand. Der Abstand von Reiter zu Reiter beträgt zwei Schritt (1,5 m).
I Erster Zug! Anfang rechts dreht, mit fünf Schritt Zwischenraum links marschiert auf –
II marsch!
III Der Anfangsreiter erhält das Kommando, wenn er sich vor der ersten Ecke der kurzen Seite befindet. Er schließt dann an die Viertelvolte, mit der er die Ecke durchreitet, eine zweite Viertelvolte nach dem Bahninneren an und reitet bis zur Aufmarschlinie weiter. Die Reiter Nr. 2 bis Nr. 6 reiten je fünf Schritt über den Abwendepunkt ihres Vordermannes hinaus, von dort eine Viertelvolte nach dem Bahninneren und weiter bis zur Aufmarschlinie. Der Seitenabstand zum Vorherreitenden muß genau eingehalten werden, damit der Zwischenraum an der Aufmarschlinie fünf Schritt (4 m) beträgt. Nr. 7 bis Nr. 12 reiten auf dem Hufschlag der ganzen Bahn weiter.

• Abb. 150

I Erster Zug! Anfang –
II halt!
III Das Kommando wird dem Anfangsreiter gegeben, wenn dieser die Aufmarschlinie (2a-2e) erreicht. Die übrigen Reiter halten auf der gleichen Linie.
Wenn sich der Anfangsreiter des zweiten Zuges (Nr. 7) vor der ersten Ecke der nächsten kurzen Seite befindet:
I Zweiter Zug! Anfang rechts dreht, mit fünf Schritt Zwischenraum links marschiert auf –
II marsch!
III Der zweite Zug führt nun den gleichen Aufmarsch aus, den der erste Zug an der gegenüberliegenden Aufmarschlinie (2e-2a) gemacht hat (s. Abb. 150).
I Anfang –
II halt!
III s.o.
Damit sind die beiden Züge zur Montmorenci-Tour aufgestellt und das Gegen- und Umeinanderreiten kann beginnen.
I Zur Montmorenci-Tour! Anfang! Zu einem, vom rechten Flügel –
II marsch! (Trab! Im Arbeitstempo Galopp – marsch!)
III Die beiden am rechten Flügel der Züge stehenden Reiter (Nr. 1 und Nr. 7) reiten gleichzeitig in der vorgeschriebenen Gangart und im gleichen Tempo an.
Beide reiten schräg nach links auf einen Punkt zu, der sich drei Schritt (2,5 m) vom Bahnmittelpunkt auf der Quermittellinie befindet.

• Abb. 151

I Volten umeinander –
II marsch!
III Das Ausführungskommando wird gegeben, wenn beide Reiter gleichzeitig die Quermittellinie erreichen. Auf "marsch!" reitet jeder der beiden Reiter eine Volte nach rechts, deren Mittelpunkt der Bahnmittelpunkt ist. Die Volte wird zweieinhalbmal geritten. Danach befinden sich beide Reiter in Richtung auf ihre Aufmarschlinie. Sie reiten nun in die erste Ecke der kurzen Seite zurück, führen dort eine halbe Volte aus und rücken auf ihren Ausgangsplatz ein (s. Abb. 151).
Nacheinander führen nun alle Reiter der beiden Züge diese Übung aus. Es werden dazu keine weiteren Kommandos gegeben. Sobald Nr. 1 und Nr. 7 die Mittelvolte zweieinhalbmal geritten und an der Quermittellinie angekommen sind, um von dort aus zu ihrem Zug zurückzureiten, reiten Nr. 2 und Nr. 8 an. Sie führen die gleiche Übung aus. Wenn sie fertig sind, folgen Nr. 3 und Nr. 9 usw.
Bei diesem Abschnitt der Montmorenci-

• Abb. 150

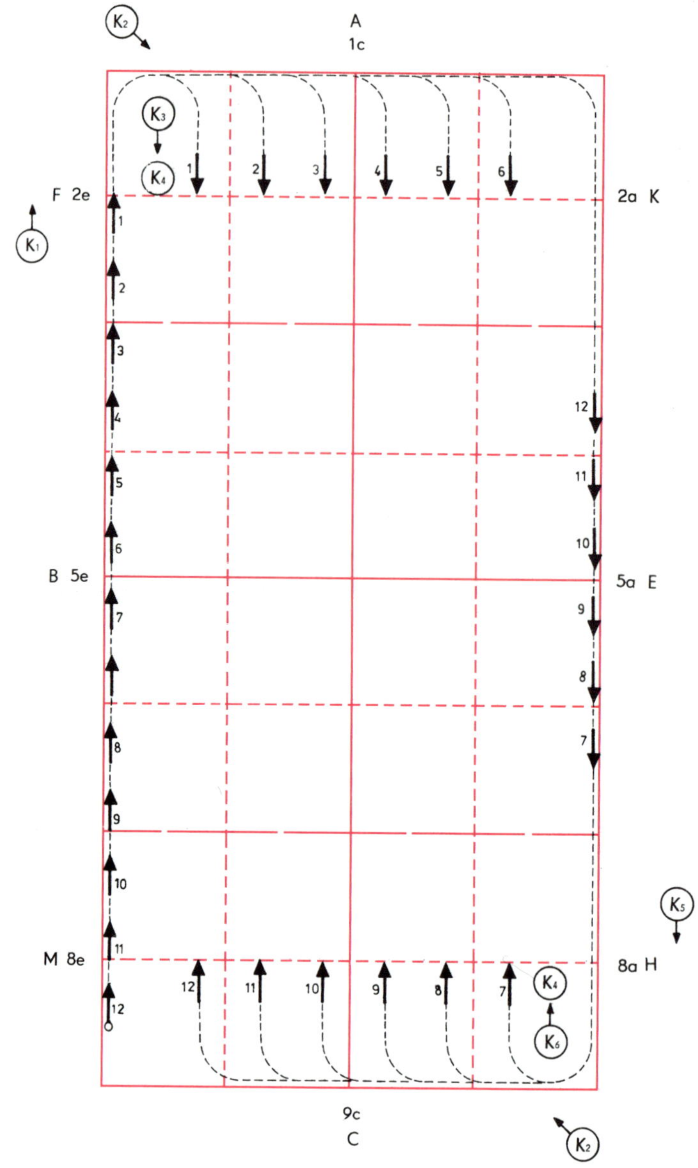

Montmorenci-Tour I (Abteilungsfigur)
Viereck: 30 m x 60 m
Kommando: 1 Erster Zug! Anfang rechts dreht, mit 5 Schritt Zwischenraum links marschiert auf –
2 marsch!
3 Erster Zug! Anfang –
4 halt!
5 Zweiter Zug! Anfang rechts dreht, mit 5 Schritt Zwischenraum links marschiert auf –
6 Zweiter Zug! Anfang!
Abstand: 2 Schritt; Zwischenraum: 5 Schritt

• Abb. 151

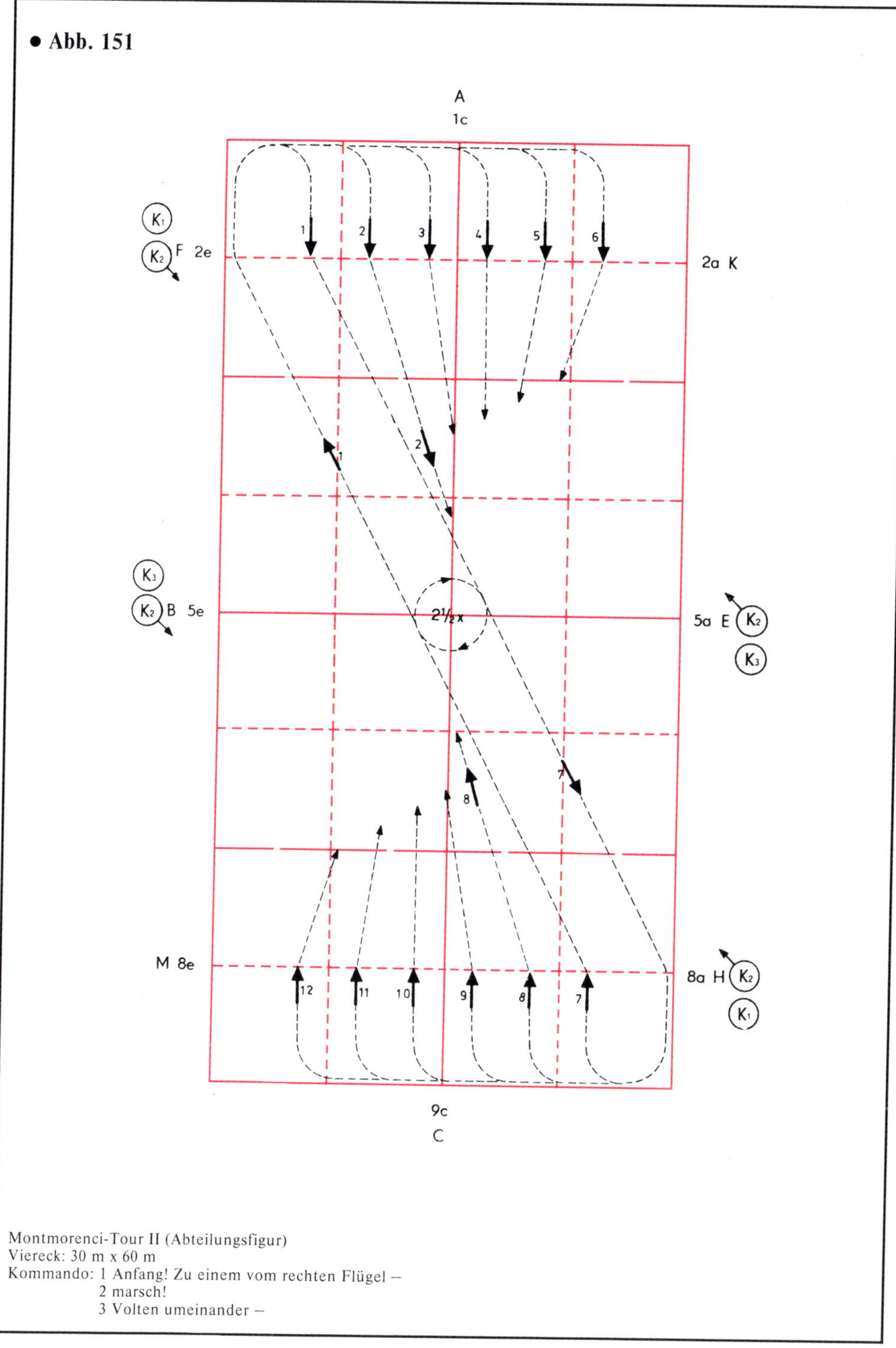

Montmorenci-Tour II (Abteilungsfigur)
Viereck: 30 m x 60 m
Kommando: 1 Anfang! Zu einem vom rechten Flügel –
2 marsch!
3 Volten umeinander –

Tour müssen die Reiter folgendes beachten:

- Die entgegenkommenden Reiter bleiben immer rechts (auf Hin- und Rückweg).
- Das Anreiten der nächsten Reiter muß sofort in der vorgeschriebenen Gangart erfolgen.
- Die beiden auf der Volte befindlichen Reiter müssen sich gegenseitig ausrichten, so daß sie jeweils beim Passieren der Mittellinie (jeder fünfmal) und der Quermittellinie (jeder fünfmal) auf gleicher Höhe sind.
- Die hin- und zurückreitenden Reiter der Züge müssen sich in der Mitte ihres Weges treffen.
- Beim Wiedereinordnen an den Platz in der Aufstellung reitet jeder Reiter hinter seinem Zug auf dem Hufschlag der kurzen Seite und wendet von dem gleichen Punkt ab, von dem er beim Aufmarsch am Anfang der Tour seine Viertelvolte in die Bahn begonnen hat.
- Beide Reiter richten sich in den Ecken genau aufeinander aus.

Nachdem dieser erste Abschnitt der Montmorenci-Tour beendet ist und alle zwölf Reiter wieder an ihrem Platz stehen:

I Ungerade!

II marsch! (Trab! Im Arbeitstempo Galopp – marsch!)

III Auf "marsch!" reiten die Reiter mit ungerader Nummer aus beiden Zügen (1. Zug Nr. 1, 3, 5; 2. Zug Nr. 7, 9, 11) gleichzeitig an.

• Abb. 152

Da nun drei nebeneinanderliegende Volten geritten werden müssen, befinden sich deren Mittelpunkte an den Schnittpunkten der Quermittellinie mit der Mittellinie und den Pfeillinien (Punkte 5b, 5c, 5d).

Reiter Nr. 3 und Nr. 9 reiten auf einen Punkt zu, der drei Schritt links vom Punkt 5c (= Bahnmittelpunkt) liegt, und Reiter Nr. 5 und Nr. 7 reiten auf einen Punkt zu, der drei Schritt links von Punkt 5d liegt. Wenn alle sechs Reiter gleichzeitig an der Quermittellinie angekommen sind:

I Halbe Volte rechts –

II marsch!

III Alle Reiter reiten gleichmäßig von der Quermittellinie aus eine halbe Volte nach rechts um ihr Gegenüber herum, und danach wieder zu ihrem Zug zurück (s. Abb. 152).

In dem Augenblick, in dem sie die halbe Volte beendet haben und die Quermittellinie erreichen:

I Gerade!

II marsch! (Trab! Im Arbeitstempo Galopp – marsch!)

III Die Geraden führen dieselbe Übung aus. Für die Begegnung der zurückreitenden Ungeraden und der zur Quermittellinie reitenden Geraden gilt, daß jeder Reiter sein Gegenüber rechts läßt.

Sobald die Geraden an der Quermittellinie angekommen sind, und zwar an denselben Punkten, an denen die Ungeraden ihre halben Volten begonnen haben (Nr. 2/Nr. 12 neben 5b, Nr. 4/Nr. 10 neben 5c, Nr. 6/Nr. 8 neben 5d):

I Halbe Volte rechts –

II marsch!

III Die Geraden reiten die halben Volten umeinander in gleicher Weise und an gleicher Stelle wie die Ungeraden. Während die Geraden ihre halbe Volte umeinander an der Quermittellinie reiten, sind die Ungeraden an ihre kurze Seite zurückgekehrt. Dort reiten sie, Nr. 1/ Nr. 7 aus der Ecke heraus, die übrigen mit dem gleichen Seitenabstand wie beim Rückreiten, eine halbe Volte, nach deren Beendigung sie wieder an ihren Platz in der Aufmarschlinie zurückkehren.

Die Geraden reiten auf ihrem Rückweg an der Aufmarschlinie links neben ihrem rechten Nachbarn vorbei bis vor die kurze Seite, wenden dort auf dem Kreisbogen einer halben Volte um ihn herum und reiten danach an ihren Platz in der Aufstellung zurück (s. Abb. 152).

Gleichmäßiges Tempo, genaue Seitenrichtung, exakt gleichzeitige Wendungen (halbe Volten), bei denen Mittellinie und Quer-

• **Abb. 152**

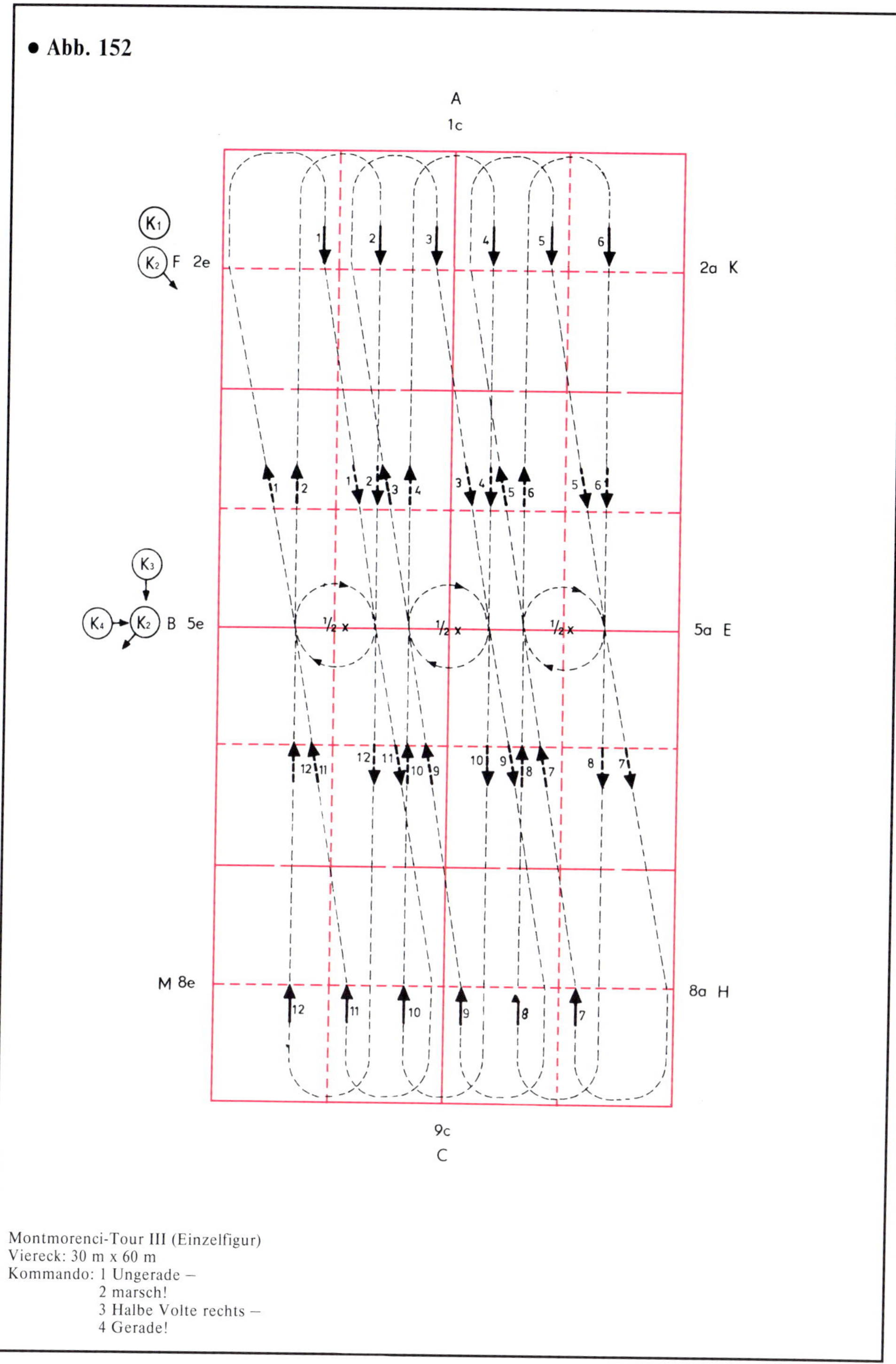

Montmorenci-Tour III (Einzelfigur)
Viereck: 30 m x 60 m
Kommando: 1 Ungerade –
2 marsch!
3 Halbe Volte rechts –
4 Gerade!

mittellinie von allen Reitern gleichzeitig passiert werden, ebenso genau gleich große und regelmäßige halbe Volten vor der kurzen Seite und ganz gleichzeitige, weiche Paraden sind die Qualitätsmerkmale dieses Abschnittes. Damit ist der zweite Teil der Montmorenci-Tour beendet und alle zwölf Reiter stehen wieder an den Aufmarschlinien.

I Abteilung!

II marsch! (Trab! Im Arbeitstempo Galopp – marsch!)

III Beide Züge reiten in der vorgeschriebenen Gangart gleichzeitig an. Seitenrichtung und Seitenabstand müssen genau stimmen. Nr. 6 und Nr. 12 reiten auf die ihnen gegenüber liegende Ecke der kurzen Seite zu.

• Abb. 153

In dem Augenblick, in dem die Reiter beider Züge gleichzeitig die Quermittellinie erreichen:

I Abteilung! Halbe Volte rechts –

II marsch!

III Jetzt reiten alle Reiter an der Quermittellinie eine halbe Volte umeinander. Da jede Volte einen Durchmesser von 5 m hat, nehmen die sechs Volten die ganze Quermittellinie der 30 m breiten Bahn ein. Die Volten müssen deshalb in diesem Fall etwas kleiner geritten werden (ca. 4,6 m). Das ist eine schwierige Aufgabe (s. Abb. 153), die nur korrekt gelingt, wenn die Hinterhand traversartig in die Volte geführt wird. Beim Passieren der Quermittellinie (2 x) sind alle zwölf Reiter auf gleicher Höhe. Dabei reiten Nr. 1/11, Nr. 2/10, Nr. 3/9 (an der Mittellinie), Nr. 4/8, Nr. 5/7 ganz dicht aneinander vorbei, und zwar *links*, d.h. der Entgegenkommende bleibt links.

Wenn die Bahn zu schmal ist oder die Reiter die erforderlichen engen Volten nicht reiten können, lassen sich die sechs Volten auch ineinanderschieben. In diesem Falle müssen die Reiter *rechts* aneinander vorbeireiten.

Nach der halben Volte umeinander an der Quermittellinie reiten Nr. 1 und Nr. 7 in die kurze Ecke zurück und kehren von dort nach einer weiteren halben Volte an ihre Ausgangsstelle zurück. Die mit ihnen Seitenrichtung und gleichen Seitenabstand haltenden übrigen Reiter der Züge kommen zur gleichen Zeit mit ihnen an der kurzen Seite an und reiten ebenfalls eine halbe Volte nach rechts, danach in die Aufmarschlinie.

Damit ist der dritte Abschnitt der Montmorenci-Tour beendet. Wie am Ende der vorherigen Abschnitte stehen alle zwölf Reiter wieder in der richtigen Reihenfolge an der Aufmarschlinie.

I Abteilung!

II marsch! (Trab! Im Arbeitstempo Galopp – marsch!) Durchreiten!

III Beide Züge reiten gleichzeitig in der vorgeschriebenen Gangart an. Alle Reiter reiten genau in die Mitte des Zwischenraumes zwischen den gegenüberstehenden Reitern. Die außen Reitenden (Nr. 6 und Nr. 12) halten genau Seitenabstand zu den rechts von ihnen Reitenden.

• Abb. 154

An der Quermittellinie begegnen sich die Reiter beider Züge und "reiten durch". Dabei bleibt der entgegenkommende Reiter rechts. Es reiten durch:

Nr. 1 zwischen 12/11, Nr. 11 zwischen 1/2, Nr. 2 zwischen 11/10, Nr. 10 zwischen 2/3, Nr. 3 zwischen 10/9, Nr. 9 zwischen 3/4, Nr. 4 zwischen 9/8, Nr. 8 zwischen 4/5, Nr. 5 zwischen 8/7, Nr. 7 zwischen 6/5, Nr. 12 und Nr. 6 sind außen. Drei Schritt vor Erreichen der kurzen Seite reiten alle Reiter gleichzeitig eine halbe Volte und danach in die Aufmarschlinie zurück. Sobald sie dort halten (sie stehen jetzt an der ihrer Ausgangsposition gegenüberliegenden Aufmarschlinie, wobei die ganze Aufstellung um drei Schritt nach links verschoben ist):

I Abteilung!

II marsch! (Trab! Im Arbeitstempo Galopp – marsch!)

III Das Durchreiten wird wiederholt. Beim Passieren der Quermittellinie bleibt der

• Abb. 153

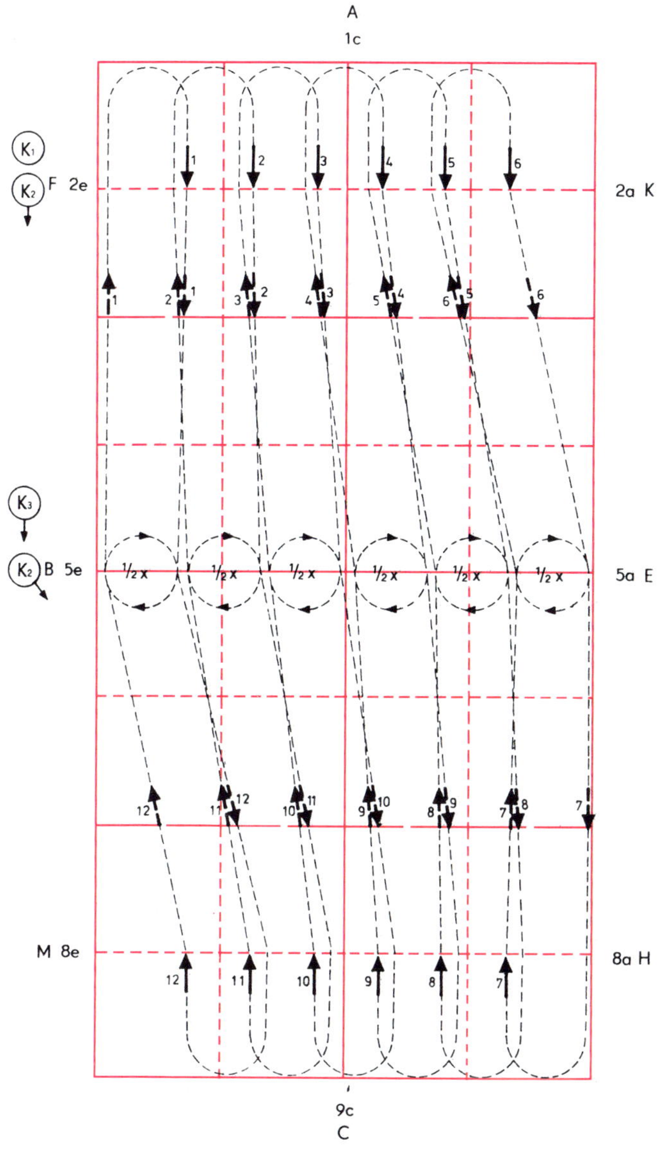

Montmorenci-Tour IV (Einzelfigur)
Viereck: 30 m x 60 m
Kommando: 1 Abteilung –
2 marsch!
3 Abteilung! Halbe Volte rechts –

• Abb. 154

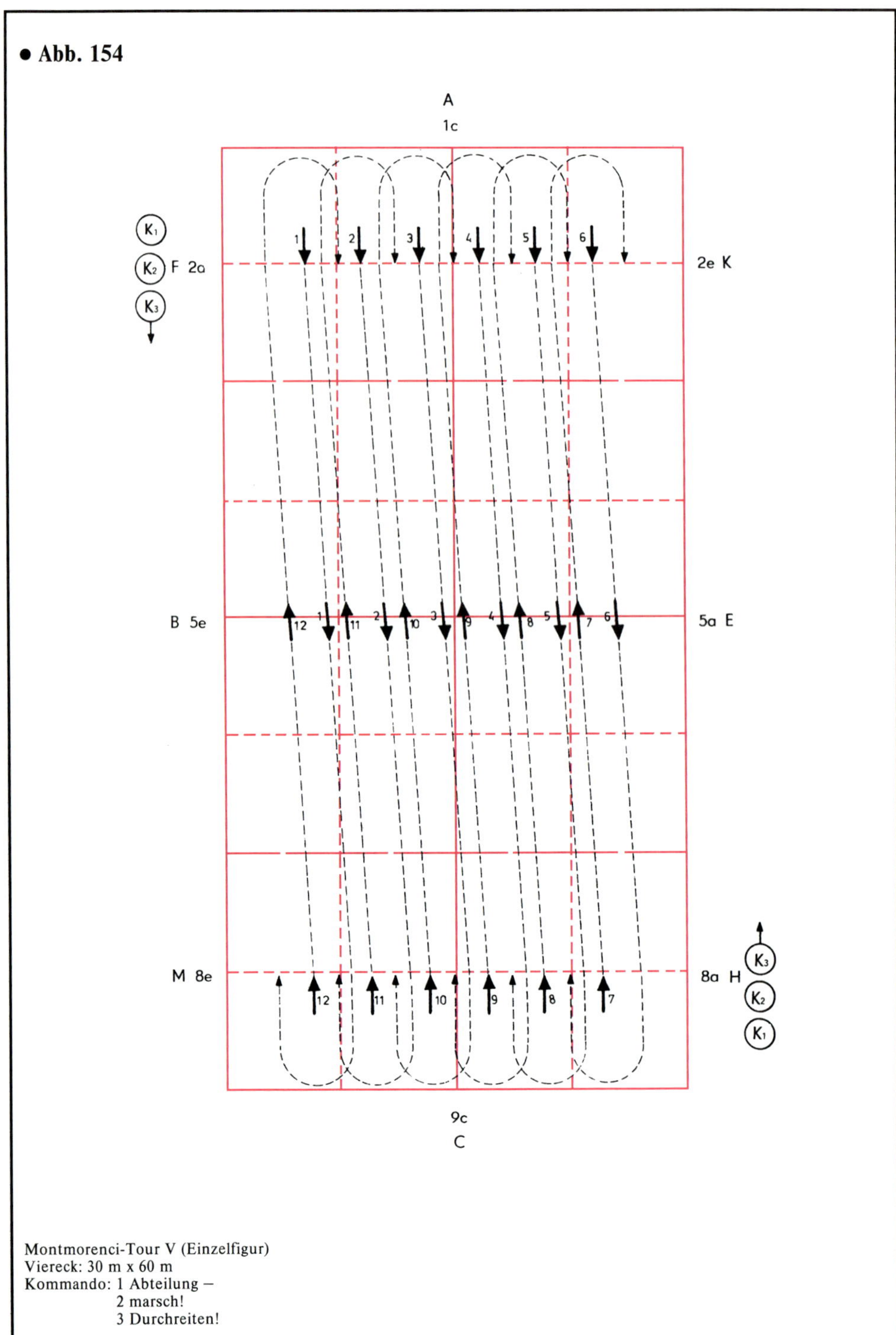

Montmorenci-Tour V (Einzelfigur)
Viereck: 30 m x 60 m
Kommando: 1 Abteilung –
2 marsch!
3 Durchreiten!

Entgegenkommende wieder rechts, so daß jetzt durchreiten:
Nr. 12 zwischen 1/2, Nr. 2 zwischen 12/11, Nr. 11 zwischen 2/3, Nr. 3 zwischen 11/10, Nr. 10 zwischen 3/4, Nr. 4 zwischen 10/9, Nr. 9 zwischen 4/5, Nr. 5 zwischen 9/8, Nr. 8 zwischen 5/6, Nr. 6 zwischen 8/7, Nr. 1 und Nr. 7 sind außen.

• **Abb. 155**

Da der Durchmesser der Volten größer ist als der Zwischenraum zwischen den Reitern, ist der Seitenabstand auf der Mittellinie nicht mehr ganz gleichmäßig. Die Reiter reiten nicht mehr genau auf der Mitte der Lücke zwischen den entgegenkommenden Reitern, sondern halten sich dichter an den auf der linken Seite Entgegenkommenden.
Die Abweichung beträgt knapp einen Schritt.
Um die Kehrtvolten korrekt ausführen zu können, müssen die Reiter beim ersten Durchzug ca. 2 m links von dem ihrer Ausgangsposition senkrecht gegenüberliegenden Punkt an der kurzen Seite ankommen (vgl. Abb. 154), beim zweiten Durchzug müssen sie ca. 3,5 m rechts vor dem senkrecht gegenüberliegenden Punkt ankommen (s. Abb. 155).
Nachdem alle Reiter gleichzeitig eine halbe Volte vor der kurzen Seite ausgeführt haben, reiten sie in die Aufmarschlinie vor und befinden sich damit in ihrer Ausgangsposition. Damit ist der vierte Abschnitt der Montmorenci-Tour beendet. Die beiden Züge stehen mit fünf Schritt Zwischenraum (4 m) auf ihren Aufmarschlinien. Die rechten Flügelreiter Nr. 1 und Nr. 7 sind 10 m von der langen Seite entfernt. Die linken Flügelreiter Nr. 6 und Nr. 12 stehen auf dem Hufschlag der langen Seite.
I Abteilung!
II marsch! (Trab! Im Arbeitstempo Galopp – marsch!)
III Alle reiten gleichzeitig in der vorgeschriebenen Gangart an, und zwar auf die Mitte zwischen den gegenüberstehenden Reitern zu: Nr.1 zwischen Nr. 9/10, Nr. 2 zwischen Nr. 9/8 usw. Die Reiter Nr. 4, 5, 6, 10, 11 und 12 müssen den Seitenabstand genau einhalten.

• **Abb. 156**

Bevor die Reiter die Quermittellinie erreicht haben:
I Abteilung! Rechtsum -
II marsch! Rechte Hand!
III Fünf Schritt vor der Quermittellinie reiten alle Reiter gleichzeitig eine Viertelvolte nach rechts (s. Abb. 156). Danach folgen die Züge ihren Anfangsreitern Nr. 1 und Nr. 7, die vor Erreichen der langen Seite auf die rechte Hand gehen (Viertelvolte) und auf dem Hufschlag der ganzen Bahn weiterreiten.
Wenn sich die Züge an der kurzen Seite befinden:
I Abteilung! Rechtsum –
II marsch!
III Das Kommando wird so gegeben, daß die Anfangsreiter auf "marsch!" sechs Schritt vor der zweiten Ecke der kurzen Seite eine Viertelvolte reiten können, so daß sie drei Schritt vor dem Hufschlag der langen Seite an der Aufmarschlinie stehen (s. Abb. 156).
I Abteilung –
II halt!
III Das Kommando bringt beide Züge auf ihren Aufmarschlinien zum Halten.
Jetzt stehen die Reiter in den Zügen in umgekehrter Reihenfolge (Nr. 6 und Nr. 12 am rechten Flügel, Nr. 1 und Nr. 7 am linken).
Um die richtige Reihenfolge wieder herzustellen, wird die Übung wiederholt:
I Abteilung –
II marsch! (Trab! Im Arbeitstempo Galopp – marsch!)
I Abteilung! Rechtsum –
II marsch! Rechte Hand!
I Abteilung! Rechtsum –
II marsch!

• **Abb. 157**

Danach stehen beide Züge wieder richtig in

• **Abb. 155**

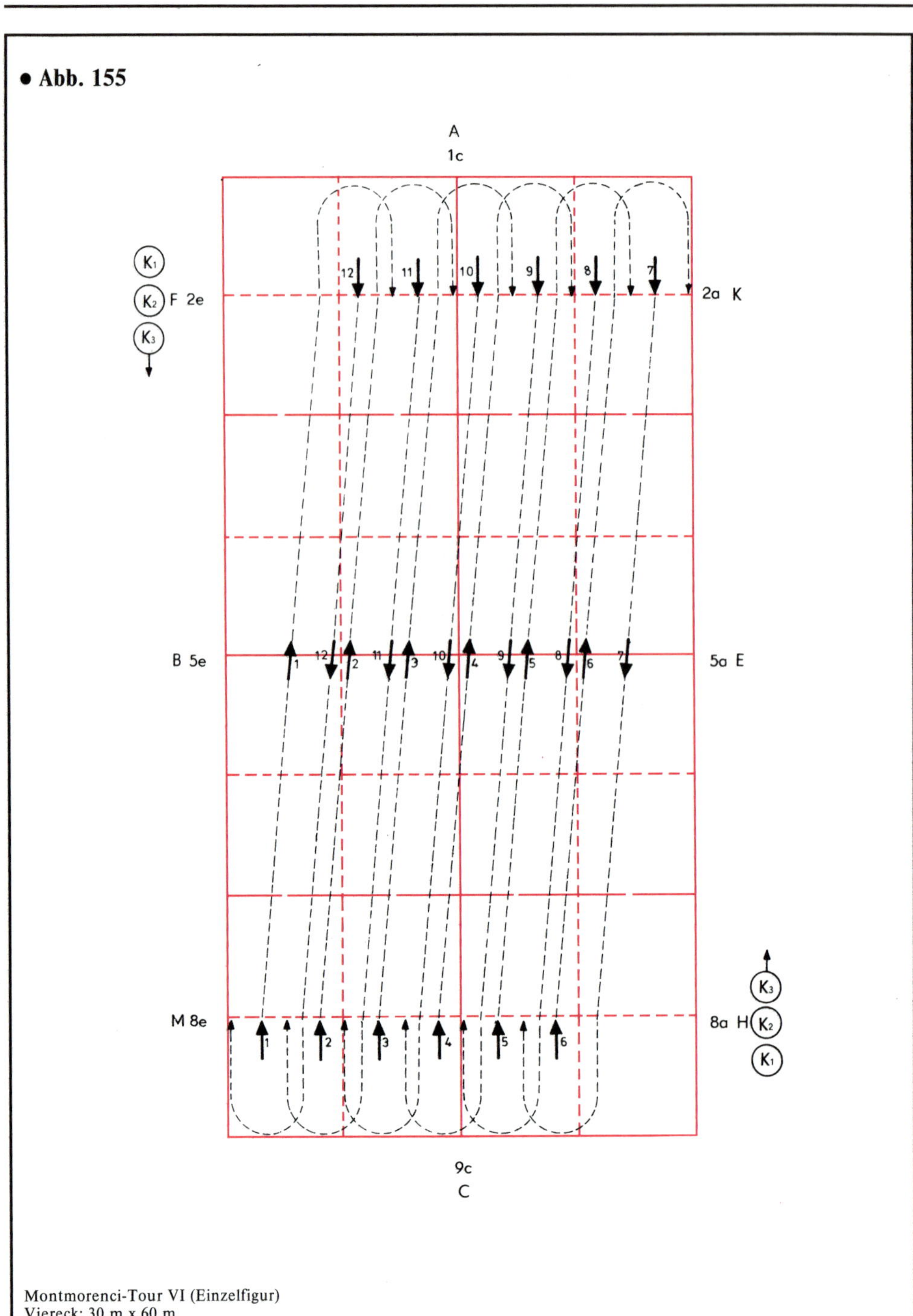

Montmorenci-Tour VI (Einzelfigur)
Viereck: 30 m x 60 m
Kommando: 1 Abteilung –
2 marsch!
3 Durchreiten!

• **Abb. 156**

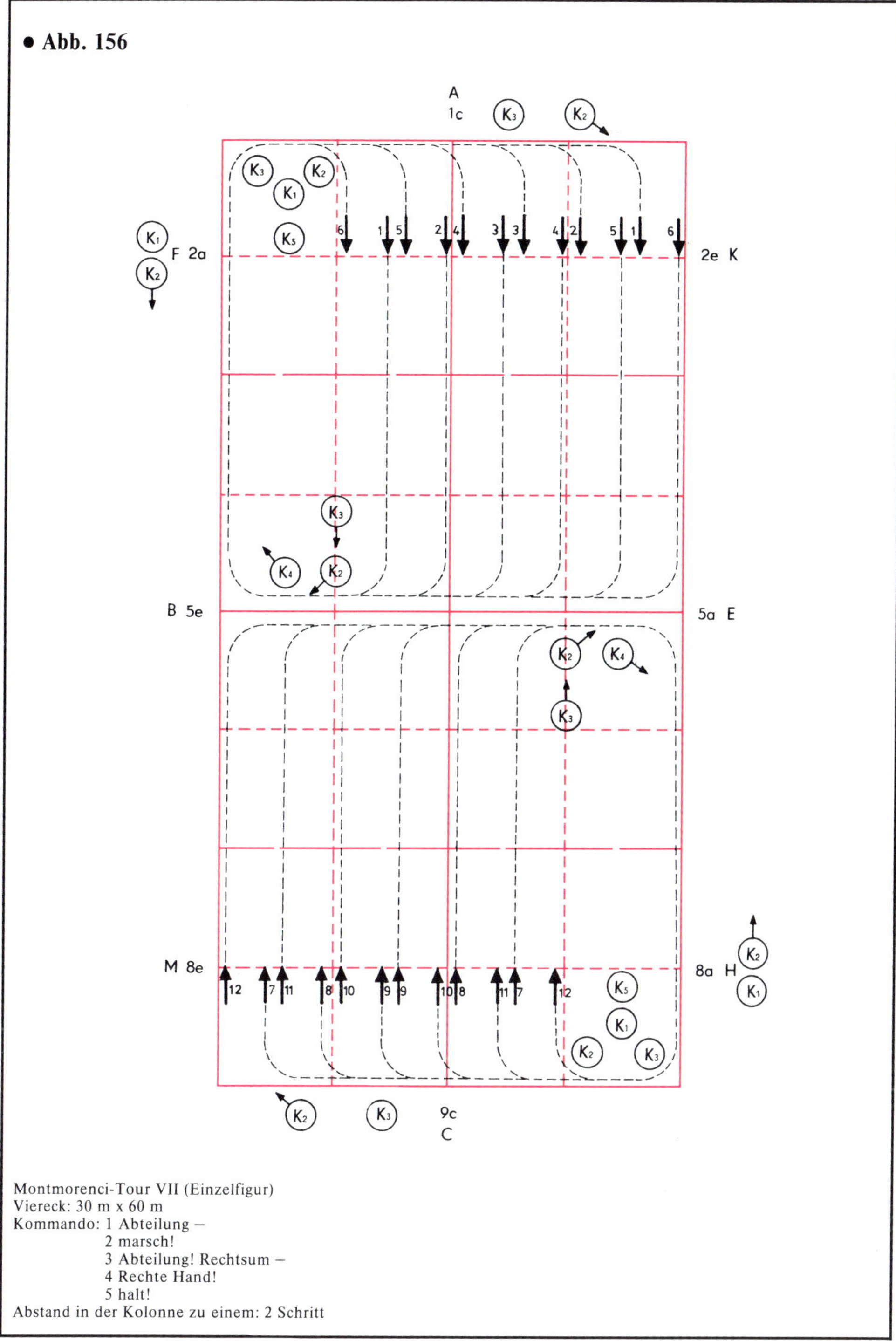

Montmorenci-Tour VII (Einzelfigur)
Viereck: 30 m x 60 m
Kommando: 1 Abteilung –
2 marsch!
3 Abteilung! Rechtsum –
4 Rechte Hand!
5 halt!
Abstand in der Kolonne zu einem: 2 Schritt

• **Abb. 157**

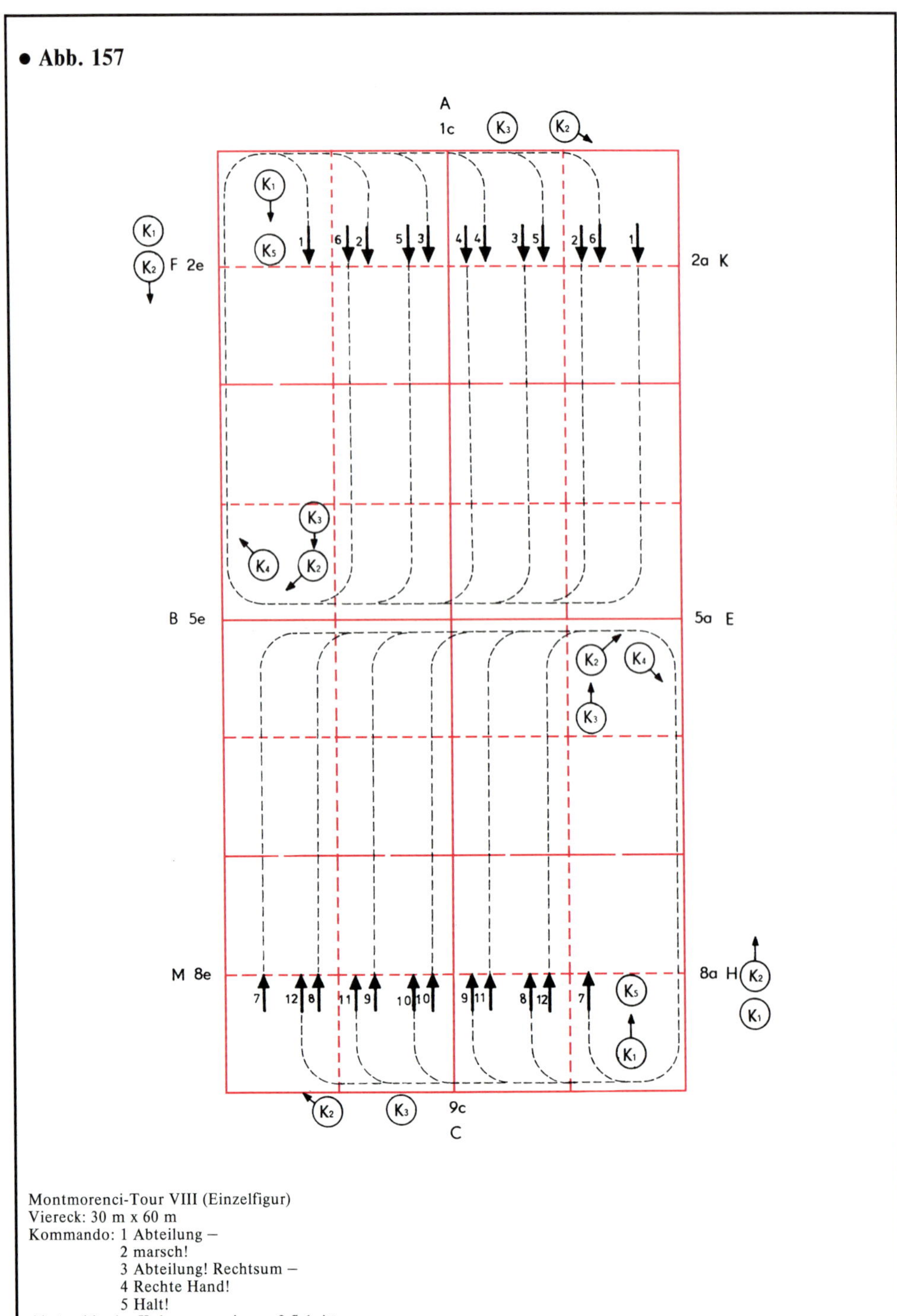

Montmorenci-Tour VIII (Einzelfigur)
Viereck: 30 m x 60 m
Kommando: 1 Abteilung –
2 marsch!
3 Abteilung! Rechtsum –
4 Rechte Hand!
5 Halt!
Abstand in der Kolonne zu einem: 2 Schritt

• Abb. 158

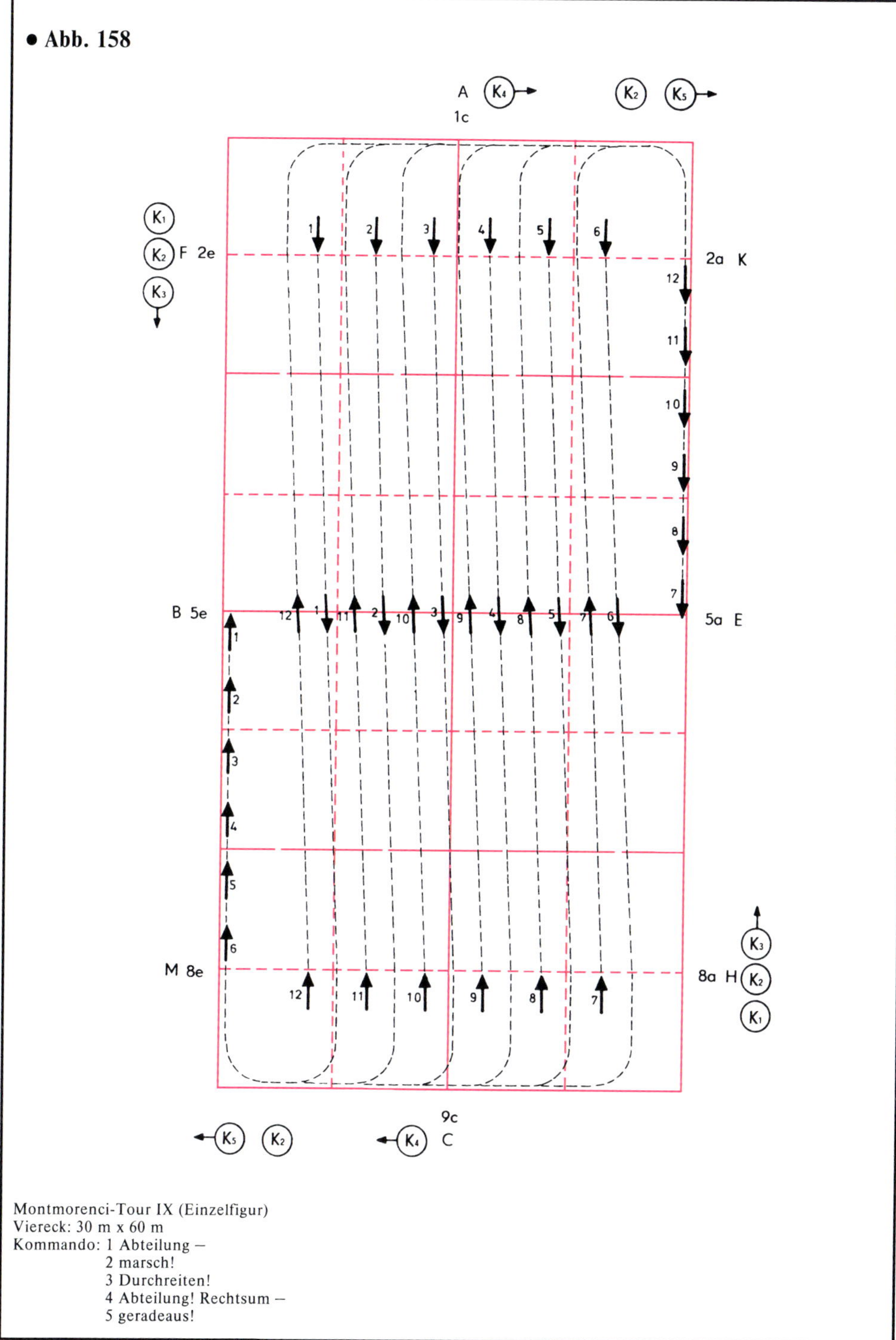

Montmorenci-Tour IX (Einzelfigur)
Viereck: 30 m x 60 m
Kommando: 1 Abteilung –
2 marsch!
3 Durchreiten!
4 Abteilung! Rechtsum –
5 geradeaus!

ihrer Ausgangsposition. Damit ist der fünfte Abschnitt der Montmorenci-Tour beendet. Zum Abschluß läßt man noch einmal durchreiten, wie im vierten Abschnitt der Tour beschrieben und macht danach an der kurzen Seite "Rechtsum marsch! Geradeaus!", womit die beiden Züge auf gleicher Hand gegenüber weiterreiten.

• **Abb. 158**

Das ist das Ende der Montmorenci-Tour. Beim Üben wie auch beim Vorführen dieser vielseitigen, aber langen Tour kann man die Anforderungen auch dadurch verändern, daß man die verschiedenen Abschnitte der Tour je nach dem Können der Reiter und Pferde in verschiedenen Gangarten reitet. Für junge Reiter kann es recht lehrreich sein, wenn sie die einzelnen Abschnitte im Schritt reiten.

2.3.2

Die Touren auf dem Mittelzirkel

Die Figuren auf dem Mittelzirkel sind für das Formations- bzw. Quadrillenreiten wichtig, weil sich die Vorteile des Zirkelreitens für die Ausbildung von Reiter und Pferd nutzen lassen, zum anderen die Abteilung in der Mitte der Bahn für den Zuschauer gut sichtbar machen. Gegenüber dem Reiten auf den anderen beiden Zirkeln stellt das Reiten auf dem Mittelzirkel höhere Ansprüche an den Reiter, weil diesem Zirkel die Anlehnung gebenden "geschlossenen Seiten" fehlen.
Das Reiten auf dem Mittelzirkel erfordert und schult das Gefühl für den Raum.

2.3.2.1

Die Platztauschtour (Remplaciertour)

Die gesamte Abteilung wird auf den Mittelzirkel geführt.
I Auf dem Mittelzirkel -
II geritten! Zum Figurenreiten!
III Wenn die Reiter die richtigen, gleichmäßigen Abstände aufgenommen haben, (vgl. Abb. 18 und 19):
I Gerade! Platztausch –
II marsch!
III Auf "marsch!" reiten die Geraden im verstärkten Tempo, jedoch gleicher Gangart innen an den vor ihnen reitenden Ungeraden vorbei und setzen sich, ohne sie zu behindern, vor diese.

• **Abb. 159 a, b, c**

Sobald die Geraden ihren Platz auf der Zirkellinie erreicht haben:
I Ungerade! Platztausch –
II marsch!
III Die Ungeraden reiten in gleicher Weise nach vorn wie vorher die Geraden (analog zu Abb. 159 a-c). Wird dieser Platztausch flüssig ausgeführt, ist die Abteilung nach einer halben Zirkeltour wieder in der Ausgangsordnung. Sobald die Ungeraden wieder an ihren Plätzen vor den Geraden sind:
I Ungerade! Zum Platztausch Volte –
II marsch!
III Die Ungeraden reiten eine Volte nach innen und setzen sich hinter die Geraden.

• **Abb. 160 a, b, c**

Der Durchmesser dieser Volte ist abhängig vom Durchmesser des Mittelzirkels und von der Anzahl der darauf befindlichen Reiter bzw. vom Abstand zwischen ihnen und beträgt bei:

Reiter:	4	6	8	12
Zirkeldurch-messer:				
20m	10,0m	6,7m	5,0m	(3,3m)
30m	15,0m	10,0m	7,5m	5,0m

Anmerkung:
Hierbei ist gleichbleibendes Tempo aller Reiter vorausgesetzt. Selbstverständlich kann auch auf dem Mittelzirkel von 20 m Durchmesser mit zwölf Reitern eine Volte geritten werden. In diesem Fall ist jedoch der Abstand (eine Pferdelänge) zu gering. Der Reiter könnte bei gleichbleibendem Tempo keine korrekte Volte reiten, ohne seinen Platz in der Abteilung zu verfehlen. Deshalb müssen die auf dem Hufschlag der Zirkellinie weiter Reitenden das Tempo so verkürzen, daß sie sich dem Reiter der Volte gegenüber befinden, wenn dieser die halbe Volte zurückgelegt hat (s. Abb. 160 b).

Während der Volte richten sich alle Reiter nach dem Reiter der gegenüberliegenden Volte aus. Die auf dem Zirkel verbleibenden Reiter richten sich nach ihrem auf der Volte befindlichen Vordermann (s. Anmerkung).
Nach Beendigung der Volte müssen die Abstände zwischen allen Reitern auf dem Zirkel wieder gleich sein.
Sobald die Ungeraden an ihren Plätzen hinter den Geraden sind:
I Gerade! Zum Platztausch Volte –
II marsch!
III Jetzt reiten die Geraden die Volte, die eben von den Ungeraden beendet worden ist (analog Abb. 160 a-c).
Wenn die Geraden ihre Volte beendet haben, auf der Hufschlaglinie 3c-5e-7c:
I Abteilung! Zu zweien –
II marsch!
III Die Geraden reiten innen neben die Ungeraden. Die Paare müssen ebenfalls gleichmäßig auf dem Mittelzirkel verteilt sein. Die gegenüber reitenden Paare richten sich beim Passieren der Mittellinie und der Quermittellinie aufeinander aus.

• Abb. 161 a

Die Paare gelten als Einheit (1., 3. und 5. Paar sind die Ungeraden, das 2., 4. und 6. Paar sind die Geraden).
I Gerade Paare! Platztausch –
II marsch!
III Der Platztausch zu zweien wird wie der zu einem ausgeführt.

• Abb. 161 b

Sobald die Geraden ihre Plätze auf der Zirkellinie wieder eingenommen haben:
I Ungerade Paare! Platztausch –
II marsch!
III (analog Abb. 161 b).
Wenn die Ungeraden wieder vor den Geraden reiten:
I Ungerade Paare! Zum Platztausch Volte –
II marsch!
III Der innere Flügelmann bestimmt die Größe der Volte. Der außen Reitende nimmt nach ihm Seitenrichtung und Bügelfühlung.

• Abb. 161 c

Wenn die Ungeraden wieder auf der Zirkellinie sind:
I Gerade Paare! Zum Platztausch Volte -
II marsch!
III (analog Abb. 161 c).
Wenn die Geraden ihre Volte beendet haben:
I Abteilung! Zu dreien –
II marsch!
III (analog Abb. 162 a).
Besteht die Abteilung aus acht Reitern, reiten Nr. 1 und Nr. 5 allein, Nr. 2/3/4 und Nr. 6/7/8 zu dreien. Dadurch sind wieder vier Glieder vorhanden, die mit gleichmäßigem Abstand auf dem Zirkel verteilt sind.

• Abb. 162 a

Wenn die Abteilung in Kolonnen zu dreien reitet:
I Gerade Dreierglieder! Platztausch –
II marsch!

• Abb. 159 a

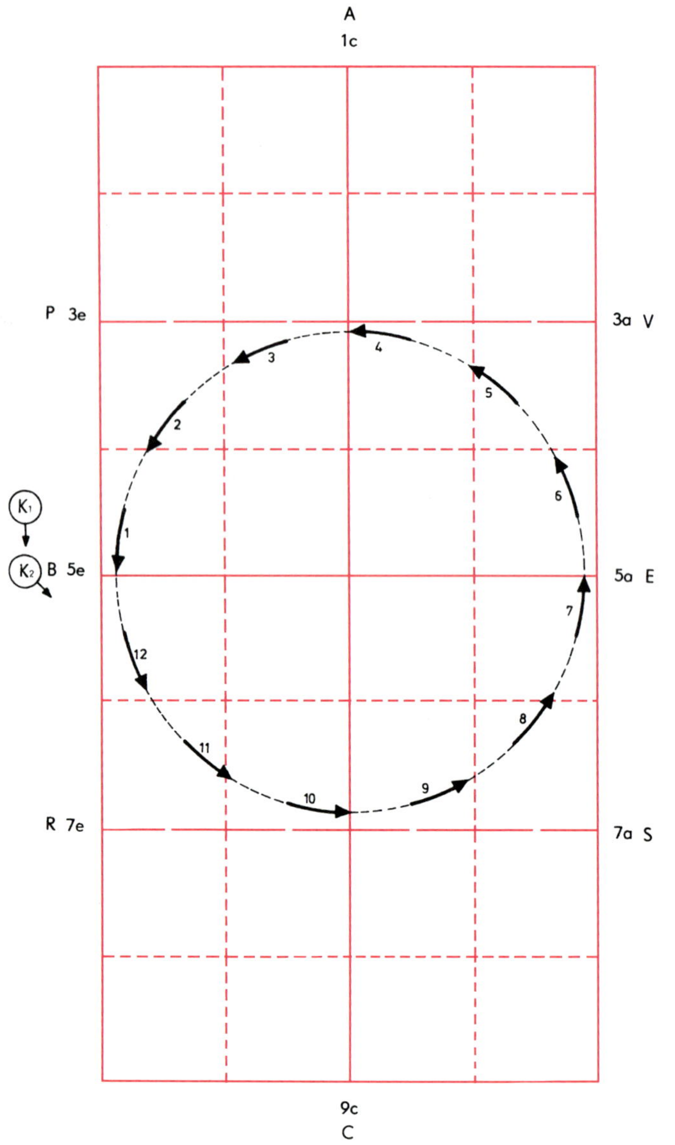

Platztauschtour I (Abteilungsfigur)
Viereck: 20 m x 40 m
Kommando: 1 Gerade! Platztausch –
2 marsch!
1. Phase
Abstand: 1 Pferdelänge

• Abb. 159 b

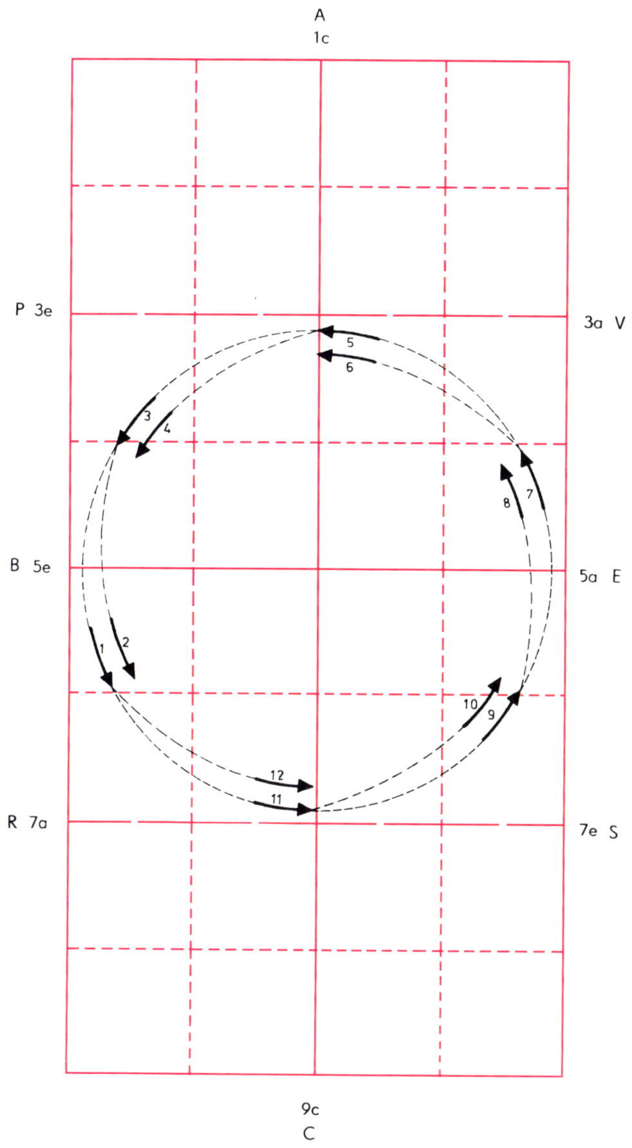

Platztauschtour II (Abteilungsfigur)
Viereck: 20 m x 40 m
Kommando: 1 Gerade! Platztausch –
2 marsch!
2. Phase

• Abb. 159 c

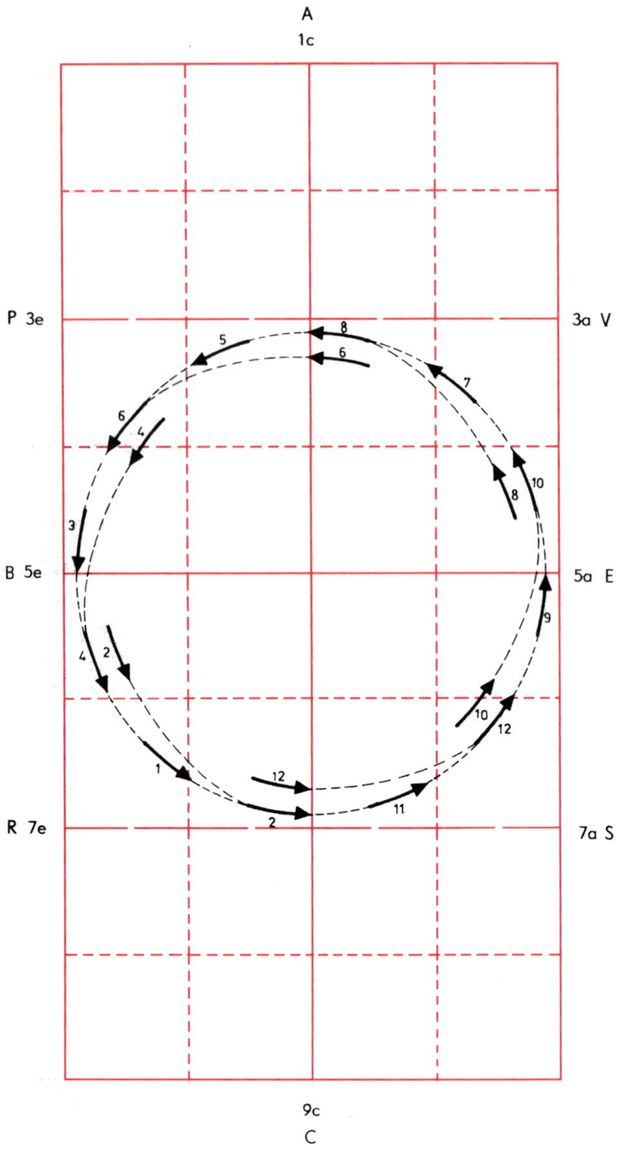

Platztauschtour III (Abteilungsfigur)
Viereck: 20 m x 40 m
Kommando: 1 Gerade! Platztausch –
2 marsch!
3. Phase
Abstand: 1 Pferdelänge

• Abb. 160 a

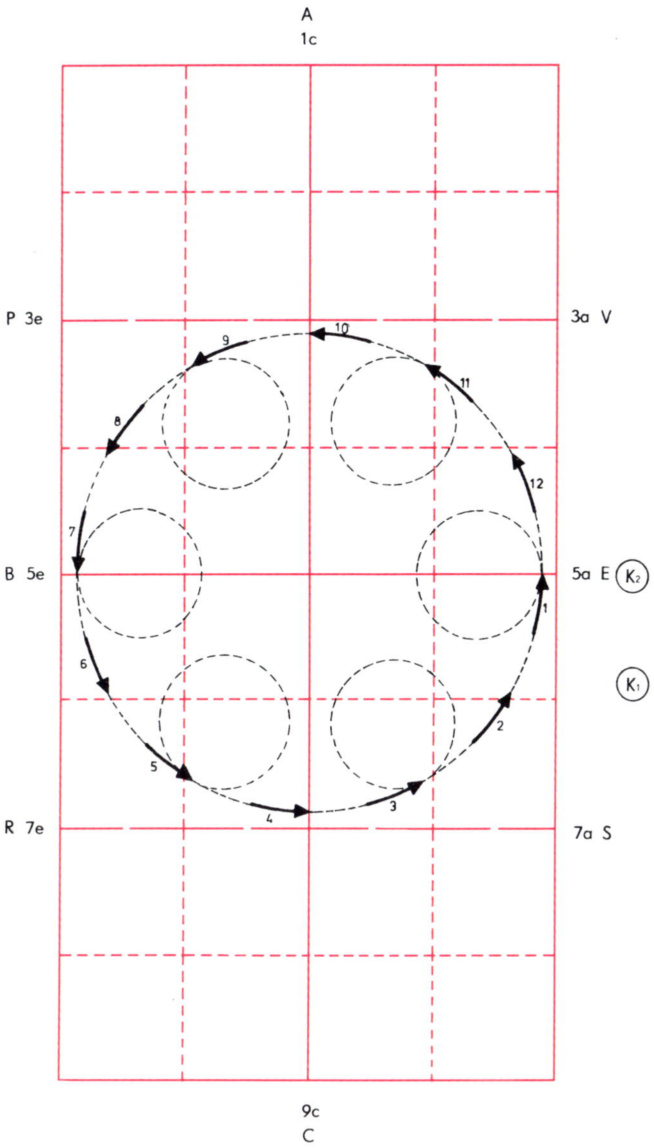

Platztauschtour IV (Abteilungs- und Einzelfigur)
Viereck: 20 m x 40 m
Kommando: 1 Ungerade! Zum Platztausch Volte –
2 marsch!
1. Phase
Abstand: 1 Pferdelänge

• Abb. 160 b

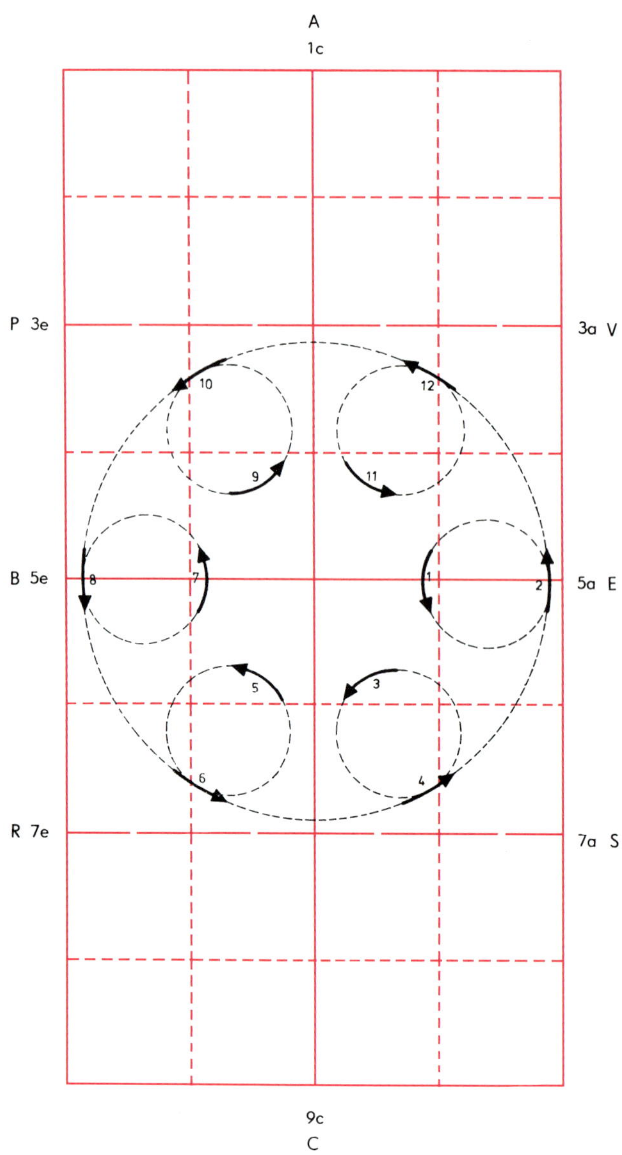

Platztauschtour V (Abteilungs- und Einzelfigur)
Viereck: 20 m x 40 m
Kommando: 1 Ungerade! Zum Platztausch Volte –
2 marsch!
2. Phase

• **Abb. 160 c**

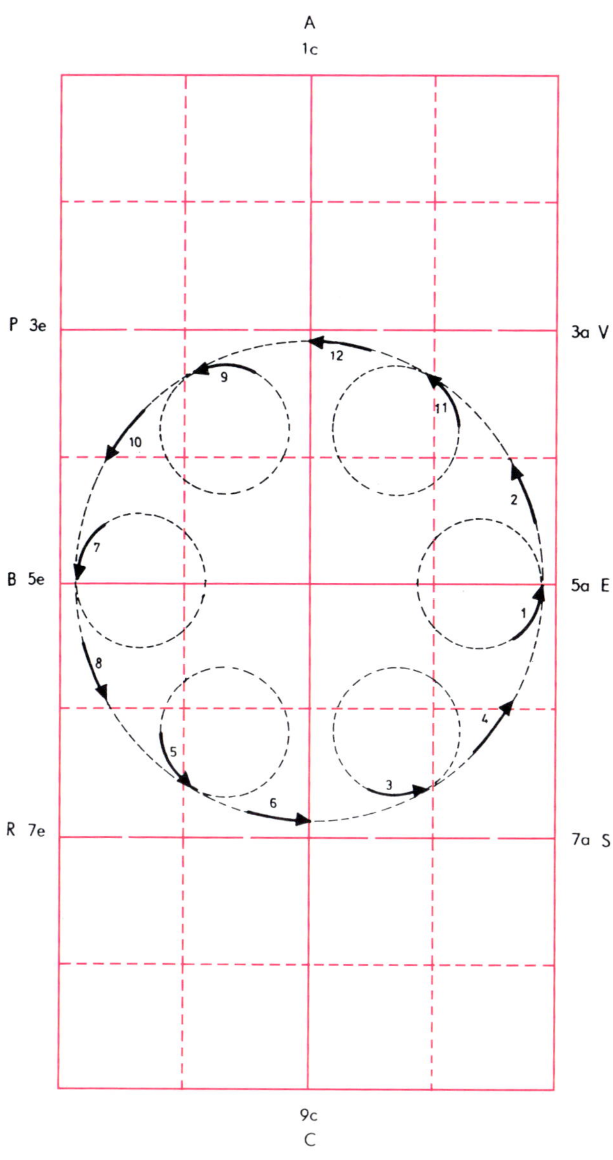

Platztauschtour VI (Abteilungs- und Einzelfigur)
Viereck: 20 m x 40 m
Kommando: 1 Gerade! Zum Platztausch Volte –
2 marsch!
3. Phase

• Abb. 161 a

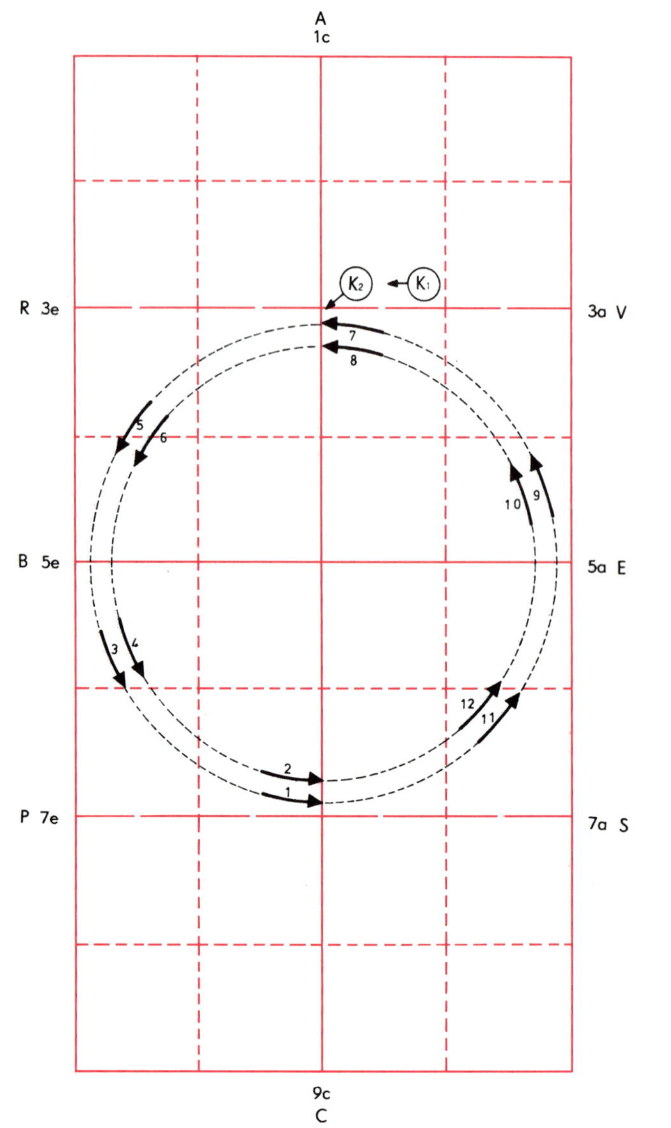

Platztauschtour VII (Abteilungs- und Einzelfigur)
Viereck: 20 m x 40 m
Kommando: 1 Abteilung! Zu zweien –
2 marsch!

• Abb. 161 b

A
1c

P 3e
3a V

B 5e
5a E

R 7e
7a S

9c
C

Platztauschtour VIII (Einzelfigur)
Viereck: 20 m x 40 m
Kommando: 1 Gerade Paare! Platztausch –
2 marsch!

• Abb. 161 c

Platztauschtour IX (Einzelfigur)
Viereck: 20 m x 40 m
Kommando: 1 Ungerade Paare! Zum Platztausch Volte –
2 marsch!
3 Gerade Paare! Zum Platztausch Volte –

III Die geraden Dreierglieder (Nr.4/5/6 und 10/11/12) reiten so nah wie möglich an den vor ihnen befindlichen Ungeraden innen vorbei und setzen sich in dem Abstand vor die Ungeraden, in dem sie zuvor hinter ihnen geritten sind.

• Abb. 162 b

Wenn der Platztausch beendet ist:
I Ungerade Dreierglieder! Platztausch -
II marsch!
III (analog Abb. 162 b).
Nach dem Ende des Platztausches:
I Ungerade Dreierglieder! Zum Platztausch Volte –
II marsch!
III Der innere Flügelmann des Dreiergliedes bestimmt die Größe der Volte. Er richtet sich außerdem nach seinem Gegenüber aus. Die beiden anderen Reiter der Dreiergruppe nehmen nach ihm Seitenrichtung und Fühlung.

• Abb. 162 c

Wenn die Volte beendet ist:
I Gerade Dreierglieder! Zum Platztausch Volte –
II marsch!
III (analog Abb. 162 c).
Wenn die Dreierkolonne wieder mit gleichen Abständen auf dem Mittelzirkel reitet:
I Zu sechsen –
II marsch!
III (analog Abb. 82 b).
I Abteilung –
II halt!
III Wenn die beiden Sechserglieder an die Quermittellinie kommen, halten sie an. Damit ist die Platztauschtour beendet.
Man läßt nun zu einem vom linken Flügel links abbrechen und anschließend wieder in die richtige Reihenfolge umdrehen.

• Abb. 163

Wird die Tour mit acht Reitern auf dem Viereck 30 m x 60 m geritten, kann nach dem Platztausch der Dreierglieder anstatt zu sechsen zu vieren aufmarschiert werden. Danach lassen sich Volten zu vieren und zu achten reiten.
I Zu vieren –
II marsch!
III (analog Abb. 79).
Wenn die beiden Viererglieder auf dem Zirkel an der Mittellinie genau gegenüberreiten:
I Abteilung! Volte –
II marsch!
III Beide Viererglieder reiten ganz gleichmäßig eine Volte. Wenn der innere Flügelreiter jedes Vierergliedes eine 5 m-Volte reitet, beträgt der Durchmesser der Volte des äußeren Flü elmannes ca. 12 m (d.h. Voraussetzung für die Figur ist das Viereck 30 m x 60 m oder die Volte geht über die Mittellinie hinaus. Dann kann diese Figur nicht geritten werden).
Nach Beendigung der Volte reiten beide Viererglieder auf dem Zirkel weiter.
Es folgt:
I Zu achten –
II marsch!
III Das zweite Viererglied reitet neben das erste. Genaue Seitenrichtung nach dem äußeren Flügelreiter ist erforderlich. Wenn die Linie gebildet und ausgerichtet an die Quermittellinie 5c-5e kommt:
I Abteilung! Zu achten, Volte –
II marsch!
III Der innere Flügelmann reitet auf dem Hufschlag der 5 m-Volte. Seitenrichtung wird nach außen und Bügelfühlung nach innen genommen. Der äußere Flügelmann hat eine Volte von ca. 20 m Durchmesser zu reiten. Er kommt daher über die Mittellinie hinaus.
Wenn die Volte beendet ist, reitet die Abteilung auf dem Mittelzirkel in Linie weiter bis zur nächsten Quermittellinie 5a-5c. Dort noch einmal:
I Abteilung! Zu achten, Volte –
II marsch!
III s.o.
Nach Beendigung der Volte:
I Abteilung –

• Abb. 162 a

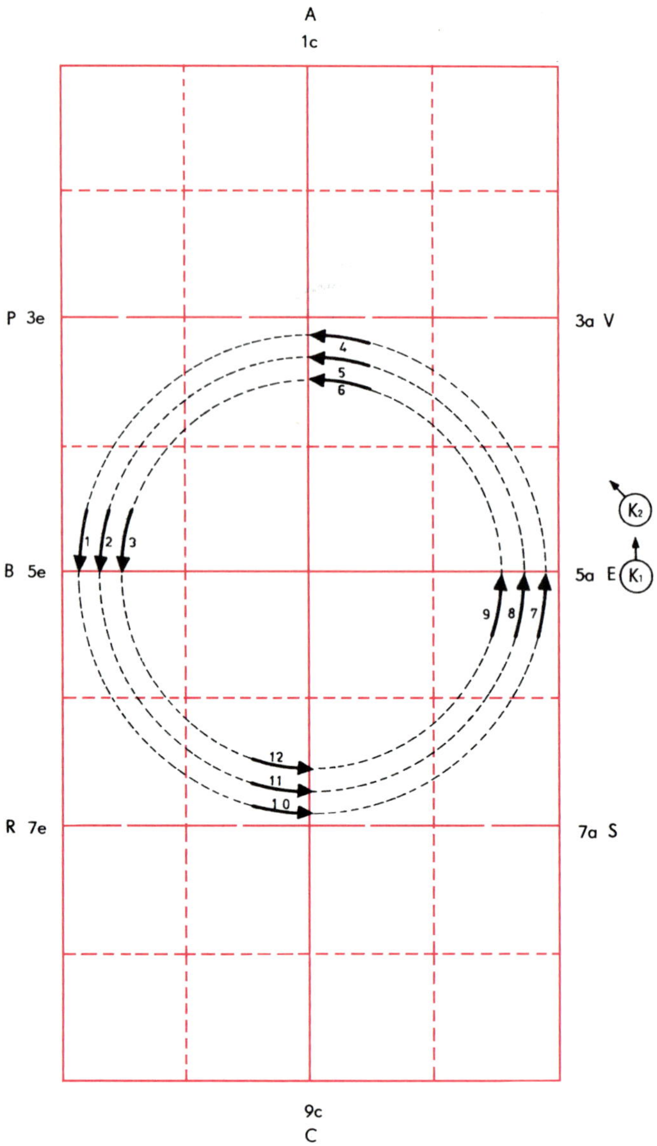

A
1c

P 3e
3a V

4
5
6

1 2 3

B 5e
5a E K1
K2

9 8 7

12
11
10

R 7e
7a S

9c
C

Platztauschtour X (Einzelfigur)
Viereck: 20 m x 40 m
Kommando: 1 Abteilung! Zu dreien –
2 marsch!

• **Abb. 162 b**

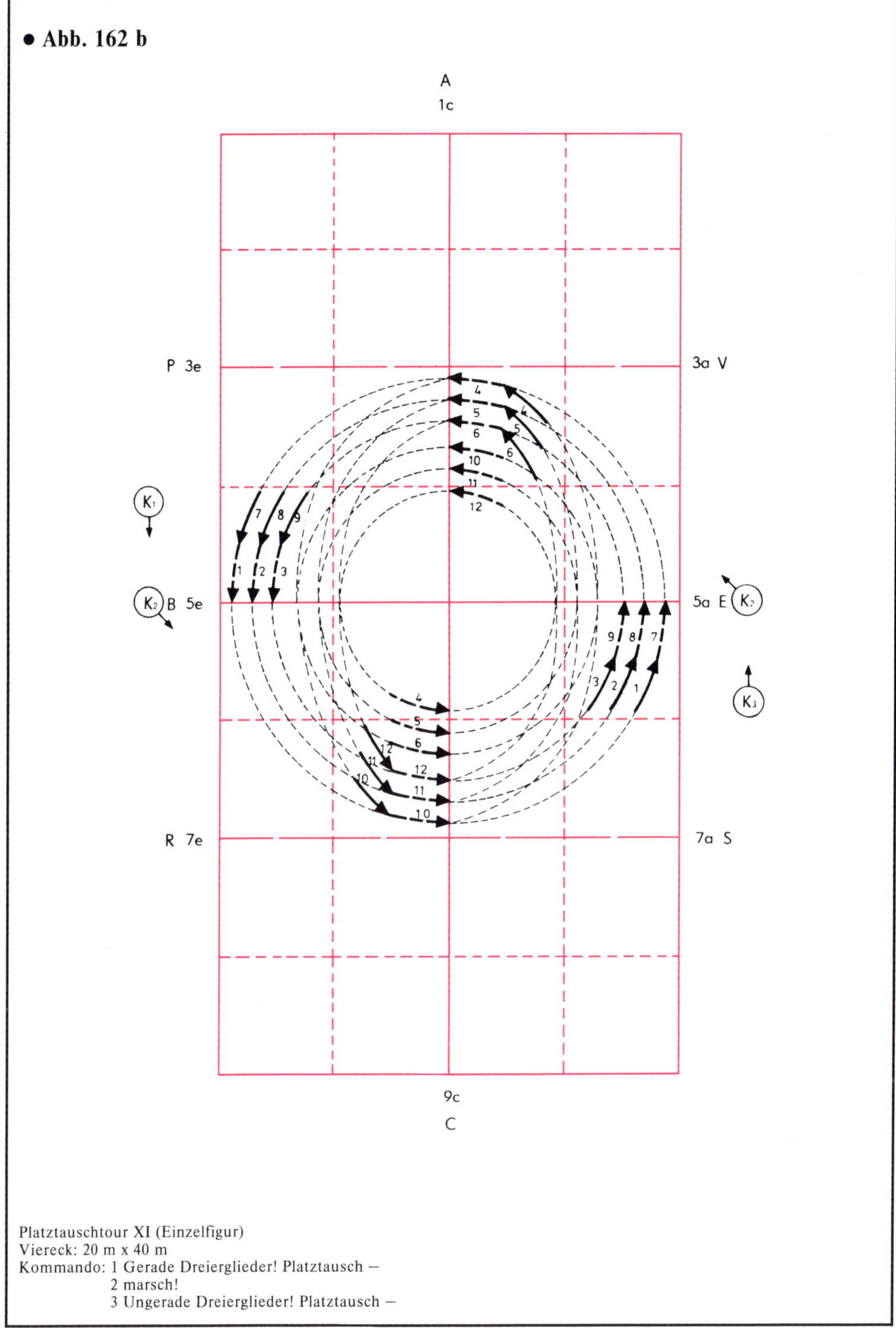

Platztauschtour XI (Einzelfigur)
Viereck: 20 m x 40 m
Kommando: 1 Gerade Dreierglieder! Platztausch –
2 marsch!
3 Ungerade Dreierglieder! Platztausch –

• Abb. 162 c

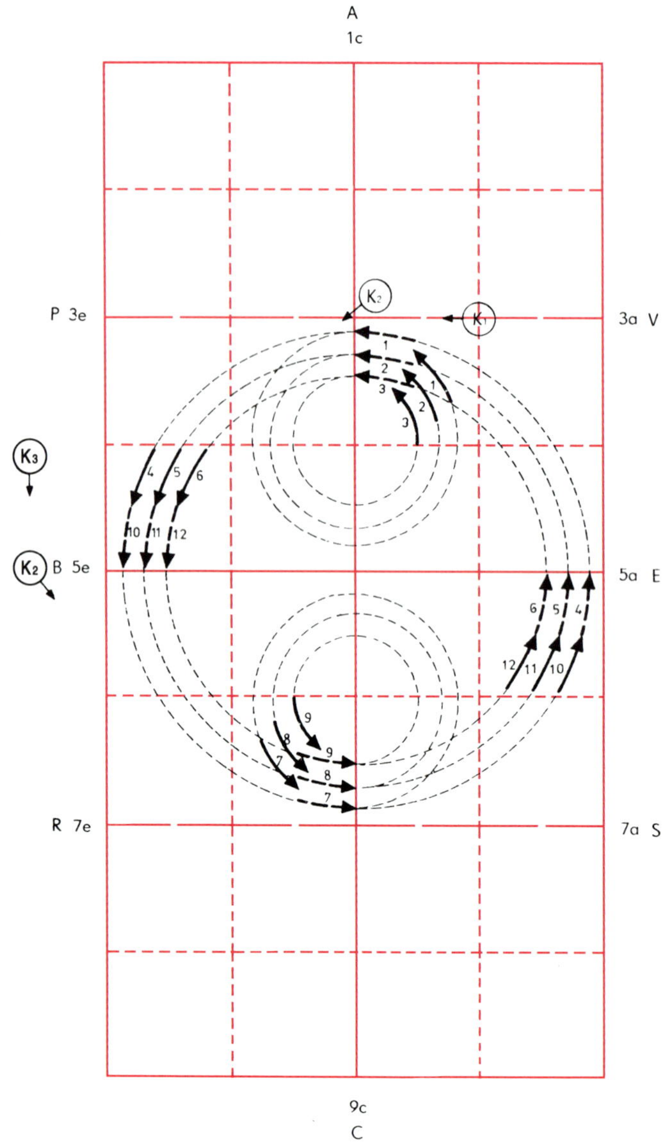

Platztauschtour XII (Einzelfigur)
Viereck: 20 m x 40 m
Kommando: 1 Ungerade Dreierglieder! Zum Platztausch Volte –
2 marsch!
3 Gerade Dreierglieder! Zum Platztausch Volte –

• **Abb. 163**

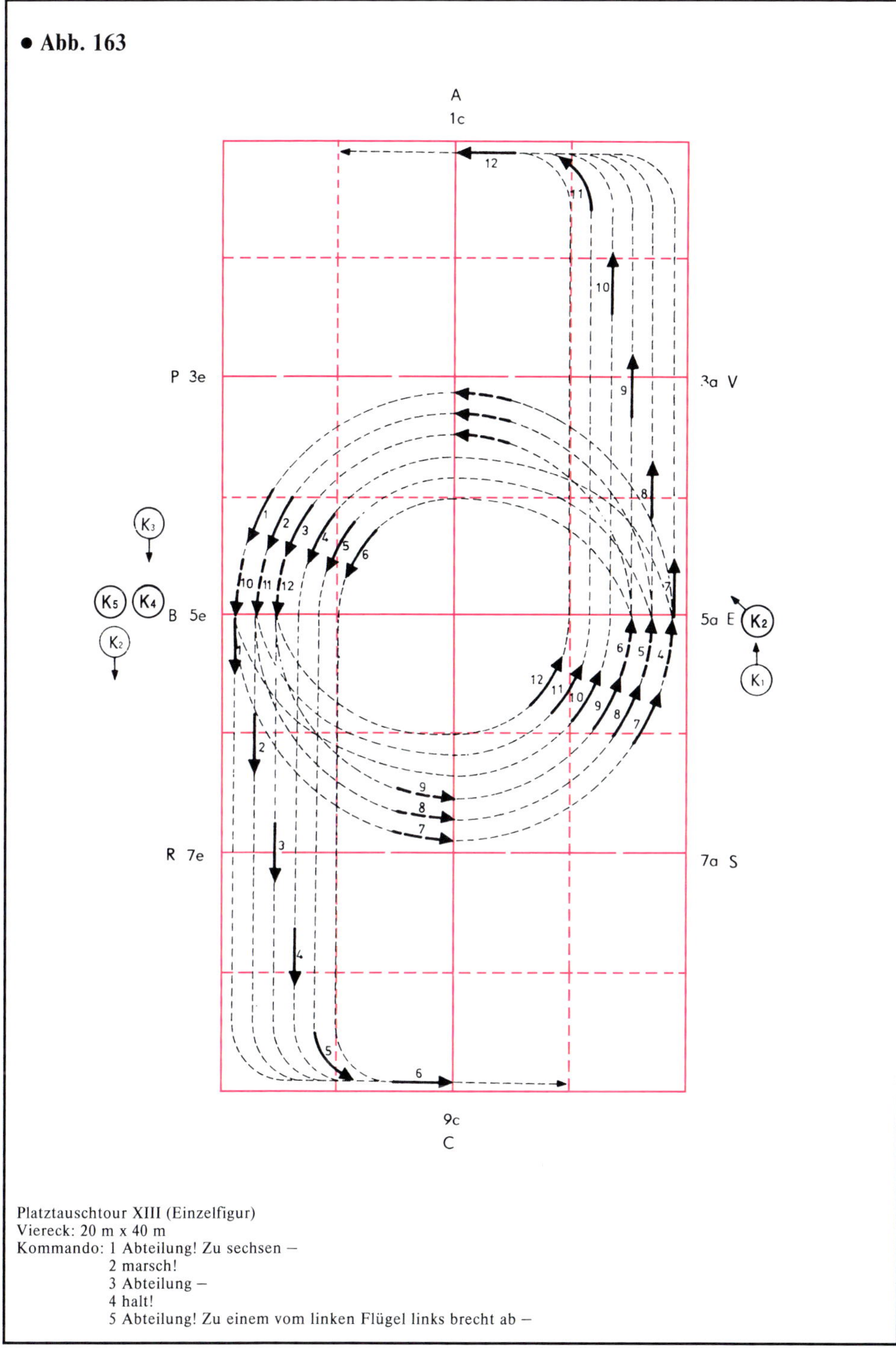

Platztauschtour XIII (Einzelfigur)
Viereck: 20 m x 40 m
Kommando: 1 Abteilung! Zu sechsen –
2 marsch!
3 Abteilung –
4 halt!
5 Abteilung! Zu einem vom linken Flügel links brecht ab –

II halt!
Damit ist die Platztauschtour mit acht Reitern beendet. Es wird zu einem abgebrochen:
I Abteilung! Vom linken Flügel, zu einem links brecht ab –
II marsch!
III Die Abteilung kommt in umgekehrter Reihenfolge auf die linke Hand (analog Abb. 163).
Selbstverständlich kann auch diese Tour auf der rechten Hand geritten werden. Dann geschieht alles spiegelbildlich. Will man nicht so lange auf einer Hand bleiben, kann man auch am Ende eines Abschnittes durch den Mittelzirkel wechseln lassen. Die "klassische" Platztauschtour wird auf der rechten Hand geritten.

2.3.2.2

Die In-die-Mitte-Tour

Diese Tour bietet während des Reitunterrichtes eine Möglichkeit, die Reiter im Kreise um den Ausbilder zu versammeln, um ihnen Hinweise und Ratschläge zu geben.
Während einer Quadrille können sich Reiter und Pferde bei der Aufstellung in der Mitte kurze Zeit ausruhen, ebenso, wenn nach einem Aufmarsch in Linie gehalten wird. Vor Beginn der Tour befindet sich die Abteilung in Kolonne zu einem auf der rechten Hand auf dem Mittelzirkel. Die Abstände zwischen den Reitern sind gleich groß (vgl. Abb. 18 und 19).
I Ungerade! In die Mitte –
II marsch!
III Die Ungeraden reiten in einem Bogen in die Mitte und stellen sich zwei Pferdelängen (5 m) vom Mittelpunkt des Zirkels entfernt auf. Die Geraden reiten unter Beibehaltung der Abstände auf der Zirkellinie weiter. Diese Entfernung vom Kreismittelpunkt ist deshalb erforderlich, damit die Reiter mit einer halben Volte oder einer Vorhandwendung wieder aus der Mitte herausreiten können, ohne sich gegenseitig zu behindern.

- **Abb. 164 a**

Soll jedoch vor dem Wiederherausreiten eine Hinterhandwendung erfolgen, müssen die Reiter weiter an den Bahnmittelpunkt heranreiten. Abhängig von der beabsichtigten Folgefigur ist demnach eine bzw. zwei Pferdelängen vor dem Mittelpunkt zu kommandieren:
I Ungerade –
II halt!

An Platz mit halber Volte
I Ungerade! Mit halber Volte an Platz –
II marsch! (Trab! Im Arbeitstempo Galopp – marsch!)
III Die Ungeraden reiten von der Stelle weg eine halbe Volte nach rechts und danach auf einem flacheren Bogen an ihren Platz auf der Zirkellinie zurück.

- **Abb. 164 b**

Gleiches Tempo und genaues Ausrichten mit den übrigen Reitern sind Voraussetzung für das Gelingen der Figur, bei der die Ungeraden gleichzeitig und jeweils in der Mitte zwischen zwei Geraden wieder auf die Zirkellinie kommen müssen. Der Zeitpunkt, zu dem das Kommando gegeben werden muß, liegt ziemlich früh. Da der in der Mitte befindliche Ungerade bis zur Zirkellinie (auf dem Viereck 20 m x 40 m) ca. sechs Pferdelängen = 15 m zurückzulegen hat, muß das Kommando gegeben werden, wenn sich der ihm folgende Gerade ein Viertel des Zirkels vor dem Punkt befindet, an dem sich der Ungerade wieder auf der Kreislinie einordnet (s. Abb. 164 b).

An Platz mit Kehrtwendung auf der Stelle
Zur Kehrtwendung auf der Hinterhand müssen die Ungeraden eine Pferdelänge vor dem Bahnmittelpunkt halten. Soll jedoch eine Vorhandwendung erfolgen, müssen die Ungeraden bereits

zwei Pferdelängen vor dem Mittelpunkt halten.

• **Abb. 164 c, d**

I Ungerade! Auf der Hinterhand (Vorhand) rechtsum kehrt –
II marsch!
III Das Kommando wird gegeben, sobald alle Ungeraden vor dem Mittelpunkt halten. Sie führen darauf eine Hinterhandwendung (Vorhandwendung) um 180° auf der Stelle aus und bleiben dann bis zum folgenden Kommando stehen (s. Abb. 164 c, d).
I An Platz –
II marsch! (Trab! Im Arbeitstempo Galopp – marsch!)
III Nach der Hinterhandwendung wird das Kommando gegeben, wenn der Gerade, hinter dem sich der Ungerade wieder in die Abteilung einordnen soll, einmal um den Zirkel geritten ist und den, der sich hinter ihm einordnen soll, gerade passiert hat (s. Abb. 164 c).
Nach der Vorhandwendung wird den Ungeraden das Kommando zum Anreiten gegeben, wenn die folgenden Geraden fast einmal um den Zirkel geritten und eine Pferdelänge über den Punkt hinaus sind, an dem der sich hinter ihnen einordnende Ungerade nach der Vorhandwendung hält (s. Abb. 164 d). Die Ungeraden reiten in der vorgeschriebenen Gangart an und auf dem kürzesten Weg zur Zirkellinie, so daß sie den Hufschlag des Zirkels genau zwischen zwei Geraden erreichen.
Wenn die Abteilung wieder auf der Kreislinie reitet, führen die Geraden die gleichen Übungen aus:
I Gerade! In die Mitte –
II marsch!
I Gerade! Mit halber Volte an Platz –
II marsch! (Trab! Im Arbeitstempo Galopp – marsch!) oder :
I Gerade! Auf der Hinterhand (Vorhand) rechtsum kehrt –
II marsch!
I An Platz –
II marsch! (Trab! Im Arbeitstempo Galopp – marsch!)
Die gesamte In-die-Mitte-Tour kann auch auf der linken Hand geritten werden.
Wirkungsvoll ist es auch, wenn man bei Vorführungen oder Quadrillen die Ungeraden auf der rechten (linken) Hand in die Mitte reiten läßt, danach "auf halbem Achter" (s. Abb. 30) die Hand wechselt und so die Geraden ihre Übung auf der anderen Hand reiten. Bei der Ausführung dieser Tour kommt es sehr auf flüssigen Ablauf an. Der Ausbilder muß die Kommandos rasch genug hintereinander geben, so daß lange Pausen vermieden werden, in denen ein Teil der Reiter am Mittelpunkt steht, der andere dafür Runde um Runde auf dem Mittelzirkel dreht.
Andererseits darf das nächste Kommando nicht gegeben werden, bevor das vorhergehende vollständig ausgeführt ist und sich die Abteilung in guter Ordnung befindet. Wenn es daran mangelt, sollte man lieber einmal mehr auf dem Zirkel herumreiten lassen. Die In-die-Mitte-Tour stellt hohe Anforderungen an die Aufmerksamkeit der Reiter, die jeweils mit ihrem Gegenüber genau ausgerichtet sein müssen.

Vom Aufmarsch in Linie auf den Mittelzirkel
Abschließend zu dieser Tour wollen wir noch die Möglichkeit erwähnen, aus einem Aufmarsch in Linie an der Aufmarschlinie mit allen Reitern auf direktem Wege in die Mitte zu kommen. Nach dem Aufmarschieren auf verschiedener Hand gegenüber reitender Abteilungen an der Aufmarschlinie (analog Abb. 97):
I Abteilung! Von beiden Flügeln auf den Mittelzirkel brecht ab –
II marsch! (Trab! Im Arbeitstempo Galopp – marsch!)
III Die Flügelreiter Nr. 11 und Nr. 12 reiten gleichzeitig an, und zwar schräg nach dem Hufschlag der ganzen Bahn, so daß sie an der unteren Tafellinie (3a-3e) einen Mittelzirkel von 20 m Durchmesser erreichen. (Der Durchmesser des Mittelzirkels darf nicht größer sein, weil sonst der nachfol-

• Abb. 164 a

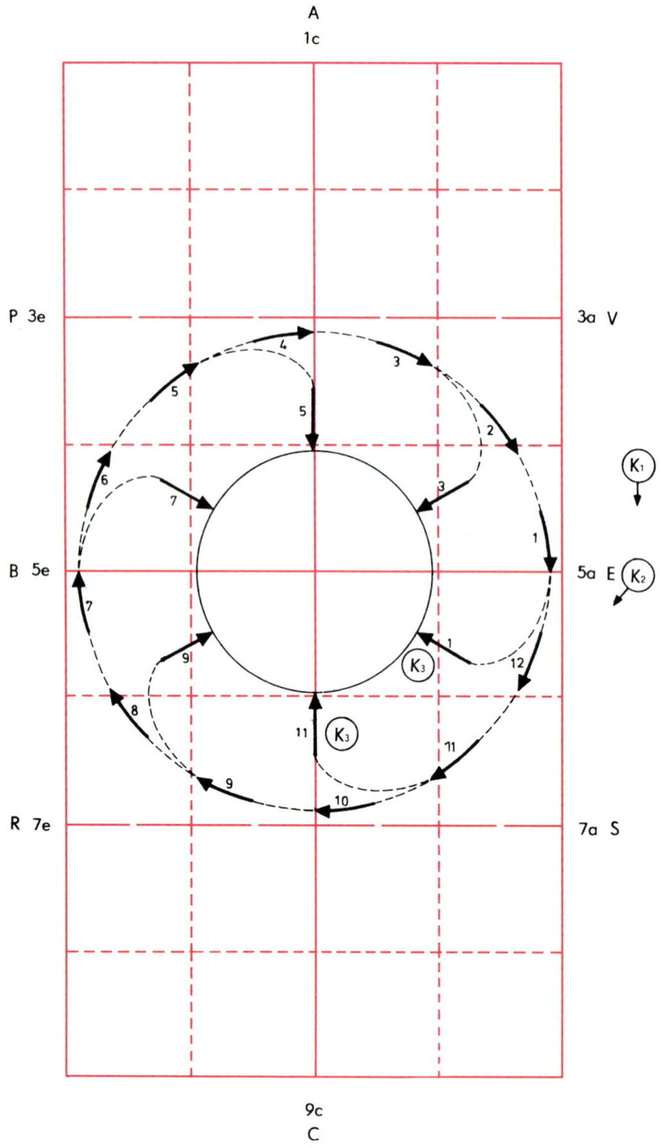

In-die-Mitte-Tour I (Abteilungs- und Einzelfigur)
Viereck: 20 m x 40 m
Kommando: 1 Ungerade! In die Mitte –
2 marsch!
3 Ungerade! Halt!

• Abb. 164 b

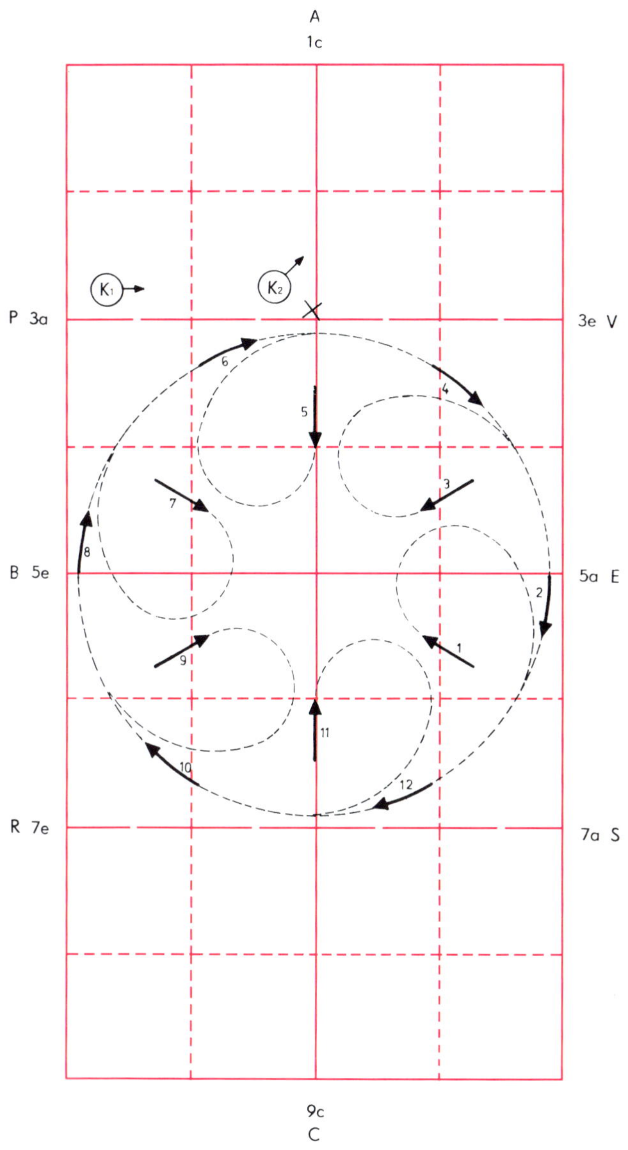

In-die-Mitte-Tour II (Abteilungs- und Einzelfigur)
Viereck: 20 m x 40 m
Kommando: 1 Ungerade! Mit halber Volte an Platz –
2 marsch!
Das Ausführungskommando muß gegeben werden, wenn sich Nr. 2 an der durch das Kreuz bezeichneten Stelle befindet.

• Abb. 164 c

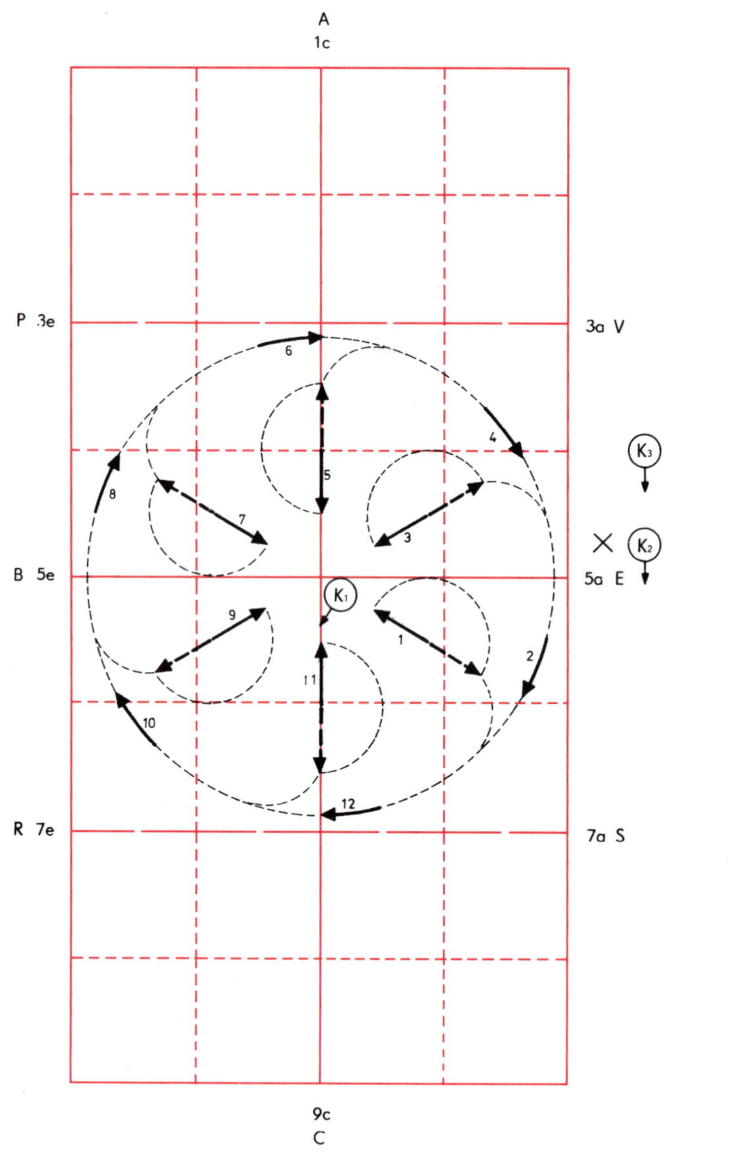

In-die-Mitte-Tour III (Abteilungs- und Einzelfigur)
Viereck: 20 m x 40 m
Kommando: 1 Ungerade! Auf der Hinterhand rechtsum kehrt –
2 marsch!
3 An Platz –

• Abb. 164 d

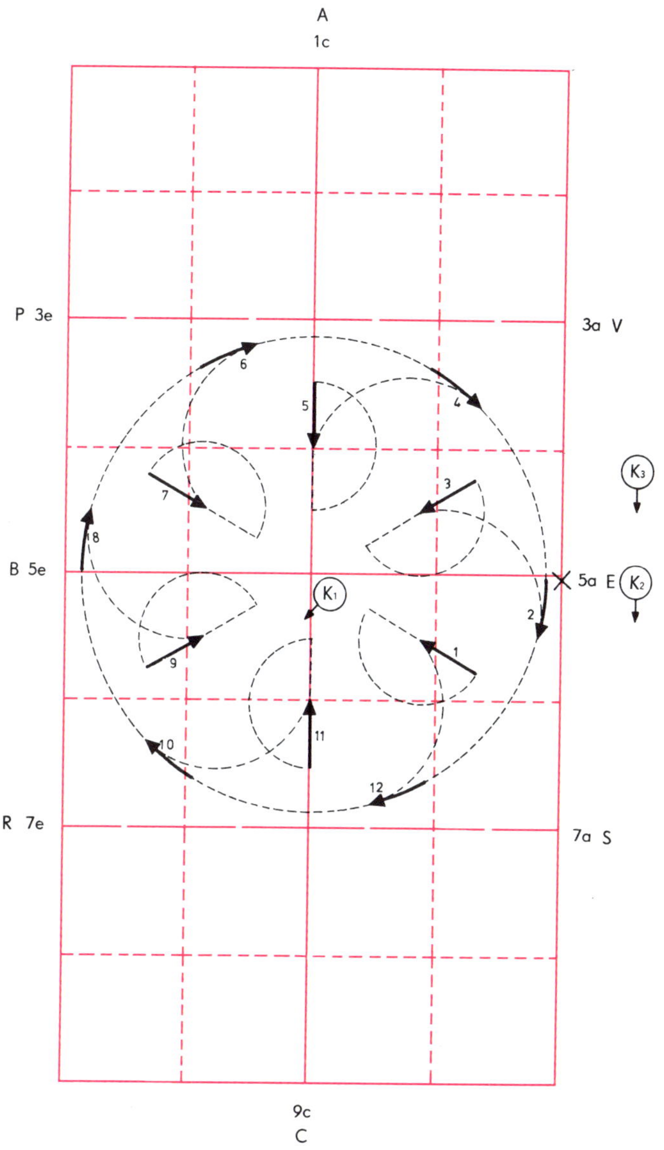

In-die-Mitte-Tour IV (Abteilungs- und Einzelfigur)
Viereck: 20 m x 40 m
Kommando: 1 Ungerade! Auf der Vorhand rechtsum kehrt –
2 marsch!
3 An Platz –
Das Kommando "An Platz – marsch!" muß gegeben werden, wenn sich Nr. 2 an der durch das Kreuz bezeichneten Stelle befindet.

gende Abmarsch nicht korrekt ausgeführt werden kann.)
Nr. 9 und Nr. 10 reiten an, wenn Nr. 11 und Nr. 12 zwei Pferdelängen von ihnen entfernt sind (sie sehen dann in die Hinterfesseln ihrer Vorderpferde). Die folgenden Paare (Nr. 7/8, Nr. 5/6, Nr. 3/4 und Nr. 1/2) reiten mit dem gleichen Abstand zu den vorausgehenden Pferden an.
Wenn Nr. 11/12 die Linie 6a-6b erreichen:
I Abteilung! In die Mitte –
II marsch!
III Alle Reiter wenden auf einer Viertelvolte nach dem Zirkelmittelpunkt. Danach sofort:
I Abteilung –
II halt!
III Die Reiter halten drei Pferdelängen vor dem Zirkelmittelpunkt auf einem Innenkreis von 15 m Durchmesser. Der Zwischenraum zwischen den Reitern beträgt vier Schritt. Nr. 1/2 und Nr. 11/12 befinden sich im gleichen Abstand zu beiden Seiten der Mittellinie, Nr. 5/7 und Nr. 6/8 im gleichen Abstand zur Quermittellinie (s. Abb. 165 a).

• **Abb. 165 a**

Wichtig ist, daß alle Reiter gleichzeitig an ihren Plätzen auf dem Innenzirkel ankommen und dort mit gleichem Zwischenraum halten. Dazu ist, neben dem an richtiger Stelle gegebenen Kommando, vor allem genauer Abstand zu den Vorausreitenden und genaue Seitenrichtung mit dem gegenüber reitenden Partner zu halten. Beim Abwenden auf den Innenzirkel muß auch die Seitenrichtung mit den Nachbarn auf gleicher Hand stimmen.
Um aus dieser sternförmigen Aufstellung weiterzureiten, kann man alle Reiter zunächst eine Hinterhandwendung ausführen und danach zur Mittellinie zurückreiten lassen:
I Abteilung! Auf der Hinterhand rechts- und linksum kehrt –
II marsch!
III Die Ungeraden führen eine Hinterhandwendung nach links, die Geraden nach rechts aus (s. Abb. 165 b). Danach halten sie. (Für eine Vorhandwendung ist der Zwischenraum zwischen den Pferdeköpfen zu klein. Besteht die Abteilung nur aus acht Reitern, reicht der Platz auch für eine Vorhandwendung aus. In diesem Falle kann die Figur auch auf dem Viereck 20 m x 40 m ausgeführt werden.)
Wenn die Hinterhandwendung beendet ist:
I Abteilung! Zur Mittellinie –
II marsch! (Trab! Im Arbeitstempo Galopp – marsch!)
III Alle Reiter reiten gleichzeitig in der vorgeschriebenen Gangart an und mit einer Viertelvolte auf den Mittelzirkel. Sie haben dann einen Abstand von zwei Pferdelängen. Vier Schritt vor Erreichen der Mittellinie wenden sie nach der kurzen Seite ab. Danach reiten sie paarweise an der Mittellinie entlang (Bügel an Bügel):
II Ungerade links! Gerade rechts!
III Mit diesem Kommando, das vor Erreichen der kurzen Seite gegeben wird, werden die beiden Abteilungen auf verschiedener Hand auf den Hufschlag der ganzen Bahn geführt.

• **Abb. 165 b**

Soll diese Figur auf dem Viereck 20 m x 40 m geritten werden, so geht das am besten, wenn die Abteilung nur aus acht Reitern besteht. Der Zwischenraum zwischen den Pferdeköpfen beträgt dann fünf Schritt (4 m), genügt demnach für eine Vorhandwendung, nach deren Ausführung die Hinterhand der Pferde ca. eine Pferdelänge vom Zirkelmittelpunkt entfernt ist. Aus dieser Position kann das Auflösen des Sterns analog Abb. 165 b erfolgen.

2.3.2.3

Die Kehrttour

Die Kehrttour ist eine Tour, bei der die Geraden und Ungeraden einander auf

• **Abb. 165 a**

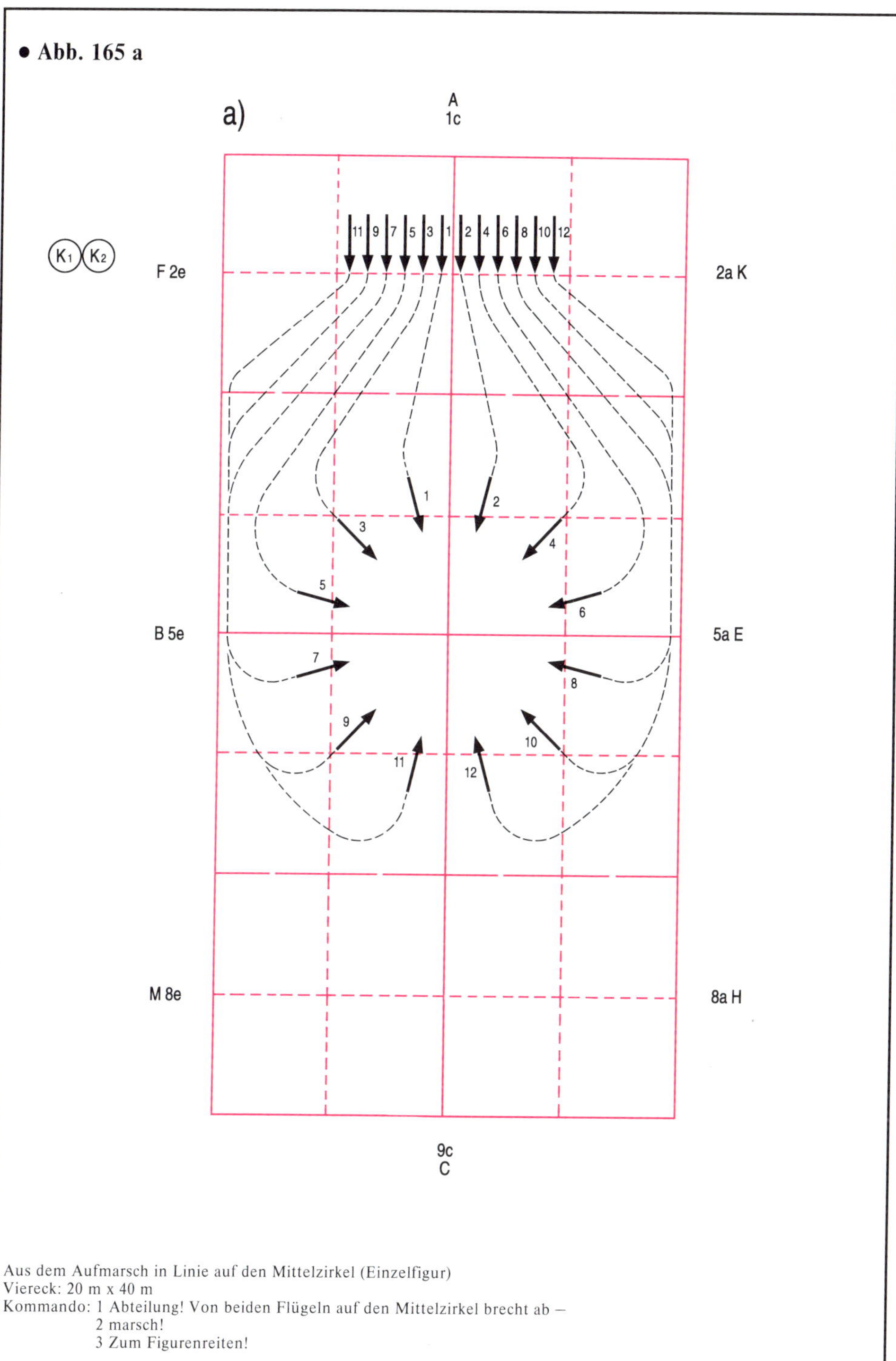

Aus dem Aufmarsch in Linie auf den Mittelzirkel (Einzelfigur)
Viereck: 20 m x 40 m
Kommando: 1 Abteilung! Von beiden Flügeln auf den Mittelzirkel brecht ab –
2 marsch!
3 Zum Figurenreiten!

• Abb. 165 b

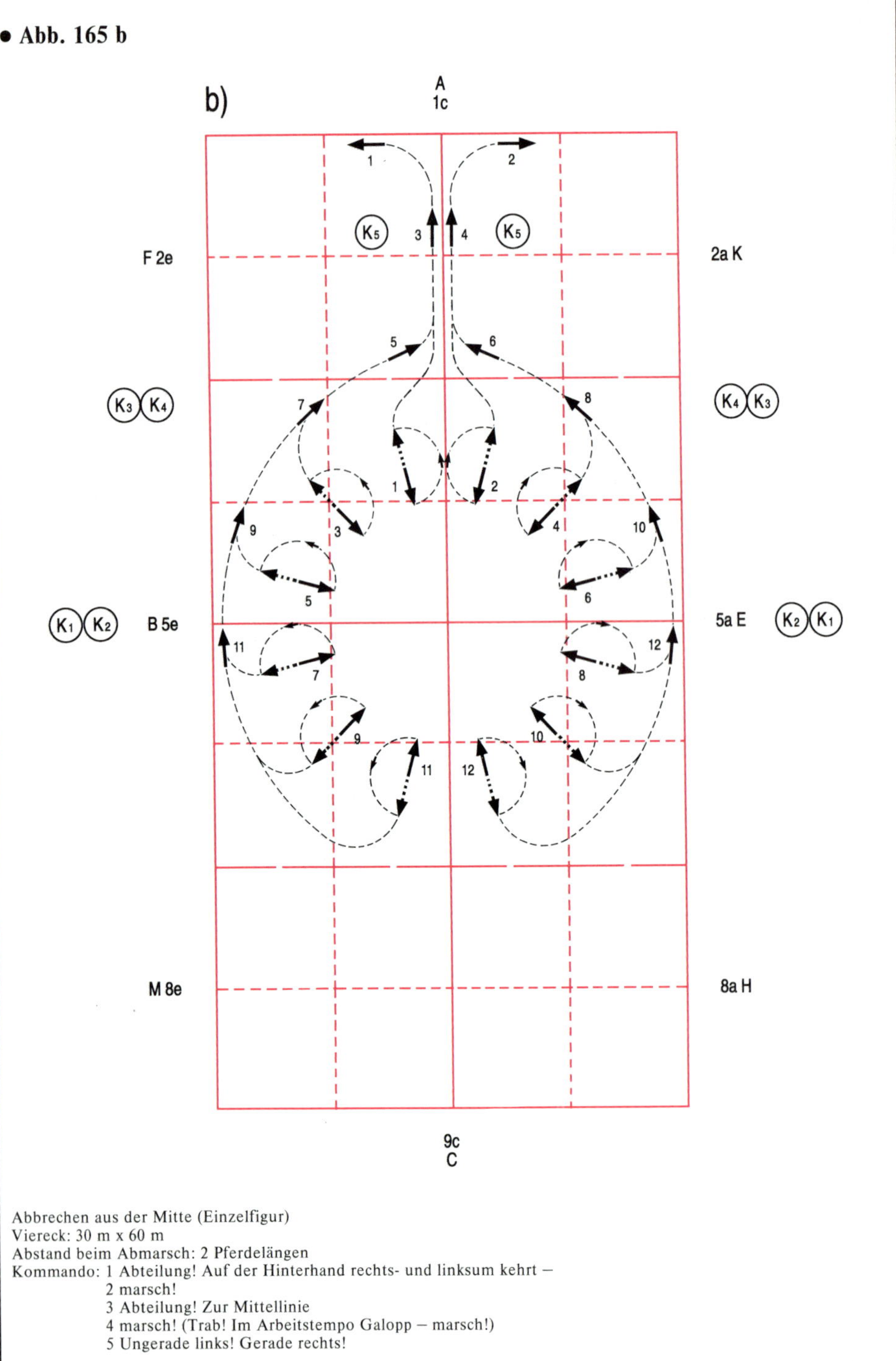

Abbrechen aus der Mitte (Einzelfigur)
Viereck: 30 m x 60 m
Abstand beim Abmarsch: 2 Pferdelängen
Kommando: 1 Abteilung! Auf der Hinterhand rechts- und linksum kehrt –
2 marsch!
3 Abteilung! Zur Mittellinie
4 marsch! (Trab! Im Arbeitstempo Galopp – marsch!)
5 Ungerade links! Gerade rechts!

konzentrischen Kreisen entgegenreiten und mehrfach von einer Hand auf die andere wechseln. Der Durchmesser des äußeren Zirkels entspricht der Bahnbreite, der des inneren Zirkels ist um 10 m kleiner, d.h. die beiden Hufschläge sind 5 m voneinander entfernt. Die Tour ist daher besser auf dem Viereck 30 m x 60 m zu reiten. Dabei beträgt der Durchmesser des äußeren Zirkels 30 m, der des inneren 20 m. Die Abteilung befindet sich in Kolonne zu einem mit gleichmäßigem Abstand (Zum Figurenreiten!) auf dem Mittelzirkel (vgl. Abb. 18 und 19).
I Ungerade! Halbe Volte rechts (links) –
II marsch!
III Die Ungeraden reiten gleichzeitig eine halbe Volte nach dem Bahninneren und dort den Geraden entgegen auf einem zweiten Zirkel, der entsprechend dem Maß des Voltendurchmessers vom äußeren entfernt liegt. Das Tempo muß auf jedem der beiden Zirkel gleichmäßig sein, jedoch auf dem äußeren schneller als auf dem inneren (auf dem Viereck 20 m x 40 m wird der Tempounterschied zwischen äußerem und innerem Zirkel zu groß). Die Reiter müssen sich beim Überreiten der Mittellinie und der Quermittellinie so aufeinander ausrichten, daß die Oberkörper zweier einander entgegenkommender Reiter stets im gleichen Augenblick diese Linie passieren. Damit haben sie auf einer Zirkeltour jeweils vier Richtungspunkte. Ein hohes Maß an Konzentration ist erforderlich.

• **Abb. 166 a**

Wenn die Reiter sich ausgerichtet haben:
I Abteilung! Halbe Volte rechts (links) –
II marsch!
III Das Kommando wird gegeben, wenn die beiden Anfangsreiter (Nr. 1 und Nr. 2) auf gleicher Höhe sind.

• **Abb. 166 b**

Auf "marsch!" reiten die Ungeraden eine halbe Volte zur äußeren Zirkellinie, die Geraden eine halbe Volte zur inneren Zirkellinie. Damit haben beide die Hand und die Richtung gewechselt. Jetzt reiten die Ungeraden auf dem äußeren, die Geraden auf dem inneren Zirkel.
Sofortiges Wiederausrichten ist wichtig.
I Abteilung! Halbe Volte rechts (links) –
II marsch!
III Das Kommando wird gegeben, wenn die Reiter wieder ausgerichtet sind und Nr. 1 und 2 wieder auf gleiche Höhe kommen (analog Abb. 166 b).
Um die Tour flüssig zu halten, muß das zweite Kommando bereits kommen, wenn sich die beiden Anfangsreiter nach einer halben Zirkeltour wieder treffen. Falls sich das am Anfang als zu schwierig erweisen sollte, wird der Zeitpunkt abgewartet, an dem sich die Abteilung wieder in der richtigen Ordnung befindet (s. Abb. 166 b).
Auf das Kommando "marsch!" reiten jetzt die Ungeraden wieder nach dem inneren Zirkel, die Geraden nach dem äußeren Zirkel eine halbe Volte.
Wiederum genau ausrichten und danach:
I Ungerade! Halbe Volte rechts (links) –
II marsch!
III Das Ausführungskommando muß gegeben werden, wenn der auf dem inneren Zirkel reitende Ungerade auf gleicher Höhe mit dem Geraden ist, hinter dem er sich einordnen soll: Wenn Nr. 1 und Nr. 12, Nr. 3 und Nr. 2, Nr. 5 und Nr. 4 usw. auf gleicher Höhe sind.
Von diesem Zeitpunkt reiten die Ungeraden eine halbe Volte nach außen und nehmen ihre Ausgangsposition in der Kolonne zu einem wieder ein. Damit ist die Kehrtour beendet. Man kann nun ("Ganze Bahn!") geradeaus reiten oder "mit halbem Achter" wechseln lassen, um die Tour auf der anderen Hand zu wiederholen.
Aus der Ausführungserklärung wird deutlich, daß diese Tour hohe Anforderungen stellt, sowohl an die Reiter als auch an den Kommandierenden. Kommt ein Kommando zu früh oder zu spät, kann die ganze Abteilung durcheinander geraten. Die gleiche Situation kann eintreten, wenn ein Reiter nicht aufpaßt und sein Pferd nicht auf Kom-

• Abb. 166 a

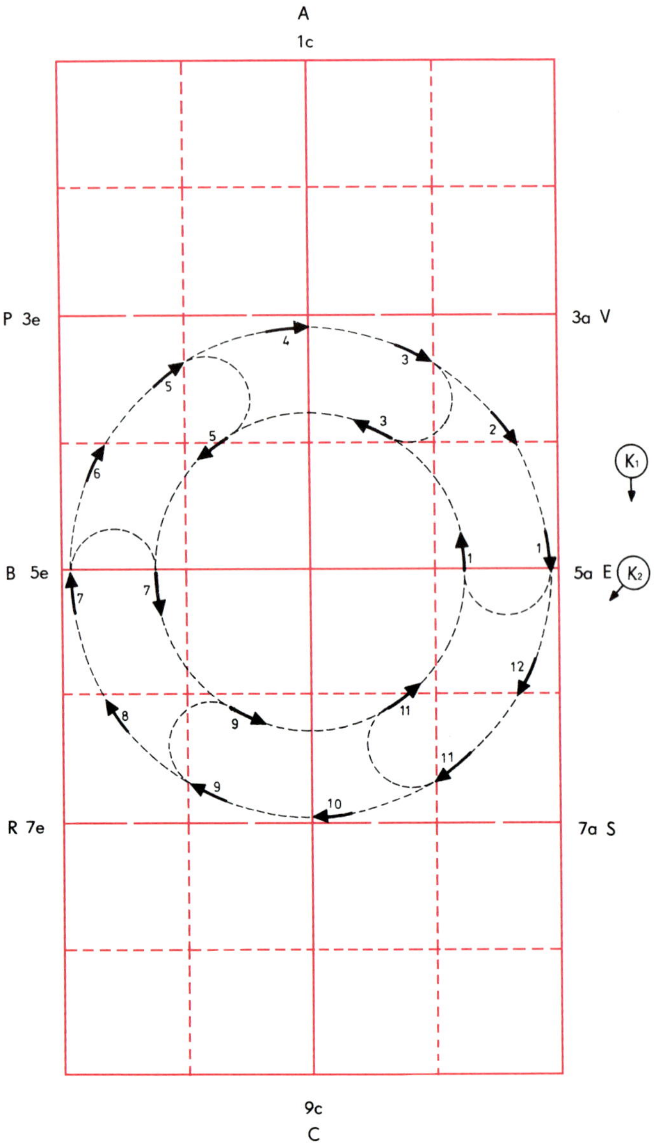

Kehrttour I (Abteilungs- und Einzelfigur)
Viereck: 30 m x 60 m
Kommando: 1 Ungerade! Halbe Volte rechts –
2 marsch!
Abstand: 2 Pferdelängen

Abb. 166 b

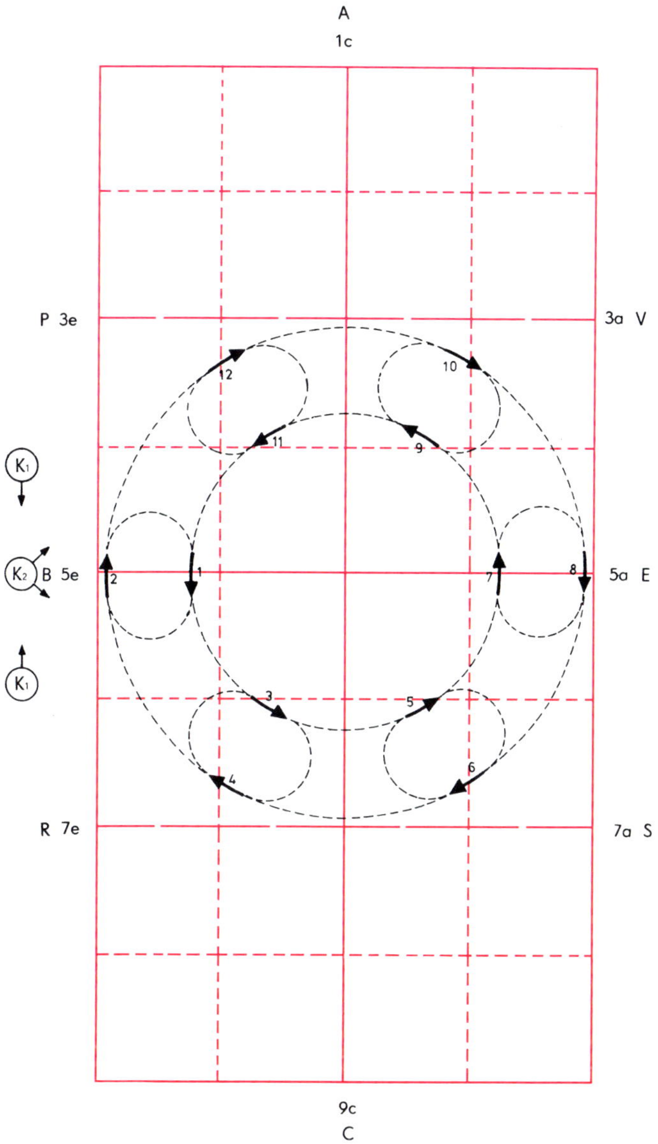

A
1c

P 3e
3a V

K1
K2 B 5e
5a E
K1

R 7e
7a S

9c
C

1 2 3 4 5 6 7 8 9 10 11 12

Kehrttour II (Einzelfigur)
Viereck: 30 m x 60 m
Kommando: 1 Abteilung! Halbe Volte rechts –
2 marsch!

mando wendet. Wenn die Ausführung flüssig erfolgen soll, müssen die Kommandos sehr rasch nacheinander gegeben werden. Es ist deshalb nicht nur für die Reiter, sondern auch für den Ausbilder zweckmäßig, wenn die Tour erst im Schritt und im Trab geübt wird.

Im Galopp gilt die Kehrttour als die schwierigste Tour überhaupt, zumal ein mehrfacher Wechsel vom Innengalopp zum Außengalopp geritten werden muß und die im Außengalopp befindlichen Reiter auch noch auf einem stärker gekrümmten Kreisbogen galoppieren müssen. Im Galopp ist diese Tour deshalb nur mit Reitern und Pferden korrekt auszuführen, die in ihrer Ausbildung auf dem Leistungsniveau der Klasse L/M stehen. Beherrschen alle Reiter und Pferde den einmaligen fliegenden Galoppwechsel, kommt das dieser Tour zugute. Die vom Außen- auf den Innenzirkel wechselnden Reiter führen den Wechsel beim Erreichen der inneren Zirkellinie aus, die den Innenzirkel verlassenden Reiter im Augenblick des Beginns der Halbvolte (Handwechsel). Zur Erleichterung für jüngere Reiter und Pferde kann die Tour dahingehend abgeändert werden, daß die Reiter auf dem Außenzirkel galoppieren, auf dem Innenzirkel traben. In diesem Fall müssen die halben Volten von allen Reitern noch im Galopp geritten werden, d.h. der den Außenzirkel verlassende Reiter pariert zum Trab, wenn er den Innenzirkel erreicht, der den Innenzirkel benutzende Reiter galoppiert beim Verlassen des Innenzirkels an.

2.3.2.4

Die Slalomtour

Bei dieser Tour auf dem Mittelzirkel, die aus der Kolonne zu zweien entwickelt wird, reitet die eine Hälfte der Abteilung um die haltende andere Hälfte in einer Schlangenlinie herum. Da die Anzahl der gleichzeitig in Bewegung befindlichen Reiter klein ist, besitzt die Tour nur einen mittleren Schwierigkeitsgrad und ist, besonders wenn sie im Trab geritten wird, auch mit jungen Reitern recht gut auszuführen. Sie lernen hierbei das Stellen, Umstellen und Biegen sowie das Reiten korrekter halber und ganzer Volten.

Die Abteilung reitet zu zweien auf dem Mittelzirkel mit gleichmäßigen Abständen zwischen den Paaren, die Ungeraden außen, die Geraden innen, auf der rechten Hand.

Bei vier Paaren richten sich die Paare so ein, daß sie jeweils alle vier gleichzeitig die Mittellinie bzw. die Quermittellinie passieren. Es wird sich dabei nicht nach dem Gegenüber, sondern nach dem Vordermann ausgerichtet.

Bei sechs Paaren ist das genaue Einhalten der Abstände etwas schwieriger, da sich immer nur die Gegenüber gleichzeitig an einer Linie befinden. Ein Ausrichten nach vorn ist nicht möglich. Die relativ großen Abstände von 8 m (20 m x 40 m) bzw. 13 (30 m x 60 m) bilden eine weitere Schwierigkeit. Deshalb muß mit sechs Paaren das Einhalten der Abstände besonders gründlich geübt werden.

I Abteilung! Zu zweien, rechts schwenkt –
II marsch!
Im Anschluß daran:
I Abteilung –
II halt!
III Das Kommando zum Schwenken wird so gegeben, daß das erste und vierte Paar auf die Mittellinie einschwenken können. Alle Paare schwenken gleichzeitig auf "marsch!". Die innen Reitenden (Geraden) reiten dabei eine Viertelvolte, die äußeren Reiter (Ungeraden) auf einem etwas flacheren Kreisbogen Bügel an Bügel mit dem innen Reiter.

• **Abb. 167 a**

Sobald die Reiter eine Viertelvolte beendet haben und senkrecht zum Mittelpunkt stehen, kommt das Kommando zum Halten. (Bei vier Paaren stehen zwei an der Mittelli-

nie und zwei an der Quermittellinie.)
I Ungerade! Um die Geraden Slalom –
II marsch! (Trab! Im Arbeitstempo Galopp – marsch!)
III Alle Ungeraden reiten gleichzeitig in der vorgeschriebenen Gangart an und sofort auf dem Hufschlag einer Viertelvolte nach rechts vor ihrem rechten Nachbarn, dem Geraden, vorbei. Bei Beendigung der Viertelvolte gehen sie auf die linke Hand und reiten *hinten* um den rechts von ihnen stehenden Reiter herum. Dabei soll der Seitenabstand zu dem umrittenen Reiter auf beiden Seiten gleichgroß sein. Nach Umreiten des ersten Reiters zur Rechten reiten sie vor dem nächsten Reiter *vorn* vorbei. Der Abstand zum Kopf dieses Pferdes beträgt dabei ca. drei Schritt, ebenso der zum Bahnmittelpunkt. Auf dem Viereck 30 m x 60 m gilt das Eineinhalbfache dieser Angaben.

• **Abb. 167 b**

Der dritte Reiter wird in gleicher Weise wie der erste wieder in einem Kreisbogen auf der linken Hand umritten usw. bis zum vorletzten Reiter. Seinem Partner nähert sich der auf der Slalomlinie Reitende von links vorn. Wenn er sich in gleicher Höhe mit seinem Partner (Geraden) befindet, reitet er auf einer Volte von hinten so wieder an seinen Platz, wie Abb. 167 b das zeigt.
I Gerade! Um die Ungeraden Slalom –
II marsch! (Trab! Im Arbeitstempo Galopp – marsch!)
III Die Geraden reiten mit einer Viertelvolte nach *links* an. Danach reiten sie die gleiche Linie wie die Ungeraden, jedoch spiegelbildlich (analog Abb. 167 b).
Am Ende der Slalomtour stehen die Paare mit Front zur Mitte. Mit "Abteilung! Zu zweien, links schwenkt – marsch! (Trab! Im Arbeitstempo Galopp – marsch!) Rechte Hand! Auf den Mittelzirkel" werden die Paare wieder auf den Mittelzirkel geführt. Dazu reiten sie zunächst eine halbe Linksvolte und danach im gestreckten Rechtsbogen auf die Zirkellinie hinaus, die sie beim nächsten Überqueren der Mittellinie bzw. Quermittellinie erreichen. Wenn sich das Anfangspaar der Quermittellinie nähert: "Ganze Bahn!". Damit hat man die Abteilung (die Ungeraden außen, die Geraden innen) in Kolonne zu zweien auf der rechten Hand und kann andere Figuren anschließen. Bei dieser Tour kommt es des guten Aussehens wegen sehr darauf an, daß vier bzw. sechs in Bewegung befindliche Reiter sich immer an exakt korrespondierenden Punkten befinden. Einhalten des Tempos und der zu reitenden Linie sind daher außerordentlich wichtig. Die Reiter richten sich dabei stets nach dem Vordermann. Sie müssen gleichzeitig sowohl hinter den Kruppen als auch vor den Köpfen der Pferde vorbeireiten. Ganz besonders kommt es auf die Übereinstimmung aller Reiter in der Schlußvolte an.
Soll die Tour im Galopp geritten werden, müssen Reiter und Pferde den einmaligen fliegenden Galoppwechsel gut beherrschen.

2.3.2.5

Die Voltentour

Die Voltentour hat sowohl in der Ausführung als auch in ihrem reiterlichen Wert Ähnlichkeit mit der Slalomtour. Sie ist etwas leichter zu reiten als die Slalomtour. Zu Beginn der Voltentour schwenken die Reiter zu zweien auf einer Viertelvolte nach dem Bahninneren und halten dort paarweise mit gleichem Seitenabstand von Paar zu Paar, genau wie am Anfang der Slalomtour. Wir brauchen deshalb diesen Einleitungsteil nicht zu wiederholen. Wenn die Paare an ihren Punkten stehen (Ungerade links, Gerade rechts):
I Ungerade! Um die Geraden Volten rechts –
II marsch! (Trab! Im Arbeitstempo Galopp – marsch!)
III Die Ungeraden reiten gleichzeitig in der

• Abb. 167 a

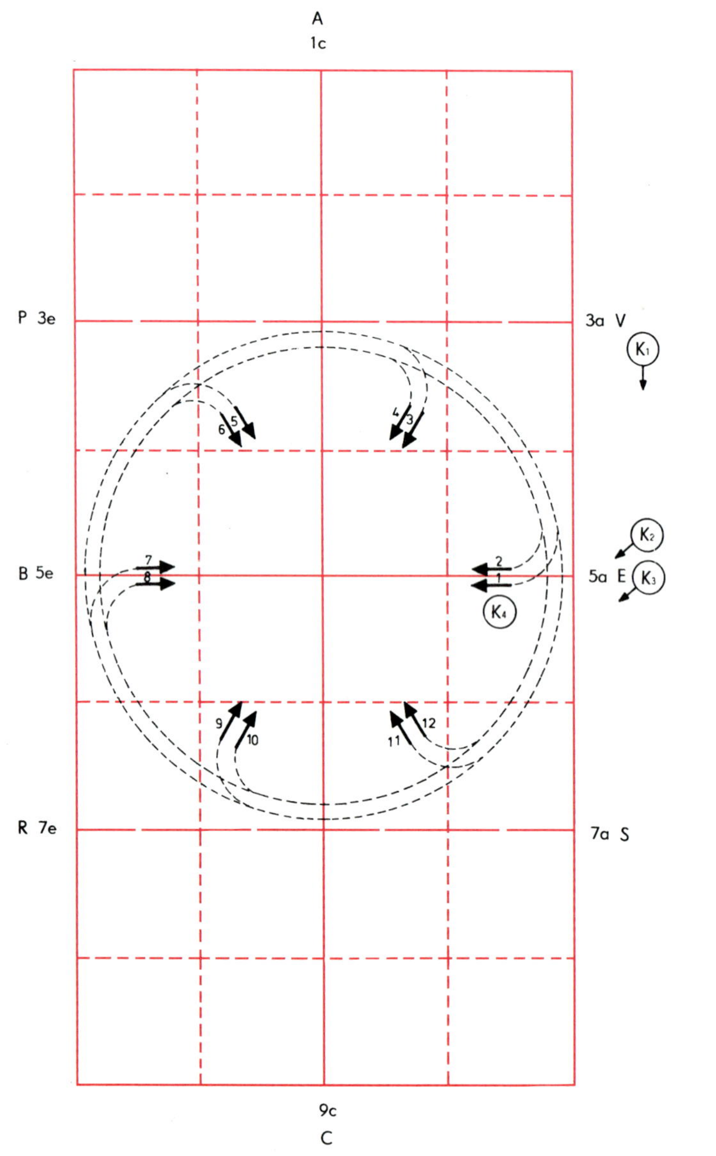

Slalomtour I (Einzelfigur)
Viereck: 30 m x 60 m
Kommando: 1 Abteilung! Zu zweien rechts schwenkt –
2 marsch!
3 Abteilung –
4 halt!

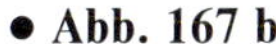

• **Abb. 167 b**

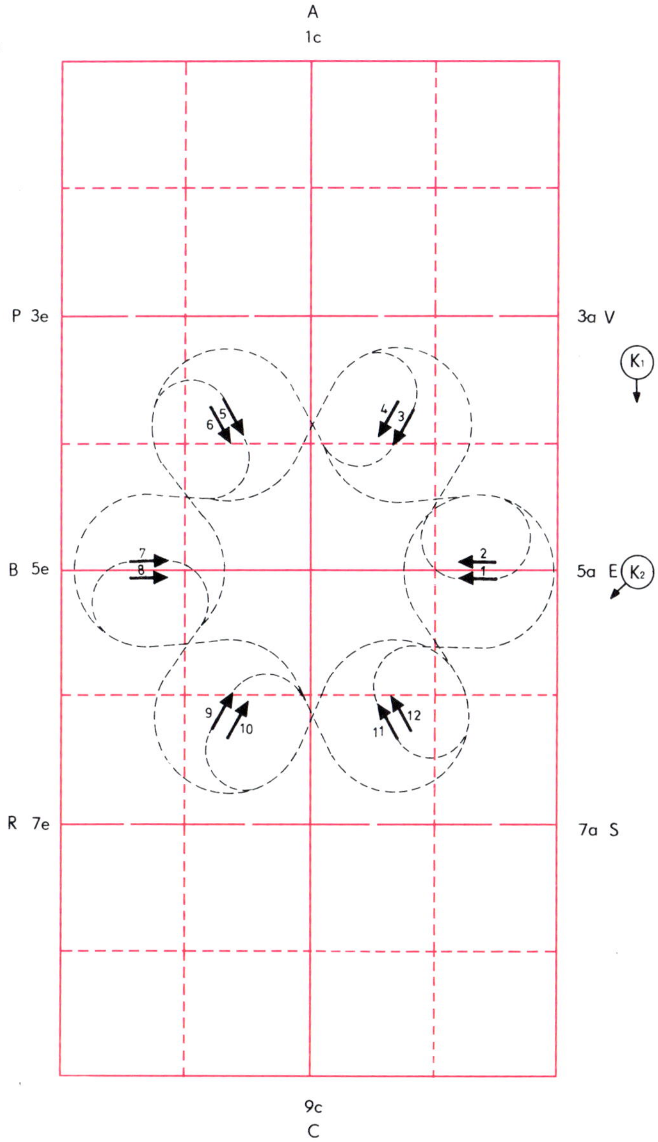
A
1c
P 3e
3a V
K1
B 5e
5a E
K2
R 7e
7a S
9c
C
1
2
3
4
5
6
7
8
9
10
11
12

Slalomtour II (Einzelfigur)
Viereck: 30 m x 60 m
Kommando: 1 Ungerade! Um die Geraden Slalom –
2 marsch!

vorgeschriebenen Gangart mit einer halben Volte an. Dann reiten sie in flacherem Bogen nach dem Hufschlag des Mittelzirkels, den sie auf der Höhe ihrer Ausgangsposition erreichen.

• Abb. 168 a

Nachdem die Ungeraden die Zirkellinie erreicht haben, reiten sie auf dieser entlang, bis sie sich genau hinter dem linken Nachbarn befinden. Dort beginnen sie eine ganze Volte von ca. 6 m Durchmesser (junge Reiter auch etwas mehr) um diesen herum. Es kommt darauf an, daß alle in Bewegung befindlichen Reiter gut ausgerichtet sind. Das geschieht hauptsächlich durch genaues Einteilen des Tempos und der Größe der Volten. Besonders müssen Beginn und Ende der Volten exakt übereinstimmen.
Nach Beendigung der Volte um den linken Nachbarn reiten sie wieder auf der Zirkellinie weiter, bis zum nächsten Nachbarn, um den sie wieder eine Volte reiten usw. bis sie wieder beim eigenen Nachbarn ankommen. Um den eigenen Partner wird *keine* Volte mehr geritten, sondern neben ihm aufmarschiert. Dazu wenden die Ungeraden eine Pferdelänge vor Erreichen ihres Partners auf einer Viertelvolte (6 m Durchmesser) in die Bahn und halten Bügel an Bügel mit dem Partner.

• Abb. 168 b

Sobald die Ungeraden wieder an ihrem Platz neben den Geraden sind:
I Gerade! Um die Ungeraden Volten links –
II marsch! (Trab! Im Arbeitstempo Galopp – marsch!)
III Die Geraden reiten nun mit einer halben Volte nach links an und dann die gleiche Linie wie die Ungeraden, jedoch auf der anderen Hand (analog Abb. 168 a).
Wenn die Paare wieder nebeneinander stehen, ist die Voltentour beendet. Entweder schließt sofort eine andere Tour auf dem Mittelzirkel an, was beim Üben des Reitens auf dem Mittelzirkel nützlich sein kann, oder man nimmt die Kolonne wieder auf den Hufschlag der ganzen Bahn.

2.3.2.6

Die Kettentour

Diese Tour entstand aus Übungen, die erforderlich waren, um Reiter das rasche Durchreiten zwischen anderen zu lehren. Sie gilt als die schwierigste Trabtour, bietet aber – korrekt geritten – ein sehr eindrucksvolles Bild. Die Kettentour ist ein gutes Mittel zur Entwicklung und Prüfung der Beweglichkeit und Gewandtheit sowie des Gehorsams der Pferde. An die Reiter stellt diese Tour hohe Anforderungen in bezug auf Tempo- und Raumgefühl und verlangt eine hohe Konzentrationsfähigkeit. Wenn sie bei dem ständig wechselnden Nach-Innen-Reiten und Nach-Außen-Reiten nicht ganz genau ihren Platz in der Abteilung halten, entsteht sehr rasch ein verworrenes Bild. Die Tour muß daher gründlich im Schritt und im verkürzten Trab geübt werden. Während vier Paare sie im Arbeitstrab reiten können, müssen sechs Paare den verkürzten Trab benutzen und auch auf dem Viereck 30 m x 60 m reiten. Voraussetzung für die Kettentour ist, daß die Reiter die Hinterhandwendung aus dem Halten bzw. die Kurzkehrtwendung beherrschen.
Im Galopp stellt diese Tour Anforderungen, die nur Dressurreiter erfüllen, die in höheren Klassen von Dressurprüfungen starten können. Sie können statt der Hinterhand- bzw. Kurzkehrtwendung auch halbe Pirouetten reiten. Die Kettentour wird aus der auf dem Mittelzirkel in Kolonne zu einem auf der rechten Hand gehenden Abteilung entwickelt.
I Abteilung –
II halt!
III Das Kommando wird so gegeben, daß Reiter Nr. 2 an der Mittellinie (Punkt 3c) steht.

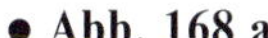

• Abb. 168 a

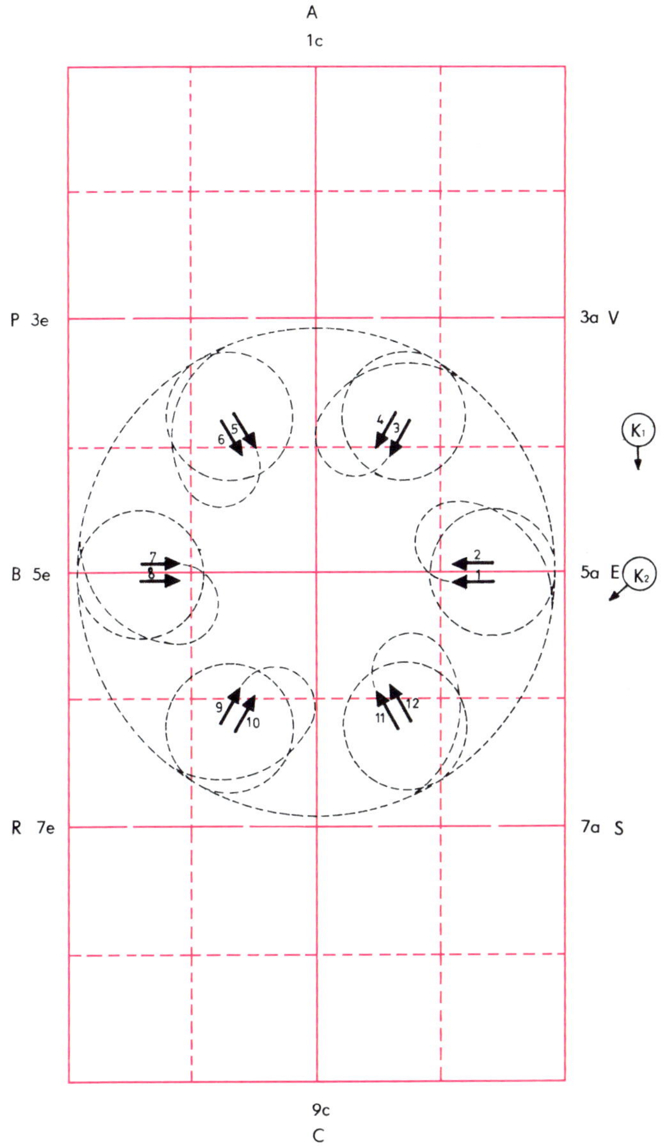
A
1c
P 3e
3a V
K1
B 5e
5a E
K2
R 7e
7a S
9c
C
1
2
3
4
5
6
7
8
9
10
11
12

Voltentour – Anfangsphase (Einzelfigur)
Viereck: 30 m x 60 m
Kommando: 1 Ungerade! Um die Geraden Volten rechts –
2 marsch!

• Abb. 168 b

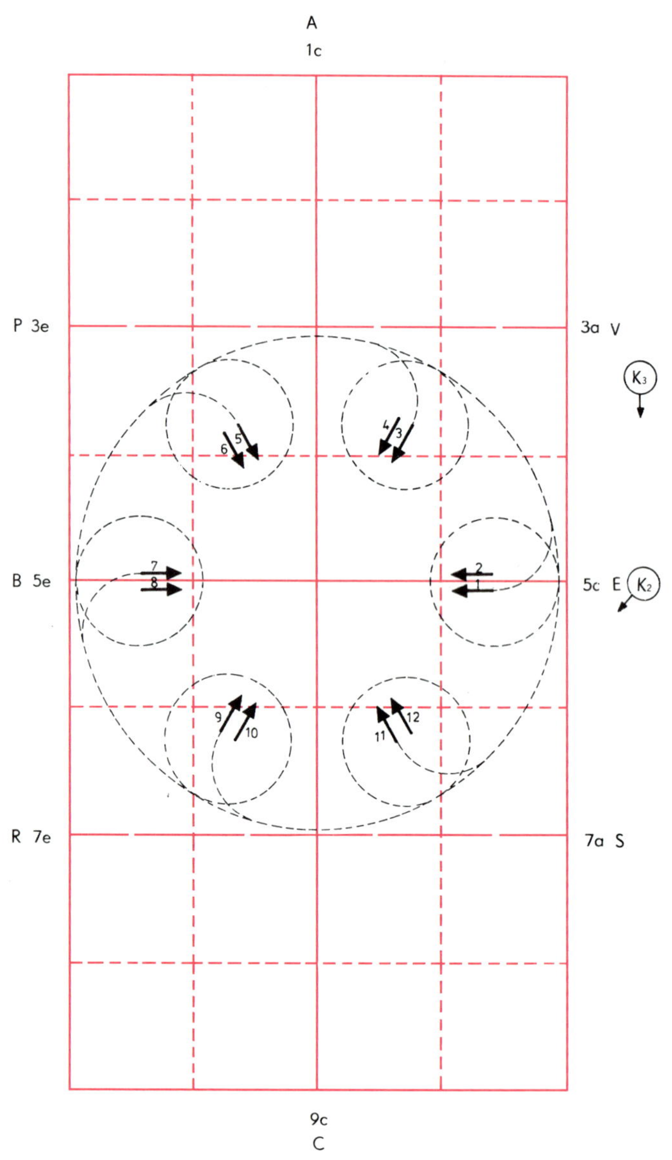

Voltentour – Endphase (Einzelfigur)
Viereck: 30 m x 60 m
Kommando: 1 Ungerade! Um die Geraden Volten rechts –
2 marsch!

I Ungerade! Auf der Hinterhand rechtsum kehrt –
II marsch! Zur Kettentour!
III Die Ungeraden führen eine Hinterhandwendung nach dem Zirkelinneren aus und reiten daraus sofort neben die Geraden, so daß der Kopf ihres Pferdes sich in Höhe des Schweifes des Nachbarpferdes befindet und die Reiter sich die rechte Hand reichen könnten.

• **Abb. 169 a**

Wenn alle Reiter so stehen:
I Abteilung! Kette –
II marsch! (Trab! Im Arbeitstempo Galopp – marsch!)
III Alle Reiter reiten gleichzeitig in der vorgeschriebenen Gangart an.
Die Ungeraden reiten ein Quadrat mit abgerundeten Ecken aus, dessen Seiten parallel zu den Seiten des Vierecks verlaufen. Die Geraden reiten ein ebensolches Viereck aus, das (bei vier Paaren) um 45° verschoben ist. Dadurch kommen die Ungeraden und die Geraden abwechselnd nach außen und nach innen, so daß die Reiter sich abwechselnd die rechte und die linke Hand reichen könnten.

• **Abb. 169 b**

Wird die Kettentour mit zwölf Reitern (sechs Paaren) geritten, was nur auf dem Viereck 30 m x 60 m möglich ist, so sind zwei um 30° verschobene Sechsecke in den Zirkel zu legen. Natürlich reiten auch hier die Ungeraden und Geraden entgegen und dadurch abwechselnd nach innen und außen.

• **Abb. 169 c**

Wenn der Zirkel auf diese Weise einmal umritten ist:
I Abteilung –
II halt!
III Das Kommando muß so gegeben werden, daß die einander begegnenden Geraden und Ungeraden halten, wenn ihre Pferdeköpfe noch einen Schritt voneinander entfernt sind. Wenn die Reiter stehen:
I Abteilung! Auf der Hinterhand linksum kehrt –
II marsch!
III Die innen haltenden Ungeraden führen eine Hinterhandwendung um 180° nach links aus, die geraden eine ebensolche nach außen. Zwischen den Kruppen der zu einem Paar gehörenden Ungeraden und Geraden ist jetzt eine Pferdelänge Abstand.
Sobald die Hinterhandwendungen beendet sind:
I Abteilung! Kette –
II marsch! (Trab! Im Arbeitstempo Galopp – marsch!)
III Jeder Reiter reitet nun das gleiche Quadrat bzw. Sechseck aus, das er vorher auf der anderen Hand geritten hat. Wenn Nr. 1 und Nr. 2 den Ausgangspunkt der Kette erreichen und sich auf gleicher Höhe befinden:
I Abteilung –
II halt!
III Die Reiter halten so, daß die Pferde Kruppe an Kruppe stehen.
I Ungerade! Auf der Hinterhand rechtsum kehrt –
II marsch!
III Die Ungeraden kommen durch die Hinterhandwendung links neben die Geraden. Damit ist die Kolonne zu zweien wieder hergestellt, und es können daraus weitere Figuren ausgeführt werden.
Mit einer Abteilung, die höhere reiterliche Anforderungen erfüllen kann, läßt sich die Hinterhandwendung zwischen den beiden Zirkeltouren durch eine Kurzkehrtwendung ersetzen. In diesem Fall würde das Halten wegfallen und anstatt der Hinterhandwendung wird kommandiert: "Abteilung! Kurzkehrt links – marsch!" Soll die Kehrtwendung als Pirouette ausgeführt werden (nur für Dressurreiter der Klasse S), dann heißt das Kommando: "Abteilung! Halbe Pirouette links – marsch!"
Will man zum Richtungswechsel in der Kettentour nicht halten lassen, so verzichtet man auf die Hinterhandwendung und läßt statt dessen die Ungeraden den Zirkel

• Abb. 169 a

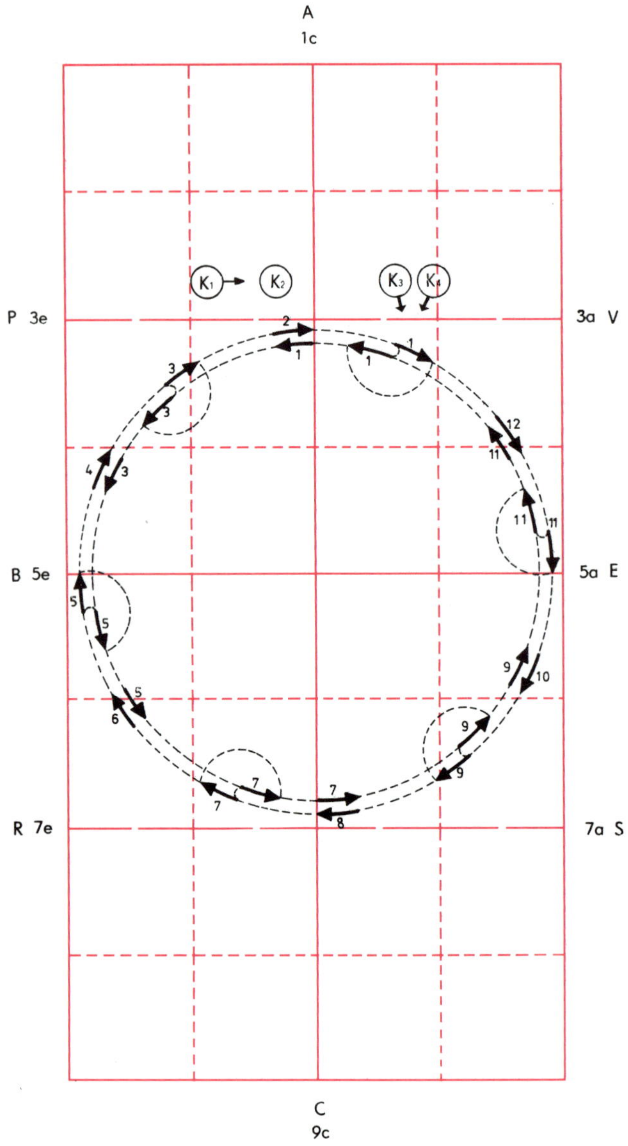

Kettentour I (Abteilungs- und Einzelfigur)
Viereck: 30 m x 60 m
Kommando: 1 Abteilung –
2 halt!
3 Ungerade! Auf der Hinterhand rechtsum kehrt –
4 marsch! Zur Kettentour!

• Abb. 169 b

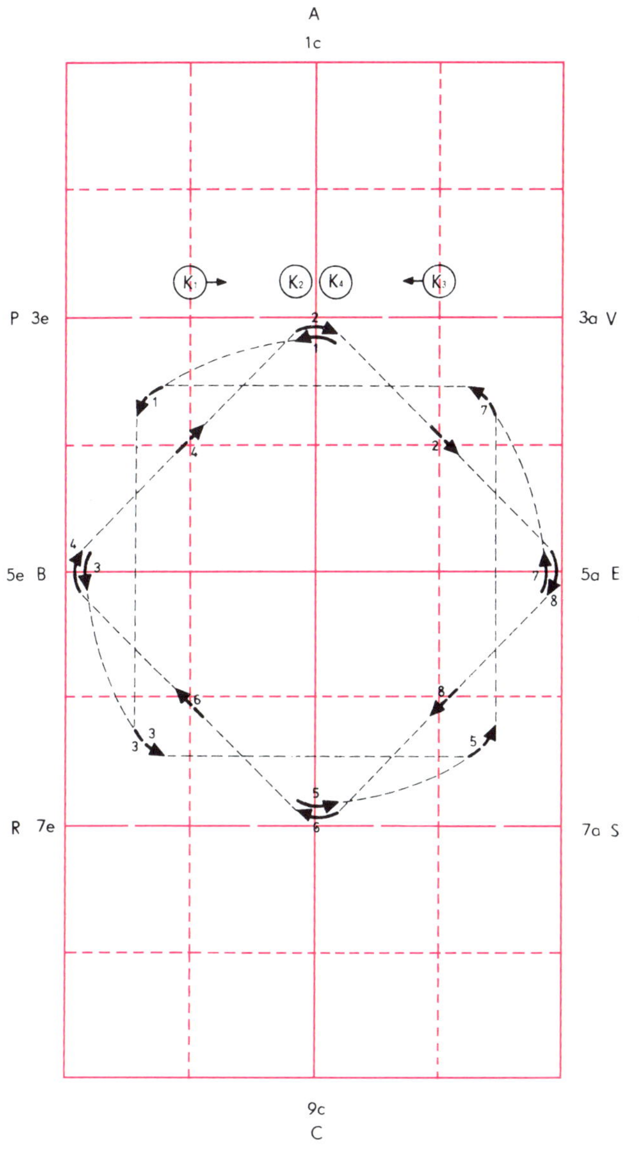

Kettentour II (mit acht Reitern (Einzelfigur)
Viereck: 30 m x 60 m
Kommando: 1 Abteilung! Kette –
2 marsch!
3 Abteilung –
4 halt! –

• **Abb. 169 c**

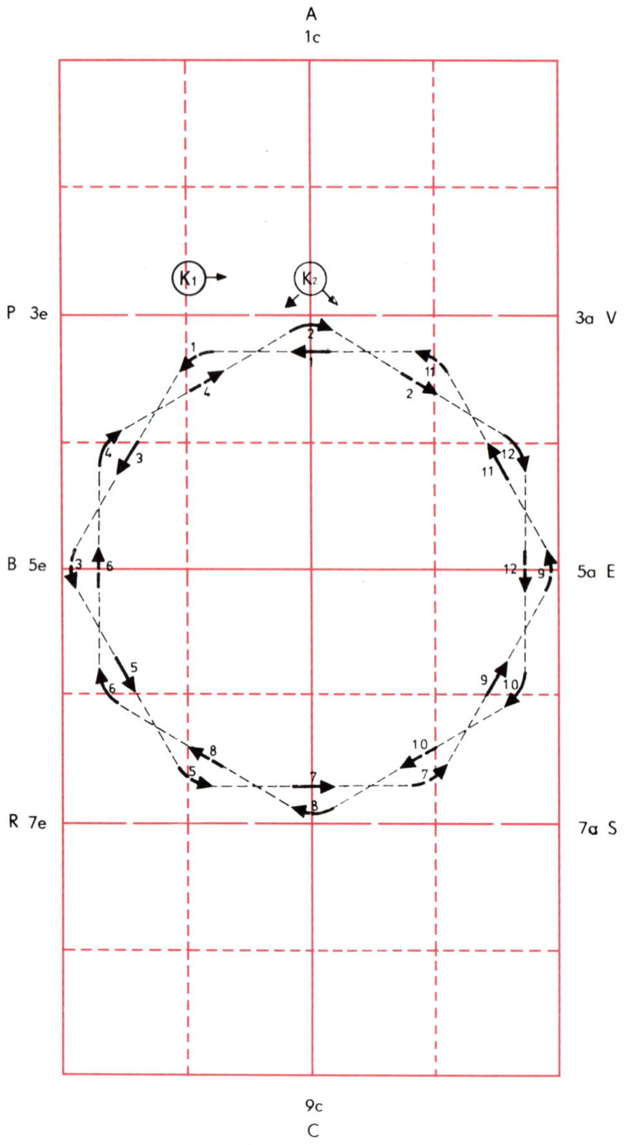

Kettentour III (mit zwölf Reitern) (Einzelfigur)
Viereck: 30 m x 60 m
Kommando: 1 Abteilung! Kette –
2 marsch!

verkleinern und danach Gerade und Ungerade mit einer halben Volte die Hand wechseln.
I Kette beenden! Ungerade! Anfang! Zirkel –
II verkleinern!
III Das Kommando wird gegeben, wenn Nr. 1 und Nr. 2 auf gleicher Höhe sind (Punkt 3c). Die Geraden reiten daraufhin auf der Zirkellinie weiter, die Ungeraden auf einer Spirallinie, entsprechend dem "Zirkel verkleinern" in eineinhalb Zirkeltouren auf einen Innenkreis, dessen Durchmesser 10 m kleiner ist als der des Außenkreises, bleiben dabei aber mit ihren Partnern auf dem Außenkreis gut ausgerichtet. Nr. 1 erreicht den Innenkreis auf der Linie 7c-5c, Nr. 2 ist zu diesem Zeitpunkt bei 7c.

• **Abb. 169 d**

Wenn die Reiter ausgerichtet bleiben sollen, so daß sich die zu einem Paar gehörenden Reiter Nr. 1/2 und Nr. 7/8 jeweils an der Mittellinie, die übrigen Paare jeweils an den Stellen der Zirkellinie treffen, an denen sie sich auch während der Kette begegnet sind (s. Abb. 169 b, c), müssen selbstverständlich die auf dem Außenzirkel Reitenden das Tempo etwas verstärken, die auf dem Innenzirkel befindlichen Reiter die Tritte etwas verkürzen.
Nach einer weiteren halben Zirkeltour treffen sich Nr. 1 und Nr. 2 wieder an der Linie 3c-5c (Mittellinie). Kurz davor kommt das Kommando:
I Abteilung! Halbe Volte rechts –
II marsch!
III Ungerade und Gerade beginnen gleichzeitig eine halbe Volte, erstere nach außen, letztere nach innen.

• **Abb. 169 e**

Sobald die Ungeraden auf dem äußeren, die Geraden auf dem inneren Kreis reiten:
I Gerade! Anfang! Zirkel –
II vergrößern!
III Sind die Geraden nach eineinhalb Zirkeltouren wieder innen neben den Ungeraden angelangt, wird beim nächsten Zusammentreffen von Nr. 1 und Nr. 2 am Punkt 3c kommandiert:
I Abteilung! Kette –
II marsch!
III s.o.
Dieser Handwechsel in der Bewegung kann auch am Ende der Kettentour geritten werden, um die Abteilung zu einem auf den Mittelzirkel zu führen. Nachdem in diesem Fall die Geraden den Zirkel verkleinert haben, läßt man sie mit einer halben Volte an ihren Platz in der Kolonne zu einem reiten:
I Gerade! Anfang! Zirkel –
II verkleinern!
I Gerade! Mit halber Volte an Platz –
II marsch!
III s. Abb. 169 f

• **Abb. 169 f**

Das Verkleinern und Vergrößern des Zirkels vor und nach dem Handwechsel mit halben Volten kann auch als Einzelfigur ausgeführt werden, und zwar noch rascher und eleganter, als oben für eine Abteilung mit geringerer Übung im Figurenreiten beschrieben.
I Ungerade! Abteilung! Zirkel –
II verkleinern!
III Das Kommando wird gegeben, wenn Nr. 1 und Nr. 2 am Punkt 3c zusammentreffen. Auf "verkleinern!" reiten alle Ungeraden gleichzeitig auf spiralförmigen Linien nach dem Innenzirkel, den sie nach einer halben Zirkeltour auch erreichen müssen. Die Reiter bleiben dabei exakt ausgerichtet - wie oben beschrieben. Die Schwierigkeit beim Zirkelverkleinern auf diese Art besteht darin, den Innenkreis wirklich so klein zu machen (4c-5d-6c-5b), daß beim Handwechsel korrekte halbe Volten geritten werden können.
Treffen nach einer halben Zirkeltour Nr. 1 und Nr. 2 am Punkt 3c wieder zusammen:
I Abteilung! Halbe Volte –
II marsch!
III s.o.
Nach dem Handwechsel können die nun

• Abb. 169 d

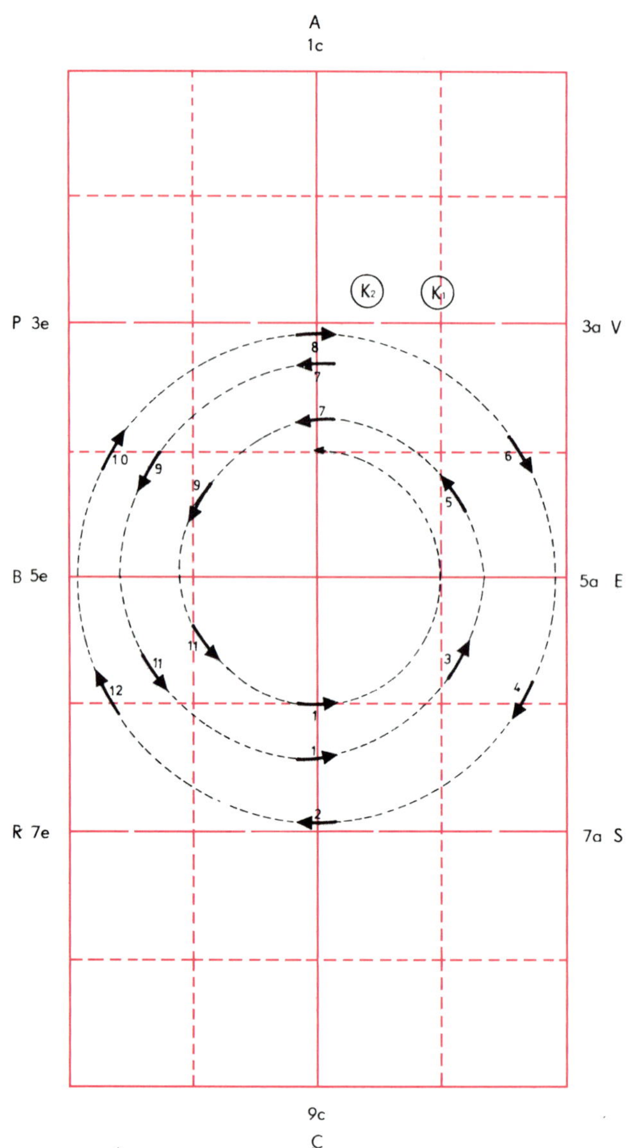

Kettentour IV (Abteilungsfigur)
Viereck: 30 m x 60 m
Kommando: 1 Kette beenden! Ungerade! Anfang, Zirkel – 2 verkleinern!

• Abb. 169 e

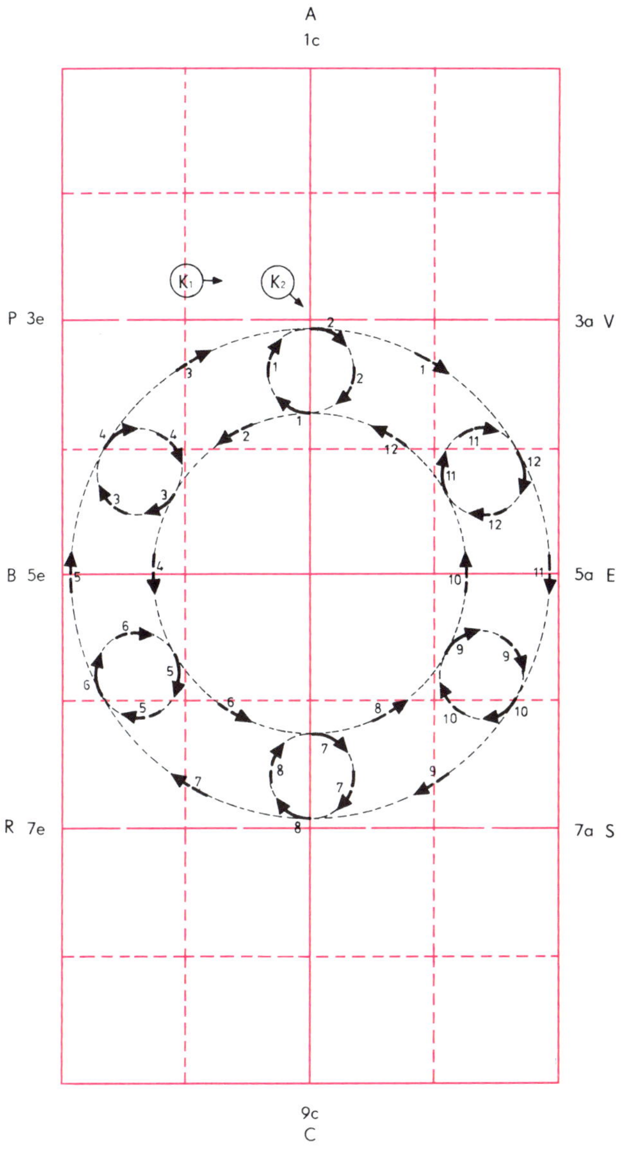

Kettentour V (Abteilungs- und Einzelfigur)
Viereck: 30 m x 60 m
Kommando: 1 Abteilung! Halbe Volte rechts –
2 marsch!

• **Abb. 169 f**

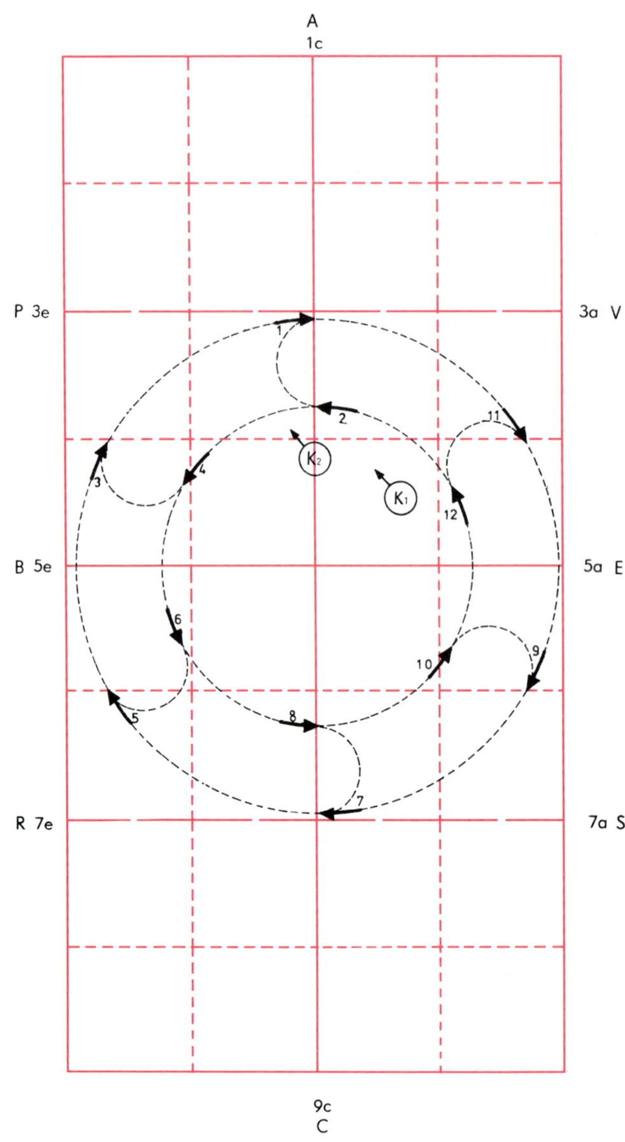

Kettentour VI (Abteilungs- und Einzelfigur)
Viereck: 30 m x 60 m
Kommando: 1 Gerade! Mit halber Volte an Platz –
2 marsch!

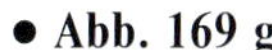

• Abb. 169 g

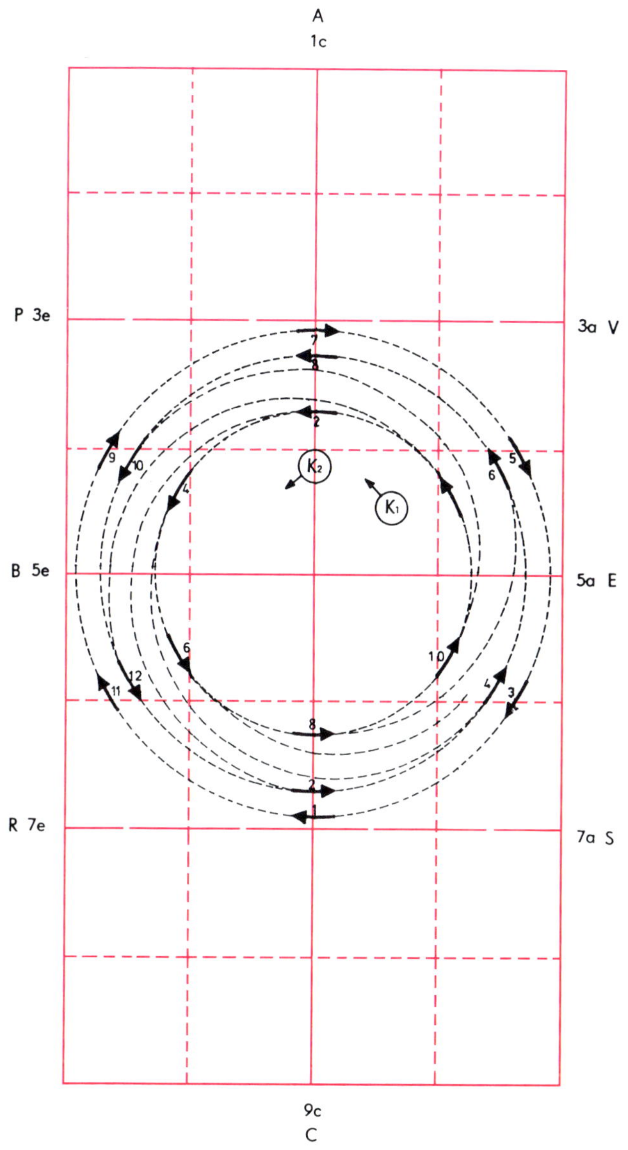

A
1c
P 3e
3a V
B 5e
5a E
R 7e
7a S
9c
C
K2
K1

Kettentour VII (Abteilungs- und Einzelfigur)
Viereck: 30 m x 60 m
Kommando: 1 Gerade! Abteilung! Auf den zweiten Hufschlag des Zirkels –
2 geritten!

auf dem Innenkreis reitenden Geraden in analoger Weise wieder auf den zweiten Hufschlag des Zirkels hinausgeführt werden:

I Gerade! Abteilung! Auf den zweiten Hufschlag des Zirkels –

II geritten!

III Das Kommando kann bereits gegeben werden, wenn sich nach dem Handwechsel Nr. 1 und Nr. 2 am Punkt 7c treffen. Das Vergrößern erfolgt spiegelbildlich zum Verkleinern.

• **Abb. 169 g**

Am Punkt 3c, an dem das nächste Zusammentreffen von Nr. 1 und Nr. 2 stattfindet, kann schon das nächste Kommando gegeben werden.

Für das Gelingen der Kettentour ist Voraussetzung, daß jeder Reiter seinen Weg genau kennt und einhält. Jeder Reiter sollte sich deshalb *seinen eigenen Weg* aufzeichnen. Dabei kann er feststellen, welchen Reiter er an welcher Stelle trifft. Für das Üben dieser Tour mit sechs Paaren sollte man am Anfang allerdings unbedingt die Ecken der zwei Sechsecke (s. Abb. 169 b) markieren. Papierfähnchen unterschiedlicher Farbe sind dazu gut geeignet. Wenn nur acht Reiter zur Verfügung stehen, kann die Tour so geritten werden, wie Abb. 169 b zeigt. Ablauf und Kommando sind dabei die gleichen wie mit zwölf Reitern.

2.3.2.7

Die Schneckentour

Diese Tour ist für Zuschauer sehr eindrucksvoll. Je mehr Reiter daran beteiligt sind, um so verblüffender wirkt das offenbar regellose Durcheinander, bei dem für die Unbeteiligten Anfang und Ende nicht leicht zu erkennen sind. Dabei gehört die Schneckentour zu den einfacheren Quadrillentouren, deren reiterliche Anforderungen sich auf das Einhalten der Linie und der Abstände beschränken.

Die Schneckentour wird aus der Kolonne zu einem entwickelt. Sie läßt sich auf beiden Händen beginnen und ist mit einem Handwechsel verbunden. Im Galopp kann sie nur mit Pferden und Reitern geritten werden, die den fliegenden Galoppwechsel beherrschen. Einfache Galoppwechsel würden die Harmonie der Tour stark beeinträchtigen.

I Anfang! Schnecke –

II marsch!

III Der Anfangsreiter geht von der Mitte der langen Seite auf eine Spirallinie, die ihn nach eineinhalb Umgängen auf einen Zirkel von 10 m Durchmesser bringt, durch den er sofort mit zwei halben Volten wechselt.

• **Abb. 170**

Danach reitet er in weiteren eineinhalb Spiralgängen wieder auf den Hufschlag des Mittelzirkels hinaus und erreicht diesen in der Mitte der dem Anfangspunkt gegenüberliegenden langen Seite. Von dort aus reitet er auf dem Hufschlag der ganzen Bahn weiter.

Sollen nach Beendigung der Schneckentour die Reiter auf dem Mittelzirkel andere Figuren ausführen, müssen sie durch das Kommando "Auf dem Mittelzirkel geritten!" und nach einer Zirkelrunde, wenn alle Reiter die Schneckenlinie verlassen haben, durch das Kommando "Zum Figurenreiten!" darauf hingeführt werden. Das ist erforderlich, weil die Reiter – vom Hufschlag der ganzen Bahn kommend – noch nicht die Abstände so ausgeglichen haben, daß sie gleichmäßig auf dem Mittelzirkel verteilt sind.

Die Schneckentour kann man auch mit gegenüberreitenden Abteilungen auf zwei Zirkeln reiten lassen.

Abb. 170

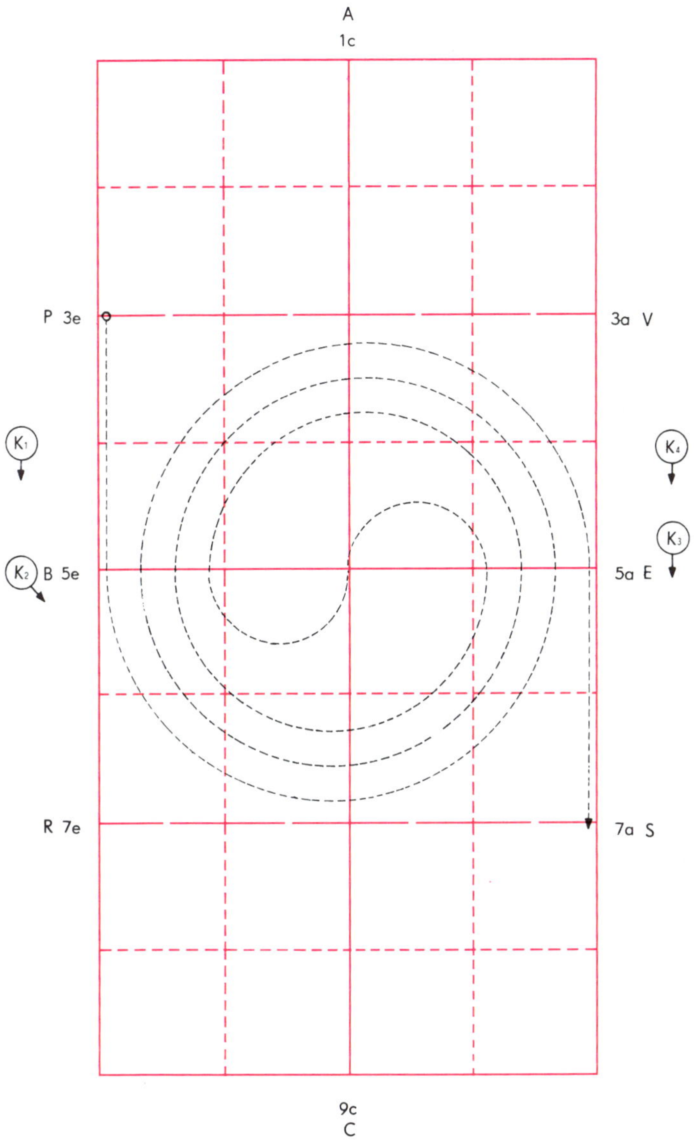

A
1c

P 3e
3a V

K_1
K_4
K_3

K_2 B 5e
5a E

R 7e
7a S

9c
C

Schneckentour (Abteilungsfigur)
Viereck: 30 m x 60 m
Kommando: 1 Anfang! Schnecke –
2 marsch!
3 Auf dem Mittelzirkel geritten!
4 Zum Figurenreiten!
Abstand: 2 Pferdelängen

2.3.2.8

Die Mühlentour

Diese Tour ist für das Formationsreiten nur als Aufmarschtour auf dem Mittelzirkel von Bedeutung. In Quadrillen allerdings kann sie, gut geritten, einen Höhepunkt darstellen. Diese Tour kann mit acht und mit zwölf Reitern nur auf dem Viereck 30 m x 60 m geritten werden. Die Abteilung befindet sich in Kolonne zu einem auf dem Mittelzirkel mit gleichmäßigen Abständen.
I Abteilung! Zu zweien –
II marsch!
III Die Geraden reiten innen neben die Ungeraden. Die Abstände bleiben gleich.
Wenn die Kolonne zu zweien mit gleichen Abständen reitet:
I Abteilung! Zu vieren –
II marsch!
III Die zweiten Paare (Nr. 3/4, Nr. 7/8 und Nr. 11/12) setzen sich innen neben die vor ihnen Reitenden. Wenn der Aufmarsch erfolgt ist und die drei Viererglieder gleichmäßige Abstände haben, reiten sie zweimal um die Zirkel, danach, wenn das erste Viererglied an Punkt 7c kommt:
I Abteilung! Mühle –
II marsch!
III Die Viererglieder verkleinern den Zirkel, indem sie einen Halbkreis nach dem Bahninneren reiten, bis der innere Reiter auf der Innenvolte reitet.

• Abb. 171 a

Auf der Innenvolte wird mehrfach herumgeritten, so daß die Viererglieder wie Mühlenflügel schwenken. Dabei muß genau auf Abstände und Seitenrichtung geachtet werden!
I Abteilung! Auf den Mittelzirkel –
II marsch!
III Das Kommando wird gegeben, wenn die Viererglieder auf der Mittelvolte den Punkt erreichen, an dem sie die Mittelvolte begonnen haben, das erste Viererglied an der Mittellinie 5c-4c. Von dort reiten sie wiederum auf einem Halbkreis nach außen. Dieser Kreis ist gleichsam die zum Einreitekreis gehörende zweite Kreishälfte.

• Abb. 171 b

Auf dieser Linie erreichen sie den Hufschlag des Mittelzirkels an dem Punkt, an dem sie die Zirkellinie verlassen haben, das erste Viererglied bei Punkt 7c.
I Abteilung! Zu zwölfen (zu achten) –
II marsch!
III Zunächst setzt sich das dritte Viererglied (Nr. 9/10/11/12) innen neben das zweite (Nr. 5/6/7/8).

• Abb. 171 c

Sobald die beiden hinteren Glieder aufmarschiert sind, reiten sie in Linie (zu achten) innen neben das erste Glied (Nr. 1/2/3/4).

• Abb. 171 d

Sobald der Aufmarsch beendet ist und ohne zu halten:
I Abteilung! Mühle –
II marsch!
III Die Abteilung in Linie verkleinert den Zirkel um ca. drei Schritt, so daß der innere Flügelreiter (Nr. 12) auf den Hufschlag der Mittelvolte kommt (s. Abb. 171 d).
Danach wird mehrfach rechts herumgeschwenkt.
(Über Schwenkungen siehe Kapitel 2.2.4.5.)
Nach dem mehrmaligen Herumschwenken wird an der Quermittellinie 5a-5e kommandiert:
I Abteilung –
II halt!
III s. Abb. 171 e
I Abteilung! Zu einem, vom rechten Flügel auf den Mittelzirkel rechts brecht ab –
II marsch! (Trab! Im Arbeitstempo Galopp – marsch!)
III Der rechte Flügelreiter (Nr. 12), der möglichst nur ganz kurz zum Halten kommen darf – deshalb müssen die Kommandos rasch hintereinander gegeben werden – reitet im Bogen auf den Hufschlag des Mittelzirkels hinaus. Die übrigen Reiter folgen

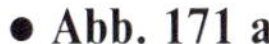

• **Abb. 171 a**

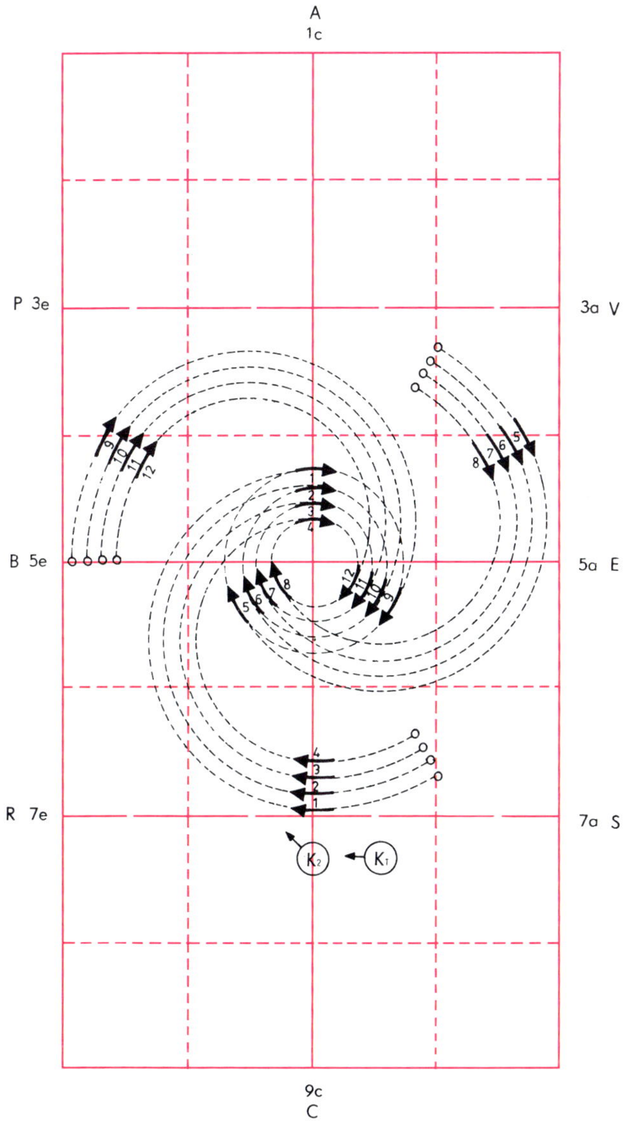
A
1c
P 3e
3a V
B 5e
5a E
R 7e
7a S
9c
C
K2
K1

Mühlentour I (Einzelfigur)
Viereck: 30 m x 60 m
Kommando: 1 Abteilung! Mühle –
2 marsch!

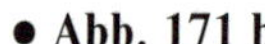

• **Abb. 171 b**

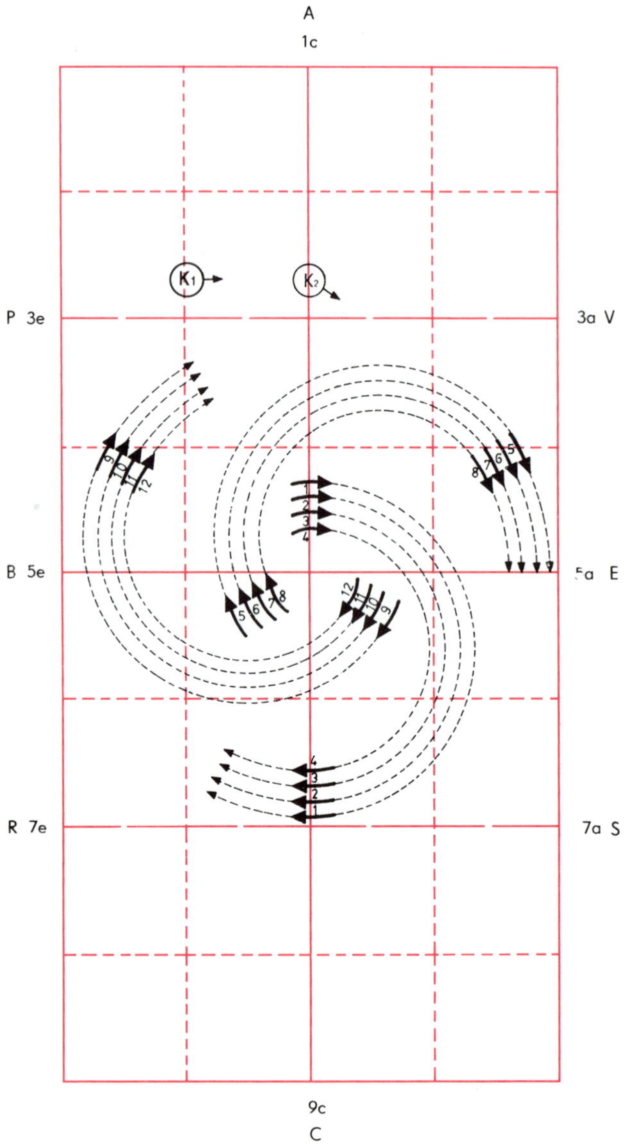
A
1c
K1
K2
P 3e
3a V
B 5e
5a E
R 7e
7a S
9c
C

Mühlentour II (Einzelfigur)
Viereck: 30 m x 60 m
Kommando: 1 Abteilung! Auf den Mittelzirkel –
2 marsch!

• Abb. 171 c

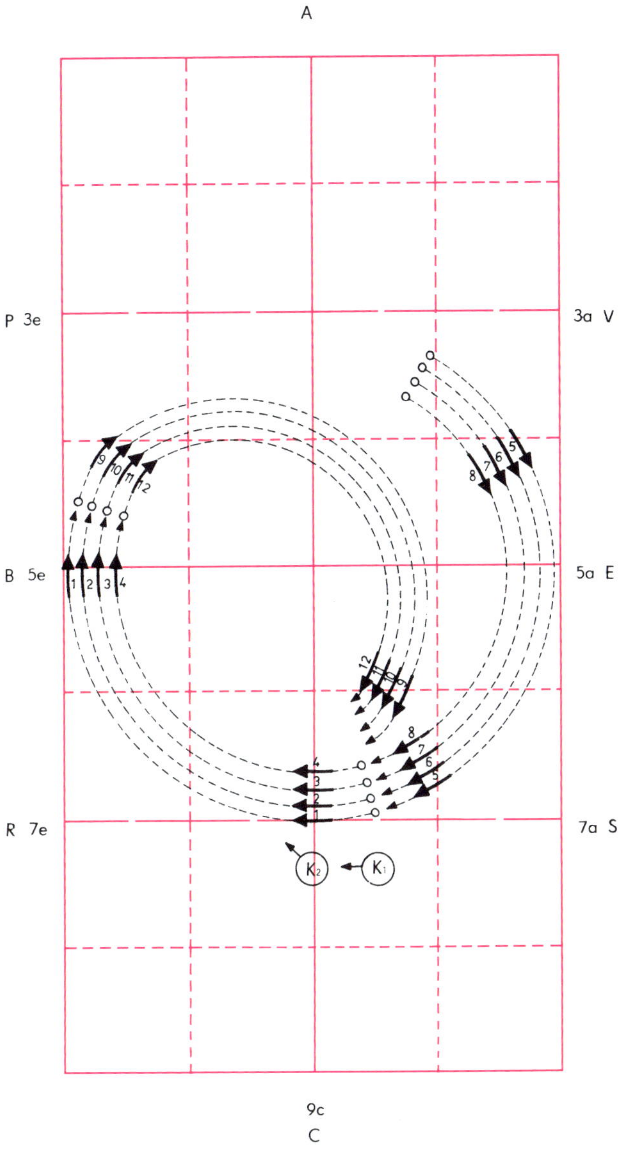

Mühlentour III (Einzelfigur)
Viereck: 30 m x 60 m
Kommando: 1 Abteilung! Zu zwölfen –
2 marsch!

• Abb. 171 d

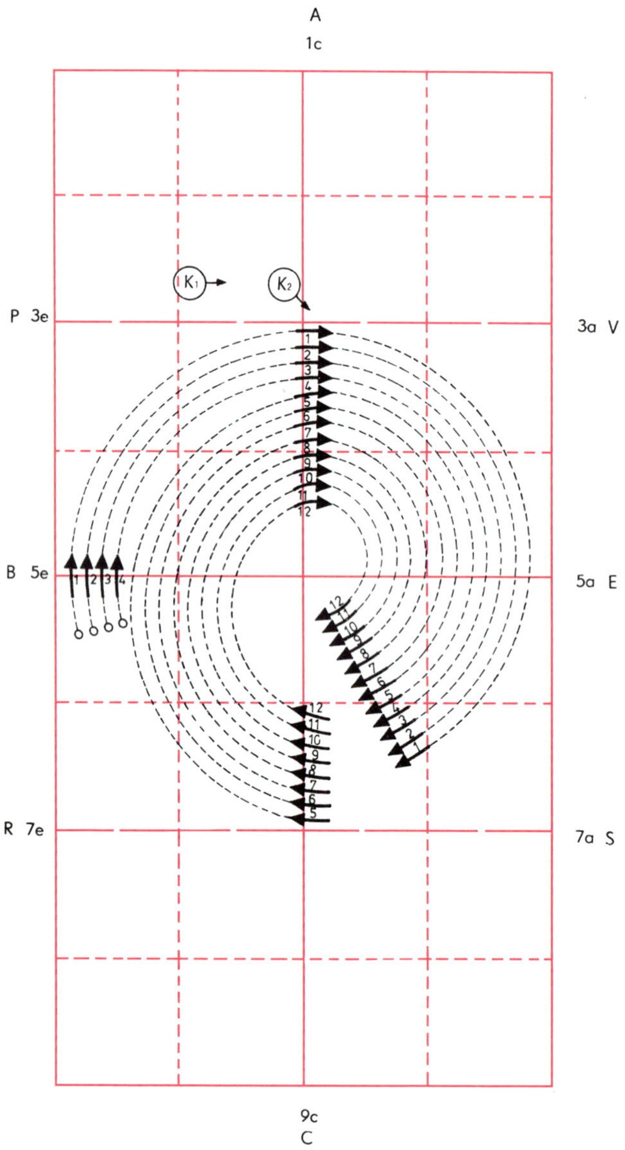

Mühlentour IV (Einzelfigur)
Viereck: 30 m x 60 m
Kommando: 1 Abteilung! Mühle –
2 marsch!

• Abb. 171 e

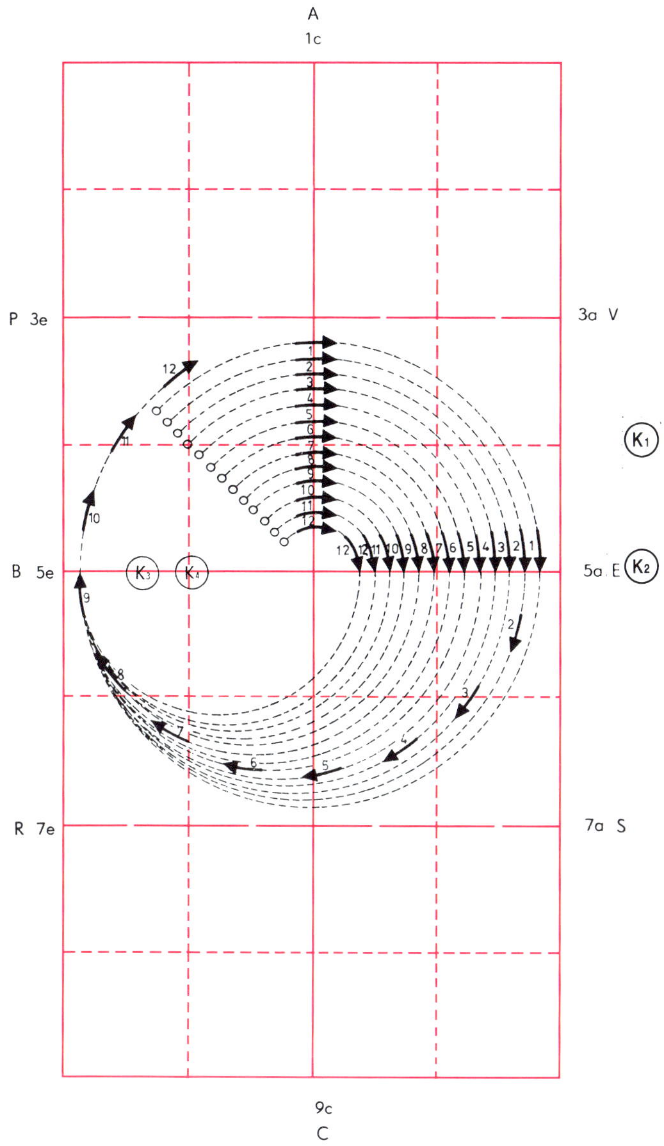

Mühlentour V (Einzel- und Abteilungsfigur)
Viereck: 30 m x 60 m
Kommando: 1 Abteilung –
2 halt!
3 Abteilung! Zu einem vom rechten Flügel auf den Mittelzirkel rechts brecht ab –
4 marsch!

• Abb. 171 f

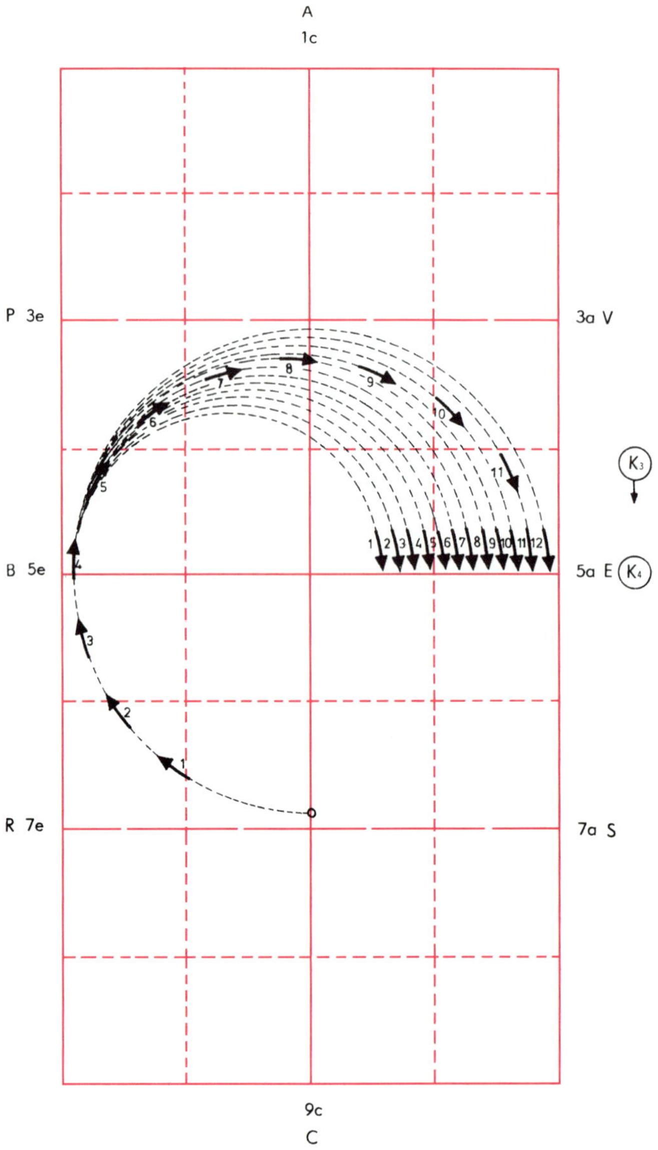

Mühlentour VI (Abteilungs- und Einzelfigur)
Viereck: 30 m x 60 m
Kommando: 1 Abteilung! Zu zwölfen –
2 marsch!
3 Anfang –
4 halt!

ihm mit dem Abstand, in dem sich die Kolonne zu einem vor Beginn der Mühlentour auf dem Zirkel befand (eine Pferdelänge).

• Abb. 171 e

Sobald der Anfangsreiter (Nr. 12) an die Quermittellinie (Punkt 5e) kommt:
I Abteilung! Zu zwölfen (zu achten) –
II marsch!
III Nr. 12 reitet auf der Zirkellinie weiter, Nr. 11 setzt sich rechts daneben, danach Nr. 10 rechts neben Nr. 11 usw. bis die Abteilung wieder in Linie aufmarschiert ist. Auf diese Weise entsteht spiegelbildlich zum Abbrechen ein spiralförmiger Aufmarsch.

• Abb. 171 f

Während des spiralförmigen Aufmarschierens setzen sich die Reiter – bei gleichbleibendem Abstand – nach dem Abwenden vom Hufschlag des Zirkels einen Schritt nach rechts von ihrem Vordermann, so daß sie ungehindert neben diesen in die Linie einrücken können.
Wenn Nr. 12 die Quermittellinie erreicht:
I Anfang –
II halt!
III s. Abb. 171 f
Nachdem dieser Aufmarsch beendet ist:
I Abteilung! Mühle –
II marsch!
III Wie oben. Der innere Flügelreiter ist jetzt Nr. 1 analog Abb. 171 d. Nach mehrmaligem Herumschwenken wird an der Quermittellinie 5a-5c kommandiert:
I Abteilung –
II halt!
III analog Abb. 171 e
I Abteilung! Zu einem, vom rechten Flügel auf den Mittelzirkel rechts brecht ab –
II marsch! (Trab! Im Arbeitstempo Galopp – marsch!)
III Abb. 171 e. Nr. 1 ist jetzt der Anfangsreiter. Damit ist die Mühlentour beendet und die Abteilung reitet in Kolonne zu einem auf dem Mittelzirkel.
Will man am Ende der Mühlentour vom linken Flügel abbrechen lassen und braucht dazu Nr. 1 an dieser Stelle, so wird der Aufmarsch zu zwölfen wiederholt. Danach befindet sich die Nr. 12 wieder innen, so daß beim Halten an der Quermittellinie die gleiche Ordnung besteht wie nach dem ersten Aufmarsch zu zwölfen. Nun kann der Abmarsch vom linken Flügel erfolgen.
I Abteilung! Zu einem, vom linken Flügel auf den Mittelzirkel rechts brecht ab –
II marsch!

2.4 Hinweise zum Formationsreiten

2.4.1 Grundsätze für das Entwerfen der Figuren

Alle Anforderungen, die an Reiter und Pferd beim Formationsreiten gestellt werden sollen, müssen korrekt ausführbar sein. Dieser Bedingung genügen sie dann, wenn sie sich aus Lektionen oder Teilen von Lektionen zusammensetzen, die in Abschnitt 4 der Richtlinien für Reiten und Fahren, Band 1 "Grundausbildung von Reiter und Pferd" bzw. im Aufgabenheft, Ausgabe 1991, S. 3-14, beschrieben sind. Auch beim Formationsreiten müssen alle Lektionen, Gangarten, Tempi richtig geritten werden können. So ist zu beachten, daß eine Volte mit einem Durchmesser von 5 m (sechs Schritt) dem Pferd das Höchstmaß an Längsbiegung der Wirbelsäule abverlangt. Das kann nur von Pferden ausgeführt werden, deren Ausbildung beendet ist. Jüngere Pferde können eine Figur mit solchen

Anforderungen noch nicht in korrekter Längsbiegung bewältigen.
Oder ein anderes Beispiel: Jede Wendung muß auf dem Bogen einer Viertelvolte geritten, jede Kehrtwendung als halbe Volte begonnen werden. Sollen die Reiter, von der langen Seite kommend, vor der kurzen Seite aufmarschieren, so muß der erste eine halbe Volte reiten und steht danach 5 m vom Hufschlag der langen Seite entfernt, d.h. für die übrigen Reiter stehen noch 15 m zur Verfügung, oder auch nur 10 m, wenn der Mittelreiter auf der Mittellinie stehen soll. Da die Breite eines Pferdes mit Reiter zwischen 0,70 m (Kinder mit Ponys) und 0,90 m (Erwachsene auf Großpferden) beträgt, können wir im allgemeinen mit einer Breite von 0,80 m - 0,90 m rechnen. Für unser Beispiel bedeutet das, daß die zwölf Pferde der Abteilung auf der kurzen Seite Platz haben (mit gleichmäßigem Abstand der beiden Flügelreiter von den langen Seiten - je 5 m), wenn sie Bügel an Bügel stehen (0,80 m x 12 = 9,60 m).
Neue Figuren bedürfen gründlicher Überlegung. Gehen wir mit den Fachkenntnissen eines Dressurreiters an die Sache heran, wissen wir schon im voraus, was durchführbar ist. Beim Entwerfen der Figuren setzen wir voraus, daß alle Reiter jeweils gleiche Gangart und gleiches Tempo reiten können. (Wo das nicht möglich ist, z.B. bei Schwenkungen in Linie, wurde das bei der Beschreibung der Figuren angemerkt.) Neben diesen beiden Vorbedingungen, dressurmäßige Reitbarkeit und gleichmäßiges Tempo, müssen noch einige Maße beachtet werden, die wir zum Teil bereits bei der Beschreibung der Figuren angeführt haben.

Abmessungen des Vierecks	Durchmesser Volte	Umfang Volte	Duchmesser Großvolte	Umfang Großvolte	Zirkeldurchmesser	Zirkelumfang
20 m x 40 m	5,00 m	15,70 m	10,00 m	31,40 m	20,00 m	62,80 m
30 m x 60 m	7,50 m	23,50 m	15,00 m	47,10 m	30,00 m	94,20 m

Bei anderen Voltendurchmessern, die vom Ausbildungsstand oder den Bestimmungen der LPO abhängig sind, ergeben sich:

6,00 m	18,85 m
8,00 m	25,15 m
10,00 m	31,40 m

Zusammenfassung der Maßangaben:
1 Schritt = 0,80 m (bei Bemessung von Abstand und Zwischenraum)
1 Pferdelänge = 3 Schritt = 2,50 m (gilt auch für die Länge eines Pferdes von den Ohren bis zum Schweif)
2 Pferdelängen = 6 Schritt = 5,00 m
3 Pferdelängen = 9 Schritt = 7,50 m
Wenn es die Figur erfordert, kann auch auf dem Viereck von 30 m x 60 m eine Volte mit sechs Schritt = 5,00 m Durchmesser verlangt werden. Umgekehrt kommt es häufiger vor, daß eine Volte von 6, 8 oder 10 m Durchmesser auf dem Viereck 20 m x 40 m geritten werden soll. In diesen Fällen müssen die Konsequenzen daraus beim Entwerfen der Figur bedacht und berücksichtigt werden, damit es bei gegenüber reitenden Abteilungen nicht zu Zusammenstößen kommt (vgl. Abb. 3 a-x).
Anzahl der Pferde, die bei dem üblichen Abstand von einer Pferdelänge auf den Kreislinien der verschiedenen Durchmesser Platz haben:

Kreislinie	Anzahl der Pferde	Abstand
Volte Durchmesser 5,00 m	3	2,70 m
Volte Durchmesser 6,00 m	4	2,20 m
Volte Durchmesser 7,50 m	5	2,20 m
Volte Durchmesser 8,00 m	5	2,50 m
Großvolte Durchmesser 10,00 m	6	2,70 m
Großvolte Durchmesser 15,00 m	9	2,70 m
Zirkel Durchmesser 20,00 m	12	2,70 m
Zirkel Durchmesser 30,00 m	12 oder 18	5,40 m oder 2, 70 m

Für die Länge einer Abteilung in Kolonne zu einem gelten folgende Maße:

Anzahl der Reiter (Abstand in m)	2	4	6	8	12	16	20	24
Kopf auf Schweif	5,0	10,0	15,0	20,0	30,0	40,0	50,0	(60,0)
1 Schritt (0,8 m)	5,8	12,5	19,0	25,6	38,8	52,0	(65,0)	(78,5)
2 Schritt (1,5 m)	6,5	14,5	22,5	30,5	46,5	(62,5)	(78,5)	(94,5)
3 Schritt (2,5 m)	7,5	17,5	27,5	37,5	57,5	(77,5)	(97,5)	(117,5)
4 Schritt (3,3 m)	8,3	20,0	31,5	43,0	(66,5)	(89,5)	(112,5)	(136,0)
5 Schritt (4,0 m)	9,0	22,0	35,0	48,0	(74,0)	(100,0)	(126,0)	(152,0)
6 Schritt (5,0 m)	10,0	25,0	40,0	55,0	(85,0)	(115,0)	(124,0)	(175,0)
9 Schritt (7,5 m)	12,5	32,5	52,5	(72,5)	(112,5)	(152,5)	(192,5)	(232,5)

Anmerkung:
Unterstrichene Maße erfordern das Viereck 30 m x 60 m. In Klammern gesetzte Abteilungslängen bzw. -breiten kommen nur für größere Vierecke als 30 m x 60 m in Frage. Die Angaben zur Länge der Abteilung sind auf die lange Seite, die für die Breite der Abteilung auf die kurze Seite bezogen.

Für die Breite einer Abteilung gelten folgende Maße:

Anzahl der Reiter (Abstand in m)	2	3	4	6	8	12	16	20	24
Bügel an Bügel	1,8	2,7	3,6	5,4	7,2	10,8	14,4	18,0	21,6
1/2 Schritt (0,4 m)	2,2	3,5	4,8	7,4	10,2	15,2	20,4	25,6	(30,8)
1 Schritt (0,8 m)	2,6	4,3	6,0	9,4	12,8	19,6	26,4	(33,2)	(40,0)
2 Schritt (1,5 m)	3,3	5,7	8,1	12,9	17,7	27,3	(36,9)	(46,5)	(56,1)
3 Schritt (2,5 m)	4,3	7,7	11,1	17,9	24,7	(38,3)	(51,9)	(65,6)	(79,1)
4 Schritt (3,3 m)	5,1	9,3	13,5	21,9	(30,3)	(47,1)	(63,9)	(80,7)	(97,5)
5 Schritt (4,0 m)	5,8	10,7	15,6	25,4	(35,2)	(54,8)	(74,4)	(94,0)	(113,6)
6 Schritt (5,0 m)	6,8	12,7	18,6	(30,4)	(32,2)	(65,8)	(112,0)	(112,0)	(136,6)

Unter der Überzeugung, daß die Reitbarkeit der Figuren unter allen Umständen als oberstes Gebot zu betrachten ist, wird auf Millimeterpapier jede Figur so konstruiert, wie sie in der Praxis geritten werden soll. Ganz wichtig ist dabei die Maßstabtreue. So erkennt man schon auf dem Papier, ob eine Figur auch reitbar ist. Dabei müssen allerdings auch Pferde, Abstände und Zwischenräume im Maßstab gezeichnet sein.

Zweckmäßig ist es, sich von vornherein anzugewöhnen, alle Reiter in den Skizzen zu numerieren. Es ist für den Verlauf einer Figur wichtig zu wissen, an welcher Stelle sich die verschiedenen Reiter befinden. Wem Denken ein Vergnügen ist, der wird am Entwerfen von Figuren Spaß haben. Man sollte sich aber nicht dazu verleiten lassen, nach Figuren zu suchen, die auf anderen Elementen als den Grundfiguren beruhen. Vielmehr sollte das Auffinden neuer Verbindungen der Grundfiguren mit Stellungen und Formationen das Ziel des Nachdenkens sein.

Nicht alles jedoch, was auf dem Papier überzeugt, sieht auch auf dem Viereck gut aus. Umgekehrt gilt dasselbe. Am Schreibtisch Ausgedachtes muß auf alle Fälle in der Praxis erprobt werden. Wenn das Formationsreiten Spaß machen soll, müssen auch die Fertigkeiten der Reiter und der Ausbildungsstand der Pferde berücksichtigt werden. Wenn Reiter und Pferde die Anforderungen erfüllen können, dann lernen sie auch, diese immer besser auszuführen, womit der Zweck des Figurenreitens erreicht wäre.

2.4.2

Reiten nach Kommando

Manche Leute stoßen sich an dem Wort "Kommando" und bringen es mit ungeliebten militärischen Befehlen in Verbindung. Damit hat das Wort im Sport allgemein und natürlich auch beim Reiten nichts zu tun. Beim Reiten dient ein "Kommando" ausschließlich der Information der Reiter über das von ihnen Erwartete in einer kurzen und prägnanten Ausdrucksweise. Dabei sind die Formulierungen zum besseren Verständnis vereinfacht und erhöhen durch standardisierte Ausdrücke die Verständlichkeit der Information. Das Wort "Kommando" läßt sich durch kein gleichwertiges ersetzen.

Das Reiten nach Kommando ist für das Formationsreiten von vorrangiger Bedeutung. Es schult die Aufmerksamkeit, erzieht zum Mitdenken und gestattet dem Reiter, sich und sein Pferd auf die kommende Anforderung richtig vorzubereiten. An ein Kommando sind drei Forderungen zu stellen. Es muß:

1. rechtzeitig gegeben werden;
2. für den Reiter zu hören sein;
3. ihm eindeutige Informationen über die zu erwartende Aufgabe vermitteln.

Diese Forderungen müssen berücksichtigt werden, wenn neue Figuren entworfen und die dazu gehörenden Kommandos festgelegt werden. Dies geschieht nach einem bewährten System, dessen Grundzüge der Ausbilder kennen muß. (Dasselbe System liegt auch der Kommandotabelle für das Abteilungsreiten zugrunde.) Es ist logisch und läßt nur wenige Ausnahmen zu.

2.4.2.1

Die Form des Kommandos

Alle Kommandos werden in Ankündigungs- und Ausführungskommandos unterteilt. Wir haben das bei der Beschreibung der Figuren konsequent befolgt und jeweils unter I das Ankündigungskommando, unter II das Ausführungskommando angeführt, während unter III die Ausführung der Aufgaben erläutert wurde.

Während das Ausführungskommando die Reiter auffordert, unmittelbar mit der Aufgabe zu beginnen, müssen alle anderen Informationen, die dem Reiter die verlangte Aufgabe erklären, im Ankündigungskommando in bestimmter Reihenfolge enthalten sein. Die Einhaltung der Reihenfolge ermöglicht es dem Reiter, das Kommando noch besser zu verstehen.

Im Ankündigungskommando werden folgende Informationen vermittelt:

1. Es wird gesagt, ob die kommende Anforderung von allen Reitern der Abteilung gleichzeitig ausgeführt werden soll (Einzelfigur) oder ob die Abteilung dem Anfangsreiter hinterherreiten soll (Abteilungsfigur).
   "Abteilung"
   weist auf die gleichzeitige Ausführung durch alle Reiter hin,
   "Anfang"
   kündigt an, daß die Abteilung hinter dem Anfangsreiter bzw. bei geteilten Abteilungen den Anfangsreitern bleibt und die geforderte Figur bzw. Lektion an der gleichen Stelle ausführt, an der der entsprechende Anfangsreiter dies getan hat. Dieser Teil des Ankündigungskommandos darf nur in den wenigen Fällen weggelassen werden, in denen eine *Abteilungsfigur* an einer bestimmten Stelle der Reitbahn begonnen wird, z.B. "Durch die ganze Bahn wechseln!", "Ganze Bahn!", "Auf dem Zirkel geritten!".
2. Der zweite Bestandteil des Ankündigungskommandos gibt die verlangte Formation an: "Zu einem!" (zu zweien, zu dreien, in Linie usw.).
   Diese Angabe muß im Ankündigungskommando enthalten sein, wenn aus dem Halten in einer bestimmten Formation angeritten werden soll, oder wenn eine Formationsänderung verlangt wird.
3. Im Kommando zu Abmärschen wird anschließend darüber informiert, von welcher Stelle der Abmarsch erfolgen soll: z.B. "Vom rechten Flügel!", "Aus der Mitte!".
4. Danach erfolgt der Hinweis auf die Hand, auf die der Reiter gehen soll ("rechts", "links"), z.B. bei Auf- und Abmärschen.
5. Letzter Teil des Ankündigungskommandos ist die Bezeichnung der Lektion bzw. des Tempos, die im nächsten Augenblick

verlangt werden. So kündigen z.B. die Kommandos:

– "Brecht ab!", "Volte!", "Auf die Mittellinie!" die kommende Lektion an;

– "Im Arbeitstempo", "Mittel-", "Im Arbeitstempo Galopp" das verlangte Tempo an.

Das Ausführungskommando heißt in den meisten Fällen "marsch!". Es verlangt die sofortige, gleichzeitige Ausführung der im Ankündigungskommando enthaltenen Hinweise durch alle Reiter. Mit dem Kommando "marsch!" wird auch die haltende Abteilung in Bewegung gesetzt (im Schritt). Bei einigen Abteilungsfiguren wird das Ausführungskommando "marsch!" nicht verwendet. Das betrifft besonders Figuren, die an ganz bestimmter Stelle der Bahn beginnen. Außerdem trifft das auf Figuren zu, die sowohl Einzelfiguren als auch Abteilungsfiguren sein können. Im ersteren Fall werden auch die Worte "geritten!" oder "wechseln!" als Ausführungskommando verwendet, z.B. "Aus der Ecke - *kehrt*!". "Durch die halbe Bahn - *wechseln*!", "Auf dem Zirkel - *geritten*!".

Anschließend sollen noch zwei Grundregeln der Kommandobildung erwähnt werden. Ist eines der dargestellten Teile des Ankündigungskommandos zum Verständnis der gestellten Aufgabe nicht erforderlich, wird es weggelassen. Beispiel: Wenn die Abteilung in Kolonne zu einem ist und eine Volte geritten werden soll, muß das "zu einem" nicht wiederholt werden. Das gilt natürlich auch dann, wenn es für die Ausführung des Kommandos eine ganz bestimmte Form gibt.

Beispiel: "Abteilung! Zu einem, rechts brecht ab - marsch!" bringt die Abteilung auf der rechten Hand auf den Hufschlag der ganzen Bahn. Soll sie aber auf dem Mittelzirkel weiterreiten, wie dies bei der Mühlentour erforderlich ist, wird dies im Kommando angegeben: "Abteilung! Zu einem, vom rechten Flügel *auf den Mittelzirkel* rechts brecht ab - marsch!". Daß im normalen Abmarschkommando die Angabe "vom rechten Flügel" fehlt, ist auch ein Beispiel für das Weglassen selbstverständlicher Kommandoteile. Die in der Kommandotabelle beschriebene Normalausführung sieht den Abmarsch vom rechten Flügel vor. Das wird deshalb nicht noch einmal erwähnt. Will man von dieser Normalausführung abweichen und beispielsweise vom linken Flügel abbrechen lassen, muß dies im Kommando zum Ausdruck kommen: "Abteilung! Zu einem, *vom linken Flügel* links brecht ab - marsch!".

Wenn ein Kommando dieser Systematik entspricht, kann der Reiter auch Schlüsse auf das Kommando ziehen. Er weiß, daß nach dem Ankündigungskommando "Abteilung! Im Arbeitstempo" nur das Ausführungskommando "Trab!" folgen kann. Auf das Ankündigungskommando "Abteilung!" hingegen kann bei einem Gangartwechsel nur das Ausführungskommando "marsch!" (aus dem Halten) oder "Schritt!" oder "halt!" (aus einer höheren Gangart) gegeben werden. Wenn neue Figuren oder Figurenkombinationen entworfen werden, sollte man versuchen, mit den Kommandos auszukommen, die bei den Grundfiguren üblich sind. Wo das Formationsreiten in die Ausbildung einbezogen worden ist, kennen die Reiter diese Kommandos und ihre Ausführung. Eventuelle Irrtümer können somit weitgehend ausgeschlossen werden. Es ist immer besser, den Ablauf einer Figur oder einer Tour durch eine größere Anzahl von Kommandos zu sichern, um den Reiter bei seinen Vorführungen zu unterstützen.

2.4.2.2

Die Kommandosprache

Kommandos werden mit lauter und deutlicher Aussprache, in einer etwas verlangsamten Sprechweise gegeben. Wichtig für das richtige Verständnis der Kommandos ist es, sinnentsprechend zu artikulieren. Das gilt besonders für die An-

kündigungskommandos. Wenn das Kommando "Zu einem, rechts brecht ab" lautet, wird wie folgt artikuliert:
Abteilung! / Zu einem / rechts brecht ab / (/ = Sprech- oder Atempause).
Die Sprech- oder Atempausen müssen sich nach dem Sinn des Kommandos richten. Manchmal müssen beim Figurenreiten mehrere Kommandos rasch hintereinander gegeben werden. Dabei müssen beide Kommandos deutlich voneinander getrennt gesprochen werden, um Mißverständnisse zu vermeiden.
Von entscheidender Wichtigkeit für das korrekte Ausführen der Figuren ist auch der Zeitpunkt, an dem das Kommando gegeben wird.
Das Ausführungskommando "marsch!" muß immer genau an der Stelle ausgesprochen werden, an der der Reiter eine Figur oder Teilfigur beginnen soll. Für den Reiter bedeutet das angespannte Aufmerksamkeit. Für den Kommandierenden heißt das jedoch in vielen Fällen, daß er die räumlichen Verhältnisse in der Reitbahn sowie Länge bzw. Breite seiner Abteilung berücksichtigen muß, damit die Reiter das Kommando auch ausführen können. Wenn er das Kommando "Abteilung! In vieren, halbrechts - marsch!" erst am zweiten Zirkelpunkt der langen Seite gibt, kann es nicht mehr ausgeführt werden. Oder wenn das Kommando "Abteilung! Kehrt - marsch!" gegeben wird, ehe der letzte Reiter der Abteilung drei Pferdelängen aus der Ecke heraus ist, gibt es ebenfalls keine korrekte Ausführung der Figur mehr.
Beim Entwerfen einer Figur oder Tour muß sich der Ausbilder im klaren sein, wann und an welchen Stellen die Kommandos gegeben werden müssen. Den einmal gewählten Zeitpunkt sollte man beibehalten.
Das Ankündigungskommando muß lange genug vor dem Ausführungskommando gegeben werden. Die Reiter müssen Zeit haben, sich und ihre Pferde ohne Hektik auf die geforderte Lektion einstellen zu können. Als eine Grundregel dafür gilt, je schneller geritten wird, um so früher muß das Ankündigungskommando erfolgen.
Als eine zweite Grundregel sei angeführt, daß das Ankündigungskommando in der Regel mindestens vier Schritte (Tritte, Sprünge) vor dem Ausführungskommando erfolgen soll. Abschließend wollen wir noch in Erinnerung bringen, daß ein Ausführungskommando für Reiter weder beim Bahnreiten noch beim Figurenreiten in der Form eines militärischen Kommandos ausgesprochen, sondern immer etwas gedehnt wird. Man kommandiert also:
"Maaaarsch!" oder "Haaalt!" und bringt damit gleichzeitig zum Ausdruck, daß beim Reiten stets weiche und flüssige Übergänge verlangt werden.

2.4.2.3

Voraussetzungen für das Reiten nach Kommando

Das richtige Verständnis der Kommandos ist aber nicht nur von Lautstärke, deutlicher Aussprache und sinnentsprechender Diktion abhängig. Jeder Reiter muß wissen, wie das Kommando ausgeführt wird, welchen Hufschlag er zu reiten hat, auf welche Schwierigkeiten er besonders achten muß, welches Tempo zu reiten ist, was sein Vorder- und Nebenmann machen müssen, wie er sich ausrichten soll, welche Hilfen er geben muß usw.
Dazu genügt es nicht, wenn er die Bestandteile des Kommandos kennt. Er muß genau wissen, wie er persönlich das Kommando ausführen soll. Wo muß er halbe Paraden geben? Wo muß er verhalten, wo zulegen? Wie groß muß der Bogen sein? An welcher Stelle muß er auf wen treffen? Das setzt voraus, daß die Figuren einschließlich der entsprechenden Kommandos im theoretischen Unterricht genau besprochen wurden, bevor sie geritten werden. Natürlich kann man sie auch zu Fuß auf dem Reitplatz oder in einem Raum kennenlernen. Es ist

auch möglich, die Figuren an einer Wandtafel zu entwickeln und die Reiter ihre eigenen Reitlinien aufzeichnen zu lassen. Als spezielles Unterrichtsmittel kann auch ein Sandkasten dienen, in dem eine Reitbahn markiert ist. Mit kleinen, maßstabgerechten Reiterfiguren läßt sich der Ablauf der Figuren auf dem mit allen Markierungen versehenen Sandviereck sehr genau verfolgen.
Diese Vorbereitung schafft nicht nur gute Voraussetzungen für das praktische Üben, sie entwickelt auch das reiterliche Denken, fördert das Interesse am Formationsreiten und regt zur schöpferischen Mitarbeit an.
Nach Kommando wird häufig geritten, wenn auf dem Turnierplatz Dressurreiter dem Publikum vorgestellt werden. Es ist oft langweilig genug, wenn Reiter der unteren Leistungsklassen dabei einige Lektionen zeigen, die das Interesse der Zuschauer nicht fesseln. Hier bietet sich die Möglichkeit einer sichtbaren Verbesserung an, wenn Reiter und Sprecher wenigstens die Grundfiguren, Stellungen und die dazugehörenden Kommandos kennen.

2.4.3

Praktische Ratschläge zum Figurenreiten

Die nachstehenden praktischen Ratschläge sollen dem Ausbilder helfen, das Übungsergebnis seiner Gruppe zu verbessern und für die Reiter das Erfolgserlebnis zu vergrößern:

1. Es dürfen nur solche Figuren ausgewählt werden, die dem Ausbildungsstand von Reiter und Pferd entsprechen. Formationsreiten wird in der Reitausbildung nicht zum Erwerb neuer Fähigkeiten eingesetzt. Dazu ist nach wie vor der Reitunterricht da. Zur Festigung des Gelernten durch abwechslungsreiche Übungen ist das Formationsreiten jedoch ein ausgezeichnetes Mittel.
2. Der Ausbildungsstand von Reiter und Pferd wird auch dadurch berücksichtigt, daß die Figuren oder Teile von ihnen zuerst im Schritt, später im Trab geübt werden. Von den Fortschritten muß abhängig gemacht werden, ob und wann man zum Arbeitsgalopp bzw. zu schwierigeren Figuren übergehen kann.
   Ein wichtiges Kriterium dafür ist, daß die Reiter Spaß an der Sache behalten.
3. Noch vor dem Übergang in eine höhere Gangart wird der Ausbilder die Ausführung einer Figur dadurch stabilisieren, daß er ihren Ablauf beschleunigt, d.h. die Kommandos in kürzeren Abständen gibt und damit die Zeitspanne verkürzt, in der die Abteilung geradeaus reitet. Beispiel: Läßt man anfangs nach einer Kehrtvolte einmal um die Bahn reiten, ehe man die nächste Kehrtvolte versucht, wird später das Kommando zur Kehrtvolte schon an der nächsten langen Seite gegeben.
4. Die Anforderungen lassen sich auch dadurch steigern, daß man die in einer Abteilung geübte Figur in zwei Abteilungen gegenüber, zuerst auf gleicher Hand, dann auf verschiedenen Händen ausführen läßt, sofern es den Ablauf der Figur nicht stört.
5. Eine weitere Steigerung besteht darin, daß man die in Kolonne zu einem geübte Figur in Kolonne zu zweien und zu dreien reiten läßt, wenn der Platz ausreicht.
6. Abhängig vom Ausbildungsstand der Reiter/Pferd-Paare lassen sich alle Gangarten, Tempi (vom starken bis zum versammelten Galopp), Galoppwechsel, alle Seitengänge sowie auch die halben und ganzen Pirouetten, Passage, Piaffe in Figuren einordnen. Dazu bedarf es keiner besonderen Ausführungen, weil der Ablauf der Figuren dadurch kaum beeinflußt wird. Lediglich sei darauf hingewiesen, daß das Maß für die Steigerung der reiterlichen Ansprüche beim Figurenrei-

ten von der Möglichkeit der gleichmäßigen Ausführung begrenzt ist. Diese verringert sich aber, je mehr die individuellen Bewegungseigenschaften der Pferde in den Vordergrund gerückt werden. Um den günstigsten Kompromiß herzustellen, braucht es die detaillierte Überlegung erfahrener Dressurfachleute.

7. Als Anfangsreiter eignen sich am besten Reiter, die neben Ruhe und Ausgeglichenheit über eine hohe Konzentrationsfähigkeit und ein gutes Figurengedächtnis verfügen. Dazu sind nicht immer die reiterlich Besten notwendig. Ihr Ausbildungsstand muß allerdings so weit sein, daß sie ihr Pferd frisch vorwärts reiten und die verlangte Linie genau einhalten können.
8. Den Anfangsreitern sollte man gehorsame Pferde geben, damit sie sich besser auf den Ablauf der Figuren konzentrieren können. Schwierige Pferde bekommen einen Platz in der Abteilung zugewiesen, wo sie den größten Teil der Zeit hinter einem ruhigen und gehorsamen Artgenossen gehen.
9. Die Pferde gewöhnen sich im allgemeinen sehr gut an das Formationsreiten. Voraussetzung dafür ist, daß die Reiter ihrer Sache sicher sind und die Pferde nicht mit Hilfen überfallen, weil das Kommando zu spät gegeben wurde. Heftige Pferde werden in der Abteilung ruhiger, phlegmatische lebhafter. Der Ausbilder muß deshalb schon bei der Zusammenstellung der Abteilung darauf achten, daß die Pferde, die einander nicht leiden mögen, nicht ständig zusammenkommen.

   Junge Pferde ordnen sich meist sehr gut in die Abteilung ein. Selbstverständlich muß man ihren Ausbildungsstand berücksichtigen und darf von ihnen nichts Unmögliches verlangen. In diesem Fall bilden sie den Maßstab für die Anforderungen. Sie können z.B. noch keine korrekten 5 m-Volten ausführen oder in höheren Versammlungen gehen.
10. Der Ausbilder muß sich streng an die einmal eingeführten Kommandos halten. Die Reiter gewöhnen sich im Verlauf der Übungen daran. Abweichungen führen deshalb zur Verwirrung. Passiert es dem Ausbilder einmal, daß er ein falsches Kommando gibt, oder führt der Anfangsreiter ein Kommando falsch aus, so tritt nur dann kein Durcheinander ein, wenn alle Reiter das tun, was der Anfangsreiter macht. Also: Im Zweifelsfall nach dem Anfangsreiter richten!

    Damit erhält der Ausbilder die Möglichkeit, durch entsprechende Kommandos die Situation zu retten.
11. Wenn beim Figurenreiten nicht alles so klappt, wie es soll, so gilt, daß Richtung vor Tempo, Figur vor Gangart geht.Es muß also die Gleichmäßigkeit des Tempos vorübergehend "geopfert" werden, wenn Abstand oder Seitenrichtung verloren zu gehen drohen, und es darf, z.B. bei Schwenkungen in Linie oder beim "Durchreiten", nötigenfalls auch vorübergehend in eine höhere oder niedrigere Gangart übergegangen werden, wenn der korrekte Ablauf der Figur durch Verlängern oder Verkürzen der Tritte/Sprünge nicht mehr gesichert werden kann. Im Einzelfall liegt die Ursache dafür in dem noch nicht genügenden Ausbildungsstand von Reiter und/oder Pferd. Wenn das nur wenige Reiter/Pferd-Paare der Abteilung betrifft, besteht keine Veranlassung zum Verzicht auf die Figur. Vorausgesetzt, daß die Reiter sich ständig um Verbesserung der Ausführung bemühen, werden sie und die Pferde während des Übens dazulernen.

    Betrifft dies jedoch alle oder den größten Teil der Reiter in der Abteilung, so bleibt es der fachkundigen Entscheidung des Ausbilders überlassen, den richtigen Ausweg zu finden. In manchen Fällen muß nicht auf die betreffende Figur verzichtet werden. Es kann genügen, die Ausführung ein wenig zu ändern, indem man beispielsweise bei einem Aufmarsch im Galopp zwei oder drei Pferdelängen vor dem Halten zum Trab übergehen läßt, wenn die Reiter die Parade vom Galopp zum Halten noch nicht weich und flüssig reiten können. Allerdings müssen das alle Reiter der Abteilung gleichmäßig tun.

12. Auch beim Formationsreiten kann zu ausgiebiges Üben oder zu häufige Wiederholung derselben Figur zur Monotonie führen. Deshalb muß sich der Ausbilder ständig bemühen, die dem Formationsreiten eigenen Möglichkeiten der Abwechslung zu nutzen, indem er die verschiedensten bekannten Figuren mit etwa gleichen reiterlichen Anforderungen aneinanderreiht.
Er wird auf diese Weise sehr viel mehr Figuren in der Zeiteinheit reiten lassen können. Mit fortschreitender Übung erhöht sich daher die Anzahl der Kommandos. Können anfangs in der halben Stunde 10-15 Kommandos gegeben werden, erhöht sich deren Zahl bis auf das Fünf- oder Sechsfache bei einer im Formationsreiten gut ausgebildeten Abteilung. Dann ist aber auch "immer etwas los", eine Figur folgt der anderen ohne "Leerlaufzeit". Das erfordert vom Ausbilder perfekte Kenntnis der Figuren und Kommandos.

13. Ausgehend von unserer Betrachtung des Formationsreitens als eine willkommene Ergänzung und Abwechslung in der Ausbildung von Reiter und Pferd sowie die notwendige Vorbereitung auf das Quadrillenreiten und auf Quadrillenwettkämpfe darf der Ausbilder auch während des Figurenreitens auf Korrekturen an Sitz und Einwirkung der Reiter nicht verzichten. Hinsichtlich der Einwirkung ergibt sich die Notwendigkeit von selbst aus den Anforderungen, die Richtung und Abstand sowie die zu reitende Linie stellen. Sitz und Haltung der Reiter dürfen ebenfalls nicht vernachlässigt werden. Auch dort, wo das Formationsreiten Hauptinhalt der Übungseinheit ist, muß der Ausbilder neben der Vielzahl der Kommandos und seiner Konzentration auf die Ausführung der Figur, in ruhigen Augenblicken Sitz und Haltung der Reiter mit kurzen Hinweisen korrigieren.
Wo wir das Figurenreiten auf einen speziellen Abschnitt der Reitstunde, z.B. den Schlußteil, beschränken, muß die Korrekturarbeit vorwiegend in den übrigen Teilen der Stunde geleistet werden.

14. Nicht immer haben wir bei den Übungen im Figurenreiten die gleiche Anzahl von Reitern zur Verfügung. (Bei der Erläuterung von Figuren sind wir immer von zwölf Reitern ausgegangen und haben nur in einigen speziellen Fällen Hinweise für Abteilungen von acht Reitern gegeben.)
Man kann mit einer beliebigen Anzahl von Reitern Figuren reiten, nur sollte es sich dabei um eine gerade Zahl handeln.
Der Ausbilder muß dazu wissen, in welchen Formationen er reiten lassen kann, damit er seine Figuren entsprechend auswählt.

Nachstehende Tabelle gibt folgenden Überblick:

Anzahl der Glieder bei Kolonne zu	1	2	3	4	6	8	12	16	20	24	Anzahl der Variationsmöglichkeiten
bei einer Abteilung von x Reitern											
2	2	1	–	–	–	–	–	–	–	–	2
4	4	2	–	1	–	–	–	–	–	–	3
6	6	3	2	–	1	–	–	–	–	–	4
8	8	4	–	2	–	1	–	–	–	–	4
10	10	5	–	–	–	–	–	–	–	–	2
12	12	6	4	3	2	–	1	–	–	–	6
14	14	7	–	–	–	–	–	–	–	–	2
16	16	8	–	4	–	2	–	1	–	–	5
18	18	9	6	–	3	–	–	–	–	–	4
20	20	10	–	5	–	–	–	–	1	–	4
22	22	11	–	–	–	–	–	–	–	–	2
24	24	12	8	6	4	3	2	–	–	1	8

2

LA CONTESA DELL' ARIA E DELL'AQUA, FESTA A CAVALLO
Anno 1667 wurde dieses prachtvolle Roßballett anläßlich der Vermählung Kaiser Leopolds I. mit der Infantin Margherita von Spanien in der Hofburg zu Wien aufgeführt.

Reiten und Musik

Jahrhundertealt ist die Verbindung zwischen Reiten und Musik. Aus dieser Tradition entstanden mannigfache Darbietungsformen, so auch das Quadrillenreiten. In jüngster Zeit wird ihm im Zuge der sportlichen Aufwertung des Reitens zur Musik wieder eine Zukunft eröffnet, die seiner einstigen Bedeutung angemessen ist.
Diese Entwicklung findet nicht immer einhellige Zustimmung, und sie muß sich häufig kritischen Anfechtungen stellen. Gerade darum lohnt sich die Auseinandersetzung mit allen Aspekten des Reitens zur Musik. Man lernt dadurch dessen Rang und berechtigten Anspruch besser verstehen und erlangt die richtige Einstellung dazu.

3.1

Reiten zur Musik – Musik zum Reiten

Reiten zur Musik hat sehr viele Aspekte. Sie kennenzulernen, sollte Reiter jeglichen Alters interessieren. Schließlich genügt es Reitern auch sonst nicht, bei dem Üben einer Lektion allein auf Anweisungen hin ein Ergebnis zu erreichen, dessen Zustandekommen ihnen unklar bleibt. Außer dem Erlebnis des Gelingens bedarf es weitergehender Erklärungen, um Schritt für Schritt die Zusammenhänge zu entdecken und eines Tages Entwicklungen und Erfolge in der Ausbildung des Pferdes selbst herbeiführen zu können. Dafür muß man bestimmte naturgegebene Gesetzmäßigkeiten kennen und sie befolgen, Erfahrungen sammeln sowie Einfühlungsvermögen und Urteilsfähigkeit schärfen. Kaum anders verhält es sich bei der Erarbeitung einer reiterlichen Darbietung zur Musik. Allerdings ist es dabei ratsam, den Ablauf zunächst weitgehend theoretisch zu erforschen und erst dann praktisch umzusetzen. Versuche "ins Blaue hinein" kosten Mühe und Schweiß – vor allem für die Pferde! – und wirken bei mäßigem Erfolg entmutigend. Das bestätigt nur die Kritiker und nützt niemandem.

Reiten, an sich schon eine Herausforderung, wird beim Reiten zur Musik noch um einige Dimensionen erweitert. Von der Aufgabenstellung bis zum Auftritt ist es ein langer Weg. Ein Überblick darüber soll den Ausführungen zu den einzelnen Abschnitten vorangestellt werden.
Als Grundlage macht man sich mit dem historischen Erbe vertraut; das regt die Phantasie zum eigenen Quadrillenschaffen an.
Im Rahmen des Gesamtkonzepts solch eines Quadrillenprogramms müssen zunächst allgemeine Planungsaufgaben gelöst werden, um die notwendigen Voraussetzungen zu schaffen. Dem folgen Überlegungen zu den drei Hauptkomponenten eines Quadrillenprogramms: Choreographie, Schwierigkeitsgrad und Musikwahl. Dafür gilt es, bestimmte Regeln einzuhalten, geschriebene und ungeschriebene. Ein derartiges Regelwerk soll nicht die Phantasie eingrenzen, sondern eindeutige Bedingungen schaffen und die Ausbildung nach den Grundsätzen der klassischen Reitkunst sicherstellen.
Das Hauptaugenmerk verdient die Musikwahl. Musik ist das Charakteristische des Ganzen und prägt deshalb jede einzelne Quadrille. Die Auswahl stellt Reiter oftmals vor das Problem, sich auf wenig bekanntem Boden zurechtzufinden, obwohl es den musikalisch forschenden Reiter ermutigen mag, welche Zusammenhänge zwischen Reiten und Musik bestehen. Eine Erklärung solcher Zusammenhänge unterstützt die Auswahl von Musik zum Reiten. Bei der praktischen Umsetzung können technische Hilfen die Musikwahl und deren Aufnahme auf Band erleichtern.
Schließlich bieten sich für das Gesamtkonzept eines Quadrillenprogramms verschiedene Gestaltungsmethoden an. Welche

man auch wählt, eine klare Linie im Konzept verschafft die notwendige Übersicht, damit Phantasie und Kreativität voll zur Wirkung kommen.
Nach vollbrachter Arbeit stellt sich hoffentlich der Erfolg ein. Darüber hinaus leistet jedes gelungene Werk seinen eigenen Beitrag für das Fortleben reiterlicher Kultur.

3.2

Geschichte des Reitens zur Musik

Die Reitkultur hat eine bedeutende Geschichte, und es ist keineswegs "antiquiert", sich mit solchen historischen Abläufen vertraut zu machen. Geschichtliche Kenntnisse helfen, den eigenen Standort zu bestimmen und die persönliche Verantwortung zu begreifen. Traditionen wachsen vergleichbar einem Baum mit Wurzeln, Stamm, Ästen und Blättern. Der Lebensstrom geht von unten nach oben, daher kann man etwaige Übel nicht an der Wurzel, sondern nur wie Wildwuchs im Geäst kappen. Damit die Entwicklung des Reitens zur Musik nicht zum Wildwuchs gerät, sollte man die Lebenslinie nachvollziehen und neue Triebe auf Überlebensfähigkeit prüfen.

Im "Zeitraffer" läuft die Geschichte des Reitens zur Musik folgendermaßen ab:
Reitdemonstrationen fanden seit jeher zu den Klängen von Musik statt, ob kultisch, militärisch oder höfisch. Um sich Spekulationen über den Ursprung des Reitens zur Musik zu ersparen, einigt man sich am besten auf den üblichen und datierbaren Ausgangspunkt der Reitgeschichte: die erste überlieferte Lehre aus dem Jahre 369 v. Chr. von Xenophon. Auch Darstellungen in der bildenden Kunst der Antike sind Quellen dafür, daß zur Pracht- und Machtentfaltung Pferde und Musik gehörten. Man denke etwa an die Panathenäen-Züge in Athen oder an die römischen Triumphzüge!
Die Tradition setzt sich fort bis ins Mittelalter. Ritterturniere wurden von musikalisch begleiteten Paraden eingeleitet und beendet. In der Renaissance veranstaltete man aus vielerlei Anlässen Triumphzüge nach altem Vorbild, die "Trionfi". Diese Paraden zum Lobe der Ahnen kamen aus dem Land der Römer, aus Italien. Sie wurden von der zu reiterlichen Darbietungen gebräuchlichen Freiluft-Musik begleitet, das heißt, von Pauken und Trompeten oder deren Vorläufern. Die berittenen Musiker hatten gegenüber anderen ihrer Zunft einen besonderen Status; ihre Musik war sozusagen auch musikalisches Wappen des Hofes.
Ebenfalls von Italien ausgehend, setzt sich in der Spätrenaissance eine Entwicklung durch, die das Reiten zur Musik entscheidend bereichert, das "Festa a Cavallo". Seine Entstehung und Auswirkung sollte man besonders hervorheben:
Mit dem ausgehenden Mittelalter verschwanden die Ritterturniere. Restformen, die ihrerseits oftmals antike Vorläufer hatten, blieben erhalten, etwa Kopfstechen und Ringrennen. Inszenierte Schau- und Wettkämpfe, zum Teil mit reiterlichen Sondereinlagen, nahmen ihre Stelle ein, die "Carrousels". Von Einzugs- und Auszugsparaden umrahmt und manchmal von einer Schlußquadrille auf höchstem Niveau – der "Hohen Schule" – gekrönt, ersetzten sie die ritterlichen Manöver. Üblich war es, "Carrousels" nach einem bestimmten Motto zu gestalten. Das prachtvollste Beispiel ist wohl das "Kopf- und Ringrennen" des französischen Sonnenkönigs Ludwig XIV. aus dem Jahre 1662, in dem symbolisch die fünf Erdkontinente miteinander wetteiferten. Am Hofe der Medici in Florenz hatte man inzwischen das "Festa a Cavallo", das Fest zu Pferde, erfunden. Darin wurden die Wettkampfelemente des "Carrousels" zu

einer regelrechten Handlung verbunden, die meist alten Sagen entnommen worden war und zum – immer guten – Schluß in einer Lobpreisung des Hofes gipfelte. Verschwägerung des Hochadels untereinander und Wetteifern der Höfe miteinander brachten das "Pferde-Fest" auf den Weg durch ganz Europa. Im Barockzeitalter, der Hoch-Zeit höfischer Feste, entstand daraus das "Balletto a Cavallo", das "Roßballett". Es war nicht nur Konkurrent des "Carrousels", sondern übernahm vorübergehend die Führungsposition. Reiter und Pferde, Prunkwagen und Fußvolk, Chöre und Sänger, Bühnenbild und Feuerwerk gehörten ebenso dazu wie eigens dafür komponierte Musik. Im versöhnlichen Finale vereinigten sich Reitergruppen und Solisten zu einem Tanz der Pferde, bei dem Musik und Lektionen so minutiös wie bei einem Ballett aufeinander abgestimmt waren. Dieses "Roßballett" gab dem Ganzen seinen Namen. Abgesehen von einer unglaublichen Prachtentfaltung, brachte das "Roßballett" eine musikalische Fortentwicklung. Die reine Freiluft-Besetzung mit Pauken und Trompeten wurde zur Orchester-Besetzung erweitert, auch Streicher und Holzbläser wirkten mit. Der militärische Klang wandelte sich zum höfischen, statt zur Marschmusik bewegten sich die Pferde nun zur Musik der Tänze. Der Pomp solcher Darbietungen war nicht nur Selbstzweck, sondern vor allem Mittel zum Zweck, nämlich des Ausdrucks und des Anspruchs von Macht. Innerhalb der barocken Fest-Kultur war das Reiten zur Musik ein wichtiger Bestandteil und verband so die Repräsentation des Hofes mit repräsentativer Unterhaltung. Höhepunkt der Entwicklung war das "Roßballett" in der Hofburg zu Wien anno 1667, das den Wettstreit der vier Elemente zum Thema hatte. Danach allerdings verglühte der Stern des "Roßballetts"; zum einen, weil das gloriose Wiener Ereignis kaum noch zu überbieten war, zum anderen, weil sich mit dem Ausklang des Barocks der Charakter des höfischen Festes allgemein wandelte.

Das 18. und vor allem das 19. Jahrhundert gehörten dem "Carrousel", das nun seinerseits Anklänge aus dem Roßballett aufnahm, indem etwa Quadrillen am Schluß der Aufführung üblich wurden und durch ihre choreographische Gestaltung mehr "Ballett-Charakter" erhielten. Ein besonders wichtiger historischer Zeuge ist die Spanische (Hof-) Reitschule zu Wien, an der man heute noch lebendige, über vierhundert Jahre alte Geschichte studieren kann, bestens belegt und überliefert.

Das 20. Jahrhundert brachte mit der Motorisierung und zwei Weltkriegen eine äußerste Gefahr für das Überleben der Pferde und der Reitkultur. Das Pferd hat überlebt dank der Liebe des Menschen zur edlen Kreatur, die Reitkultur dank starker und gesunder Wurzeln. Beider Fortleben hängt davon ab, daß diese Voraussetzungen unverfälscht erhalten bleiben.

Erhalten geblieben ist das historische Erbe des Reitens zur Musik durch Musikreiten, (Traditions-) Quadrillen, Küren und mannigfache Schaubilder. Neuen Auftrieb und wesentliche Impulse gaben die Einführung des Weltcups in der Dressur, dessen entscheidende Prüfung die Solo-Kür ist, sowie die Dressur-Europameisterschaft 1991, bei der der Titel erstmals auch in der Kür vergeben wurde. Dadurch hat Reiten zur Musik einen guten Stand innerhalb des bei uns üblichen Breiten- und Spitzensports erlangt. Im Spitzensport wurden seit Einführung der Olympischen Reiterwettbewerbe in Stockholm 1912 Medaillen nur in der vorgeschriebenen Dressurprüfung vergeben, sie hielt quasi das Monopol. Monopole reagieren meist etwas empfindlich, wenn sie Boden an Neuerungen abgeben sollen, selbst wenn solche "Neuerungen" jahrhundertealte Tradition haben. Es erübrigt sich, nachweisen zu wollen, welche Darbietungen älter sind, solche mit Musik oder ohne. Es erübrigt sich allerdings nicht, auf die unselige Unterteilung zwischen "klassischer

Tour” und ”Kür-Tour” einzugehen, wobei letztlich jede Form des Reitens zur Musik der zweiten ”Tour” zugeordnet wird. Zur Klärung des wahren Sachverhalts sei festgestellt: Die Grundsätze der klassischen Reitlehre gelten für jegliches Reiten. Verstöße gegen sie führen allenthalben zu Zerrbildern. Das hat mit der Darbietungsform gar nichts zu tun.
Die weitere Entwicklung des Reitens zur Musik bedeutet wie jede Entwicklung Wandel; Wandel bedeutet stets sowohl Risiko als auch Chance. Es liegt in der Verantwortung der Beteiligten, erhaltenswerte Traditionen zu bewahren und das Bewahrte auf den rechten Weg in die Zukunft zu bringen. Auf diese Weise verbindet sich die Reitkultur der Zukunft mit der Reitkultur der Vergangenheit, und der Kreis schließt sich.

3.3

Planungsaufgaben für eine Quadrille

Nach solch einem ”Zurück in die Zukunft” als Ansporn zur Fortführung der Tradition soll nun die Gestaltung eines Quadrillenprogramms erläutert werden. Organisation ist die Voraussetzung, um zeit- und nervenraubende Irrwege zu vermeiden; Ordnen macht eine Aufgabe übersichtlicher, und Übersichtlichkeit erleichtert sie.
Die erste Stufe auf dem Wege zu einem Gesamtkonzept sind die Planungsaufgaben für eine Quadrille. Sie sind am einfachsten mit Hilfe einer Liste zu lösen. Diese Planungs-Liste enthält grundsätzlich folgende Gesichtspunkte:

Aufführungstermin	– Datum
Aufführungsort	– Ortsname, Halle oder Außenplatz
Dressur-Klasse	– Ausschreibung und LPO; Richtverfahren usw.
Viereck-Maße	– Größe für Zeiteinteilung des Programms
Erlaubte Zeit	– Ausschreibung; Karenzfrist üblich, z.B., zwischen 5 - 5:30 Min.
Reiter/Pferde	– Reihenfolge, Tete(n); Anpassung nach Temperament, Gang, Größe, Farbe usw. (Reserve)
Kleidung der Reiter	– Anlaß, der Dressur-Klasse gemäß; mit/ohne Gerte, Blumen usw.
Ausrüstung der Pferde	– Zäumung, Satteldecken, Bandagen, Stirnriemen, Einflechtart usw.
Technik	– Kassettenrecorder (Netz oder Batterie); am Aufführungsort: Test auf Funktion, Lautstärke und Klang, Gerät entsprechend einstellen; Batterien und Reserveband bereithalten (unterschiedliche Laufzeiten des Bandes bei alten Batterien möglich); evtl. einen zweiten Recorder als ”Pannenhilfe” anschließen
Sonstiges	– Extras, Unvorhergesehenes und Überraschungen
Musik	– Notiz über ausgewählte Werke

Solch eine Planungs-Liste hält das Notwendigste für den Auftritt fest. Erweiterungen sind in Kenntnis des jeweiligen Anlasses meist angebracht; allgemeine Positionen wie z.B. Stall und Unterbringung wurden hier weggelassen. Besonders wichtig für Quadrillenprüfungen, zu denen genaugenommen auch Mannschafts-Küren zählen, ist das sorgfältige Studium der Ausschreibung, der zuständigen LPO-Vorschriften und des Handbuchs für Reit- und Fahrvereine. (Vgl. zu S. 369 f. *Anhang: Planungs-Liste, S. 448*)

3.4

Regeln für ein Quadrillenprogramm

Die nächste Stufe eines Gesamtkonzepts sind die Regeln für ein Quadrillenprogramm. Es gibt festgeschriebene und allgemein übliche Regeln in bezug auf Inhalt und Aufbau. Sie bestehen für die drei Hauptkomponenten des Programms: die Choreographie, den Schwierigkeitsgrad und die Musikwahl. Diese drei Komponenten beeinflussen sich untereinander.

3.4.1

Regeln zur Choreographie

Den Anfang bilden die Überlegungen zur ersten Komponente: die Regeln zur Choreographie.

Für eine harmonische Choreographie gilt es vor allem, Ausgewogenheit bezüglich Raumaufteilung, Zeitmaß, Figuren und Lektionen herzustellen. Im einzelnen heißt dies, das ganze Viereck gleichmäßig auszufüllen, die vorgegebene Zeit gleichrangig auf die Gangarten zu verteilen und ferner die Figuren bzw. die geforderten Lektionen weder einseitig auf der rechten oder linken Hand zu planen noch bestimmte Wendungen übermäßig zu strapazieren. In der Zeiteinteilung kann der Schritt nach den bestehenden Mindestanforderungen eine Ausnahme bilden, das heißt, weniger Zeit in Anspruch nehmen als Trab und Galopp. Zur Überprüfung einer ausgewogenen Raumaufteilung kann man den Entwurf insgesamt auf ein Papier-Viereck "malen"; das fertige "Bild" zeigt Schwachstellen sofort.

Bei solch einem choreographischen Aufbau muß die gleichmäßige Aufteilung von Figuren und Lektionen nicht zwangsläufig zum "Spiegelbild-Effekt" führen, obwohl dieser durchaus eindrucksvoll ist. Man kann außer diesem Verfahren auch andere wählen, Variationen, die übrigens auch in der Musik zu finden sind:

Das "Spiegelbild" ist eine genaue Wiederholung einer Figur/Lektion auf beiden Händen im Trab und/oder Galopp, z.B. Volte rechts, Volte links, Diagonale, Diagonale.

Der "Rahmen" übernimmt die erste Figur/Lektion im Trab und/oder Galopp als letzte Figur/Lektion im Trab und/oder Galopp auf der anderen Hand, z.B. Volte rechts, Diagonale, Volte links.

Die "Reihe" wiederholt die Figuren/Lektionen im Trab und/oder Galopp auf der anderen Hand im Trab und/oder Galopp, z.B. Volte rechts, Diagonale, Volte links, Diagonale.

Die "gegenläufige Reihe" wiederholt die Figuren/Lektionen im Trab und/oder Galopp in umgekehrter Reihenfolge auf der anderen Hand im Trab und/oder Galopp, z.B. Volte rechts, Diagonale, Diagonale, Volte links.

Eine "Mischform" kann zum Puzzle-Vergnügen aus den vorgenannten Möglichkeiten werden, "ungeordnete" Einfälle inbegriffen.

Kreativität ist gefragt, und der Phantasie sind fast keine Grenzen gesetzt. Allerdings sollte auch dabei Ausgewogenheit herrschen, nämlich zwischen dem allzu Einfachen und dem allzu Verwirrenden. Jeder Programmpunkt muß eindeutig mit einem Begriff aus der reiterlichen Fachsprache belegt werden können. Darum gilt es, jede Figur/Lektion und deren zeitlichen Ablauf so zu gestalten, daß Betrachter und Richter sie klar zu erkennen vermögen bzw. ausreichend Zeit zum Erkennen haben. Aus diesem Grunde sind Zeitmessungen bereits angebracht, um ein Gefühl für das allgemeine Grundtempo in den einzelnen Gangarten und für die Dauer einzelner Parts zu entwickeln. Erste Einfälle können bereits auf einem Choreographie-Bogen festgehalten werden, der den Trainings- und Aufführungsort maßstabgerecht wiedergibt. Dazu wäre eine gruppeninterne Absprache über die Zeichenschrift zu treffen, was nicht schwierig ist und Diskussionen um Kleinigkeiten verhindert. Der Programmablauf kann auch schriftlich festgehalten werden, jedoch ist in unserem "visuellen Zeitalter" die Orientierung am Bild eine schnelle und einprägsame Methode. (Vgl. zu S. 370 f. *Anhang: Choreographie-Bogen, S. 449 u. Regel-Bogen, S. 450*)

3.4.2

Regeln zum Schwierigkeitsgrad

In unmittelbarem Zusammenhang mit dem choreographischen Entwurf stehen die Überlegungen zur zweiten Komponente: die Regeln zum Schwierigkeitsgrad.

Die Entscheidung darüber, welchen Schwierigkeitsgrad man anstrebt, gibt den Ausschlag für Effekt und Erfolg eines Quadrillenprogramms. Das oberste Gebot ist, weder Pferde noch Reiter zu überfordern. Außerdem darf diese Entscheidung selbstverständlich nur im Rahmen der gewählten oder ausgeschriebenen Dressur-Klasse getroffen werden. Vorgriffe auf Lektionen einer höheren Klasse bleiben bei der Bewertung einer Wettkampfquadrille unberücksichtigt. Darüberhinaus wirken solche Überschreitungen unangebracht. Man kann in jeder Klasse genügend Steigerungen der Anforderungen erzielen, beispielsweise durch eine korrekte Doppel-Volte, die bis hin zur Grand Prix-Ebene eines der Merkmale für einen erhöhten Schwierigkeitsgrad ist.

Das grundsätzliche Problem bei der Entscheidung über den angestrebten Schwierigkeitsgrad liegt in der Verantwortung, Chancen und Risiken gegeneinander abzuwägen. Auch dabei gilt also das Prinzip der Ausgewogenheit, nämlich allgemein zwischen dem allzu Leichten und dem allzu Schweren. Im einzelnen gilt es zudem für die Verteilung der gesteigerten Anforderungen auf Gangarten, Figuren, Lektionen, rechte und linke Hand; eine "Favoriten-Figur" wirkt beim x-ten Male ermüdend, wenn nicht gar aufdringlich. Extremfälle gehen auf jeden Fall zu Lasten der Benotung.

Wie Choreographie und Schwierigkeitsgrad im Programm einzusetzen sind, entwickelt sich durch Üben und Entwürfe. Beide "Tatorte", Reitbahn und Schreibtisch, sind dazu notwendig. Mit Rücksicht auf die Pferde – und das Klima in der Gruppe – empfiehlt es sich allerdings, möglichst viel Arbeit mit dem Kopf zu leisten. (Vgl. zu S. 371 *Anhang: Regel-Bogen, S. 450*)

3.4.3

Regeln zur Musikwahl

Zu einer Quadrille gehört als charakteristisches und prägendes Element die Musik. Ihrer Einbindung in das Programm

dienen die Überlegungen zur dritten Komponente: die Regeln zur Musikwahl.
Die Musikwahl hängt zunächst vom persönlichen Geschmack ab, sollte jedoch auch unter bestimmten Gesichtspunkten vorgenommen werden, die hippologischen sind dabei ausschlaggebend.
Ein grundlegendes Merkmal für die Qualität der Musikwahl ist die taktmäßige Übereinstimmung von Musik und Gangarten. Wenn dies mißachtet wird, dann ist der Sinn der Vorführung verfehlt. Ein Tanz zu Pferde verlangt nach Musikstücken, die zum Takt des Pferdes passen. Die Auswahl wird demnach durch die Pferde bestimmt; dadurch grenzt sich das Repertoire auf die Werke ein, die reiterlich umsetzbar sind.
Ein weiteres Merkmal für die Qualität der Musikwahl ist die inhaltliche Übereinstimmung von musikalischem Ausdruck und Figuren- bzw. Lektionenfolge. Die Verstärkung etwa gehört zum Forte oder Fortissimo, die Versammlung möglichst nicht. Eine derartige inhaltliche Ausgestaltung ist ein wichtiger Schritt fort von der reinen "Hintergrund-Musik", die den choreographischen Einfallsreichtum verwässert. Um die Phantasie wirkungsvoll einsetzen zu können, braucht man daher Musik, die entsprechende Ausdrucksmöglichkeiten anbietet und für bestimmte Programmteile geeignet ist. Das musikalische Angebot bleibt trotz der Auslese nach reiterlichen Gesichtspunkten immer noch sehr umfangreich und bietet Werke von der Renaissance bis zur Gegenwart, also durch fünf Jahrhunderte. Man kann sie unter vielen Oberbegriffen finden, Gattungen wie Marsch, Symphonie oder Tanz. Märsche und selbstverständlich Reitermärsche bieten eine große Auswahl bezüglich der taktmäßigen Übereinstimmung, jedoch weniger inhaltliche Abwechslung verglichen mit einer Symphonie. Ähnlich ist die Situation bei Instrumentalversionen bekannter Schlager oder "Evergreens". Da die Originale vorwiegend in Strophen-Form geschrieben sind, gibt es eigentlich nur eine immer wiederkehrende Hauptmelodie. Melodien-Vielfalt dagegen findet sich in der Klassik und bleibt auch beim poppigsten Arrangement erhalten.
Jede Quadrille kann sich ein zusätzliches Merkmal für die Qualität der Musikwahl schaffen, und zwar durch die Wahl des Musikstils. Der Stil verleiht dem Programm die "persönliche Note". Auswahlmöglichkeiten gibt es viele, beispielsweise nach Gattungen allgemein oder nach einer bestimmten Gattung im Wandel der Zeit. Tanzmusik etwa hat einen anderen Charakter als Marschmusik, und innerhalb der Tanzmusik hat das Menuett wiederum einen anderen Charakter als der Walzer. Persönliche Vorlieben dürfen bei der Auslese selbstverständlich gepflegt werden. Man sollte nur darauf achten, daß sich die klassischen reiterlichen Anforderungen und der musikalische Anspruch die Waage halten. Gutes Reiten verlangt nach guter Musik. Solch ein Anspruch bedeutet allerdings keineswegs, daß ausschließlich Konzertweisen die Bedingungen erfüllen. "Klasse" ist nicht allein in klassischen Werken zu finden. Umgekehrt kann auch nicht gelten, daß klassische Werke nur der höchsten reiterlichen Klasse vorbehalten bleiben. Volksweisen zur A-Dressur und Mozart zum Grand Prix sind keine angemessenen Zuordnungen. Jedem steht jede Musik zur Verfügung. Die erst in unserem Jahrhundert üblich gewordene Einteilung in "Ernste Musik" und "Unterhaltungsmusik" spielt dabei gar keine Rolle. Musik muß passen. Überlegen sollte man sich allerdings, ob für das geplante Programm Beethovens "Schicksalssymphonie" zu hoch gegriffen oder "Alle meine Entchen" zu tief angesetzt ist.

Als zusätzliche Hilfestellung für die Musikwahl folgen einige Anregungen.
Bei der Entscheidung über die Wahl einer Gattung kann man auch den Aufführungsort berücksichtigen, ob in der Halle oder auf dem Dressur-Platz geritten wird. Kammermusik ist beispielsweise eher für die Halle

geeignet; ihr "intimer" Charakter spricht dafür.
Die Wahl des Musikstils läßt sich ebenfalls "geographisch" anpassen, durch heimische Weisen, solche des Gastgebers, auch durch eine Musik, die dem Ort selbst angemessen ist. In der Spanischen Reitschule sind Disco-Klänge wohl kaum vorstellbar.
Außerdem spricht der Anlaß für den Auftritt eine Rolle. Weihnachtsquadrille oder Neujahrsreiten, Wettkampf oder Kostümwettbewerb verlangen nach entsprechender Musik.
Selbstverständlich werden Reiter und Pferde die Auswahl beeinflussen, besonders wenn Kinder oder Erwachsene, Ponys oder Großpferde die Ausführenden sind.
Schließlich könnte man noch den Pferde-Typ einbeziehen, kraftvolle Athleten oder leichtfüßige Ballett-Tänzer. Letzteres wird bei der Quadrille allerdings oft an der Besetzungsfrage scheitern, da man nicht immer ohne "Mischungen" auskommt.

"Mischungen" ist das Stichwort für einige Warnungen bezüglich der Musikwahl.
Vorsichtig sollte man sein mit Mischungen zwischen Epochen und/oder Gattungen. Sie können zwar sehr reizvoll sein, aber auch die Gesamtwirkung schmälern, vielleicht sogar ins Lächerliche ziehen. Selbst gelungene Mischungen haben ihre Tücken, wenn beispielsweise zuviele Schnitte je Figur/Lektion/Tempo einen sehr unerwünschten "Potpourri-Effekt" bewirken oder wenn Kombinationen, wie von Klassik und Classics up to date, aufgrund unterschiedlicher Instrumentierungen der Orchester problematisch werden; auf diese Weise kann der Schnitt zum akustischen "Knackpunkt" geraten. Für ein erfolgreiches Quadrillenprogramm muß eine gewisse Folgerichtigkeit im musikalischen Konzept bestehen, die man durch eine Orientierung nach Epochen, Gattungen, möglicherweise sogar Komponisten, erreicht.
Schwierigkeiten bereitet die Vokalmusik. Der gesungene Text lenkt eher vom Geschehen im Viereck ab, zudem ist der "wörtliche" Inhalt nur schwer choreographisch umzusetzen. Es gibt gelungene Beispiele, doch selten.
Ein heikles Thema sind humoristische Anspielungen durch die Musik. Der "Gag" beim Reiten kann sich als echte Gratwanderung erweisen. Etwas "Augenzwinkern" darf durchaus sein, niemand sollte sich allzu ernst nehmen. Doch es gibt eine Grenze, die vor allem durch die Pferde selbst gezogen wird. Sie leisten, was sie zu leisten vermögen und sollten nicht musikalisch zum Clown gemacht werden. Karnevalschlager etwa gehören in eine Karnevalveranstaltung und ausschließlich dahin.
Grundsätzlich ist alles Problematische nur bedingt einsatzfähig, Ausnahmen bestätigen lediglich die Regel.

Schließlich sind noch einige Empfehlungen für die Musikwahl und deren Umsetzung anzufügen.
Zu den Feinheiten eines Quadrillenprogramms gehören Übergänge, bei denen gleichzeitig mit einem Wechsel in der Musik ein Wechsel der Gangart erfolgt. Solch ein Übergang ist grundsätzlich von den Bahnpunkten völlig unabhängig. Das bedeutet einen Vorteil für die Vorführung, wenn z.B. der Boden tiefer als daheim bzw. durch Regen tiefer als sonst ist, oder wenn Reiter und Pferde aufgrund der Prüfungssituation leicht gehemmt bzw. aufgeregt sind, und dadurch Zeitverschiebungen im Programm entstehen. Darüber hinaus wirken allerdings Übergänge "am Punkt" ganz besonders ausgefeilt, sie bezeugen eine ausgezeichnete Vorbereitung. Zusätzlich hilft eine derartig exakte Planung den Beteiligten bei der zeitlichen Orientierung innerhalb des Programms und unterstützt seinen erfolgreichen Ablauf.
Empfehlenswert ist Musik zum Einritt. Der reibungslose Start des Bandes wird damit vor Aufführungsbeginn überprüft, und etwaige Schrecksekunden nach dem Gruß "dank" verschiedener "Knalleffekte" durch

abruptes, zu lautes oder gestörtes Anlaufen der Kassette werden vermieden.
Die Schlußaufstellung sollte zusammen mit einem sinnvollen musikalischen Abschluß erfolgen. Ausblenden ist eher eine Verlegenheitslösung und wirkt auch so.
Der Ausritt mit Musik gehört eigentlich nur zum Schaubild. Im Wettkampf endet der Auftritt "rechtmäßig" mit dem Schlußgruß. Danach gehört die Bühne der nächsten Gruppe. Bei Quadrillen sieht man das Abbrechen und Ausreiten mit Musik häufiger, wohl auch, um den geordneten Rückzug zu erleichtern. Die Entscheidung für oder gegen Musik zum Ausritt liegt demnach bei den Ausführenden; jede Quadrille hat die freie Wahl. (Vgl. zu S. 372 ff. *Anhang: Regel-Bogen, S. 450 u. Musik-Angebot, S. 451 ff.*)

3.5

Zusammenhänge zwischen Reiten und Musik

Wenn man die Regeln zur Musikwahl nutzen will und dabei nicht allein vom Zufall oder einer Fachberatung abhängig sein möchte, dann sollte man sich mit den Zusammenhängen zwischen Reiten und Musik auseinandersetzen.
Musik ist das, was eine Quadrille erst zu einer solchen macht, und gerade sie scheint eine Hemmschwelle zu sein. Die Hauptsorgen sind mangelnde musikalische Grundkenntnisse, Orientierungsprobleme auf dem großen Gebiet der Musik und Repertoirefragen in bezug auf reiterlich umsetzbare Musikstücke. Um solche Barrieren abzubauen, kann man sich einige Grundlagen schaffen, die eine Brücke zwischen Reiten und Musik schlagen.
Verständnis für die Musik vermitteln allgemeine Kenntnisse der musikalischen Fachsprache, die nicht schwer zu erwerben sind. Es ist kein Spezialwissen vonnöten, um das, was man in der Musik hört, zu verstehen. Wenn man von der reiterlichen Fachsprache ausgeht, dann bringt ein Vergleich der Begriffe, die auf beiden Gebieten vorkommen, eine gewisse Verwandtschaft zutage. Mit Freude an der Musik und etwas Einfühlungsvermögen ist ein solcher Vergleich durchaus nachvollziehbar. Die Freude offenbart sich bei vielen Reitern unter anderem darin, daß sie gute, ja geradezu begeisterte Tänzer sind, was sicherlich für den "Tanz zu Pferde" hilfreich ist. Das Einfühlungsvermögen ist ein gegebenes Talent, das sich allerdings auch schulen und verfeinern läßt; es sollte dem Reiter geläufig, eigentlich selbstverständlich sein. Ohne in das Pferd "hineinhorchen" zu können, bliebe alles doch rein mechanischer Ablauf. Die Reitkunst hingegen ist entscheidend abhängig von Rhythmus- und Taktgefühl und der Ausdruckskraft durch Dynamik. All das soll in Harmonie gipfeln, dem Gleichklang zweier Lebewesen, welche im Idealfall zu einem "Zentaur" verschmelzen. Solche reiterlichen Ansprüche werden durch Begriffe ausgedrückt, die auch in der Musiksprache vorkommen und dort ebenfalls wichtige Oberbegriffe sind; Inhalte und Ziele sind allerdings unterschiedlich. Für die Musikwahl zum Reiten wird es da interessant, wo Vergleiche möglich sind oder gar Parallelen bestehen. Wer auf dieser Grundlage und mit seinem reiterlichen Einfühlungsvermögen Musik anhört, wird feststellen, daß Klänge durchaus "tragen" können. Das ist der Ansatzpunkt dafür, Verständnis und Umsetzungsvermögen zu entwickeln.
Nehmen wir die vier genannten Begriffe zu einem reiterlich-musikalischen Vergleich: Rhythmus und Takt, Dynamik und Harmonie.

Rhythmus hat – nach reiterlichem Verständnis – der natürliche Bewegungsablauf

des Pferdes in den Gangarten. Durch die Abfolge der Phasen beim Auffußen und beim Abfußen entsteht der charakteristische Rhythmus einer jeden Gangart. Diesem Vorgang in der Fußfolge, dem Auf-und Abfußen, kann man den musikalischen Begriff "Metrum" zuordnen. Das "Metrum" kennzeichnet die "Wechselspannung" zwischen Hebung und Senkung.
Im Musikalischen wie im Reiterlichen ist die Hebung/das Abfußen als Spannungsphase lautlos, während die Senkung/das Auffußen als Entspannungsphase die Betonung gibt. Dieses "Auf und Ab" wird dem Reiter durch das Sitzgefühl vermittelt, wobei besonders der Trab solch eine Folge von "Wechselspannungen" sehr deutlich macht, weil die unbetonten Phasen dabei Schwebephasen sind. Beim Reiten stimmen Metrum und Rhythmus naturgegeben überein, der Rhythmus ist auf die "Wechselspannungen" in der Fußfolge beschränkt. Musikalisch gesehen sind dies einfachste Rhythmen. Denn in der Musik zielt Rhythmus allgemein auf die Dauer der Töne und hat, zumal in Verbindung mit dem Metrum, weitaus mehr Möglichkeiten. Natürliche metrische Rhythmen wie die Fußfolge des Pferdes oder auch Atmung und Herzschlag sind dagegen festgelegt.
Als Orientierungshilfe kann man sich merken: Zum Reiten paßt nur – metrisch angelegte – Musik, die mit den natürlichen Gangarten des Pferdes in Einklang zu bringen ist. Sie hat entweder einfachste rhythmische Formen, bei denen wie in den Gangarten Metrum und Rhythmus gleich verlaufen, oder komplexere Formen, bei denen die Betonung in der Musik und im Gang zusammenfallen.

Takt bezeichnet in der Sprache der Reiter den wiederholten gleichmäßigen Bewegungsablauf des Pferdes in den Gangarten. Unter dem taktmäßigen Gehen des Pferdes versteht man somit die korrekte fortgesetzte Abfolge der Phasen in jeder Grundgangart, unabhängig vom Tempo, von der Bewegungsrichtung oder einer Lektion. Taktrein geht ein Pferd bei richtiger Fußfolge, eine deutlich ausgeprägte Fußfolge weist die Kadenz aus. Taktstörungen oder -unreinheiten sind vorübergehende oder anhaltende Fehler in der Fußfolge aufgrund einer Phasenverschiebung, z.B. Vierschlag im Galopp, paßartiger Schritt oder gar klarer Paß.
Jede Gangart hat ihr entsprechendes Taktmaß, das heißt, ein Schritt, ein Trabtritt und ein Galoppsprung entsprechen einem einzelnen Takt. Der Schritt ist ein Vierer-Takt, der insgesamt acht gleichmäßige Stützphasen hat, wobei je eine betonte und eine unbetonte Stützphase zusammengehören. Der Trab ist ein Zweier-Takt, der insgesamt vier gleichmäßige Phasen hat – zwei Stütz- und zwei Schwebephasen –, wobei je eine betonte Stützphase und eine unbetonte Schwebephase zusammengehören. Schritt und Trab sind gradtaktig. Der Galopp ist ungradtaktig, ein Dreier-Takt. Er hat insgesamt sechs unterschiedlich lange Phasen – fünf Stützphasen und eine Schwebephase –, wobei erstens zwei betonte und eine unbetonte Stützphase zusammengehören, zweitens eine betonte und eine unbetonte Stützphase, und drittens die Schwebephase den Takt vervollständigt; die entscheidende Betonung des Galopps liegt auf der vierten Phase.
In der Musik bildet der Takt den Rahmen, der das Metrum – die "Wechselspannung" zwischen betont und unbetont – und den Rhythmus – die Dauer der Töne – in bestimmte Takteinheiten faßt. Solche Taktarten werden im Bruch-System angegeben, z.B., 2/4, 3/4 oder 6/8. Der Zähler gibt an, wieviel Phasen oder Zählzeiten der Takt hat, der Nenner gibt an, welcher Notenwert einer Phase oder Zählzeit entspricht. Dieser Ausschnitt aus dem musikalischen Bereich genügt, um reiterlich umsetzbare Taktarten zu finden.
Eine Zuordnung ist abhängig von zwei Faktoren, von Zahlen und Zeit. Als erstes richtet man sich nach dem Zahlenfaktor.
Jede Gangart braucht die ihr gemäße Takt-

art. Pferdegerechte Taktarten erkennt man zunächst am Zähler, der die Taktphasen anzeigt. Die grundsätzliche Brauchbarkeit ist also errechenbar, denn Taktphasen und Gangphasen müssen rechnerisch zusammenpassen. Passende Zahlen kann man etwa anhand des Taktes einer Gangart ermitteln. Demnach sind für den Schritt die 4, für den Trab die 2 und für den Galopp die 3 im Zähler geeignet. Man kann auch die Gesamtphasen einer Gangart berücksichtigen. Das empfiehlt sich beispielsweise für den Galopp aufgrund seiner besonderen Fußfolge und Betonung. Für ihn sind Musikstücke, deren Takt eine 6 im Zähler hat, meist die bessere Wahl.

Auf die Gefahr hin, Verwirrung zu stiften, sollen weitere "Zahlenspiele" nicht verschwiegen werden. Zusätzliche Möglichkeiten ergeben sich, wenn man etwa den Takt der Gangart/Musik halbiert oder verdoppelt.

Für den Schritt, einen Vierer-Takt, ist zum Beispiel auch ein Zweier-Takt anwendbar, dadurch wird der natürliche Takt der Gangart auf zwei musikalische Takte verteilt. In diesem Fall muß man allerdings darauf achtgeben, daß bei dem Bandschnitt im Zusammenhang mit einem Wechsel der Gangart der musikalische Gedanke nicht in der Mitte "abgeschnitten" wird. Solch ein schwebender Übergang wirkt wie eine Frage ohne Antwort.

Für den Trab, einen Zweier-Takt, kann man durch Verdoppelung auch einen ungeraden Dreier-Takt nutzen, dabei passen sich drei Trabtritte in zwei musikalische Takte ein. Die Verschiebung in den Betonungen zwischen Musik und Gang wird musikalisch "überspielt", außerdem finden beide Betonungen in jedem zweiten Takt wieder zusammen. Bezüglich des Bandschnittes in der Musik ist die gleiche Vorsicht geboten wie bei dem vorgenannten Beispiel.

Derartige "Finessen" sind heikel, und man sollte sie in jedem Fall erst dann wählen, wenn der Normalfall eine Selbstverständlichkeit geworden ist.

Im Anschluß an die erste und grundlegende Zuordnung nach dem Zahlenfaktor nimmt man die zweite und endgültige Zuordnung nach dem Zeitfaktor vor. Damit ist der Kernpunkt erreicht, das Tempo. Tempo heißt im musikalischen Bereich "Geschwindigkeit", und von der "Geschwindigkeit" wird die Dauer eines Taktes bestimmt. Diese Takt-Dauer gibt den Ausschlag für die Wahl reiterlich umsetzbarer Musik. Das Tempo der Musik und der Takt des Pferdes müssen zeitlich zusammenpassen.

Jedes Pferd hat seinen eigenen Takt. Er ist abhängig von der "Schrittlänge", die unter anderem von Körperbau und Temperament beeinflußt wird. Daher kann der individuelle Takt von Pferd zu Pferd sehr unterschiedlich sein. Bei geschulten Pferden ist der Unterschied hingegen nicht sehr groß, die Kadenz oder der optimale Takt ist weitgehend unabhängig von Exterieur und Interieur. Das passende musikalische Tempo läßt sich entweder aus dem individuellen oder aus dem optimalen Takt des Pferdes ermitteln. Das kann man übrigens auch pädagogisch nutzen: Während normalerweise Musik zum individuellen Takt gewählt wird, ist umgekehrt auch Musik im optimalen Takt zur Schulung der Kadenz nutzbar. Die Taktarten in der Musik bzw. deren Bruchsystem geben kaum Anhaltspunkte für das Tempo. Tempo ist also nicht anhand von Zahlen errechenbar. Denn obwohl der Nenner die Notenwerte für die einzelnen Taktphasen anzeigt, gibt er keinerlei verläßliche Hinweise auf die Takt-Dauer. Es ist jedoch davon auszugehen, daß eine 4 oder 8 unter dem Bruchstrich in die engere Wahl kommen, was bei einer 2 oder 16 eher unwahrscheinlich, wenn auch nicht unmöglich ist.

Näheren Aufschluß geben Bezeichnungen und Vorschriften der Komponisten zu einem Musikstück, Bezeichnungen wie "Polka" oder "Schnellpolka" und Vorschriften wie "Largo" = langsam oder "Presto" = schnell. Das Tempo kann demnach durch Angaben in der Partitur annähernd ermittelt werden.

Letztendlich entscheidet die Auffassung des oder der Interpreten darüber, welches Werk zum Takt des Pferdes paßt. Diese Auffassung kann von Aufnahme zu Aufnahme variieren, wenn auch nur in den vom Komponisten durch Vorgaben gesetzten Grenzen. Erst anhand einer solchen Aufnahme ist es möglich, das Tempo genau zu bestimmen, und zwar durch Zeitmessungen.
Mit dem Zeitfaktor eröffnen sich wiederum neue Möglichkeiten für "Zahlenspiele".
Der Vierer-Takt des Schrittes kann beispielsweise von einem einzigen Zweier-Takt abgedeckt werden, wenn dieser Zweier-Takt langsam genug ist; oder ein Vierer-Takt ist schnell genug, um sich in den Zweier-Takt des Trabes einzugliedern. Auch bezüglich der "Finessen" spielt die Zeitdauer eine Rolle. Wenn man etwa zum gradtaktigen Trab ungradtaktige Musik nutzen will, braucht man ebenfalls ein bestimmtes Tempo. Der Walzer ist ein Beispiel dafür. Vorwiegend im 3/4-Takt stehend und mit einem gewissen "Drehmoment" ausgestattet, scheint er eigentlich das Stück der Wahl für den Galopp zu sein. Allerdings entspricht das Grundtempo des Tanzes so gut wie nie dem Takt des Galopps. Selbst eine künstliche – technische – Anpassung durch Tempo-Manipulation ist kaum möglich, weil nur extreme Maßnahmen Abhilfe schaffen können und dadurch der echte Tanzcharakter verfälscht wird. Im Original-Tempo mag mancher Walzer für den Trab geeignet sein, für den Galopp vermittelt er meist lediglich den Charakter dieser Gangart.
Die weitgehenden Ausführungen zum Takt sollen helfen bei der Musikwahl eine brauchbare Auslese zu treffen: Das Repertoire von Musik zum Reiten kann nur aus Werken bestehen, die nicht nur zum natürlichen Takt des Ganges, sondern auch zum individuellen bzw. optimalen Takt des Pferdes passen.

Dynamik meint in der reiterlichen Fachsprache die Umsetzung von Energie im Gang und umfaßt die Spanne vom versammelten bis zum starken Tempo, von der Erhabenheit bis zur höchsten Schwungentfaltung.
Musikalisch kann man den Begriff "Dynamik" schlicht mit "Lautstärke" übersetzen; der Bogen reicht dabei vom Pianissimo bis zum Fortissimo, von dem ganz Leisen bis zu dem ganz Lauten.
Obwohl "Dynamik" reiterlich etwas völlig anderes aussagt als musikalisch, kann man dynamische Vorgänge in der Musik und beim Reiten sinnverwandt miteinander verbinden. Beispielsweise sollte das Anschwellen der Musik zu mehr Lautstärke, das Crescendo, ein Zulegen zur Verstärkung und die volle Phonstärke, das Forte/Fortissimo, die Verstärkung begleiten. Umgekehrt sollte mit dem Abschwellen der Musik, dem Decrescendo, das Aufnehmen zur Versammlung und mit der geringen Lautstärke, dem Piano/Pianissimo, die Versammlung einhergehen. Starker Galopp zum Pianissimo wäre demnach nicht die angemessene Interpretation – es sei denn, es handelt sich wieder einmal um eine Finesse.

Harmonie bedeutet für den Reiter das ungestörte Zusammenspiel zwischen Mensch und Pferd, das "Zentaur-Gefühl". Miteinander schwingen und sich fortbewegen ist einerseits ein ganz konkreter Vorgang und vermittelt andererseits auch eine gefühlsmäßige Übereinstimmung.
Anhand der reiterlichen Definition kann man zwei Vorgänge aus dem großen Gebiet der Harmonielehre in der Musik nachvollziehen, nämlich die Ordnung dessen, was miteinander erklingt, die Akkorde, und die Ordnung dessen, was nacheinander erklingt, die Aufeinanderfolge der Akkorde. Auch das Gefühl wird durch die Musik angesprochen, etwa durch unterschiedliche Tonarten, die unterschiedliche Charaktere vermitteln können; man denke etwa an Dur und Moll, die den bekannten Theatermas-

ken mit einem lachenden und einem weinenden Gesicht vergleichbar sind! Es ist für den Reiter nicht notwendig, die Harmonie- und Tonartenlehre im einzelnen zu kennen. Ein Verstoß gegen ihre Regeln ist durchaus hörbar, und zwar deshalb, weil das menschliche Ohr die vorwiegend naturgegebene Ordnung, die diesen Regeln zugrunde liegt, nachvollziehen kann. Dafür braucht man kein Musikexperte zu sein. Schließlich sind auch für einen Nicht-Reiter mißlungene Übergänge im Gang oder zwischen den Gangarten durchaus sichtbar.

Mit etwas Kenntnis um die Zusammenhänge zwischen Reiten und Musik wird die Interpretation von Musik zum Reiten immer besser gelingen, die choreographische Ausgestaltung und die Verfeinerung von Einzelheiten immer ausgeprägter werden. Manche Themen in der Musik lassen sich beispielsweise durch bestimmte Figuren/ Lektionen nachvollziehen, weil gewisse musikalische Motive entsprechende reiterliche Vorstellungen vermitteln können: ein "Echo-Motiv" für spiegelbildliche Wiederholungen einer Figur oder Lektion; ein "Drehmoment" wie im Walzer für eine Volte oder eine Pirouette; ein "Dialog-Motiv" wie Frage und Antwort für Schlangenlinien oder Zickzack-Traversalen; ein rhythmisch betontes Motiv für Wendungen, Durchreiten, Positions- und Têtenwechsel oder Galoppwechsel in bestimmten Sprungfolgen, und vieles mehr. Das Ziel ist, daß der optische Eindruck seine musikalische Entsprechung hat. Solch eine Feinabstimmung macht die Faszination eines Quadrillenprogrammes aus. Auf diese Weise entwickelt sich dann das Reiten **mit** Musik zum Reiten **zur** Musik, zu einem Tanz zu Pferde. (Vgl. zu S. 379 ff. *Anhang: Gangarten-Schema, S. 461*)

3.6

Technische Hilfen für Musikwahl und Aufnahme

Die praktische Umsetzung der Musikwahl kann durch technische Hilfen erleichtert werden. Um die taktmäßige Übereinstimmung von Musik und Gangart zu prüfen, muß man nicht ständig zwischen Plattengeschäft und Reitbahn hin- und herpendeln. Sinnvoller und zeitsparender geht es, wenn man mit einem Metronom arbeitet. Das Metronom ist ein mechanisch den Takt schlagender Tempoanzeiger. Solch einen aufziehbaren "Taktmesser" gibt es sogar im handlichen Taschenformat. Anhand seiner Skala kann man die Werte für Schritt, Trab und Galopp ablesen, die – wie bereits erwähnt – von Pferd zu Pferd unterschiedlich sind, bei geschulten, kadenziert gehenden Pferden hingegen dicht beieinander liegen. Solche Werte werden durch die Messung bestimmter betonter Phasen der Gangarten ermittelt, das heißt Phase 1 und 5 im Schritt, Phase 1 und 3 im Trab und Phase 4 im Galopp. Für den optimalen Takt liegen die Richtwerte im Schritt um 84, im Trab um 132 und im Galopp um 88 Schläge pro Minute. Bei der Quadrille bieten sich zwei Wert-Maßstäbe an: Da normalerweise durch den individuellen Takt verschiedener Pferde unterschiedliche Meßwerte ermittelt werden, nimmt man entweder den Durchschnittswert aus allen Messungen, oder man richtet sich nach den Werten des Têten-Pferdes, das schließlich das Grundtempo der Gruppe bestimmt. Übrigens hat das Metronom zusätzlich eine Richtskala für Tempo-Angaben in der Musik. Danach wären Schritt und Galopp dem "Andante" und der Trab dem "Allegro" zuzuordnen. Allerdings findet man in der Praxis reiterlich umsetzbare Musikstücke unter vielerlei Tempo-Bezeichnungen. Daher sollte man sich besser an die meßbaren Tatsachen halten.

Trotz aller Bemühungen, eine taktmäßige Übereinstimmung von Musik und Gangart zu erzielen, kann es geschehen, daß man von einem grundsätzlich geeigneten Musikstück keine Einspielung findet, die den festgesetzten Werten hundertprozentig entspricht. Bietet sich eine Ausweichmöglichkeit auch nicht an, dann ist dem Problem oftmals noch technisch beizukommen, und zwar durch maßvollen Einsatz eines Tempo-Reglers. Die meisten Plattenspieler und manche Bandgeräte haben solch einen Geschwindigkeitsregler. Allerdings ist mit der Tempo-Manipulation automatisch eine Veränderung der Tonhöhe verbunden, das heißt, mit dem langsameren Tempo wird der Grundton tiefer und mit dem schnelleren höher. Dies hat man beim Schnitt eines Musikbandes zu berücksichtigen, denn das nachfolgende Musikstück muß sich weiterhin musikalisch harmonisch anschließen. Stücke, die bei normaler Laufgeschwindigkeit problemlos zusammengefügt werden können, sind möglicherweise nach einer Tempo-Manipulation aufgrund von Tonhöhenveränderungen nicht mehr zu kombinieren. Außerdem kann man derartige Eingriffe nur in Grenzen vornehmen. Bei einer zu langsamen Überspielung des gewählten Werkes wirkt die Aufnahme zäh, sie "leiert"; eine zu schnelle Version wirkt dagegen nicht nur gehetzt, sondern manchmal geradezu komisch. Läßt sich mit dem Temporegler eine vertretbare Taktangleichung nicht erreichen, so ist ein etwas ruhigeres Tempo immerhin besser als ein zu eiliges. Die Musik sollte eher einen ziehenden als einen treibenden Effekt haben. Letzteres erweckt den Eindruck von Hast und Ungenauigkeit, und dies ist meist auch die Folge.

Möchte man schließlich ein gutes Musikband zusammenstellen, sollte man sich wegen des Bandschnittes tunlichst an einen Fachmann wenden. Für die ersten Proben, wenn Choreographie und Musik noch auf dem Prüfstand sind, genügt ein "Grobschnitt", der in Heimarbeit durch Schnitt mit der Pausen-Taste aufgenommen wird. Doch schon bei dem Einstudieren des fertigen Programms braucht man ein Produkt, das weder Ohrenschmerzen verursacht noch durch ungenaue Zeitabläufe die Reiter darüber im Unklaren läßt, wie sie sich den endgültigen Ablauf deutlich einprägen sollen. Das Auftritts-Band, der "Feinschnitt", muß in jedem Fall fachmännisch gefertigt sein, denn ein fehlerhafter Bandschnitt schmälert die Wirkung des Ganzen. Befindet sich nicht zufällig ein Musikexperte mit einer erstklassigen Ausrüstung in der eigenen Reitergruppe, kann man sich um Hilfe an professionelle Einrichtungen wenden, beispielsweise an Hi-Fi-Geschäfte, Tonstudios oder lokale Sendeanstalten. Einige Tonstudios verfügen über Spezialeinrichtungen und neuerdings auch über Computer, die selbst ausgefallenste Wünsche beim Schnitt erfüllen und sogar Tonhöhenerhaltung bei Geschwindigkeits-Manipulation oder gewollte Tonhöhenveränderung ermöglichen. Solch ein Aufwand ist vielleicht nicht nötig und obendrein derzeit noch zu teuer. Zwar sind auch die vorher genannten Hilfen durch Fachleute mit einer finanziellen Belastung verbunden – ein gewisser Aufwand ist unumgänglich –, doch in dem Fall lohnt das Ergebnis den Einsatz. Sollte im eigenen Umfeld keine der genannten Hilfsquellen erreichbar sein, kann man den inzwischen entstandenen Service in Anspruch nehmen, der ein Musikband anhand eines eingesandten Video-Bandes der Quadrille zusammenstellt; Musikwünsche werden dabei berücksichtigt. Adressen sind u.a. bei der Deutschen Reiterlichen Vereinigung (FN) in Warendorf zu erfragen.

3.7

Gestaltungsmethoden für ein Gesamtkonzept

Die letzte Stufe eines Gesamtkonzepts sind die Gestaltungsmethoden, sie erfassen alle Vorgänge von der Planung bis zum fertigen Quadrillenprogramm. Solch ein "Gerüst" gewährt den notwendigen Freiraum für Phantasie und Kreativität.
Unter den verschiedenen Gestaltungsmethoden haben sich zwei besonders herausgebildet: von der Choreographie zur Musik oder durch die Musik zur Choreographie.
Die erste Methode – bei ihr ist die Choreographie der "Aufhänger" – wird sicher häufiger als die zweite angewandt. Das mag daran liegen, daß man sich möglichst auf reiterlich bekanntem Boden bewegt, bevor man ins musikalisch Ungewisse aufbricht. Außerdem besteht zusätzlich die Möglichkeit, das Problem der Musikwahl auszuklammern, indem man sie "delegiert". Selbst bei musikalischen Eigenproduktionen ist das nachträgliche Unterlegen des Programms mit Musik beliebter, weil man eben gerne zunächst die Aufgaben erledigt, bei denen man sich sicher fühlt, und den problematischen Teil als letzte Klippe aufspart.
Die zweite Methode – bei ihr ist die Musik der "Auslöser" – erfordert wohl mehr Aufwand, eröffnet aber vielleicht auch mehr Möglichkeiten, einen wahren Tanz zu Pferde zu entwerfen und jeder Quadrille ihren eigenen Charakter zu verleihen. Einem Ballett vergleichbar, ergeben sich Musik und Lektionen folgerichtig. "Delegieren" kann man allerdings nur noch bedingt, die ständige Mitarbeit der Beteiligten gehört dazu. Das erfordert Kreativität auf allen Ebenen.

Beide Methoden lassen sich in Phasen und Schritte einteilen. Die nachstehenden Angebote sollen Beispiele dafür sein.

Die gebräuchliche Methode, Methode A, sieht folgendermaßen aus:

1. Phase

a) Die Planungs-Liste wird ausgefüllt;

b) gemäß der ausgeschriebenen Anforderungen plant man die choreographischen Grundlagen;

c) im Hinblick auf die Teilnehmer wird der Schwierigkeitsgrad zugeordnet.

2. Phase

a) Mit Hilfe jener drei Voraussetzungen läßt sich ein Programm entwerfen;

b) durch Proben werden Ausbaumöglichkeiten des Entwurfs erkundet, z.B., die Zeiteinteilung durch Zeitmessungen ermittelt, Choreographie und Schwierigkeiten sowie Übergänge oder Überleitungen variiert und Effekte erkundet;

c) die Choreographie einschließlich Schwierigkeitsgrad wird endgültig festgelegt, gegebenenfalls sind Wiederholungen der letzten beiden Schritte notwendig.

Die nächste Phase kann man auf unterschiedliche Weise gestalten. Entweder wird die Musikwahl insgesamt bzw. zum großen Teil in andere Hände gelegt, oder man leistet Heimarbeit, sei es mit Fachberatung, sei es ohne.
In diesem Fall ist der weitere Ablauf dergestalt:

3. Phase

a) Die vorgesehenen Musikstücke werden aufgenommen und auf ihre Brauchbarkeit hin genau geprüft;

b) die verbleibenden Werke werden auf ihre Kombinationsmöglichkeit getestet;

c) die ausgewählten Teile werden unbearbeitet aneinandergeschnitten (Grobschnitt 1).

4. Phase

a) Anhand von Zeitmessungen und Übergangsgelegenheiten zwischen den Musikstücken schneidet man die Übungsversion (Grobschnitt 2);
b) beim Training werden Verbesserungen bezüglich des Schnitts (und evtl. der Choreographie) ausprobiert;
c) die Auftrittsversion des Bandes (und evtl. der verbesserten Choreographie) wird fertiggestellt (Feinschnitt 1).

5. Phase

a) Nach Einsatz in der Prüfung ergeben sich meist weitere Verfeinerungsmöglichkeiten, daher empfiehlt sich manchmal eine Überarbeitung, ein "Ausreizen" des Programms;
b) daraus entsteht eine überarbeitete Auftrittsversion des Bandes (und evtl. der Choreographie), die Endfassung (Feinschnitt 2).

Solch ein Verfahren erscheint zwar mühsam, tatsächlich jedoch verhelfen klare Phasen und kleine Schritte zu großer Wirksamkeit. Ungeduld führt wie beim Reiten ziemlich sicher in eine Sackgasse, und verlorene Zeit kostet – mindestens – doppelte Zeit.

Die seltenere Methode, Methode B, kann man in folgende Phasen und Schritte aufgliedern:

1. Phase

a) Die Planungs-Liste wird ausgefüllt;
b) gemäß den ausgeschriebenen Anforderungen plant man die choreographischen Grundlagen;
c) im Hinblick auf die Teilnehmer wird der Schwierigkeitsgrad zugeordnet.

2. Phase

a) Die vorgesehenen Musikstücke werden aufgenommen und auf ihre Brauchbarkeit hin genau geprüft;
b) die verbleibenden Werke werden auf ihre Kombinationsfähigkeit getestet;
c) die Kombinationsmöglichkeiten werden auf die gewünschte Folge der Gangarten hin untersucht;
d) die ausgewählten Teile werden aneinandergeschnitten (Grobschnitt 1).

3. Phase

a) Zu dieser Auswahl entwirft man eine Choreographie (Basisprogramm 1);
b) anhand von Zeitnahme und Umschnittsgelegenheiten in der Musik schneidet man eine Übungsversion (Grobschnitt 2);
c) dieser Übungsversion wird wiederum die Choreographie angepaßt (Basisprogramm 2);

4. Phase

a) Im Training werden weitere Verbesserungen erprobt, gegebenenfalls sind Wiederholungen der letzten beiden Schritte notwendig, wobei im Hinblick auf ein harmonisches Gesamtkonzept zu entscheiden ist, ob Choreographie oder Schnitt geändert werden sollen;
b) die Auftrittsversion des Bandes und der Choreographie werden fertiggestellt (Feinschnitt 1, Choreographie 1).

5. Phase

a) Nach Einsatz in der Prüfung ergeben sich meist weitere Verfeinerungsmöglichkeiten, daher empfiehlt sich manchmal eine Überarbeitung von Choreographie und Musik, ein "Ausreizen" des Programms;

b) daraus entstehen die überarbeiteten Auftrittsversionen des Bandes und der Choreographie, die Endfassung (Feinschnitt 2, Choreographie 2).

Damit ist der Weg eines Gesamtkonzepts von den Anfängen bis zur Zusammenstellung eines Quadrillenprogramms zurückgelegt.
Reiten zur Musik kostet wohl Arbeit, bringt aber auch Freude – für jedermann.
(Vgl. zu S. 379 ff. *Anhang: Methoden A/B, S. 462*)

3.8

Stellungnahme zum Thema "Reiten und Musik"

Zusammenfassend ist festzustellen, daß Reiten in Verbindung mit Musik einerseits viele Chancen für Reiter und Pferd bietet, andererseits manche Risiken in sich birgt.
Eine Chance ist die pädagogische Nutzung der Musik zum Reiten, um das Taktgefühl des Reiters und die Kadenz des Pferdes zu verbessern. Außerdem regt Reiten zur Musik die Phantasie und die Kreativität an. Das kann ein Anstoß für Säumige oder Unentschlossene sein, sich mit der Musik ein neues Feld zu erschließen und für das eigene reiterliche Tun daraus wiederum Nutzen zu ziehen. Zusätzlich gewinnt Reiten zur Musik den Pferden – auch bei Nicht-Fachleuten – neue Freunde.
Ein Risiko liegt allgemein darin, daß jegliche Entwicklung durch Unverständnis, Übertreibungen oder regelwidrige Experimente auf Abwege geraten kann. Im besonderen liegt das Risiko beim Reiten zur Musik in der Vielfalt seiner Aspekte. Diese Vielfalt ist es, die die Chancen bietet, aber ebenso Gelegenheiten, Fehler zu machen – vor allem im Hinblick auf die Grundsätze der klassischen Reitlehre. Solche Fehler sind der Anlaß für Warnungen und Kritik. Dabei sollten Ursache und Wirkung nicht verwechselt werden, es ist nicht das Reiten zur Musik die Ursache dafür, daß gegen besagte Grundsätze verstoßen wird. Wenn alle Verantwortlichen – Reiter, Ausbilder und Richter – dazu beitragen, daß ausschließlich gute Leistungen zum berechtigten Erfolg führen, können sie auch die Mahner überzeugen. Darum gilt es, die Risiken zu erkennen und die Chancen zu nutzen.
Im Verlaufe einer Entwicklung werden stets neue Fragen und Probleme auftauchen, bisher Unbekanntes oder noch nicht Erprobtes. Entscheidend bleibt nur, daß man Herkunft und Zukunft auf dem richtigen Wege miteinander verbindet. Dann gewährleistet der Erhalt des jahrhundertealten Erbes ein Fortleben der Reitkultur. Das ist Aufgabe, Anspruch und Ziel des Reitens zur Musik.

Vorbereitung und Vorstellung von Schau- und Wettkampfquadrillen

Quadrillen können sowohl festliche reiterliche Darbietungen, die einen gewissen Aufwand erfordern, als auch pferdesportliche Wettkämpfe sein.
Der hohe Aufwand wird in erster Linie durch ihre Aufführung vor Zuschauern bei Höhepunkten des gesellschaftlichen Lebens gerechtfertigt, wie sie Ortsjubiläen, Heimatfeste, Gründungsfeierlichkeiten und auch pferdesportliche Treffen und Turniere darstellen. Diese Funktion erfüllen sie besonders gut, wenn sie durch den Rahmen der Quadrille und die Bekleidung der Reiter auf historisches oder aktuelles Geschehen Bezug nehmen.
Immer mehr Verbreitung findet jedoch das Quadrillenreiten als Wettkampf. Es bietet vor allem im Bereich des Breitensports die Möglichkeit sportlicher Zielstellungen. Alle Quadrillen sind bei ihrer Aufführung das Spiegelbild der Ausbildungsarbeit. Darin liegt sicher auch ein Grund für die Landgestüte, bei ihren Hengstparaden immer wieder großen Wert auf gut vorgetragene Quadrillen zu legen. Quadrillen steigern dadurch das Ansehen der Veranstalter in der Öffentlichkeit. Gut gerittene Quadrillen sind immer ein Anziehungspunkt für die Zuschauer, die in der Prägnanz der Figuren und der Eleganz des Bildes reiterliche Leistung erkennen und anerkennen. Die Quadrille ist - wenn hier natürlich auch auf hohem reiterlichen Niveau - der Höhepunkt jeder Galavorstellung der Spanischen Hofreitschule in Wien. Die Geschlossenheit des kollektiven Willens und die Einheitlichkeit des Handelns sind es, die den Zuschauer beeindrucken.

4.1

Die Dressurquadrille

Die Dressurquadrille ist die meistgeübte Form der Quadrille. In ihr kommen auch die erwähnten Eigenschaften der Quadrille am besten zum Ausdruck, weil sie das größte Maß an Geschlossenheit verwirklichen kann.
Wir nehmen sie als Beispiel, um die einzelnen Schritte der Vorbereitung einer Quadrille darzustellen. Andere Quadrillenformen folgen den gleichen Grundsätzen.

4.1.1

Allgemeine Gesichtspunkte für die Erarbeitung und Gestaltung einer Quadrille

In den meisten Vereinen ist die Auswahl der Pferde begrenzt. Demzufolge wird die Anforderung der Quadrille öfter nach dem Ausbildungsstand der verfügbaren Pferde eingerichtet werden müssen als umgekehrt.
Als Pferde für die Anfangsreiter, nach Möglichkeit auch für den Anfang von Teilungen der Abteilung, werden gut ausgebildete, gehorsame Pferde mit mittlerem Gangvermögen bevorzugt. Zu lebhafte, unruhige (nervöse) oder auch faule und launische Pferde werden so in die Abteilung gestellt, daß sie hinter einem besser geeigneten Pferd gehen können. Ideal ist, wenn alle Pferde die gleiche Größe haben. Da dies nicht sehr wahrscheinlich ist, läßt man sie - wo möglich - der Größe nach in der Abteilung gehen, so daß die Unterschiede nicht so stark ins Auge fallen. Bei diesem Vorgehen sind auch die Größenunterschiede nebeneinander befindlicher Pferde am geringsten.
Nicht weniger muß man auch die Größe der Reiter berücksichtigen. Pferde und Reiter müssen nicht nur zueinander passen, sondern es ist auch wichtig, daß auffällige Unterschiede in Größe und Körperbau nicht allzu deutlich in der Quadrille in Erschei-

Rappen und Schimmel, Pferde und Ponys lassen sich bei einer guten Choreographie in einer anspruchsvollen Quadrille vereinen

nung treten. Am besten wird das in der Praxis ausprobiert.
Steht für Quadrillen eine reichere Auswahl von Pferden zur Verfügung, sollten auch die Farben der Pferde berücksichtigt werden. Wie sie farblich eingeteilt werden, ist Sache des Geschmacks, sofern die vorher genannten Gesichtspunkte nicht eine bestimmte Einteilung als günstiger erscheinen lassen. Ist die Reihenfolge der Pferde in der Abteilung unter Berücksichtigung von Temperament, Rittigkeit, Größe und Farbe bestimmt, sollte man beim Entwerfen der Quadrille auf die Wirksamkeit dieser Faktoren in den Figuren achten.
Die Mitwirkung an einer Quadrille ist auch eine zweckmäßige Zielstellung für die Reiter, die sich nicht an Turnieren beteiligen. Ihnen kann dadurch ein besonderer Jahreshöhepunkt geschaffen werden.
Am Anfang der Abteilung und ihren Teilungen müssen nicht unbedingt die besten Reiter stehen. Reiter, die ihre Pferde gut vorwärtstreiben, dabei Figurensinn und Konzentrationsfähigkeit unter Beweis stellen und ihr Pferd unter Kontrolle haben, sind als Anfangsreiter gut geeignet.

4.1.2

Das Entwerfen der Quadrille

Eine Quadrille besteht aus einer Anzahl von Figuren in verschiedenen Stellungen und Formationen, die lückenlos aneinander gereiht oder miteinander verbunden sind.
Wenn die Reihenfolge der Pferde und Reiter in der Abteilung festgelegt ist, muß sich der die Quadrille Ausarbeitende zunächst über den Ausbildungsstand informieren. Danach trifft er die Auswahl der Figuren,

die er den Teilnehmern der Quadrille vorschlägt und begründet (vgl. a.S. 370 f.). Spätestens von da an sollten die Quadrillenreiter in die weitere Ausformung der Quadrille einbezogen werden, damit ihre Erfahrung und ihre Ideen in der Endfassung Niederschlag finden können. Dabei lernen die Teilnehmer auch gleichzeitig die Prinzipien des Quadrillenaufbaus in der Praxis kennen. Sind die Reiter im Formationsreiten geübt, kann der Gestalter auf Figuren zurückgreifen, die bereits beherrscht werden.
Im anderen Fall muß er die Zeit berücksichtigen, die er noch zum Einstudieren und Üben benötigt.
Je nach Ausbildungsstand der Reiter und der vorgesehenen Dauer der Quadrille kann man auch einzelne Teile der beschriebenen Figuren und Touren verwenden. Viele von ihnen beginnen relativ leicht und werden erst später schwieriger. Auch lassen sich solche Teile von Figuren oder Touren auch an anderer Stelle als beschrieben placieren, z.B. eine für den Hufschlag der ganzen Bahn beschriebene auf dem Mittelzirkel. Manchmal kann man auch Mischformen einzelner Figuren finden, z.B. während des Halblinks bzw. Halbrechts eine Volte an der Mittellinie u.a. Der Phantasie sind Grenzen in erster Linie durch die unverzichtbare Forderung nach korrekter Reitbarkeit der Übungen auf dem zur Verfügung stehenden Raum gesetzt. Reicht z.B. der Platz für eine 8 m-Volte nicht aus, kann sie an dieser Stelle nicht geritten werden.
Wichtig sind gefällige Übergänge zwischen den Figuren bzw. deren Teilen, die die Harmonie des Gesamtbildes abrunden. Deshalb sollten diese Abschnitte besonders abwechslungsreich gestaltet werden. Keine Wiederholungen! Besonders bei kurzen Quadrillen müssen die Figuren rasch aufeinander folgen. Die Wirkung einer Quadrille liegt nicht zuletzt darin begründet, wie das Prinzip des synchronen Formationsreitens verwirklicht wird. Teilungen der Kolonne, Gegenüberreiten und Kolonnen mit mehreren Reitern nebeneinander müssen daher den Hauptteil der Quadrille bilden.
Quadrillen, die mehr oder weniger den Charakter von Schaubildern haben, dürfen eine Zeitspanne von 15 - 20 Minuten nicht überschreiten. Quadrillen von mehr als einer Stunde Dauer sind heute nicht mehr üblich. Deshalb sollte auch dort, wo eine Quadrille im Mittelpunkt einer Veranstaltung steht, ein Zeitraum von 20 Minuten nicht überschritten werden. Bei Quadrillenwettkämpfen schreibt die Ausschreibung die Dauer der Quadrille vor, die in der Regel zwischen 10 - 15 Minuten liegt.
Die Hauptarbeit beim Entwerfen einer Quadrille wird am Schreibtisch geleistet. Hinweise dazu sind in den Abschnitten 2.4.1 und 3.3 gegeben.
Als Beispiel für die Darstellungsform des Quadrillenentwurfes kann die von uns bei der Beschreibung der Figuren verwendete empfohlen werden. Neben der Festlegung des Ankündigungs- und Ausführungskommandos gibt es stichwortartige Hinweise zur Ausführung der Figur und eine verdeutlichende Zeichnung. Bei wachsendem Verständnis der Reiter und Ausbilder für das Formationsreiten werden die Worterklärungen kürzer ausfallen können. Am Ende genügen die Kommandos und die Skizzen. Verbale Beschreibungen bleiben auf Neues beschränkt. Im Verlaufe der Quadrille nehmen die Schwierigkeiten ebenso zu wie im Verlauf einer einzelnen Tour. Diese Grundregel muß beachtet werden. Sie ist wichtig, um die Aufmerksamkeit der Zuschauer (aber auch der Teilnehmer) zu erhalten. Eine Quadrille beginnt beispielsweise mit einer Schritt- oder Trabfigur zu einem (Kreuzwendung, Serpentine) und endet nach ständigem Wechsel von Figuren auf dem Viereck und auf dem Mittelzirkel, unter häufiger Änderung der Formationen und Stellungen schließlich mit einem Aufmarsch in Linie. Auch die Gangarten sollten mehrfach wechseln.
Der oft verwendete Quadrillenaufbau, bei dem zuerst einige Figuren im Trab und an-

schließend die gleichen Figuren im Galopp gezeigt werden, sichert selten eine interessante und abwechslungsreiche Vorführung. Richtig ist es hingegen, auf eine oder mehrere Trabfiguren eine ähnliche Galoppfigur folgen zu lassen, diesen Abschnitt mit einem Aufmarsch abzuschließen und daran einen weiteren aus Trab- und Galoppfiguren bestehenden Abschnitt anzufügen. Wenn ein solcher Abschnitt 5 bis 7 Minuten dauert, wird die Quadrille interessant. Das bedeutet jedoch nicht, daß auf das Reiten von Quadrillen verzichtet werden muß, wenn die Reiter in der Abteilung noch nicht in guter Ordnung galoppieren können. Es lassen sich auch durchaus Quadrillen entwerfen, die nur Figuren im Schritt und Trab zeigen und trotzdem gefallen.
Eine Quadrille wirkt nicht zuletzt durch ihren kaleidoskopartigen Wechsel von Mit-, Gegen- und Durcheinander der Reiter in strenger Ordnung. Wo die Farbe als Element der Gestaltung einer Quadrille herangezogen wird, sei es durch die Farben der Pferde oder durch die verschiedenartigen Kostüme der Reiter, muß der Entwerfer der Quadrille der Symmetrie der Farben in den Figuren Rechnung tragen. Das kann er schon beim Entwerfen der Quadrille gewährleisten, indem er die Pferde und/oder Reiter, die im Entwurf einer Quadrille unbedingt numeriert sein müssen, zusätzlich farbig darstellt. Sind Pferde in allen vier Grundfarben und zwei unterschiedliche Kostüme für die Reiter vorhanden, empfiehlt es sich, sowohl die Pferdefarben als auch die Kostümfarben der Reiter in den Skizzen zum Ausdruck zu bringen. Die Farbigkeit verleiht der Quadrille eine besondere Attraktivität, wenn die Gleichfarbigen in ständigem Wechsel einmal geschlossen nebeneinander, einmal hintereinander, einzeln oder in Gruppen abwechselnd mit Andersfarbigen reiten. Dieses Farbenspiel ist ein wichtiges Qualitätsmerkmal für eine gut vorbereitete Quadrille.

4.1.3

Das Einüben und Proben der Quadrille

Erfahrungsgemäß braucht man zum Einüben einer Quadrille eine längere Vorbereitungszeit. Wenn die Quadrille entworfen ist, werden die einzelnen Figuren auf die Reitstunden des bis etwa zwei Wochen vor der Aufführung verfügbaren Zeitraumes verteilt.
Zuerst müssen die Reiter den Ablauf der Figuren auf der Skizze kennenlernen, dazu die vorgesehenen Kommandos im Wortlaut. Als günstig erweist sich, nur das zu besprechen, was im Anschluß geübt werden soll. Bei dieser Besprechung muß auf bestimmte Probleme, z.B. der Raumaufteilung, der Tempoeinteilung, der Hilfengebung u.a. hingewiesen werden. Auch sollen die Stellen und Zeitpunkte, zu denen die Kommandos erfolgen, festgelegt werden. Auf einem geeigneten Platz oder in einem größeren Raum kann man den Ablauf der Figur von Reitern bereits zu Fuß üben lassen. Dabei sollte die in der Quadrille vorgesehene Ordnung und Reihenfolge unbedingt hergestellt werden. Jeder Reiter lernt dabei in erster Linie die für ihn vorgeschriebene Figuren- und Gangartfolge (Tempo) kennen. Auch zeigen sich hier schon, wo Verbesserungen vorgenommen werden können. Deshalb muß versucht werden, die Mitarbeit der Quadrillenreiter anzuregen und ihre Kreativität anzuspornen. Auf diese Weise werden schon Ausarbeitung und Einüben der Quadrille zu echten Gemeinschaftsleistungen, die letzten Endes den Ausschlag für den Erfolg geben. Diese Schritte sind sehr wichtig, weil sie ein konzentriertes Lernen und ein rascheres Vorgehen bei den Übungen zu Pferde ermöglichen. Dadurch bleibt mehr Übungszeit zur Herausbildung der reiterlichen Qualität der Quadrille. Zu Pferde wird zunächst der Ablauf im Schritt probiert, damit jeder Rei-

ter das zuvor Gelernte auf die räumlichen Verhältnisse des Reitvierecks umsetzen kann, sich die Richtungspunkte sucht und einprägt. (Beim Einüben komplizierter Figuren und Touren kann es sich auch als zweckmäßig erweisen, wenn den Reitern durch Anbringen provisorischer Richtungspunkte, z.B. mit Pappdeckeln auf der Bande, die Orientierung erleichtert wird.) Danach wird die Figur mehrfach in der vorgesehenen Gangart geübt. Bei längeren Figuren oder Touren kann auch eine Unterteilung in mehrere kürzere Phasen erfolgen.
Am Ende einer Stunde sollte der bisher eingeübte Teil der Quadrille einmal durchgeritten werden, um den Ablauf der Figuren zu festigen.
Von Zeit zu Zeit sollte man auch längere Teilabschnitte zusammenfassen und begutachten lassen. Das regt zur Verbesserung des bereits Geübten und zu größerem Bemühen um die noch zu erlernenden Übungsteile an, denn bis zu dieser Phase können immer noch Veränderungen am Ablauf einzelner Figuren und Touren vorgenommen werden. Wenn alle Teile der Quadrille geübt sind, sollte man aber auf weitere Veränderungen verzichten, weil diese Verwirrung stiften können (vgl. aber S. 380 f.).
Stellt sich z.B. heraus, daß der Schwierigkeitsgrad einer geplanten Figur dem Leistungsstand der Reiter nicht entspricht, sollten an der Figur die erforderlichen Vereinfachungen geschaffen werden oder sie rechtzeitig gegen eine andere Figur ausgetauscht werden.
Während des Einübens muß sich der Ausbilder bemühen, bei den Reitern auch das richtige Gefühl für das Tempo herauszubilden. In einer Quadrille muß frisch vorwärtsgeritten werden.
Am Ende der Einübungszeit muß jeder Quadrillenteilnehmer seine Aufgabe im Gedächtnis haben. Die exakte, gleichmäßige Ausführung der Aufgabe wird durch einwandfreie Kommandos unterstützt. Deshalb wird auf rechtzeitige Kommandoabgabe und eine eindeutige Kommandosprache viel Wert gelegt.
In der letzten Zeit vor der Aufführung muß die ganze Quadrille wenigstens zweimal durchgeritten werden. Zu vermeiden ist jedoch nach Möglichkeit ein zu häufiges Wiederholen der ganzen Quadrille, weil dabei die Aufmerksamkeit der Reiter nachläßt.
Nervosität und Lampenfieber bei der Aufführung können durch mit ruhiger Stimme gegebene Kommandos, die die Reiter kennen und gewöhnt sind, abgebaut werden.

4.1.4

Auswahl und Beschaffen der Kostüme und Requisiten

Quadrillen gewinnen wesentlich, wenn sie in farbigen Kostümen oder historischen Uniformen geritten werden.
Dadurch erhält die Quadrille Bezug zu tatsächlichen, zumeist historischen Ereignissen und bekommt somit auch einen gesellschaftlichen Stellenwert.
Diese Tatsache zwingt zu Überlegungen hinsichtlich der historischen Gegebenheit, mit der die Quadrille in Verbindung gebracht werden soll. Sie soll, durch einführende Worte des Veranstaltungssprechers unterstützt, nationales Kulturerbe pflegen helfen sowie die Freundschaft zu den Völkern vertiefen. In diesem weit gespannten Rahmen wird der Grundgedanke für die Quadrille liegen.
Daraus ergibt sich, daß die erste Aufgabe bei der Vorbereitung einer Quadrille - noch weit vor dem Entwurf der Figuren - darin besteht, den Grundgedanken festzulegen.
Beispiele wie die Quadrille der Schill'schen Husaren bei den Hengstparaden in Redefin oder die Quadrille in der Barockkleidung des sächsischen Königshofes in Moritzburg lassen die Verwirklichung dieses Anliegens überzeugend erkennen.

Es ist zu empfehlen, für diesen Komplex den Rat eines Historikers, eines Heimatforschers oder entsprechender Vereine zu suchen, weil Sachverständige zweckdienliche Hinweise zum konkreten Sachverhalt geben können.

Ist diese Entscheidung getroffen, muß umgehend an die Beschaffung der entsprechenden Kostüme gegangen werden. Dazu wendet man sich am besten an einen größeren Kostümverleih oder an den Kostümfundus eines Theaters oder Filmstudios. Es ist zweckmäßig, die Auswahl der Kostüme bei den entsprechenden Stellen persönlich zu treffen. Die Anzahl der vorhandenen Kostüme, die farblichen Unterschiede u.a. zwingen manchmal zu einer Änderung der Konzeption. Es empfiehlt sich, eine Liste mit den Anzugs-, Hut- und Schuhgrößen der voraussichtlichen Teilnehmer mitzubringen.

Auf historische Treue sollte bei der Auswahl der Kostüme Wert gelegt werden. Wird in historischen Uniformen geritten, verzichtet man meistens auf das Mitführen von Waffen, wie Säbel oder Lanzen, weil die erforderlichen Vorrichtungen, wie Säbeltasche oder -schlinge, Lanzenschuh u.a. schwer zu beschaffen sind. Am Gehänge getragene Säbel, die nicht am Sattel fixiert sind, stören durch ihre Bewegungen und Geräusche. Muß man aber Säbel mitführen, ist man auch verpflichtet, sich darüber zu informieren, wie mit ihnen umgegangen werden muß.

Es ist keinesfalls zu empfehlen, mit "blanker Waffe" zu reiten. Das erfordert außerordentlich geübte Reiter, weil in diesem Fall die gesamte Quadrille mit einer Hand geritten werden muß. Es ist dabei auch mit "losgelassener Trense" zu reiten, d.h. die Trensenzügel hängen durch und nur die Kandarenzügel stehen an. Das sind die meisten Pferde nicht gewöhnt und es muß daher speziell geübt werden. Vom Sitz völlig unabhängige Hand ist dazu bei allen Teilnehmern der Quadrille Vorbedingung.

Soll der Säbel nur in einem Teil der Quadrille "blank" getragen werden, wird er auf Kommando (I Säbel - II auf!) mit der rechten Hand, die über die linke greift, aus der Scheide gezogen und vor die rechte Schulter gestellt. Es besteht dabei große Verletzungsgefahr für die Pferdeohren. Deshalb sollte auf solche Übungen lieber verzichtet werden. Muß am Beginn oder Ende einer Quadrille mit dem Säbel salutiert werden (Kommando: Achtung! Präsentiert das Gewehr!), so wird die rechte Hand etwa in Höhe des dritten Knopfes vor die Leibesmitte gestellt. Die Schneide des Säbels weist nach links. Nur der Kommandierende senkt danach den Säbel nach rechts unten.

Alle Kostüme und Uniformen müssen unbedingt angepaßt und zu Pferde ausprobiert werden. Kurz vor der Aufführung ausgegebene Bekleidung kann zu unangenehmen Überraschungen führen. Während einer Vorführung platzende Nähte sind schließlich kein angenehmer Anblick. Natürlich wirkt eine Quadrille auch, wenn sie in ordentlichem Reitanzug geritten wird. In Quadrillenwettkämpfen ist dies sogar die Regel.

Handschuhe gehören immer zur Ausführung einer Quadrille. Quadrillen werden nicht im Oberhemd geritten, weil Hemden, Blusen und ähnliche Kleidungsstücke im Rücken der Reiter aufblähen. Das verunstaltet die Reiterfigur.

Wird in Kostüm geritten, müssen die Handschuhe dazu passend gewählt werden. Tragen die Reiter den Reitanzug, ziehen sie weiße Handschuhe an.

Auch bei der Auswahl von Kostümen muß darauf geachtet werden, daß diese nicht auf dem Rücken der Reiter bauschen. Zur Ausstattung für eine Quadrille gehört aber nicht nur die Kostümierung der Reiter, auch die Pferde müssen entsprechend herausgebracht werden.

Alle Pferde müssen an den Vorderbeinen bandagiert sein. Damit läßt sich ebenso ein Farbeffekt erreichen wie mit verschiedenfarbigen Satteldecken. Die Farben der Bandagen und Satteldecken

müssen aber sowohl zu den Kostümen als auch zu den Pferdefarben passen:
Weiß – zu Rappen, Braunen, Füchsen;
Gelb – zu Rappen, Braunen;
Rot – zu Rappen, Braunen, Füchsen, Schimmeln;
Dunkelblau – zu Füchsen, Schimmeln;
Grün – zu Braunen, Füchsen, Schimmeln.
Auch farbige Stirnbänder müssen zu den Pferdefarben passen. Aber niemals mehrere Farben auf einem Pferd!
Einflechten der Mähnen und Schweife ist nur dort angebracht, wo die Pferde nicht ganz gleichmäßig und korrekt frisiert sind. Wenn eingeflochten wird, müssen die Bänder die gleichen Farben wie Bandagen, Satteldecken usw. aufweisen.
Noch immer gilt der Grundsatz, daß von der natürlichen Schönheit des Pferdes so wenig wie möglich verdeckt werden soll. Dieses gilt ohne Einschränkungen auch für die Vorführung von Quadrillen. Aus diesem Grunde sollte man auch in der Vorbereitungszeit Wert darauf legen, daß Mähnen und Schweife der teilnehmenden Pferde korrekt frisiert werden. So kann man auf Bänder- oder Blumenschmuck im Langhaar verzichten, der ohnehin nur zu wenigen Kostümen paßt.
Genauso wie eine einheitliche Farbgebung, ist vorbildlich sauberes und gepflegtes Sattel- und Zaumzeug eine Qualitätsmarke jeder Quadrille.
Da früher alle Pferde Vorderzeug trugen, paßt auch das zur Quadrillenausstattung. Vorderzeug muß zur Farbe des Zaumzeuges passen und selbstverständlich ebenfalls einheitlich aussehen.

4.1.5

Die Aufführung der Quadrille

Am Vortag der Quadrille wird der größte Teil der Vorbereitungsarbeit erledigt. Sattel- und Zaumzeug werden gesäubert und gefettet, anschließend blank gerieben. Die Mähnen und Schweife werden frisiert bzw. eingeflochten. Alle benötigten Gegenstände, einschließlich der Kostüme, werden bereitgelegt. Am Aufführungstag kommen die Reiter 2 1/2 - 3 Stunden vor ihrem Auftritt in den Stall. Die Pferde werden gründlich geputzt und bandagiert. Ein Helfer kümmert sich um das Putzen, kontrolliert den Zustand der Frisur und überwacht das Bandagieren.
Ein bis zwei Helfer unterstützen die Reiter beim Ankleiden und kontrollieren Sitz und Vollständigkeit der Kostüme.
Ein weiterer Helfer kontrolliert am Viereck, ob alle Markierungspunkte vorhanden sind und sich an der richtigen Stelle befinden.
Wenn die Reiter gesattelt haben und vor dem Stall aufmarschiert sind, übernimmt der Leiter der Quadrille die Endkontrolle. Zum Quadrillenplatz wird in der Ordnung geritten, die in der Quadrille vorgesehen ist. Auch das Abreiten der Pferde sollte in der Abteilung geschehen, wenn nicht besondere Gründe vorliegen, das eine oder andere Pferd einzeln abzureiten. Ruhiges und ausgiebiges Abreiten ist zeitlich einzuplanen. Figuren werden, mit Ausnahme der Handwechsel, dabei nur noch geübt, wenn ein Ersatzmann mitreiten muß. Die Reiter achten aber auf die Abstände. Wird während der Quadrille galoppiert, sollte auch am Ende der Abreitezeit einmal in der Abteilung Galopp geritten werden. Das Abreiten, das für die Pferde zum Lösen der Muskulatur dient, soll andererseits helfen, die Nervosität der Reiter abzubauen. Gleichzeitig ist es eine Kontrolle für den Ausbilder, ob die Pferde in Ordnung sind. Das Abreiten muß zeitlich so geplant werden, daß möglichst wenig Wartezeit entsteht. Auch wenn Quadrillen als Schaubilder innerhalb anderer Veranstaltungen gezeigt werden, sollte man sich vor Beginn des Abreitens noch einmal erkundigen, ob es Verschiebungen im Zeitplan gibt. Entsteht eine längere

Wartezeit, muß man kurz vor dem Einreiten die Pferde wieder an die Hilfen stellen lassen. Für jede Quadrille muß ein Reservepferd bereitstehen, falls eines der Pferde kurzfristig ausfällt. Wenn der Reiter des lahmgewordenen Pferdes das Reservepferd reiten kann, ist es günstig, ihn in der Quadrille zu behalten. Fällt jedoch kurzfristig ein Reiter aus, so sollte der Reservereiter das Pferd reiten, das er genauer kennt.
Rechtzeitig vor Beginn der Vorführung stellt sich die Abteilung am Eingang auf, um auf das Kommando zum Einreiten sofort beginnen zu können.
Der Quadrillenchef führt durch konzentrierte und deutliche Abgabe der Kommandos die Reiter durch die Quadrille. Das erfordert ein Höchstmaß an Aufmerksamkeit und Konzentration. Nervosität des Kommandierenden kann die Reiter verunsichern. Der Leiter der Quadrille kann seine Kommandos sowohl zu Pferde als auch zu Fuß oder vom Sprechertisch aus geben. Oft zieht er letzteres vor, weil er vom Sprechertisch einen besseren Überblick hat und den Quadrillenführer zu Pferde als Statisten agieren lassen kann. Dieser kann dann während der Quadrille bestimmte Regulierungsaufgaben übernehmen.
Sollte trotz aller Vorbereitung und Vorsicht ein Fehler in der Ausführung einer Figur vorkommen, so kann der noch korrigiert werden, wenn:
– die Reiter sich alle nach dem Anfangsreiter richten, falls der einen falschen Weg eingeschlagen hat. Der Ausbilder gewinnt dann Zeit, durch ein entsprechendes Kommando die Abteilung wieder dorthin zu führen, wo die Quadrille fortgesetzt werden muß. Wird das geschickt gemacht, merken es nur die Eingeweihten.
– ein einzelner Reiter, der aus Unaufmerksamkeit einen Fehler gemacht hat, auf elegante, möglichst unauffällige Weise an seinen Platz zurückkehrt. Erkennt der Ausbilder, daß das dem Reiter nicht gelingt, oder wird dadurch die Ausführung der nächsten Figur gestört, kann er einfach kommandieren: "Abteilung! Halt! Nr. ... an Platz – marsch!" und danach wird die Quadrille fortgesetzt. Auf diese Weise hält er die Störung relativ gering. Die Reiter sollten aber wissen, wie der Ausbilder in so einem Fall reagieren kann, damit sie nicht überrascht werden.
Alter Sitte folgend bedankt sich der Veranstalter einer Schauquadrille von Erwachsenen vor dem Absitzen mit einem Glas Sekt, zu dem er mit "Prosit Reiter!" das Signal zum Trinken gibt. Für Jugendliche ist der Dank eher in Form einer kleinen Erinnerungsgabe angebracht.
Nach der Wiederankunft am Stall wird zuerst abgesattelt. Danach werden die Kostüme abgelegt, um sie vor Verschmutzung zu bewahren. Die nächste halbe Stunde wird der Versorgung der Pferde gewidmet, und anschließend kommt das Sattelzeug an die Reihe. Die Helfer legen inzwischen die Kostüme zur Abgabe zusammen.

4.1.6

Hinweise zu Quadrillenwettkämpfen

Die in den vorhergehenden Abschnitten gegebenen Hinweise zur Vorbereitung einer Quadrille und zu ihrer Aufführung sind für die Quadrillenwettkämpfe ebenso gültig wie für Schauquadrillen.

4.1.6.1

Ausschreibung und Anforderung

Für die *Ausschreibung* eines Quadrillenwettkampfes gelten die Bestimmungen gem. Abschnitt B I der LPO (§ 160). Als Empfehlung bzw. Muster für die Ausschreibung von Quadrillenwettkämpfen sind die

Wettbewerbsregeln im "Handbuch für Reit- und Fahrvereine", Teil III, Abschnitt C, Ziff. 6.3, wichtig, unter denen sich auch ein Ausschreibungsbeispiel befindet.
Das Deutsche Kuratorium für Quadrillen-Reiten hat die Anforderungen sowohl für Reit- als auch für Fahrquadrillen formuliert, die für die Ausschreibungen entweder wörtlich übernommen oder vom Veranstalter im Rahmen der LPO-Bestimmungen variiert werden können.
Als *Grundlage der künstlerischen Gestaltung* wird der synchrone Figurenablauf gefordert. Dabei soll die Musik als wesentlicher Bestandteil der Quadrille auf Gangarten, Gangmaße und Figuren abgestimmt sein.
Für die künstlerische Darstellung und die Choreographie gibt es keine einschränkenden Bestimmungen, soweit dabei die Grundsätze der klassischen Reiterei eingehalten werden, wie sie aus den "Richtlinien für Reiten und Fahren" hervorgehen. Das betrifft ganz besonders die Reitbarkeit von Figuren.
Da eine Quadrille ihre Wirkung neben der Gleichmäßigkeit besonders aus der Frische der Vorwärtsbewegung bezieht, sollten längerer Halt und Standfiguren aller Reiter gleichzeitig vermieden werden. Diese Hinweise gelten analog auch für Fahrquadrillen.
Zur *Ausführung* der Quadrillen wird die Vorstellung im Rahmen der Lektionen der ausgeschriebenen Dressurklasse verlangt.
Dressurquadrillen können in den Klassen E, A und L ausgeschrieben werden. Dementsprechend sind die Anforderungen unterschiedlich. Während für die Klasse E die Grundgangarten (Arbeitstrab, Arbeitsgalopp, Mittelschritt) ohne Tempoverstärkungen gefordert werden, werden letztere in Klasse A verlangt. In der Klasse L wird zusätzlich eine der Klasse entsprechende Versammlung im Trab und Galopp verlangt. Weiterhin sollen die wesentlichen Kriterien der betreffenden Klasse gezeigt werden (z.B. Volten in Klasse A 10 m, in Kl. L 8 m Durchmesser). In Klasse L müssen außerdem Außengalopp auf beiden Händen und Galoppvolten im Programm enthalten sein. Da die Größe des Wettkampfvierecks für Dressurquadrillen mit 20 m x 40 m vorgeschrieben ist, erfordern die für die einzelnen Klassen verbindlichen Voltendurchmesser eingehende Überlegungen zum Verlauf der Figuren.
In der Quadrille kann Halten aus dem Schritt und Trab enthalten sein, wird aber nicht gefordert. Gleiches gilt für Vorhand- und Hinterhandwendungen. Weil Gehorsam auf weiche Hilfen zum Rückwärtstreten und Gleichmäßigkeit der Ausführung auf dem Ausbildungsniveau der Klassen E bis L nicht gewährleistet werden kann, ist Rückwärtsrichten zu vermeiden. Die geforderten Lektionen müssen allerdings von *allen* Teilnehmern gezeigt werden, sonst gibt es Punktabzug. Der ist z.B. auch fällig, wenn in Klasse L kein Außengalopp gezeigt wird. Wer sich dazu verleiten läßt, Lektionen aus höheren Klassen zu zeigen, hat davon keinen Vorteil, denn dafür gibt es keine bessere Bewertung. Zulässig ist es hingegen, Hufschlagfiguren in die Quadrille aufzunehmen, die in den Aufgaben des Aufgabenheftes für die betreffende Klasse nicht enthalten sind, z.B. halbe Volten, die in den Aufgaben der Klasse E, A und L nicht vorkommen. Selbstverständlich sind auch Hufschlagfiguren erlaubt, die nicht aus dem Aufgabenheft stammen. Sie bilden sogar das Hauptkriterium für das Figurenreiten. Der Erfindungsgabe wird in dieser Hinsicht nur eine Grenze gesetzt: Alle Figuren müssen entsprechend dem Ausbildungsstand von Reitern und Pferden korrekt reitbar sein, d.h. weder in Bezug auf Takt und Versammlung, noch in Bezug auf Stellung und Biegung Anforderungen stellen, die von Reitern und/oder Pferden nicht erfüllt werden können. Dieser Grundsatz soll noch an einem Beispiel erläutert werden, bei dem immer wieder eklatante Verstöße festzustellen sind: Reiten z.B. die Innenreiter bei der Mühle auf einer Volte, deren Durchmesser zu klein ist, so daß sie weder

den Takt erhalten noch das Ausfallen der Hinterfüße verhindern können, weil die seitliche Biegsamkeit der Pferde noch nicht genügt, so kann die Mühle nicht als korrekt angesehen werden. In Klasse L hat die Innenvolte einen Durchmesser von acht Metern.
Bei *Fahrquadrillen* beschränken sich die Anforderungen auf die Gangmaße starker Trab, Gebrauchstrab und versammelter Trab. Im Schritt wird eine Reprise von 40 m verlangt. Neben der Harmonie der Vorstellung werden Gang, Schwung, Gehorsam und Losgelassenheit bewertet.

4.1.6.2

Kommandos

Quadrillen in Klasse L müssen auswendig geritten werden. Das ist zwar auch in den Klassen E und A erlaubt, wird jedoch nicht obligatorisch verlangt.
In den Klassen E und A sollte deshalb ausschließlich nach Kommandos geritten werden. Pfeifensignale sind nach den Anforderungen des Deutschen Kuratoriums für Quadrillen-Reiten in allen Klassen zwar erlaubt, entsprechen aber weder der historischen Entwicklung, noch sind sie ein Ausdruck für die angestrebte Reitkultur. Außerdem sind sie nur zur Sicherung der angestrebten Gleichmäßigkeit am Beginn einer Figur geeignet. Quadrillen sollten deshalb vorzugsweise nach Kommando oder aus dem Gedächtnis geritten werden.
Außer mit Kommandos ist während eines Quadrillenwettkampfes *keine Verständigung* zwischen Quadrillenchefs und Teilnehmern gestattet. Der Quadrillenchef muß also während des Wettkampfes auf Korrekturen verzichten. In gleicher Weise ist es den Teilnehmern untersagt, sich untereinander zu verständigen, d.h. sie dürfen auf keinen Fall miteinander sprechen, wenn sie sich nicht dem Verdacht einer unerlaubten Korrektur aussetzen wollen. Die Richter haben nach den "Anforderungen" des Deutschen Kuratoriums Quadrillen-Reiten die Möglichkeit, ein derartiges Verhalten als "sonstiges störendes Vorkommnis" (s. Bewertungsbogen) zu bewerten und die Anzahl der dafür abzuziehenden Punkte nach eigenem Ermessen festzulegen.

4.1.6.3

Ausrüstung der Reiter und Pferde

Die Teilnehmer an einem Quadrillenwettkampf müssen einheitlich gekleidet sein. Im Normalfall genügt der Reitanzug (schwarze Stiefel, weiße Hose, dunkles Reitjackett, schwarze Reitkappe, weiße Handschuhe). Erlaubt sind auch einheitliche Pullover oder Westen aller Teilnehmer. Kostüme, auch historische, sind in Prüfungen der Klasse E für alle Altersklassen sowie für Pferde und Ponys zugelassen, für die dann auch in Übereinstimmung mit der Choreographie farbliche Unterschiede möglich sind, mit denen im Verlauf der Quadrille wirksame Schaueffekte erreicht werden können. Das gilt selbstverständlich auch bei der Verwendung verschiedenfarbiger Pullover und Westen. Zu bunt darf es allerdings nicht sein, und die Zahl Vier ist auch hierbei von Bedeutung.
Die Accessoirs an der Bekleidung der Reiter, die sowohl als Blume im Knopfloch, als farbige Schleife im Haar der Reiterinnen oder in manch anderer Form zum Schmuck dienen können, müssen *dezent* wirken und zugleich *schick* aussehen. Alles Überladene ist jedoch abzulehnen. Ketten, Ohrgehänge und Fingerringe wirken störend. Reiterinnen sollten gleichmäßige Haarnetze oder einen nicht zu langen Zopf mit farbiger Schleife tragen.
Für Damen ist beim Quadrillenreiten auch der Damensattel zugelassen. Quadrillen, in

denen die Damen im Damensattel reiten, wirken besonders elegant, vorausgesetzt, es ist reiterlich alles in Ordnung.
Damen, die im *Seitsattel* reiten, müssen dazu entsprechend angezogen sein: Zur Reitbekleidung der Dame gehören ein flacher Zylinder in der Farbe des Reitkleides oder in schwarz, mit einem kurzen Schleier versehen. Der Zylinder wird mit einem Gummiband befestigt. Er muß horizontal sitzen und darf eher etwas nach der Stirn als nach dem Genick geneigt sein. Dunkler, einfarbiger Stoff ist für das Reitkleid am besten geeignet. Der Reitrock ist gut auf Taille geschnitten, darf sich aber beim Reiten nicht hochschieben. Die Ärmel reichen bis zum Handgelenk. Manschetten und Kragen sind weiß. Der Reitrock, dessen Saum beschwert ist, hat einen besonderen Schnitt, der die nötige Weite für das über dem Sattelhorn liegende Bein gibt und so lang ist, daß der linke Fuß mit dem Steigbügel bedeckt ist. Als Unterkleid ist ein schwarzer Pantalon verwendbar, dessen Stege das Hochrutschen verhindern.
Weil – entgegen der deutschen Sitte bei Fußgängern – der Herr immer rechts von der Dame reitet (um bei erforderlicher Hilfeleistung näher an ihr Pferd heranzukommen), ergeben sich Besonderheiten für das Entwerfen der Figuren, die sich aber im wesentlichen auf die Teile der Quadrille beschränken, die in Kolonne zu Zweien geritten werden.
Quadrillenreitern sind Sporen und Dressurgerte erlaubt. In Springquadrillen ist eine splittersichere Reitkappe vorgeschrieben, und die Länge der Springpeitsche darf 75 cm nicht überschreiten. Die Forderung nach Einheitlichkeit sollte sich auch auf diese Ausrüstungsgegenstände erstrecken.
Für die Teilnehmer an *Fahrquadrillen* gelten die vorstehenden Hinweise analog. Bei manchen Fahrquadrillen ist es erwünscht, auf dem Wagen Passagiere mitzunehmen, deren Bekleidung sich dann ebenso an der Anspannung orientieren sollte wie die des Fahrers, für den bestimmte Spielregeln gelten (s.a. E. Oese, Zweispännigfahren, Berlin 1991).
Für die *Ausrüstung der Pferde* gelten die Bestimmungen der LPO. Während in den Klassen E und A die Trensenzäumung gem. LPO § 70 IX obligatorisch ist, lassen manche Veranstalter in Klasse L auch Kandarenzäumung zu. In Anbetracht der gegenwärtig vorhandenen Schwierigkeiten bei der Zusammenstellung der Teilnehmer für eine Quadrille, die sich besonders hinsichtlich des gleichen Ausbildungsniveaus der erforderlichen Anzahl von Pferden und Reitern oft als kaum überwindbar erweisen, sollte das nur in Ausnahmefällen geschehen. Gerade in Bezug auf Kandarenreife der Pferde – und auch der Reiter – werden oft zu niedrige Anforderungen gestellt, die dann Ursache für schlechte Leistungen sind und sich in zusammengezogenen Hälsen, offenen Mäulern, nachschleppenden Hinterbeinen u.a. zeigen.
Bandagen sind erlaubt. Näheres dazu wurde auf Seite 389 f. erläutert. Farbliche Unterscheidung – in Vierergruppen – durch Bandagen, Satteldecken, Stirnbänder, sowie eingeflochtene Mähnen können den Gesamteindruck positiv unterstützen.
Auch bei der Ausrüstung der Pferde ist der Verzicht auf Überladung und erzwungene Auffälligkeit ein Zeichen für guten Geschmack. Der ist allerdings zu bezweifeln, wenn – wie wir es schon gesehen haben – Zaum- und Vorderzeug mit Gold- oder Silberfolie überzogen oder mit Pailletten "verziert" werden.
In Klasse E, aber auch in Juniorenprüfungen der Klasse A, können Hilfszügel erlaubt werden (Stoßzügel, laufendes Ringmartingal). Um des einheitlichen Bildes willen müssen jeweils alle Pferde der Quadrille damit ausgerüstet sein.

4.1.6.4

Musik

Die erforderlichen *Musikkassetten* sind von den Teilnehmern mitzubringen und dem Tontechniker zu übergeben. Da die Wiedergabegeräte meist vom Veranstalter bereitgestellt werden, empfiehlt es sich dringend, am Vorabend eine Probe zu machen. Wenn die Laufgeschwindigkeiten von Aufnahme- und Wiedergabegerät nicht übereinstimmen, kann die ganze Aufführung zusammenbrechen. In diesem Falle hilft nur die rasche Beschaffung eines geeigneten Wiedergabegerätes. Vorsichtige Quadrillenchefs ziehen es deshalb vor, ihr eigenes Wiedergabegerät zum Wettkampf mitzunehmen.

4.1.6.5

Wettkampfplatz

Dressurquadrillen werden auf einem Viereck mit den Maßen 20 m x 40 m geritten. Das ist für eine Quadrille mit acht oder 12 Pferden in Kolonne zu einem angemessen und entspricht auch den üblichen Abmessungen von Reitbahnen. Das für Quadrillen mit sechzehn und mehr Reitern zum Reiten in Kolonne zu einem erforderliche Viereck von 30 m x 60 m ist kaum noch zu finden, obwohl es gerade für die Ausbildung junger Reiter und Pferde von großem Wert ist. Da jedoch nur in wenigen Vereinen die Möglichkeit zur Aufstellung großer Quadrillen gegeben sein dürfte, reicht das Normalviereck im allgemeinen aus. Entsprechende Auswahl der Formationen, Stellungen und Figuren macht es möglich, mit sechzehn und mehr Reitern auch das Viereck von 20 m x 60 m zu benutzen, wofür allerdings dann die entsprechenden Einschränkungen beachtet werden müssen.
An dem einen oder anderen Veranstaltungsort kann man sicher nicht damit rechnen, ein so umfassend markiertes Viereck vorzufinden, wie das in Kapitel 2.1 beschrieben ist. Es gehört daher zur Wettkampfvorbereitung, die Reiter rechtzeitig an genaue Seitenrichtung zu gewöhnen, weil dadurch die Richtpunkte für die Reiter ersetzt werden.
Zur Ausgestaltung eines Wettkampfvierecks gehören wenigstens die üblichen *Bahnmarkierungen* bzw. *Buchstaben.* Kann man die Kegel mit Blumenschmuck versehen, wird das Bild noch etwas freundlicher. Der *Eingang des Vierecks,* der verschließbar sein muß, sollte vier Reitern nebeneinander Durchlaß gewähren, d.h. eine lichte Weite von 3,5 m aufweisen. Der Buchstabe A bzw. der Zirkelpunkt an der unteren kurzen Seite (1a - 1e) sollte ca. 5 m vom Eingang entfernt in Verlängerung der Mittellinie aufgestellt werden. Dann ist es beim paarweisen Einreiten noch möglich, daß der Innenreiter eine Viertelvolte mit 3 m Radius reitet. Reiten Kolonnen zu dreien oder vieren ein, läßt man den Kegel von dem Helfer wegnehmen, der auch das Viereck öffnet und schließt. Ungenaues Einreiten an der Mittellinie bringt Bewertungsnachteile für die ganze Vorstellung, indem es die erste und unwillkürlich auch die folgenden Wertnoten beeinflußt.
Es bedarf wohl keiner besonderen Begründung dafür, daß der Boden des Reitvierecks eben sein muß. Er sollte auch nicht zu tief sein. Vor allen Dingen darf er keine Löcher oder tiefen Stellen aufweisen, in denen die Pferde aus dem Takt kommen, ja sich sogar Sehnenverletzungen zuziehen können.
Bei Wettkämpfen sollte die Reitfläche etwa nach jeder dritten Quadrille geglättet werden.
Für *Fahrquadrillen* ist ein Viereck von 40 m x 80 m vorzusehen. In den Wettbewerbsregeln des Deutschen Kuratoriums für Quadrillen-Reiten ist auch das für Dressurprüfungen vorgeschriebene Viereck mit den Maßen 40 m x 100 m zugelassen. Da dieses Viereck das Seitenverhältnis 1 : 2,5 aufweist, muß man dafür – ebenso wie für ein

Reitviereck mit dem Seitenverhältnis 1 : 3, d.h. den Maßen 20 m x 60 m – die Figuren besonders konstruieren, manche lassen sich auch nicht dafür einrichten. Da die Wirkung einer Quadrille vorrangig auch von dem raschen Wechsel der Figuren abhängt, machen überlange "lange Seiten" den Ablauf langweilig.
Vierspännerquadrillen von acht und mehr Gespannen decken auch ein Viereck von 50 m x 100 m.
Die *Richterplätze* befinden sich vor der Mitte der kurzen Seite. Der Vorsitzende der Richtergruppe soll genau hinter dem Punkt C sitzen. Die Plätze der Richter müssen erhöht sein, um ihnen bessere Beurteilungsmöglichkeiten zu geben. Dazu muß der Boden der Richtertribüne mindestens 50 cm über dem Niveau des Vierecks liegen.

4.1.6.6

Zulassung von Reitern und Pferden

Zugelassen zu Quadrillenwettkämpfen sind zunächst einmal *alle Reiter,* unabhängig davon, ob sie im Besitz eines Reiterausweises sind oder nicht. Der Veranstalter kann in der Ausschreibung die Teilnahmeberechtigung einschränken, z.B. auf Junioren, oder kann bestimmte Teilnehmer ausschließen, z.B. Berufsreiter, Teilnehmer an einer anderen Quadrille u.a. Da häufig in Vereinen nicht genügend ältere Reiter für die Quadrille zur Verfügung stehen, kann eine Ausschreibung auch festlegen, daß, z.B., 50 % der Teilnehmer an einer Seniorenquadrille Junioren oder Junge Reiter sein dürfen.
Dem Veranstalter bleibt es auch überlassen, in der Ausschreibung Bestimmungen über die Anzahl der Quadrillen pro Verein zu erlassen, z.B. eine oder mehrere. Auch kann er entscheiden, ob aus Mitgliedern mehrerer Vereine gebildete Quadrillen zugelassen sind. Letzteres gilt allgemein als unzulässig, falls es nicht durch die Ausschreibung ausdrücklich erlaubt ist. Weil dieser Passus in der Ausschreibung auch einmal vergessen sein kann, empfiehlt sich eine klärende Rückfrage beim Veranstalter.
In jedem Falle gilt, daß ein Reiter in derselben Prüfung nur einmal starten kann. Auch wenn mehrere Quadrillen eines Vereins an derselben Prüfung teilnehmen, darf jeder Reiter nur an einer dieser Quadrillen teilnehmen. Sind jedoch mehrere Wettkämpfe auf einer Veranstaltung ausgeschrieben, kann ein Reiter selbstverständlich an den verschiedenen Wettkämpfen teilnehmen, und das auch in verschiedenen Quadrillenmannschaften.
In den Anforderungen des Deutschen Kuratoriums für Quadrillen-Reiten ist generell festgelegt, daß eine Quadrille mit vier bis 16 Reitern antreten darf. Natürlich ergeben sich aus unterschiedlicher Teilnehmerzahl an den Quadrillen innerhalb einer Prüfung auch Bewertungsprobleme, so daß es schon als günstiger angesehen werden muß, wenn alle an einer Prüfung teilnehmenden Quadrillen mit der gleichen Anzahl von Reitern antreten. Bei der gegenwärtigen Verbreitung der Quadrillenwettkämpfe wird eine derartige Forderung aber noch nicht durchgesetzt werden können. Mit wachsender Breitenentwicklung dürfte sich dieses Problem jedoch von selbst lösen, weil die Ausschreibungen dann auch die Teilnehmerzahl vorgeben können, wie dies z.B. beim Deutschen Quadrillenchampionat schon geschieht.
Der gegenwärtige Entwicklungsstand läßt eine Anzahl von 8 Teilnehmern für eine Quadrille als günstig erscheinen. Wünschenswert für die Zukunft wären Quadrillenstärken von zwölf Reitern. Stärkere Teilnehmerfelder sollten Schauquadrillen vorbehalten bleiben.

4.1.6.7

Dauer einer Quadrille und Zeitplan

Die *Dauer* von Schauquadrillen war bei großen Reiterfesten für unser heutiges Verständnis zu lang. Es gab solche, die eine ganze Stunde in Anspruch nahmen. Die Quadrillen bei den Hengstparaden weisen meist eine Länge von ca. 20 Minuten auf. Von der berühmten "Großen Deutschen Schulquadrille" der Kavallerieschule Hannover kennt man die Dauer von siebzehn Minuten. In diesem Kontext ist die in den Wettbewerbsregeln empfohlene Dauer von zehn bis maximal fünfzehn Minuten für Dressurquadrillen und fünfzehn Minuten für Fahrquadrillen als Wettkampfvorstellung eine angemessene Zeit, für die eine gute Choreographie mit allen möglichen Höhepunkten ausgearbeitet werden kann.
Um den Teilnehmern eine Richtschnur für die Erarbeitung der Quadrille und dem Veranstalter einen Rahmen für seine Zeiteinteilung zu geben, ist die Festlegung der zeitlichen Quadrillenlänge *als Höchstzeit* in der Ausschreibung unumgänglich.
Entsprechend der Anzahl der Nenner (evtl. reduziert um die Erfahrungsgröße der nicht antretenden Nenner), der in der Ausschreibung vorgesehenen Vorstellungsdauer und dem für den Wechsel zwischen zwei Teilnehmern erforderlichen Zeitaufwand muß der Veranstalter eine Zeiteinteilung aufstellen, die den Nennern zunächst als *vorläufige Zeiteinteilung* nicht später als vierzehn Tage vor dem Wettkampf zugeschickt werden soll.
Die darin angegebenen Zeiten für den Beginn der Prüfungen dürfen keinesfalls um mehr als 30 Minuten vorverlegt werden – was überhaupt nur in Ausnahmefällen akzeptiert werden kann –, da § 49,5 der LPO diese Zeitspanne vor Prüfungsbeginn für die Anwesenheit der Teilnehmer fordert. Andere Verschiebungen der Startzeiten dürfen nur mit Genehmigung des LK-Beauftragten und Zustimmung der betroffenen Teilnehmer stattfinden. Dazu und zur Klärung anderer organisatorischer Fragen empfiehlt es sich, zu einem angemessenen Zeitpunkt vor Beginn der Prüfung, wo es sich einrichten läßt, am besten am Vorabend, die Quadrillenchefs zu einer Besprechung einzuladen.
Bei dieser Gelegenheit kann dann auch die Auslosung der Startfolge vorgenommen werden, falls dies nicht durch den Veranstalter bereits erfolgt ist. Im Anschluß daran wird die *endgültige Zeiteinteilung* fixiert. Die Startzeit jeder Quadrille muß spätestens zu diesem Zeitpunkt festgelegt werden. Sie ist unter allen Umständen minutiös einzuhalten. Letzteres gilt übrigens auch für den Fall, daß die endgültige Zeiteinteilung bereits im Programm veröffentlicht worden ist. Das ist für die Vorbereitung der Teilnehmer ebenso wichtig wie für die Zuschauer, die einen ganz bestimmten Auftritt, z.B. des eigenen Vereins, nicht verpassen möchten.
Für die *Richter* muß der Zeitplan eine Pause vorsehen und ihnen natürlich zwischen den einzelnen Vorstellungen die Zeit für die Formulierung ihres Urteils lassen. Sollte aus einer bereits im Programm veröffentlichten Startfolge eine Quadrille kurzfristig ausfallen, muß der frei werdende Zeitraum im Interesse der Zuschauer ausgefüllt werden. In welcher Weise dies geschehen kann, hängt vom Veranstalter und dessen Möglichkeiten ab. Sie reicht von Ausführungen des Sprechers zum Quadrillenreiten, mit denen das Verständnis der Zuschauer für dessen Probleme gefördert wird, bis zur Wiedergabe einer Videoaufnahme der Siegerquadrille des Vorjahres. Selbstverständlich gibt es noch eine große Anzahl anderer Möglichkeiten. Es muß nur ein ständiges Angebot für die Zuschauer gewährleistet sein, denn nichts tötet deren Interesse an einer Veranstaltung sicherer als Langeweile in unausgefüllten Pausen.

4.1.6.8

Beginn und Ende einer Quadrille

Über das *Abreiten* ist schon an anderer Stelle gesprochen worden. Es sollte möglichst so beendet werden, daß der Start unmittelbar danach erfolgen kann.
Bei Quadrillenwettkämpfen ist es üblich, den Zuschauern die einzelnen *Reiter und Pferde vorzustellen.* Die dafür benötigte Zeit wird gewonnen, indem die Quadrille in das Viereck einreitet und auf den Hufschlag der ganzen Bahn geht. Es wird dabei zusätzlich die Gewöhnung der Pferde an den Platz, evtl. vorhandenen Fahnenschmuck, die Lautstärke der Musik und der Stimme des Sprechers erreicht. Während dieser Zeit erfolgt noch keine Bewertung.
Zweckmäßiger für die Vorstellung der Teilnehmer einer Quadrille erscheint uns, eine der beschriebenen Touren "Kreuzwendung" oder "Schlangenlinie" zu reiten (s. S. 227 ff.), deren Länge, die nötigenfalls auch verdoppelt werden kann, für die Vorstellung von Reiter und Pferden ausreicht.
Will der Sprecher bei der Vorstellung der Teilnehmer über die Angabe der Namen hinausgehen – und dann wird es für die Zuhörer interessanter –, müssen ihm die erforderlichen Daten zur Verfügung gestellt werden. Dazu bedarf es auf alle Fälle der Unterstützung durch die Quadrillenchefs. Es hat sich bewährt, von diesen die Ausfüllung eines kleinen Fragebogens zu erbitten (nur nicht zu umfangreich), in den – neben dem Namen, Vornamen und Alter von Reiter und Pferd, der Abstammung des Pferdes und der Vereinszugehörigkeit – die Zuschauer interessierende Angaben, z.B. der Ausbildungsbeginn des Reiters, sein erster Ausbilder, die sportliche und berufliche Entwicklung, der Name des Choreographen der Quadrille u.a. eingetragen werden können. Diese Daten sind sicherlich auch für die Berichterstattung in den Medien nützlich.
Das *Einreiten* zur Vorstellung hat innerhalb von 60 Sekunden nach dem Glockenzeichen der Richter zu erfolgen. Die Bewertung durch die Richter beginnt allerdings erst nach der Vorstellung in dem Augenblick, in dem der/die Anfangsreiter vor dem Buchstaben A auf die Mittellinie gehen. Die Aufmarschfigur zu Beginn der Quadrille gehört zu den bewerteten Figuren, und da sie den Richtern den ersten Eindruck vermittelt, muß auf sie besonderer Wert gelegt werden. Seitenrichtung und Abstände müssen genau stimmen, und die Pferde müssen korrekt an den Hilfen unbeweglich stehen.
Am Beginn (und auch am Ende) einer Vorführung ist den Richtern der *Gruß* zu erweisen. Der Quadrillenchef tritt dazu auf kürzestem Wege, d.h. von der kurzen Seite von den Richtern aus, an den in der Choreographie vorgesehenen Platz, der am rechten Flügel oder auch vor der Mitte der Aufmarschfigur sein kann.
Hat er er seinen Platz eingenommen, gibt er das Kommando: *"Zum Gruß".* Weil er dabei den Reitern den Rücken zuwendet, muß er, ohne zu schreien, so laut sprechen, daß er von allen Reitern gehört wird.
Auf das Kommando "Zum Gruß" werden zunächst von Reiterinnen und Reitern die Zügel und, wenn vorhanden, die Gerte, in die linke Hand genommen (falls nicht, was in Klasse L auf Kandare vorkommen könnte, der Aufmarsch mit den Zügeln in einer Hand geritten worden ist). Die Herren nehmen zum Gruß die Reitkappen ab. Der rechte Arm senkt sich mit der Kappe nach unten, bis er gestreckt unmittelbar hinter dem Oberschenkel liegt. Das Futter der Kappe ist dabei dem Pferde zugewandt. Die Reiterinnen strecken ebenso den rechten Arm nach unten und neigen den Kopf. Nach etwa fünf Sekunden (die Reiter zählen im normalen Sprechtempo für sich von einundzwanzig bis fünfundzwanzig) werden die Kappen gleichzeitig wieder aufge-

setzt und die Zügel wieder in beide Hände genommen. Letzteres geschieht von Herren und Damen gleichmäßig.
Der Gruß muß auch zu den guten Anfangseindrücken für die Richter gezählt werden. Deshalb muß er richtiggehend geübt werden: Die Kappen werden nicht militärisch zackig heruntergerissen. Vielmehr muß der Gruß langsam, elegant und mit einer gewissen Würde von allen Reitern ganz gleichmäßig und gleichzeitig ausgeführt werden: Gleichzeitiges Übergehen der Zügel, synchrones Heben des rechten Arms an den Schirm der Reitkappe, gleichmäßiges Senken der Kappe und ebenso wieder das Aufsetzen nach kurzem Verharren des nach unten gestreckten Armes, gleichmäßiges Senken des Armes und Übernahme der Zügel, und ggf. der Gerte, zu dem auch die Damen den bis dahin senkrecht anliegenden rechten Arm wieder heben.
Die Reiter der Spanischen Hofreitschule in Wien erreichen eine geradezu vollkommene Grandezza, wenn sie beim Einreiten den Gruß erweisen.
Da der Quadrillenchef beim Gruß den Reitern den Rücken zuwendet, kann er die Grußausführung nicht mehr beeinflussen. Daher müssen die Reiter genau aufeinander achten. Natürlich kann man, wenn die Aufstellungsfigur das zuläßt, einen der mittleren Reiter beauftragen, durch für die Zuschauer unsichtbare Zeichen den Grußverlauf zu steuern. Aber auch dann muß der Gruß richtig eingeübt werden.
Es gilt übrigens als ein Gebot der Höflichkeit, während des Grußes den/die Gegrüßten anzusehen. Als Ungehörigkeit muß es betrachtet werden, wenn Reiter während des Grußes Bemerkungen zum Nachbarn machen.
Wird in historischen Kostümen geritten, ergibt sich die Form des Grußes aus der Art der zum Kostüm gehörenden Kopfbedekkung. So wird z.B. ein Dreispitz zur Seite gezogen u.a. Danach sollte man sich der historischen Treue wegen erkundigen.
Nach Beendigung des Grußes begibt sich der Quadrillenchef an seinen Platz. Dieser befindet sich bei offenen Vierecken außerhalb des Vierecks am Punkt B (in selteneren Fällen bei E). In Reithallen kann er in jedem Falle am Ende der kurzen Seite (M/9e) stehen. Es ist aber auch möglich, in der Choreographie einen anderen Platz für ihn vorzusehen. Voraussetzung ist nur: Die Reiter müssen seine Kommandos gut hören können, und er darf die Bewegungen der Reiter nicht stören.
Im Idealfall leitet der Quadrillenchef den Ablauf der Quadrille auswendig. "Reitet er dabei mit", wird er auch seine Kommandos zur richtigen Zeit geben.
Das *Verhalten des Quadrillenchefs* unterliegt der direkten Bewertung durch die Richter, so daß an falscher Stelle gegebene Kommandos, z.B. zu späte, die Beurteilung beeinflussen.
Der Gruß bei der *Schlußaufstellung* wird nach den gleichen Regeln ausgeführt wie der vor Beginn der Aufführung. Nach Beendigung des Grußes folgt das Kommando zum Anreiten und Verlassen der Bahn. Obwohl die Bewertung mit dem Ende des Grußes aufhört, sollte doch auch die Form des Ausreitens in die Choreographie einbezogen sein, damit nicht Unordnung im letzten Moment noch den positiven Eindruck der Vorführung beeinträchtigt. Für die Teilnehmer darf deshalb die Quadrille erst dann bendet sein, wenn der letzte Reiter das Viereck verlassen hat, bzw. die schon am Wege wartenden nächsten Starter passiert sind. Letzteres, um sich selbst nicht den Vorwurf der Unfairness durch Beunruhigung der Pferde der Konkurrenten zuzuziehen.
Als ein Zeichen der Höflichkeit und Anerkennung gilt es, wenn der Quadrillenchef sich von den Richtern mit Dank und Händedruck verabschiedet.

4.1.6.9

Ergebnisbekanntgabe und Siegerehrung

Läßt sich mit Hilfe moderner Bürotechnik die *Ausrechnung der Ergebnisse* in sehr kurzer Zeit bewerkstelligen, kann man sie wenige Minuten nach dem Ausreiten bekanntgeben. Das ist ohne Zweifel der Idealfall, weil dann den Zuschauern die Vorführung noch gut im Gedächtnis ist.
Verfügt ein Veranstalter nicht über die dazu erforderlichen Voraussetzungen – und das ist wohl gegenwärtig noch die Mehrzahl – muß die Ergebnisermittlung mehr oder weniger manuell erfolgen. Vorteilhaft wäre dazu eine spezielle Software, mit deren Hilfe ein Computer den rechnerischen Teil übernehmen könnte.
Wo es aber nicht gelingt, das Ergebnis in der Pause bis zum Start der nächsten Quadrille festzustellen, kann es erst nach deren Vorführung verkündet werden.
Wieweit der Sprecher bei der *Ergebnisansage* in die Einzelheiten gehen kann, ist von der zur Verfügung stehenden Zeit abhängig. Sicher ist aber, daß Ansagen mit allen Einzelnoten an den Ohren der Zuschauer vorüberrauschen. Deshalb sollte die Ansage auf die Punktzahlen in den drei Komplexen (A, B, C) des Notenbogens und die Endpunktzahl beschränkt bleiben. Viel interessanter für die Zuschauer ist es hingegen, nach jeder Vorstellung den Stand des Wettkampfes zu erfahren. Den kann sich der Sprecher nach jedem Ergebnis selbst notieren. So hält er das Interesse besser aufrecht als mit vielen Zahlen und regt die Zuschauer zu intensiver Beobachtung an.
Unmittelbar nach der Bekanntgabe des Ergebnisses des letzten Starters und des Gesamtergebnisses der Prüfung muß die *Siegerehrung* beginnen. Die Reiter der placierten Quadrillen müssen zu diesem Zeitpunkt schon auf dem Abreiteplatz in der vorgesehenen Ordnung bereitstehen.

Eine große Pause vor der Siegerehrung und eine lang ausgedehnte Zeremonie stört jede Turnierveranstaltung, besonders aber Quadrillenturniere, da dort die Verkürzung der Siegerehrung begrenzt ist durch die Vielzahl der Teilnehmer. Wie läßt sich nun die erwünschte Kürze erreichen: Da im Vorhinein bekannt ist, wie viele Quadrillen placiert werden, muß für die Siegerehrung ein Aufmarschplan festgelegt und bekanntgegeben werden. Das geschieht am besten mit Hilfe einer Skizze, ähnlich der in Abb. 172 a-g, die den Quadrillenchefs ausgehändigt und an der Bekanntmachungstafel ausgehängt wird. Diese Skizze muß den Weg beim Ein-und Ausmarsch zeigen. Sie sollte durch wesentliche verbale Hinweise sowie Informationen über den Ablauf der Zeremonie und die dabei vorgesehenen Kommandos ergänzt werden. Empfehlenswert ist es, diese Mitteilungen rechtzeitig auszuarbeiten und Kopien davon den Quadrillenchefs beim Eintreffen am Wettkampfort zu übergeben.

● **Abb. 172 a - g**

Reiter und Zuschauer sehen sich die Ehrenpreise gern an. Sie sollten deshalb in einer Vitrine o.ä. ausgestellt werden.
Vor dem Beginn des Einmarsches sind sie auf einem wenige Meter vor der Front der Reiter an der Bande aufgestellten Tisch zusammen mit den Schärpen bzw. Schleifen geordnet bereitzulegen.
Wenn der Einmarsch der Quadrillen erfolgt, sollten diese ihre Vereinsstandarte mitführen. Das ergibt immer ein gutes Bild. Auf das Mitbringen der Standarte sollte in den Ausschreibungen oder in besonderen Mitteilungen an die Nenner hingewiesen werden. Sie wird sonst im Trubel der Wettkampfvorbereitung leicht vergessen.
Die Aufforderung zum Einmarsch der in der Reihenfolge der Placierung bereits auf dem Abreiteplatz oder an anderer geeigneter Stelle geordneten Quadrillen erfolgt nach einem Fanfaren-oder Jagdhornsignal mit dem Kommando: Zur Siegerehrung, bitte, einreiten!

• **Abb. 172 a**

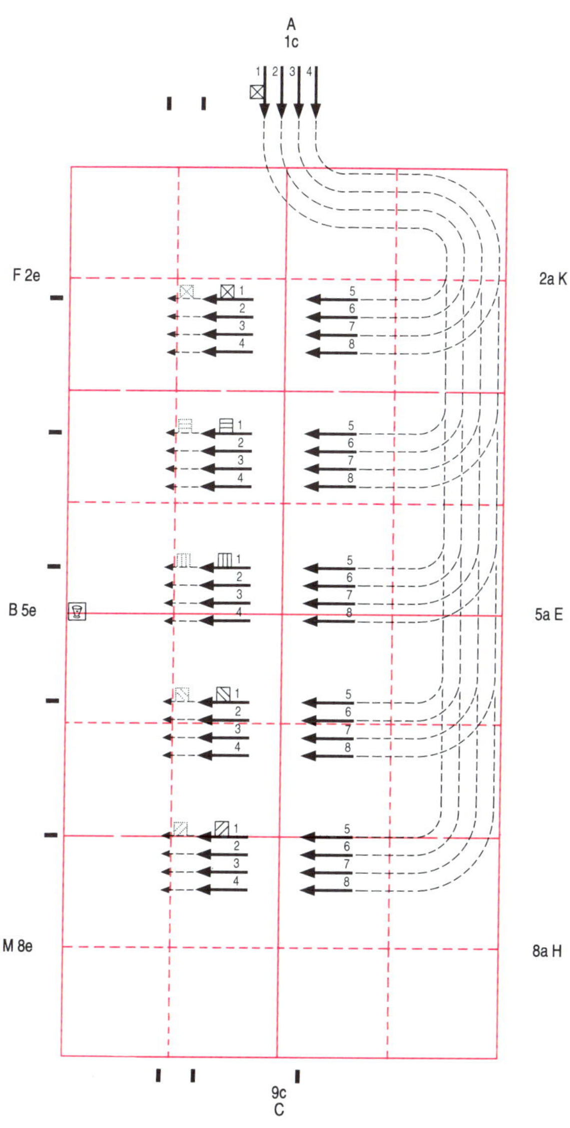

Einmarsch und Aufmarsch einer 8er Quadrille (ohne Reservereiter)
zur Siegerehrung in Kolonne zu vieren
Standartenträger: Nr. 1
(Viereck: 20 m x 40 m)
I = Orientierungszeichen für den Aufmarsch
Ehrenrunde und Ausmarsch erfolgen analog zu Bild

• Abb. 172 b

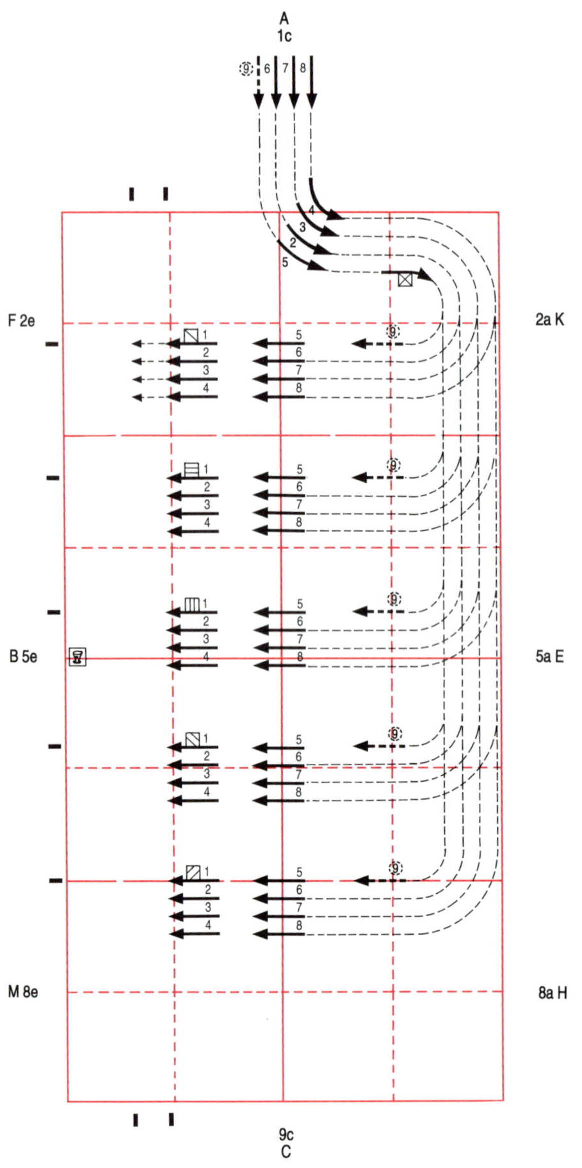

Einmarsch und Aufmarsch einer 8er Quadrille (mit Reservereiter) zur Siegerehrung in Kolonne zu vieren
Standartenträger: Nr. 1
(Viereck: 20 m x 40 m)
I = Orientierungszeichen für den Aufmarsch

Bemerkung: Nr. 1 reitet während des Aufmarschs mit der Standarte allein voran. Sobald er anhält, reiten Nr. 2, 3, 4 neben ihn. Nr. 5 bleibt hinter ihm stehen. Nr. 6, 7, 8 reiten neben Nr. 5. Nr. 9, der Reservereiter, bleibt hinter Nr. 5 stehen.

• **Abb. 172 c**

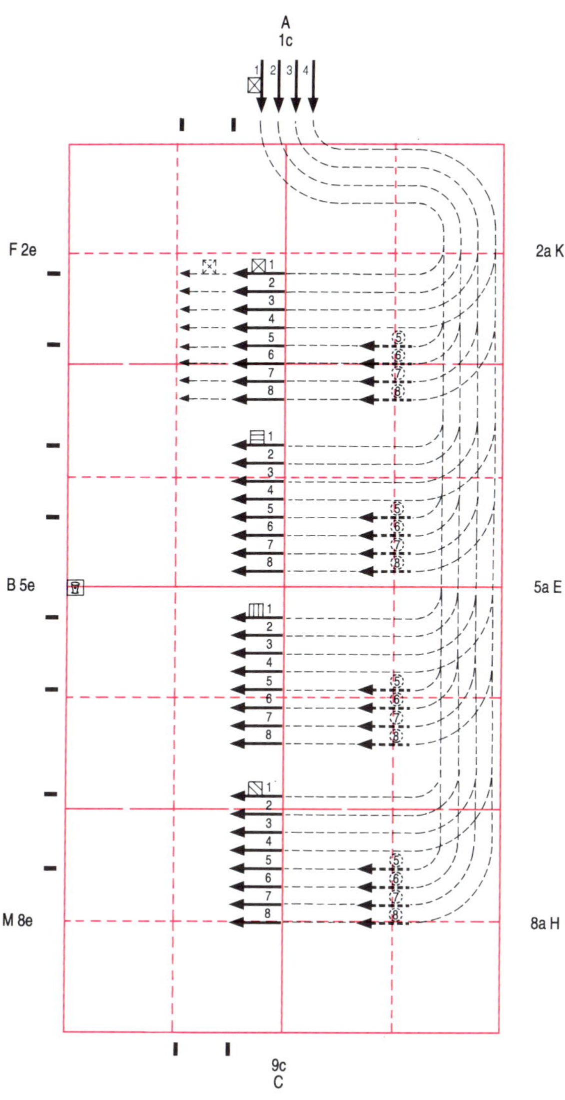

Einmarsch zu vieren und Aufmarsch in Linie einer 8er Quadrille zur Siegerehrung (ohne Reservereiter)
(Viereck: 20 m x 80 m)
I = Orientierungszeichen für den Aufmarsch

Bemerkung: Wenn noch ein Reservereiter zur Siegerehrung mit einreitet, verschieben sich die Orientierungspunkte. Der letzte Reiter im Glied steht dann ca. 2 m vor Punkt 9c/C.

• **Abb. 172 d**

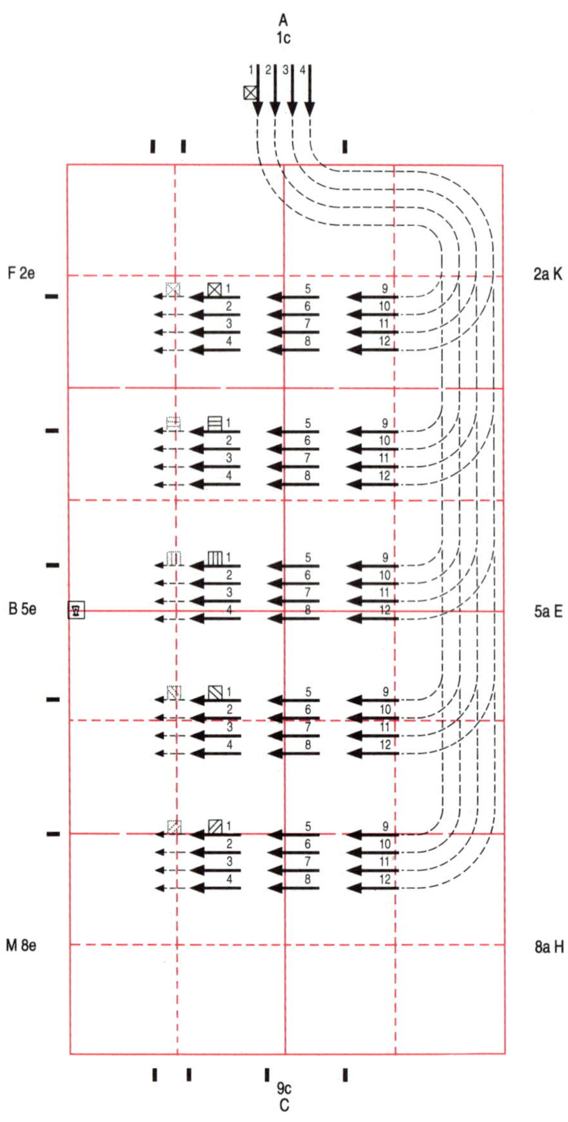

Einmarsch und Aufmarsch einer 12er Quadrille
(ohne Reservereiter) zur Siegerehrung in Kolonne zu vieren
Standartenträger: Nr. 1
(Viereck: 20 m x 40 m)
I = Orientierungszeichen für den Aufmarsch

• **Abb. 172 e**

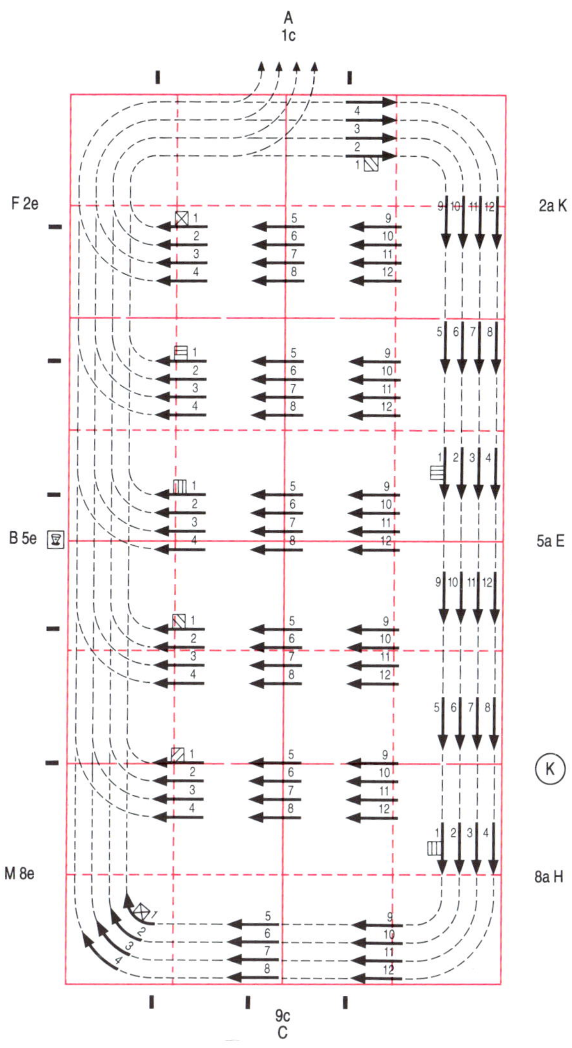

Ehrenrunde und Ausmarsch einer 12er Quadrille (ohne Reservereiter) nach der Siegerehrung in Kolonne zu vieren
Standartenträger: Nr. 1
Kommando: Quadrillen! zu vieren, rechts brecht ab – marsch!
(Viereck: 20 m x 40 m)
I = Orientierungszeichen für den Aufmarsch

Wenn die Ehrenrunde im Trabe geritten werden soll:
Kommando: 1 Quadrillen! Im Arbeitstempo –
2 Trab!
3 Alle Reiter traben gleichzeitig an. Es wird ausgesessen.

• Abb. 172 f

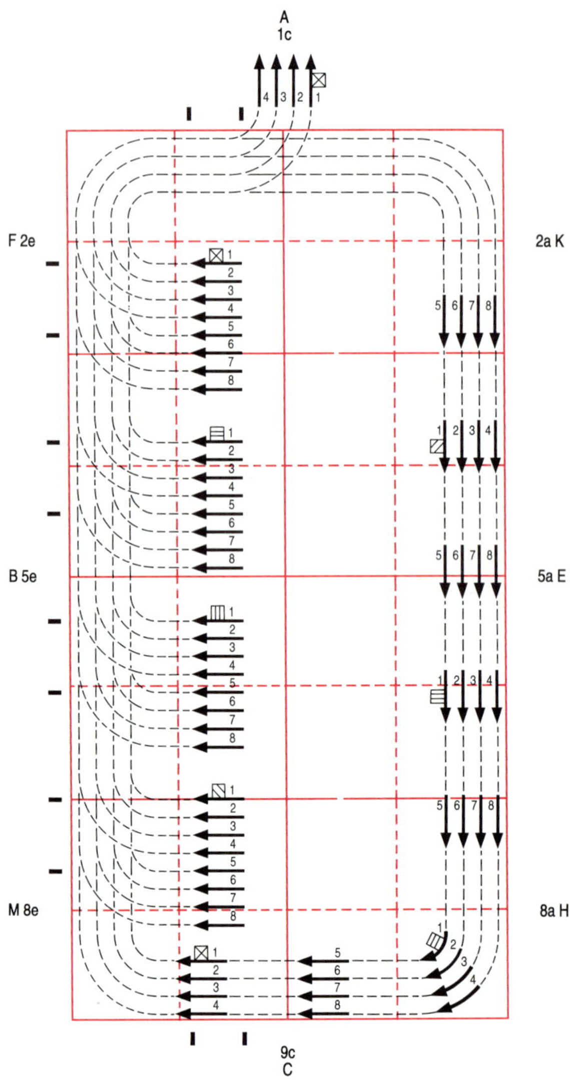

Abmarsch einer 8er Quadrille aus dem Aufmarsch in Linie und Ehrenrunde nach der Siegerehrung in Kolonne zu vieren
Standartenträger: Nr. 1
(Viereck: 20 m x 40 m)
Kommando: Quadrillen! Zu vieren, rechts brecht ab – marsch!
I = Orientierungszeichen für den Aufmarsch

Wenn die Ehrenrunde im Trabe geritten werden soll,
Kommando: 1 Quadrillen! Im Arbeitstempo –
2 Trab!
3 Alle Reiter traben gleichzeitig an. Es wird ausgesessen.

• Abb. 172 g

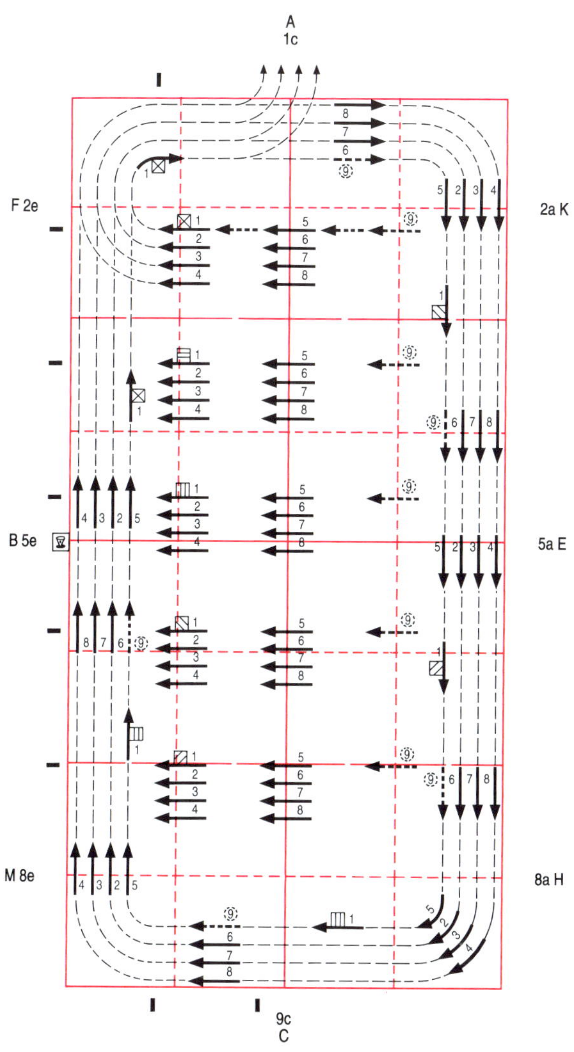

Ehrenrunde und Ausmarsch einer 8er Quadrille (mit Reservereiter) nach der Siegerehrung in Kolonne zu vieren
Standartenträger: Nr. 1
(Viereck: 20 m x 40 m)
I = Orientierungszeichen für den Aufmarsch

Kommando: 1 Standarten! Zu einem –
Quadrillen zu vieren, rechts brecht ab –
2 marsch!

An der Siegerehrung nehmen selbstverständlich alle Reiter der Quadrille teil, einschließlich der am Platz anwesenden *Reservereiter und Reservepferde.*
Danach setzt Musik ein, wozu ein Reitermarsch im Schritt am besten geeignet ist. Während des Einmarsches muß sich jede Quadrille exakt an den vorgeschriebenen Weg halten. Alle Nebeneinanderreitenden bleiben dicht "Bügel an Bügel". Auf keinen Fall darf es einen Stau geben. Alle Reiter müssen ständig in Bewegung sein, keiner darf zum Halten kommen!
Der Aufmarsch erfolgt ebenfalls ohne Zwischenraum (Bügel an Bügel). Wenn der letzte Reiter steht, bricht die Musik ab.
Ob die Siegerehrung mit einer kurzen Fanfare – nicht der, die beim Aufruf ertönt ist – eingeleitet wird, ist dem Geschmack des Veranstalters überlassen. Der Sprecher muß auf alle Fälle die Siegerehrung ankündigen: z.B., "Deutsches Quadrillenchampionat 1992 – Siegerehrung!"
Die Richter, der Turnierleiter und gegebenenfalls andere Turnierfunktionäre haben sich inzwischen vor der Front der Reiter aufgestellt, und einheitlich gekleidete Assistentinnen (vielleicht in Volkstrachten der Region) halten Ehrenpreise und Schleifen bereit.
Während nun vom Sprecher der Sieger aufgerufen wird, reitet das erste Glied der Siegerquadrille *zwei Schritte* vor und hält dort. Das zweite Glied reitet einen Schritt vor, das dritte Glied bleibt stehen. Dadurch wird der Abstand zwischen den Gliedern um je einen Schritt vergrößert. Das erleichtert die Gratulation.
Alle an der Siegerehrung teilnehmenden Richter und Funktionäre, möglichst so viele wie Reiter in den Quadrillen sind, erhalten von den Assistentinnen die Preise und Schleifen und zeichnen damit jeder nur den Reiter aus, der für ihn bestimmt ist. Auch die Gratulation erfolgt nur einmal, keinesfalls von allen. Wird der Ehrenpreis oder die Schärpe dem Quadrillenchef übergeben, geschieht dies durch den Turnierleiter. Der Quadrillenchef steht am rechten Flügel seiner Quadrille.
Eine schöne Sitte ist es auch, der Siegerquadrille eine Standartenschleife an die Standarte zu heften. Diese wird dazu aus dem Standartenschuh herausgezogen und zum Auszeichnenden geneigt, danach wieder eingesteckt. Dieser Brauch verkürzt nicht nur die Siegerehrung, er bringt vor allem die Anerkennung der Gemeinschaftsleistung zum Ausdruck und unterstreicht damit auch das sport- und sozialpädagogische Anliegen des Quadrillenreitens.
Nach der Übergabe der Anerkennungen bleibt die ausgezeichnete Quadrille stehen, da gleichzeitiges Rückwärtstreten aller Pferde kaum zu erreichen ist und dadurch nur Unruhe und Zeitverzögerung entsteht.
Inzwischen haben die Assistentinnen Preise und Schleifen für die zweitplacierte Quadrille bereitgelegt, der Sprecher hat sie aufgerufen und sie hat auf die gleiche Höhe mit der Siegerquadrille vorgezogen. Danach erfolgt für sie die Auszeichnung in genau der gleichen Weise wie für die erste. Die anderen Placierten folgen nach demselben Ablauf.
Wenn der Sprecher bei der Bekanntgabe des Wettkampfergebnisses vor dem Einreiten zur Siegerehrung richtigerweise das volle Ergebnis, einschließlich der erreichten Punkte genannt hat, braucht er letztere bei der Siegerehrung nicht zu wiederholen. Er kann auch damit Zeit sparen, indem er z.B. nur sagt: "Sieger – Die Quadrille des Reitvereins A-Dorf, Quadrillenchef: Bernhard Schulze. Es ritten: (dann folgen nur die Namen der Reiterinnen und Reiter, evtl. auch der Pferde).
Aufgabe des Sprechers ist es auch, den Verlauf der Auszeichnung zu beobachten, damit er die nächste Quadrille sofort aufrufen kann, wenn die vorhergehende Auszeichnung beendet ist.
Der Ausmarsch der Quadrillen erfolgt im Schritt auf dem vorgezeichneten Weg (Skizze). Auch hierbei darf kein Stau entstehen. Nach Verlassen des Platzes müssen

die Reiter der Siegerquadrille solange weiterreiten, bis der letzte Placierte den Platz verlassen hat. Erst dann darf sich die Ordnung auflösen.
Die Musik setzt mit dem Ausmarschkommando ein und endet, wenn das Programm fortgesetzt wird oder der Sprecher die Zuschauer verabschiedet.
Man kann die placierten Quadrillen auch im Trabe ausmarschieren lassen, wenn man sicher ist, daß dabei keine Unordnung entsteht. Ein solcher Ausmarsch vermittelt den Zuschauern einen hervorragenden Eindruck, vorausgesetzt, Richtung und Abstand bleiben erhalten – und alle Reiter sitzen aus.
Das Antraben darf aber erst kommandiert werden, wenn sich alle an der Ehrenrunde teilnehmenden Reiter im Schritt auf dem Hufschlag befinden.
Zum Ausmarsch im Trabe muß selbstverständlich ein Trabmarsch gespielt werden.

4.2

Spezielle Quadrillenformen

4.2.1

Die Glühwürmchenquadrille

Das ist eine Schauquadrille, die in einer völlig abgedunkelten Reitbahn geritten wird. Der Glühwürmchen-Effekt wird durch Stiefellampen erreicht, die sich die Reiter an Oberarme und Unterschenkel schnallen.
Die völlig verdunkelte Reitbahn muß allerdings an einigen wichtigen Orientierungspunkten mit nicht zu grell leuchtenden Lampen versehen werden, nach denen die Reiter sich richten können. Bei der Auswahl der Figuren sollten solche den Vorrang erhalten, bei denen die Möglichkeit des Zusammenstoßes von Pferden und Reitern nicht gegeben ist. Wenn die Quadrille aus Sicherheitsgründen nicht im Galopp geritten werden soll, bringt auch der Trab durch die Auf- und Abbewegung der Reiter einen hübschen Effekt.
Die bekannte Glühwürmchen-Melodie von Paul Lincke paßt zum Trab recht gut.

4.2.2

Die Bänderquadrille

Als eine Schauquadrille besonderer Art soll noch die *Bänder-Quadrille* erwähnt werden, die sich allerdings auf wenige, auf dem Mittelzirkel zu reitende Figuren beschränken muß und deshalb nicht sehr lange dauern kann.
In der Mitte des Zirkels wird dazu eine ca. vier Meter hohe Stange aufgestellt und durch einen kräftigen Mann gehalten. An ihrer Spitze sind Blumen oder auch eine Fahne angebracht. Darunter befinden sich in geringem Abstand voneinander zwei Fahrrad-Räder mit unterschiedlichem Durchmesser, das größere oben, das kleinere unten.
An jedem der beiden Räder sind Seidenbänder befestigt, die farblich mit den Westen oder Pullovern der Reiterinnen und Reiter sowie den Bandagen, Stirnbändern und Satteldecken der Pferde abgestimmt sind.
Die Quadrille wird auf dem Mittelzirkel von 20 m Durchmesser geritten.
Nach dem Einreiten nehmen die Reiter ihre Plätze "zum Figurenreiten" auf dem Mittelzirkel ein und zwei im Zirkel befindliche Helfer reichen ihnen die ca. 8 Meter langen Sei-

Bänderquadrille

denbänder zu. Die Bänder sind an ihrem Ende mit einer Schlaufe versehen, damit sie leichter gehalten werden können.
Nun können im Trabe – und evtl. auch im Galopp – einige Figuren auf dem Mittelzirkel geritten werden. Dazu gehören Teile der Platztausch-Tour (s. S. 300 ff.), der In-die-Mitte-Tour (s. S. 316 ff.), der Kehrt-Tour und der Volten-Tour (s. S. 329 ff.).
Die Bänder befinden sich in der dem Mittelpunkt zugekehrten Reiterhand. Sie müssen deshalb beim Handwechsel, der durch Vorhandwendung, Hinterhandwendung oder Kehrvolte herbeigeführt werden kann, von einer Hand in die andere übergeben werden.
Bei der Ausarbeitung der Quadrille muß darauf geachtet werden, daß sich die Bänder nicht zusammendrehen. Deshalb müssen die Reiter auf dem Innenkreis immer innen bleiben, die auf dem Außenkreis immer außen. Am Schluß der Quadrille wird angaloppiert und vom Mittelpunkt der langen Seite auf den Hufschlag der ganzen Bahn geritten. Beim Verlassen des Mittelzirkels läßt jeder Reiter sein Band los.
Anfangs- und Schlußaufmarsch erfolgen wie bei allen anderen Quadrillen.

4.2.3

Die Springquadrille

Springquadrillen für acht oder zwölf Reiter sind sehr wirkungsvoll. Für sie gelten generell alle Regeln und Hinweise, die bisher gegeben worden sind. Einige spezielle wollen wir nachstehend noch anführen:

1. Als Hindernisse werden kleine Hürden von 60 - 70 cm Höhe und einer Länge von 5,5 - 6 m verwendet. Man stellt sie als Kreuz oder in Form eines Quadrates in der Bahn auf (Abb. 173 a - f).

- **Abb. 173 a - f**

Auch mit Springcavaletti, in Reihen aufgestellt (Grid), können Hindernisse für eine Springquadrille gestaltet werden.

- **Abb. 174**

2. Vor dem Üben der Figuren werden die Pferde an die Hindernisse gewöhnt, damit es später kein Verweigern gibt. Werden Springcavaletti in Reihen aufgebaut, müssen die richtigen Abstände der Cavaletti ausprobiert werden, damit alle Pferde in gleichmäßigem Tempo flüssig durch die Reihen gehen.

• **Abb. 173 a**

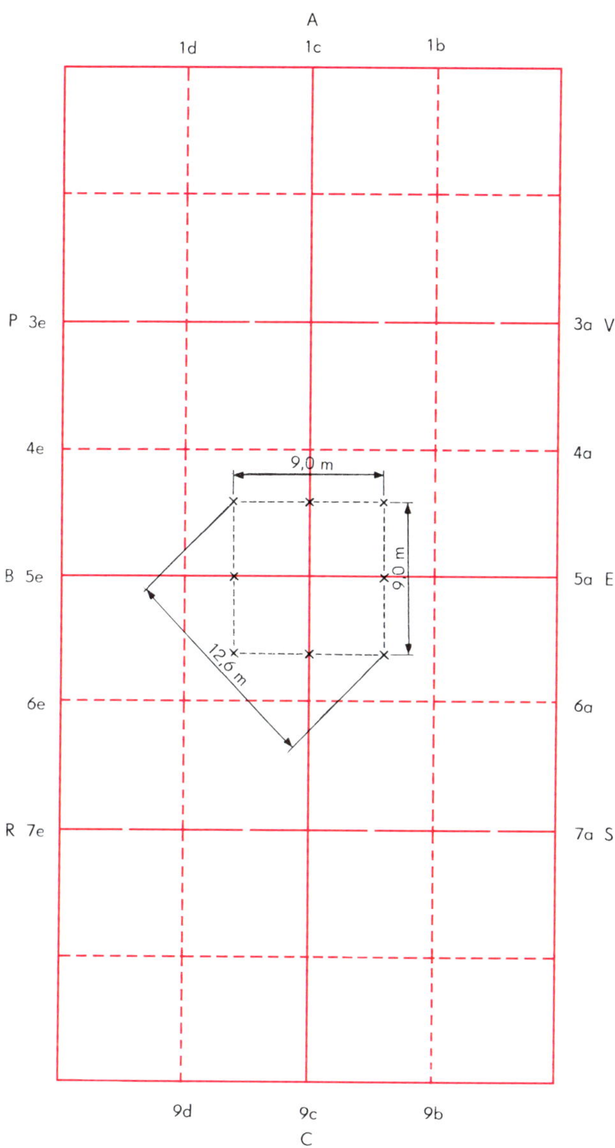

Anordnung zum Springen auf der Mittellinie und der Grundlinie
Bilder 173 a-f und 174 zeigen die Anordnungsmöglichkeiten für Hindernisse bei Springquadrillen.

• Abb. 173 b

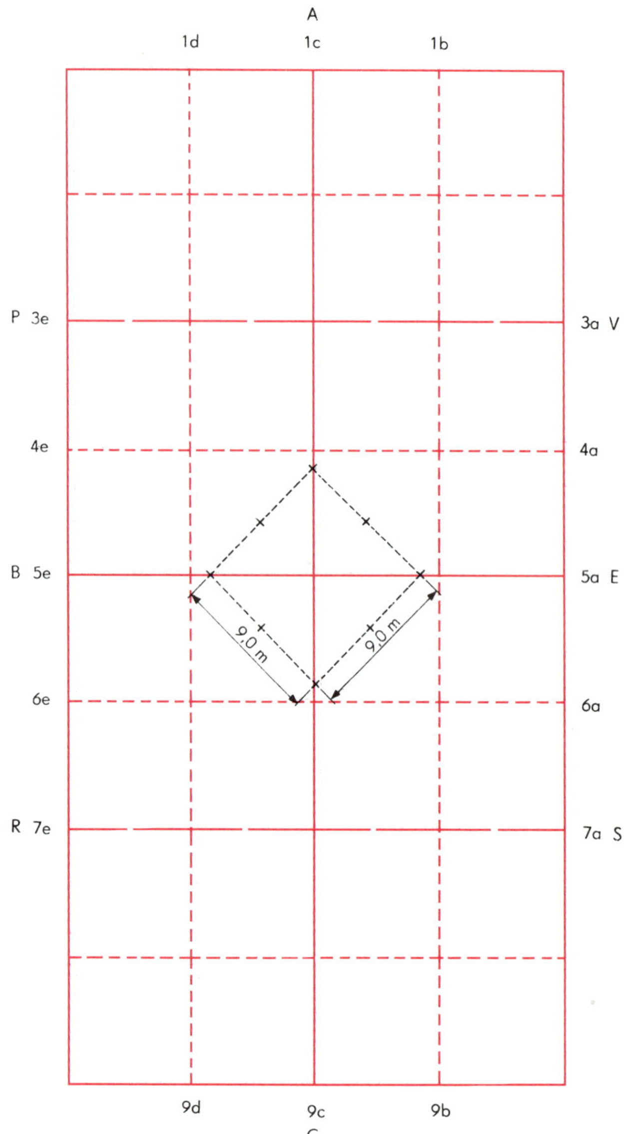

Anordnung zum Springen auf der Diagonalen des Mittelquadrats.
Auf den Linien 3 e - 7 a ist der Abstand unpassend, wenn nicht die Galoppsprünge verlängert werden.

• Abb. 173 c

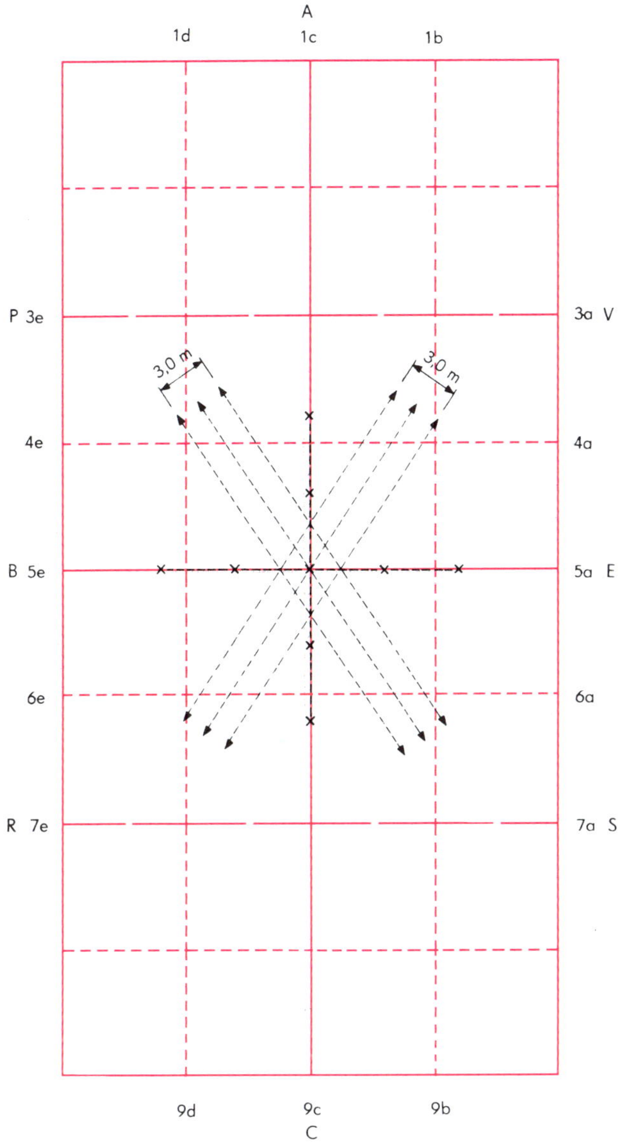

Anordnung zum Springen längs der Mittellinie sowie auf der Diagonalen der ganzen Bahn.

• Abb. 173 d

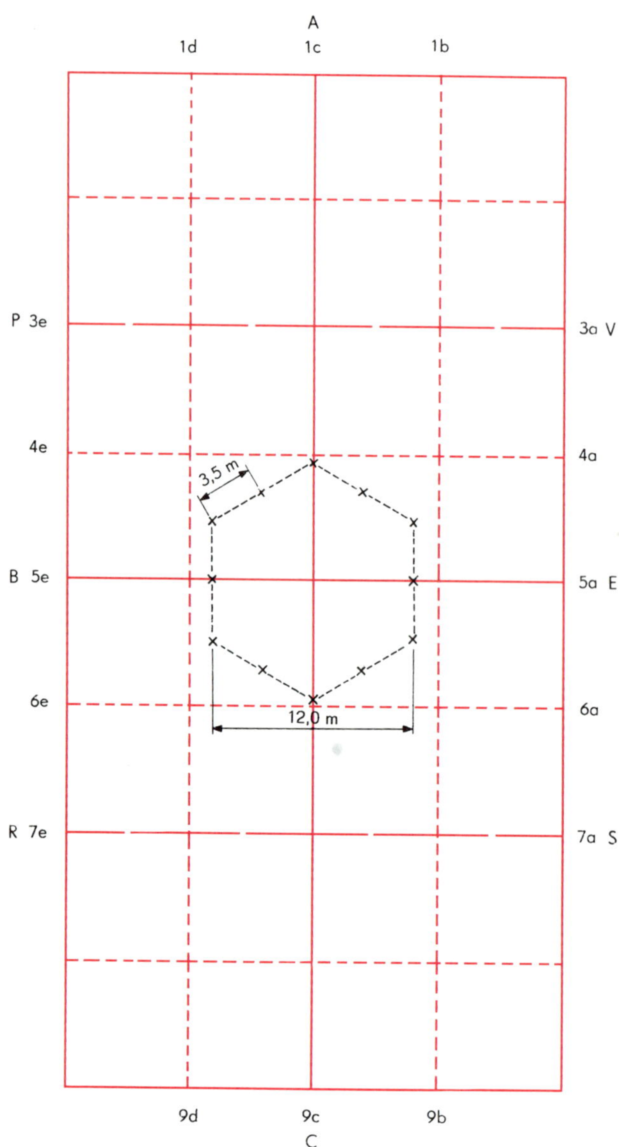

Anordnung zum Springen auf der Diagonalen und längs der Quermittellinie.

Der Zwischenraum zwischen den Reitern muß beim Anreiten und Springen zwei Schritt (1,5 m) oder vier Schritt (3,0 m) betragen. Der Abstand zwischen den beiden rechtwinklig zueinander stehenden Hürden für den Außenreiter ist dann 3,0 bzw. 6,0 m.

• Abb. 173 e

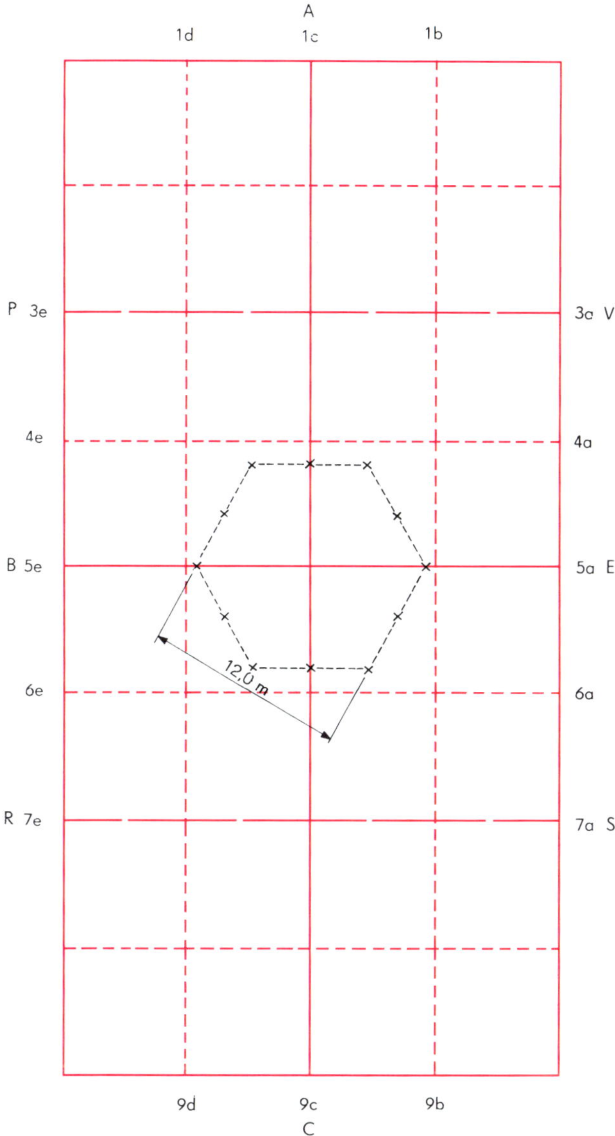

Anordnung zum Springen längs der Mittellinie, der Quermittellinie sowie der Diagonalen der ganzen Bahn und des Mittelquadrats.

• Abb. 173 f

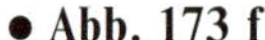

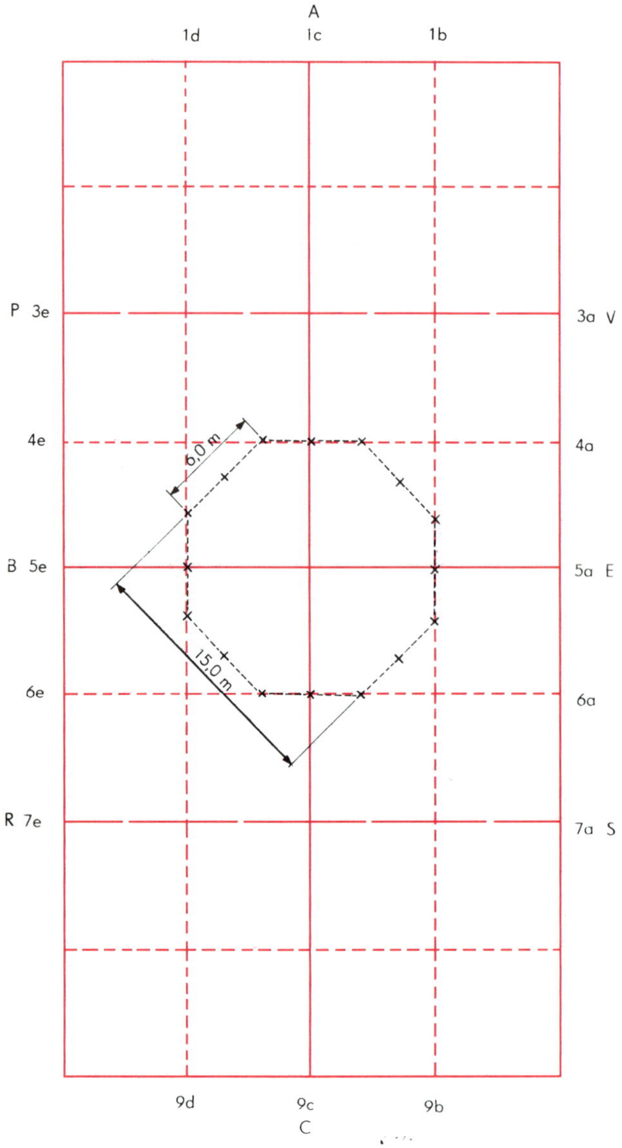

Anordnung zum Springen längs der Mittellinie und auf den Diagonalen 4 a - 6 e und 6 a - 4 e.

• Abb. 174

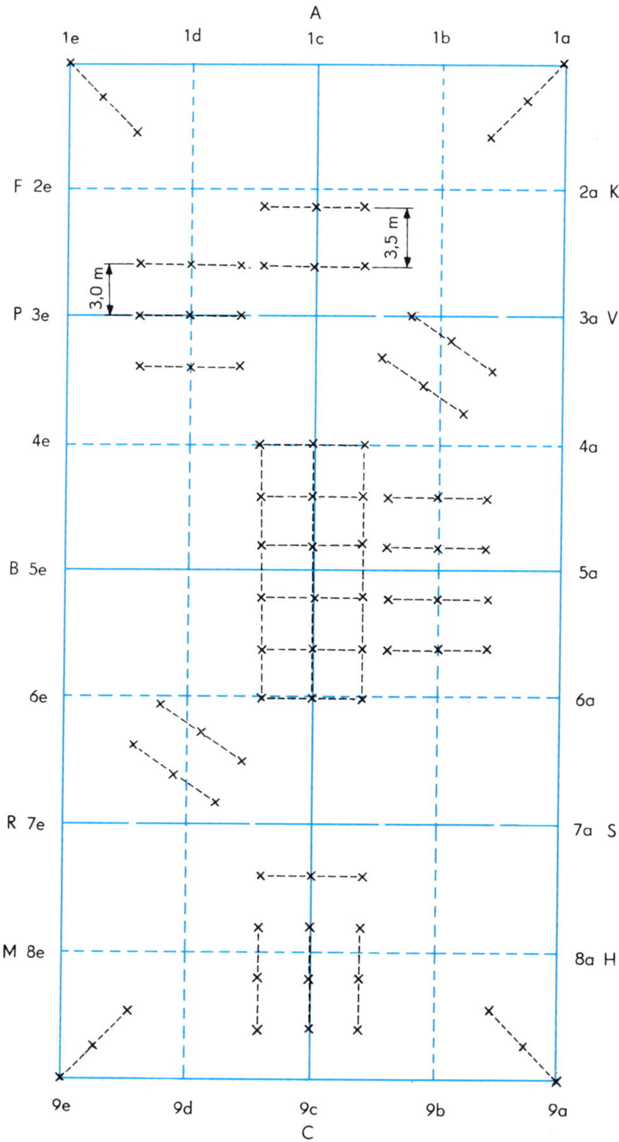

Punkte des Vierecks: 30 m x 60 m, an denen Hindernisse bzw. Gymnastikhindernisse für eine Springquadrille stehen können. Welche dieser Hindernisse aufgestellt werden, ist abhängig von der Linienführung und dem Platzbedarf der Quadrillenfiguren.

3. Als Figuren für die Springquadrille bieten sich solche an, die in einem nicht zu freien Galopp geritten werden können. Dazu sind besonders geeignet: Platztausch, Platztausch mit Volte, Vorbeireiten, Durchreiten, Handwechsel auf den Diagonalen, Durchwechseln u.a.
4. Die Springquadrille wird von Anfang bis Ende ausschließlich im Galopp geritten. Das erfordert ganz genaues Einhalten von Tempo und Abstand. Das Galopptempo muß so gewählt werden, daß die verlangten Wendungen in diesem Tempo korrekt geritten werden können. Ein frischer Arbeitsgalopp oder Mittelgalopp sind am besten geeignet.
   Springquadrillen können auch mit Dressurquadrillen kombiniert werden. In diesem Fall liegt der Abschnitt mit den Sprüngen am Ende oder auch in der Mitte der Quadrille.
   Kombinierte Dressur/Springquadrillen erfordern eine besonders sorgfältig ausgearbeitete Choreographie und überaus rittige Pferde.
5. Wegen der relativen Einfachheit der Figuren wird eine Springquadrille in vielen Fällen auswendig geritten. Sollen jedoch Kommandos gegeben werden, muß dies wegen des höheren Tempos noch früher geschehen als bei Dressurquadrillen.
6. Das Einüben geht in der üblichen Weise (s. 4.1.3) vor sich, jedoch bleiben beim Kennenlernen der Figuren auf dem Platz die Hindernisse noch weg. Sie werden erst hinzugenommen, wenn die Figuren im Galopp schon sicher geritten werden.
   Auch die Springquadrille schließt mit einem Aufmarsch, wie jede andere Quadrille, ab.

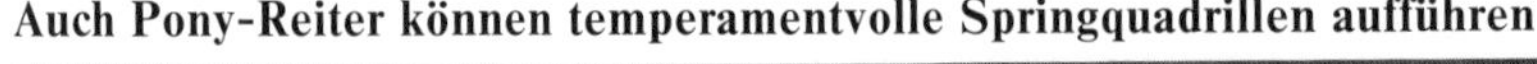

Auch Pony-Reiter können temperamentvolle Springquadrillen aufführen

Springquadrille: Durchwechseln (oben)

Springquadrille: Zu vieren (unten)

4.2.4

Pas de Deux, Pas de Trois, Pas de Quatre

Diese Arten des Formationsreitens zu zweit, zu dritt oder zu viert stellen hohe Anforderungen an den Ausbildungsstand der Reiter und Pferde. Die Beteiligung einer nur kleinen Anzahl von Reitern stellt die reiterliche Leistung des Einzelnen mehr in den Blickpunkt.
Für Entwurf, Einüben und Aufführung dieser Arten synchronen Formationsreitens gelten nachstehende Gesichtspunkte:

1. Vorzugsweise wird auf einem Quadrat von 30 m Seitenlänge geritten. Andere Abmessungen der Bahn sind ungünstiger, schließen aber natürlich ihre Verwendung nicht aus. Nur muß man dann damit rechnen, daß der Ablauf nicht ganz gleichmäßig wird, falls man bei der Erarbeitung der Choreographie diese Gegebenheit nicht sorgfältig genug berücksichtigt.
   Die Markierung des Quadrats entspricht zweckmäßigerweise dem Mittelteil des Vierecks, so daß die Ecken von den Punkten (3 e), (3 a), (7 a), (7 e) gebildet werden.
2. Die Figuren sind so zu entwerfen, daß sie jeweils von den einzelnen Reitern gleichzeitig und völlig symmetrisch ausgeführt werden, d.h., die einzelnen Reiter befinden sich stets auf gleicher Hand gegenüber. Etwas größere Schwierigkeiten macht das beim Pas de Trois, weil immer nur einer der drei Reiter sich an einer Markierung befindet.
3. Seitengänge und Traversalverschiebungen gehören in das Programm solcher Aufführungen, desgleichen Tempowechsel vom starken zum versammelten Tempo und umgekehrt. In solchen Aufführungen wird alles gezeigt, was die Reiter und Pferde können.
4. Geritten wird ohne Kommando.

Pas de Deux, Pas de Trois und Pas de Quatre können selbstverständlich auch mit einfachen Figuren und Lektionen geübt werden. Man kann einfache Figuren in Form des Pas de Deux oder Pas de Quatre im Reitunterricht reiten lassen, wenn die Reiter veranlaßt werden sollen, ihre Pferde selbständiger zu reiten, als das in der Abteilung gefordert wird. Einfache Figuren und Lektionen in Form eines Pas de Deux oder Pas de Quatre sind nicht so sehr geeignet, um sie bei größeren Veranstaltungen aufzuführen. Sie lassen sich jedoch bei vereinsinternen Wettkämpfen und Reitertreffen in den Kreisen auch wettkampfmäßig durchführen und beurteilen.

4.2.5

Fahrquadrillen und Fahrschulen

Während man unter dem Begriff der Fahrquadrille ein Formationsfahren mit Gespannen versteht, bezieht sich der Ausdruck Fahrschule auf eine Vorführung aus dem Sattel, bei dem vom Reiter weitere vorausgehende oder danebengehende Pferde geführt werden.
An Stelle des beliebigen Umherreitens auf dem Turnierplatz wie man es bei Fahrschulen häufig antrifft, sollten auch hier die Möglichkeiten des Formationsreitens genutzt werden. Wenn es dabei in der Regel auch nur um einfache Figuren geht, läßt sich dadurch die Leistung von Reitern und Pferden für die Zuschauer besser verdeutlichen.

4.2.5.1

Fahrquadrille

Die für das Formationsreiten und das Quadrillenreiten gegebenen Erläuterungen gelten uneingeschränkt auch für das Formationsfahren und für Fahrquadrillen. Als Besonderheiten müssen hervorgehoben werden:

1. Figurenfahren und Fahrquadrillen können mit allen Anspannungsarten ausgeführt werden, vom Einspänner im Sulky oder der Spinne bis zum Sechserzug vor der Postkutsche, einschließlich Tandem und Random.
2. Die Länge der Mehrspänner erfordert einen größeren Platz. Die Abmessungen von 40 m x 80 m sind für Vierspänner, die von 60 m x 120 m für Sechsspänner geeignet. Dadurch kommen als kleinste Kreise Volten von 10 m bzw. 15 m Durchmesser zustande. Das sind Höchstanforderungen. Kann in der Praxis das Seitenverhältnis von 1 : 2 nicht eingehalten werden, ergeben sich Einschränkungen der Figuren.
3. Die Abstände der Gespanne müssen immer der Gespannlänge entsprechen.
4. Für das Entwerfen einer Fahrquadrille gelten dieselben Grundsätze wie für das Entwerfen einer gerittenen Quadrille, jedoch ist der größere Platzbedarf zu bedenken. Auf Grund der Länge der Gespanne ist die Wirkung der Figuren nicht immer der unter dem Reiter gleichzusetzen. Man muß daher anfangs probieren, was möglich ist und gut aussieht. Das hängt beim Fahren noch mehr als beim Reiten vom Ausbildungsstand der Pferde und Fahrer ab.
5. Quadrillen mit Ein- und Zweispännern werden traditionsgemäß nur im Trab gefahren. Mit Vier- und Sechsspännern kann galoppiert werden. Das ist jedoch sehr schwierig und bleibt deshalb oft auf den Schlußausmarsch beschränkt. Mit dressurmäßig gut ausgebildeten Gespannen und geübten Fahrern, lassen sich jedoch auch einige einfache Figuren wie Halblinks, Halbrechts, Auf-dem-Zirkel oder Aus-dem-Zirkel-wechseln im Galopp gut ausführen.
6. Die Kommandos müssen sehr früh gege-

Zweispännerquadrille in Moritzburg

Zweispänner: In dreien (oben) Vierspänner zu dreien (unten)

ben werden, so daß der Fahrer die Spitzenpferde auf den verlangten Weg führen kann. Es ist für die Genauigkeit der Figuren von größter Bedeutung, daß die Mittel- und Stangenpferde den Spitzenpferden auf ihrem Weg folgen. Die Fahrer müssen sie deshalb so lange wie nötig aus der Wendung heraushalten und danach paarweise in die Wendung führen. Das stellt erhebliche Anforderungen an die Technik der Leinenführung.

7. Bei Quadrillen erweisen Fahrer den Gruß, indem sie die Peitsche mit senkrecht gehaltenem Stock vor der Mitte der Brust führen. Kommando: "Zum Gruß!"
8. Bei Quadrillen müssen unbedingt die wichtigsten Regeln des Anspannungsstiles beachtet werden. Das gilt besonders auch für den Anzug der Fahrer. Fahrer in ungarischer Tracht mit Pferden in Kummetanspannung sind unpassend.
9. Wenn Fahrquadrillen in historischen Kostümen gefahren werden sollen, müssen auch Beschirrung und Wagen der betreffenden Zeit angepaßt sein. Das ist in der Regel nicht realisierbar. Man muß daher nach anderen Prinzipien für die Zusammenstellung der Quadrille suchen. Als solche könnte man ins Auge fassen:
   a) die Anzahl der Gespanne wird auf acht begrenzt;
   b) es werden gleichartige Wagen, z.B. Jagdwagen verwendet, die häufiger vorhanden sind. Das gilt auch für moderne Turnierwagen;
   c) die einzelnen Unterteilungen der Quadrille werden verschieden herausgebracht, z.B. vier Gespanne in Stadtanspannung, vier in Landanspannung;
   d) in der Quadrille werden verschiedene Anspannungsarten verwendet, z.B. Einspänner, Zweispänner, Einhorn, Vierspänner, Fünfspänner, Sechsspänner;
   e) eine Ponyquadrille von Kindern wird mit Gigs oder Buggys gefahren u.a.

   Entsprechend sind auch die Kostüme der Fahrer, Beifahrer und Wagenbesatzungen zu variieren. In diesem Falle ist nicht die Einheitlichkeit des äußeren Bildes anzustreben; Vielfalt der Formen und Farben ist gefragt.

   Bei Fahrquadrillen mit verschiedenen Anspannungsarten sollten Aufmärsche auf den Beginn und das Ende der Quadrille beschränkt sein.

4.2.5.2

Fahrschule

Zu den Fahrschulen zählt man das Tandemreiten, das Troikareiten und in gewissem Sinne auch die sogenannte "Ungarische Post". Letztere ist allerdings nur der Vollständigkeit halber angeführt. Sie eignet sich kaum zum Reiten von Figuren.

Tandemreiten

Das Tandemreiten ist eine Übung, die nur erfahrenen Reitern zugemutet werden kann. Der Reiter führt dabei vom Sattel aus ein Vorauspferd an einer Einspänner- oder Tandemleine. Das Vorderpferd ist auf Trense oder Fahrkandare gezäumt. Ihm ist ein Deckengurt aufgelegt, durch dessen Ringe die Leinen laufen. Das Vorderpferd ist ausgebunden.

Statt des Deckengurts kann man auch ein halbes Kummet- oder Sielengeschirr, dann mit Fahrzaum, verwenden, um den Eindruck der "Fahrschule" zu verstärken.

Das Reitpferd wird mit der linken Hand geführt. Die linke Vorderleine befindet sich ebenfalls in der linken Hand und liegt über den Zügelenden des Reitpferdes zwischen Daumen und Zeigefinger. Der Daumen hält die beiden Trensenzügel und die linke Vorderleine fest. Die rechte Leine wird – wie beim Zweispänner – mit der rechten Hand gefaßt, die außerdem noch die Bogenpeitsche führt. Die Leinenenden werden nicht zusammengeschnallt. Die Peitsche muß so lang sein, daß der Reiter, ohne seinen Sitz zu verändern, bei einer Peit-

schenhilfe aus dem gestreckten Arm die Schulter des Vorauspferdes erreichen kann. Während der Peitschenhilfe wird die rechte Vorderleine der linken Hand zwischen Ring- und kleinem Finger übergeben und liegt unter dem linken Trensenzügel des Reitpferdes. Für die kurze Zeit der Peitschenhilfe muß der geschlossene kleine Finger die rechte Vorderleine festhalten. Die Leinenhilfen für das Vorderpferd werden durch weiches Annehmen der betreffenden Vorderleine gegeben.
Tandemreiten wirkt langweilig, wenn es nur von einem Reiter vorgeführt wird. Will man auf diese Weise den Zuschauern nur die beiden Pferde und den Reiter vorstellen, dürfen wenige Minuten nicht überschritten werden. Ein erstklassiges Schaubild entsteht jedoch, wenn mehrere (4,6 oder 8) Tandems Figuren im Trab und Galopp zeigen können.
Statt des einen Vorauspferdes können auch zwei Vorderpferde vor dem Reiter gehen. Das ist jedoch nur möglich, wenn die Vorderpferde gut gefahren und gehorsam sind. Das Vorderpaar wird mit einer Kreuzleine geführt. Verbindungsriemen zwischen den Pferden sind empfehlenswert.

Troikareiten
Beim Troikareiten gehen drei Pferde nebeneinander. Der Reiter sitzt auf dem mittleren Pferd, die beiden anderen werden zu beiden Seiten an einem Führzügel geführt. Die Beipferde werden an den Deckengurten ausgebunden und zwar so, daß die Pferdeköpfe nach außen gestellt sind. Das mittlere Pferd muß gute Trabbewegungen besitzen, so daß es noch trabt, wenn die Beipferde schon galoppieren. Mit mehreren Troikas lassen sich einige Figuren reiten, die in der Kolonne zu dreien ausgeführt werden können.

Ungarische Post
Hierzu wird vom Reiter schon artistisches Können verlangt. Meist wird die Ungarische Post so vorgeführt, daß ein Reiter auf nebeneinander gehenden Pferden steht, mit dem rechten Bein auf dem rechten Pferd, mit dem linken Bein auf dem linken Pferd. Die Ungarische Post wird im starken Galopp geritten. Figuren sind jedoch bestenfalls in sehr vereinfachter Art möglich. Geübte Reiter können auf gleichmäßig galoppierenden Pferden kleine Hindernisse von 50 cm - 60 cm springen.
In der Originalform der Ungarischen Post steht der Reiter auf zwei Pferden und führt drei nebeneinander gehende Vorauspferde. Dieses Schaubild ist sehr eindrucksvoll, wenn es auf weitem Platz im Renngalopp geritten wird. Es sollte den ungarischen Czikosen vorbehalten bleiben.
Ungarische Post bedeutet in den meisten Fällen eine Tortur für die Pferdemäuler. Schon aus diesem Grunde empfiehlt es sich, anderen attraktiven Schaubildern den Vorzug zu geben, die dem Gedanken des Tierschutzes besser gerecht werden.

4.3

Musikreiten

Musikreiten ist eine gesellige reiterliche Veranstaltung, die wieder eine größere Verbreitung verdient.
Sie kann in allen Vereinen und überall, wo eine Anzahl von Reitern zusammentrifft, leicht arrangiert werden. Im Vorteil sind die Vereine, die eine Reithalle besitzen, weil für sie die Wochenenden in den Wintermonaten gute Gelegenheit zum Musikreiten geben. Die Festtage am Jahresende, die Faschingszeit oder Sommerfeste bieten genügend Anlässe für ein vergnügliches Beisammensein.
Zum Musikreiten gehören ebenfalls einige Grundkenntnisse des Figurenreitens. Den Schwierigkeitsgrad der Übungen bestimmt der Ausbilder, der Reiter und Pferde genau

einschätzen kann. Die Kommandos werden so gegeben, daß sie von allen Reitern ohne übermäßige Anstrengung ausgeführt werden können. Auch das Musikreiten setzt eine gewisse Disziplin voraus. Hinsichtlich der Pflege und Wartung der Pferde und des Sattelzeuges sowie der Einhaltung von Unfallschutz- und Sicherheitsbestimmungen darf es keine Nachlässigkeiten geben. Das gilt gleichermaßen für die Bahndisziplin und die Bahnregeln.

Musikreiten ist eine sehr vergnügliche Sache, bei der schon einmal mit dem Nachbarn gescherzt werden kann. Für Reiter und Pferd geht alles etwas leichter und gelöster zu, als das sonst in der Ausbildung der Fall sein kann.

Walzer passen immer zum Musikreiten. Sicher lassen sich auch andere Musiktitel finden, deren Rhythmus zur Bewegung der Pferde paßt. Dafür gelten grundsätzlich die gleichen Regeln, wie sie im Kapitel über die Quadrillenmusik dargestellt wurden. Reitermärsche mit Fanfaren und Kesselpauken sind hier so wenig geeignet wie sie für Aufmärsche auf dem Turnierplatz unerläßlich sind. Mit Phantasie und musikalischem Verständnis lassen sich jedoch Volks- und Jägerlieder, wohl auch Operettenmelodien finden, die im Rhythmus zum Schritt, Trab und Galopp passen. Gut vorbereitete Tonbänder erhöhen jedenfalls die Freude am Musikreiten beträchtlich. Sie können auch entsprechend der gewünschten Dauer für die Touren in den einzelnen Gangarten zurechtgeschnitten sein. Damit läßt sich für nicht so erfahrene Reiter die erforderliche Pferdeschonung "programmieren".

Der Wunsch, moderne Unterhaltungs- und Tanzmusik zu verwenden, stellt hohe Ansprüche an die Musikkennntnisse, weil moderne Titel – ohne Gesang – deren Rhythmus mit der Bewegung der Pferde übereinstimmt, nicht sehr zahlreich sind. Die Pferde werden beim Musikreiten munterer gehen, weil sie sich auf den Takt der Musik einstellen.

Musikreiten hat eine gute Wirkung hinsichtlich der Gewöhnung der Pferde an Musik, an Fahnen und gegebenenfalls auch an Zuschauer. Es kann dadurch auch für junge Pferde nützlich sein. Beim Musikreiten gibt es öfter Pausen, in denen die Teilnehmer sich miteinander unterhalten können.

Zur Faschingszeit macht Musikreiten in Kostümen Spaß, wobei eine Prämiierung der Kostüme erfolgen kann.

Die Pausen zwischen dem Reiten von Figuren können auch mit scherzhaften Einlagen zu Fuß oder zu Pferde ausgefüllt sein. Kurze Reiterspiele, einige Quizfragen o.ä. lokkern das Ganze auf. Musikreiten eignet sich besonders als reiterlicher Auftakt bei geselligen Veranstaltungen eines Vereins.

Mit Kindern und Ponys macht eine Springquadrille mit passenden Anforderungen einen Riesenspaß, besonders wenn sie in Kostümen reiten dürfen.

Quadrillenreiten als Ausbildungshilfe

Am Schluß des Buches sollen noch einige Gedanken ausgesprochen werden, die seinen Inhalt weitgehend bestimmt haben. Es geht dabei – ergänzend zu den Ausführungen in Kapitel 1.2.6 – um die Frage, welchen Nutzen das Quadrillenreiten für die reiterliche Entwicklung des einzelnen Reiters in körperlicher und geistiger Hinsicht bringt, d.h. um die sportpädagogische Sicht, und um einige Aspekte des synchronen Figuren- und Quadrillenreitens aus dem Blickwinkel der Trainingslehre.

Daß Reiten eine Sportart von hoher Komplexität ist, wird nirgends angezweifelt. Für viele Menschen liegt gerade darin die Attraktivität des Reitens. Schon der Erwerb von Grundfertigkeiten ist schwierig und erfordert komplizierte Lernprozesse zur Herausbildung der zweckmäßigen Bewegungsfunktionen, und das sowohl für den menschlichen wie den tierischen Körper.

Lange und zielstrebige Arbeit ist vonnöten, um die gewünschten Erfolge bei der Entwicklung der Motorik zu erreichen. Hauptinhalt der dazu erforderlichen Lernprozesse ist – wie übrigens in allen Sportarten und auch zur Ausführung der in der beruflichen Arbeit erforderlichen Bewegungen – der Erwerb von *Koordination.* Man versteht darunter das geordnete und zielgerichtete Zusammenwirken aller an einer Bewegung beteiligten Muskeln des Körpers.

Beim Reiten betrifft dies, zum Beispiel, die graduell sehr unterschiedlichen Leistungen der an einer "Hilfe" beteiligten Muskeln. Wenn diese Koordination erreicht werden soll, müssen jedoch alle an der Bewegung beteiligten Muskeln ihre Aufgabe erfüllen. Dazu dürfen sie nicht verkrampft sein, weil sie damit den Bewegungserfolg blockieren würden. Jeder Reiter kennt das Problem: geht ein Pferd nicht "losgelassen", ist die Bewegungsqualität herabgesetzt, der Bewegungserfolg blockiert. Gleiches gilt natürlich auch für den Reiter, der ebenfalls "losgelassen" sein muß, um geschmeidig mit den Bewegungen des Pferdes mitgehen und richtige Hilfen geben zu können. Koordination ist also Voraussetzung für richtiges Reiten, und zwar für alle Reitausübungsarten vom Reiten einer schweren Dressurprüfung bis hin zum einfachen Reiterspiel, natürlich mit großen graduellen Unterschieden.

Was hier für die einzelne Bewegung erläutert wurde, läßt sich auch auf ganze Bewegungsfolgen, ja auch auf noch größere Gebiete zusammenhängender Bewegungen ausdehnen, wie sie beim synchronen Formationsreiten, mehr noch durch ganze Quadrillenprogramme entstehen. Koordination in diesem Sinne bedeutet das reibungslose Zusammenspiel der Reiter und Pferde bei der Ausführung einer Figur oder einer Folge von Figuren, ohne daß ein Reiter oder ein Pferd deren Ausführung oder Plan "durchkreuzt". Wie sehr diese Koordination gerade für das synchrone Figurenreiten von Bedeutung ist, ließ sich aus dem Kapitel 2 erkennen. Beim Quadrillenreiten tritt noch als wesentlicher Bestand die Musik hinzu, die in die Gesamtkoordination einbezogen werden muß.

Im Sinne des geordneten Zusammenspiels der genannten Faktoren müssen die in ihrem Ausbildungsstand und Temperament unterschiedlichen Reiter die nach Interieureigenschaften und Gangvermögen verschiedenen Pferde unter Berücksichtigung des zur Verfügung stehenden Raumes, des Verlaufs der gerittenen Figur und des gegenseitigen Zusammenwirkens so reiten, daß eine weitgehende Übereinstimmung mit den Klängen der Musik besteht, wobei letztere den Gangarten und Gangmaßen der Pferde entsprechen muß.

Die Komplexität der beschriebenen Zusammenhänge läßt es geraten erscheinen, den Begriff der Koordination noch eingehender zu betrachten, um daraus Nutzen für das Zusammenstellen und Einüben von Quadrillen zu ziehen, wobei diese Beschränkung die Wirksamkeit dieser Erkenntnisse für alle anderen Reitausübungsarten nicht etwa ausschließt.

Für den Erwerb von Koordination, auch in

dem hier verwendeten erweiterten Sinne sind drei grundlegende Fähigkeiten bestimmend, die koordinative Fähigkeiten genannt werden. Das sind: die Fähigkeit zum Erlernen von Bewegungen (motorische Lernfähigkeit), die Fähigkeit, Bewegungen in ihrem Verlauf zu regulieren (motorische Steuerungsfähigkeit) und die Fähigkeit, den Bewegungsablauf entsprechend der konkreten Situation zu verändern (motorische Anpassungs- und Umstellungsfähigkeit). Diese drei grundlegenden Fähigkeiten haben für das Reiten, in speziellem Maße aber auch für das synchrone Figurenreiten, besondere Bedeutung.

Die *motorische Lernfähigkeit* soll als wichtigste dieser drei Fähigkeiten zuerst genannt werden. Jeder Reitlehrer und Ausbilder weiß: Voraussetzung für das Erlernen einer Aufgabe ist deren Bekanntsein. Daraus ergibt sich die Notwendigkeit der "theoretischen" Erklärung eines jeden Bewegungsablaufes, bevor er ausgeführt werden kann. Bei diesen Erklärungen, seien sie nur verbal oder besser visuell, z.B. durch Demonstration, werden dem Reiter (und in gewissem Sinne auch dem Pferd) Informationen übermittelt, die mit den Sinnen (Auge, Ohr, Haut, Gleichgewichtssinn, Bewegungsgefühl) aufgenommen werden. Im Zentralnervensystem, wohin die Sinneswahrnehmungen über entsprechende Nervenbahnen geleitet werden, erfolgt deren Verarbeitung. Dabei gehen bereits vorhandene Erkenntnisse (Erfahrungen), die im Gedächtnis von Reiter/Pferd gespeichert sind, in das zu entwickelnde Bewegungsmuster ein. All das wird im Gehirn gespeichert und kann entsprechend der Situation wieder abgerufen werden. Jeder Reiter weiß, z.B. das Pferd hat "gelernt", auf eine bestimmte Hilfe anzugaloppieren. Wird ihm dieses Signal gegeben, galoppiert es an. Andererseits hat der Reiter gelernt, mit welchen Bewegungen (Hilfen) er das Pferd zum Angaloppieren veranlassen kann, und führt sie zu diesem Zwecke aus. Oder: Ein Reiter hat gelernt, wie eine Volte aussieht und welche Hilfen er dazu geben muß. Das ist in seinem Bewegungsgedächtnis verankert, mit allen Einzelheiten, von der kreisrunden Form der Volte bis zur Aufrechterhaltung von Biegung und Schwung. Das letzte Beispiel ist gewählt, um dem Figurenreiten wieder näherzukommen. Beispiele lassen sich in fast unendlicher Zahl aus allen reiterlichen Betätigungen finden.

Die Ausführung von Volten zeigt aber auch beispielhaft, wie erlernte und im Bewegungsgedächtnis gespeicherte Bewegungsabläufe unter konkreten Bedingungen niemals identisch ablaufen. Unterschiedliche Bedingungen, z.B. der Boden, die Größe der Volte, das Tempo, die Versammlungsfähigkeit u.a. führen zu Veränderungen in der Arbeit einzelner Muskeln und Muskelgruppen und beeinflussen so das Gleichgewicht.

Mit Hilfe der *motorischen Steuerungsfähigkeit* müssen die Bewegungen nach Raum und Zeit so variiert werden, daß ein Ausgleich geschaffen wird, der die Lösung der gestellten Aufgabe ermöglicht. Für das Reiten bedeutet das allgemein:

Der Reiter muß nach dem in seiner Bewegungsvorstellung vorhandenen Bild sein Pferd "steuern". d.h. danach streben, durch Veränderungen in der Hilfengebung Übereinstimmung mit seiner Bewegungsvorstellung zu erreichen. So wird er – bleiben wir bei der Volte – die treibenden Hilfen verstärken, wenn der Schwung nachläßt, oder den äußeren Schenkel mehr zur Wirkung bringen, wenn die Hinterhand auszufallen droht usw. Beim Springreiten ist die motorische Steuerungsfähigkeit, z.B. beim Anreiten an ein Hindernis und beim Reiten zwischen den Hindernissen gefragt. In Stilspringprüfungen wird sie sogar indirekt beurteilt.

Beim synchronen Formationsreiten muß die motorische Steuerungsfähigkeit darüberhinaus noch die individuellen Unterschiede in den Bewegungen von Reitern und Pferden ausgleichen, damit der gewünschte präzise und gleichmäßige Ablauf der Figuren erreicht werden kann.

Gleichmäßiger Ablauf setzt eine hohe Genauigkeit der Bewegungen jedes Reiters und Pferdes voraus. Um diese Genauigkeit zu erreichen, müssen die Reiter in der Lage sein, Raum- und Zeitwahrnehmungen wie auch die Wahrnehmung ihres Krafteinsatzes zu unterscheiden, damit sie mit ihrer eigenen Dynamik, d.h. der richtigen Anpassung ihrer Hilfengebung an die entsprechende Situation, auf die Pferde einwirken können, damit sich auch diese der gegebenen Situation anpassen können. Reiterlich gesprochen geht es dabei um auch für das Quadrillenreiten bedeutsame Forderungen wie das Einhalten von Tempo, Richtung und Schwung.

Neben der richtigen Einschätzung ihrer Bewegungen und der ihres Pferdes müssen die Reiter auch in der Lage sein, ihren Körper und dessen Bewegungen, natürlich auch die Bewegungen des Pferdes in Bezug auf ihre Umwelt richtig einzuschätzen. Diese Fähigkeit wird als *räumlich-zeitliche Orientierungsfähigkeit* bezeichnet. Sie ist für alle Reiter notwendig, gleich, ob sie Dressurlektionen auf dem Viereck ausführen oder über Hindernisse auf dem Springplatz oder im Gelände reiten. Während in den genannten Fällen der Reiter seinen Platz mit Bezug auf einen vorgegebenen Punkt, z.B. den Bahnmittelpunkt, für den verlangten Galoppwechsel oder ein zu überwindendes Hindernis feststellt, muß er das beim Figurenreiten oder in einer Quadrille im Verhältnis zu den anderen, sich ebenfalls bewegenden Reitern und Pferden tun. Dabei muß er noch eventuell von außen wirkende Einflüsse, wie z.B. die Beschaffenheit des Bodens, kompensieren können und den Einklang der Bewegungen von Reiter und Pferd mit der Musik herstellen. Die Anforderungen an die motorische Steuerungsfähigkeit sind demnach beim synchronen Figurenreiten und beim Quadrillenreiten sehr hoch.

Zudem spielt noch eine weitere, mit der eben besprochenen eng verwandte Fähigkeit eine besondere Rolle: die *motorische Anpassungs- und Umstellungsfähigkeit.* Sie ermöglicht es dem Reiter, seine Technik, das entwickelte Bewegungsmuster so zu variieren, daß auch unter veränderten Bedingungen eine optimale Bewegungslösung erreicht werden kann. Im Wettkampf muß sich der Reiter auf unterschiedliche Wettkampfbedingungen einstellen können. Besonders für Spring- und Geländereiten sind die Bedingungen in allen Wettkämpfen verschieden. Auf sie muß er sich und sein Pferd einstellen. Jede neue Situation erfordert Anpassung der Reittechnik, der Bewegungsabläufe an die gegebenen Bedingungen. Auch beim synchronen Formations- und Quadrillenreiten ist die motorische Anpassungs- und Umstellungsfähigkeit von Bedeutung. Hier geht es allerdings nicht um immerzu neue Situationen, wie sie dem Spring- und Geländereiter ständig begegnen und auch dem Dressurreiter nicht unbekannt sind (tiefer Sand, Zuschauer zu nahe am Viereck u.a.). Vielmehr geht es um die Einhaltung des festgelegten Planes, nach dem synchron gerittene Figuren und Quadrillen ablaufen müssen. Hohe Qualität der Ausführung ist nur dann zu erreichen, wenn dieser Plan von allen Reitern räumlich und zeitlich ganz exakt eingehalten wird. Bei einer Quadrille mit 8, 12, 16 oder gar noch mehr Reitern und der gleichen Anzahl von Pferden wäre dies eine unlösbare Aufgabe, wenn es nicht möglich wäre, vorhandene Bewegungsmuster in flexibler Weise zu variieren und an die konkrete Situation anzupassen. Dazu müssen die Reiter – von ihnen veranlaßt aber auch die Pferde – ihre Reaktionen, ihr Gleichgewicht, ihre Orientierung in Zeit und Raum und schließlich ihre Bewegungen auf die entsprechende Situation umstellen können. Für diese Forderung gibt es unzählige Beispiele; das einfachste finden wir im Ausgleichen der Abstände zwischen den Reitern, wie das z.B. beim Durchwechseln oftmals erforderlich wird, ein schwierigeres beim Einhalten von Seitenrichtung und Zwischenraum, beim Vis-à-vis-Reiten u.a.

Die Entwicklung der räumlich-zeitlichen Orientierungsfähigkeit kann schon bei Pony-Reitern mit Hilfe des synchronen Formationsreitens gefördert werden

Alle Reiter müssen sich in den Gesamtplan einordnen. Fehler, die nicht durch Anpassung an die gegebene Situation korrigiert werden, können zur Unordnung, schlimmstenfalls zum Zusammenbruch der Vorstellung führen. Außerdem müssen die Reiter ihre und die Bewegungen ihrer Pferde in Übereinstimmung mit der Musik halten. Zum Quadrillenreiten muß daher die motorische Anpassungs- und Umstellungsfähigkeit ein Niveau erreichen, auf dem die Reiter ihre Pferde in sich auch nur geringfügig ändernden Situationen so reiten können, daß der Zusammenhang der räumlichen Planung mit den Bewegungen der Pferde und mit der Musik ein Ganzes bleibt.

Die hier beschriebenen koordinativen Fähigkeiten werden im synchronen Formations-und Quadrillenreiten in so hohem Maße gefordert und entwickelt, daß "diese reiterlichen Anforderungen über eine kleine Dressur- oder Springaufgabe weit hinausgehen" (Meyners).

Koordinationsfähigkeit ist eine der wichtigsten psychischen Voraussetzungen für den Erwerb guter reiterlicher Fertigkeiten. Die Entwicklung dieser Fähigkeit ist daher auch eine vorrangige Aufgabe bei der Reitausbildung. In welchem Maße das synchrone Formationsreiten zu ihrer Lösung beitragen kann, läßt sich aus den vorstehenden Überlegungen leicht ableiten. Ziel der Schulung der Koordinationsfähigkeit ist die Verbesserung der allgemeinen *Gewandtheit* von Reiter und Pferd, die auch anderen Disziplinen zugute kommt. Gewandtheit ist auch durch drei Komponenten gekennzeichnet:

- durch das Beherrschen komplizierter Bewegungssituationen

Die motorische Anpassungs- und Umstellungsfähigkeit kann mit solchen und anderen Figuren entwickelt werden

- durch die Fähigkeit, Bewegungen schnell zu erlernen und zu vervollkommnen und
- durch zweckmäßigen Einsatz der erworbenen Fertigkeiten und ihre Anpassung an die sich ändernde Situation.

Zwar kann die für die verschiedenen Disziplinen des Pferdesports von Reiter und Pferd geforderte spezielle Gewandtheit nicht durch synchrones Figurenreiten entwickelt werden, jedoch wird die motorische Lernfähigkeit auf einem hohen Niveau erhalten. Sie geht nämlich zurück, wenn Reiter und Pferd nicht ununterbrochen mehr oder weniger neue Fertigkeiten erlernen. Insofern bietet das synchrone Figurenreiten eine Ergänzungsmöglichkeit für das spezielle Training in den verschiedenen Pferdesportdisziplinen.

Neben der Entwicklung weiterer psychischer Komponenten des Reitens wie der Gleichgewichtsfähigkeit (Vermögen des Reiters, sich auf dem Pferd, Vermögen des Pferdes, sich unter dem Reiter "auszubalancieren") und der Rhythmusfähigkeit (taktreiner Gang des Pferdes, Mitgehen des Reiters mit der Bewegung) sind für das Quadrillenreiten auch einige *gruppendynamische Fähigkeiten* von Bedeutung, mit deren Hilfe die Reiter die unterschiedlichen Bewegungsvoraussetzungen der an einer Quadrille teilnehmenden Pferde ausgleichen, ohne deren individuelle Eigenschaften mehr als unumgänglich zu stören (bewegungsmäßige Integrationsfähigkeit), bzw. mit deren Hilfe die Vielzahl der in einer Gruppe vorhandenen sozialen und emotionalen Beziehungen aufeinander abgestimmt werden kann, ohne daß die Eigenheiten der Einzelpersönlichkeiten (Reiter wie Pferde) vergewaltigt werden und trotzdem eine harmonische Vorführung entsteht.

Hilfreich für den Ausbildungsfortschritt sind selbstverständlich auch die auf die körperliche Entwicklung von Reiter und Pferd zielenden Wirkungen des synchronen Formations- und Quadrillenreitens. Sie erweisen sich auch vom trainingsmethodischen Standpunkt als bedeutsam. Die relativ langen Übungen beim synchronen Figuren- und Quadrillenreiten fördern die Ausdauer, die als Widerstandsfähigkeit des Organismus gegen Ermüdung definiert wird. Die Funktionstüchtigkeit des Herz-Kreislauf-Systems, des Stoffwechsels und des Nervensystems bestimmen das Niveau der Ausdauer. Da für die Qualität der Ausdauer auch der Entwicklungsstand der Bewegungskoordination von Bedeutung ist, ergibt sich hier ein Zusammenhang mit den oben besprochenen Problemen der Koordinationsfähigkeit. Das Niveau der Grundlagenausdauer, auf dem die Wettkampfausdauer in den verschiedenen Disziplinen aufbaut, wird durch das synchrone Figurenreiten ohne Zweifel gefördert.
Diese wenigen Gedanken, denen bei weitem die Vollständigkeit fehlt, sollen zeigen, in wie vielfältiger Weise synchrones Figuren- und Quadrillenreiten die Entwicklung von Reiter und Pferd positiv beeinflussen können. Häufig geäußerte Bedenken gegen die Teilnahme am Quadrillenreiten mit weiter geförderten Pferden werden dadurch im wesentlichen gegenstandslos. Das schließt nicht aus, daß in seltenen Fällen individuelle Eigenschaften der Pferde bei ihrer Verwendung zum Quadrillenreiten Schwierigkeiten bereiten, die sich aber – wenigstens in vielen Fällen – durch richtige Einordnung in die Quadrille beheben lassen.
Andererseits sollen diese abschließenden Darlegungen anregen, darüber nachzudenken, welche über den engen sachlich-technischen Rahmen hinausgehenden Gesichtspunkte beim Entwerfen einer Quadrille und bei der Gestaltung von Übungen dazu in die Überlegungen einbezogen werden müssen, um ein Optimum in Bezug auf die Ausbildung von Reiter und Pferd zu gewährleisten.

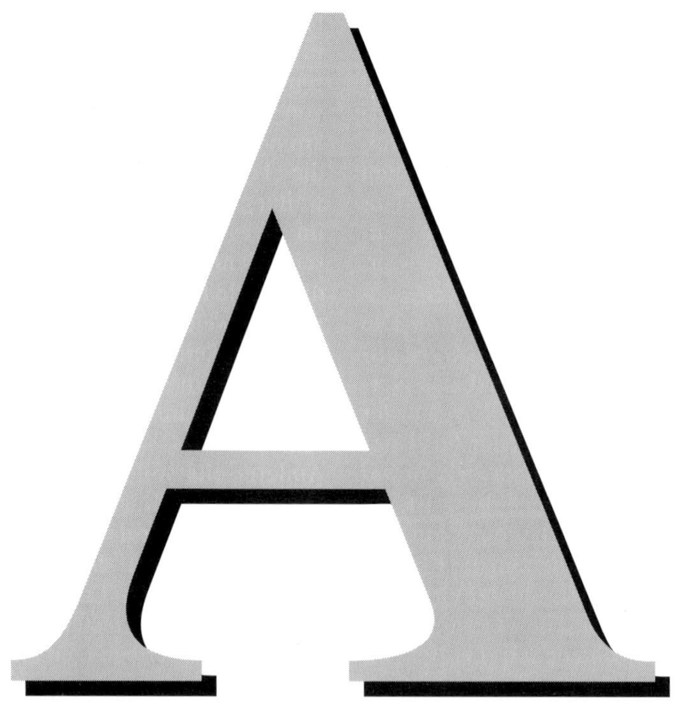

Anhang

Erläuterungen im Text verwendeter Begriffe

* bedeutet: das folgende Wort ist als Stichwort in der Aufstellung enthalten.

Abmarsch
Figur, mit der ein * Aufmarsch in * Linie wieder aufgelöst wird.

Abstand
Als A. wird die Entfernung zwischen dem Schweif des vorausgehenden Pferdes bis zum Kopf des folgenden Pferdes bezeichnet. Gebräuchliche A. sind:
- 1 Schritt (= 0,8 m) ist der Normalfall für das Quadrillenreiten
- 2 Schritt (= 1,6 m)
- 3 Schritt (= 2,5 m) ist der Normalfall beim Abteilungsreiten (1 Pferdelänge)

Aus einigen Figuren und Stellungen ergeben sich andere Abstände, z.B. bei * Kolonnen. Veränderungen bei A. können durch bestimmte * Kommandos veranlaßt werden.

Abteilungsfigur
Auf einer A. folgen alle Reiter dem * Anfangsreiter auf seiner Hufschlaglinie und beginnen die geforderte Figur nacheinander und jeweils genau an der gleichen Stelle, an der sie auch der Anfangsreiter begonnen hat. Das Ankündigungskommando für eine A. heißt in der Regel:
"Anfang!"

Anhang: Erläuterungen

Abteilungsreiten
Vorwiegend eine Form des Reitunterrichts, besonders in der Anfängerausbildung, bei welcher die Pferde in * Kolonne zu einem gehen. Der * Anfangsreiter sollte ein fortgeschrittener Reiter sein, der das richtige Tempo halten kann. Da das A. in der Regel auf die in den Dressurprüfungen verlangten * Hufschlagfiguren beschränkt bleibt, kann es leicht zu einer Monotonie kommen. Dem kann durch Figuren des synchronen * Formationsreitens entgegengewirkt werden.

Akademische Reitschule
Institution der * Nationalen Reitschule Saumur, an welcher Zivilreiter arbeiteten. Ihr erster Chefbereiter, Monsieur Cordien, legte die noch heute getragene Uniform der Reiter fest: schwarzer Rock mit Goldstickerei und quer aufgesetzter Zweispitz. Er führte die Praxis der Schulsprünge ein.

Acht
(auch: Achter) wird eine Figur genannt, die aus zwei aneinander anschließenden Volten bzw. Großvolten besteht, zwischen denen ein Handwechsel erfolgt.

Anfangsreiter
Der an der Spitze einer * Reitabteilung reitende, gegenüber den anderen Reitern der Abteilung schon etwas fortgeschrittenere Reiter, der für das Tempo und das korrekte Einhalten der * Hufschlagfiguren verantwortlich ist.

Ankündigungskommando
Erster, unverzichtbarer Teil des * Kommandos, mit dessen Hilfe den Reitern die Informationen übermittelt werden, die sie zur korrekten Ausführung der geforderten Übung (Abteilungs- oder Einzelfigur, Gangart oder Tempowechsel, Hufschlagfigur) benötigen.
Das A. muß rechtzeitig gegeben werden, damit sich die Reiter auf die Ausführung ausreichend vorbereiten können, in der Regel mindestens vier Tritte/Sprünge vor dem * Ausführungskommando.

Artilleriequadrille
Eine * Quadrille mit sechsspännig vom Sattel gefahrenen Geschützen, die fast ausschließlich im Galopp gefahren wird.

Aufmarsch
Ausführung einer oder mehrerer aufeinander folgender Figuren, an deren Ende sich die Abteilung in * Linie befindet.

Aufmarschlinie
Die A. ist die Linie, welche die Punkte 2 a - 2 e/K - F des Vierecks miteinander verbindet.

Ausführungskommando
A. heißt der Teil des * Kommandos, der auf das * Ankündigungskommando folgt und den unmittelbaren Beginn der Ausführung des Verlangten fordert. Das A. heißt in der Regel "marsch!", wenn Figuren eingeleitet werden.
Bei einigen * Abteilungsfiguren, die an festliegenden Punkten des * Reitvierecks beginnen, werden andere A. verwendet, z.B. - wechseln, - geritten, - kehrt. Bei Gangart-bzw. Tempowechsel wird nur beim Übergang zum Galopp das Wort "marsch!" verwendet.

Bänderquadrille
Die B. ist eine spezielle Art der Quadrille, bei der jeder Reiter ein farbiges Band hält, das an einem im Mittelpunkt des Zirkels drehbar befestigten Rad angebracht ist. Die Verbindung mit den Bändern schränkt die Anzahl der möglichen Figuren erheblich ein.

Behindertenquadrille
Eine * Quadrille, die von behinderten Personen geritten wird. B. eine wichtige Form des Behinderten-Reitens, die wachsende Verbreitung findet.

Bewertungsbogen
Von der * Kommission Quadrillen-Reiten erarbeitete und inzwischen mehrfach verbesserte Beurteilungsunterlage für die Bewertung von Quadrillenwettkämpfen.
Sie legt zwei Notenblöcke für die Bewertung

A) der reiterlichen Leistung und B) der quadrillenspezifischen Leistungen sowie Punktabzüge bei bestimmten Vorkommnissen fest.
Auf der Grundlage der in die Bewertungsbögen eingetragenen Punkte wird die Placierung ermittelt. Der Bewertungsbogen ist im Handbuch für Reit- und Fahrvereine abgedruckt (in der jeweils gültigen Fassung).

Biegung
(auch: Rippenbiegung) nennt man eine gleichmäßige Krümmung der Wirbelsäule des Pferdes, mit welcher sich das Pferd der Krümmung einer * Hufschlaglinie anpaßt. Die B. soll auf der gesamten Länge des Pferdes gleich sein, so daß die Hinterhufe den Vorderhufen in Spurdeckung folgen können. Eine * Volte mit einem Durchmesser von 5 m verlangt die einem Pferd mögliche maximale Biegung. Diese kann aber nur von vollausgebildeten Pferden verlangt werden.

Blaue Reiter
Quadrille ehedem des Huder Reitclubs, später des RV Wohlde, die nach der Farbe der Reitröcke ihrer Teilnehmer als "Karussell der Blauen Reiter" benannt ist. Die B. haben unter ihrem Quadrillenchef Wilhelm Vietor das Publikum zahlreicher Turnierplätze begeistert, z.B. bei Auftritten in der Westfalenhalle in Dortmund, in der Bremer Stadthalle und der Deutschlandhalle in Berlin.

Blindes Glied
Ein * Glied, dem ein oder mehrere Reiter an seiner Vollständigkeit fehlen.
Bei berittenen Formationen reiten die B. stets vorn.

Brechung der Kolonne
sind Figuren, zu denen eine * Formation aufgelöst und nach Beendigung der Figur wieder hergestellt wird.
Sie können **mit** Einheiten der Kolonne und **in** Einheiten der Kolonne ausgeführt werden. Im ersteren Falle beginnen die Anfangsreiter der Einheiten die B. der Kolonne gleichzeitig, während die zu der betreffenden Einheit gehörenden Reiter dem Anfangsreiter auf seinem Hufschlag folgen.
Im letzteren Falle beginnen alle Reiter einer Einheit die B. gleichzeitig, während die Reiter der folgenden Einheit erst dann beginnen, wenn sie auf den Platz vorgerückt sind, an dem die vorhergehende Einheit die B. begonnen hat.

Breite der Bahn
ist die senkrechte Entfernung zwischen den beiden langen Seiten der Bahn.
Das Wechseln "durch die B." erfolgt auf der * Quermittellinie.

Bügelfühlung
ist vorhanden, wenn Reiter so eng nebeneinander reiten, daß sich ihre Steigbügel berühren.

Bürkner, Felix
Seit 1905 Königlicher Stallmeister im Marstall des Deutschen Kaisers 1911, 1912, 1913 Sieger im Westphalen-Memorial, einer Vielseitigkeitsprüfung, Sieger in drei "Kaiser-Preisen" (2 Rennen und eine Military), Teilnehmer an den ersten Olympischen Reiterwettkämpfen 1912 in Stockholm (7. Platz in der Dressur), Teilnehmer an der 1925 in Berlin aufgeführten Deutschen Schulquadrille "Friedrich der Große und seine Kavallerieführer", Träger eines der ersten vier Deutschen Reiter-Abzeichen in Gold, Gründer der Deutschen Reitschule in Düppel (1930) und Kommandeur der Heeres-Reit- und Fahrschule in Krampnitz (1939-1943). Sein größtes Werk ist die Schaffung der * Deutschen Schulquadrille.

Carosello dei Carabinieri
Quadrille italienischer Polizeireiter in der Tradition der höfischen Reiterfeste an den italienischen Fürstenhöfen des 16. und 17. Jahrhunderts; verkörpert diese Tradition bei vielen Auftritten im Ausland.

Courbette
Eine Lektion der Hohen Schule. Bei der C.

springt das in der * Pesade befindliche Pferd auf den Hinderbeinen ohne Bodenberührung mit den Vorderbeinen vorwärts.

Deutsche Schulquadrille
Von * Felix Bürkner im Jahre 1939 aufgebaute D. mit Reitern der Heeres-Reit- und Fahrschule in Krampnitz, die "dem Beschauer das Wesen deutscher Reitkunst ... zum Ausdruck bringen sollte" (Bürkner). Die D. wurde nur wenige Male öffentlich gezeigt.
Bei der Abschlußfeier der Olympischen Spiele 1972 in München wurde die D. von den 12 besten deutschen Dressurreitern der damaligen Zeit wieder aufgeführt.

Deutsches Kuratorium Quadrillen-Reiten
Das D. wurde auf Initiative von Dr. Fritz Lackmann am 11. August 1986 im Ratsweinkeller des Hamburger Rathauses gegründet. Die Gründungsmitglieder Helmuth Breyer, Manfred Ehlers, Hans Jückstock, Rolf Kern, Christa Klünsch, Irmgard Lackmann, Erhard Lemm, Sven Oehme, Hans Meyer, Dr. Anette Moldenhauer, Thimo von Rauchhaupt, Gerhard Schoer, Ursula Scholtz, Ingrid Silberstorff und Manfred Storl wählten Dr. Fritz Lackmann zum Vorsitzenden.
Ein Vertreter des Deutschen Kuratorium Quadrillen-Reiten/Fachbeirat Quadrillen-Reiten ist seit 8.4.1987 Mitglied im Ausschuß "Allgemeiner Reit-und Fahrsport" der Deutschen Reiterlichen Vereinigung.

Doppelvolte/Doppelgroßvolte
Wird eine * Volte/Großvolte zweimal hintereinander geritten, heißt sie D.
Die Schwierigkeit dieser Figur besteht im Erhalten des Schwungs und der Biegung.

Dressurquadrille
Die D. ist eine * Quadrille, bei der ausschließlich Figuren auf dem ebenen Viereck geritten werden. Die D. ist die übliche Form der Quadrille.

Ecke der Bahn
In der E. stoßen die langen und die kurzen Seiten des * Reitvierecks **rechtwinklig** aneinander.
Der * Hufschlag in den E. muß abgerundet werden. Bei tiefem "Hineinreiten in die E." beginnt die * Viertelvolte 3 Schritt vor der E. und endet 3 Schritt nach der E.
In den Mitteltempi muß der Bogen der * Viertelvolte in der E. flacher geritten werden. Er beginnt dann 6 Schritt vor der E. und endet 6 Schritt nach der E.
Die Stärke der Krümmung des Bogens ist abhängig von der Biegefähigkeit des Pferdes (* Biegung).

Eckenvolte
Die E. ist eine * Großvolte, die entweder in einer * Ecke des Vierecks, bzw. nacheinander in zwei oder allen vier Ecken der Bahn geritten wird.

Einwirkungen
nennt man die Körperbewegungen des Reiters, mit deren Hilfe er dem Pferd Signale übermittelt. Das geschieht durch Verlagern des Körpergewichtes (Gewichtseinwirkungen), durch Verlagern und Druckausübung mit den Unterschenkeln (Schenkeleinwirkung) und durch Veränderung des Gebißdrucks auf das Pferdemaul (Zügeleinwirkung).
Einzelne E. führen nicht zur gewünschten Reaktion des Pferdes. Dazu ist das Zusammenwirken der einzelnen, graduell unterschiedlichen E. in Form von * Hilfen erforderlich.

Einzelfigur
Bei einer E. beginnen alle Reiter auf das Ausführungskommando, in der Regel "marsch!", **gleichzeitig** die geforderte Figur. Genaues Einhalten von Tempo und * Richtung ist für das Gelingen einer E. unverzichtbar.
Das * Ankündigungskommando für eine E. heißt immer "Abteilung!"

Evolutionsspiele
Teile militärischer Reiterspiele, bei denen der Übergang aus dem Marsch in die Gefechts-

ordnung bzw. Veränderungen der Gefechtsordnung dargestellt wurden.
Beim Quadrillenreiten finden sich noch heute Figuren, die ihre Wurzeln in diesen Übungen haben, z.B. Aufmärsche zur Linie.

Fachbeirat Quadrillen-Reiten
Der F. wurde 1987 durch die Delegiertenversammlung der FN-Abteilung Sport berufen. Die 5 Mitglieder des F. werden auf Vorschlag des * Deutschen Kuratorium Quadrillen-Reiten des Gesamtvorstand der Abteilung Sport berufen. Er dient der Besprechung gemeinsamer Anliegen und der Abstimmung innerhalb der Gesamtorganisation.

Fahrschule
Als F. wird eine Vorführung bezeichnet, bei der ein im Sattel sitzender Reiter ein oder mehrere Pferde vor sich an langer Leine führt.

Figurenreiten
Die Ausführung bestimmter * Hufschlagfiguren durch eine Anzahl von Reitern. Heute wendet man die Bezeichnung vorwiegend auf Hufschlagfiguren an, die zum * Quadrillenreiten geeignet sind, und die zu einem großen Teil nicht zu den in den Dressuraufgaben der LPO verwendeten Hufschlagfiguren gehören.

Flügel
Anfang und Ende einer in * Linie aufmarschierten Abteilung, die als "rechter Flügel" und "linker Flügel" bezeichnet werden.

Flügelreiter
Ein Reiter, der auf dem rechten oder linken * Flügel einer Abteilung reitet. Beim Figuren- und Formationsreiten richten sich die Teilnehmer in Tempo und Seitenrichtung nach dem F.

Fola
* Roßballett

Formation
F. ist eine Ordnung, bei der mindestens zwei Reiter in einem * Glied und mindestens zwei Glieder hintereinander reiten. Abhängig von der in einer Abteilung bzw. Quadrille mitwirkenden Reiter können verschiedene F. gebildet werden.

Formationsreiten, synchrones
Eine Reitausübungsart, bei der eine Gruppe von Reitern auf einem Viereck oder in einer Reitbahn * Figuren nach Kommando oder vorheriger Absprache in einer Weise ausführt, bei der sich zum gleichen Zeitpunkt mehrere Reiter an bestimmten Punkten des Vierecks befinden.

Forstenburg
Eine Burg im Sudetengebirge, auf der im Jahre 1808 vom Reichsgrafen von Hohenberg ein Karussell veranstaltet wurde. Es gilt als der Ursprung der Quadrillenwettkämpfe.

Fritz, Oscar
In den zwanziger Jahren Stallmeister in Berlin, zuvor Universitäts-Stallmeister in Tübingen. Durch seine Arbeiten in Theorie und Praxis erwarb er sich den Ehrennamen "Quadrillen-König". Sein 1926 erschienenes Buch "Reiterspiele und Quadrillen" ist das Standardwerk des Quadrillenreitens. Ursprünglich Schweizer Kavallerieoffizier, entwarf F. zahlreiche Quadrillen und studierte sie mit Reiterinnen und Reitern in Stuttgart, Heilbronn, Pforzheim, Ulm, Tübingen, Zürich, Genf, Basel und Berlin ein.
Aus seiner Feder stammen außerdem Veröffentlichungen zum Thema "1000 Jahre deutsche Reiterspiele" und die Broschüre "Die Ritterquadrille des 18. Jahrhunderts".
Zu seinen Glanzleistungen zählten die 1924 in Berlin aufgeführte Deutsche Schulquadrille "Friedrich der Große und seine Kavallerieführer" und die 1926 ebenfalls in Berlin gezeigte Damen-Schulquadrille, die von 12 Damen in den Uniformen friederizianischer Kavallerie-Regimenter geritten wurde.

Gärtner-Zirkel
Der G. ist ein einfaches Hilfsmittel zur Schulung des "Augenmaßes" des Reiters für * Zir-

kel und * Volten.
An einem im Mittelpunkt des betreffenden Kreises befindlichen Pfahl wird ein Faden befestigt, dessen Länge dem Durchmesser des Kreises entspricht. Das freie Ende des Fadens wird mit einer Harke verbunden, mit welcher dann bei straffem Faden die entsprechende Kreislinie im Reitbahnbelag gekennzeichnet wird.

Gegeneinanderreiten
Ein Grundprinzip des synchronen Formations- und Quadrillenreitens. Beim G. reiten Teile der Gesamtabteilung auf * verschiedener Hand oder auf der gleichen Hand in entgegengesetzter Richtung.

Glied
Als G. bezeichnet man mehrere nebeneinander befindliche Reiter einer * Kolonne.
Der Abstand zwischen den einzelnen G. einer Kolonne beträgt stets soviel Schritt wie Reiter im G. nebeneinander reiten. Das ermöglicht ein gleichzeitiges Schwenken aller G. zur * Linie.

Glühwürmchenquadrille
nennt man eine * Quadrille, die in einer abgedunkelten und nur mit wenigen Orientierungslichtern versehenen Reitbahn von Reitern geritten wird, an deren Armen und Stiefeln Lampen angebracht sind.
Die Auswahl der Figuren ist bei der G. auf solche beschränkt, bei denen Zusammenstöße ausgeschlossen sind.

Großvolte
Als G. bezeichnet man einen Kreis vom halben Durchmesser eines * Zirkels (10 m bzw. 15 m).
G. können von den langen Seiten zur * Mittellinie und umgekehrt geritten werden.
Ihre Wirkung erzielen G. durch exakt gleichmäßige Ausführung.

Grundfigur
Als G. bezeichnet man einfache Hufschlagfiguren, wie sie im Reitunterricht verwendet werden. Dazu zählen: ganze und halbe Bahn, * Handwechsel auf gerader Linie, * Zirkel und Zirkelwechsel, * Großvolten, * Volten, * Kehrtvolten und * Achten.
Die G. können als * Abteilungsfiguren und teilweise als * Einzelfiguren geritten werden.

Halbe Bahn
nennt man das Quadrat, das von einer kurzen Seite (20 m oder 30 m), zwei halben langen Seiten (20 m oder 30 m) und der * Quermittellinie (20 m oder 30 m) begrenzt ist.

Halblinks/Halbrechts
ist eine * Hufschlagfigur, bei der die Reiter von einer langen Seite im Winkel von 45° zur gegenüberliegenden langen Seite reiten und dabei die * Hand wechseln.

Hand
ist die fachsprachliche Bezeichnung für die Seite des Pferdes, nach der es gestellt und gebogen ist, infolgedessen die dem **Bahninneren** zugekehrte Seite des Pferdes. Es geht "auf der linken H.", wenn es nach links gestellt und (auf gebogenen Linien) in den Rippen gebogen ist, bzw. "auf der rechten H.", bei Stellung und Rippenbiegung nach rechts.
Im H.-galopp geht das Pferd, wenn es im Linksgalopp auf der linken Hand bzw. im Rechtsgalopp auf der rechten Hand galoppiert. Dabei ist die linke bzw. rechte Seite des Pferdes dem Bahninnern zugewendet. Im * Kontergalopp allerdings ist die dem Bahninnern zugekehrte Seite entgegengesetzt gebogen.

Handwechsel
nennt man Figuren, die den Reiter von einer * Hand auf die andere führen. Sie können als Abteilungsfiguren sowohl auf geraden als auch auf gebogenen Linien erfolgen. Einige Handwechsel können beim Figurenreiten auch als Einzelfiguren geritten werden.
Werden H. im Galopp geritten, hat beim Erreichen des Hufschlags der neuen Hand ein Galoppwechsel zu erfolgen. Beim Reiten in einer Reitbahn ist beim H. die Gerte in die

dem Bahninnern zugekehrte Reiterhand zu übergeben.

Hengstparade
Schauveranstaltung, bei der die Hengste eines Landgestütes den Züchtern und anderen Interessenten in einer großen Vielfalt ihre Leistungen zeigen. Besondere Höhepunkte der H. bilden die verschiedensten Reit- und Fahrquadrillen.

Hilfe
Die Kombination aller graduell unterschiedlichen * Einwirkungen des Reiterkörpers auf das Pferd zur Auslösung gewünschter Reaktionen des Pferdes. Die H. werden nach ihrem Ziel eingeteilt in: treibende H., verhaltende H. und verwahrende H.
H. sind nur wirksam in der Kombination aller * Einwirkungen.

Hilfszügel
Als H. können in Klasse E und in Juniorenprüfungen der Klasse A Stoßzügel bzw. laufendes Ringmartingal erlaubt werden.

Hohe Schule
Klassische, alten Traditionen verhaftete Ausbildung von Pferden bis zu den schwierigsten * Lektionen, einschließlich der * Schulen über der Erde. Sie entstand unter dem Einfluß der Feuerwaffen, die von Reiter und Pferd größere Beweglichkeit im Gefecht erforderten.
Heute wird der Reitkunst Hohe Schule nur noch an der Spanischen Hofreitschule in Wien und an der französischen Reitschule in Saumur als kulturhistorisches Denkmal in ihrer Vollendung gepflegt.
Zur Hohen Schule gehören auch die Schulsprünge * Schulen über der Erde.

Hufschlag
Teil der Reitbahn, der von den Pferden betreten wird, meist Bezeichnung für einen ca. 50 cm breiten Streifen längs der Viereckbegrenzung (Hufschlag der ganzen Bahn). Im weiteren Sinne werden als H. auch die Linien bezeichnet, die im Verlauf von * Hufschlagfiguren von den Pferden betreten werden, z.B. H. des Zirkels usw.

Hufschlagfigur
Der Verlauf einer Linie, auf welcher sich die Reiter und Pferde bewegen und die eine bestimmte Linienführung aufweist. Als H. werden die wichtigsten Linienverläufe auf dem * Reitviereck bezeichnet, die für die Ausbildung von Reiter und Pferd unerläßlich sind, z.B. ganze und halbe Bahn, Handwechsel, Zirkel, Volten u.a..

Kapriole (auch Hirschsprung)
Eine Lektion der Hohen Schule. Aus starker * Versammlung schnellt sich das Pferd mit allen vier Beinen gleichzeitig vom Boden ab und "streicht" in der Luft mit den Hinterbeinen aus. Die K. diente ursprünglich der Abwehr eines folgenden Gegners. Sie gehört zu den * Schulen über der Erde.

Karussell (franz. Carousel)
Eine festliche Reitveranstaltung, welche die mittelalterlichen Ritter-Turniere ablöste. Im K. wurden zunächst vorwiegend militärische Übungen gezeigt. Später traten Quadrillen in den Vordergrund.

Kavallerieschule Hannover
Als Nachfolgerin der Militär-Reitanstalt in Berlin (1817-1849), der Militär-Reitschule in Schwedt/Oder (1849-1866) und des Königlich-Preußischen Militär-Reitinstitutes Hannover (1867-1919) wurde die Kavallerieschule besonders durch die Leistungen ihrer Lehrer und Schüler in allen Disziplinen des Pferdesports berühmt.

Kehrtvolte/Kehrtwendung
Die K. besteht aus einer halben * Volte bzw. * Großvolte, von deren Endpunkt an in gerader Linie zum * Hufschlag der ganzen Bahn zurückgeritten wird. Dieser wird nach einer Volte 10 m, nach einer Großvolte 15 m vom Anfangspunkt der K. wieder erreicht.

Kolonne
Als K. bezeichnet man mehrere hintereinander in einer Reihe befindliche Reiter. Mehrere Paare hintereinander bilden eine "K. zu zweien", mehrere Dreiergruppen eine "K. zu dreien" usw.
Jede Kolonne mit mehreren Reitern besteht aus mehreren * Gliedern.
Die Breite einer K. (eines Gliedes) bestimmt den Abstand der einzelnen Glieder der K. untereinander.

Kommando
Eine bestimmte Form von Anweisungen zum Gangartwechsel, Tempowechsel, sowie Beginn, Verlauf und Ende von Figuren oder Touren an den Reiter.
K.s beim Reiten haben nicht den Charakter militärischer Befehle, sondern dienen der umfassenden, jedoch in ihrem Wortlaut kurz gefaßten Information des Reiters sowie der Sicherung von Gleichmäßigkeit, und gleichzeitig der Übungsausführung, damit der Ordnung und Sicherheit sowie der Verhütung von Unfällen.
Jedes K. besteht aus * Ankündigungsk. und * Ausführungsk. Eine große Anzahl von K.s hat einen feststehenden Wortlaut. Bei ihnen läßt sich bereits aus dem Ankündigungsk. auf das Ausführungsk. schließen. Für das * Ankündigungsk. gibt es Regeln zu ihrer Bildung, bei der eine bestimmte Reihenfolge der zu übermittelnden Informationen festgeschrieben ist.
Dadurch wird die Verständlichkeit erhöht.

Kommission Quadrillen-Reiten
Im Jahre 1980 bewirkte Dr. Fritz Lackmann beim Landesverband der Reit- und Fahrvereine Hamburg die Gründung einer überregionalen Expertenkommission, die u.a. den Auftrag zur Erarbeitung von Wettkampfregeln und Bewertungsmodifikation erhielt. Den Vorsitz übernahm Erhard Lemm.

Kopfrennen
ein Teil des Karussells, bei dem in Form einer Waffenübung nacheinander mit der Lanze, dem Wurfspieß, dem Degen und der Pistole aus Pappe hergestellte "Türkenköpfe" getroffen werden sollten, die in unterschiedlicher Höhe angebracht waren.

Kreisreiten (lat. mensa rotunda)
soll auf ein uraltes Totenritual zurückgehen. K. wird als der Urahn des Reitens auf dem Mittelzirkel angesehen.

Länge der Bahn
ist die senkrechte Entfernung zwischen den beiden kurzen Seiten der Bahn. Der "Wechsel durch die L." erfolgt auf der * Mittellinie.

Leistungszentrum Quadrillen-Reiten
Das erste deutsche L. wurde am 19.01.1990 beim Hamburger Reitverein gegründet. Die Aufgabe des L. besteht vor allem in der Aus- und Weiterbildung von Quadrillenreitern, Quadrillenchefs und Richtern für Quadrillenwettkämpfe.

Levade
Eine Lektion der Hohen Schule, bei der das Pferd unter dem Reiter die Vorhand mit angezogenen Vorderbeinen hebt und die Gelenke der Hinterhand (Hanken) so stark beugt, daß die Sprunggelenke fast den Boden berühren.

Linie
Die L. ist eine * Formation, in der sich alle Reiter einer Abteilung mit oder ohne * Zwischenräume nebeneinander auf gleicher Höhe befinden.

Linksum/Rechtsum
bezeichnet eine * Hufschlagfigur, bei der die Reiter auf dem Kreisbogen einer * Viertelvolte eine Wendung von 90° reiten. Beim Figurenreiten wird nach dieser Wendung solange geradeaus geritten, bis ein weiteres Kommando gegeben wird. Erfolgt dies nicht, wird bei Erreichen der Bahnbegrenzung die gleiche Wendung wiederholt.

Mittellinie
Die M. teilt das * Reitviereck längs in zwei

Hälften mit dem Seitenverhältnis 1 : 4, d.h. 10 m/15 m x 40 m/60 m. Sie erstreckt sich zwischen den Bahnpunkten A - C.
Für das synchrone * Formationsreiten hat die M. sowohl für die * Aufmärsche als auch für viele andere Figuren große Bedeutung als Orientierungslinie.

Mittelzirkel
Der in einigen Aufgaben für Dressurprüfungen und in vielen Figuren beim synchronen * Formationsreiten benutzte M. ist ein Kreis vom Durchmesser der * Breite der Bahn, dessen Mittelpunkt sich am Kreuzungspunkt der * Mittellinie und der * Quermittellinie befindet. Der M. berührt den * Hufschlag der ganzen Bahn nur an den Mitten der langen Seiten (Punkte B und E) und kreuzt die Mittellinie an den gedachten Punkten L (Mittelpunkt des unteren Zirkels) und I (Mittelpunkt des oberen Zirkels). Wird der M. zum Figurenreiten benutzt, müssen die Reiter auf dem M. gleichmäßig verteilt sein.

Musikreiten
ist eine gesellige reiterliche Betätigung in der Reitbahn, vorzugsweise während der Wintermonate.
M. eignet sich sehr gut zum synchronen Formationsreiten.

Nationale Reitschule Saumur
Die N. wurde in der Zeit des Nationalkonvents (ab 1792) in Versailles gegründet. Ihr folgte 1797 die Gründung einer "Kavallerieschule". Seit 20 Jahren ist die N. eine Einrichtung des Ministeriums für Jugend und Sport mit der Aufgabe, durch die Teilnahme an Turnieren wie durch Forschung und Lehre die französische Reitkultur zu fördern.

Palus-Spiel
Ein militärisches Spiel, besonders römischer Kavalleristen, bei dem ein Pfahl (lat. palus) mit der Lanze zu treffen war.

Paradelinie
Die P. ist die Linie, welche die Punkte 8 a - 8 e/H - M des Vierecks miteinander verbindet. In der Regel ist die P. die Linie, an welcher eine Quadrille zum Gruß aufmarschiert.

Paradeseite
Als P. bezeichnet man die rechte Seite von Pferd und Reiter. Bei Vorbeimärschen an Zuschauern und Turnierfunktionären muß diesen ste s die P. zugewendet sein.

Pas de deux
ist ein synchrones Figurenreiten von zwei Reitern auf einem Reitquadrat von 30 m x 30 m.
Ein P. setzt fortgeschrittene Reiter und Pferde voraus, welche höhere Lektionen beherrschen.

Pas de quatre
Ein synchrones Figurenreiten von vier Reitern auf einer quadratischen Reitfläche (30 m x 30 m) nach einer anspruchsvollen Choreographie und mit Musik. Beim P. entsteht die Zuschauerwirkung durch die gleichmäßige und zeitgleiche Ausführung schwieriger Lektionen durch die vier Teilnehmer.

Pas de trois
P. ist ein synchrones Figurenreiten von drei Reitern. Wegen der ungeraden Anzahl der Beteiligten erfordert die Choreographie besondere Sorgfalt. Die Reiter müssen schwierige Lektionen vorführen können.

Pesade
Lektion der * Hohen Schule, bei der das Pferd unter dem Reiter sich auf den Hinterbeinen hebt, und zwar mit wenig gebeugten Gelenken der Hinterhand (Hanken). Die P. diente ursprünglich zur Deckung des Reiters durch den Pferdekörper bei Angriffen von vorn.

Pluvinel, Antoine de (1555 - 1620)
Reitlehrer des Königs Louis XIII, dem er sein Werk "Le Maneige Royal" (erschienen 1623) widmete. P. gilt als der Erfinder der Pilaren und wendete als erster tierpsychologische Er-

kenntnisse bei der Ausbildung von Pferden an. Er wollte Ausbildungserfolge im Gegensatz zu seinen Vorgängern durch Güte erreichen: "Sei freigiebig mit Lohn, aber geizig mit Schlägen!" P. hat als erster Reitmeister die Übungen der * Hohen Schule und die Schulsprünge eingehend beschrieben.

Ponyquadrille
Eine * Quadrille, die auf Ponys geritten wird, vorwiegend in Quadrillen mit Kindern und Jugendlichen.

Protestantische Reitakademie
Im Jahre 1599 von Duplessio-Mornay gegründete Institution, die als Ursprung der * Nationalen Reitschule von Saumur gilt. Gelehrt wurde nach den Grundsätzen * Antoine de Pluvinels.

Quadrillenchampionat
Die seit 1978 vom RV Wohldorf organisierten Quadrillenwettkämpfe wurden ab 1982 als Championate für Hamburg/Schleswig-Holstein ausgeschrieben. Nachdem sich der Teilnehmerkreis schnell vergrößerte, entstanden daraus 1985 die Norddeutschen Quadrillenmeisterschaften. Zugelassen waren Quadrillen aus den Landesverbänden Berlin, Hamburg, Hannover-Bremen, Schleswig-Holstein und Weser-Ems.
Seit 1987 veranstaltet das Deutsche Kuratorium Quadrillen-Reiten in der Nachfolge des RV Wohldorf, zeitweise gemeinsam mit dem Landesverband Hamburg, das Deutsche Quadrillenchampionat. Als regionale Quadrillenchampionate, bedeutsam für die flächendeckende Weiterentwicklung des Quadrillenwettkampfes, profilierten sich neben dem regionalen Quadrillenchampionat für Hamburg/Schleswig-Holstein in Hamburg in den letzten Jahren parallel etwa in Bremen das Championat des Bremer Reiterverbandes und des Reiterverbandes Hannover-Bremen sowie das Rhein-Main-Championat in Walddalgesheim bei Bingen.

Quadrillenchef
Q. ist der Leiter einer Quadrille. Ihm obliegt die Erarbeitung der Grundkonzeption, der Heranziehung der Reiter zur Mitarbeit, die Leitung der Übungen, die Vorbereitung der Aufführung, einschließlich der Anleitung und Kontrolle aller außerhalb des Reiterlichen liegenden Arbeiten (Kostüme, Transporte usw.), und die Leitung der Aufführung selbst.

Quadrillenfahren
analog zu * Quadrillenreiten (s.d.)

Quadrillenreiten
Eine Form der geselligen, gemeinschaftlichen Ausübung des Reitsports, bei dem eine durch vier dividierbare Anzahl von Reitern auf einander abgestimmte Figuren in der Reitbahn oder auf einem Viereck reitet (Choreographie). Wesentlicher Bestandteil ist die Musik, die mit Gangart und Takt übereinstimmen muß.
Q. ist heute auch Wettkampfdisziplin des Pferdesports.

Quadrillenwettkampf
Vergleich zwischen mehreren Quadrillen, bei dem von einer Richtergruppe die reiterlichen und quadrillenspezifischen Leistungen auf der Grundlage eines * Bewertungsbogens bewertet werden und zu einer Placierung führen.

Quermittellinie
Die Q. verläuft zwischen den Mittelpunkten der langen Seiten des * Reitvierecks B - E und teilt die Reitfläche in zwei Quadrate. Sie ist für das synchrone Formations- und Quadrillenreiten von größerer Bedeutung als für das gewöhnliche Abteilungsreiten, da sie als Orientierungslinie in viele Figuren einbezogen ist.

Quintana-Spiel
Ein heute noch bekanntes, bis zum 19. Jahrhundert bei Reiterfesten ausgeführtes Spiel, bei dem eine auf einem Zapfen drehbar montierte Figur mit der Lanze zu treffen war. Wenn der Stoß mit der Lanze nicht genau in die Mitte traf, geriet die Figur in Drehung und versetzte mit ihrem ausgestreckten Arm dem Reiter einen Schlag.

Reitbarkeit
R. ist das wichtigste Kriterium für die Auswahl bzw. Konstruktion von * Figuren. Die R. einer Figur ist abhängig vom Ausbildungsstand und Gymnastizierungsgrad der Pferde, sowie vom Können der Reiter. Eine Volte z.B. ist reitbar, wenn das Pferd eine * Biegung annehmen kann, die ihm gestattet, die Längsbiegung seiner Wirbelsäule in Übereinstimmung mit der Kreislinie zu halten. Beim synchronen Formationsreiten und in Quadrillen wird die R. von Figuren auch von der Möglichkeit ihrer Ausführung in Raum und Tempo bestimmt.

Reiterspiele
Im Altertum und bis in das 19. Jahrhundert zur Unterstützung der militärischen Übungen berittener Truppenteile genutzte Spielform, die einen wesentlichen Teil der Reiterfeste vergangener Zeiten ausmachte. Ein Teil der heute noch bekannten Reiterspiele geht auf sie zurück.

Reitplatz
s. * Reitviereck

Reiterverein Wohldorf
Der R. ist die Geburtsstätte der Austragung von Quadrillenwettkämpfen. Unter der Leitung des Vorsitzenden Dr. Fritz Lackmann wurden hier 1978 die ersten Quadrillenwettkämpfe durchgeführt. Sie entwickelten sich in der Folge zu * Regionalen Championaten und zum Bundeschampionat, das jährlich, in der Regel an jedem ersten Mai-Sonnabend, stattfindet.

Reitsport 2000
Bezeichnung des EQUITANA-Kongresses vom 16./17. März 1987 in Essen. Er beschäftigte sich mit den Notwendigkeiten und Möglichkeiten der künftigen Entwicklung des Reitsports "um im wichtigen Verständnis des Traditionsbegriffes die Gegenwart nicht nur aus der Substanz der Vergangenheit zu gestalten, sondern die gegenwärtige Substanz für die Zukunft zu nutzen und dorthin zu orientieren." (Graf Landsberg-Velen).
Der Kongreß hob die Entwicklung des Breitensports, und in diesem Zusammenhang die Bedeutung des Quadrillenreitens hervor. Der ausführliche Kongreßbericht ist vom FN-Verlag der Deutschen Reiterlichen Vereinigung GmbH, Freiherr-von-Langen-Str. 8, 4410 Warendorf 1, zu beziehen.

Reitviereck
Ein zum Reiten benutztes Rechteck mit dem Seitenverhältnis 1 : 2, für Dressurprüfungen auch 1 : 3. Die Abmessungen betragen 20 m x 40 m oder 30 m x 60 m, in Dressurprüfungen auch 20 m x 60 m. Das Viereck ist mit einer ca. 30 - 40 cm hohen Einfassung versehen. Bestimmte Orientierungspunkte für den Reiter werden mit Markierungszeichen oder Buchstaben gekennzeichnet. Der Boden des R. muß völlig eben, elastisch und trittfest sein.

Rennen
(auch Treffen) wurden als Teil des Karussells die einzelnen Waffenübungen genannt, z.B. das Rennen gegen die * Quintana, das * Kopfrennen, das Ringrennen, oder * Ringstechen.

Richtung/Ausrichtung
Unter R. versteht man beim synchronen * Formationsreiten die räumliche Übereinstimmung mehrerer Reiter im Verlauf der Figuren. Das Ausrichten kann nach dem Vordermann, dem Nachbarn oder Flügelreiter (Seitenrichtung) oder dem Gegenüber erfolgen. R./A. ist bei den meisten Figuren unverzichtbares Erfordernis zur Sicherung des Gelingens und der Zuschauerwirkung. In diesem Sinne ist das Einhalten der R./A. eine ständige Aufgabe jedes Quadrillenreiters.

Ringelreiten
bezeichnete den Teil eines Karussells in welchem Evolutionen und Manöver dargestellt wurden. Es ist dem heutigen Figuren-und Formationsreiten verwandt.

Ringstechen
ist eine alte reiterliche Übung, die sich in eini-

gen Gegenden Deutschlands in unterschiedlichen Formen bis in die Gegenwart erhalten hat.
Beim R. muß der Reiter mit einer Lanze oder einem Stock einen über der Bahn aufgehängten Ring herunterholen.

Roßballett (auch: Fola)
wird ein Teil des Karussells genannt, bei dem zumeist elf Reiter ihre Pferde in höheren Lektionen und Schulsprüngen vorstellten. Das R. erfährt gegenwärtig eine Renaissance im Rahmen von Barockfesten, bei denen ein Ensemble von Schulreitern unter der Leitung von Gabriela Grillo diese Tradition wieder belebt.

Royal Canadian Mounted Police
(Kanadische berittene Grenzpolizei) Die R. unterhält eine Quadrille mit 32 Pferden, die in vielen Ländern gezeigt worden ist. Die Quadrille der R. spiegelt den schweren Dienst der Grenzpolizei wider.

Saumur
1814 gegründete Französische Kavallerieschule, Ausbildungsstätte französischer Kavallerieoffiziere. Heimat der * Quadrille "Cadre Noir".

Schaubild
Eine zwischen den Prüfungen einer Pferdeleistungsschau eingeschobene Darbietung von artistischem oder historischem Gepräge, welche Abwechslung in den strengen Turnierverlauf bringt und attraktiv für die Zuschauer ist. Kurze Quadrillen, besonders auch in historischen Uniformen, eignen sich für diesen Zweck besonders gut.
Gute Schaubilder sind echte Zuschauermagneten!

Schleifenraub (auch Jeu de barre, jeu de rose oder jeu de violette)
Ein ursprünglich der kavalleristischen Ausbildung dienendes Reiterspiel, bei dem zwei Verfolger einem dritten eine auf der Schulter angeheftete Schleife entreißen sollen. Das Spiel erfordert große Gewandtheit und Schnelligkeit bei Reitern und Pferden, bei letzteren vollkommenen Gehorsam.

Schulreiten
dient der Herausbildung eines Höchstmaßes an Gehorsam und Kondition des Pferdes, um es zu befähigen, seine naturgegebenen Bewegungsmöglichkeiten unter dem Reiter und auf dessen Signale (Hilfen) in erwünschter Qualität auszuführen.

Schwenkung in Linie
Eine Vorwärtsbewegung der * in Linie aufmarschierten Abteilung um einen der * Flügel. Dabei muß der Innenreiter auf dem Kreisbogen einer Volte reiten, die übrigen reiten Bügel an Bügel in gleicher Höhe mit ihm auf einer Kreislinie.

Seydlitz, Friedrich Wilhelm von, (1721-1773)
war der berühmteste Reiterführer Friedrichs des Großen. Er führte u.a. das Voltigieren in der preußischen Kavallerie ein.

Siegerehrung
Feierliche Zeremonie zur Auszeichnung der Sieger eines Wettkampfes, die dazu zu Pferde erscheinen. S. von Quadrillenwettkämpfen üben durch die Vielzahl der erscheinenden Pferde eine große Publikumswirkung aus. Bei S. sind exakte Aufmärsche, Abmärsche und Ehrenrunden unverzichtbar.

Spanische Hofreitschule
1735 vom Architekten Johann Bernhard Fischer von Erlach fertiggestellter Barockbau mit einem der schönsten Reitsäle der Welt. Hier befindet sich die älteste klassische Reitschule, die ausschließlich mit Lipizzanerhengsten arbeitet und sie in den schwierigsten Lektionen der * Hohen Schule ausbildet. In den Vorstellungen der S. ist die * Schulquadrille einer der Höhepunkte.

Springquadrille
Eine ausschließlich im Galopp gerittene * Quadrille, bei der während des Verlaufs der * Figuren und in verschiedenen * Formatio-

nen kleine Hindernisse übersprungen werden müssen, die in unterschiedlicher Anordnung auf dem Quadrillenplatz aufgebaut sind.

Standarte
Ein in der Regel 60 cm x 60 cm großes, mit Wappen oder anderen Emblemen eines Reitervereins oder Kreisreiterbundes auf beiden Seiten besticktes Stoffquadrat (meist Seide) auf einem metallenen Rahmen, der an einer Stange befestigt ist. Der Name des Reitervereins befindet sich auf der rechten, den Zuschauern zugewandten Seite (* Paradeseite). Das Ende der Stange steckt in einer am rechten Steigbügel befestigten Ledertülle, dem Standartenschuh.
S. sollten bei Quadrillenwettkämpfen stets mitgeführt werden.

Stellung
S. nennt man eine seitliche Wendung des Pferdes im Genick, bei der sich der innere Ganaschenrand an die Halsmuskulatur heranschiebt. Der Mähnenkamm kippt nach der Seite der S. über, der Reiter sieht das innere Auge schimmern und den äußeren Nüsternrand. Die Wirbelsäule des Pferdes bleibt gerade. Ein Zuviel an S. führt zum Ausfallen der äußeren Schulter.

Stellung der Gesamtabteilung
S. wird die Position der Abteilung genannt, von der aus beim * Figurenreiten die Grundfigur und ihre Varianten geritten werden. Man unterscheidet folgende S.:
– Abteilung auf rechter/linker Hand auf dem * Hufschlag der langen/kurzen Seite
– Abteilung auf der Mittellinie
– Abteilung auf einem bzw. zwei Zirkeln
– Abteilung auf gleicher Hand gegenüber
– Abteilung auf verschiedener Hand gegenüber.

Tafellinie
Die untere und obere T. verbindet die Zirkelpunkte der langen Seite 3 a - 3 e/V - P und 7 a - 7 e/S - R.
Die T. dient der räumlichen Orientierung der Reiter.

Tandemreiten
gilt als eine * Fahrschule, bei der von einem im Sattel sitzenden Reiter ein Vorauspferd an langer Leine geführt wird.
Mehrere Tandems können auch Figuren, sogar Quadrillen, reiten.

Tour
Als T. werden mehrere Figuren bezeichnet, die in einer Quadrille stets in der gleichen Folge geritten werden. In der Choreographie einer Quadrille können auch Teile von T. verwendet werden.

Treffen (auch * Rennen)
sind Teile des Karussellreitens.

Troika-Reiten
ist ein * Schaubild, bei dem drei nebeneinander gehende, von einem Reiter auf dem Mittelpferd geführte Pferde vorgestellt werden.
Nehmen mehrere "Troikas" an dem Schaubild teil, können sie auch einfache Figuren reiten.

Troja-Spiel
Das T. wurde in Griechenland und im römischen Reich besonders zur reiterlichen Ertüchtigung der männlichen Jugend gespielt. Im T. finden sich Figuren und Formationen, die mit solchen des Quadrillenreitens große Ähnlichkeit aufweisen.

Ungarische Post
heißt ein * Schaubild, bei dem ein Reiter, der auf zwei nebeneinander gehenden Pferden steht, diese im starken Galopp vorstellt. Noch anspruchsvoller wird die Vorführung, wenn er zusätzlich noch drei Pferde an langer Leine vorausgehen läßt.
Wegen der häufig erforderlichen groben Einwirkung auf die Pferdemäuler kann die U. nicht als tierschutzgerecht gelten.

Viertelvolte
ein Viertelkreis mit einem Radius von 3 Schritt = 2,5 m bei einem Viereck von 20 m x 40 m, bzw. 4 1/2 Schritt = 7,5 m bei einem Viereck von 30 m x 60 m.

Die Größe des Radius ist abhängig von der Biegefähigkeit des Pferdes (* Biegung). Dementsprechend muß jede Wendung auf dem Kreisbogen einer V. geritten werden. Eine engere Wendung führt zum Ausfallen des äußeren Hinterfußes.

Volte
Die V. ist ein Kreis, dessen Durchmesser in der Regel einem Viertel der * Breite der Bahn entspricht. Da die Größe der V. von Biegefähigkeit und Gleichgewicht des Pferdes abhängt, können V. mit einem Durchmesser von 5 m nur mit voll ausgebildeten Pferden korrekt geritten werden.
In Dressurprüfungen der Klassen A und L sind deshalb V. von 10 m bzw. 8 m vorgesehen. Die 10 m-V. entspricht der * Großvolte auf einem Viereck 20 m x 40 m.

Voltigieren
war im Altertum und bis in das 18. Jahrhundert weit verbreitet bei der körperlichen Ausbildung der Jugendlichen. Heute ist V. eine international anerkannte Wettkampfdisziplin, bei der turnerische Übungen am galoppierenden Pferd gezeigt werden.

Xenophon (430 - 354 v. Ch.)
griechischer Schriftsteller und Reiterführer, dessen Schriften über das Reiten in ihren Grundzügen noch heute uneingeschränkte Gültigkeit besitzen.

Zirkel
Als Z. wird ein in das * Reitviereck einbeschriebener Kreis bezeichnet, dessen Durchmesser der * Breite der Bahn entspricht. Die Mittelpunkte der Kreise liegen auf der * Mittellinie, 10 m von der Mitte der kurzen Seite entfernt, bzw. 10 m von der Mitte der langen Seiten entfernt (Mittelzirkel).
Der Z. vor dem Punkt A ist der "untere" Z., der vor dem Punkt C der "obere" Z.
Beim Reiten auf dem Z. muß die Längsbiegung des Pferdes (* Biegung) der Krümmung der Z.linie genau entsprechen.
Ein Z. wird **immer** am **zweiten** * Zirkelpunkt einer langen Seite begonnen und am **ersten** Zirkelpunkt einer langen Seite beendet.

Zirkelpunkt
Z.e sind die Punkte, an denen der * Zirkel den * Hufschlag der ganzen Bahn bzw. den Bahnmittelpunkt berührt. Mit Ausnahme des letzteren sind die Z. gekennzeichnet. Sie entsprechen den Positionen der Buchstaben A-V-X-P (unterer Zirkel) bzw. C-R-X-S (oberer Zirkel).
Die Z. sind wichtige Orientierungshilfen für das Einhalten der Kreislinie, bei dem vom Beginn bis zum Ende des Zirkels sich das Ausreiten der * Ecken verbietet.

Zwischenraum
Als Z. wird der seitliche Abstand zwischen zwei nebeneinander befindlichen Reitern bezeichnet. Der Z. entsteht in der Regel bei * Aufmärschen.
Der normale Z. zwischen den Reitern einer aufmarschierten Abteilung beträgt 3 Schritt (ca. 2,5 m). Dieser Z. braucht, da Normalfall, im * Kommando nicht angegeben zu werden. Jeder andere Z. ist im Kommando mitzuteilen.
Reiten Reiter ohne Z. nebeneinander, nennt man das "Bügel an Bügel". Wenn dies verlangt wird, müssen im * Ankündigungskommando die Worte "ohne Z." enthalten sein.

Anhang: Planungs-Liste (Vgl. dazu Kapitel 3, S. 369 f.)

Aufführungstermin: ____________________

Aufführungsort: ____________________

Dressur-Klasse: ____________________

Viereck-Maße: ____________________

Erlaubte Zeit: ____________________

Teilnehmer:	Reiter	Pferde
	________	________
	________	________
	________	________
	________	________
	________	________
	________	________
	________	________
	________	________
Reserve:	________	________
	________	________

Kleidung Reiter: ____________________

____

Ausrüstung Pferde: ____________________

____

Technische Daten: ____________________

____

Sonstiges: ____________________

____

Musik: ____________________

____

____

Anhang: Choreographie-Bogen (Vgl. dazu Kapitel 3, S. 370 f.)

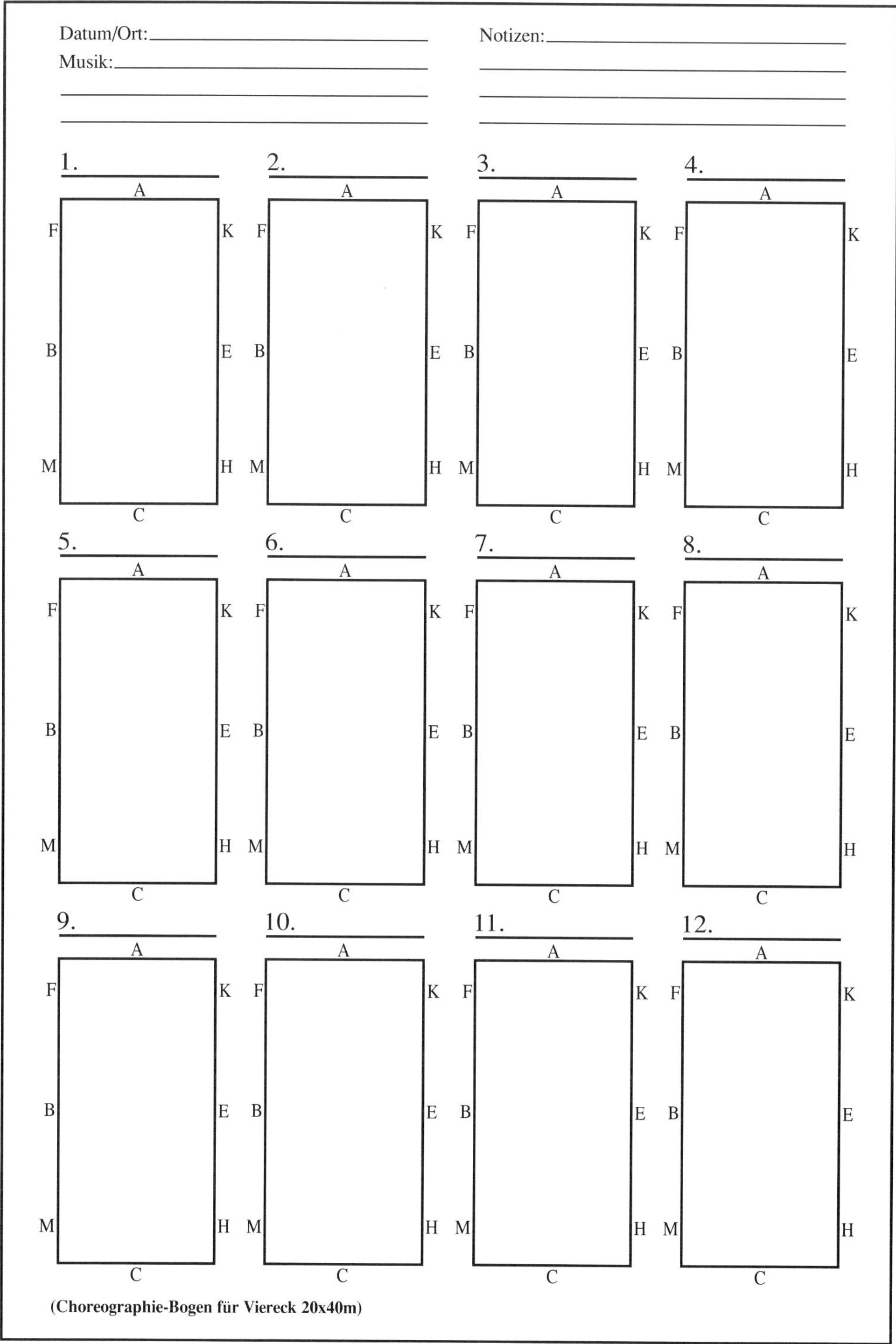

(Choreographie-Bogen für Viereck 20x40m)

Anhang: Regel-Bogen (Vgl. dazu Kapitel 3, S. 370 ff.)

Kür	Vorzüge	Nachteile	Probleme	Beispiele/ Vorschläge	Zusätze
Choreo-graphie	Ausgewo-genheit – Zeit + Raum / – Figuren + Lektionen → *Kreativität (aber erkennbar) Übergänge – an Bahnpunkten ↓ – ausgefeilt+	einseitig (z.B. Gangarten) langweilig verwirrend	Zeit ↓ verlangte Lektionen ↓ Phantasie → Realisierung	Figur/Lektion in der reiterlichen Fachsprache zu beschreiben	
Schwierig-keitsgrad	innerhalb der ausgeschrie-benen Dressurklasse ↓ Risiko fair (besonders dem Pferd gegenüber) **Harmonie** ↔ →	einseitig → Gangarten / → linke/rechte Hand / → bevorzugte Figuren/ Lektionen Risiko zu hoch	zählt zur Choreographie Risiko abwägen	Verstärkungen auf gebogenen Linien: im Trab → nur als Mitteltrab anerkannt im Galopp → auch als starkes Tempo anerkannt	
Musik	Takt[1] → Gang Lektionen → Musik Stil anpassen [1](besser ziehend als treibend) Übergänge → Bandschnitt (+ an Bahnpunkten)	Hintergrund-Musik → *Kreativität	Mischungen: verschiedene Gattungen/Epochen → Vokalmusik humoristische Anspielungen Klang (Besetzung, Überspielung) (technische Funktionsstörungen)	Orientierung: nach Gattungen Epochen Komponisten (Einritt mit Musik, Schlußaufstellung zu musikalischem Abschluß, evtl. im Wettkampf Ausritt ohne Musik) ← Reserveband	

Anhang: Musik-Angebot (Vgl. dazu Kapitel 3, S. 371 ff.)

BEISPIELE				
Gattung	**Epoche**	**Komponist**	**Werke**	**Gangart** (abhängig vom Takt des Pferdes und vom Tempo der Aufnahme)
FANFARE (Reiterfanfare)	Renaissance	Josquin	”Vive le Roy” (zur Krönung Ludwigs VII., 1498, Frkr.)	Schritt
	Barock	Lully	Fanfares pour le Carrousel de Monseigneur, 1685/86	Schritt/Galopp
		Philidor	Marsch für 4 Pauken (siehe Marsch)	
			Pour le Carrousel de Monseigneur, 1685/86	Schritt
		Zelenka	Reiterfanfaren Nr. 1-6	Schritt
	Klassik	Beethoven	Equale für 4 Posaunen Nr. 1, d-moll	Schritt
	Romantik/ 19. Jahrh.	Liadow/Glasunow	Fanfaren zum 25. Komponisten-Jubiläum von Rimsky-Korsakow	Schritt/Galopp (Überleitungen)
	20. Jahrh.	Jolivet	Fanfaren für Britannicus: Narcisse	Galopp
MARSCH (Militär, Kavallerie, Konzert)	Renaissance	Byrd	Earl of Oxford’s March	Schritt
	Barock	Lully	*La Marche des Dragons du Roy	Galopp
		Philidor	Marsch für 4 Pauken (siehe Fanfare)	Schritt
	Klassik	Mozart	Marsch D-Dur, KV 335, Nr. 1	Trab (Einritt)
			Märsche KV 408, Nr. 1-3, C-Dur, D-Dur, E-Dur,	
		M. Haydn	Türkischer Marsch	Galopp
		(Beethoven	Yorkscher Marsch	Galopp (Ein- und Ausritt))
	19. Jahrh.	Joh. Strauß	Ägyptischer Marsch	Galopp
	Romantik	Möllendorf	Parademarsch Nr. 1	Schritt
		Rode	Ein Jäger aus Kurpfalz	Trab
		Kreutzer	Das Nachtlager von Granada	Galopp
		Moltke	Des großen Kurfürsten Reitermarsch	Schritt
		Parlow	Amboß-Polka	Trab

Anhang: Musik-Angebot (Vgl. dazu Kapitel 3, S. 371 ff.)

BEISPIELE					
Gattung	**Epoche**	**Komponist**	**Werke**		**Gangart** s. Tabellenbeginn
MARSCH (Forts.)		Möller	18. Husaren-Marsch		Trab
		Volksweise	1. Garde Ulanen-Regiment		Galopp
		*Lully	*Marche faite par M. de Lully		Schritt
SUITE (Tanz-Suite)			(siehe Tanz)		
	Barock	Vejvanovsky	Balletti pro Tabula C-Dur	1. Satz	Galopp
				3. Satz	Trab
				6. Satz	Trab
		Biber	Balletto a 6 C-Dur	1. Satz	Schritt/Trab
				4. Satz	Trab
				12. Satz	Galopp
		Schmelzer	Sonata con aria zur kaiserl. Serenade	1. Satz	Trab/Galopp
				3. Satz	Trab
				4. Satz	Galopp
			Balletto a Cavallo, 1667	1. Satz	Galopp
				2. Satz	Galopp
				3. Satz	Trab
				4. Satz	Schritt
				5. Satz	Galopp
		Händel	Feuerwerksmusik		alle Gangarten
			Wassermusik		alle Gangarten
	Romantik/ 19. Jahrh.	Bizet	L'Arlésienne, Nr. 2	1. Satz	Schritt
				3. Satz	Schritt/Trab (Einritt)
				4. Satz	Galopp
			Carmen-Suite (siehe Oper)		

Anhang: Musik-Angebot (Vgl. dazu Kapitel 3, S. 371 ff.)

BEISPIELE					
Gattung	**Epoche**	**Komponist**	**Werke**		**Gangart** s. Tabellenbeginn
TANZ	Renaissance	Praetorius	Bransle le Village, aus "Terpsichore"		Schritt (Galopp)
		Moderne	Bransle de Bourgogne		Trab
		Mainiero	Ballo anglese		Trab –
			Tedescha – Ungarescha		Schritt – Galopp
		Henry VIII.	Helas Madame (2. Teil instr.)		Schritt
		Susato	"La Mourisque"		Galopp
	Barock		(siehe Suite)		
	Klassik	Mozart	Deutsche Tänze, C-Dur, KV 605	Nr. 3	Trab
			"Die Schlittenfahrt"		
			Sechs Deutsche Tänze, KV 600	Nr. 3	Trab
				Nr. 4	Trab
			Vier Kontretänze, KV 267	Nr. 1	Galopp
				Nr. 4	Trab (Ausritt)
			Kontretanz "La Bataille", KV 535		Trab
	Romantik/	Ravel	Bolero		alle Gangarten
	19. Jahrh.	Lanner	Hans-Jörgel-Polka		Galopp
			Dornbacher Ländler		Trab
		Joh. Strauß (Vater)	Annen-Polka (alte)		Trab
		Joh. Strauß	Annen-Polka		Trab
		Josef Strauß	Jockey-Polka (schnell)		Galopp
		trad.	(siehe Folklore)		
DIVERTIMENTO	Wiener Klassik	M. Haydn	"Die Hochzeit auf der Alm"	5. Satz	Trab
(Serenade)			Divertimento G-Dur	6. Satz	Galopp
		Mozart	"Eine kleine Nachtmusik"	1. Satz	Trab
			G-Dur, KV 525	2. Satz	Schritt
				4. Satz	Trab

BEISPIELE					
Gattung	**Epoche**	**Komponist**	**Werke**		**Gangart** s. Tabellenbeginn
DIVERTIMENTO (Forts.)			Divertimento Nr. 11 G-Dur, KV 251	2. Satz	Galopp
				4. Satz	Trab
				6. Satz	Trab
			Bläser-Serenade, B-Dur, KV 361	1. Satz	(Anfang) Schritt/Galopp
				2. Satz	Trab
				7. Satz	Trab
			Divertimento C-Dur, KV 188	1. Satz	Schritt (Einritt)
				2. Satz	Trab
				3. Satz	Galopp
				4. Satz	Trab
				5. Satz	Trab
				6. Satz	Trab
			[Divertimento C-Dur, KV 187 (Echtheit bezweifelt) und Divertimento C-Dur, KV 188 sollen für die Felsenreitschule in Salzburg komponiert worden sein.]		
	(danach Einzelfälle)	Tschaikowsky	Streicher-Serenade, C-Dur	1. Satz	Galopp
KAMMERMUSIK (Solo/Duo/Trio/ Quartett usw.)	Klassik	E.T.A. Hoffmann	Harfen-Quintett, G-Dur	2. Satz	Schritt
		Boccherini	Streichquintett C-Dur	3. Satz	Trab
		Haydn	Streichquartett, g-Moll ”Reiter-quartett”	2. Satz	Schritt
				3. Satz	Trab
				4. Satz	Trab
		Mozart	Streichquartett, C-Dur, KV 548	4. Satz	Galopp
			Streichquartett, C-Dur, KV 458, ”Jagd-Quartett”	1. Satz	Galopp

Anhang: Musik-Angebot (Vgl. dazu Kapitel 3, S. 371 ff.)

BEISPIELE				
Gattung	**Epoche**	**Komponist**	**Werke**	**Gangart** s. Tabellenbeginn
KAMMERMUSIK (Forts.)	Romantik/ 19. Jahrh.	Schumann	"Der Reitersmann" aus dem "Album für die Jugend" (Klavier)	Galopp
		Chopin	Polonaise Nr. 6, As-Dur op. 53 (Klavier)	Galopp
			Nocturne Nr. 2, Es-Dur op. 9 Nr. 2 (Klavier)	Schritt
SYMPHONIK [mit/ohne Solo-instrumente]	Barock	Mouret	Symphonies de Chasse 1. Satz	Galopp
			2. Satz	Galopp
			3. Satz	Schritt
		Haydn	Symphonie Nr. 49, f-Moll, "La Passione" 3. Satz	Trab
(Jagd-Symphonie, Symphonische Dichtung)			Symphonie Nr. 101, D-Dur, "Die Uhr" 3. Satz	Trab
		L. Mozart	Sinfonia di Caccia 1. Satz	Galopp
			2. Satz	Schritt
			3. Satz	Trab
		Mozart	Symphonie Nr. 29, A-Dur, KV 201 2. Satz	Schritt
			3. Satz	Trab
			4. Satz	Galopp
			Symphonie Nr. 40, g-Moll, KV 550 1. Satz	Galopp
			3. Satz	Trab
			Symphonie Nr. 41, C-Dur, KV 551 "Jupiter" 1. Satz	Galopp
			3. Satz	Trab
			Konzert für Klavier und Orchester Nr. 26, D-Dur, KV 537 "Krönungskonzert" 2. Satz	Schritt
			3. Satz	Trab
			Konzert für Horn und Orchester Nr. 3, Es-Dur, KV 447 3. Satz	Galopp

BEISPIELE

Gattung	Epoche	Komponist	Werke		Gangart s. Tabellenbeginn
SYMPHONIK (Forts.)		Beethoven	Symphonie Nr. 7, A-Dur	1. Satz	Schritt (Einritt)
				3. Satz	Trab
				4. Satz	Trab
			Symphonie Nr. 8, F-Dur	2. Satz	Galopp
				3. Satz	Trab
				4. Satz	Trab
	Romantik/ 19. Jahrh.	Brahms	Symphonie Nr. 1, c-Moll	4. Satz	(Anfang) Schritt/ Galopp
		Schumann	Symphonie Nr. 3, Es-Dur, ”Rheinische”	2. Satz	Schritt
				5. Satz	Trab
		Schubert	8. Symphonie, h-Moll, ”Unvollendete”	2. Satz	Schritt/Galopp
		Mendelssohn-Bartholdy	Symphonie Nr. 3, a-Moll, ”Schottische”	2. Satz	Trab
				4. Satz	Trab/Galopp
			”Ein Sommernachtstraum”	2. Satz	Galopp
				6. Satz	Schritt
				7. Satz	Schritt (Ein- und Ausritt)
		R. Strauss	”Also sprach Zarathustra”		(Anfang) Schritt
		Smetana	”Die Moldau”		alle Gangarten
		Mussorgsky	”Bilder einer Ausstellung”		alle Gangarten
		Tschaikowsky	Symphonie Nr. 3, D-Dur	2. Satz	Trab
			Klavier-Konzert Nr. 1, b-Moll	1. Satz	Schritt/Galopp
BALLETT	Klassik	Mozart	”Les petits riens”, KV 299 b	1. Ouvertüre	Trab (Einritt)
				2. Allegro	Schritt
				3. Largo	Galopp

Anhang: Musik-Angebot (Vgl. dazu Kapitel 3, S. 371 ff.)

BEISPIELE

Gattung	Epoche	Komponist	Werke		Gangart (s. Tabellenbeginn)
BALLETT (Forts.)	Romantik/ 19. Jahrh.	Tschaikowsky	"Der Nußknacker"	arab. Tanz	Galopp
				chin. Tanz	Trab
				russ. Tanz	Galopp
				Tanz der Rohrflöten	Schritt
	20. Jahrh.	Strawinsky	"Petruschka"	Danse russe	Trab
				Danse infernal	Trab
OPER/ OPERETTE (Ouvertüre, Zwischenakt-Musik, Marsch, Tanz)	Klassik	Mozart	"Die Hochzeit des Figaro"	Ouvertüre	Trab
				Hochzeitsmarsch	Trab
				Fandango (1. Teil instr.)	Galopp
			"Cosi fan tutte"	Ouvertüre	(Anfang) Schritt Trab (Einritt)
			"Die Zauberflöte"	Ouvertüre	(Anfang) Schritt/ Trab
		Beethoven	"Fidelio",	Aufzug der Wache	Trab (Aufmarsch)
	Romantik/ 19. Jahrh.	Rossini	"Der Barbier von Sevilla"	Ouvertüre	Galopp (Einritt)
		Ponchielli	"La Gioconda",	Tanz der Stunden	Trab
		Thomas	"Mignon"	Zwischenakt	Schritt
		Bizet	"Carmen" (siehe Suite)	Vorspiel	Trab
				Zwischenakt 2	Trab
				Zwischenakt 3	Schritt
				Zwischenakt 4	Galopp
		Suppé	"Leichte Kavallerie"	Ouvertüre	alle Gangarten (Einritt)
			"Die schöne Galathee"	Ouvertüre	(Anfang) Schritt/ Galopp

BEISPIELE					
Gattung	**Epoche**	**Komponist**	**Werke**		**Gangart** s. Tabellenbeginn
OPER/ OPERETTE (Forts.)		Joh. Strauß	"Die Fledermaus"	Ouvertüre	(Anfang) alle Gangarten
		Offenbach	"Orpheus in der Unterwelt"	Ouvertüre	(Anfang) Galopp/ Schritt
			"Blaubart"	Ouvertüre	Trab
MUSICAL	20. Jahrh.	Loewe	"Camelot"	Ouvertüre	Galopp (alle Gangarten)
		Rodgers/ Hammerstein	"The King and I"	Ouvertüre	Schritt/Trab
				Marsch der siamesischen Kinder	Galopp
		Lloyd Webber	"Cats"	Ouvertüre	Trab
			"Das Phantom der Oper"	Ouvertüre	Schritt (Einritt)
		Bernstein	"West Side Story"	Symphonic dances	alle Gangarten
UNTERHALTUNGSMUSIK (Jazz, Rock, Beat, Filmmusik, Classics up to date, Rock, Classics, sonstige Instrumentalversionen von Vokalmusik, Arrangement nach klassischen Themen, Tanzmusik usw.)	20. Jahrh.	Gershwin	"Rhapsody in Blue"		alle Gangarten
		Sigman/Gray	"Pennsylvania 6-5-000"		Galopp
	Arr.: Glenn Miller	Miller-Parish/ Miller	"Moonlight-Serenade"		Schritt
		Johnson-Hawkins/ Dash/Gray	"Tuxedo Junction"		Trab
		Gray/Gray	"A String of Pearls"		Trab
		trad./Finegan	"Little Brown Jug"		Galopp
		Carlmichael-Parish/Finegan	"Stardust"		Schritt
		Garland/Razaf	"In the Mood"		Galopp
		Pink Floyd	"The Wall"		alle Gangarten

Anhang: Musik-Angebot (Vgl. dazu Kapitel 3, S. 371 ff.)

BEISPIELE				
Gattung	**Epoche**	**Komponist**	**Werke**	**Gangart** s. Tabellenbeginn
UNTERHALTUNGSMUSIK (Forts.)		Diamond	”Tap Root Manuscript” African Suite	alle Gangarten
	Cincinati Pops Orchestra	R. Strauss	”2001/2010 - A Space Odyssey”, Introduktion: Also sprach Zarathustra	Schritt (Einritt)
		Goldsmith	”Star-Trek – Der Film”, Titelmelodie	Galopp
	M. Hamlish	Joplin	”The Sting”, The Entertainer (Klavier und Orchesterversion)	Trab/Galopp
	Boston Pops	Williams	”E.T.”, Flying	Schritt
		Vangelis	”Chariots of Fire”, Titelmelodie	Trab
		Kander/Ebb	”New York, New York”, Titelmelodie	Trab
	de los Rios	Haydn	Symphonie Nr. 101, D-Dur, ”Die Uhr”, 2. Satz	Schritt
		Beethoven	”Ode to Joy”, IX. Symphonie, 4. Satz	Schritt/Trab
	Munich Sound Symphony Orchestra	Mozart	”Rainbow Symphony”, Symphonie Nr. 40, g-Moll, KV 550, 4. Satz	Trab
	H. Schachtner	Tschaikowsky	”Nußknacker-Suite”, Blumen-Walzer	Trab
		Mozart	”Eine kleine Nachtmusik”, 1. Satz	Trab
	The Sound of Criss Cross	Rameau	”Le Tambourin”	Galopp
	J. Last	Lennon/ McCartney	”Let it be”	Schritt
			”All you need is love”	Trab
			”Ob-La-Di, Ob-La-Da”	Trab
			”A hard day’s night”	Trab
	The London Symphony Orchestra	Lennon/ McCartney	”A Day in the Life”	Schritt
		Whitfield/ Strong	”I heard it through the grapevine”	Galopp

Anhang: Musik-Angebot (Vgl. dazu Kapitel 3, S. 371 ff.)

BEISPIELE				
Gattung	**Epoche**	**Komponist**	**Werke**	**Gangart** s. Tabellenbeginn
UNTERHAL-TUNGSMUSIK (Forts.)		Cosby/Robinson/ Wonder	"Tears of a clown"	Trab
		Lloyd Webber/ Black	"Song and Dance", Take that look off your face	Trab
	Boston Pops	Lloyd Webber	"Cats", Memory	Schritt
	Rondo Veneziano	Reverberi/ Giordano	Odissea Veneziana", Interludio	Trab
			Donna Lucretia	Schritt
			Nostalgia di Venezia	Galopp/Schritt
	Brighouse & Rostrick Band	Blair	Tijuana Tuba	Trab
		trad.	Strawberry Fair	Galopp
FOLKLORE	**trad.**		African Dance	Trab
	R.A. Fish	(Beledi/Chiffe-telli/Beledi)	Middle Eastern Dance	Trab
	Ayllu Suka	(Peru, wayno)	Ripuy Ripuy	Galopp
			(siehe Tanz) vgl. auch: Fandango	Schritt/Galopp
			Paso doble	Trab
			Tango	Trab
			Samba (schnell)	Galopp
			Bolero	alle Gangarten

Anhang: Gangarten-Schema (Vgl. dazu Kapitel 3, S. 374 ff.)

SCHRITT

Phasen:	1	2	3	4	5	6	7	8
Fußfolge:								
Beschreibung:	Stützphase	Stützphase	Stützphase	Stützphase	Stützphase	Stützphase	Stützphase	Stützphase
Betonung:	betont ▼	unbetont △	betont ▽	unbetont △	betont ▼	unbetont △	betont ▽	unbetont △
+Notenwert:	♪	♪	♪	♪	♪	♪	♪	♪

Vierer-Takt Beispiel 4/4

Taktmöglichkeiten: Zähler z.B. 4 oder 2
Tempomöglichkeiten:
Metronom → Optimum um 84/88 (Andante)
Messung: Phase 1 -
ungradzahlige Metronomschläge (1,3,5-83/87)
und Phase 5 -
gradzahlige Metronomschläge (2,4,6-84/88)

TRAB

Phasen:	1	2	3	4
Fußfolge:				
Beschreibung:	Stützphase	Schwebephase	Stützphase	Schwebephase
Betonung:	betont ▼	unbetont △	betont ▼	unbetont △
+Notenwert:	♩	𝄽	♩	𝄽

Notenwerte / Pausen

Viertel ♩ 𝄽
Achtel ♪ 𝄾
Sechzehntel 𝅘𝅥𝅯 𝄿
Bindung (Ligatur) ◡
("angebundene" Note
als neuer Ton
nicht wahrnehmbar)

Zweier-Takt Beispiel 2/4

Taktmöglichkeiten: Zähler z.B. 2 oder 4
Tempomöglichkeiten: Metronom → Optimum
um 132/138 (Allegro)
Messung: Phase 1 -
ungradzahlige Metronomschläge (1,3,5-131/137)
und Phase 3 -
gradzahlige Metronomschläge (2,4,6-132/138)

RECHTS-GALOPP

Phasen:	1	2	3	4	5	6
Fußfolge:						
Beschreibung:	Stützphase	Stützphase	Stützphase	Stützphase	Stützphase	Schwebephase
Betonung:	betont ▽	betont ▽	unbetont △	betont ▼	unbetont △	unbetont △
+Notenwert:	♪	𝅘𝅥𝅯	𝅘𝅥𝅯	♪	♪	𝄽

Dreier-Takt Beispiel 3/4

1 Galoppsprung 1 Galoppsprung

Taktmöglichkeiten: Zähler z.B. 3 oder 6
Tempomöglichkeiten: Metronom → Optimum
um 88/92 (Andante)
Messung: Phase 4 -
auf jeden Metronomschlag (1,2,3-88/92)

+(annähernde Wiedergabe der Fußfolge in Notenwerten)
Graphische Darstellung entnommen aus: Richtlinien für Reiten und Fahren, Band 1, S. 146/147, FN-Verlag, Warendorf)

Anhang: Methoden A/B (Vgl. dazu Kapitel 3, S. 379 ff.)

METHODE A				
1. Phase	**2. Phase**	**3. Phase**	**4. Phase**	**5. Phase**
a) Planungs-Liste ausfüllen b) Choreographische Grundlagen planen c) Schwierigkeitsgrad zuordnen	a) Programmentwurf vornehmen b) Programmausbau, einschl. Zeitmessungen bzgl. Choreographie, Schwierigkeiten, Übergänge oder Überleitungen und Effekte erproben c) Choreographie einschl. Schwierigkeitsgrad festlegen, evtl. sind Wiederholungen von 2a und 2b notwendig	a) Musikstücke prüfen b) Kombinationen testen c) Auslese aneinanderschneiden *(Grobschnitt 1)*	a) Übungsversion gestalten *(Grobschnitt 2)* b) Verbesserungen bzgl. Schnitt (und Choreographie?) ausprobieren c) Auftrittsversion Band (und Choreographie?) fertigstellen *(Feinschnitt 1)*	a) Einsatz in der Prüfung, danach "Ausreizen" des Programms möglich b) evtl. daraus überarbeitete Auftrittsversion Band (und Choreographie?) schaffen, die Endfassung *(Feinschnitt 2)*
METHODE B				
a) Planungs-Liste ausfüllen b) Choreographische Grundlagen planen c) Schwierigkeitsgrad zuordnen	a) Musikstücke prüfen b) Kombinationen testen c) Kombinationsmöglichkeiten hinsichtlich Gangartenfolge untersuchen d) Auslese aneinanderschneiden *(Grobschnitt 1)*	a) Choreographische Umsetzung beginnen *(Basisprogramm 1)* b) Musikalische Übungsversion schneiden *(Grobschnitt 2)* c) Choreographische Übungsversion anpassen *(Basisprogramm 2)*	a) Verbesserungen bzgl. Band und Choreographie ausprobieren, evtl. sind Wiederholungen von 3b und 3c notwendig b) Auftrittsversion Band und Choreographie fertigstellen *(Feinschnitt 1 Choreographie 1)*	a) Einsatz in der Prüfung, danach "Ausreizen" des Programms möglich b) evtl. daraus überarbeitete Auftrittsversion Band und Choreographie schaffen, die Endfassung *(Feinschnitt 2 Choreographie 2)*

Anhang: Literaturverzeichnis

Deutsche Reiterliche Vereinigung e.V. (FN) — "APO - Ausbildungs- und Prüfungsordnung", Ausgabe 1990, FN-Verlag der Deutschen Reiterlichen Vereinigung GmbH, Warendorf

Deutsche Reiterliche Vereinigung e.V. (FN) — "Handbuch für Reit- und Fahrvereine", Ausgabe 1989, FN-Verlag der Deutschen Reiterlichen Vereinigung GmbH, Warendorf

Deutsche Reiterliche Vereinigung e.V. (FN) — "LPO - Leistungsprüfungsordung", Ausgabe 1990, FN-Verlag der Deutschen Reiterlichen Vereinigung GmbH, Warendorf

Deutsche Reiterliche Vereinigung e.V. (FN) — "Reitsport 2000" Equitana-Kongreß-Bericht 1987, FN-Verlag der Deutschen Reiterlichen Vereinigung GmbH, Warendorf

Deutsche Reiterliche Vereinigung e.V. (FN) — "Richtlinien für Reiten und Fahren, Band 1: Grundausbildung für Reiter und Pferd", FN-Verlag der Deutschen Reiterlichen Vereinigung GmbH, Warendorf

Eckjans, Richard — "Der Stellenwert des Quadrillenreitens in der reiterlichen Ausbildung" (Manuskript)

Eckjans, Richard — "Quadrillenreiten fördert Gemeinsamkeit", veröffentlicht in "Reiter und Pferde in Westfalen" 10/86

Fritz, Oscar — "Reiterspiele und Quadrillen in alter und neuer Zeit", Verlag Sankt Georg Gmbh Berlin W 35, 1926

Gorbracht, Wernher — "Reiterspiele – Reiterfeste", Limpert-Verlag GmbH, Bad Homburg v.d.H. 1980

Güérinière, Robichon de la — "Reitkunst oder gründliche Anweisung zur Kenntnis der Pferde, deren Erziehung, Unterhaltung, Abrichtung, nach ihrem verschiedenen Gebrauch und Bestimmung", übersetzt von J. Daniel Knöll. Kriegersche Verlagsbuchhandlung, Marburg, 1817

Hanke, Christoph Maria — "Das große Buch des Quadrille-Reitens", Verlag Sankt Georg GmbH., Düsseldorf, 1980

Harre, Dietrich — "Trainingslehre", Sportverlag Berlin, 1969

Lackmann, Dr. Fritz — "Quadrillen-Wettkampf - eine neue Turnierdisziplin im Aufwind", veröffentlicht in "reiten und fahren" 5/83 Verlag Paul Parey, D-1000 Berlin 61

Lackmann, Dr. Fritz — "Quadrillen-Wettkampf", veröffentlicht in "reiten und fahren" 2/87, Verlag Paul Parey, D-1000 Berlin 61

Lackmann, Dr. Fritz — "Deutsches Quadrillenchampionat 1990", veröffentlicht in "reiten und fahren" 4/90, Verlag Paul Parey, D-1000 Berlin 61

H.J. Lijsen und Antony Hippisley Coxe: — "Mounted Quadrilles and other equestrian manoeuvres", J.A. Allen, 1 Lower Grosvenor Place, London

Anhang: Literaturverzeichnis

Meier, Hugo	"Die Reitkunst", Verlagsbuchhandlung Paul Parey, Berlin SW, 1908
Menzendorf, Werner	"Reitsport", Verlag Paul Parey, Berlin und Hamburg 1972
Meyners, Eckart	"Reiterjugend und Formationsreiten", veröffentlicht in "reiten und fahren" 4/91 Verlag Paul Parey, D-1000 Berlin 61
Meyners, Eckart	"Eine sportpädagogische Begründung – Quadrillenreiten", veröffentlicht in "reiten und fahren" 6/90 Verlag Paul Parey, D-1000 Berlin 61
Meyners, Eckart	"Zur Bedeutung des Reitens in Gruppen für Kinder und Jugendliche", veröffentlicht in "Praxis der Psychomotorik" 3/91 Verlag Modernes Lernen, Dortmund
Michels, Ulrich	"dtv-Atlas zur Musik, Tafeln und Texte", Band 1, Deutscher Taschenbuch-Verlag, München
Michels, Ulrich	"dtv-Atlas zur Musik, Tafeln und Texte", Band ,2 Deutscher Taschenbuchverlag, München
Mossdorf, Carl-Friedrich	"Kavallerieschule Hannover", FN-Verlag der Deutschen Reiterlichen Vereinigung GmbH, 3. Auflage, Warendorf, 1989
Oese, Erich	"Figurenreiten und Reiterspiele", Sportverlag Berlin, 1983
Oese, Erich	"Pferdesport", Sportverlag Berlin, 4. Auflage, 1982
Schlaberg, Adolf	"Die Dame als Reiterin", Verlagsbuchhandlung Paul Parey, 3. Auflage Berlin SW, 1906
Stiller, Heinrich	"Das Karussell-Reiten mit genauer Erklärung aller Figuren und sämtlicher Commandos", Verlag von Schickhardt & Ebner, Stuttgart, 1890
Storl, Werner	"Musik zum Reiten", Verlag Paul Parey, Berlin-Hamburg, 1988
Storl, Werner	"Musik und Reiten - Die kulturhistorische Entwicklung des Quadrillenreitens", veröffentlicht in "reiten und fahren" 1/89, Verlag Paul Parey, D-1000 Berlin 61
Storl, Werner	"Das reiterliche Wir-Erlebnis", veröffentlicht in "reiten und fahren" 1/90, Verlag Paul Parey, D-1000 Berlin 61